中国中外关系史论丛第29辑

中国中外关系史研究回顾与丝绸之路的互动

万明 赵现海◎主编

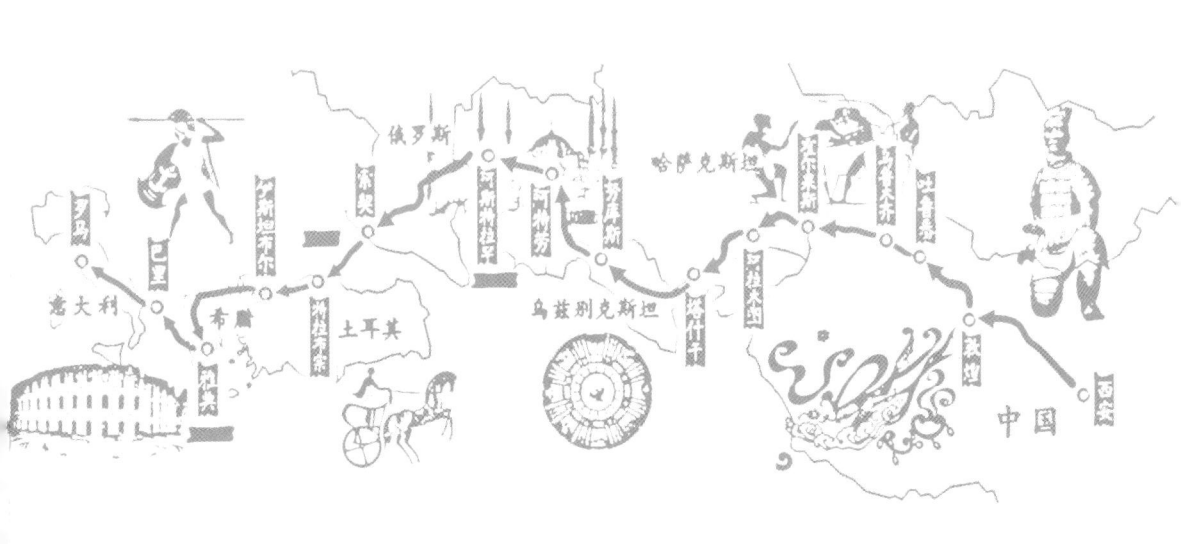

中国社会科学出版社

图书在版编目（CIP）数据

中国中外关系史研究回顾与丝绸之路的互动 / 万明，赵现海主编. —北京：中国社会科学出版社，2021.11

ISBN 978-7-5203-8651-7

Ⅰ.①中… Ⅱ.①万… ②赵… Ⅲ.①中外关系—国际关系史—关系—丝绸之路—文集 Ⅳ.①D829-53②K928.6-53

中国版本图书馆 CIP 数据核字（2021）第 203857 号

出 版 人	赵剑英
责任编辑	宋燕鹏 马 熙
责任校对	李 剑
责任印制	李寡寡

出　　版	中国社会科学出版社
社　　址	北京鼓楼西大街甲 158 号
邮　　编	100720
网　　址	http://www.csspw.cn
发 行 部	010-84083685
门 市 部	010-84029450
经　　销	新华书店及其他书店
印　　刷	北京明恒达印务有限公司
装　　订	廊坊市广阳区广增装订厂
版　　次	2021 年 11 月第 1 版
印　　次	2021 年 11 月第 1 次印刷
开　　本	710×1000 1/16
印　　张	30.25
插　　页	2
字　　数	463 千字
定　　价	158.00 元

凡购买中国社会科学出版社图书，如有质量问题请与本社营销中心联系调换
电话：010-84083683
版权所有　侵权必究

目　录

·中外关系史研究回顾与理论建构·

改革开放以来的南方丝绸之路研究 …………………… 段　渝（3）

20世纪80年代以来中国古代中越关系史研究
　　述略 ………………………………… 于向东　成思佳（14）

古代中非交往史料补遗与辨析
　　——兼论早期中国黑人来源问题 ………………… 李安山（42）

百年来塔里木历史遗存的调查整理与时代特征 …… 张安福　田海峰（74）

中国边疆史结合中外关系史的若干选题及其价值 ………… 方　铁（91）

古代亚洲的"中华亚洲秩序"及其地缘政治根源 ………… 赵现海（107）

外交与学术：柔克义和他的中朝关系史研究 ……………… 舒　健（146）

刘迎胜教授与丝绸之路研究 ……………………………… 乌云高娃（163）

·全球史视野下的郑和下西洋·

全球史视野下的郑和下西洋 ……………………………… 万　明（179）

郑和航海与阿拉伯人航海之比较 ………………………… 郑一钧（187）

际天极地云帆竞：作为"大航海时代"前奏的郑和
　　下西洋 ·· 邹振环（203）
论郑和船队在广东至西沙海域的航线和地名
　　——兼谈《郑和下西洋图》的广东至西沙群岛航线及
　　地名的问题 ······································ 阎根齐（221）

· 丝绸之路与中外互动 ·

浅谈新疆史前帽冠与早期文明交流 ················ 信晓瑜（239）
芫荽考
　　——欧亚大陆多种文明融汇缩影之一 ·············· 唐　均（248）
南方丝绸之路视野下的琥珀研究
　　——基于文献、考古材料的探讨 ·················· 刘西诺（263）
宁夏：绿洲丝路与草原丝路相衔接 ················ 薛正昌（280）
两汉时期"大夏"（Tochari）名辨 ················ 袁　炜（292）
贵霜王朝建立者为大月氏而非大夏说 ········ 杨富学　米小强（301）
敦煌藏文医书与《毕吉黄函》所载救疗方对比研究
　　——从敦煌藏文医书看拜占庭医药东传 ············ 刘英华（328）
唐代中外翻领人物画与三彩人物俑及其工艺的研究 ········ 詹　嘉（352）
南宋温州市舶务设置新考 ·························· 陈少丰（373）
宋元海洋知识中的"海"与"洋" ·················· 黄纯艳（378）
环绕中国：明代中期撒马儿罕贡狮路线探幽 ········ 姚　胜（401）
火绳枪东来：明代鸟铳的传入路径 ················ 庞乃明（414）
奢侈消费与跨域交流
　　——以明清时期燕窝的消费与贸易为例 ············ 冯立军（429）
"回礼"变"入贡"：由清代老挝初次入贡事件看边官
　　对国际关系的影响 ······························ 张　宁（454）

· 会议综述 ·

为不同国家、不同文明的交流互鉴提供学术保障和智力支持
  ——中国中外关系史研究回顾与丝绸之路的互动学术研讨会暨
  中国中外关系史学会2019年年会综述 …… 童巍雄 胡鹏飞（473）

中外关系史研究
回顾与理论建构

改革开放以来的南方丝绸之路研究

段 渝

（四川师范大学历史文化学院）

中国西南通往东南亚、南亚及西亚、北非的交通，中国史籍对此早有记载，如《史记》等历史文献所记载的"蜀身毒道"，《华阳国志·南中志》《三国志》《后汉书》《水经注》《新唐书·地理志》《蛮书》等文献中均多次提及的"步头道"和"进桑道"。但长期以来，这些记载没有引起学术界的重视，故未能对此问题进行深入的研究。从20世纪初开始，学术界开始关注古代中国西南与国外的交通问题，逐渐开展了中缅印交通的研究。20世纪40—70年代，不少学者对此发表过专门论著进行讨论，如：20世纪20年代梁启超发表的《中国印度之交通》[1]，1938年严德一发表《论西南国际交通路线》[2]，1941年方国瑜发表《云南与印度缅甸之古代交通》[3]，1943年郑天挺发表《历史上的入滇通道》[4]，1944年姚宝猷出版《中国丝绢西传史》[5]，1948年夏光南出版《中印缅道交通史》[6]等，1969年桑秀云发表《蜀布邛竹杖传至大夏路径的蠡测》[7]，1974年饶宗颐发表《蜀布与Cinapata》[8]，1976年严耕望发表《汉晋时期

---

[1] 梁启超：《中国印度之交通》，载《佛学研究十八篇》，中华书局1989年版，第132、133页。
[2] 严德一：《论西南国际交通路线》，《地理学报》第5卷，1938年。
[3] 方国瑜：《云南与印度缅甸之古代交通》，《西南边疆》1941年6月30日第12期，昆明版。
[4] 郑天挺：《历史上的入滇通道》，《旅行杂志》1943年第3期。
[5] 姚宝猷：《中国丝绢西传史》，商务印书馆1944年版。
[6] 夏光南：《中印缅道交通史》，中华书局1948年版。
[7] 桑秀云：《蜀布邛竹杖传至大夏路径的蠡测》，《历史语言研究所集刊》41本10分册，1969年。
[8] 饶宗颐：《蜀布与Cinapata》，《历史语言研究所集刊》45本4分册，1974年。

滇越通道辩》和《唐代滇越通道辩》[①] 等。

国外学者对古代中缅印交通问题向来十分关注。法国汉学家伯希和（P. Pelliot）的《交广印度两道考》[②] 是这一领域的名作，但详于交广道而略于中印道。美国东方学者劳费尔（B. Laufer）、法国汉学家玉尔（Henry Yule）、沙畹（Chavannes）[③]，日本学者藤田丰八[④]等，先后对此有过专门研究。英国学者哈威的《缅甸史》、缅甸学者波巴信的《缅甸史》，亦对中缅印早期交通进行过阐述，英国学者霍尔的《东南亚史》对此也有涉及[⑤]，但多据伯希和之说，缺乏创新研究。越南陶维英《越南古代史》[⑥]、黎文兰等《越南青铜时代的第一批遗迹》[⑦]，则从越南历史和考古的角度对先秦两汉时期越南与中国西南的文化和族群等关系问题发表了意见。

这些研究具有开拓性的意义，然而由于文献资料和相关考古资料的贫乏，对许多问题还缺乏深入研究，研究所涉及的面也是比较有限的。

20世纪80年代，西南地区与全国形势一致，全面推进改革开放。在这样的大形势下，深处欧亚内陆的中国西南地区，在古代与南亚、东南亚的交通与贸易问题上，开始受到相当的重视。在政府的支持下，学术界迅速开展研究，提出"南方丝绸之路"的概念。迄今为止，掀起了三次南方丝绸之路的学术研究高潮，取得了前所未有的成就。

本文扼要回顾学术界的三次研究高潮以及取得的成就。

一 南方丝绸之路第一次学术研究高潮

20世纪80年代中期，在全国改革开放的形势下，西南地区非常急迫

[①] 严耕望：《汉晋时期滇越通道辩》，《唐代滇越通道辩》，均载香港中文大学《中国文化研究所学报》1976年第8卷第1期。

[②] 伯希和：《交广印度两道考》，中华书局1955年版。

[③] 国外学者的研究，多收入冯承钧编译的《西域南海史地考证译丛》1—7编，商务印书馆1962年版。

[④] 藤田丰八：《中国南海古代交通丛考》，商务印书馆1936年版。

[⑤] G. E. 哈维：《缅甸史》，商务印书馆1957年版。波巴信：《缅甸史》，商务印书馆1965年版。D. G. E. 霍尔：《东南亚史》（上册），商务印书馆1982年版。

[⑥] 陶维英：《越南古代史》，科学出版社1959年中译本。

[⑦] 黎文兰等：《越南青铜时代的第一批遗迹》，河内科学出版社1963年版。

地走向世界，学术界敏锐地提出，中国西南地区通往东南亚、南亚、中亚以至西亚和地中海地区的交通线路，早在西方时期便有文字记载，即是《史记》所记载的"蜀身毒道"。联系到西南地区的考古发现，于是提出"南方丝绸之路"的概念。在学术界和地方政府的共同努力下，掀起了南方丝绸之路研究的高潮。

实地考察是这个时期的亮点。一批学者考察了从四川成都到云南腾冲的交通线，明确了这条线路的主要走向。这是学术界第一次开展南方丝绸之路的实地考察，虽然实地考察仅限于国内段，而且只进行了西线的实地考察，但在当时的条件下，已经是一个了不起的开端。

举办以南方丝绸之路为主题的学术研讨会，也是这个时期南方丝绸之路研究的一个亮点。历次学术研讨会吸引了许多中外知名学者参加，推出了一系列研究成果，形成了一定的规模和影响，有力地推进了西南地区的对外开放和交流。

这一时期的代表性成果主要有：任乃强的《中西陆上古商道》[1]，童恩正的《略谈秦汉时代成都地区的对外贸易》[2]，陈炎的《汉唐时缅甸在西南丝道中的地位》[3]，方国瑜的《中国西南历史地理考释》[4]，陈茜的《川滇缅印古道初考》[5]，张增祺的《战国至西汉时期滇池区域发现的西亚文物》[6]，徐中舒的《〈交州外域记〉及蜀王子安阳王史迹笺证》[7]，蒙文通的《越史丛考》中的《安阳王杂考》[8]，陈炎的《最早的西南"丝绸之路"》[9]，徐冶、王清华、段鼎周等的《南方陆上丝绸路》[10]，伍加伦、

---

[1] 任乃强：《中西陆上古商道》，《文史杂志》1987年第1期。
[2] 童恩正：《略谈秦汉时代成都地区的对外贸易》，徐中舒主编《巴蜀考古论文集》，文物出版社1987年版。
[3] 陈炎：《汉唐时缅甸在西南丝道中的地位》，《东方研究》1980年第1期。
[4] 方国瑜：《中国西南历史地理考释》，中华书局1987年版。
[5] 陈茜：《川滇缅印古道初考》，《中国社会科学》1981年第1期。
[6] 张增祺：《战国至西汉时期滇池区域发现的西亚文物》，《思想战线》1982年第2期。
[7] 徐中舒：《〈交州外域记〉及蜀王子安阳王史迹笺证》，《徐中舒历史论文选辑》，中华书局1998年版。
[8] 蒙文通：《越史丛考·安阳王杂考》，人民出版社1983年版。
[9] 陈炎：《最早的西南"丝绸之路"》，《中国建设》（英文）1986年第10期。
[10] 徐冶、王清华、段鼎周：《南方陆上丝绸路》，云南民族出版社1987年版。

江玉祥主编的论文集《古代西南丝绸之路》[①]，段渝于1989年提交中国先秦史学会第四次年会并分别发表的论文《论商代长江上游川西平原青铜文化与华北和世界古文明的关系》《商代蜀国青铜雕像文化来源和功能之再探讨》[②]，刘弘、范建华主编的论文集《南方丝绸之路文化论》[③]，蓝勇的《南方丝绸之路》[④]，四川省钱币学会、云南省钱币研究会编的论文集《南方丝绸之路货币研究》[⑤]，申旭的《中国西南对外关系史研究——以南方丝绸之路为中心》[⑥]，陆韧的《云南对外关系史》[⑦]，等等。

这一时期的研究成果明确了南方丝绸之路的开通时间、主线路及道路的主要作用。在先秦时期，中国西南地区就有通往南亚、东南亚的交通线路，这条线路是古代民族迁徙的通道，是中国西南地区与国外、域外进行对外贸易和文化交流的通道。这条交通线，学术界称之为"南方丝绸之路"或"西南丝绸之路"。

二 南方丝绸之路第二次学术研究高潮

进入21世纪，在加强开放，促进西南地区与南亚、东南亚经济文化交流与合作的形势下，文化交流、文化建设、文化资源开发得到空前的发展机遇，南方丝绸之路研究也进一步受到学术界和政府的重视。鉴于以往对南方丝绸之路的研究，主要集中在我国境内段的考察和线路研究方面，对南方丝绸之路缺乏完整而全面的认识，不能有效配合改革开放的形势需要，尤其是文化建设方面的情况。2007年4月，四川师范大学

[①] 伍加伦、江玉祥主编：《古代西南丝绸之路》，四川大学出版社1990年版。
[②] 段渝：《论商代长江上游川西平原青铜文化与华北和世界古文明的关系》，《东南文化》1993年第2期；《商代蜀国青铜雕像文化来源和功能之再探讨》，《四川大学学报》1991年第2期。
[③] 刘弘、范建华主编：《南方丝绸之路文化论》，云南民族出版社1991年版。
[④] 蓝勇：《南方丝绸之路》，重庆大学出版社1992年版。
[⑤] 四川省钱币学会、云南省钱币研究会编：《南方丝绸之路货币研究》，四川人民出版社1994年版。
[⑥] 申旭：《中国西南对外关系史研究——以南方丝绸之路为中心》，云南美术出版社1994年版。
[⑦] 陆韧：《云南对外关系史》，云南民族出版社1997年版。

巴蜀文化研究中心与中共成都市委宣传部充分协商后，设立了成都市文化建设重大项目"古蜀文明与南方丝绸之路研究"，将南方丝绸之路的文化交流、对外贸易作为研究的重点，进而推进南方丝绸之路的全面研究。同年4月，四川师范大学巴蜀文化研究中心、四川省凉山州博物馆、四川三星堆博物馆、四川省文物考古研究院等联合川、滇20多家考古文博单位，举行了大型的"三星堆与南方丝绸之路青铜文化学术研讨会"，同时举办了"三星堆与南方丝绸之路青铜文化展"，掀起了南方丝绸之路研究的新高潮。

这一时期学术研究的最大亮点，是在李绍明、何耀华、李学勤、耿昇、林向等老一辈学者的号召与支持下，川滇黔三省的历史学、考古学和民族学的学者联合起来，开展学术研究，从三个学科的角度共同攻关，将南方丝绸之路学术研究推向了新的高度.

在南方丝绸之路实地考察方面，有了创新性的进步，成都市文化建设重大项目"古蜀文明与南方丝绸之路研究"率先进行了广泛深入的国外段考察，学术考察足迹达到欧洲和非洲。实地考察了南方丝绸之路区域的绝大多数国家和地区，以及博物馆中藏有相关考古资料的国家，包括缅甸、印度、伊朗、土耳其、埃及、希腊、意大利、法国、德国、英国、荷兰、奥地利、俄国、哈萨克斯坦、越南、柬埔寨、泰国等20多个国家和地区。实地考察了交通线路、文物古迹，搜集了大量的资料，使南方丝绸之路的研究具有了国际性。

这一时期南方丝绸之路的学术研究也进入了有组织的层面。教育部人文社会科学重点研究基地四川师范大学巴蜀文化研究中心将南方丝绸之路研究列入中心两大科研主攻方向之一（另一个主攻方向为三星堆文化研究）。中心每年组织5—10个科研资助项目，积极帮助申报各级科研资助项目；主办相关学术研讨会，包括大型国际学术研讨会；出版学术丛书、论文集，大力推进南方丝绸之路的学术研究。

在以往学术研究的基础上，学术界将这一阶段南方丝绸之路研究的突破口定位在文化交流方面，以文化交流为主要线索，深入探讨南方丝绸之路在文化交流方面的功能。研究内容包括经由南方丝绸之路的川滇黔三省的地区文化交流，西南地区与中原地区的文化交流，西南地区与南亚、西亚以及东南亚地区的文化交流。

自 2007 年后，以川、滇、渝、黔为主的学者开展了一系列学术研究和学术活动，召开学术研讨会、举办文物展览、拍摄电视片、开展中外实地考察、出版学术著作、发表学术论文等，取得了丰硕的成果。这一时期具有代表性的学术成果有：李学勤的《三星堆文化与西南丝绸之路》[1]，李绍明的《越南访古札记》《南方丝绸之路滇越交通探讨》[2]，段渝的《中国西南的早期对外交通——先秦两汉的南方丝绸之路》《古蜀文明与早期中印交流》《巴蜀古代文明与南方丝绸之路》《三星堆古蜀文明与南方丝绸之路》《藏彝走廊与丝绸之路》《中国西南地区海贝和象牙的来源》《商代中国西南青铜剑的来源》《蜀身毒道与南方丝绸之路》《古代四川盆地偶像式构图与情节式构图艺术形式的来源》[3]，刘弘的《巴蜀文化在西南地区的辐射与影响》《南方丝绸之路早期商品交换方式变更考——从滇人是否使用贝币谈起》《西南地区用杖习俗研究》[4]，陈德安的《古蜀文明与周边各文明的关系》[5]，李保伦的《云南"滇东北"地区川滇间的文化交流线》[6]，周志清的《浅议滇东黔西地区与巴蜀的关系》[7]，肖

---

[1] 李学勤：《三星堆文化与西南丝绸之路》，《文明》2007 年第 7 期。

[2] 李绍明：《越南访古札记》，《中华文化论坛》2007 年第 3 期；《南方丝绸之路滇越交通探讨》，段渝主编《南方丝绸之路论集》，巴蜀书社 2008 年版。

[3] 段渝：《中国西南的早期对外交通——先秦两汉的南方丝绸之路》，《历史研究》2009 年第 1 期；《古蜀文明与早期中印交流》，段渝主编《南方丝绸之路论集》，巴蜀书社 2008 年版；《巴蜀古代文明与南方丝绸之路》，中国中外关系史学会主编《中外关系史论丛》第 11 辑《丝绸之路与文明的对话》，新疆人民出版社 2007 年版；《藏彝走廊与丝绸之路》，《西南民族大学学报》2010 年第 2 期；《商代中国西南青铜剑的来源》，《社会科学研究》2009 年第 2 期；《蜀身毒道与南方丝绸之路》，《云南抚仙湖与世界文明学术研讨会论文集》，云南人民出版社 2012 年版；《古代四川盆地偶像式构图与情节式构图艺术形式的来源》，《多元宗教文化视野下的中外关系史》，甘肃人民出版社 2012 年版。

[4] 刘弘：《巴蜀文化在西南地区的辐射与影响》，段渝主编《南方丝绸之路论集》，巴蜀书社 2008 年版；《南方丝绸之路早期商品交换方式变更考——从滇人是否使用贝币谈起》，《中华文化论坛》2008 年 12 月。

[5] 陈德安：《古蜀文明与周边各文明的关系》，段渝主编《南方丝绸之路研究论集》，巴蜀书社 2008 年版。

[6] 李保伦：《云南"滇东北"地区川滇间的文化交流线》，段渝主编《南方丝绸之路研究论集》，巴蜀书社 2008 年版。

[7] 周志清：《浅议滇东黔西地区与巴蜀的关系》，段渝主编《南方丝绸之路研究论集》，巴蜀书社 2008 年版。

明华的《南丝路上的云南青铜文化》[1]，林向的《"南方丝绸之路"上发现的"立杆测影"文物》[2]，霍巍的《盐源青铜器中的"一人双兽纹"青铜枝形器及其相关问题初探》[3]，江章华的《对盐源盆地青铜文化的几点认识》[4]，王仁湘的《滇鼓用途面面观》[5]，刘成武、康利宏的《"南方丝绸之路"对曲靖青铜时代墓葬的影响》[6]，蓝勇的《汉源晒经石与南方丝绸之路》[7]，江玉祥的《"老鼠嫁女"：从印度到中国——沿西南丝绸之路进行的文化交流事例之一》[8]，邓聪的《中越牙璋竖向刻纹辨识》[9] 等，段渝主编的《南方丝绸之路研究论集（二）》[10]，等等。

这一次的学术高潮中还有一大特点，就是通过播放电视片、举办文物展览和出版普及读物，南方丝绸之路学术研究走向社会，进入大众的视野。在广汉三星堆博物馆举办的"三星堆与南方丝绸之路青铜文化展"，汇聚了南方丝绸之路沿线二十多家考古文博单位提供的青铜文物283件，古代西南青铜艺术瑰宝得以第一次集中展示，通过科普化的陈列手段全面反映了南方丝绸之路的历史文化风采，拓展了南方丝绸之路文化研究成果，使得南方丝绸之路的历史文化和文物考古知识得以向广大

---

[1] 肖明华：《南丝路上的云南青铜文化》，段渝主编《南方丝绸之路研究论集》，巴蜀书社2008年版。

[2] 林向：《"南方丝绸之路"上发现的"立杆测影"文物》，段渝主编《南方丝绸之路研究论集》，巴蜀书社2008年版。

[3] 霍巍：《盐源青铜器中的"一人双兽纹"青铜枝形器及其相关问题初探》，段渝主编《南方丝绸之路研究论集》，巴蜀书社2008年版。

[4] 江章华：《对盐源盆地青铜文化的几点认识》，段渝主编《南方丝绸之路研究论集》，巴蜀书社2008年版。

[5] 王仁湘：《滇鼓用途面面观》，段渝主编《南方丝绸之路研究论集》，巴蜀书社2008年版。

[6] 刘成武、康利宏：《"南方丝绸之路"对曲靖青铜时代墓葬的影响》，段渝主编《南方丝绸之路研究论集》，巴蜀书社2008年版。

[7] 蓝勇：《汉源晒经石与南方丝绸之路》，段渝主编《南方丝绸之路研究论集》，巴蜀书社2008年版。

[8] 江玉祥：《"老鼠嫁女"：从印度到中国——沿西南丝绸之路进行的文化交流事例之一》，段渝主编《南方丝绸之路研究论集》，巴蜀书社2008年版。

[9] 邓聪：《中越牙璋竖向刻纹辨识》，段渝主编《巴蜀文化研究集刊》第7卷《南方丝绸之路研究论集（二）》，巴蜀书社2012年版。

[10] 段渝主编：《巴蜀文化研究集刊》第7卷《南方丝绸之路研究论集（二）》，巴蜀书社2012年版。

民众普及。展览时间从 2007 年 4 月至 2008 年 5 月 10 日，共计接待专家学者和游客 138159 人次。

为了配合此次展览，还编辑出版了《"三星堆与南方丝绸之路青铜文化学术研讨会"论文集》和展览图集《三星堆与南丝路——中国西南地区青铜艺术》，其中《三星堆与南丝路——中国西南地区青铜艺术》一书被评为"2007 年度全国文博考古十佳图书"。

三　南方丝绸之路研究第三次学术高潮

2013 年 9 月和 10 月，国家主席习近平分别提出建设"丝绸之路经济带"和"21 世纪海上丝绸之路"的合作倡议，随着"一带一路"建设的不断发展，学术界也以更大热情投入南方丝绸之路的研究。在以往研究成果的基础上全面推进，掀起了第三次学术高潮，不仅有古代历史学方面的研究，而且有联系现实经济文化建设的思考；不仅有中国与南亚、东南亚关系的研究，而且将南方丝绸之路放到整个欧亚古代文明中的探索，取得了更加丰硕的成果。

2013 年以来，四川师范大学巴蜀文化研究中心先后联合了中国先秦史学会、中国中外关系史学会、中国社会科学院《中国史研究动态》编辑部、大理市政府、中共德阳市委宣传部、成都市博物院、雅安市博物馆、三星堆博物馆、德阳市文联、四川师范大学文学院、《四川师范大学学报》编辑部等单位，多次共同主办了大型的南方丝绸之路学术研讨会，有力地促进了学术交流，宣传了南方丝绸之路文化。

这一时期的学术研究重点是南方丝绸之路与欧亚古代文明，对中国西南地区以三星堆文明、巴蜀文化、滇文化为代表的古代文明在整个欧亚古代文明形成与发展中的地位与作用进行系统研究。并且深入研究经由南方丝绸之路，中国文明对外传播的时间、路径、途径、机制、内容等，探明南方丝绸之路是中国文明对外传播的重要路径之一，中国西南地区是古代中国文明向东南亚传播的"文化集中地"，向印度东北部传播最重要的通道。经由印度东北部，中国文明还传播到了西亚及地中海地区。段渝的国家社科基金重大招标项目"南方丝绸之路与欧亚古代文明研究"（2010年）、邹一清的国家社科基金年度一般项目"南方丝绸之路与中国文明对外传播研究"（2016年）、林文勋的国家社科基金重大招标项目"历史上北方、南方和海上丝绸之路的互动关系及数据库建设"（2019年）的设立，表明南方丝绸之路的学术研究向着更加深入的方向发展。

2013年以来具有代表性的学术成果有：万明的《整体视野下丝绸之路的思考——以明代南方丝绸之路为中心》①，段渝的《南方丝绸之路与中西文化交流》《五尺道的开通及相关问题》《古代中印交通与中国丝绸西传》《南方丝绸之路：中印交通与文化走廊》*Unfolding "Cina" and "Seres" and the Westerly Transmission of Chinese Silk*（《Cina、Seres、Thinai与中国丝绸西传》）、*The Ancient Sichuan and Civilization in Southeast Asia*（《古代四川与东南亚文明》）、*The Source of the Sea Shells and Iveries in Southwest China in the pre-Qin Period*（《中国西南海贝和象牙的来源》）、《茶马古道与丝绸之路》《改革开放以来的"南方丝绸之路"研究》《走出盆地：巴蜀文化与欧亚古文明》②，方铁的《简论西南丝绸之路》③，邹一清的《南方丝绸之路与道教在东南亚的传播》《略论南诏的对外文化传播》《南方丝绸之路对外贸易的研究及展望》《印度河文明与古蜀文明若干问题

---

① 万明：《整体视野下丝绸之路的思考——以明代南方丝绸之路为中心》，《中华文化论坛》2015年第9期。

② 段渝：《南方丝绸之路与中西文化交流》，《中国社会科学报》2014年8月23日；《五尺道的开通及相关问题》，《四川师范大学学报》2013年第4期；《古代中印交通与中国丝绸西传》，《天府新论》2014年第1期；《南方丝绸之路：中印交通与文化走廊》，《思想战线》2015年第6期；*Unfolding "Cina" and "Seres" and the Westerly Transmission of Chinese Silk*（《Cina、Seres、Thinai与中国丝绸西传》），*China and India: Histroy, Culture, Cooperation and Competition*, SAGE Publications India Pvt Ltd, New Delhi, India, 2016; *The Ancient Sichuan and Civilization in Southeast Asia*（《古代四川与东南亚文明》），*Advancing Southeast Asian Archaeology: Selected Papers from the First SEAMEO SPAFA International Conference on Southeast Asian Archaeology, Bangkok, Thailand,* 2015; *The Source of the Sea Shells and Iveries in Southwest China in the pre-Qin Period*（《中国西南海贝和象牙的来源》），*Papers form the Fourteenth International Conference of the European Association of Southeast Asian Archaeologists*, Archaeopress Publishing LTD, Oxford, 2020；《〈荥经茶马古道〉序——茶马古道与丝绸之路》，四川省荥经县政协编《荥经茶马古道》2015年；《改革开放以来的"南方丝绸之路"研究》，《中国民族报》2019年7月19日；《走出盆地：巴蜀文化与欧亚古文明》，人民出版社2019年版。

③ 方铁：《简论西南丝绸之路》，《长安大学学报》2015年第17卷第3期。

比较研究》①，李桂芳的《秦汉时期的南方丝绸之路与中央王朝对西南地区的治理》②，黄家祥、李炳中的《南丝路上的文化遗产与交通枢纽——雅安》，肖明华的《西南地区古今海贝与南方丝绸之路》，张合荣的《先秦时期滇东黔西地区的族群文化交流——兼谈"南方丝绸之路"东线通道的形成》，刘弘的《三星堆象头冠与印度中印象头神之比较》，龚伟的《〈史记〉〈汉书〉所载"西夷西"道覆议——兼论汉代南方丝绸之路的求通》，汤洪的《"峨眉"语源考》③，等等。尤其值得介绍的是，2017年底推出了第一套南方丝绸之路丛书，该丛书由段渝主编，共五册：《历史越千年》《贸易通天下》《古城尽朝晖》《人物竞风流》《老路新观察》④。

  改革开放40年来，经过三次学术研究高潮的推进，南方丝绸之路研究得到极大的发展，南方丝绸之路已从学术"冷门"变为"热点"，逐渐为学术界和社会各界普遍认同和关注。正如已故的学术前辈李学勤先生所说："丝绸之路的研究在学术史上是非常重要的，是今天非常有影响的一门学科的起点。这门学科就是欧亚学。欧亚学专门研究欧亚大陆，从北方草原地区开始，南方到南亚，把欧亚大陆作为一个整体来研究。这是人文学科里最前沿的国际性学科……几条丝绸之路里面，最值得进一步研究的是西南丝绸之路"⑤。放眼未来，南方丝绸之路研究方兴未艾，还有很多问题，如四条丝绸之路的整体关系与对接、丝绸之路在世界文明史中的地位与作用等，都值得深入研究。而对包括南方丝绸之路在内的丝绸之路的进一步系统研究，则需要从理论和实际等多方面开展整体

---

  ① 邹一清：《南方丝绸之路与道教在东南亚的传播》，《中华文化论坛》2017年第10期；《略论南诏的对外文化传播》，段渝主编《巴蜀文化研究集刊》，四川师范大学出版社2011年版；《南方丝绸之路对外贸易的研究及展望》，《中国史研究动态》2016年第4期；《印度河文明与古蜀文明若干问题比较研究》，《中华文化论坛》2015年第12期。
  ② 李桂芳：《秦汉时期的南方丝绸之路与中央王朝对西南地区的治理》，《中华文化论坛》2016年第8期。
  ③ 均见段渝主编《巴蜀文化研究集刊》第9卷，四川师范大学出版社2016年版。
  ④ 段渝主编：《南方丝绸之路丛书》，重庆大学出版社2017年版。
  ⑤ 李学勤：《三星堆文化与西南丝绸之路》，段渝主编《巴蜀文化研究集刊》，巴蜀书社2012年版，第11—12页。

研究，从全国以至国际的高度，以欧亚以至全球的视野，整体地把握丝绸之路的历史发展脉络，深入考察丝绸之路对中国历史以至世界历史的卓越贡献、巨大影响和历史作用，以期使丝绸之路研究在新时代获得创新性发展。

20世纪80年代以来中国古代中越关系史研究述略

于向东　成思佳

（郑州大学马克思主义学院）

中国和越南山水相连，有着悠久的历史联系。交趾、越裳之地在中国古籍中早已有零星记载，如关于传说时期的颛顼、尧、舜、禹均曾"南至交趾"或"南抚交趾"；《尚书大传》载，越裳氏使者在周成王时"三象重九译而献白雉"①。秦汉时期，今越南北部和中部北区逐渐被纳入中国封建王朝的版图，开启长达千年的郡县时代（越南史学界称"北属时期"）。作为中国西南边疆的一部分，郡县时代的越南在中国汉唐时期历代封建王朝治理之下，社会经济和文化得到进步和发展。到北宋开宝元年（968），当地封建主丁部领扫平"十二使君之乱"，建立了越南历史上第一个独立自主封建王朝——丁朝，随后也正式开始了中越两国关系密切交往的历史。② 从丁朝起，越南历代封建王朝均与中国封建王朝保持密切的宗藩关系。一直持续到19世纪后半期，越南逐步沦为法国殖民

---

① 中国社会科学院历史研究所《古代中越关系史资料选编》编辑组编：《古代中越关系史资料选编》，中国社会科学出版社1982年版，第2页。

② 由于国内外学界对越南建立自主封建王朝时间的看法多有分歧，因此对古代中越国与国关系的开端亦有多种说法，如日本学者山本达郎等认为，其开端应始于唐末曲氏割据安南，参见[日] 山本達郎编《ベトナム中国関係史：曲氏の抬頭から清仏戦争まで》，山川出版社1975年版；《古代中越关系史资料选编》编辑组认为，中越之间的国家关系应从10世纪中叶吴权称王开始，参见中国社会科学院历史研究所《古代中越关系史资料选编》编辑组编《古代中越关系史资料选编》，中国社会科学出版社1982年版。著名越南史家戴可来于向东教授认为，古代中越国与国之间关系应始于公元968年丁部领建国，参见戴可来、于向东主编《越南》，广西人民出版社1998年版。

地,中越两国之间传统宗藩关系逐步终结。

中国自古以来就形成了关注和研究越南的传统,尤其是元代以降,形成不少记载越南历史和中越关系的著述,如元代有徐明善的《天南行记》、陈刚中的《交州稿》,明代有丘浚的《平定交南录》、李文凤的《越峤书》、郑若曾的《安南图说》、张镜心的《驭交记》,清代有李仙根的《安南使事纪要》、高熊徵的《安南志》、徐延旭的《越南辑略》、盛庆绂的《越南地舆图说》等。越南古籍如《大越史略》,也进入中国典籍系统得以保存传世。20世纪五六十年代,在中越两国"同志加兄弟"友好关系的大背景下,中国学术界对于古代中越关系史研究有了一定的发展。1978年底,中国改革开放以后,尤其是经历70年代末到80年代中越关系交恶,再到1991年底中越关系恢复正常化以来,我国学术界古代中越关系史的研究进入了一个新的历史时期,可谓硕果累累,百花争艳。现拟从几个方面,对我国学术界20世纪80年代以来关于古代中越关系史研究的成果进行大致的梳理和考察,以供学界参考。

一 古代中越关系史相关史料整理和研究

史料搜集和整理是任何历史研究的基础。就古代中越关系史的研究来说,史料的搜集和整理也受到我国学术界高度重视。古代中越关系的史料主要包括两大部分:其一,是中国古代形成的各类汉文典籍;其二,是越南古代出现的各种汉喃文献。改革开放以来,国内学界对相关史料的整理和研究主要取得了以下几个方面的成就。

第一,考辨学术源流,以专题形式对相关史料进行摘录和汇编,并在此基础上进行系统研究。如中国社会科学院历史研究所组织陈智超、周绍泉等一批专家学者编辑的《古代中越关系史资料选编》一书,出版较早,内容充实,资料搜集可谓宏富,对中越两国现存的古代正史及其他官方史籍和一些档案中的史料进行摘录和编辑。[①] 同时,该书也对

---

① 中国社会科学院历史研究所《古代中越关系史资料选编》编辑组编:《古代中越关系史资料选编》,中国社会科学出版社1982年版。

古代中越关系发展的历史分期、主要内容提出看法，批驳了当时越南学界关于中越关系认知的一些错误观点。该书是中越关系非正常化时期出版的颇具学术价值的著作，对于我国古代中越关系史学术研究产生了很大影响，在同类著述中，尚未见出其右者。萧德浩和黄铮主编的《中越边界历史资料选编》一书，分为上下两册，上册主要对涉及古代中越边界的相关史料进行了选编，下册在近代中越边界史料上用力甚多。① 李国祥、杨昶主编《明实录类纂》，其中的《涉外史料卷》将《明实录》中有关中越交往的史料进行了汇编。② 进入21世纪，相继有许文堂、谢奇懿编成《大南实录清越关系史料汇编》，将越南阮朝官修史书《大南实录》中涉及的清代中越关系史料，做了摘编和整理；③ 陈鸿瑜写成《宋朝与东南亚关系编年史料编著》，其中涉及宋朝与越南关系的史料摘编和注释；④ 陈佳荣、钱江、张广达编成《历代中外行纪》，其中摘编了不少与古代中越关系相关的基本史料；⑤ 近期，王柏中等出版《〈大南实录〉中国西南边疆相关史料辑》，亦以《大南实录》为底本，对其中涉及中国西南边疆的相关史料进行摘编，但其中的部分内容与许文堂等的摘编有所重合。⑥ 这些史料的摘录、汇编考察了学术的源流，可见史料的因袭变化，本身就是一种基础性的学术研究和学术贡献，也为学界研究古代中越关系提供了诸多便利。

第二，梳理学术成果，编辑相关书目评介或书目提要，为进一步研究提供基础。在改革开放以前，我国学者就编成了一些相关的书目，较

---

① 萧德浩、黄铮主编：《中越边界历史资料选编》上册，社会科学文献出版社1993年版。
② 李国祥、杨昶主编：《明实录类纂》（涉外史料卷），武汉出版社1991年版。
③ 许文堂、谢奇懿编：《大南实录清越关系史料汇编》，台湾"中央研究院"东南亚区域研究计划，2000年。
④ 陈鸿瑜：《宋朝与东南亚关系编年史料编著》（上），台湾《"国立"政治大学历史学报》2002年第19期；陈鸿瑜：《宋朝与东南亚关系编年史料编著》（下），台湾《"国立"政治大学历史学报》2003年第16期。
⑤ 陈佳荣、钱江、张广达编：《历代中外行纪》，上海辞书出版社2008年版。
⑥ 王柏中等辑录：《〈大南实录〉中国西南边疆相关史料辑》，社会科学文献出版社2015年版。

为著名的有冯承钧编写的《安南书录》[1]、郭廷以等编写的《中国关于越南著述目录》[2]等。改革开放以后，国内相关的书目和书目提要的编写进一步增多，其中较为重要的有韩振华辑录《（原）河内远东博古学院所藏越南古史书目录摘录》[3]，戴可来辑录《东洋文库安南本目录》[4]，顾海编著的《东南亚古代史中文文献提要》[5]，张秀民编著的《中越关系书目（国人著述）》[6]《安南书目提要三种》[7]《安南书目提要》[8]《安南书目提要九种》[9]《安南书目提要十一种》[10]《中越关系史书目（续编）》[11]，纪宗安主编的《中外关系史名著提要》[12]，刘春银、王小盾和越南学者陈义主编的《越南汉喃文献目录提要》[13]，刘春银、林庆彰和陈义主编的《越南汉喃文献目录提要补遗》[14]，牛军凯编写的《法国亚洲学会图书馆藏越南汉喃古籍书目》[15]，成思佳编译、于向东审校的《山本达郎教授收藏之越

---

[1] 冯承钧：《安南书录》，见冯承钧撰《西域南海史地考证论著汇辑》，中华书局1957年版，第225—243页。

[2] 郭廷以等：《中越文化论集》（二），中华文化事版事业委员会，1956年，第311—349页。

[3] 韩振华：《（原）河内远东博古学院所藏越南古史书目录摘录》，《中国东南亚研究会通讯》1985年第3期。

[4] 戴可来辑录：《东洋文库安南本目录》，《中国东南亚研究会通讯》1985年第3期。

[5] 顾海编著：《东南亚古代史中文文献提要》，厦门大学出版社1990年版。

[6] 张秀民：《中越关系书目（国人著述）》，见张秀民著《中越关系史论文集》，（台湾）文史哲出版社1992年版，第211—236页。

[7] 张秀民：《安南书目提要三种》，《中国东南亚研究会通讯》1995年第1期。

[8] 张秀民：《安南书目提要》，《北京图书馆馆刊》1996年第1期。

[9] 张秀民：《安南书目提要九种》，《中国东南亚研究会通讯》1995年第2—3期。

[10] 张秀民：《安南书目提要十一种》，《中国东南亚研究会通讯》1996年第1—2期；张秀民：《安南书目提要十一种（续）》，《中国东南亚研究会通讯》1996年第3期。

[11] 注：该书目被分为三部分，陆续在《中国东南亚研究会通讯》2000年第1、2期和2001年第1期上刊载。

[12] 纪宗安主编：《中外关系史名著提要》，中国华侨出版社2002年版。

[13] 刘春银、王小盾、陈义主编：《越南汉喃文献目录提要》，台湾"中央研究院"中国文哲研究所，2002年。

[14] 刘春银、林庆彰、陈义主编：《越南汉喃文献目录提要补遗》，台湾亚太区域研究专题中心，2004年。

[15] 牛军凯：《法国亚洲学会图书馆藏越南汉喃古籍书目》，《中国东南亚研究会通讯》2010年第1期。

南汉喃文献书目》[①] 等。其中,《越南汉喃文献目录提要》和《补遗》二书尤为重要,前者参照中国传统经史子集四部分类的方法,对越南汉喃研究院和法国各典藏单位(如远东学院图书馆、法国亚洲学会图书馆等)收藏的 5000 余种汉喃文献进行版本学的系统介绍,为学者的研究提供了很多方便;后者则在《提要》基础上,补充著录了神敕、神迹、俗例、地薄、古纸和社志六类汉喃文献,合计有 2280 册。上述诸书目或书目提要,涉及中国、越南、日本和法国等国的众多科研机构所藏的各种中越古代文献,起到了辨别学术、分明例类的作用,也是对古代中越交往和两国关系史研究的贡献。

第三,搜集整理史料,点校或影印出版了一大批相关的中越历史和与中越交往相关的古籍文献。就中国文献而言,有苏继庼校释的《岛夷志略校释》[②],谢方点校的《东西洋考》[③]《殊域周咨录》[④]《海外纪事》[⑤]、校注的《西洋朝贡典录》[⑥],陈玉龙校注的《安南军营纪略校注》[⑦],胡起望、覃光广校注的《桂海虞衡志》[⑧],台湾大通书局出版的标点本《海南杂著》[⑨],武尚清点校的《安南志略》[⑩],杨博文校释的《诸蕃志校释》[⑪],杨武泉校注的《岭外代答校注》[⑫],赵克生、李燃点校的《苍梧总督军门志》[⑬] 等。上述诸书更多的是中外交通或地理类旁及中越关系

[①] 成思佳编译,于向东审校:《山本达郎教授收藏之越南汉喃文献书目》,《中国东南亚研究会通讯》2018 年第 1 期。

[②] (元)汪大渊原著,苏继庼校释:《岛夷志略校释》,中华书局 1981 年版。

[③] (明)张燮著,谢方点校:《东西洋考》,中华书局 1981 年版。

[④] (明)严从简著,余思黎(谢方)点校:《殊域周咨录》,中华书局 1993 年版。

[⑤] (清)大汕著,余思黎(谢方)点校:《海外纪事》,中华书局 1995 年版。

[⑥] (明)黄省曾著,谢方校注:《西洋朝贡典录》,中华书局 1982 年版。

[⑦] 陈玉龙:《安南军营纪略校注》,见北京大学东方语言文学系编《东方研究论文集》,北京大学出版社 1983 年版。

[⑧] (宋)范成大著,胡起望、覃光广校注:《桂海虞衡志》,四川民族出版社 1986 年版。

[⑨] (清)蔡廷兰:《海南杂著》,台湾大通书局 1987 年版。

[⑩] [越]黎崱著,武尚清点校:《安南志略》,中华书局 1995 年版。

[⑪] (宋)赵汝适原著,杨博文校释:《诸蕃志校释》,中华书局 1996 年版。

[⑫] (宋)周去非著,杨武泉校注:《岭外代答校注》,中华书局 1999 年版。

[⑬] (明)应槚辑,凌云翼、刘尧诲重修,赵克生、李燃点校:《苍梧总督军门志》,岳麓书社 2015 年版。

的相关著述,对专论中越关系的专著的点校和出版则相对较少。就越南文献而言,则有陈荆和校注的《往津日记》①《大越史记全书》②《大越史略》③,陈庆浩、王三庆主编的《越南汉文小说丛刊》(第一辑)④,戴可来、杨保筠点校的《岭南摭怪等史料三种》⑤,陈庆浩、郑阿财、陈义主编的《越南汉文小说丛刊》(第二辑)⑥,孙逊、陈益源和越南郑克孟主编的《越南汉文小说集成》⑦,北京大学《儒藏》编撰与研究中心编撰、阮金山主编的《儒藏(精华编):越南之部一》⑧,孙晓、牛军凯等点校的《大越史记全书》⑨等。与中国文献相类似,上述诸书则多为史学、文学、经学类著述而涉及中越关系,越南汉喃文献中的直接记述中越关系的专著亦少有点校和出版。除了点校部分古籍外,国内还影印出版了不少相关的中越文献,如吴丰培整理的《钦定安南纪略》⑩,复旦大学文史研究院和越南汉喃研究院合编的《越南汉文燕行文献集成》⑪,牛军凯整理的《皇越一统舆地志》⑫《大南一统志》(嗣德版)⑬、《钦定大南会典

---

① [越]阮述著,陈荆和编注:《往津日记》,香港中文大学中国文化研究所,1980年。
② [越]吴士连、范公著、黎僖等著,陈荆和校注:《大越史记全书》,东京大学东洋文化研究所附属东洋学中心刊行委员会,1984—1986年。
③ [越]佚名著,陈荆和编校:《大越史略》,创价大学亚洲研究所,1987年。
④ 陈庆浩、王三庆主编:《越南汉文小说丛刊》(第一辑),台湾学生书局1987年版。
⑤ 戴可来、杨保筠点校:《岭南摭怪等史料三种》,中州古籍出版社1991年版。
⑥ 陈庆浩、郑阿财、陈义主编:《越南汉文小说丛刊》(第二辑),台湾学生书局1992年版。
⑦ 孙逊、郑克孟、陈益源主编:《越南汉文小说集成》,上海古籍出版社2010年版。
⑧ 北京大学《儒藏》编撰与研究中心编:《儒藏(精华编):越南之部一》,北京大学出版社2013年版。
⑨ [越]吴士连等著,孙晓、牛军凯、翟金明等点校:《大越史记全书》,西南师范大学出版社、人民出版社2015年版。
⑩ (清)方略馆纂,吴丰培整理:《安南纪略》,北京书目文献出版社1986年版。注:该书原名《钦定安南纪略》,吴先生在整理出版该书时,将其更名为《安南纪略》,本文在正文中使用原书名,注释中则从吴先生的出版书名。
⑪ 复旦大学文史研究院、[越]汉喃研究院合编:《越南汉文燕行文献集成》,复旦大学出版社2010年版。
⑫ [越]黎光定:《皇越一统舆地志》,法国亚洲学会藏本,西南师范大学出版社、人民出版社2015年版。
⑬ [越]阮朝国史馆编:《大南一统志》(嗣德版),法国亚洲学会藏本,西南师范大学出版社和人民出版社2015年版。

事例》（正续编）[①] 等。此外，《域外汉籍珍本文库》还相继影印出版了20余种越南汉喃文献，其中潘辉注的《皇越地舆志》、潘清简等的《钦定越史通鉴纲目》、阮文超的《大越地舆全编》、黄高启的《越史要》等均是研究古代中越关系的重要史料。[②] 在上述诸书中，《越南汉文燕行文献集成》的出版尤为引人注目，该书共计收录了越南陈朝至阮朝时期曾出使中国的53位使者所作的79部燕行汉喃文献，为古代中越关系史的研究提供了大量的越方视角的第一手史料，由此在中国国内掀起了一股研究越南燕行文献和古代中越交往的潮流。

第四，从古代中越交往和文化影响的视角出发，对有关文献进行历史或文化的考证。此类研究具有代表性的成果，如张秀民的《永乐〈交阯总志〉的发现》[③]，戴可来的《关于〈岭南摭怪〉的编者、版本和内容》[④]，武尚清的《从〈大越史记〉到〈大越史记全书〉》[⑤]《〈大越史记全书〉的发展与完成》[⑥]《〈安南志略〉在中国——成书、版本及传藏》[⑦]《〈钦定越史通鉴纲目〉评介》[⑧]，杨保筠的《潘辉注和〈历朝宪章类志〉》[⑨]，于向东的《黎贵惇及其〈抚边杂录〉研究》[⑩]《试论〈抚边杂录〉与几种史籍之间的因袭关系》[⑪]《〈抚边杂录〉的成书、体例及其抄

[①] [越]阮朝国史馆编：《钦定大南会典事例》（正续编），西南师范大学出版社、人民出版社2015年版。

[②] 注：此20余种越南汉喃文献，散附影印于《域外汉籍珍本文库》第1—4辑和《域外汉籍珍本文库丛编》之中，由于郑州大学图书馆尚未采购这些书籍，具体书目由西南师范大学出版社徐林平先生向笔者提供，在此表示衷心的感谢。

[③] 张秀民：《永乐〈交阯总志〉的发现》，《兰州大学学报》1981年第1期。

[④] 戴可来：《关于〈岭南摭怪〉的编者、版本和内容》，《郑州大学学报》（哲学社会科学版）1983年第4期。

[⑤] 武尚清：《从〈大越史记〉到〈大越史记全书〉》，《史学史研究》1986年第4期。

[⑥] 武尚清：《〈大越史记全书〉的发展与完成》，《史学史研究》1987年第1期。

[⑦] 武尚清：《〈安南志略〉在中国——成书、版本及传藏》，《史学史研究》1988年第2期。

[⑧] 武尚清：《〈钦定越史通鉴纲目〉评介》，《史学史研究》1988年第4期。

[⑨] 杨保筠：《潘辉注和〈历朝宪章类志〉》，《印度支那》1988年第1期。

[⑩] 于向东：《黎贵惇及其〈抚边杂录〉研究》，郑州大学硕士学位论文，1988年。

[⑪] 于向东：《试论〈抚边杂录〉与几种史籍之间的因袭关系》，《印度支那》1988年第4期。

本流传》①《〈海南杂著〉的作者与版本》②，于向东与成思佳合著的《郑若曾与〈安南图说〉略论》③，郭振铎的《越南〈大越史记全书〉的编撰及其若干问题》④，刘玉珺的《越南汉喃古籍的文献学研究》⑤，牛军凯的《〈大越史记全书〉"续编"初探》⑥，王丽敏的《黎澄及其〈南翁梦录〉研究》⑦，叶少飞的《〈小方壶斋舆地丛钞〉越南史地典籍解题》⑧，张志琪的《〈越峤书〉研究》⑨，成思佳的《高熊徵与〈安南志〉新论》⑩ 等。另外，成思佳经过对北京师范大学藏抄本《大越史略》的研究，认为该本是已知的唯一未经《四库全书》编者改订的《大越史略》抄本，是国内现存最原始的与古代中越关系研究相关的新史料之一，由此写成《现存最早的越南古代史籍——〈大越史略〉若干问题的再探讨》⑪ 和《现存最原始的越南陈朝史籍文本：北京师范大学藏抄本〈大越史略〉考论》⑫ 两文。

---

① 于向东：《〈抚边杂录〉的成书、体例及其抄本流传》，(北京)《东南亚学刊》1989 年试刊号。该文 1994 年在越南汉喃研究院的《汉喃杂志》第 4 期以越文发表，参见 Vu Hu'o'ng Đông, "Phu Biên Tap Luc" quá trình biên soa n, thê lê và các truyê n ban, *Tap Chí Hán Nôm*, 1994, sô 4.

② 于向东：《〈海南杂著〉的作者与版本》，《东南亚研究》2007 年第 4 期。

③ 于向东、成思佳：《郑若曾与〈安南图说〉略论》，《中国边疆史地研究》2016 年第 3 期。

④ 郭振铎：《越南〈大越史记全书〉的编撰及其若干问题》，《中国社会科学》1990 年第 1 期。

⑤ 刘玉珺：《越南汉喃古籍的文献学研究》，中华书局 2007 年版。

⑥ 牛军凯：《〈大越史记全书〉"续编"初探》，《南洋问题研究》2015 年第 3 期。

⑦ 王丽敏：《黎澄及其〈南翁梦录〉研究》，郑州大学硕士学位论文，2012 年。

⑧ 叶少飞：《〈小方壶斋舆地丛钞〉越南史地典籍解题》，《形象史学研究》2015 年第 1 期。

⑨ 张志琪：《〈越峤书〉研究》，广西师范大学硕士学位论文，2017 年。

⑩ 成思佳：《高熊徵与〈安南志〉新论》，该文目前尚未正式发表，但已收入《中国东南亚研究会第十届年会会议论文集》。

⑪ 成思佳：《现存最早的越南古代史籍——〈大越史略〉若干问题的再探讨》，《中国典籍与文化》2017 年第 3 期。

⑫ 成思佳：《现存最原始的越南陈朝史籍文本：北京师范大学藏抄本〈大越史略〉考论》，该文目前尚未正式发表，但已收入《中越关系研究："历史、现状与未来"国际研讨会会议论文集》。

二 对古代中越关系史研究理论或范式建构的探讨

改革开放以来，国内学人在继承前人研究成果的基础之上，逐步探索，试图建构古代中越关系史研究的相关理论或范式，产生较大影响的主要有以下几种说法。

第一，中越宗藩关系说。"宗藩关系"又称为"朝贡关系""封贡关系""华夷秩序""藩属关系"等，是当前国内外学界用以认识和解读古代中越关系尤其是官方关系最为普遍和基本的一种研究理论或范式。国内学者使用宗藩关系来认识和解读古代中越关系应始于我国著名史家邵循正先生。他于1933年在毕业论文《中法越南关系始末》中提出了"中越宗藩关系"的说法，认为"中越之宗藩关系，其历史依据至为充足，不生疑问"[①]。中华人民共和国成立以后，曾师从邵先生的戴可来先生，深受其中越宗藩关系理论的影响和浸润。改革开放以后，戴先生进一步发展和丰富了邵先生的研究，发表了一系列论述古代中越宗藩关系的学术论文，其中较为有代表性的有《中越关系简史》[②]《论中越关系史中的若干问题——兼驳越南史学界的反华谬论》[③]《略论古代中国与越南之间的宗藩关系》[④] 等。通过上述诸文，戴先生对古代中越宗藩关系的发展历程、主要内涵、基本内容和历史影响均进行了较为系统的梳理和论述，在此基础之上提出了认识古代越南与其周边诸小国或民族之间存在的"亚宗藩关系"理论。此外，陈玉龙的《略论中越历史关系的几个问

[①] 邵循正：《中法越南关系始末》，河北教育出版社2000年版，第48页。
[②] 戴可来：《中越关系简史》，见戴可来、于向东著《越南历史与现状研究》，香港社会科学出版社有限公司2006年版，第269—290页。
[③] 戴可来：《论中越关系史中的若干问题——兼驳越南史学界的反华谬论》，《华侨问题资料》1978年第3期。
[④] 戴可来：《略论古代中国与越南之间的宗藩关系》，《中国边疆史地研究》2004年第2期。

题》[1],于向东的《中越关系的历史演变与南海争端》[2]《中越关系的历史演变》[3],龙永行的《论中越历史上的宗藩关系——兼驳河内史家的种种谬说》[4],黄清根、陆妙春的《中越宗藩关系三题》[5]《中越宗藩关系简论》[6],许立坤的《中越宗藩关系之我见》[7],陈双燕的《试论中越宗藩关系的历史渊源》[8]《中越宗藩关系的历史发展述论》[9],陈国保的《越南使臣与清代中越宗藩秩序》[10]等文亦从不同的角度对古代中越宗藩关系的相关理论进行了阐发和论述。近期,梁志明和刘志强发表了《关于越南历史发展轨迹与特征的几点思考》一文,其中对宗藩关系在越南封建国家发展进程中的历史作用进行了较为详尽的论述,是为国内学界对古代中越宗藩关系理论的最新阐释和发展。[11]

第二,古代中越友好交往主流说。中华人民共和国成立以后,由于中越两党两国之间在一定时期内形成了"同志加兄弟"的友好关系,由此在国内逐渐形成了古代中越友好交往的研究理论或范式。在改革开放以前,代表性的论著有周一良的《中越两国人民的传统友好关系》[12],陈修和的《中越两国人民的友好关系和文化交流》[13],邵循正的《十七—十

---

[1] 陈玉龙:《略论中越历史关系的几个问题》,《印支研究》1983年第1期。
[2] 于向东:《中越关系历史演变与南海争端》,《新东方》2011年第6期。
[3] 于向东:《中越关系的历史演变》,《光明日报·理论周刊》2014年9月17日第014版。
[4] 龙永行:《论中越历史上的宗藩关系——兼驳河内史家的种种谬说》,《研究集刊》1986年第1期。
[5] 黄清根、陆妙春:《中越宗藩关系三题》,见广西中法战争史研究会编《中法战争史论文集(第四集)》,广西人民出版社1992年版,第14—24页。
[6] 黄清根、陆妙春:《中越宗藩关系简论》,《江汉论坛》1996年第11期。
[7] 许立坤:《中越宗藩关系之我见》,见广西中法战争史研究会编《中法战争史论文集(第四集)》,广西人民出版社1992年版,第25—37页。
[8] 陈双燕:《试论中越宗藩关系的历史渊源》,《上海大学学报》(社会科学版)1993年第3期。
[9] 陈双燕:《中越宗藩关系的历史发展述论》,《南洋问题研究》2000年第4期。
[10] 陈国保:《越南使臣与清代中越宗藩秩序》,《清史研究》2012年第2期。
[11] 梁志明、刘志强:《关于越南历史发展轨迹与特征的几点思考》,《东南亚研究》2016年第5期。
[12] 周一良:《中越两国人民的传统友好关系》,《新华月报》1955年7月。
[13] 陈修和:《中越两国人民的友好关系和文化交流》,中国青年出版社1957年版。

八世纪中越人民在南圻的合作》[1]。改革开放以后,古代中越友好交往的理论得到了进一步发展,如戴可来在《论中越关系史中的若干问题——兼驳越南史学界的反华谬论》一文中曾强调中越关系的历史主流是两国人民的友好交往,主要表现在两国人民和平共处,生产、文化知识的相互交流及在阶级斗争中的相互支持;[2] 陈玉龙在《中国和越南、柬埔寨、老挝的文化交流》一文中则认为:"中越两国人民的友好关系是非常悠久的,有信史可考者,至少在两千年以上……在历史长河中,册封和朝贡是经常起作用的因素,而边衅或战争,只不过是短暂的一瞬"[3];梁志明在《悠久绵长,交相辉映——中国与越南、老挝、柬埔寨的文化交流》一文中则将中越关系分为郡县时期、宗藩时期、殖民时期和睦邻时期四个历史阶段,对各个阶段的中越友好文化交流进行了系统的阐述和论证。[4] 古小松编著的《越南国情和中越关系》则认为:"中越宗藩关系存在九百多年,两国友好往来是历史的主流,战争的时间是非常短暂的,总共也不过二十来年"[5]。近期,于向东发表《中越关系的历史演变》一文,该文从越南海洋史和中越海上交往史的研究视角出发,认为中越友好交往是中越关系史的主流,古代"两国官方和民间的海上合作也是中越友好交往的途径之一,其表现在南海缉拿海盗、保护商船航海通行安全、救助海上遇难船只和漂民、在东南亚一带贸易活动中华人为越南人的沿海航行引航等"[6]。

第三,汉文化圈说。"汉文化圈"又称为"汉字文化圈""中国文化圈"或"东亚文化圈",其在地理上以中国为中心,包含朝鲜、日本、越

---

[1] 邵循正:《十七—十八世纪中越人民在南圻的合作》,见史学双周刊社编辑《中国和亚非各国友好关系史论丛》,生活·读书·新知三联书店1957年版,第49—54页。

[2] 戴可来:《论中越关系史中的若干问题——兼驳越南史学界的反华谬论》,《华侨问题资料》1978年第3期。

[3] 陈玉龙:《中国和越南、柬埔寨、老挝的文化交流》,见周一良主编《中外文化交流史》,河南人民出版社1987年版,第671、682页。

[4] 梁志明:《悠久绵长,交相辉映——中国与越南、老挝、柬埔寨的文化交流》,见何芳川主编《中外文化交流史》,国际文化出版公司2007年版,第243—279页。

[5] 古小松编著:《越南国情和中越关系》,世界知识出版社2007年版,第188页。

[6] 于向东:《中越关系的历史演变》,《光明日报·理论周刊》2014年9月17日第014版。

南、琉球和东南亚其他一些古代国家，汉字、儒学、典章制度、中国化的佛教（即汉传佛教）等则是其共通的文化要素。不少学者使用汉文化圈的理论来解读古代中越交往和两国关系，改革开放以后，在国内较早研究汉文化圈与古代中越关系的当属陈玉龙先生，他于1990年与杨通方、夏应元、范毓周三位学者合著了《汉文化论纲——兼述中朝中日中越文化交流》一书。陈先生在汉文化圈的理论框架下，对中越古代文化交流的主要内容进行了较为系统的梳理和概述。① 除陈先生外，不少学者亦从汉文化传播的角度对古代中越关系进行专题研究。具体而言，主要有以下几个方面：其一，汉字与古代中越文化交流，如祁广谋的《汉语汉字在越南的传播及其文化意义分析》②，于向东、梁茂华的《历史上中越两国人士的交流方式：笔谈》③，梁茂华的《越南文字发展史研究》④ 等；其二，儒学与古代中越文化交流，如黄国安的《孔子学说在越南的传播和影响》⑤，梁志明的《论越南儒教的源流、特征和影响》⑥，何成轩的《儒学南传史》⑦，于向东的《越南思想史的发展阶段和若干特征》⑧《试论18世纪越南学者黎贵惇的世界观》⑨ 等；其三，中国典章制度与古代中越文化交流，如于向东的《浅谈越南封建帝王的年号、尊号、庙号和谥号》⑩，陈文的《越南科举制度研究》⑪，梁允华的《从爵本位到官本

---

① 陈玉龙、杨通方、夏应元、范毓周：《汉文化论纲——兼述中朝中日中越文化交流》，北京大学出版社1993年版。
② 祁广谋：《汉语汉字在越南的传播及其文化意义分析》，《东南亚研究》2006年第5期。
③ 于向东、梁茂华：《历史上中越两国人士的交流方式：笔谈》，《中国边疆史地研究》2013年第4期。
④ 梁茂华：《越南文字发展史研究》，郑州大学博士学位论文，2014年。
⑤ 黄国安：《孔子学说在越南的传播和影响》，《东南亚纵横》1991年第1期。
⑥ 梁志明：《论越南儒教的源流、特征和影响》，《北京大学学报》（哲学社会科学版）1995年第1期。
⑦ 何成轩：《儒学南传史》，北京大学出版社2000年版。
⑧ 于向东：《越南思想史的发展阶段和若干特征》，《郑州大学学报》（哲学社会科学版）2001年第3期。
⑨ 于向东：《试论18世纪越南学者黎贵惇的世界观》，《哲学研究》2009年第11期。
⑩ 于向东：《浅谈越南封建帝王的年号、尊号、庙号和谥号》，《东南亚纵横》1995年第2期。
⑪ 陈文：《越南科举制度研究》，商务印书馆2015年版。

位——十至十五世纪越南官制变迁史研究》①,成思佳的《越南古代的上皇现象研究（968—1759）》② 等；其四,中国传统宗教与古代中越文化交流,如梁志明的《略论越南佛教的源流和李陈时期越南佛教的发展》③、许永璋的《论道教在越南的传播和影响》④、谭志词的《越南闽籍侨僧拙公和尚与十七、十八世纪中越佛教交流》⑤、宇汝松的《道教南传越南研究》⑥ 等。

第四,越南封建文人乖戾文化心态说。作为一个深受汉文化影响的中国周边国家,在漫长的封建王朝延续时期,越南封建文人学者在接受汉文化很多内容的同时,也努力建构和发展、丰富自身的民族文化、民族精神和民族意识。在中越宗藩关系时期,与中国封建统治阶层、士大夫阶层接触往来的过程中,越南封建文人常常表现出在与"上国"交往中的一种民族自尊、自豪与自卑、自大相交织的乖戾文化心态。陈荆和先生曾从越南封建时期的史书作品汉字选用等具体事例进行过分析,⑦ 在此基础上,于向东教授以18世纪越南最具代表性的学者黎贵惇的著述与思想研究为例,⑧ 归纳分析了越南封建文人乖戾文化心态的表现,如越南属于"华也,非夷也"的"华夷"观念,"华夷"秩序的建构、辨析与抗争,以本国都城之地为"天下之中"意识,文献礼仪之邦、文明"无逊"甚至"超过"中国说,既要争取与中华为伍,又要显示与中华文化的不同与区别,强调民族文化独立性、主体性。这些观念已渗入越南民

---

① 梁允华:《从爵本位到官本位——十至十五世纪越南官制变迁史研究》,郑州大学博士学位论文,2015年。
② 成思佳:《越南古代的上皇现象研究（968—1759）》,郑州大学硕士学位论文,2015年。
③ 梁志明:《略论越南佛教的源流和李陈时期越南佛教的发展》,《印支研究》1984年第2期。
④ 许永璋:《论道教在越南的传播和影响》,《史学月刊》2002年第7期。
⑤ 谭志词:《越南闽籍侨僧拙公和尚与十七、十八世纪中越佛教交流》,暨南大学博士学位论文,2005年。
⑥ 宇汝松:《道教南传越南研究》,齐鲁书社2017年版。
⑦ 陈荆和:《〈大越史略〉——它的内容与编者》,塔娜译,《中国东南亚研究会通讯》1983年第3—4期。
⑧ 分别参见于向东《黎贵惇的著述及其学术思想》,《东南亚研究》1991年第3期；于向东《黎贵惇及其〈抚边杂录〉研究》,郑州大学硕士学位论文,1988年。

族意识中，曾产生深远影响。

第五，尝试从越南的视角来认识和解读古代中越关系，其学理的认知则主要表现为于向东提出的"越南学"的建构及其深刻内涵。具体的探讨表现在以下方面：其一，从当代越南地理空间、学科空间和文化空间意义去认识越南学，实现对中国学界"宗藩"传统观念的超越。[①] 其二，开始使用"邦交"来描述古代中越关系。"邦交关系"是越南士人对古代中越关系的指称，如吴时任的《邦交好话》、潘辉注的《历朝宪章类志·邦交志》、佚名的《西山邦交录》、黎统的《邦交录》等。与"宗藩""朝贡"等用词相比，越南学者使用"邦交"，更多的是要强调中越之间的平等关系。近年来随着我国对越南汉喃文献研究的不断深入，国内一些学者有时亦将古代中越关系称为邦交关系，如牛军凯的博士论文选取了"朝贡"与"邦交"二词来形容明末清初的中越关系[②]；梁志明在《中越关系的历史渊源与发展前瞻》一文中则将公元10世纪中叶至19世纪下半期的中越关系称为"邦交时期"[③]。其三，通过考察越南的中国认知或中国观来重新解读和审视古代中越关系。如陈国保在《越南使臣对晚清中国社会的观察与评论》主要对越南使华士人的中国认识进行了考察，认为这类中国认识实为一种他者视野中的"天朝"异域形象，可以考察出掩藏在朝贡礼仪背后的清代中越宗藩关系的邦交实质。[④] 于向东和成思佳在《越南知识阶层的中国认知述略——以17位越南学者为例》中则认为越南知识界的中国认知主要有三层内涵：一是对中国本身的认识和理解；二是透过中国对越南本国、本民族的认识与理解；三是以中国为媒介对世界的认识和理解。[⑤] 刘永连和刘家兴在《明清鼎革后东亚文化共同体内各国的中国观——以安南使人对"薙发易服"的态度为视角》

---

① 于向东：《建设当代中国的越南学》，载李一平、刘稚主编《东南亚地区研究学术研讨会论文集》，厦门大学出版社2011年版，第496—499页。
② 牛军凯：《朝贡与邦交：明末清初中越关系研究（1593—1702）》，中山大学博士学位论文，2003年。
③ 梁志明：《中越关系的历史渊源与发展前瞻》，《人民论坛·学术前沿》2014年第9期。
④ 陈国保：《越南使臣对晚清中国社会的观察与评论》，《史学月刊》2013年第10期。
⑤ 于向东、成思佳：《越南知识阶层的中国认知述略——以17位越南学者为例》，《国外社会科学》2016年第5期。

中则以清乾隆时期越南后黎与西山两朝使者对清廷"薙发易服"令的不同态度为切入点,着重分析了当时越南对清朝的心态和中国观。① 其四,尝试使用"越汉关系"的视角来审视古代中越关系。一些西方学者认为,"中越关系"提法存在所谓"中国中心主义"的嫌疑,提倡研究所谓的"外中关系史"。② 或许是受到这一说法的启发和影响,古小松、陈文、梁茂华等学者写作了《越汉关系研究》一书,认为越汉关系有别于一般的中越关系史研究,主要包含三个方面的内容:越南自古以来与华夏交往的历史;越族与华夏移民融合的历史;越南传承中华文化的历史。③

三 对古代中越关系史整体和断代的研究

改革开放以前,国内学界对古代中越关系史的整体性研究一直十分薄弱。改革开放以后,中国学界开始尝试对古代中越关系史进行整体性的研究,主要可以分为两大方面的内容。

第一,是对古代中越关系的历史分期问题进行了较为广泛的探讨:如戴可来在《论中越关系史中的若干问题——兼驳越南史学界的反华谬论》一文中认为古代中越关系史大致可分为两个时期:第一个时期,即中国封建王朝直接统治时期,此时越南是中国郡县,中越之间无国与国的外交关系可言,一切都是中国的内部问题;第二个时期,即越南建立自主封建国家之后,中越之间才有了国与国的外交关系可言。④ 到1996年,戴先生又写成《中越关系简史》一文,在原先主张的两大历史分期之前,又新近增补了传疑时代。⑤ 黄国安在《关于中越关系史分期问题的

---

① 刘永连、刘家兴:《明清鼎革后东亚文化共同体内各国的中国观——以安南使人对"薙发易服"的态度为视角》,《世界历史》2017年第2期。
② 孙来臣:《论"缅中关系史"研究》,《中国东南亚研究会通讯》2005年第2期。
③ 古小松等:《越汉关系研究》,社会科学文献出版社2015年版。
④ 戴可来:《论中越关系史中的若干问题——兼驳越南史学界的反华谬论》,《华侨问题资料》1978年第3期。
⑤ 戴可来:《中越关系简史》,见戴可来、于向东著《越南历史与现状研究》,香港社会科学出版社有限公司2006年版,第269—290页。

探讨》一文中则将古代中越关系史直接分为三个历史时期：第一个时期（前257—前214年），从瓯雒国建立到秦始皇略取交趾之前；第二个时期（前214—968年），即从秦始皇略取交趾一直到丁部领建立"大瞿越国"；第三个时期（968—1885年），即丁朝建立一直到中法战争结束。① 陈玉龙在《汉文化论纲》中亦主张将古代中越关系史分为三个历史时期，但与黄国安的分期略有差别，分别为传疑时期（从上古至前214年秦置象郡）、郡县时期（前214年秦置象郡到975年宋封丁部领为交趾郡王）、"独立"（或"自主"）时期（从975年到1840年鸦片战争）。② 梁志明在《中越关系的历史渊源与发展前瞻》一文中则主张将古代中越关系史分为两大历史时期：其一，是郡县时期，从公元前3世纪末一直持续到10世纪中叶，今越南北中部处于中国封建王朝统治之下，与中原地区有紧密的联系；其二，是邦交时期，从10世纪中叶持续到19世纪下半期，是中越两国邦交关系发展的历史时期。③

第二，是相继涌现了一批对古代中越关系进行整体性研究的专著和研究论文。1980年，广西社会科学院印度支那研究所编成《中越关系史大事记》，该书分为古代、近代和现代三部分，其中古代部分对古代中越关系史上的一些重要历史事件进行了较为系统的梳理和概括。④ 1986年，黄国安、杨万秀、杨立冰、黄铮四人合著《中越关系史简编》，该书分为四篇，其中第一、二篇涉及古代中越关系，第一篇主要述及在越南从中国独立以前，古代交趾地区与中国内地的历史联系，第二篇则对宋、元、明、清时期的古代中越关系的发展和演变进行了梳理和概述。⑤ 1996年，戴可来写成《中越关系简史》一文。在该文中，戴先生将古代中越关系史细分为三个历史时期，即传疑时代、中国郡县统治时期和越南自主封

---

① 黄国安：《关于中越关系史分期问题的探讨》，见广西社会科学院印度支那研究所编《印度支那研究增刊》，广西社会科学院印度支那研究所，1980年，第88—97页。

② 陈玉龙、杨通方、夏应元、范毓周：《汉文化论纲——兼述中朝中日中越文化交流》，北京大学出版社1993年版，第350页。

③ 梁志明：《中越关系的历史渊源与发展前瞻》，《人民论坛·学术前沿》2014年第9期。

④ 广西社会科学院印度支那研究所编：《中越关系史大事记》，广西社会科学院印度支那研究所，1980年。

⑤ 黄国安、杨万秀、杨立冰、黄铮：《中越关系史简编》，广西人民出版社1986年版。

建王朝时期，对此三个时期的中越关系分别加以考察和论述。① 2007 年，古小松写成《越南国情和中越关系》一书，则将古代中越关系分为郡县和宗藩两大历史时期，并着重对宗藩时期的中越关系进行了考察和研究。② 2013 年，文庄又写成《中越关系两千年》一书，其中前三章涉及对古代中越关系的考察，分别题为《中华封建帝国时期的交趾》《越南的立国与中越关系》和《中越传统文化源流》。③ 于向东相继发表了《中越关系的历史演变与南海争端》④ 和《中越关系的历史演变》⑤ 两篇文章，对古代中越关系的历史演变的基本线索进行了较为全面的概述和总结。除上述主要成果以外，戴可来的《越南历史述略》⑥、与于向东主编的《越南》⑦、金旭东的《越南简史》⑧、王民同主编的《东南亚史纲》⑨、郭振铎和张笑梅主编的《越南通史》⑩、梁志明、李谋和杨保筠主编的《东南亚古代史》⑪、贺圣达的《东南亚历史重大问题研究——东南亚历史和文化：从原始社会到 19 世纪初》⑫ 等著述在论及越南古代历史的同时，亦旁及对古代中越关系的整体性研究和概述。

改革开放以来，国内学界在对古代中越关系史进行整体性研究的同时，亦涌现出了不少相关的断代性研究成果。总体而言，这类成果大致可分为两类。

第一类，是以中国的历代封建王朝为中心，研究宋、元、明、清各个时期的中越关系史。自 20 世纪 80 年代起，戴可来相继在国内发表了

---

① 戴可来：《中越关系简史》，见戴可来、于向东《越南历史与现状研究》，香港社会科学出版社有限公司 2006 年版，第 269—290 页。
② 古小松编著：《越南国情和中越关系》，世界知识出版社 2007 年版，第 186—189 页。
③ 文庄：《中越关系两千年》，社会科学文献出版社 2013 年版。
④ 于向东：《中越关系历史演变与南海争端》，《新东方》2011 年第 6 期。
⑤ 于向东：《中越关系的历史演变》，《光明日报·理论周刊》2014 年 9 月 17 日第 014 版。
⑥ 戴可来：《越南历史述略》，《印支研究》1983 年第 1 期。
⑦ 戴可来、于向东主编：《越南》，广西人民出版社 1998 年版。
⑧ 金旭东编著：《越南简史》，中国国际友好联络会和平与发展中心，1989 年。
⑨ 王民同主编：《东南亚史纲》，云南大学出版社 1994 年版。
⑩ 郭振铎、张笑梅主编：《越南通史》，中国人民大学出版社 2001 年版。
⑪ 梁志明、李谋、杨保筠主编：《东南亚古代史》，北京大学出版社 2013 年版。
⑫ 贺圣达：《东南亚历史重大问题研究——东南亚历史和文化：从原始社会到 19 世纪初》，云南人民出版社 2015 年版。

《略论宋代越南对中国的朝贡——宋代中越关系史论之一》①和《宋代早期的中越关系》②两篇论文，对宋代尤其是北宋时期的中越关系的发展和演变进行了断代性的考察和研究。之后，类似的研究成果开始在国内不断涌现。如2000年，孙宏年写成《中越关系研究（1644—1885）》一文，该文于2006年出版成书，更名为《清代中越宗藩关系研究》，2014年又出版修订版，又更名为《清代中越关系研究（1644—1885）》。③ 该书对清代中越宗藩关系的演进与运作，中越之间的朝贡贸易，中越之间的民间贸易，中越之间的边界交涉，中越之间的海事与边事问题，入华越侨，入越华侨和中越之间文化交流等问题进行了专题研究。④ 同年，王英写成《元朝与安南之关系》，该文对安南与南宋、蒙元之间的三角关系，元朝在安南设置达鲁花赤，蒙元与安南的朝贡关系，元朝与安南的疆界争端，元朝与安南的经济文化交流等问题进行了考述。⑤ 2004年，邓昌友写成《宋朝与越南关系研究》，该文大体将两宋时期的中越关系分为北宋与丁氏王朝的关系、北宋与黎氏王朝的关系、北宋与李氏王朝的关系及南宋与交趾的关系四个阶段，对此四个时期的宋代中越关系进行了较为系统的梳理和考察。⑥ 2006年，陈文源写成《明朝与安南关系研究》，该文将明代中越关系细分为明初与安南的关系，宣德以后的明安邦交关系，嘉靖以后明朝与安南之关系三个阶段，对此三个历史时期的中越关系进行了系统的考察和梳理。⑦

---

① 戴可来：《略论宋代越南对中国的朝贡——宋代中越关系史论之一》，见广西社会科学院印度支那研究所编《印度支那研究增刊》，广西社会科学院印度支那研究所1980年版，第98—99页。

② 戴可来：《宋代早期的中越关系》，见《中外关系史论丛》（第二辑），世界知识出版社1987年版，第56—70页。

③ 分别参见孙宏年《中越关系研究（1644—1885）》，复旦大学博士学位论文，2000年；孙宏年《清代中越宗藩关系研究》，黑龙江教育出版社2006年；孙宏年《清代中越关系研究（1644—1885）》，黑龙江教育出版社2014年版。

④ 孙宏年：《清代中越关系研究（1644—1885）》，黑龙江教育出版社2014年版。

⑤ 王英：《元朝与安南之关系》，暨南大学硕士学位论文，2000年。

⑥ 邓昌友：《宋朝与越南关系研究》，暨南大学博士学位论文，2004年。

⑦ 陈文源：《明朝与安南关系研究》，暨南大学博士学位论文，2006年。注：近期，陈文源又在该文基础上出版了《明代中越邦交关系研究》一书，参见陈文源《明代中越邦交关系研究》，社会科学文献出版社2019年版。

第二类，是以越南的历代封建王朝为中心，研究丁、前黎、李、陈、胡、后黎、西山和阮朝各个时期的中越关系史。如2003年，牛军凯完成了其博士学位论文《朝贡和邦交：明末清初中越关系研究（1593—1702）》。①到2012年，牛教授在该文基础上出版了《王室后裔与叛乱者——越南莫氏家族与中国关系研究》一书，该书以越南历史上的莫朝和莫氏家族为中心，主要探讨莫氏与中国的关系。具体而言，主要包括八个方面的内容，即明朝对安南黎、莫双重承认政策的形成，安南莫氏高平政权与明命的关系，南明与安南的关系，清朝对安南黎、莫双重承认政策的继承和放弃，后高平时期在华莫氏后裔的复国运动与清朝政策，逃亡的莫氏叛乱者——乾隆年间安南黄公缵投诚史事与清朝的政策，王朝变更与制度、礼仪变化——以明清两朝对黎、莫政策为中心的研究，边境土司、割据势力对中越关系的影响——以明清处理黎、莫问题为中心的研究。②2004年，杨朝钦写成《西山时期的中越关系》一文。该文以越南历史上西山朝为中心，主要探讨了西山时期的中越关系。具体而言，则主要包括西山前期的中越关系，清朝扶黎灭阮政策的失败，阮惠数次乞封及宗藩关系的恢复和发展，西山后期的中越关系四个方面的内容。③2005年，王继东写成《论越南李陈朝时期的对外关系》，其中第二章为越南李陈两朝与中国关系的专论，主要包括李朝与宋朝的关系、陈朝与元朝的关系、李陈朝时期中国与越南"宗藩关系"的特点。④2010年，徐芳亚发表了《17—19世纪越南阮主时期对华关系研究》一文，该文以割据越南南方的阮主政权为中心，对阮主时期越南中南部与中国的关系进行了考察和梳理。⑤近期，钱盛华写成《越南阮朝早期的周边政策研究（1802—1858）》一文，其中第四章为阮朝前期对清邦交的专论，包括后黎朝与西山朝的"遗产"、阮朝前期的清阮使节往来、阮朝对清的认

---

① 牛军凯：《朝贡和邦交：明末清初中越关系研究（1593—1702）》，中山大学博士学位论文，2003年。
② 牛军凯：《王室后裔与叛乱者——越南莫氏家族与中国关系研究》，世界图书出版公司2012年版。
③ 杨朝钦：《西山时期的中越关系》，郑州大学硕士学位论文，2004年。
④ 王继东：《论越南李陈朝时期的对外关系》，郑州大学硕士学位论文，2005年。
⑤ 徐芳亚：《17—19世纪越南阮主时期对华关系研究》，《江汉论坛》2010年第6期。

识、阮朝"周边秩序"中的中越关系四个方面的内容。①

四 对古代中越关系史的专题性研究

除了对中越古代关系史进行整体性和断代性的研究外，国内学人更多的则是就中越关系史的某一方面或某一具体事件进行了专题性的研究。具体而言，可以分为以下几个方面的内容：第一，是就古代中越之间的疆界问题进行专题性的研究。就中越海上疆界问题而言，国内学人主要对越南历史上所谓的"黄沙""长沙"问题进行了深入的考证和分析，一致认为越南所谓的"黄沙""长沙"不是我国的"西沙"和"南沙"群岛，而是分布于今越南中部的近海海岸一带的一些岛屿或沙洲，如戴可来的《漏洞百出，欲盖弥彰——评越南有关西沙、南沙群岛归属问题的两个白皮书的异同》②《越南古籍中的"黄沙""长沙"不是我国的西沙和南沙群岛——驳越南关于西、南沙群岛主权归属问题的"历史地理依据"》③、与于向东合著的《〈抚边杂录〉与所谓的"黄沙""长沙"问题》④，韩振华与吴凤斌合著的《驳越南当局所谓黄沙、长沙即我国西沙、南沙群岛的谬论》⑤，吴凤斌的《关于越南"黄沙"和"长沙"的问题——驳武海鸥〈越南对黄沙和长沙两群岛的主权非常明确，不容争辩〉一文的谬论》⑥，李金明的《越南黄沙、长沙非中国西沙南沙

---

① 钱盛华：《越南阮朝早期的周边政策研究（1802—1858）》，华东师范大学硕士学位论文，2015年。
② 戴可来：《漏洞百出，欲盖弥彰——评越南有关西沙、南沙群岛归属问题的两个白皮书的异同》，《光明日报》1980年6月9日。
③ 戴可来：《越南古籍中的"黄沙""长沙"不是我国的西沙和南沙群岛——驳越南关于西、南沙群岛主权归属问题的"历史地理依据"》，见吕一燃等主编《中国边疆史地论集》，黑龙江教育出版社1991年版，第409—423页。
④ 戴可来、于向东：《〈抚边杂录〉与所谓的"黄沙"、"长沙"问题》，《国际问题研究》1989年第3期。
⑤ 韩振华、吴凤斌：《驳越南当局所谓黄沙、长沙即我国西沙、南沙群岛的谬论》，《人民日报》1980年8月1日。
⑥ 吴凤斌：《关于越南"黄沙"和"长沙"的问题——驳武海鸥〈越南对黄沙和长沙两群岛的主权非常明确，不容争辩〉一文的谬论》，《南洋问题》1981年第3期。

考》①，于向东的《古代越南的海洋意识》②，李国强的《南海历史研究中的若干问题——对越南学术观点的分析与回应》③ 等。就中越陆上疆界而言，则有李国强的《略论明代中越边界》④《北宋与交趾间两峒边界争端探析》⑤，白耀天的《元丰二年十月以前广源州为宋朝领土辨证——关于侬智高国籍研究之二》⑥，孙宏年的《清代中越陆路边界桂粤段交涉述论（1644—1885）》⑦，张勉励的《清代中法战争前中越疆界问题研究》⑧，王继光的《洪武三十年中越领土交涉的原始文件》⑨，彭巧红的《中越历代疆界变迁与中法越南勘界问题研究》⑩，马亚辉的《从"安南勘界案"看雍正皇帝与边吏的"疆域观"》⑪ 等。

第二，是就古代中越关系史上的一些重大历史事件或阶段进行专题性的研究，如董利江的《宋黎战争与中越宗藩关系》主要对宋太宗时期发生的宋黎战争的始末进行了考察，分析了这场战争对中越宗藩关系的影响；⑫ 黄纯艳和王小宁的《熙宁战争与宋越关系》则主要关注了宋神宗时期与越南李朝爆发的熙宁战争，认为此战使宋廷放弃了宋初以来的统

---

① 李金明：《越南黄沙、长沙非中国西沙南沙考》，《中国边疆史地研究》1997 年第 2 期。
② 于向东：《古代越南的海洋意识》，厦门大学博士学位论文，2008 年。
③ 李国强：《南海历史研究中的若干问题——对越南学术观点的分析与回应》，《齐鲁学刊》2015 年第 2 期。
④ 李国强：《略论明代中越边界》，郑州大学硕士学位论文，1988 年。
⑤ 李国强：《北宋与交趾间两峒边界争端探析》，见吕一燃等主编《中国边疆史地论集》，黑龙江教育出版社 1991 年版，第 424—446 页。
⑥ 白耀天：《元丰二年十月以前广源州为宋朝领土辨证——关于侬智高国籍研究之二》，《广西民族研究》2000 年第 3 期。
⑦ 孙宏年：《清代中越陆路边界桂粤段交涉述论（1644—1885）》，《中国边疆史地研究》2001 年第 2 期。
⑧ 张勉励：《清代中法战争前中越疆界问题研究》，中国人民大学博士学位论文，2001 年。
⑨ 王继光：《洪武三十年中越领土交涉的原始文件》，《中国边疆史地研究》2004 年第 4 期。
⑩ 彭巧红：《中越历代疆界变迁与中法越南勘界问题研究》，厦门大学博士学位论文，2006 年。
⑪ 马亚辉：《从"安南勘界案"看雍正皇帝与边吏的"疆域观"》，《中国边疆史地研究》2018 年第 2 期。
⑫ 董利江：《宋黎战争与中越宗藩关系》，郑州大学硕士学位论文，2005 年。

一交趾的战略目标，转而实行以经济贸易为主的政策；①陈智超的《一二五八年前后宋、蒙、陈三朝间的关系》主要对宋元鼎革之际越南与南宋和蒙元两大政权之间的三角关系进行了梳理和考述；②万明的《从诏令文书看明初中国与越南的关系》则以明洪武年间给予安南的诏令文书为主要线索，考察了明初中越关系的发展和变化；③郑永常的《征战与弃守——明代中越关系研究》则分别对明代永乐郡县安南、宣德弃守安南和嘉靖处理安南莫氏等重大历史事件进行了较为深入的分析和研究；④牛军凯的《南明与安南关系初探》则关注了明末清初时期越南与南明小朝廷和清廷之间的错综复杂的关系，梳理出了越南由亲近南明到最终转向清廷朝贡的历史过程；⑤叶少飞的《大汕〈海外纪事〉与"大越国"请封》则主要关注了割据广南的阮主政权在广东僧人大汕指点下向清廷求封的史实；⑥张明富的《乾隆末安南国王阮光平入华朝觐假冒说考》则主要对西山阮光平入清觐见乾隆这一历史事件的始末及其真伪进行了分析和考证，认为所谓阮惠入华朝觐假冒说是不能成立的，阮惠确实率使团亲自出访过中国；⑦屈春海的《嘉庆帝册封越南国号述析》则对阮福映向清廷求封"南越"国号和嘉庆改封其为"越南"国号事件进行了较为翔实的考证和梳理；⑧王志强的《李鸿章与越南问题（1881—1886）》则以李鸿章为历史线索，对中越宗藩关系的历史终结进行了考察和研究。⑨

第三，是就古代中越交往和中越关系史上的一些重要历史人物进行

---

① 黄纯艳、王小宁：《熙宁战争与宋越关系》，《厦门大学学报》（哲学社会科学版）2006年第6期。

② 陈智超：《一二五八年前后宋、蒙、陈三朝间的关系》，见邓广铭等主编《宋史研究论文集》，上海古籍出版社1982年版。

③ 万明：《从诏令文书看明初中国与越南的关系》，《东南亚南亚研究》2009年第4期。

④ 郑永常：《征战与弃守——明代中越关系研究》，台湾"国立"成功大学出版组，1998年。

⑤ 牛军凯：《南明与安南关系初探》，《南洋问题研究》2001年第2期。

⑥ 叶少飞：《大汕〈海外纪事〉与"大越国"请封》，《海交史研究》2018年第1期。

⑦ 张明富：《乾隆末安南国王阮光平入华朝觐假冒说考》，《历史研究》2010年第3期。

⑧ 屈春海：《嘉庆帝册封越南国号述析》，见《清代档案与清宫文化——第九届清宫史研讨会论文集》，2008年，第630—641页。

⑨ 王志强：《李鸿章与越南问题（1881—1886）》，暨南大学出版社2013年版。

专题性的研究。在历史人物研究方面，张秀民的研究尤为突出。1990年，他出版了《立功安南伟人传》一书，专门为汉代到明代之间中越关系史上的35位中国历史人物立传，其中较为著名的有锡光、任延、马援、士燮、陶璜、刘方、高骈、张辅、黄福等。[①] 稍后，张先生又相继写成了《唐宰相安南人姜公辅考》《明太监交阯人阮安营建北京考》《明代交阯阮勤、何广传》等文章，对一些相关的越南历史名人亦进行了考察。[②] 继张先生之后，于向东也较多关注这方面的研究。1988年，他完成《黎贵惇及其〈抚边杂录〉研究》，论述了越南历史文化名人黎贵惇在中越交往中所发挥的作用及其文化心态。[③] 后来，他又相继发表《略论释大汕及其越南之行》（与戴可来合著）[④]、《〈海南杂著〉的作者与版本》[⑤]、《唐诗〈赠马植〉、〈题旅榇〉与安南士人关系略说》[⑥]、《明初中越关系史值得研究的一位人物——黎澄》（与王丽敏合著）[⑦] 等文，对中越交往史上的释大汕、蔡廷兰、马植、黎澄等历史人物进行了专题性研究。另外，于向东主编《东方著名哲学家评传·越南卷》一书，其中的陈仁宗、阮廌、黎圣宗、阮秉谦、黎有晫、黎贵惇、吴时任、明命帝等均与古代中越关系密切相关。[⑧] 此外，类似的研究还有不少，如仝晔的《明朝征安南将军张辅——兼论1406—1416年中越关系》[⑨]，张明富的《福康安与乾隆末中安宗藩关系的修复》[⑩]，刘玉珺的《"越南王安石"——黎贵惇》[⑪]，牛军

---

① 张秀民：《立功安南伟人传》，（台湾）王朝书局1990年版。
② 张秀民：《中越关系史论文集》，（台湾）文史哲出版社1992年版。
③ 于向东：《黎贵惇及其〈抚边杂录〉研究》，郑州大学硕士学位论文，1988年。
④ 戴可来、于向东：《略论释大汕及其越南之行》，《岭南文史》1994年第1期。
⑤ 于向东：《〈海南杂著〉的作者与版本》，《东南亚研究》2007年第4期。
⑥ 于向东：《唐诗〈赠马植〉、〈题旅榇〉与安南士人关系略说》，《东南亚纵横》2010年第5期。
⑦ 于向东、王丽敏：《明初中越关系史值得研究的一位人物——黎澄》，《东南亚研究》2012年第3期。
⑧ 于向东主编：《东方著名哲学家评传·越南卷》，山东人民出版社2000年版。
⑨ 仝晔：《明朝征安南将军张辅——兼论1406—1416年中越关系》，郑州大学硕士学位论文，2005年。
⑩ 张明富：《福康安与乾隆末中安宗藩关系的修复》，《西南大学学报》（社会科学版）2010年第4期。
⑪ 刘玉珺：《"越南王安石"——黎贵惇》，《古典文学知识》2010年第2期。

凯的《"越南苏武"黎光贲及其在华诗作〈思乡韵录〉》① 等。

第四，是就古代中越之间的贸易往来进行专题性的研究。1991年，周中坚发表了《绵绵不断，山远水长——古代中越贸易的发展》一文，对古代中越贸易的发展历程进行了较为系统的梳理和阐述。他认为，古代中越贸易的发展可以分为五个阶段：第一阶段为秦汉时期，是古代中越贸易的开辟时期；第二阶段为魏晋南北朝时期，是古代中越贸易的扩大时期；第三阶段为隋唐五代时期，是古代中越贸易的深入时期；第四阶段为宋元时期，是古代中越贸易的空前活跃时期；第五阶段为明清时期，是古代中越贸易的昌盛繁荣时期。② 之后，相关的专题性研究开始逐渐增多，大体上可以分为三个方面的内容：其一，是对古代中越贸易进行断代性的考察和研究，如王祥春的《两宋时期的中越贸易》，③ 刘俊涛的《中越贸易关系研究（1600—1840年）》，④ 聂浩然的《清代中越贸易研究》⑤ 等。其二，是对古代中越陆上边境贸易进行的考察和研究，如周中坚的《中越边境贸易史略》⑥，赵明龙的《古代中越边境贸易历史及其启示》⑦，梁永贵的《明清时期的桂越交通贸易》⑧，陈文的《清代中越陆地边境跨境问题管理（1644—1840）》⑨ 等。其三，是对古代中越之间的海上贸易活动进行考察和研究，如于向东和张磊屏的《17、18世纪广南阮氏与中国、日本的贸易联系》⑩，邱普艳的《1600—1774年广南阮氏与中国的贸易关系》⑪，孙建党的《19世纪前期越南阮朝对外贸易关系探

---

① 牛军凯：《"越南苏武"黎光贲及其在华诗作〈思乡韵录〉》，《东南亚研究》2015年第4期。
② 周中坚：《绵绵不断，山远水长——古代中越贸易的发展》，《东南亚》1991年第1期。
③ 王祥春：《两宋时期的中越贸易》，广西师范大学硕士学位论文，2008年。
④ 刘俊涛：《中越贸易关系研究（1600—1840年）》，厦门大学博士学位论文，2013年。
⑤ 聂浩然：《清代中越贸易研究》，山东师范大学硕士学位论文，2016年。
⑥ 周中坚：《中越边境贸易史略》，《东南亚纵横》1992年第4期。
⑦ 赵明龙：《古代中越边境贸易历史及其启示》，《中国边疆史地研究》1993年第1期。
⑧ 梁永贵：《明清时期的桂越交通贸易》，广西民族大学硕士学位论文，2010年。
⑨ 陈文：《清代中越陆地边境跨境问题管理（1644—1840）》，《中国历史地理论丛》2011年第1期。
⑩ 于向东、张磊屏：《17、18世纪广南阮氏与中国、日本的贸易联系》，《东南亚纵横》2003年第1期。
⑪ 邱普艳：《1600—1774年广南阮氏与中国的贸易关系》，郑州大学硕士学位论文，2006年。

析》①，张一平和邢寒冬的《清朝前期海南与越南的大米贸易》②，成思佳的《从多元分散到趋近统一——越南古代海洋活动研究（1771—1858）》③ 等。

第五，是就古代中越之间的文化交往进行专题性的研究。关于古代中越的文化交往，陈玉龙在20世纪80—90年代相继完成了《中国和越南、柬埔寨、老挝文化交流》④ 和《汉文化论纲——兼述中朝中日中越文化交流》。⑤ 在此两部著述中，陈先生对古代中越文化交流的主要内容进行了高屋建瓴的系统总结，认为当时的中越文化交流可以分为18个方面的内容，即语言文字、印刷术、姓氏、音乐戏剧、历法、水利、建筑、医药、法律、手工艺、货币、文学和史学、兵法、数学、科举制、稻种、文房四宝及其他、华裔海外业绩。此后，学界对古代中越文化交流的探索则基本不出此18个方面的内容，如戴可来的《对越南古代历史与文化的若干新认识》⑥，韩琦的《中越历史上天文学与数学的交流》⑦，杨保筠的《中国文化在东南亚》⑧，贺圣达的《中越传统文化发展论纲：阶段、特点和相互关系》⑨，刘玉珺的《越南使臣与中越文学交流》⑩，刘志强的《中越文化交流史论》⑪，谭志词的《中越语言文化关系》⑫，何仟年的

---

① 孙建党：《19世纪前期越南阮朝对外贸易关系探析》，《历史教学》2009年第7期。
② 张一平、邢寒冬：《清朝前期海南与越南的大米贸易》，《南洋问题研究》2011年第3期。
③ 成思佳：《从多元分散到趋近统一——越南古代海洋活动研究（1771—1858）》，郑州大学博士学位论文，2019年。
④ 陈玉龙：《中国和越南、柬埔寨、老挝文化交流》，见周一良主编《中外文化交流史》，河南人民出版社1987年版，第671、682页。
⑤ 陈玉龙、杨通芳、夏应元、范毓周：《汉文化论纲——兼述中朝中日中越文化交流》，北京大学出版社1993年版。
⑥ 戴可来：《对越南古代历史与文化的若干新认识》，见《北大亚太研究2》，北京大学出版社1993年版。
⑦ 韩琦：《中越历史上天文学与数学的交流》，《中国科技史料》1991年第1期。
⑧ 杨保筠：《中国文化在东南亚》，大象出版社1997年版。
⑨ 贺圣达：《中越传统文化发展论纲：阶段、特点和相互关系》，《东南亚》1998年第2期。
⑩ 刘玉珺：《越南使臣与中越文学交流》，《学术研究》2007年第1期。
⑪ 刘志强：《中越文化交流史论》，商务印书馆2013年版。
⑫ 谭志词：《中越语言文化关系》，世界图书出版公司2014年版。

《中国典籍流播越南的方式及对阮朝文化的影响》①，谢贵安和宗亮的《崇慕与实践：清修〈四库全书〉在越南的传播与影响》②等。

第六，是对古代的入越华侨和入华越侨群体进行专题性的研究。关于古代的入越华侨问题，学界的研究成果十分丰富，其中较为有代表性的著述如秦钦峙的《华侨对越南经济文化发展的贡献》③，金应熙的《十九世纪中叶前的越南华侨矿工》④，戴可来的《〈嘉定通志〉、〈郑氏家谱〉中所见17—19世纪初叶南圻华侨史迹（续）》⑤、与于向东合著的《蔡廷兰〈海南杂著〉中所记越南华侨华人》⑥，于向东的《河内历史上的唐人街》⑦，张秀民的《安南王朝多为华裔创建考》⑧，孙宏年的《17世纪中叶至19世纪初入越华侨问题初探——以人口估算为中心》⑨，谭志词的《越南河内历史上的关公庙与华侨华人》⑩，闫彩琴的《17世纪中期至19世纪初越南华商研究（1640—1802）》⑪，邱普艳的《17至20世纪初印支华侨社会的形成与发展》⑫，徐福善和林明华的《越南华侨史》⑬，向大有

---

① 何仟年：《中国典籍流播越南的方式及对阮朝文化的影响》，《清史研究》2014年第2期。
② 谢贵安、宗亮：《崇慕与实践：清修〈四库全书〉在越南的传播与影响》，《河南师范大学学报》（哲学社会科学版）2017年第3期。
③ 秦钦峙：《华侨对越南经济文化发展的贡献》，《历史研究》1979年第6期。
④ 金应熙：《十九世纪中叶前的越南华侨矿工》，见《东南亚史论文集》，暨南大学历史系东南亚史研究室，1980年，第77—87页。
⑤ 戴可来：《〈嘉定通志〉、〈郑氏家谱〉中所见17—19世纪初叶南圻华侨史迹》，见北京大学南亚东南亚研究所编《南亚东南亚评论》（第1辑），北京大学出版社1988年版；戴可来：《〈嘉定通志〉、〈郑氏家谱〉中所见17—19世纪初叶南圻华侨史迹（续）》，见北京大学南亚东南亚研究所编《南亚东南亚评论》（第2辑），北京大学出版社1988年版。
⑥ 戴可来、于向东：《蔡廷兰〈海南杂著〉中所记越南华侨华人》，《华侨华人历史研究》1997年第1期。
⑦ 于向东：《河内历史上的唐人街》，《东南亚纵横》2004年第7期。
⑧ 张秀民：《安南王朝多为华裔创建考》，见张秀民著《中越关系史论文集》，（台湾）文史哲出版社1992年版，第11—22页。
⑨ 孙宏年：《17世纪中叶至19世纪初入越华侨问题初探——以人口估算为中心》，《东南亚纵横》2000年第S1期。
⑩ 谭志词：《越南河内历史上的关公庙与华侨华人》，《南洋问题研究》2005年第2期。
⑪ 闫彩琴：《17世纪中期至19世纪初越南华商研究（1640—1802）》，厦门大学博士学位论文，2007年。
⑫ 邱普艳：《17至20世纪初印支华侨社会的形成与发展》，《世界民族》2011年第5期。
⑬ 徐福善、林明华：《越南华侨史》，广东高等教育出版社2011年版。

的《越南封建时期华侨华人研究》[①]，刘俊涛的《越南政权华侨政策的演变（1600—1840年）》[②] 等。与入越华侨问题相比，国内学界对入华越侨的研究则相对较少，如王颋和汤开建的《元"侨安南国"与陈益稷》一文主要对以陈益稷为代表的元代入华的越侨群体进行了初步的考察和研究[③]；张秀民的《明代交阯人在中国内地之贡献》和《明代交阯人移入中国内地考》则主要对永乐、宣德时期入华的越侨群体进行了考察和研究[④]；牛军凯的《王室后裔与叛乱者——越南莫氏家族与中国关系研究》[⑤] 和孙宏年的《清代中越关系研究（1644—1885）》[⑥] 则主要涉及对清代的入华越侨群体的考察和研究。

五　结语

综上所述，经过40年的不断探索和累积，中国学界对古代中越关系史的研究取得了相对丰硕的成果和进步：首先，国内的各位同仁发掘、整理和出版了一大批与之相关的中越古代文献材料，为古代中越关系史的研究奠定了相对坚实的基础；其次，在唯物史观的指导下，运用具体的相关理论和分析方法，梳理和构建了古代中越关系史的发展脉络，为国内古代中越关系研究的良性发展打下基础；最后，随着相关研究的不断深入，国内的相关研究逐步突破了传统侧重于政治、军事交往史和朝贡贸易的局限，转向重视民间经济交流、文化典籍传播、思想观念影响、人员流动融合等多个层面来解读和认识古代中越关系。

当前，国内的古代中越关系研究亦面临一些挑战：第一，就相关史料而言，国内学界对越南方面史料的发掘和利用仍存在一定的欠缺和不足，尤其是对越南保存的一些中越邦交问题的汉喃文献关注不多，亦甚

[①] 向大有：《越南封建时期华侨华人研究》，中国社会科学出版社2016年版。
[②] 刘俊涛：《越南政权华侨政策的演变（1600—1840年）》，《世界民族》2018年第4期。
[③] 王颋、汤开建：《元"侨安南国"与陈益稷》，《海交史研究》2002年第2期。
[④] 张秀民：《中越关系史论文集》，（台湾）文史哲出版社1992年版。
[⑤] 牛军凯：《王室后裔与叛乱者——越南莫氏家族与中国关系研究》，世界图书出版公司2012年版。
[⑥] 孙宏年：《清代中越关系研究（1644—1885）》，黑龙江教育出版社2014年版。

少使用越南现代学者对古代中越关系的研究成果，使得相关研究有时难免存在一定的片面性。第二，是相关的研究理论创新和实践存在明显的不足和滞后。虽然国内学界对中越宗藩关系、中越友好交往、汉文化圈等研究理论进行了一些有益的探索和实践，但与国外（尤其是西方和日本）学界相比，我国的相关理论研究水平仍较为落后，更多的研究成果多局限在对相关史实的简单梳理和考证上，缺乏相应的理论指导和创新。第三，是古代中越关系史的研究日益呈现出"碎片化"的发展趋势。近年来，关于古代中越关系史的研究成果不断涌现，但更多的成果多集中在对某一具体历史事件的考察和解读上，少有关于古代中越关系的整体性和宏观性的研究。第四，是由于缺乏相应的学术史回顾，出现了大量重复性的研究。在从事一项课题的研究时，对前人研究成果的梳理和回顾是从事学术研究的基本前提之一。但是，部分学者在从事古代中越关系史的研究时，却不愿做深入的检索，进而忽视前人已有研究成果，从而出现了不少既没有新材料又没有新观点的重复性研究。最后，是随着近年来越南古代史研究的日益趋冷，很多年轻学者不愿意从事越南古代史和与之相关的古代中越关系史的研究，不少期刊亦为片面地追求所谓引用率和影响因子不愿意甚至不再发表与越南古代史和古代中越关系史相关的文章，从而不利于古代中越关系史研究的持续性发展。

古代中非交往史料补遗与辨析
——兼论早期中国黑人来源问题

李安山

（北京大学历史学系）

人类历史即是移民史。从古代始，人们从此地迁移彼地，或为生存，或为发展。海上交通促使人们在亚洲和非洲之间进行移动和交流。这种人口迁移留下诸多值得探讨的问题。中非关系的快速发展和不断增多的双向移民日益引起学术界的兴趣，并成为国际政治话语中的一个议题。[①]中非交往在中国典籍中有所记载。[②] 中外学术界对此已有一定研究成果。[③]本文拟对早期中非交往的部分未引起重视的史料和观点进行剖析。文章分为四部分：1. 有关非洲本土发现的与中国相关的证据；2. 郑和船队后裔的传说及考证；3. 汉代发现的有关中国黑人的记载；4. 学界对唐代黑人的观点及分析。除了提供有关非洲发现与中国或华人相关的证据外，作者还对非洲黑人主要出现在唐朝这一观点提出质疑，认为汉代已有黑

[①] 本文是在发表于《史林》2019 年第 2 期的《古代中非交往史料补漏与辨析：兼论早期中国黑人来源问题》的基础上修改而成，特此说明。李安山：《国际政治话语中的中国移民：以非洲为例》，《西亚非洲》2016 年第 1 期。

[②] 有关古籍中对非洲的记载，参见许永璋《我国古籍中关于非洲的记载》，《世界历史》1980 年第 6 期，第 53—61 页；唐锡仁《我国古籍关于非洲地区的记载与认识》，《世界地理集刊》1981 年第 2 集，第 60—63 页；许永璋《"二十四"史中记载的非洲》，《河南大学学报》（社会科学版）1984 年第 4 期，第 95—101 页。

[③] J. J. L. Duyvendak, *China's Discovery of Africa*, Stephen Austin and Sons, 1947; Teobaldo Filesi, *China and Africa in the Middle Ages*, Frank Cass, 1972; 沈福伟：《中国与非洲——中非关系二千年》，商务印书馆 1990 年版；Li Anshan, "Contact between China and Africa before Vasco da Gama: Archeology, document and historiography", *World History Studies*, 2: 1 (June, 2015), pp. 34 - 59.

人聚集区出现。在唐代黑人来源问题上，作者不同意张星烺的"非洲来源说"和葛承雍的"南海来源说"，提出唐朝黑人的多元来源说。

一 非洲发现的中国因素：本土证据与推测

中国人何时出现在非洲？这是一个十分有趣且能激发人们想象的问题。中外学者对这一问题有所研究。[①] 然而，一些在非洲发现的物证和相关记载为我们提出了证据和疑问。

（一）南部非洲："中国尖帽"与"田"字型装饰

南非开普省东部的河谷是原住民桑人（San，早期欧洲人蔑称为"布须曼人"，Bushman，即丛林人）的活动区域，他们在那里留下了大量的岩画。欧洲人海伦·通格小姐（Miss Helen Tongue）早在1909年就出版了《布须曼人绘画》（Oxford，1909）并发表了从奥兰治自由邦东部地区和开普省收集的很多桑人的岩画插图，其中不少是描绘着装的外国人。在位于东巴克利的马格达拉，她发现了一幅有趣的桑人岩画。她认为此画"从整体上看是古代的"。上面有一位浅棕色的人和一位深棕色的人。奥托（Brother Otto）也多年从事桑人岩画的收集工作，他在凯河（Kei River）沿岸约20海里的地区发现了28处地方存有桑人的绘画，收集整理了250多幅岩画，细心描绘了这些桑人早期艺术家的作品细节。

著名人类学家和考古学家雷蒙·达特（Raymond Dart）[②] 对不同地方

[①] 有关中国学者对这一问题的探讨，参见许永璋《古代到过中国的非洲人》，《史学月刊》1983年第3期，第96—97页；艾周昌《非洲黑人来华考》，《西亚非洲》1987年第3期，第49—55、82页。

[②] 雷蒙·达特祖籍澳大利亚，长期在南非金山大学工作。他曾于1924年在贝专纳兰（今博茨瓦纳）的汤恩（Taung，一译"塔翁"）一个洞穴里发现了一个5—6岁小猿的不完整头骨，包括部分颅骨、面骨、下颌骨和脑模。当他宣布发现了"汤恩小孩"后，在世界引起了轰动。然而，当时的种族偏见拒绝接受热带非洲是人类起源的地方。傲慢与偏见使雷蒙·达特的这一发现的重要意义长期埋没。Raymond A. Dart, "Australopithecus africanus The Man – Ape of South Africa", *Nature*, 115（7 February 1925），pp. 195 – 199.

文化的相互影响这一问题十分感兴趣。在一篇有关外来文化对南非桑人产生影响的文章中，他展示了三张在开普省凯河地区发现的岩画。雷蒙·达特对海伦小姐收集的画（图1）中那位脖子上戴着两个项圈的浅棕色人和奥托兄弟收集的两幅画中的戴帽人特别感兴趣。通过研究，他推测这些人戴的帽子具有中国特色。这些岩画中出现的帽子很像中国南方人戴的斗笠（又称笠、笠子、笠帽）。雷蒙·达特认为这种帽子可能标志着中国文化的影响。由于他对当地民族和文化的熟悉，他认为第二幅岩画中戴帽者为外国人。雷蒙·达特将这些人的帽子标为"中国尖帽"（Peaked Chinese Hat），认为这可能是中国文化的影响。①

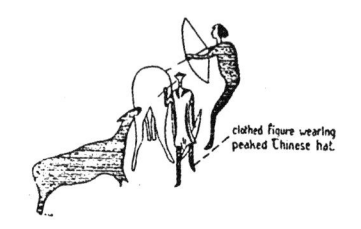

图1 桑人岩画：戴着中国尖帽的人

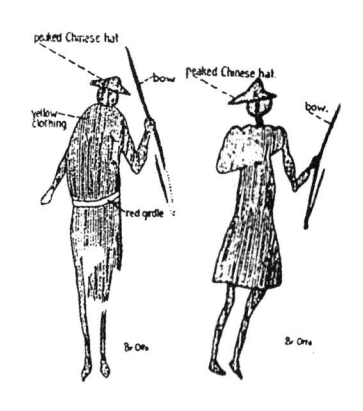

图2 桑人岩画：带中国尖帽的外国人

---

① Raymond Dart, "Historical Succession of Cultural Impacts upon South Africa", *Nature*, Vol. 115, No. 2890 (March 1925), pp. 425–429.

图 3　发现"田"字装饰的田中修先生的字迹

雷蒙·达特教授这篇发表于 1925 年的有关外来文化对南非产生影响的文章并未引起人们的注意。然而，达特一直专注于当地与外界的文化交流。无独有偶，他在 19 世纪 30 年代发现了另一种物证。当时，中国教育代表团访问南罗得西亚（津巴布韦）的恩达兰格瓦（Ndarangwa）时，发现墙壁和碗上流行以"田"字作为装饰。这一现象引起考察当地教育情况的田中修的惊讶。当地官员问他为何如此关注，他回答：因为这看上去像我的姓。他的回答令当地陪同十分诧异。回到中国驻南非领事馆后，田中修将自己的姓名和籍贯留下来（图 3）。这一史实引起了雷蒙·达特的注意，他认为，这一装饰物有可能标志着中国文化的影响。① 我们对看似"田"字型的装饰物的起源并不了解，单一物证也难以解释这究竟是不同地区人民审美观的类似，还是中国与非洲文化的双向影响。

此外，根据一些观察和记载的资料，在西非也存在着一些零星的疑似证据。假如，很早有人发现，在尼日利亚北部存在着一个与中国人相

---

① Raymond Dart, "A Chinese Character as a Wall Motive in Rhodesia", *South African Journal of Science*, Vol. 36（1939）, pp. 474 – 476.

似的民族。①

(二) 苏丹与埃塞俄比亚的证据与推测

在位于苏丹北部的麦罗埃的废墟里发现了一个中国式的鼎。此鼎为盛装食物的三足鼎，现存于苏丹首都喀土穆的国家博物馆里。②这件三足烹饪器被西方考古学家称为中国式铁鼎，因为其特征为翻唇、圆口、平腹、直足，但无双耳。"形状介于汉鼎和晋代瓷洗之间"③。在古埃及有过仿造中国瓷器的现象。此鼎究竟来自中国，或由当地工匠仿制，不得而知。公元前280—公元525年是麦罗埃文明的繁荣时期，中国的汉朝（公元前202—220）几乎同一时期兴起和强盛。英国学者菲利普·斯诺在著作中援引中国学者的观点时指出，汉朝的统治者在基督教兴起时期与外界通商相当发达，应该与苏丹北部麦罗埃的库施王国和埃塞俄比亚的阿克苏姆王国均有联系。他指出，库施王国的陶器与铜器都是按照从中国进口的同类商品的样式设计的。④

苏丹学者加法尔·卡拉尔·艾哈迈德长期从事中国—苏丹关系史的研究。他指出，从约公元1世纪起至16世纪，苏丹东部港口和埃塞俄比亚港口早与中国建立了联系。"在麦罗埃出土的中国瓷器以及大量据信是根据中国瓷器的形制与设计制造的麦罗埃瓷器都可以表明麦罗埃对中国瓷器的制造技艺及艺术相当了解。此外，一些中国学者也认为，汉朝的统治者与苏丹北部的库施王朝确有关系。"⑤他从多方面指出中国与非洲的早期交往：一是中国学者有关西王母即麦罗埃女王的推测；二是从埃及运输出口到中国的产品部分来自苏丹；三是苏丹红海地区港口曾隶属

---

① 许永璋:《古代中国人移居西非内地的探讨——试解一个历史之谜》，李安山主编《中国非洲史研究会文集（2015）》，社会科学文献出版社2016年版。清华大学国际关系学系何茂春教授在访问西非时也发现了有关古代中国人移居此地的线索。

② 张俊彦:《古代中国与西亚非洲的海上往来》，海洋出版社1986年版，第10页。

③ 沈福伟:《中国与非洲——中非关系二千年》，中华书局1990年版，第186页。

④ Philip Snow, *The Star Raft: China's Encounter with Africa*, London: Weidenfeld and Nicolson, 1988, p. 2.

⑤ 加法尔·卡拉尔·艾哈迈德:《跨越二千年的苏丹中国关系探源求实》，史月译，时事出版社2014年版，第14页。

于埃及管辖,苏丹特产被误认为是埃及所产。

中国人在东汉时期(25—220)与统治着红海地区的罗马帝国通商,也曾到过非洲大陆。沈福伟根据对《后汉书》中提到的"弱水""流沙""几于日所入"这一近西王母地方的分析,认为西王母指的应该就是在麦罗埃统治的库施女王。① 加法尔发现,在麦罗埃文明残留的画作和雕刻上对女士的称呼为"Kandake",意为"王母",几位统治过麦罗埃的女王也都被冠以"王母"的称号,"王母"一词在麦罗埃的古代画作中共出现7次。"因此,中国所说的西王母很有可能就是这些库施女王们,如果这种说法真实可信,那么中国古代一定对当时北部苏丹的政治、社会制度有所了解。"②

埃塞俄比亚学者对于该国与中国的交往有自己的说法。位于埃塞俄比亚的阿克苏姆王国(100—940)曾显赫一时。在公元350年左右埃扎纳(Ezana,320—360年在位)国王曾一举攻克麦罗埃,他以"众王之王"的身份在麦罗埃留下了自己的印记。阿克苏姆王国在埃扎纳统治下国力强盛。中国汉朝兴盛一时,对外交往活跃。《汉书》有关"黄支国"的记载如下:"自日南障塞、徐闻、合浦船行可五月,有都元国;又船行可四月,有邑卢没国;又船行可二十余日,有谌离国;步行可十余日,有夫甘都卢国。自夫甘都卢国,船行可二月余,有黄支国,民俗略与珠崖相类。其州广大,户口多,多异物,自武帝以来皆献见。有译长,属黄门,与应募者俱入海市明珠、璧流离、奇石异物,赍黄金杂缯而往。所至国皆禀食为耦,蛮夷贾船,转送致之。亦利交易,剽杀人。又苦逢风波溺死,不者数年来还。大珠至围二寸以下。平帝元始中,王莽辅政,欲耀威德,厚遗黄支王,令遣使献生犀牛。自黄支船行可八月,到皮宗;船行可二月,到日南、象林界云。黄支之南,有已程不国,汉之译使自此还矣。"③ 荷兰史学家戴闻达(J. J. L. Duyvendak)认为汉代中国已经存在着"惊人的贸易组织"④。实际上,这种对外关系从汉代复杂的外交

---

① 沈福伟:《中外文化因缘》,外文出版社1996年版,第5—7页。
② 加法尔·卡拉尔·艾哈迈德:《跨越二千年的苏丹中国关系探源求实》,第13—14页。
③ 《汉书》卷二八下《地理志第八下》,中华书局1962年版,第1671页。
④ 戴闻达:《中国人对非洲的发现》,商务印书馆1983年版,第9页。

制度的设置也可见一斑。①

关于"黄支国"究属何处,学界意见似比较一致。日本学者藤田丰八、法国学者费琅认为该国为"建志(Kanchi)",张星烺、冯承钧、苏继庼、韩振华、岑仲勉、朱杰勤等多位中国学者认可这一观点:"建志"即《大唐西域记》中达罗毗荼国的都城建志补罗(梵文 Kanchipura,pura 意为城),今称甘吉布勒姆(Kanchipuram, Kāñcipura, Conjevaram, Conjeveram, 又译坎奇普南),位于印度东海岸偏南部,在马德拉斯(Madras)西南三十五英里处。长期从事中非关系史研究的沈福伟也认可此说。② 近年来有文章认为黄支为斯里兰卡岛。③ 然而,德国学者赫尔曼(A. Herrmann)在题为《关于纪元初阿比西尼亚与中国南部的海上交通》的文章中认为,黄支位于盖兹人(Agazian,即 Ge'ez)所在地区,即古代埃塞俄比亚的阿克苏姆王国;"已程不国"即埃塞俄比亚。④

埃塞俄比亚学者塞尔格·哈布勒·塞拉西同意赫尔曼的观点。阿克苏姆时处鼎盛,国力强大,拥有大船。更重要的是,其东西方贸易的中心位于阿杜里斯,完全存在长途航海的可能性。中国到黄支需要 12 个月的航行,或是 3000 里(1500 公里)的距离,黄支不应是那些靠近中国的邻国。此外,黄支国王将犀牛等物作为礼品赠予中国皇帝,而这些都是埃塞俄比亚的特产。因此,埃塞俄比亚与中国存在贸易关系的可能性很大。到公元 3 世纪末,波斯人控制了从中国来的丝绸贸易。⑤ 当时,埃塞俄比亚的首都在阿克苏姆,距阿杜里斯港口有 8 天的陆路。塞拉西在他的著作中提到了从国外进口的 25 种商品"尽管大部分商品是与西方来往进行,但埃塞俄比亚与东方的商业关系并非不重要。波斯、印度和中国

---

① 黎虎:《汉唐外交制度史》,兰州大学出版社 1998 年版,第 3—122 页。
② 沈福伟:《中国与非洲——中非关系二千年》,中华书局 1990 年版,第 78 页。
③ 杨晓春:《黄支国新考》,《历史地理》2007 年第 22 辑,第 140—144 页。
④ A. Herrmann, "Ein alter Seeverkehr zwischen Abessinien und Süd – China bis zum Beginn unserer Zeitrechnung", *Zeitschrift der Gesellschaft fuer Erdkunde*, 10 (1913), pp. 553 – 561. Sergew Hable Sellassie, *Ancient and Medieval Ethiopian History to 1270*, Addis Abab: United Printers, 1972, p. 85. Note 127.
⑤ Sergew Hable Sellassie, *Ancient and Medieval Ethiopian History to 1270*, pp. 84 – 85.

是与埃塞俄比亚进行有规律贸易的主要国家"。他还引用赫尔曼文章中提到的"公元前1世纪的中国资料提到中国船只访问非洲海岸以交换商品。"① 此论并不准确。目前的研究还未发现在公元前后有中国船只抵达非洲海岸。② 地缘政治和地理位置使埃塞俄比亚与阿拉伯半岛关系密切。埃塞俄比亚的商品通过也门抵达阿拉伯贸易中心巴格达，与来自印度、中国等地的商品一起销售。另一个贸易中心是亚丁，来自汉志、信德、中国或埃塞俄比亚的船只进出繁忙。③

张星烺同意赫尔曼的观点：已程不国即埃塞俄比亚。他指出："唐以前，中国史书记载非洲者，据余所考，以《汉书·地理志》为最早：'黄支之南，有已程不国，汉之译使自此还矣。'（《汉书》卷二八下）已程不疑为希腊语依梯俄皮亚（Ethiopia）之译音，今闽南人读已程不之音，尚与希腊文 Ethiopia 相同。依梯俄皮亚即阿比西尼亚，在非洲东部。"④ 陈乐民也认可这一观点："准此，则汉使已经到过今埃塞俄比亚了。"⑤ 吴长春指出，"从公元1世纪开始到公元后几百年，东非出现过一个强大的阿克苏姆王国，曾控制红海南口，这个国家有阿杜利斯等重要港口，同南阿拉伯、印度往来频繁，对中非海上关系有影响。"⑥ 沈福伟认为《魏略》上提到罗马的温色布是来自埃塞俄比亚的优质棉布，但产自苏丹；《后汉书》所载"兜勒"指埃塞俄比亚的海港阿杜里斯；最早抵达中国的非洲使节是于公元100年来自埃塞俄比亚的使节。⑦

---

① Sergew Hable Sellassie, *Ancient and Medieval Ethiopian History to 1270*, pp. 71–74.
② 参见孙毓棠《汉代的中国与埃及》，《中国史研究》1979年第2期，第142—154页。
③ Sergew Hable Sellassie, *Ancient and Medieval Ethiopian History to 1270*, pp. 207, 249.
④ 张星烺编注，朱杰勤校订：《中西交通史料汇编》，中华书局1977年版，第二册，第7页。
⑤ 陈乐民：《古代中非关系中的黎轩和"已程不国"究竟在哪里?》，《西亚非洲》1994年第1期，第72页。
⑥ 吴长春：《早期中非海上交往方式、途径及相关的几个问题》，《西亚非洲》1991年第6期，第62页。
⑦ 沈福伟：《中国与非洲——中非关系二千年》，中华书局1990年版，第70—72、102页。

(三) 东非海岸: 伊德里斯与宋代钱币

古代著名学者伊德里斯（Al Idrisi, 1100—1154）[1] 是一位享誉全球的阿拉伯地理学家。他的著述至今仍是人们理解古代阿拉伯和相关地区历史的重要资料。根据他的记载，中国人曾居住在桑给巴尔并与当地人进行贸易活动。他指出，他曾听说一些中国人住在桑给巴尔。这些中国人在中国或印度出现动乱时会将贸易活动转到桑给巴尔或附近岛屿。

"这个岛屿（桑给巴尔岛）有许多连接在一起的建筑，岛上许多村庄也养牛。他们栽种稻谷。这里的人商业活动频繁，每年进口的商品种类繁多。据说，一旦中国国内发生叛乱或是在印度发生不法情事和暴乱，中国人就会将主要商务活动迁移到桑给巴尔及附近岛屿。中国人对与岛上居民开展贸易关系感到非常愉快，因为岛上的居民处事公道，经营方式令人喜爱，跟他们做生意也很轻松。由于这一点，桑给巴尔岛因此繁荣了起来，旅行到这里的人也相当多。"[2] 从时间上推断，这种贸易活动应该发生在宋代。美国作者李露晔（Louise Levathes）针对伊德里斯的这一描述指出，"伊德里斯用阿拉伯字'ishra来形容中国人与斯瓦希里人之间的关系，'ishra的意思是友谊随着时间的扩展而日益密切，有时候甚至是亲密的同盟关系。"[3]

在东非海岸的多个地区如摩加迪沙、布腊瓦、马菲亚岛及桑给巴尔，确实发现了大量的宋代钱币。在桑给巴尔岛还发现了多批次甚至大批量的中国钱币。据不完全统计，共发现钱币12批次，共计300余枚。其中

---

[1] 伊德里斯的去世年份据埃尔·法西主编: 联合国教科文组织《非洲通史　第三卷　七世纪至十一世纪的非洲》，中国对外翻译出版公司、联合国教科文组织出版办公室，1993年，第19页。另有"据说他在1165/1166年去世"，参见《简明不列颠百科全书》（第9卷），中国大百科全书出版社1986年版，第17页。

[2] Al‑Idrisi, *Opus Geographicum*, Neapoli‑Romai, Instituto Universitario Orientaledi Napoli, 1970, p. 7, p. 62. Louise Levathes, *When China Rules the Seas*, *The Treasure Fleet of the Dragon Throne*, *1405‑1433*, Oxford University Press, 1994, pp. 200‑201.

[3] Louise Levathes, *When China Rules the Seas*, *The Treasure Fleet of the Dragon Throne*, *1405‑1433*, p. 201.

一次发现在一个特定贮藏处的宋代钱币达250枚之多。[①]

表1　　　　　　　　非洲发现的宋代钱币线索一览表

时间	地点	枚数	钱币年代	发现者	资料提供者
1888？	桑给巴尔	？	宋代（与宋代瓷器一起发掘，后存大英博物馆）	John Kirk	F. Hirth（夏德）
1898	摩加迪沙	8	13世纪前，多为11—12世纪	Stuhlmann	同上
1898	同上	7	同上（均现存于柏林民族学博物馆）	Strandes	同上
1916	马菲亚	1	宋神宗	F. R. Pearce	张铁生引自 F. R. Pearce
？	摩加迪沙		713—1201	？	F. Greenville
？	摩加迪沙和布腊瓦	24	16枚为宋真宗至宋理宗时期；6枚明代，2枚清代	？	张铁生引自 F. Greenville
1939	桑给巴尔	5	宋代？	Walker	F. Greenville
1945	桑给巴尔卡珍瓦	176	4枚为唐代，8枚无法辨认，其余为宋真宗至宋度宗时期（共有250枚左右）	Makam bin Mwalimu Mhadimu	同上
1954	桑给巴尔格迪	2	宋宁宗、宋理宗	Kirkman	同上
1955	基斯马尼马菲亚	2	宋代？	G. E. Organ	同上
？	基尔瓦	5	宋太宗、宋徽宗	斯密士	张铁生
？	基尔瓦	1	宋太宗	F. R. Pearce	张铁生
1991	阿宜宰布	？	宋代	川床睦夫	加法尔

* 并非宋钱被发掘的时间，而是展现或公示时间。

---

① G. S. P. Freeman Greenville, *The Medieval History of the Coast of Tanganyika*, pp. 184–185；F. Hirth, "Early Chinese Notices of East African Territories", *Journal of the American Orient Society*, Vol. 30, No. 1（Dec. 1909），pp. 46–57；张铁生：《中非交通史初探》，生活·读书·新知三联书店1963年版，第49—50页。

1939年、1954年和1955年发现这三批铜钱的地址与1945年发现大批宋钱的地址不远。克尔克曼认为中国人喜欢将过时的钱币输出以作为装饰物，格伦维尔不同意此说。有意思的是，最多那批钱币是当地人从一贮藏处发现的。1945年，穆哈迪姆（Makame bin Mwalimu）用一根铁棍将一些小片珊瑚清除，突然发现一个隔地面约3英尺的洞穴，里面有大量铜钱。当他展现这些铜钱时，一些乡亲随手拿走了一些，他估计总共有250枚左右。这些铜钱的年代跨度较大，约为公元618—1295年。①

在一个洞穴里发现如此多的宋代钱币，这需要解释以下几个重要问题。

（1）收藏这些货币的人是谁？

由于这些货币或成堆出现，或相对较为集中，可以推测这些人应该是中国人。加上货币的量比较大，这些人应该是早期华商。

（2）目的何在？为什么要收藏这些货币？

伊德里斯有关中国商人在桑给巴尔岛上与当地人从事贸易的描述应该是真实的记载。从这一点看，那些中国商人很可能准备以后返回中国，这样便可解释他们的动机。

（3）他们为什么会有这些货币？特别是收藏集中存放的大量货币？

可以肯定，这些是早期华商出国时带来的货币。在买卖过程中，多为以货易货，这些货币暂时没有用处。因此，商人倾向于将货币收藏以作回国之用。这些货币揭示了当时存在中国与东非之间的贸易关系。

二 郑和船队后裔之传说与考证

自从1903年国内开始研究郑和远航这一话题以来，人们一直在问一个问题：郑和船队是否有人留在非洲？或是换一种说法：中国在古代是否有人移民非洲？对于这一问题，一直没有人进行过系统研究。究其原因，主要是缺乏资料和学术兴趣及语言障碍。中国古籍中似乎没有人涉

---

① G. S. P. Freeman Greenville, *The Medieval History of the Coast of Tanganyika*, Berlin: Adademie·Verlag, 1962, pp. 184 – 185.

及这一问题。国际学术界的讨论整理如下。

（一）郑和船员后裔与上加村的存在

拉瓦尔的见闻 关于中国船员后裔留在非洲的最早传说应是来自法国航海者拉瓦尔（Pyrard de Laval）。他在 1602 年出版的航海游记中提到他在马达加斯加碰到中国面孔的居民。这些人自称自己的祖先航行到此地后迷失了方向。[①] 这种描述很容易让人联想到郑和船队的人因迷失方向而在当地定居。然而，值得注意的是，欧洲人当时了解的亚洲民族主要是中国人，对几乎所有具有蒙古人种面孔的人都称为中国人。马达加斯加人的主要民族梅里纳人（Merina，亦称"伊梅里纳人"）属蒙古人种。虽然不排除这位法国海员看到的是中国船员的后裔，但也完全可能是马达加斯加的主要民族梅里纳人。

弗兰索瓦·瓦伦丁的猜测 早期欧洲人还发现在东非沿海地区存在着一些皮肤与当地人不同的人。1705 年，荷兰商人弗兰索瓦·瓦伦丁（Francois Valentyn）曾记载了他在东非地区碰到的一件奇怪的事。在这里，他注意到一些皮肤很白的人。"他们的妇女和小孩的皮肤异常白皙，甚至可以与许多欧洲的小孩相提并论。"他谈到那些皮肤淡色的小孩的一种举动：不知为了什么原因，他们总会在身体上涂泥，让自己的外表变黑。这种做法很可能是外来移民后裔力图融入当地所为。1935 年，一位意大利人类学家在帕泰岛做调研，发现上加人（Washanga）认为自己的祖先是中国航船遇难而侥幸存活下来的中国水手。[②]

上加村＝上海？ 真正有所依据的事件发生在 1980 年。当时，英国考古学家霍顿在肯尼亚的帕泰岛（Pate）做考古调查。当地的上加村（Shanga）的头人告诉他：根据这里流传了 700 年的传说，自己的祖先来自上海，"上加"因此得名。这些由研究助理伊丽莎白·万住丽·鲁戈伊

[①] A. and G. Grandidier, *Collection des Ouvrages anciens concernant Madagascar*, tome 1, Comité de Madagascar, 1903, p. 299. Quotes from P. Snow, *Star Raft—China's Encounter with Africa*, London: Weidenfeld & Nicolson, 1988, p. 32.

[②] Louise Levathes, *When China Rules the Seas, The Treasure Fleet of the Dragon Throne*, 1405–1433, p. 198.

约（Elizabeth Wangari Rugoiyo）收集的资料被霍顿保存下来。① 虽然在肯尼亚的各个沿海地区发现了不少中国的瓷器或钱币，但帕泰岛的"上加村＝上海"的这种有关当地居民的祖先来自上海说法仍有待考证。

李露晔对上加村居民的说法进行了求证。她发现上加人曾经呆过但后被烧毁的城镇及法茂人（Wafamau②）中 20 余支自称中国人后裔的上加人，他们为祖先是中国人而骄傲。在帕泰岛流传着中国航船在西游村（Siyu，一译"西尤村"）附近遭遇海难的故事。上加村里也发现了大量瓷器，这里也存在着人们中间长期流传的故事：马林迪将长颈鹿送给中国皇帝作为礼物并使之成为中国人与斯瓦希里人之间友谊的象征。李露晔不无感慨地表示："这件事只在中国古籍上有所记载，通常也只有少数学者曾经阅读过。然而，在非洲沿岸的这个偏远角落，连中文都不会说的上加人却对此事细节知道得清清楚楚，确实值得注意。"③

1999 年，《纽约时报》记者纪思道（Nicholas D. Kristof）对有关郑和船队的海上历程进行了长篇报道。他认为郑和船队下西洋是一次可以与哥伦布 1492 年大西洋航行媲美的世界远航。文章叙述了郑和在亚洲诸岛及印度洋的历险，也提到多名自称中国人后裔的上加人的故事。他在采访中遇到负责保存村庄口述历史的布瓦纳·姆库·巴乌里（Bwana Mkuu Al‒Bauri）。老人自称 121 岁，但思维清晰。"我从我的祖父那里得知了这一切，他在这里负责保存历史。很多很多年以前，一艘来自中国的船在离岸边不远的地方触礁遇难，水手们游到离上加村附近的地方上了岸——我的祖先当时在，看到了这一切。这些中国人是来访者，我们就帮助这些人，给他们食物和住的地，他们后来就与我们这里的女人结婚。尽管他们不是住在我们这个村，但我相信他们的后代仍然可以在这个岛

---

① Mark Horton, *Shanga 1980: An Interim Report of the National Museums of Kenya Archaeological project at Shanga, during the Summer of 1980, as Part of the Work of Operation Drake*, Appendix 5, Elizabeth Wangari Rugoiyo, "Some Traditional Histories of Pate, Siu and Shanga", Operation Drake, London, Nairobi: National Museum of Kenya, 1980.

② 即法茂人，Wa 是表示民族的前缀。

③ Louise Levathes, *When China Rules the Seas, The Treasure Fleet of the Dragon Throne, 1405‒1433*, p. 200.

的其他地方找到。"① 最后，一位名叫哈里发·穆罕姆德·奥马尔（Khalifa Mohammed Omar）的法茂族渔民告诉了他较为完整的历史。一艘中国航船在帕泰岛附近遇难，一些船员游上岸后定居下来，在此结婚生子。②

（二）李新烽的帕泰岛调研③

李新烽对帕泰岛的实地调查有诸多发现。他从帕泰村村长那里初步得到中国船只遭遇海难后在当地安家的基本情况。中国人登陆帕泰岛后，有的留在上加村，有的来到帕泰村，大部分人去了西游村，他们逐渐与当地女子结婚成家。"中国人只剩下三户，法茂人是他们的共同姓氏，也成为帕泰岛上'中国人'的代称。"④ 西游村的头人库布瓦·穆罕默德（Kubwa Mohamed）告诉他："没有中国人，也就没有现在的西游村……来到帕泰岛的中国人全是男人，他们在上加时就与当地妇女结婚成家，生儿育女。举家来到西游时，又不断地受到骚扰，加之西游村自然条件不断恶化，为了生计和逃命，他们逐渐地离开了，沿着大陆海岸南下，不知具体去向。有的讲他们去了马林迪，有的说他们去了蒙巴萨，总之是沿海一带的城市。"西游村至今还有铁匠、中医等，都是受了中国人的影响。⑤ 上加村村长斯瓦雷·穆罕默德（Swaleh Mohamed）介绍了上加村的历史及马林迪国王向中国皇帝赠送长颈鹿的故事。

经过调查和分析，李新烽认为，上加村就是中国村，落难东非的中国船员应是郑和部属。其理由如下：首先，如果海难发生在郑和下西洋之前，船员后人不可能听说过长颈鹿的故事。此外，船难幸存者会与多次抵达东非的郑和船队沟通，郑和船队也会将他们带回中国。在郑和下西洋之前，中国船只直接访问东非沿岸的可能性很小，中非海上贸易多

---

① Nicholas D. Kristof, "1492: The Prequel", *The New York Times*, June 6, 1999.
② Nicholas D. Kristof, "1492: The Prequel", *The New York Times*, June 6, 1999.
③ 李新烽曾是《人民日报》高级记者。为了对有关拉穆群岛特别是帕泰岛的中国人后裔的传闻进行核实，他于2002年3月和2003年5月专程到这个岛进行了大量的个人访谈和实地调查。
④ 李新烽：《非洲踏寻郑和路》，中国社会科学出版社2013年版，第31页。
⑤ 李新烽：《非洲踏寻郑和路》，中国社会科学出版社2013年版，第39—44页。

通过阿拉伯商船完成。帕泰岛的船难也不可能发生在郑和之后，因为原来的上加村约在公元 1440 年左右遭到毁灭，幸存水手不可能在上加村安家落户。

李新烽的结论是：落难船员是中国"移民"非洲的首批华人。①

（三）中国—肯尼亚联合考古的发现

北京大学秦大树教授领导的团队与肯尼亚考古学家于 2010 年在肯尼亚沿岸进行了考古发掘。② 他们发现了一些明代初年的官用瓷器，如龙泉窑的官瓷和景德镇的永乐时期官窑青花瓷片。在肯尼亚各地发现的龙泉官器如格迪古城出土的青瓷刻花折枝莲荷纹盘、伊沙卡尼（Ishakani）遗址出土的青釉刻花碗、恩瓜纳（Ungwana）遗址出土的青釉印花团花纹碗和曼布鲁伊出土的永乐时期的官窑青花瓷片。明代初年的龙泉窑瓷器较多用于海上贸易，其中官瓷由工部委派烧制，专门用于外贸或赏赐。秦大树认为：这些瓷器部分是为郑和航海制造，用作对各地统治者的赏赐器物，在肯尼亚发现这些官瓷"反证了在郑和下西洋时曾经到达过肯尼亚沿海地区"③。丁雨的结论较为谨慎，"综合文献、考古证据和当时的历史条件，郑和船队到达过东非海岸的可能性是非常大的。"④

另一个证据也可间接说明中国人在帕泰岛的影响。16 世纪中期，葡萄牙人曾派出舰队征服姆拉姆塔帕王国以夺取这里的金矿资源。1596 年，由于帕泰岛人民反抗过葡萄牙人，葡萄牙的舰队从基尔瓦驶向帕泰岛，还有三位耶稣会士同行。蒙克拉罗教父在他的航海日志中提到，帕泰是一个很大的城市，有不同类型的贸易。主要原因是这个城市盛产丝绸，而且只有这个地方产丝绸。葡萄牙人只能用其他商品如铁器、珠子或棉

---

① 李新烽：《非洲踏寻郑和路》，第 44—46、366—370 页。
② 有关此次考古发掘的成果总汇，参见丁雨《肯尼亚曼布鲁伊遗址及马林迪遗址的考古学研究》，北京大学博士学位论文，2015 年。
③ 秦大树：《肯尼亚出土中国瓷器的初步观察》，Qin Dashu & Yuan Jian, eds., *Ancient Silk Routes*, Singapore：World Scientific Publishing Co., 2015, pp. 89–109。
④ 丁雨：《肯尼亚曼布鲁伊遗址及马林迪遗址的考古学研究》，北京大学博士学位论文，2015 年，第 393 页。

布来交换。① 根据帕泰岛老人的回忆，这个岛上在半个世纪前确实仍然生产丝绸。②

综合中国学者的采访调查、考古挖掘，他们的发现可概括为以下几点。

（1）在拉穆群岛发现了大量与中国人相似的人群，他们居住相对集中，以帕泰岛上的上加村和西游村为最。

（2）这些人都自称中国人的后裔，多少能回忆一些与中国船员有关的事情或相关家史，并对自己祖先是中国船员表示自豪。

（3）这些自称中国人后裔的人或家庭在身形体态、面貌特征、风俗习惯以及家族家规方面似乎都有中国人的特点。

（4）在这些人聚集的村落里，仍然保持着一些中国人的生活用品及装饰物，有的在娱乐活动或其他方面均有所体现。

（5）北京大学与肯尼亚考古学家联合考古发掘项目在东非海岸发现的明初官窑瓷片和"永乐通宝"铜钱大大提升了郑和舰队曾经到达过东非海岸的可能性，为以往学者基于文献的研究提供了非常重要的证据。③

三 有关非洲人在中国的证据

学者早已有人注意到中国早期历史（唐朝以前）黑色人种的存在，但似乎认为这些黑人来自南海地区。④ 然而，中国早期典籍中提到的许多

---

① G. S. P. Freeman‑Greenville, *The East African Coast*, *Select Documents from the First to the Earlier Nineteenth Century*, Oxford: Clarendon Press, 1962, pp. 138–143.

② Nicholas D Kristof, "1492: The Prequel", *The New York Times*, June 6, 1999.

③ 丁雨：《肯尼亚曼布鲁伊遗址及马林迪遗址的考古学研究》，北京大学博士学位论文，2015 年，第 392 页。有关这一专题，秦大树、丁雨、戴柔星：《2010 年度北京大学肯尼亚考古及主要收获》，李安山、刘海方主编《中国非洲研究评论 2012》，社会科学文献出版社 2013 年版，第 247—272 页；秦大树、丁雨：《肯尼亚滨海省曼布鲁伊遗址的考古发掘与主要收获》，李安山、潘华琼主编《中国非洲研究评论 2014》，社会科学文献出版社 2015 年版，第 253—271 页；秦大树：《肯尼亚出土中国瓷器的初步观察》，Qin Dashu & Yuan Jian, eds., *Ancient Silk Routes*, Singapore: World Scientific Publishing Co., 2015, pp. 89–109。

④ 凌纯声：《中国史志上的小黑人》，《"中央研究院"年鉴》1956 年第 3 期，第 251—267 页。近期研究参见汪受宽《元以前来华黑人考》，《社会科学战线》2001 年第 1 期，第 119—124 页。

物产如黄金、珠母、玳瑁、树胶、犀牛角、象牙、珍珠、祖母绿等盛产于苏丹红海地区港口。"中国古籍中提到的埃及矿藏的一部分实际上位于苏丹东部，因为在很长一段时期内苏丹红海的港口均隶属于埃及管辖，因此中国及西方的许多典籍都以为这些港口属于埃及。"① 这种文化交往的使者应该是这些地区的人，或者至少是与这些地区有直接关系的人？如果是非洲人，他们何时来到中国？对这一问题的研究甚少。②

（一）居延汉简上有关黑肤人的记载

1927—1935 年，中国和瑞典合组的西北科学考察团在西北广袤地区进行考察，发现了居延汉简。1927 年 10 月 24 日，中方考古学家黄文弼在居延汉代烽燧首次发现一枚汉简。在第二天的发掘中仅得数枚后，他放弃了此地的发掘而转向其他地区，成为中国考古史上一件憾事。1930 年 4 月 20 日至 5 月 8 日，考察团成员瑞典学者弗克·贝格曼（Folke Bergman）在额济纳河流域北部的居延都尉与南部的肩水都尉所属地段发现汉代简牍，在随后的发掘活动中，共发掘出汉简一万余枚。居延汉简中有一批个人名籍等方面的记录，大约包括姓名、身份、郡、县、里、爵位、年岁、身形、身高和（肤）色。身形方面有"大状"和"中状"的说法。身高（汉简中用"身长"）以尺寸为测量标准。值得注意的是，汉简上相关人物的肤色多为黑色。下面是居延汉简上有关黑肤人的相关记载。

---

① 加法尔·卡拉尔·艾哈迈德：《跨越二千年的苏丹中国关系探源求实》，第 16—17 页。孙毓棠指出从红海至亚洲的三条重要海路，并列出了中国典籍所涉汉代的多种埃及特产。参见孙毓棠：《汉代的中国与埃及》，《中国史研究》1979 年第 2 期，第 142—154 页。

② James Brunson, "African Presence in Early China", in Runoko Rashidi & Ivan Van Sertima, eds., *African Presence in Early Asia*, New Brunswick and London: Transaction Publishers, Tenth Anniversary edition incorporating with *Journal of African Civilization*, 1995, pp. 121 – 137; Li Anshan, "African Diaspora in China: Reality, Research and Reflection", *The Journal of Pan African Studies*, 7: 10 (May, 2016), pp. 10 – 43. 中国学者多研究唐代以后来华的非洲人，关于此前来华非洲人一般只提"黎轩善眩人"，即亚历山大来的魔术师。参见许永璋《古代到过中国的非洲人》，《史学月刊》1983 年第 3 期，第 96—97 页；艾周昌《非洲黑人来华考》，《西亚非洲》1987 年第 3 期，第 49—55、82 页。

（1）永光四年正月己酉橐佗吞胡隧长张起祖符妻大女昭武万岁里□□年卅二子大男辅年十九岁子小男广宗年十二岁子小女女足年九岁辅妻南来年十五岁皆黑色

（2）居延都尉给事佐居延始至里万赏善年卅四长七尺五寸黑色

（3）河南郡河南县北中里公乘史孝年卅二长七尺二寸黑色

（4）□□□□里上造王福年六十长七尺二寸黑色

（5）书佐忠时年廿六长七尺三寸黑色

（6）五十二长七尺一寸黑色

（7）里贾胜年卅长七尺三寸黑色

（8）都里不更司马封德年廿长七尺二寸黑色

（9）里王望年廿五岁长七尺五寸黑色

（10）都尉丞何望功一劳二岁一月十日北地北利鄣候杜旦功一劳三岁李则年卅五长七尺三寸黑色

（11）骊靬万岁里公乘儿仓年卅长七尺二寸黑色剑一已入牛车二

（12）年卅八长七尺二寸黑色

（13）□车軨得安世里公工乘未央年卅长七尺二寸黑色

（14）公乘孙辅年十八七尺一寸黑色

（15）给车軨得郡都里郝毋伤年卅六岁长七尺二寸黑色

（16）河内郡温西故里大夫苏罢军年卅五长七尺三寸黑色

（17）诏所名捕平陵长藿里男子杜光字长孙故南阳杜衍……□□黑色肥大头少发年可卅七……

（18）□就里唐宜年廿三长七尺三寸黑色□□

（19）葆鸢乌宪众里上造顾收年十二长六尺黑色皆六月丁巳出

（20）魏郡繁阳高武里大夫谢牧年卅二长七尺二寸黑色

（21）弟子公士传出黑色年十八

（22）当阳里唐芝年十九长七尺三寸黄黑色八月辛酉出

（23）东郡田卒清灵黑里大夫聂德年廿四长七尺二寸黑色

（24）尺五寸黑色轺车乘

（25）□年廿年七尺五寸黑色十月辛

（26）卅年七尺七寸黑色

(27) 尺五寸黑色 十月二

(28) 居延安故里孙罢军年廿三剑一黑色长

(29) 坚年苑钳金左（一字）左右年廿七八岁中壮□长五六寸青黑色……

(30) 二月癸酉河南都尉忠丞下郡太守诸侯相承书从事下敢用者实字子功年五十六大状黑色枭头

(31) 八长七尺二寸黑色

(32) □□□□□□阳里大夫封车口（一字）年廿八长七尺二寸黑色牛一车一辆五月戊戌□弓一□持

(33) 河南郡荥阳桃虫（?）里公乘莊吁廿八长七尺二寸黑色四月癸酉

(34) □顺年卅二岁七尺二寸黑色

(35) 侯丈□非子长七尺黑色

(36) 觻得成汉里大夫X建德年卅二长七尺寸黑色

(37) □□□□年卅七长七尺二寸黑色

(38) □□里上造史则年廿五长七尺二寸黑色

(39) 一长七尺五寸黑色

(40) X安国年卅长七尺二寸黑色

(41) 永光四年正月己酉橐佗延寿隧长孙时符妻大女昭武万岁里孙弟卿年廿一子小女玉女年三岁弟小女耳年九岁皆黑色①

(42) 长七尺黑

(43) 黑色　不出

(44) X尺三寸黑色

(45) 二寸黑色

(46) 二寸黑色

……

以上个人记录实有60片左右。在60人的记录中，肤色明确标有

---

① 张春树：《汉代边疆史论集》，台北：食货出版社1977年版，第181—191页。

"黑色""黑"的共有46例，如果加上其中张、孙二家的亲属，黑肤人达50余人，其中包括1人"青黑色"，1人"黄黑色"。在这些个人记录中，尚有妻儿子女"皆黑色"。

居延汉简上出现的这些有关肤色的记录，引发了一场争论。

（二）张春树的观点

美籍华人历史学家张春树根据劳贞一先生编的居延汉简考释的图版，对汉代人的身形与肤色进行了专门研究。他将居延汉简分为两类，一类为个人记录，一类为群体记录。为了说明肤色问题，张春树对有关典籍的记载和相关说法进行了分析，确定汉简中有关"黑色"记载中的"色"似可确定为肤色。① 他根据劳先生对居延汉简的考释，加上自己的研究、分析与统计，提出以下几个观点。

（1）汉简中关于形貌之颜色记载共有55条，其中竟然有98%为黑色，另外2%虽然不是黑色，也是青黑色和黄黑色。

（2）汉简中"黑色"等记载中的"色"字似可确定其意为肤色。

（3）肤色为黑色的人群中，有16人有爵位，最高者是汉代列为第八位的公乘。

（4）"黑色"形貌的人在身份、社会地位和种族上没有任何特殊的地方，这"可能是经过长期的种族混合与同化的结果"。

（5）从汉简中有关籍贯的记载（14人属河西，7人来自内郡）推论，"河西人之平均身高略高于内郡人"，但由于选样少，"这个统计推断是当存疑的"。

（6）从汉简将肤色作为体质特征这一点看，可以推论肤色这个问题在中国古代社会中必有一特殊的历史含义。②

---

① 张春树：《汉代边疆史论集》，台北：食货出版社1977年版，第193页。
② 张春树：《汉代边疆史论集》，台北：食货出版社1977年版，第180—199页。

(三）杨希枚的观点

杨希枚先生是著名的历史学家。[1] 他通过分析相关史料，针对张春树先生有关"'黑色'形貌的人在身份、社会地位和种族上没有任何特殊的地方"这一观点，提出了不同意见。他认为，"在张文引用的汉简材料（六十条）中，计有四十六条事涉'黑色'人，虽然材料并不详尽，有的缺漏姓名、居地、年龄，或是体高。""春树考订'黑色'一词指肤色，这一点是无可置疑的。因此，这四十六简的'黑色'人应是黑肤人。"[2]

杨先生通过对居延汉简中有关记载的分析，加上对汉籍《易林》中有关资料的引证，提出了疑问和自己的推论，其主要论点是：这些汉简中的黑色人应是另外的特殊种族，而非张先生所说的"汉人"。主要结论如下：

（1）汉简中的黑肤人应是异于汉人的特殊群体。居延汉简的描述中，不仅大量的个人记录为黑色，有的举家全部是黑色人。例如，名为张起祖的黑色人："妻大女……年卅二。子大男辅，年十九岁。子小男广宗，年十二岁。子小女女足，年九岁。辅妻南来，年十五岁。皆黑色。"另一位名为孙时符的黑色人，"妻大女昭武万岁里孙弟卿年廿一。子小女玉女，年三岁。弟小女耳，年九岁。皆黑色。"杨先生认为，"汉简的黑肤人，至少其中某些黑肤人的肤色并非原于个体偶然的差异，而显属先天的遗传性体质。因为这里所知的张、孙两家族，老幼共十人皆'黑色'，而竟无一例外！"因此，他认为，这些举家黑肤色者原是以黑肤色为其体质特征之一的特殊种族。"先秦时代中国西北边裔分布的西戎民族中的骊戎应即'黑戎'（the 'Black Barbarians'），且极可能即与本文所论有关黑肤人有关的一个黑肤族群。"他的结论也很明确："汉简黑肤人的肤色应

---

[1] 杨希枚，1916年生于北京，武汉大学生物系毕业后约一年进入中央研究院史语所工作。先担任吴定良先生的助理，后来在著名人类学家李济的嘱托下研究殷墟头骨。杨希枚先生曾任中研院历史语言研究所助理员、中研院体质人类学研究所筹备处助理员、中研院历史语言研究所助理员、副研究员（1955.8—1961.7）。1961年任研究员（1961.8—1980.1）并担任人类学组主任（1973.8—1974.7）。1980年从中研院退休，1981年定居于北京并参加中国社会科学院历史研究所工作，继续从事先秦等史学研究。1993年病逝于北京。

[2] 杨希枚：《先秦文化史论集》，中国社会科学出版社1995年版，第971页。

属遗传而非偶然的个体差异。"①

（2）这些黑肤人的体高与普通汉人不同，其平均身高明显高于汉人。杨先生指出：汉简兼记载肤色和身高的有四十人。根据汉简三十九黑肤人的身高为七尺至七尺七寸（161.0—177.1 公分），按此推算，汉简黑肤人平均体高约为 7.27 汉尺（167.20 公分）。然而，汉族人的身高为 161.2—167.6 公分，其中华北人最高，为 168.5 公分，华中人其次，164.2 公分，华南人最矮，为 160.9 公分。由此看来，汉简黑肤人的身高不仅应列入中高型（164.2—168.7 公分），其上限已超过中高型体高的上限，与平均身高为 161.2—167.6 公分的汉族人身高不同。

（3）汉简黑肤人接近非洲尼罗河区的黑肤人。如果加上肤色这一因素，与非洲和亚洲的黑肤人相比，"非洲的纯正尼格罗黑肤人，尤其是东北非区的尼罗河黑肤人的体高（170—178 公分），也显与汉简黑肤人体高（165.6—177.1 公分）是最近似的。"其结论为"汉简黑肤人的肤色和体高异乎一般汉族人，而要近乎非洲尼罗河区的黑肤人"。②

（4）汉简黑肤人主要集居于河西尤其张掖郡。根据记载，这些黑肤人主要集中在张掖郡，而非张先生所言并不集中。根据张文对居延汉简的统计，有身高和籍贯的 21 人中计有"十四人属河西"，余者 7 人来自内地各郡。换言之，21 人中三分之二来自河西，即在地理上具有显著差异。"尤值得注意的，即张文指出载有籍贯而未必兼载体高的二十五黑肤人中竟有十七人隶属河西，仅八人分隶内地各郡！而且分布河西区的黑肤人似集中于张掖郡（计有六人）；分布内郡的黑肤人刚见于六地。"③

（5）黑肤人曾寓居于汉代京师及周边地区。汉代至迟在宣帝朝，京师或其近区有外国侨民数万以至十数万，长安应为当时的国际观光都市。此外，汉籍《易林》中有一些资料说明外族人的存在，如"蜗螺牛子，

---

① 杨希枚：《先秦文化史论集》，中国社会科学出版社 1995 年版，第 972、984—985、976 页。

② 杨希枚：《先秦文化史论集》，中国社会科学出版社 1995 年版，第 974—975、977 页。

③ 杨希枚：《先秦文化史论集》，中国社会科学出版社 1995 年版，第 976—977 页。他还提出："张掖郡的骊靬县或以骊靬国的降人而建置。"然而，这一观点目前似不为多数中国史家所接受。

深目黑丑，似类其母，虽或相就，众人莫取"，"蜗螺生子，深目黑丑，虽饰相就，众人莫取"，"乌孙氏女，深目黑丑，嗜欲不同"等。根据居延汉简及《易林》等所记资料，黑色人曾存在于中国河西等郡或京师大都。

（6）汉简黑色人均任职为汉室边吏，其定居于河西等地之初或可早至汉昭帝初际。

概而言之，"自先史时代迄于殷、周、东汉，中国境内既曾陆续不断地有黑肤人（且可能非同一种黑肤人）存在的史实或迹象，则汉简及《易林》所载河西及内地的深目且体型较高的黑肤人应即特殊种族的看法应非新奇或怪异之论。"[1]

根据古人记录和前人研究，汉代的长安是一个国际大都会。《汉书·西域传》载："孝武之世……明珠、文甲、通、翠羽之珍盈于后宫，蒲梢、龙文、鱼目、汗血之马于黄门，巨象、师子、猛犬、大雀之群食于外囿，异方异物，四方而至……设酒池肉林，以飨四夷之客。"白寿彝先生认为："长安都城里杂错不纯的风俗，正是一个巨型的都会之特殊的表征。"同时，"长安不只是国内最大的都会，并且在中外交通上也具有特殊的意义。它成了一个四夷宾客荟萃的所在，殊方异物聚合的场所了。"[2] 由此看来，当时的长安都城，有包括黑人在内的四方宾客欣然而至，应是在情理之中。

（四）有关黑人移民中国的各种推测

关于黑人早年移居中国有各种推测，目前存在着多种论点。近年来，遗传学在人类起源问题上有新的研究。在对1.2万条染色体进行研究后，结果在东亚人身上发现了7.9万年前非洲人特有的遗传标记。[3] 早期学者

---

[1] 杨希枚：《先秦文化史论集》，中国社会科学出版社1995年版，第985页。

[2] 白寿彝：《白寿彝文集》第七卷《朱熹撰述丛考 中国交通史》，河南大学出版社2008年版，第247—248页。

[3] Ke Yuehai, et al., "African Origin of Modern Humans in East Asia: A Tale of 12,000 Y Chromosome", Science, 292 (May 11, 2001), pp. 1151 – 1153. 当然，也存在不同意见，如斯坦福大学遗传学家布伦娜·亨为首的研究小组在2011年发现，说某种科伊桑语的卡拉哈里沙漠的布须曼人（即桑人）拥有非洲乃至全世界最具遗传多样性的基因。另一个国际研究小组2012年6月表示，在缅甸发现的化石表明，更多论据表明亚洲而不是非洲是最早类人猿灵长目动物的起源地。

还从语言学、人类学和历史考古学等方面论及这一问题。① 在考古发掘中，确实发现了一些与黑人头骨相似的特征。对此至少有三种论点。

美拉尼西亚人说。这种观点比较普遍，凌纯声先生曾撰《中国史志上的小黑人》一文，在提到各类小黑人之后，最后专门论及此问题。这种黑人也被称为马来黑人，尼格利陀人（Negrito），或是海洋黑人（oceanic Negroid），张光直在著作中也提到过。②

安塔·迪奥普的杂交论。塞内加尔学者安塔·迪奥普是一位百科全书式的学者，对非洲古代文明有精深的研究，并极力主张埃及文明与黑非洲文明同根同源。他认为，黄种人是黑人和白人融合的结果。他在其名著《文明的非洲起源：神话还是现实》的一个注释中，较为详细地表达了自己的观点，认为黄种人从面貌及体质上明显表现出混血特征。③

中国人具有非洲人血统。米恩斯在1980年出版的著作中指出，"中国的居民是黄种人类型，但无疑有黑人的基础。民族学家在那里发现，中国人中存在着古老的俾格米人和黑人（Negroid）的证据。"④ 詹姆斯·布伦森明确将中国早期黑人界定为非洲人。他认为"要充分研究夏、商、周诸朝代的历史，更多地洞察非洲在中国历史上所起的作用。需要抹去这些早期朝代及中国最早历史的神秘色彩。例如，一些学者和历史学家不顾明显的证据而认为商朝不存在种族结构。一位历史学家奇怪地将商朝人称为'黑发'人，好像所有别的东方人的头发具有某种其他颜

---

① 有关早期亚洲黑人存在的早期研究，参见 Terrien de Lacouperie, *The Languages of China before the Chinese*, London: David Nutt, 1887; Li Chi, *The Formation of the Chinese People*, Harvard University Press, 1928; F. Weidenreich, "On the earliest Representatives of Modern Mankind Recovered on the Soil of East Asia", *Peking Natural History Bulletin*, 13: 3 (1939), pp. 161 – 174.

② 凌纯声：《中国史志上的小黑人》，《"中央研究院"年鉴》，1956 年第 3 期，第 251—267 页；Kwang-chi Chang, *The Archaeology of Ancient China*, New Heaven and London: Yale University Press, 1977, pp. 68, 76.

③ Anta Diop, *The African Origin of Civilization: Myth or Reality* (edited and translated by Mercer Cook), Chicago: Lawrence Hills, 1974, No. 2. pp. 280 – 281.

④ Sterling Means, *Ethiopia and the Missing Link in African History*, Harrisburg: The Atlantis Publishing Company, 1980, p. 58.

色".① 其论据包括张光直有关柳江人头骨的考古分析和相关论点。他还对各种证据包括随葬品、古代雕刻等进行了分析,并针对所谓的美拉尼西亚黑人和非洲黑人形象进行了比较。这篇文章首先发表在《非洲文明杂志》上,后来被编入由雷诺科·拉西迪和伊万·凡·塞尔迪玛主编的《非洲人存在于早期亚洲》一书中。②

(五) 尚待探讨的结论

学者从19世纪起一直在探讨早期中国出现的黑人。③ 他们研究中提到的黑人似乎主要指俾格米人、尼格利陀人或马来人类型的海洋尼格罗人。有的推测他们为月氏（*Rouzhi*）,④ 有的则将这些黑人与波斯人相连（"他们将波斯人也称作'黑人'！"⑤）。杜波伊斯曾在他的著作中列出专章,研究亚洲的非洲人。他通过对印度早期历史上黑人的研究,得出结论："早在基督教时代之前的数千年,德拉威黑人奠定了印度文化的基础。"他认为,"德拉威黑人文化构成了整个印度文化的基础,其最伟大的宗教领袖总是被描绘为黑人或是卷发者。"⑥ 相传来华传播佛教的30名僧人的肤色中有10名黄色、10名棕色、10名

---

① James Brunson, "African Presence in Early China", p. 135.

② James Brunson, "African Presence in early China", in Runoko Rashidi & Ivan Van Sertima, eds., *African Presence in Early Asia*, New Brunswick and London: Transaction Publishers, Tenth Anniversary edition incorporating with *Journal of African Civilization*, 1995, pp. 121–137.

③ Terrien de Lacouperie, *The Languages of China before the Chinese*, London: David Nutt, 1887; Li Chi, *The Formation of the Chinese People*, Harvard University Press, 1928; F. Weidenreich, "On the Earliest Representatives of Modern Mankind Recovered on the Soil of East Asia", *Peking Natural History Bulletin*, vol. 13, no. 3 (1939), pp. 161–174; 凌纯声:《中国史志上的小黑人》,《"中央研究院"年鉴》1956年第3期, 第251—267页。

④ 陈健文:《月氏的名称、族属汉代西陲的黑色人问题》,《国际简牍学会会刊》1993年第1期, 台北, 兰台出版社1993年版。

⑤ 薛爱华（Edward Schafer）:《撒马尔罕的金桃: 唐代舶来品研究》, 吴玉贵译, 社会科学文献出版社2016年版, 第138页。

⑥ W. E. B. Du Bois, *The World and Africa, An Inquiry into the Part Which Africa Has Played in Word History*, New York: International Publishers, 1965, p. 176. 有学者研究了波斯历史上的黑人以及古代印度王朝的黑人, 有些甚至已经当上君王。参见 Runoko Rashidi & Ivan Van Sertima, eds., *African Presence In Early Asia*, Transaction Publishers, 1985。

黑色。①

汉代典籍关于非洲的一些零星记载并不清晰，致使学者见解各异。②震惊世界的三星堆古迹给这一文化考古遗产蒙上了一层神秘的面纱。特别是带有非中原脸面的青铜器以及权杖、金面具的出现，给人们插上了想象的翅膀。我们知道，权杖和金面具在古代埃及和非洲流行。我们可以推测，这两种文化之间很早就开始了交流。2016年9月2日，一篇有关中国文明可能起源于埃及的文章在美国的《外交政策》上面世，为研究中非关系增加了新元素。③

四 有关唐代黑人来源的观点

学界对唐代存在着黑人的意见一致。然而，对其来源却有不同说法，主要有两种：张星烺的"非洲来源说"和葛承雍的"南海来源说"。

---

① W. E. B. Du Bois, *The World and Africa*, p.178.
② 汪受宽：《元以前来华黑人考》，《社会科学战线》2001年第1期，第119—124页。
③ Ricardo Lewis, "Does Chinese Civilization Come from Egypt?" *Foreign Policy*, September 2, 2016. http://foreignpolicy.com/2016/09/02/did-chinese-civilization-come-from-ancient-egypt-archeological-debate-at-heart-of-china-national-identity/. 2016年10月20日。作者是在安徽合肥的中国科技大工作的葡萄牙学者，该文主要介绍了中国学者孙卫东的观点。实际上，十七世纪的德国耶稣会士柯切尔（A. Kircher）认为中国人是埃及人的后裔。十八世纪的法国汉学家德经（Joseph de Guignes）认为，中华文明从各方面如文字、法律、政体、君主，甚至于政府中大臣及整个帝国均源自埃及，而所谓中国上古史即埃及史。1887年法国人拉库普利（Albert Étienne Terrien de Lacouperie，一译拉克佩里）出版了《中国人之前的中国诸文字》（*The Languages of China Before the Chinese*），认为《易经》是"古代西亚亚卡地（Accad）的词汇"。他又于1894年出版《中国早期文明西源说》（*Western Origin of the Early Chinese Civilisation from 2,300 BC to 200 AD*）一书，以当年考古成果为基础，根据天文算法、科技发明、语言文字、政治制度、历史传说的相似性提出，中国文明源于两河流域的古巴比伦文明，汉族于前2200年前后从西亚迁入中原。英国比较神话学教授赛斯（A. H. Sayce）在《古代东方诸帝国》（*Ancient Empires of the East*）一书中也认为亚卡地是西亚的中国。"清末民初，这一学说在中国广为流传，一度为中小学历史教科书普遍采纳。北京大学史学系的朱希祖和陈汉章等则从各种角度对这一学说进行了系统性批评。之后，中华文明乃至中国人独立起源和演进的学说逐渐成为主流。"参见黄文政《古埃及与华夏文明起源真有关系吗?》，http://cul.qq.com/a/20160206/025007.htm. 2016年10月20日。

（一）张星烺的"非洲来源说"

在中外关系研究领域做出巨大贡献的张星烺，在 1928 年和 1930 年发表了两篇内容相似的中、英文文章。[①] 文章论述了八个问题，试图定义"昆仑"，确定他们的来源和与阿拉伯人的联系，以及"昆仑""昆仑奴"在中国文学作品中的使用情况。张星烺的结论是十分肯定的，"昆仑"作为地名指"暹罗"（今泰国），与文中的"昆仑"没有关系。"昆仑""昆仑奴"被用来指在中国的黑人仆役和奴隶，他们来自昆仑层期国，即桑给巴尔，他们被长期从事奴隶贸易的阿拉伯人带到中国，其中一些通过海路，经南海而来。张星烺认为黑人奴隶来自非洲。他的研究成果为国际学术界提供了便利，但存在的问题也比较明显。其一，文中诸如"昆仑奴存在的证据""昆仑奴的来源""中国的昆仑奴贩奴贸易"的小标题及他的论据，将所有"昆仑"都归为奴隶。其二，张星烺认为："唐代之昆仑奴，皆由阿拉伯人输入中国。……昆仑奴为非洲黑人，既已考定，毫无疑义。"[②] 这两点结论并非"考定"，亦非"毫无疑义"，均值得商榷。实际上，《隋书》中用的是"昆仑"而非"昆仑奴"来表示黑人。从历史上看，黑人在中国所从事的职业多种多样，除仆役外，还有驯兽师、魔术师、乐师、耕工、商人、卫兵和宫中卫官。此外，如果将黑人的来源仅限于非洲，则难有说服力。[③]

张良烺先用中、英文发表论文，在学界产生一定影响；后又将《昆仑与昆仑奴考》一文作为《中西交通史料汇编》的附录出版发行，对后

[①] 张星烺：《唐时非洲黑奴输入中国考》，《辅仁学志》1928 年第 1 卷第 1 期，第 93—112 页；Chang Hsinglang, "The Importation of Black Slaves to China in Tang Dynasty (618–907)", *Bulletin of Catholic University of Peking*, No. 7, 1930, pp. 37–59. http://library.uoregon.edu/ec/e–asia/read/tangslave–3.pdf. 2016 年 9 月 20 日。

[②] 张良烺编，朱杰勤校订：《中西交流史料汇编》，第二册，第 22 页。

[③] 如《新唐书·南蛮传》记载：咸亨至开元年间，室利佛逝国曾向唐朝"献侏儒、僧祇女各二"。又说：元和八年（813），诃陵国"献僧祇奴四"。

世海内外研究中非关系的学者造成较大影响。① 张星烺的观点受到诸多学者的支持。他们认为，中非关系源远流长，并直接或间接地引用张星烺的观点来表明中国的黑人是来自非洲的。唐代的非洲人是如何到达中国的？因为《新唐书》中记载了坦桑尼亚的达累斯萨拉姆与中国之间的一条海上航线，所以一些学者认为非洲人是通过海路或"海上丝绸之路"而来。②

（二）葛承雍的南海来源说

2001年，中国历史学家葛承雍在一篇文章中批判了张星烺关于唐代长安城黑人来源的观点，并得出了不同的结论。葛承雍认为张星烺关于"中国黑人来源于非洲"的论断没有说服力，他认为这些黑人不是来自非洲的尼格罗人（Negroid），而是来自"南海"（今东南亚）的尼格利陀人（Negrito）。这一观点实际上因袭了清朝学者一直秉持的观点，即"昆仑奴"来自真腊（今柬埔寨）等东南亚地区。

一部分昆仑是作为外国每年进献的贡品，送给中国朝廷的，一部分则是被外国使节留在中国的，还有一部分是贩卖到沿海地区的。"僧祇"（Zenji）一词，一般被认为等同于"桑给"（Zanzi），阿拉伯人用它来指代非洲东海岸，即桑给巴尔（Zanzibar）。阿拉伯人将来自非洲东海岸的非洲人称为"僧祇人"。葛承雍反对这一观点，他认为"僧祇"一词是用来指代古代东南亚地区佛教的。他的结论是：中国黑人来源于东南亚的说

---

① 张良烺编、朱杰勤校订：《中西交流史料汇编》第二册，第16—24页。早期研究还可参见吴春晗《昆仑奴考》，《现代学生》1930年第1期。

② 胡肇椿、张维持：《广州出土的汉代黑奴俑》，《中山大学学报》1961年第2期，第84—87页；张铁生：《中非交通史初探》，生活·读书·新知三联书店1965年版；张俊彦：《古代中国与西亚非洲的海上往来》，海洋出版社1986年版，第89—94页；许永璋：《古代到过中国的非洲人》，《史学月刊》1983年第3期，第96—97页；艾周昌：《非洲黑人来华考》，《西亚非洲》1987年第3期，第49—55、82页；景兆玺：《唐代非洲黑人来华述论》，《西北第二民族学院学报》1998年第4期，第51—54页；程国赋：《唐代小说中昆仑奴现象考述》，《暨南大学学报》第24卷第5期（2002），第79—84页。最近研究参见Li Anshan, "African diaspora in China: Research, reality and reflection", *The Journal of Pan African Studies*, 7: 10 (May, 2016), pp. 10–43。

法，比来源于非洲的说法更有说服力。① 这一观点也被一些中国学者所接受。②

(三) 多元来源说

关于唐代黑人的来源，张星烺和葛承雍都秉持"单一来源说"，张认为来源地是非洲，葛认为来源地为东南亚。在仔细分析各方论据后，我们会发现虽然双方都运用了丰富的材料和严谨的逻辑，但他们都只使用或强调有利于自己所持观点的证据，而忽视那些与其观点相悖的材料。张星烺强调被阿拉伯人带来的黑人，却忽视那些来自真腊（今柬埔寨）及室利佛逝国（今苏门答腊）和诃陵（今爪哇）的黑人。葛承雍也犯有同样的错误，强调来自南海（东南亚）的黑人，举出各种有力证据，却有意无意忽略被阿拉伯人带来的黑奴。历史研究应该更谨慎，同时包容不同的观点。总之，"多元来源说"可能是对此问题更合理的解释。

本人觉得对"昆仑"和"僧祇"的研究要注意以下几点。首先，多元来源说可以较好地解释这一问题。对唐代黑人的来源问题，可以秉持更开放的态度。无论从中外关系史的发展以及目前发现的史料看，唐代黑人的来源可以说是多元的，即他们有些是从阿拉伯地区转来的非洲黑人，或是直接来自摩洛哥、埃及等地的非洲人，因为这些地区的民族本身也有多种，包括混血人种。有些应来源于"南海"地区，即我们今天所说的东南亚地区。有些也可能来自印度，一是在印度南部，本身就存在着黑色人种；二是因为印度很早也出现了黑人奴隶贸易。③ 其次，当时的黑人并不都是奴隶。从壁画、绘画和其他记载看，他们的职业是多种多样的。例如有的是驯兽师（驭狮、驯狮、驯象），有的是船员、乐师或耕者或士兵等。④

---

① 葛承雍：《唐长安黑人来源寻踪》，《中华文史论丛》2001年第65期，第1—27页。

② 梁静文：《唐代昆仑奴来源刍议》，《海交史研究》2004年第2期，第58—62页。

③ Lawrence J. Sakarai, "Indian Merchants in East Africa, Part Ⅰ. The Triangular Trade and the Slave Economy", *Slavery and Abolition*, 1: 3 (1980), pp. 292 – 338; Sakarai, "Indian Merchants in East Africa, Part Ⅱ. The Triangular Trade and the Slave Economy", *Slavery and Abolition*, 2: 1 (1981), pp. 2 – 30.

④ Li Anshan, "African Diaspora in China: Reality, Research and Reflection", pp. 10 – 43.

(四) 国际学术界有关古代中国黑人的观点

国际学术界近年来对古代存在于中国的黑人的研究不多，究其原因，看不懂中国古籍显然是重要的一点。朱莉·威林斯基和唐·怀亚特的研究成果值得一提。威林斯基对"昆仑"的概念、中国人对黑色人观念的变化及中国古代对非洲的了解进行了详细研究。虽然其文前两节较多借鉴了张星烺的研究成果，但作者运用了包括正史、小说、地理游记等各种文献。由于这个问题的时间跨度长、材料数量庞大，其结论有些模棱两可。作者一方面认识到"很难评估前现代的中国人对非洲和深肤色民族的认知的复杂遗产"；另一方面又认为中国人对于非洲人和深肤色的其他民族持一种"否定态度"（negative attitude）。[1] 这似乎是西方学者对古代中国人之中存在的种族歧视的一个较为普遍的观点。[2]

怀亚特的书与其雄心勃勃的书名相比，显得不尽如人意，但仍然是该领域的重要研究成果。作为历史学教授，怀亚特以其技巧最大限度地运用了两则案例。一是路元睿被刺一案。路元睿是武则天时期的广州都督，贪得无厌，冒取外商之货。一名勇敢的昆仑在众目睽睽之下杀死了他和其他几位官员，逃之夭夭。怀亚特将这个案例置于一个更大的历史背景下，阐释了昆仑谋杀案的影响。二是朱彧所作的《萍洲可谈》，这部书记录了广州社会生活的趣闻逸事，还有部分篇幅是特别描写外国居民的。书中记录了昆仑奴因为水性好，被船商雇佣，去修补船底的漏缝。"然而，对于任何与史实相隔千百年时间的现代西方观察者而言，试图对前现代中国原文中这些不可期待的参考之处进行深入解读，并合理有据地致力于重构朱彧的引人注目的评论的背景，最重要的是根据对来源问题的回答。简言之，这些奴隶究竟是什么人？"[3] 他的答案："他们一定来

---

[1] Judie Wilensky, "The Magic Kunlun and 'Devil Slaves'", Sino-Platonic Papers, 122 (2002), p. 43. http://www.sino-platonic.org/complete/spp122_chinese_africa.pdf. 2015年10月4日。

[2] Frank Dikotter, *The Discourse of Race in Modern China*, London: C. Hurst & Co., 1992.

[3] Don J. Wyatt, *The Blacks of Premodern China*, University of Pennsylvania Press, 2010, p. 55.

自非洲"。① 这个答案正是张星烺八十年前给出的。怀亚特在书中指责中国的"文化帝国主义"。为了说明自己的观点,他用的一个例子是对"换肠"的解释。中国地域辽阔,气候和食物种类因地而异,外人需要时间来适应某地的食物。比如,一个湖南人初到广东的几天也会发生腹泻的情况,我们习惯称之为"换肠"。朱彧在关于奴隶的文章中写道,他们平时吃生食:"捕得时,与火食饲之,累日洞泄,谓之换肠"。怀亚特将"换肠"译成"强迫转换肠子"(converting the bowls),以符合他将"换肠"形容为"文化帝国主义"。② 这种解释实在牵强,其政治化倾向过于明显。

此外,威伦斯基和怀亚特均认为,在古代阿拉伯人对华贸易中除其他商品外,还有黑人奴隶。威伦斯基认为,"黑奴仅仅是阿拉伯人与中国进行的大规模海上贸易的众多商品之一。"换言之,中国人早已参与了阿拉伯人的黑奴贸易,或是中国像美国或西方国家一样拥有非洲黑人奴隶。③ 这一观点受到非洲学者的质疑,目前在维也纳大学任教的加纳学者亚当·伯多姆对怀亚特的三个主要观点进行了批判。④ 中国学者也认为这一中国参与奴隶贸易的观点难以成立。从早期典籍中我们看到,僧祇或昆仑均是由外国商人或使节作为礼品或贡品给予中国官员或商人的。正如艾周昌所言,16世纪以前,黑人多是波斯人、阿拉伯人和爪哇人送给而不是卖给中国权贵的。在中国与非洲之间没有贩奴通道。在"跨大西洋奴隶贸易"开始后,欧洲人也将非洲人带到了中国,荷兰人将黑人奴隶带到了台湾,葡萄牙人将他们带到了澳门,中国沿海地区的英国人和法国人也让他们充当仆人。明、清两代,中国政府都禁止非洲奴隶进入

---

① Wyatt, *The Blacks of Premodern China*, p. 10, p. 78.

② Wyatt, *The Blacks of Premodern China*, p. 60. 值得注意的是,荷兰中国学家冯客将"换肠"译成"changing the bowls"。参见 Frank Dikotter, *The Discourse of Race in Modern China*, London: C. Hurst & Co., 1992, p. 9。

③ Wyatt, *The Blacks of Premodern China*; Judie Wilensky, "The Magic Kunlun and 'Devil Slaves'", p. 1.

④ "Adams Bodomo's review of the Don Wyatt's *The Blacks of Premodern China*", *African Studies Review*, 56 (2013), pp. 244 – 246.

中国，同时也禁止殖民者对中国人的奴役。①

除中国古瓷外，在非洲还发现了少量唐钱。根据弗里曼-格伦维尔的分类，其中四枚出土于桑给巴尔岛的卡珍瓦，铸于唐高宗时代（649—683）。② 另一件发现于索马里的摩加迪沙，但所据报道模糊不清，只能存疑。另据记载，在摩加迪沙、基尔瓦和马菲亚发现了公元713—742年的唐钱，有的是公元845年以后的。③ 唐钱之所以较少出现在国外，其中一个主要原因是唐代严禁金、银、铜、铁和钱币出口，不许商人们拿这些"与诸蕃互市"④。

中国学术界一般认为，非洲黑人主要出现在唐朝。我们对这一观点提出质疑。综上所述，早在汉代前后，中国人中已经出现黑人。他们来自何方，我们目前虽然不能肯定，但他们很可能属于东非海岸或古埃及的非洲人，通过海上贸易、迁移或其他途径抵达阿拉伯地区或波斯，再到印度，最后抵达中国。对于形容黑人的用词"昆仑"和"僧祇"大量出现在唐代文献，一方面是存在着黑人这一事实，另一方面也表明唐代都市的国际化特点。对于这些黑人的来源，我们认为多元来源的观点比较适宜。可以肯定的是，中国与非洲的民间交往早于官方交往，间接交往早于直接交往。这一点是不言而喻的。中非早期交往只有经过长期细致的研究并整合相关学科各方面的证据，才能得出有说服力的结论。

---

① 艾周昌：《非洲黑人来华考》，《西亚非洲》1987年第3期，第49—55、82页。
② G. S. P. Freeman Greenville, *The Medieval History of the Coast of Tanganyika*, p. 184. 原日期为（618—627），有误，张铁生先生更正。参见张铁生《中非交通史初探》，生活·读书·新知三联书店1972年版，第49—51页，注5。还可参见夏鼐《作为古代中非交通关系证据的瓷器》，《文物》1963年第1期，第17—19、7页；张俊彦《古代中国与西亚非洲的海上往来》，海洋出版社1986年版，第93页。
③ W. H. Ingrams, *Zanzibar: Its History and Its People*, New York: Barnes & Noble, Inc., 1967 [1931], p. 88.
④ 《唐会要》卷八六，上海古籍出版社1991年版。

百年来塔里木历史遗存的调查整理与时代特征

张安福[1] 田海峰[2]

(1. 上海师范大学丝绸之路研究中心；

2. 石河子大学马克思主义学院)

塔里木地区是古代西域"三十六国"所在地，丝绸之路经此交通东西，陆路交通的日益发达和汉唐文明高度的开放姿态，使得塔里木盆地成为中国、希腊罗马、波斯、印度等古代文明交流、碰撞、融合的典范区域。宋元之后，海上丝绸之路兴起，塔里木盆地作为丝绸之路要道地位的荣光不再，但是由于该地区特殊干旱少雨的地理环境和人迹罕至的人文环境，因此保存了大量古代文化遗存。早在清代乾隆之后，就有关于考察塔里木地区历史遗存的学术成果问世[①]，但是由于当时认知不足且缺乏现代考古学手段，即使有所发现也没有引起重视，因此这一时期只能称为"西北舆地之学"[②]。塔里木盆地的历史文化遗存真正引起学界重视，并使用现代考古方法，应该是在西方探险家到来之后开始的。

---

① (清)陶保廉:《辛卯侍行记》，刘满点校，甘肃人民出版社2000年版；(清)祁韵士:《万里行程记》(外五种)，刘广洁整理，山西人民出版社1992年版；(清)俞浩:《西域考古录》(影印本)，文海出版社1966年版；(清)徐松:《西域水道记》，朱玉麒整理，中华书局2005年版；(清)王树枏:《新疆图志》，朱玉麒等整理，上海古籍出版社2015年版；(清)七十一:《西域总志》(影印本)，文海出版社1966年版。

② 舆地之学兴起的背景是清代大力垦殖新疆，许多文人雅士到达天山南北，对此时的新疆人文地理多有记载。此后的道光、咸丰年间，英国和俄国在新疆渗透势力，诸多仁人志士始专注于西域史地的考察研究。梁启超:《清代学术概论》，上海古籍出版社2005年版，第47页。

一 西方探险发掘的起始阶段
（19 世纪中期至 20 世纪初）

19 世纪中后期至 20 世纪初，正值西方探险活动达到高峰时期，许多西方探险家将目光投向了遥远的中亚塔里木地区。同时，英国和俄国在中亚争夺势力范围，也给西方探险进入塔里木地区制造了契机。这一时期呈现出发现的偶然性特点，但也由此开启了塔里木盆地古代遗存考察的序幕。学界对于西方探险家的考察论述具备，在前人研究的基础上[①]，择相关人物和发现成果进行论述。

1. 初始性和偶然性。俄国探险家大概是近代以来欧洲人在中国西部进行首次中亚考古学的专业调查者。[②] 普尔热瓦尔斯基（Nikolai Mikhaylovich Przhevalsky）于 1876—1877 年进入罗布泊，并提出罗布泊是"游移的湖"的观点。此后，克莱门兹、奥登堡先后进入塔里木地区，重点对吐鲁番的古城、壁画进行考察。

斯文·赫定（Sven Hedin）偶然发现楼兰古城，成为塔里木地区考察发现的标志性事件。同一时期，英国人斯坦因（Aurel Stein）发现了尼雅遗址和丹丹乌里克遗址，这恐怕都是他们在事先的准备中所始料未及的。斯坦因是近代西域探险史中的传奇人物，他集学者、探险家、考古学家和地理学家于一身，一生四次进入塔里木盆地，虽然每一次发现都有着一定的偶然性，如发现丹丹乌里克遗址、尼雅遗址、安迪尔古城等，但是他对于每一次的考古发现都以惊人的毅力做出丰富的调查报告，从而

[①] 马大正：《外国探险家新疆探险考察的档案文献资料整理与研究评述》，《西部蒙古论坛》2016 年第 2 期；傅振伦：《百年来西北边疆探险年表》，《文物参考资料》1951 年第 5 期；郭物：《和田考古简史》，载上海博物馆编《于阗六篇：丝绸之路上的考古学案例》，北京大学出版社 2014 年版，第 37—62 页；中国新疆维吾尔自治区档案馆、日本佛教大学尼雅遗址学术研究机构编：《外国探险家新疆考古档案史料》，新疆美术摄影出版社 2001 年版。

[②] 《丝绸之路大辞典》，陕西人民出版社 2006 年版，第 803 页。

使他的前三次调查都硕果累累。① 1930 年,斯坦因计划的第四次西域探险终因中国学界的抗议无功而返。随后,他一头扎在克什米尔的帐篷里,撰写他前三次中亚考察的经历,取名《在中亚古道上——在亚洲腹地和中国西北部三次考察活动简述》,该书出版后便被我国著名敦煌学家向达译成中文。② 这部中译本对我国学者了解斯坦因的考察活动以及推进中国西域学研究起到了非常重要的作用。

同样,法国探险队虽然探险时间较晚,但是由于法国有着优良的汉学研究传统优势,使得以伯希和(Paul Pelliot)为代表的探险队在图木舒克偶然的惊世发现,使得该地佛教遗址露出真面目,推翻了斯文·赫定、勒科克最初的遗址性质、时间界定的定论。③ 这种偶然的发现,也是伯希和良好汉学传统的必然,以伯希和为代表的"西域探险团"在塔里木的考察与发掘活动,在国际汉学界影响深远,曾经有学者评价说,如果没有伯希和,那么汉学将成为国际孤儿。④

2. 掠夺性。 1890 年英国军官鲍尔(Bower)到库车捉拿案犯,偶然在库车发现的"鲍尔古本",这一发现"使欧洲对中国新疆的考察由以往的地理探险转到文物的发掘与掠夺"⑤。此后,斯文·赫定、斯坦因、伯希和等,都先后在楼兰、尼雅、图木舒克等地进行了大肆发掘,从塔里木地区带走了大批的文物,甚至格伦威德尔(Albert Grunwedel)、勒科克(Albert von Le Coq)将克孜尔石窟、柏孜克里克石窟的壁画整体切割下

---

① 第一次的考察成果:《沙埋和阗废墟记》,殷晴等译,新疆美术摄影出版社 1994 年版;斯坦因:《古代和田——中国新疆考古发掘的详细报告》,巫新华等译,山东人民出版社 2009 年版。第二次的考察成果:《契丹沙漠废墟——在中亚和中国西部地区考察实纪》,《西域考古图记》,巫新华等译,广西师范大学出版社 1998 年版。第三次的考察成果:《亚洲腹地考古图记》,巫新华等译,广西师范大学出版社 2004 年版。
② [英]斯坦因:《斯坦因西域考古记》,向达译,上海中华书局 1936 年版。
③ [法]伯希和:《伯希和西域探险记》,耿昇译,云南人民出版社 2001 年版,第 12 页。
④ [法]菲利普·弗朗德兰:《伯希和传》,广西师范大学出版社 2016 年版。法兰西学院在伯希和考察结束之后的 40 年间,先后整理和出版了《图木舒克》(1961 年图版卷,1964 年文字卷)、《库车建筑寺院,都勒都尔——阿乎尔和苏巴什》(1967 年图版卷,1982 年文字卷)、《库车地区诸遗址,龟兹文题记》(1987 年)、《伯希和敦煌石窟笔记》(6 册,1980—1992 年)、《敦煌的织物》(1970 年)、《敦煌的幡画》(1974 年文字卷,1976 年图版卷)以及《吐鲁番的道路》(2000 年)等。
⑤ 许建英:《近代英国和中国新疆(1840—1911)》,黑龙江教育出版社 2014 年版,第 294 页。

来，带到柏林，对塔里木壁画文化造成无可挽回的破坏①；德国人在中古语言和壁画艺术方面，在学界影响深远，这和他们百年前在塔里木地区的偶然发现的古代语言文书有着联系，他们的研究领域也侧重于这些地方。

日大谷探险队在掠夺性方面走得更远，他们几乎没受什么专业训练，完全以攫取文物为目的，他们在楼兰、尼雅等地乱挖一气，毫无章法，以至于带走了多少文物、文物何时发掘、出自何地都需要学界考证。从他们的探险日志和发表的成果中，也看不到具体的计划和发掘目标，完全就是碰运气。② 令人遗憾的是，大谷探险队三次探险考察获取的珍贵文物，却因西本愿寺卷入疑狱案件而被变卖一空，散失东亚各地。

这一时段的西方探险与文化资源调查整理有着二重性：由于这些探险家的调查与发现，使得诸多掩埋千年的塔里木历史文明得以重见天日，西域考古和学术研究受到世人瞩目；同时，由于西方的野蛮掠夺也使得文化资源遭到极大破坏，很多损失难以弥补。这些破坏性的发掘促使国人逐渐清醒，保护意识逐渐增强，这也就进入以国人为主、主动性调查整理的第二阶段。

二 以国人为主的第二阶段
（20世纪30年代至80年代末）

1926年，斯文·赫定再次率领探险队进入中国西北考察，但因遭到北京学术界的强烈抗议而未顺利成行。经过协商，斯文·赫定与中国学

---

① 1902—1914年，以格伦威德尔（Albert Grunwedel）、勒柯克（Albert von Le Coq）为代表的德国探险队先后四次进入新疆，重点对吐鲁番、龟兹两地进行了探险考察，对石窟壁画进行了大肆切割。主要成果有：《德国皇家第一次新疆吐鲁番考察队的缘起、行程和收获》（首发于《英国皇家亚洲学会会刊》1909年），《高昌——普鲁士王国第一次吐鲁番考察重大发现品图录》（1913年），《新疆的地下文化宝藏：第二、三次吐鲁番考察报告》（1926年），《中亚古代晚期的佛教文物》（与瓦尔德施密特合编）和《中亚艺术文化史图录》（1925年）、《中国新疆的土地和人民——德国第四次吐鲁番考察记》（1928年）等。

② 其中，渡边哲信、堀贤雄根据1902—1904年的首次探险出版了《西域旅行日记》，橘瑞超、野村荣三郎和吉川小一郎等人根据大谷探险队的第二、三次探险出版了《中亚探险》（橘瑞超）、《蒙古新疆旅行日记》（野村荣三郎）和《支那纪行》（吉川小一郎）等。

术团体协会就考察事宜达成一致，共同组建中瑞合作的"中国学术团体协会西北科学考察团"（简称"西北科学考察团"）。在某种意义上而言，"西北科学考察团"的成立是中国学者开始着手对塔里木调查与考古的标志性事件。中华人民共和国成立后，1953年和1957年，国家对新疆境内的文物分别进行了两次较大规模的文物普查，主要是对过去发现的遗存地进行再次调查整理；此后，由于修建南疆铁路、中日合拍《丝绸之路》等项目的需要，相关部门及考古工作者对塔里木考古调查力度渐增，调查的主动性和计划性不断提升。

1. 以黄文弼为代表的中国学者在塔里木的主动调查

黄文弼是中国学者早期塔里木考察的代表性人物，他的考察活动从1927年参加"中瑞西北联合考察"开始，对塔里木的考察贯穿其学术生涯始终。

1927—1930年，黄文弼作为"西北科学考察团"中方成员，参与了中瑞双方组织的西北考察活动，由此奠定了他在塔里木进行考古调查与研究的基础。其间，黄文弼对塔里木北缘焉耆至阿克苏、吐鲁番盆地、罗布泊附近进行了踏查。1933年，黄文弼抵达若羌，再次对罗布泊进行调查，就罗布泊水道变迁、河源问题、罗布沙漠迁移问题、楼兰国及其国都问题、楼兰在中西交通上的地位等问题都发表了许多有益的见解，使国际学术界在"楼兰"这个重要的争论中，第一次听到了中国学者的声音。

中华人民共和国成立后，1957—1958年，黄文弼作为中科院考古研究所新疆考古队成员再赴新疆开展考古调查，共计调查古城、遗址及寺庙约127处，并在焉耆、库车做了一些发掘工作。[1] 黄文弼等在焉耆调查古城遗址十一座；土墩寺庙，古墓葬等九处。随后，考察队又向西分别前往库车、沙雅、新和等地，调查古城和遗址十六处；同时，对龟兹古城哈拉墩遗址、库车河畔苏巴什古城进行了发掘，并对出土遗物予以详细的分类整理。[2]

与此同时，向达、史树青等学者也对塔里木地区进行了调查。1951

---

[1] 黄文弼：《新疆考古发掘报告（1957—1958）》，文物出版社1983年版，第48—53页。
[2] 黄文弼：《新疆考古的发现》，《考古》1959年第2期，第76—81页。

年，向达先生利用随宣讲团在新疆各地传达人民志愿军抗美援朝事迹之机，对天山南麓吐鲁番、焉耆、库车、拜城、阿克苏，塔里木西缘的喀什、莎车，以及昆仑山北麓的叶城、和田、洛浦等地所存的石窟寺文化遗址进行了调查。[1] 1958 年 8 月至 1959 年 4 月，史树青对和田地区约特干遗址、洛浦县南 30 千米处的阿其克山和库车县北 120 千米处的阿艾山两处汉代矿冶遗址进行了调查，发现诸多开矿和冶铁工具以及汉唐时期的钱币等遗物。[2] 1978 年，考古工作者对轮台地区进行了调查，对草湖公社境内黑太沁、柯尤克沁、昭果特沁、卡克勃列克等古城遗址进行了勘查。[3] 1986 年 8 月中旬，阿克苏文管所人员对新和县境内通古孜巴西、兰合曼、玉尔贡、包司巴西古城、恰拉克吐尔烽燧、塔吉库尔遗址等六处古代遗存进行了调查。[4]

这一时期影响较大的考察单位是新疆博物馆考古队。1959 年 10 月，新疆博物馆考古队对尼雅南北两部分遗址进行了调查，重点对北部遗址进行了清理和遗物采集和分类整理，[5] 对若羌米兰古城进行了调查发掘，清理房址九间，并对出土文物进行了分类，对巴楚托库孜萨来古城进行调查发掘，出土和征集文物 4000 余件，其中包括古文字木简 30 余枚，汉文、回鹘文及阿拉伯文文书 200 余片，汉代五铢钱以及粮食、瓜果遗存等珍贵文物；[6] 1980—1981 年，新疆博物馆文物队对轮台县境内历史文化古迹进行了全面的调查，发现古城遗址 11 处，烽燧遗址 2 处[7]；1983 年 12 月，文化部和新疆博物馆在塔里木西北边缘，调查浑河（今阿克苏河）

---

[1]　张广达：《向达先生文史研究的贡献》，载氏著《史家、史学与现代学术》，广西师范大学出版社 2008 年版，第 198 页。

[2]　史树青：《新疆文物调查随笔》，《文物》1960 年第 6 期，第 22—31 页；《谈新疆民丰尼雅遗址》，《文物》1962 年第 7—8 期，第 20—27 页。

[3]　穆舜英等：《建国以来新疆考古的主要收获》，载新疆社科院考古研究所编《新疆考古三十年》，新疆人民出版社 1983 年版，第 10 页。

[4]　阿克苏地区文管所：《新和县文物普查资料》，《新疆文物》1987 年第 1 期，第 67—69 页。

[5]　新疆博物馆考古队：《新疆民丰大沙漠中的古代遗址》，《考古》1961 年第 3 期，第 119—122 页。

[6]　《新疆日报》1960 年 1 月 9 日。

[7]　新疆博物馆文物队、轮台县文教局：《轮台县文物调查》，《新疆文物》1991 年第 2 期，第 1—17 页。

以西至"据史德城"(今巴楚托库孜萨来遗址)段的穷梯木、玉木拉克梯木、科西梯木、泽梯木、亚衣德梯木、都埃梯木、阿克先尔等遗址,并对遗址采集物进行了分类整理。①

1979—1980 年,为配合中日电视纪录片《丝绸之路》中敦煌经楼兰至焉耆段的拍摄,新疆考古部门组建楼兰考古队深入罗布泊腹地,对楼兰地区的古城及墓葬遗址进行了考古调查与重点发掘,出土了包括"楼兰美女"在内的大量文化遗存,包括陶器、漆器、铁器、毛织品、棉织品、木器、金饰品等在内的文物 170 余件。②

2. 中华人民共和国对塔里木历史文化遗存的分类调查

中华人民共和国成立后,国家和地方相关文物部门,分别对塔里木石窟寺、墓葬遗址、史前遗址等进行了分类调查,尽管调查分类不甚严格,但也开启了塔里木调查整理的新时段。

(1)石窟寺。1961 年,中国佛教协会与敦煌文物研究所组成新疆石窟调查组,对天山南麓的克孜尔石窟、森木塞姆与玛扎佰哈石窟、克孜尔尕哈石窟、库木吐喇石窟、焉耆七个星明屋与石窟、柏孜克里克石窟、胜金口的寺院遗址、吐峪沟石窟、雅尔湖石窟进行了调查,调查内容主要为石窟的地理环境与保存现状、洞窟及编号的统计、平面图的绘制、石窟的分类与分期等。③ 1985 年,阿克苏地区文管所对柯坪、乌什两县进行了文物调查,该调查涉及柯坪县古遗址 4 处,乌什县古遗址 2 处。④ 其中,乌什县沙依拉木石窟群为新发现遗址。该石窟地处乌什县莫阿瓦提乡西北 22 千米处,小清水河东岸山坡上。考古人员调查洞窟 14 个,其中第 8、9、10、13 和 14 号石窟保存较为完整。⑤

---

① 柳晋文:《巴楚——柯坪古丝道调查:兼述"济浊馆"、"谒者馆"之地望》,《新疆文物》1985 年第 1 期,第 17—19 页。
② 新疆考古研究所楼兰考古队:《楼兰城郊古墓群发掘简报》,《文物》1988 年第 7 期,第 23—39 页。
③ 阎文儒:《新疆天山以南的石窟》,《文物》1962 年第 2 期,第 41—59 页。
④ 阿克苏地区文管所:《阿克苏地区文物调查记》,《新疆文物》1986 年第 2 期,第 23—26 页。
⑤ 曾安军:《"丝绸之路"中道又发现一处石窟群》,《新疆文物》1986 年第 1 期,第 97 页。

（2）**史前遗址**。应该说，1934年，瑞典人贝格曼（F. Bergnm）在小河墓地发现了他认为是"世界上保存最完好的木乃伊"时候，就是塔里木史前遗址的发现，但是贝格曼并没有对此深入研究，因此史前遗址一直是塔里木盆地遗存调查整理的一个空白区。20世纪50年代初，王永淼对包括塔里木地区在内的西北史前遗址进行了分类统计，如罗布淖尔附近的细石器文化、阿克苏境内的史前遗址，发现了史前人类居址、灰黑质、有蓝纹的陶器以及彩陶文化遗址。[①] 1964年12月，考古部门发掘了喀拉玉尔衮等新石器时代遗址，[②] 1972年7月，在疏附县乌帕尔公社乌布拉特大队西约5千米处，发现了阿克塔拉、温古洛克、库鲁克塔拉和德沃勒克等四处新石器时代文化遗址。[③] 1979年2月、1981年10月、1983年8月新疆博物馆先后对新塔拉遗址进行了抢救性调查和清理，[④] 在和硕县塔尔奇公社曲惠大队南4千米的戈壁滩上发现一处原始遗址，[⑤] 在塔什库尔干县城东南约34千米处的吉日尕勒旧石器时代遗址进行调查，发现打制石器一件及碎石片若干，这些调查发现填补了新疆旧石器时代考古的空白。[⑥] 1983年12月，国家文物局与新疆文物部门对疏附县乌帕尔乡霍加阔那勒、苏勒塘巴俄两处细石器文化遗址进行了调查，采集陶片、骨器、打制石器、磨制石器以及铜器等遗物400余件。[⑦]

这些史前时期的文化遗存，是西方探险者较少涉及的领域，是1949年后在塔里木地区又一新的调查研究。

（3）**墓葬遗存**。调查整理墓葬遗存较为集中的塔里木盆地南缘、昆

[①] 王永淼：《西北史前文化遗址概况》，《文物参考资料》1951年第10期，第164—165页。

[②] 新疆民族研究所考古组：《学术简讯》第1期，1965年11月15日。

[③] 新疆博物馆考古队：《新疆疏附县阿克塔拉等新石器时代遗址的调查》，《考古》1997年第2期，第107—110页。

[④] 新疆博物馆、和硕县文化馆：《和硕县新塔拉、曲惠原始文化遗址调查》，《新疆文物》1986年第1期，第1—13页。

[⑤] 新疆博物馆、和硕县文化馆：《和硕县新塔拉、曲惠原始文化遗址调查》，《新疆文物》1986年第1期，第1—13页。

[⑥] 新疆博物馆等联合考察队：《塔什库尔干县吉日尕勒旧石器时代遗址调查》，《新疆文物》1985年第1期，第2—3页。

[⑦] 王博：《新疆乌帕尔细石器遗址调查》，《新疆文物》1987年第3期，第3—15页。

仑山北麓的和田、喀什等地的墓葬群。

1976—1977 年，新疆考古部门在帕米尔高原塔什库尔干县城北香宝宝墓地发掘了一批古代墓葬40 座，其中土葬23 座，火葬17 座。① 1982—1984 年，考古人员曾先后三次深入喀什、和田等地区，对喀喇汗王朝时代墓葬进行了调查整理，包括阿图什县麻扎1 处、喀什市麻扎2 处、疏附县乌帕尔乡麻扎6 处、策勒县达玛沟附近麻扎3 处；② 1984 年，新疆博物馆文物队与和田文管所对山普拉古墓地进行了两次发掘，共清理墓葬52 座，③ 同时对和田县布扎克公社伊玛目·木卡沙孜木麻扎进行了考古发掘，出土有南北朝时期彩绘"四神"木棺。④

从以上调查和整理可以看出主动性和计划性的特点。第一，中国政府掌握了塔里木历史文化资源调查整理的主导权，并在20 世纪50 年代组织了两次区域内的考察，并将若干重要古代遗址列入"国家重点文物保护单位"，虽然这些考古调查报告的范围仅限于山麓、绿洲以及沙漠边缘地带，但是也开启了中国学者大规模调查整理的先河；第二，这一时期的重点是以墓葬发掘和墓葬文化为主，从而使得史前时期的塔里木文化初露端倪，如孔雀河青铜时代文明、塔什库尔干新石器时期文明。

当然，这一时期的调查整理也存在很多问题，如由于受政治形势的影响，塔里木地区的历史文化资源考察整理时断时续，且由于调查机构不同，出现了许多重复性的调查工作，所获得的资料也未能实现资源共享和科学分类。

三　保护整理为主的第三阶段
（20 世纪90 年代至今）

20 世纪90 年代以来，国家对历史文化资源价值的认识不断提高，调

---

① 新疆社会科学院考古研究所：《帕米尔高原古墓》，《考古学报》1982 年第2 期，第199—216 页。
② 蒋其祥：《阿图什、喀什、和田地区喀喇汗朝遗址调查》，《新疆文物》1987 年第3 期，第35—43 页。
③ 阿合买提·热西提：《洛浦县山普拉古墓地》，《新疆文物》1985 年第1 期，第109—112 页。
④ 赵华：《1984 年新疆文物考古工作简况》，《新疆文物》1985 年第1 期，第118 页。

查手段和方式也越来越完善。尤其是 2007 年 6 月至 2011 年 12 月第三次全国文物普查①，是对塔里木地区历史文化遗存调查规模最大、涵盖内容最丰富、分类性更为细致的一次。首先，初步建立了塔里木历史文化遗存的档案；其次，对典型遗址，如丹丹乌里克、罗布泊、尼雅遗址等，进行了专门调查研究；最后，由于保护手段和研究能力的限制，这一时期主动的考古发掘开始减少，基本是以抢救性发掘和保护为主。

1. 对塔里木地区的文化遗存进行系统调查

这一阶段，国家先后两次通过文物普查的方式，对塔里木地区的历史文化遗存进行了"摸家底"式的调查与整理，呈现出越来越细致和完善的趋势。

1988 年，新疆维吾尔自治区政府根据国务院发（87）101 号《关于进一步加强文物工作的通知》和文物部文物字（84）867 号《关于进一步做好文物普查工作的通知》等文件，决定利用两年时间在全区范围内进行一次全面的文物科学普查工作。各地区文管部门据此对所在行政区内文物古迹开展了全面的调查（见下表）。

表1　20 世纪 80 年代末至 90 年代初塔里木文物全面普查简况

序号	调查地区	调查报告	普查概况
1	罗布泊地区	《罗布泊地区文物普查简报》，刊布于《新疆文物》1988 年第 3 期	调查历时 22 天。调查队自米兰深入罗布荒原，先后对米兰城堡、吐蕃古墓、米兰佛教塔庙遗址、灌溉遗址、墩里克烽燧、海头古城、LL 古城、楼兰古城、细石器遗存以及近代罗布人渔村遗址与墓葬进行了调查

---

① 国家的前两次文物普查，第一次文物普查从 1956 年开始，普查规模小，不规范，没有留下统计数据；第二次全国文物普查自 1981 年秋至 1985 年，其规模和成果均超过第一次，但受资金、技术等制约，仍然有漏查，塔里木地区没有形成相对系统的资料信息。

续表

序号	调查地区	调查报告	普查概况
2	巴音郭楞蒙古自治州	《巴州文物普查资料》，刊布于《新疆文物》1993年第1期	调查历时三个月。囿于地理环境和交通条件，调查范围仅在巴州绿洲及沙漠边缘地区展开。因而，诸多掩埋大漠深处或遗存于高山之巅的文物古迹未能涉足。此次共调查文物点246处，其中且末26处、若羌8处、尉犁24处、轮台35处、库尔勒13处、焉耆34处、博湖3处、和硕26处、和静77处。调查文物类型主要为岩画石刻、墓葬、遗址等。同时建立了文物调查档案
3	喀什地区	《喀什地区文物资料汇编》，刊布于《新疆文物》1993年第3期	文物普查工作历时两年。调查文物遗址390处，其中喀什市17处、疏附县71处、疏勒县10处、英吉沙县21处、岳普湖县9处、伽师县17处、塔什库尔干县111处、叶城县35处、莎车县42处、巴楚县46处、泽普县8处、麦盖提县3处。调查遗址类型分为遗址、墓葬、岩画等，其中遗址包括一般遗址、古城、烽燧、窑址、佛教遗址、驿站、卡伦、清真寺、冶炼遗址、石窟寺、坎儿井、古渠道、桥址、宗教遗迹哨卡等，麻扎主要指圣人、伟人以及伊斯兰传教者等的墓葬，但一些自然崇拜物亦包含其内，其余还有两处石碑遗址
4	克孜勒苏柯尔克孜自治州	《克州文物普查报告》，刊布于《新疆文物》1995年第3期	调查历时10个月。调查组共调查文物点136处，其中阿合奇县27处、阿图什市54处、乌恰县30处、阿克陶县25处，大多遗址点为此次调查所发现。调查遗址类型主要有遗址、墓葬、岩刻等
5	阿克苏地区	《阿克苏地区文物普查报告》，刊布于《新建文物》1995年第4期	调查历时6个月。调查组对阿克苏地区八县一市共调查文物遗址点241处。调查文物遗址类型主要为墓葬、古遗址、石窟寺、冶炼遗址。通过此次调查，基本清楚了阿克苏地区史前墓葬数量、类型和分布规律；调查到一批汉唐时期屯戍古城、烽燧等遗址；新发现十余处晋唐龟兹佛教文化遗址、冶铸遗址及文物

续表

序号	调查地区	调查报告	普查概况
6	和田地区	《和田地区文物普查资料》，刊布于《新疆文物》2004年第4期	调查历时5个月。调查组共调查文物遗址118处，其中，和田市19处、洛浦县10处、墨玉县13处、民丰县13处、策勒县17处、皮山县35处、于田县11处。此次调查为和田地区初步建立起文物资源的基础档案

2007年，新疆维吾尔自治区开始了新疆第三次全国文物普查工作。此次文物普查共调查不可移动文物9545处，其中古遗址2991处，古墓群4555处，古代建筑172处，石窟寺及石刻555处，近现代重要史迹及代表性建筑1253处，其他19处。① 涉及塔里木的文物调查结果见表2②。

表2　第三次全国文物普查涉及塔里木的文物调查简况

区划类型	文物类型	古遗址	古墓葬	石窟寺及石刻	古建筑	近现代重要史迹及代表性建筑	其他
巴州	库尔勒	9	7	—	—	1	—
	轮台	27	11	—	—	2	—
	焉耆	28	14	1	—	—	—
	尉犁	29	29	3	—	1	—
	且末	16	28	2	—	2	—
	若羌	95	78	—	—	10	—
	和硕	10	34	—	2	2	—
	博湖	3	3	—	1	—	—
	和静	18	167	14	5	1	—

---

① 新疆文物局编：《新疆维吾尔自治区第三次全国文物普查成果集成》"总序"部分，科学出版社2011年版。
② 表内数据根据新疆文物局编《新疆维吾尔自治区第三次全国文物普查成果集成》"阿克苏地区卷""喀什地区卷""巴音郭勒蒙古自治州卷""克孜勒苏柯尔克孜自治州卷"等整理所得。

续表

区划类型	文物类型	古遗址	古墓葬	石窟寺及石刻	古建筑	近现代重要史迹及代表性建筑	其他
克州	阿图什	39	60	1	—	4	—
	阿合奇	3	71	2	—	1	—
	乌恰	7	76	2	—	5	—
	阿克陶	16	19	1	—	1	—
喀什	喀什	12	20	—	21	38	—
	疏附	51	41	—	—	6	—
	疏勒	5	9	—	—	5	—
	英吉沙	13	10	—	3	3	—
	麦盖提	—	7	—	—	6	—
	莎车	24	31	—	6	7	—
	泽普	6	8	—	2	—	—
	叶城	17	20	4	1	3	—
	伽师	19	6	—	1	2	—
	岳普湖	6	8	—	—	—	—
	巴楚	50	18	—	—	6	1
	塔什库尔干	85	80	14	2	7	—
和田	和田市	3	1	1	—	2	—
	和田县	13	19	2	—	1	—
	皮山	62	19	5	1	5	4
	墨玉	13	9	—	—	4	—
	洛浦	10	7	—	2	—	—
	策勒	173	24	—	—	1	—
	于田	17	11	—	1	4	—
	民丰	215	14	—	1	3	—
阿克苏	阿克苏	6	6	—	1	2	—
	新和	61	1	2	—	1	—
	阿瓦提	8	3	—	2	2	—
	温宿	15	20	—	4	5	—
	沙雅	28	6	—	1	—	—
	拜城	64	103	17	—	5	—

续表

区划类型	文物类型	古遗址	古墓葬	石窟寺及石刻	古建筑	近现代重要史迹及代表性建筑	其他
阿克苏	库车	114	35	9	7	37	—
	乌什	14	10	2	1	4	—
	柯坪	19	28	—	—	—	—

注:"—"表示无。

2. 典型遗址的调查与保护

典型遗址主要集中在尼雅、罗布泊地区、丹丹乌里克等地。不仅将百年前的考古现场和保护情况进行了考察比对,而且获得许多新的发现。

(1) 对尼雅遗址的考察。1988—1997 年,中日双方共同组成"中日共同尼雅遗址学术考察队",先后九次深入大漠,对尼雅遗址进行考古调查,为尼雅遗址的专业调查和学术研究奠定了基础,概况如表 3 所示。

表 3　　　　　中日共同尼雅遗址学术考察概况

次序	时间	主要考察内容
第 1 次	1988.11—11.12	主要对斯坦因编号佛塔 N1、N2、N3、N4、N9 以及斯坦因未编号的 N 新遗址点现状进行了调查
第 2 次	1990.10.27—11.17	对佛塔,斯坦因编号的 N1、N2、N3、N4、N9、N11、N12 等 8 处遗址进行了调查;采集遗址地表的陶器、木器、石器
第 3 次	1991.10.12—11.6	调查房屋、佛塔、庭院、畜栏等遗址 24 处;发掘大量文物;对各遗址点进行了精准测绘与部分考古研究
第 4 次	1992.10.13—11.11	对遗址内的 1、2、8、13、19 号居址进行了详细调查,采集大量遗物
第 5 次	1993.10.8—11.27	重点对 93A10 (N13)、93A9 (N14) 遗址点进行了发掘
第 6 次	1994.9.25—11.5	分布调查和地理地质调查[补充 92B4 (N2) 的测量与发掘;发掘 93A27 (N37)];测量葡萄园地、进行科学调查及有关城市民居调查;确认佛教寺院遗址 93A (N5);收集散落地表的遗物

续表

次序	时间	主要考察内容
第7次	1995.9.28—11.6	使用高精度的GPS测量遗址位置坐标；发掘92B4（N2）遗址点并进行木质科学调查；测量发掘93A35（N5）遗址点，发现王侯贵族墓地（95MN1），对其中6个木棺进行了保护性发掘
第8次	1996.10.2—11.6	分布调查和居住遗址模式图的制作；使用更高精度GPS制作地形图并测量居住遗址93A10、9（N13、14）及附近的生产作坊遗址群，发掘93A35、36（N5、6），发现了壁画；在遗址北约40千米一带发现年代更久的遗迹与遗物；在遗址南端地区发现城墙，采集地表遗物
第9次	1997.10.2—11.5	重点对1996年的调查进行补充：测量与制作尼雅遗址北部的93A9（N14）、93A10（N13）地图；平板实测93A35（N5）；以佛寺为中心，调查9284（N2）、9289（N3），重点踏勘92B9（N3）南部墓地；保护性调查97A3及95MNI号墓地；确认佛塔西方遗迹群97A1、97A3等新遗迹；在93A14（N23）、92A9（N24）聚落中新发现一处平面呈"回"字形的建筑遗址（97A5）

（2）**对罗布泊地区的调查**。1988年4月，新疆文物考古所楼兰文物普查队由若羌米兰进入罗布荒原，对古楼兰遗址区进行了为期32天的文物普查。由米兰东行，经米兰吐蕃戍堡、墩力克，继而抵达楼兰、海头古城等遗址所，对沿途米兰戍堡、吐蕃古墓、米兰佛塔庙遗址、米兰古代灌溉渠道、墩力克烽燧、海头古城、楼兰古城以及罗布泊地区的细石器遗存、近代罗布人渔村遗址与墓葬等10处古迹进行了调查。[①]

1996年10月初，在丹丹乌里克遗址发现百年之际，和田文管所李吟屏率队前往丹丹乌里克遗址调查，对遗址的范围、规模形制及遗存状况

[①] 楼兰文物普查队：《罗布泊地区文物普查简报》，《新疆文物》1988年第3期，第85—94页。

进行了测量与记录，编号建筑 9 个，地表采集乾元重宝、无字无郭钱、剪轮五铢钱、龟兹小钱、石球、陶片、料珠、铜器残片、手推磨盘、木碗残片、石膏贴壁佛像和图案等文物。①

2002 年 12 月，新疆文物考古研究所小河考古队抵达孔雀河下游河谷南约 60 千米的罗布泊荒漠，对小河墓地进行考古调查与发掘。考古队获取了大量考古资料，对墓地布局结构的了解以及原始宗教的专业研究具有重要学术价值；② 之后，考古队又于 2002—2007 年对罗布泊小河流域进行了文物调查，共发现遗址点 19 处，其中墓葬 7 处。

2008 年 11 月，由中国科学院地质与地球物理研究所等单位组成的联合科考队，在小河墓地西北约 6.3 千米处，新发现一座边长约 220 米的方形古城，这是目前楼兰地区所发现的面积仅小于 LA 的第二大城址。经碳 14 测定分析可知，新发现古城的年代应在公元 400—600 年，为南北朝时期遗存。

(3) **对丹丹乌里克的调查。**2002—2006 年，新疆考古研究所联合日本学界组成"中日共同丹丹乌里克遗址考察队"，先后四次③深入大漠对丹丹乌里克遗址展开宗教学、考古学等专业考察与发掘，为国际合作考察开拓了新的路径。

这一时段的塔里木历史遗存调查较之前而言，首先，政府支持的力度增强，呈现以国家政府主导的大规模全国性文物普查，并以行政分区调查的模式，建立起相对完善的塔里木历史文化遗存档案，基本实现了文物信息资源的共享。其次，国际科学考察合作日益密切，考古科技进一步发展，尤其是遥感技术的应用，使得塔里木地区沙漠遗址的调查工作得到开展，许多大型遗址、沙漠深处的历史遗存得到较为理想的调查整理。

---

① 李吟屏：《和田考古记》，新疆人民出版社 2006 年版，第 65 页。
② 新疆文物考古研究所：《2002 年小河墓地考古调查与发掘报告》，《新疆文物》2003 年第 2 期，第 8—64 页。
③ 中日联合考察队先后于 2002 年、2004 年、2005 年、2006 年四次抵达丹丹乌里克遗址考察。

四 结语

塔里木作为世界上规模较大的历史文化遗存分布区之一,又有着特殊的地理、人文条件,因此对其文化资源的调查没有成熟的模式可循,只能因地制宜,在探索中总结经验。在今后的调查整理中,国家组织的文物普查仍是重要的推进力量,但是可以遵循古代绿洲文明尤其是丝绸之路的走向和变迁历史路径,加强沿塔里木丝路古道和史籍所载的西域"三十六国"区域相关遗存的线性和片状调查;对中原经营西域的文化遗存,可以根据传世文献记载进行对应调查整理,在此基础上进一步理清塔里木地区古代文明的形成、传播路径,尤其是其与河西地区、葱岭以西地区文明的联系,总结出一套区域文化资源调查整理的科学范式,以资学界借鉴使用。

中国边疆史结合中外关系史的若干选题及其价值

方 铁

(云南大学西南边疆少数民族研究中心)

中国有5000余年的文明史。中华传统文化较为完整地形成与进一步的发展，从秦朝统一至今也有2000多年了。从世界范围来看，中国是文明血脉与历史传统未曾断绝的唯一大国。中国文明的延续、传统的继承具有鲜明的中国特色，在中国边疆地区形成演变方面表现突出。近年来学术界对中国边疆史的探讨成为热点，新的成果不断推出，研究的领域也得到拓宽。

2000多年间中国不但发生许多重要的变化，而且历朝积累了宝贵的经验，形成一些经营、治理边疆的理念、思想与方略。这些理念、思想与方略产生了深远的影响。从有关部门近年对国际问题与边疆问题的处理，可以看出受古代治边的理念、思想与方略影响的痕迹。如处理与邻国的关系，注重恪守睦邻相安、协同发展的原则；面对与边疆有关的地缘政治格局，奉守注重长远利益与全局关照的原则，并应用古今丰富的博弈知识予以应对。若面临的形势不佳或守机待变，在条件具备时乃奋起有为。在边疆治理方面，善于根据各地的具体情形分类施治、顺时应变，等等。

还应指出，中国古代治边的理念、思想与方略，属于传统治国理政智慧的范畴，是中国文化遗产的组成部分，既为古人认识世界、改造世界提供了依据，也丰富了人类文明的内容。说到文化遗产，人们讲得较多的是国学、儒学等内容，自然有其道理，但研究与总结古代治边的理念、思想与方略也同样重要。

　　历史是凝结的过去，已形成的史实只能被后人认识而不可能更改。受研究者的旨趣方法、掌握史料的完备程度，以及研究者的时代与认识水平等因素的影响，不同研究者看待历史问题必然有差别。学术研究存在不同意见是常态。另外，众多学人经过艰苦、长期的探索，对史实的了解逐渐深入，某些看法可能接近或渐趋一致，此乃学术研究不断进步的前提。基于上述认识，需要总结学人对所研究问题达成的基本认识，包括经过长期研究学术界大致形成的共识，以及相关学者持续研究多年、正式提出而未出现较大争议的学术观点。

　　以下就中国边疆史领域近年较受关注的若干问题略述拙见。主要内容是学人对这些问题的基本认识，相关探讨具有的重要价值，以及研究可以拓展的空间，以求教于同仁。

一　中国的历史疆域与边疆形成问题

　　中国的历史疆域经历了逐渐形成的过程。参与中国历史疆域的构建者，既有中原王朝，也有周边的边疆王朝与边疆政权。"疆域""边疆"这两个概念既有联系，也有明显的区别。"疆域"指王朝与政权管辖的地域范围，"边疆"指某一王朝腹心地带的外缘部分。中原王朝视华夏地区的外缘部分为边徼或边疆，边疆王朝、边疆政权通常也有自己的边徼或边疆，但其边疆观、治边观与中原王朝不尽相同。[①]

　　谭其骧先生指出，清代前期的版图是古代中国的基本范围。[②] 在这一地域范围内活动的民族，通常被认为是中国历史上的民族。在这一地域范围建立的不同政权，则作为中国历史上的政权来叙述。我们研究中国历史，应实事求是地阐述不同时期中国历史疆域演变的情形，不必忌讳历史疆域发生的改变。进一步来说，现今属于邻国的某些地域，若在特定的时期由中原王朝直接管辖，应看作中原王朝版图的组成部分；这些

[①] 方铁：《论中国古代的治边方略》，《思想战线》2017年第1期。
[②] 谭其骧：《历史上的中国和中国历代疆域》，《中国边疆史地研究》1991年第1期。

地区以后如果脱离中原王朝的管辖，则归入邻邦的范畴来阐述。

　　元代以前中国的历史疆域，被中原王朝、边疆王朝与边疆政权分别统治。元代以前，中原王朝对边陲及其以远地区施行较为宽松的羁縻。这一时期中原王朝的边陲变动不常，边陲地区的远端亦较含混。元朝在新的高度实现全局统一，对边疆地区与邻邦实行相异的政策，以推行不同管理制度的做法，肯定了宋代以来邻邦形成以及中国的边疆趋于稳定的事实。① 明清继承和发展元朝的做法与管理制度，清代前期是中国历史疆域最稳定、边疆地区最巩固的时期。元明清三朝对边疆地区的管控与经营，与元代以前的中原王朝明显不同。在完善边疆管理制度、加强边疆地区管控与开发边疆资源等方面，元明清三朝有不同的建树，至清代达至顶峰。

　　学人阐述历代经营、开发边疆地区，经常使用"基本动力""实施主体"两个词，但这两个说法却是不同的概念。"基本动力""实施主体"虽有联系，但差别十分明显。一般而言，中原王朝、边疆王朝、边疆政权是经营边疆的基本推动力量。边疆的本地民族、外来移民等则是开发边疆的实施主体。基本动力、实施主体相互作用形成合力，推动中国历史疆域与边疆的形成与演变。基于上述认识，我们探讨中国边疆史，既要重视历代王朝及其治边的思想、方略与施治实践，也应关注边疆的本地民族、外来移民的作用与贡献，并注意区分两者的差异。因此，研究中国历史疆域与边疆形成演变的问题，应予中原王朝、边疆王朝以足够的重视。另外，历史疆域、边疆地区的形成演变，是通过边疆民族、外来移民的辛勤劳作实现的，两者是相辅相成、既矛盾又统一的关系。考察这一问题，可采取由上而下、由下而上、上下结合的多种视域进行研究。

　　研究中国历史疆域与边疆的形成演变问题，具有十分重要的意义。

　　任何国家、任何民族，都关心自己形成演变的历史。现今中国是腹心地带与边疆地区逐渐结合形成的。中国的周边被沙漠、海洋、高山所环绕，形成一个相对封闭的自然地理单元。以黄河、长江的中下游为腹

---

① 方铁：《论中原王朝治边的文化软实力》，《中国边疆史地研究》2013年第2期。

心地带的中原王朝，以发达的农耕文明为基础，形成特有的政治社会结构，社会发展在东亚地区长期领先。以中原王朝为核心，整合周边的政治势力形成统一多民族国家具有历史的必然性，公元前三世纪秦朝首次统一昭示了这一点。中国最后形成巩固的统一多民族国家，却走过了不平坦的道路。两汉406年的统治巩固了秦朝全局统一的局面。唐朝拥有辽阔的版图，前期形成万方来朝的盛唐气象。安史之乱后唐朝的版图急剧收缩，五代十国出现继南北朝之后的第二次大分裂。以后边疆王朝之强势超过中原王朝，两宋的疆域仅及汉唐旧疆的1/5。元朝再次实现统一，清朝发展了持续统一的局面，这一时期中国的历史疆域与边疆地区最为巩固与稳定。中国统一多民族国家确立并获得巩固的深层原因，是华夏文明的内聚力不断得到增强，同时吸收其他文明的因素，通过微弱、渐次的积累发展为质量方面的突变，形成强大的中华文明，为统一多民族国家的构建奠定了坚实基础。中国历史疆域与边疆地区的形成演变，便是这一发展过程的生动写照。历史证明，中国的内地与边疆、发达地区与欠发达地区彼此离不开，结合为一个整体是历史发展的必然趋势。

汉族、少数民族都是中国统一多民族国家的构建者。过去是这样，现在与未来同样如此。以少数民族为主体建立的吐蕃、南诏、辽、金、夏、蒙古汗国、后金等边疆王朝，与中原王朝等内地政权共同构建了古代中国，其中由蒙古汗国演绎来的元朝与从后金发展来的清朝值得重视。元朝、清朝不仅在新的高度完成全国统一，在治边的理念、思想与方略方面也有杰出的贡献。研究中国历史疆域与边疆形成演变的问题，将推动我们对此类问题的认识不断深化。

弄清历代经营、开发边疆之基本动力、实施主体的内涵及其相互关系，有助于正确理解革命导师关于人类社会发展创造力的论断。恩格斯说："历史是这样创造的：最终的结果总是从许多单个的意志的相互冲突中产生出来的，而其中每一个意志，又是由于许多特殊的生活条件，才成为它所以成为的那样。这样就有无数相互交错的力量，有无数个力的平行四边形，而由此就产生一个总的结果，即历史事变，这个结果又可以看作一个作为整体的、不自觉地和不自主地起着作用的力量的产物。"①

中国历史疆域与边疆形成巩固问题,属于中国经验的一部分,具有积极的全球意义。世界各国有不同的发展道路。中国获得的经验至今仍有借鉴的价值。在2000余年间,中原王朝与边疆势力交往始终强调对话,积极谋求共同点,发展双方的友好关系。东汉班固说:"汉兴已来,旷世历年,兵缠夷狄,尤事匈奴。绥御之方,其涂不一,或修文以和之,或用武以征之,或卑下以就之,或臣服而致之。虽屈申无常,所因时异,然未有拒绝弃放,不与交接者也。"②

笔者认为,探讨中国历史疆域与边疆形成演变方面的问题,应关注以下内容:

中国历史疆域与边疆地区形成演变的过程与基本规律。在中国的历史疆域、边疆地区的形成巩固方面,中原王朝、边疆王朝与边疆政权做出了贡献。中原王朝、边疆王朝在治边方面的理念、思想与方略,元朝、清朝因经历边疆王朝向统一王朝的转变,其治边的理念、思想与方略尤其值得总结;中原王朝与边疆王朝治边的理念、思想与方略,彼此影响趋于交融的过程。历代经营、开发边疆的基本动力、实施主体及其相互关系,以及两者形成合力的问题。中国历史疆域与边疆形成巩固方面的中国经验,及其世界性的借鉴意义。

二 中国古代文明及其构建问题

近数十年来学术界研究中国边疆形成演变的历史,大都采用民族与民族关系的视域。"民族""中华民族"等观念,在中国产生并形成社会共识,是特定历史时期的产物,在现今及今后很长的时期,仍有其旺盛的学术生命力。

---

① 恩格斯:《致约·布洛赫》,《马克思恩格斯选集》第4卷,人民出版社1972年版,第478页。

② (南朝宋)范晔:《后汉书》卷四〇下《班固传》,中华书局1965年版,第1374页。以下同。

应该指出，古代尤其是古代前期并无近代所说"民族"的概念。历朝统治者主要根据文明的类型区分优劣，他们将社会群体分为华夏、蛮夷两个部分，实则是注重文明并将其划分为不同的类型。古人普遍认为华夏先进、蛮夷落后；长期以来褒誉华夏、贬低蛮夷。元明清时期形成"熟夷""生夷"的观念，统治者认为蛮夷可以被改造，生夷可转化为熟夷，最终成为华夏文明的组成部分。[①] 将社会群体分为华夏、蛮夷两类，对蛮夷根据聚集地区、文化特点等作大致区分的做法，至明代与清代前期仍相当普遍。明万历年间出任云南右参政的谢肇淛，十分熟悉云南的情形。所撰《滇略》称："西南诸夷，种类至多，不可名纪，然大端不过二种：在黑水（按：指今澜沧江）之外者曰僰，在黑水之内者曰爨。"（天启）《滇志·羁縻志》采纳其说。清人檀萃《滇海虞衡志·志蛮》亦言："滇南虽称百蛮，要之不过爨、僰两种。爨盛于东，僰盛于西，其大概然也。"[②] 魏源则从社会结构来区分蛮夷。《圣武记》称："有观于西南夷者曰：'曷谓苗？曷谓蛮？'魏源曰：无君长，不相统属之谓苗；各长其部，割据一方之谓蛮。"魏源的观点被《清史稿》所采用。[③]

谢肇淛、魏源等人对蛮夷的称呼及分类的方法，在古代颇具代表性。古人将社会群体分为华夏、蛮夷等两类文明，对文明关系的演变有所认识，对我们研究边疆史、民族史具有重要的启示意义。清代中后期因受西方观念的影响，中国人逐渐产生"民族"的意识。至于形成"中华民族"的观念并被社会普遍接受，则是在辛亥革命之后，尤其是中国处于生死存亡关头的抗日战争时期。"中华民族"的观念极大凝聚全国人民，对战胜日本侵略者做出了重要贡献。

研究古代疆域与边疆形成演变问题，我们还可以采用其他的视域。以文明建构及文明的发展演变为研究线索，便是一种较新的视域。所谓

---

① 方铁：《中原王朝的夷夏观及其治边》，《社会科学战线》2009年第11期；《论元明清三朝的蛮夷观》，《社会科学辑刊》2016年第1期。

② （明）谢肇淛：《滇略》卷九《夷略》，云南省图书馆藏抄本；（明）刘文征：（天启）《滇志》卷二五《艺文志·黑水辨》，卷三〇《羁縻志·种人》，云南教育出版社1991年版，第868页，第994页；（清）檀萃：《滇海虞衡志·志蛮》，云南人民出版社1990年版，第312页。

③ （清）魏源：《圣武记》卷7《雍正西南夷改流记上》，中华书局1984年版，第283页；（清）赵尔巽等：《清史稿》卷五一二《土司一·湖广》，中华书局1977年版，第14203页。

"文明",是使人类脱离野蛮状态之所有的社会行为及其成果积累的总和。按照马克思主义经典作家的意见,人类的文明,包括物质文明、精神文明、制度文明方面的内容。文明的范畴包括文化与精神文明,涵盖了人类历史活动的所有建设性成果。在人类社会演进的过程中,不同类型的文明彼此接触、相互影响,形成新的、更高层次的文明并继续前行。文明间的关系主要是交流、竞争、交融与协同发展,并非压迫、消灭、实现零和博弈。文明具有明显的包容性,决定了人类文明有交流互鉴的强大动力。每一种文明都有其特殊性与独到的价值,应获得充分的尊重。以文明建构、文明发展演变的视域看待历史,将进一步揭示不同文明交往交融、协同发展的过程。

基于文明构建与文明演进的视域,可以认为古代的中国与周边地区,主要存在农耕、游牧、山地三大文明。[①] 在三大文明形态中,农耕文明长期占据主导的地位。农耕文明产生于黄河中下游与长江中下游地区,逐渐向其他地区扩展,明清时期多山的湖广地区流行"湖广熟,天下足"的民谚,表明湖广地区的农耕文明在这一时期获得了长足的发展。农耕文明以高度发达、结构相对单一的农业经济为基础,农耕文明意识形态的主体是儒家文化,农耕文明的统治政权主要是中原王朝。长期以来,以富有、强盛、自信为特征的中原王朝发展领先,其他势力罕与其匹。另外,农耕文明也存在经济构成单一固化、官僚政治体制容易僵化、面临危机时机会选择有限等软肋。

游牧文明流行于北部草原地区。游牧文明以结构相对单一的游牧经济为基础。因受气候条件变化、产品难以储存等因素的影响,游牧经济虽有令人称羡的发展活力,但较易出现波动。另外,粮食、布帛、铁器等社会产品长期供给不足,文化积累、城市建设亦较薄弱。一些游牧社会长期徘徊在军事民主制时期。受游牧地区资源类型、生产方式大体相同等因素的影响,游牧社会内部较易实现整合重组,不时聚集为强大的力量,冲击外部世界尤其是农耕文明地区。

山地文明介于农耕文明、游牧文明之间。在以中国为中心的亚洲内

---

① 参见方铁《论山地文明》,待刊稿。

陆地域，凡农耕文明、游牧文明分布之外的地区，均可归入山地文明的范围。山地文明的经济基础，主要是资源多元、类别多样、长期滞留于较低发展水平的简单复合型经济。其经济形态以种植业为基础，兼有游牧、狩猎、采集、渔捞等其他经济成分，通常总体发展水平有限，不同地区经济的构成差异较大。山地文明的发展长期滞后，登上历史舞台较晚，易被文献记载忽视，致使古人较少关注山地文明形态。古代后期山地文明发展的速度加快，甚至成为统一多民族国家整合的重要环节之一。在地理分布方面，中国山地文明包括西南山地、东南山地、东北山地、西部山地、西北山地、台湾山地等若干较大的地域板块。就区位分布、开发模式方面的差异而言，山地文明可分为中原王朝的边疆地区、中原王朝腹地的山岭僻地等基本类型。山地文明包括众多的亚类型，一些亚类型彼此差异明显，但仍与典型的农耕文明、游牧文明相区别。

明清时期西方的工业文明进入中国。受诸多因素的影响，中国的工业文明逐渐形成。元明清时期，中国形成自己的海洋文明。农耕文明、游牧文明、山地文明、工业文明、海洋文明等不同类型的文明，相互接触、交融并不断演变，贯穿中国发展演变的过程。简言之，中国历史的演进，以农耕文明、游牧文明、山地文明三大文明的关系为主线展开，后期加入工业文明与海洋文明，上述文明形成综合性力量，推动中国不断演化前进。

基于文明构建、文明演进的视域探讨中国历史，具有十分重要的意义，并与基于阶级斗争、民族关系视域的研究相区别。从民族与民族关系的视域考察中国历史，总体上属于特定时代的产物。基于文明构建、文明关系的视域看待中国的过去、现在和未来，能更准确地把握不同时代的特点，并与中国、世界发展的总体趋势相吻合。采取文明构建、文明关系的视域，将阐述在中国形成发展的过程中，不同文明之间接触交融、相互借鉴、协同发展的情形，易于同中国构建和谐社会以及人类命运共同体的发展方向相接，具有重要而深远的意义。

采用文明构建与文明演进的视域，将进一步体现中国56个民族及其先辈的平等地位。不仅反映在阐述农耕文明、游牧文明、山地文明等文明形态的拥有者共同创造了中国，而且更为重视分布在广大山地文明区域的四五十个民族及其先辈，进一步揭示这些民族在推动中国历史进程中做出的重要贡献。

采用文明构建、文明关系的视域，将使人们进一步认识中国历史发展的多样性、复杂性以及演进过程的不平衡性。山地文明概念的提出，将推动人们对大河流域、草原以外的其他地区，包括边疆地区与腹地之山岭僻地发展的历史，作更为全面、更加深入的思考与探索。

游牧文明、山地文明与海洋文明，还覆盖与中国边疆毗连的一些地区。采用文明构建与文明关系的视域，必将中国演进的历程置于更为广阔的视野，推动对中国与邻国关系发展演变的研究。研究中国工业文明形成、演进的过程，则有助于探讨近代以来中国与西方国家交往的历史。基于文明构建与文明关系的视域，将揭示中国不同文明之间的多样接触与相互影响，阐述中国各民族通过交流、竞争、交融实现协同发展，最终走向构建人类命运共同体的必然过程。

基于上述观点，建议加强对以下问题的探讨：

采用古代文明构建与演变的视域，与基于阶级斗争、民族关系视域探讨中国边疆史的比较研究；

中国古代文明的内涵、建构以及演变的过程；

山地文明的经济基础、上层建筑与社会形态；

农耕文明、游牧文明、山地文明三者间的关系，以及三者关系发展演变的过程；

山地文明的区域性差异及其成因；

中国的游牧文明、山地文明、海洋文明与周边地区文明的关系；

中国海洋文明的形成及其内外原因；

中国近代工业文明的形成及其内外原因；

中国古代文明的构建与发展演变，同建设和谐社会与人类命运共同体的联系。

三 东亚古代国家形成与古代国家关系问题

古代国家与近现代国家不同。过去和现在都有人将古代国家关系比附为近现代的国家关系,无端生出种种纠纷。在国家的性质、国家间的交往与国家关系等方面,古代国家与近现代国家的差别极为明显,不可随意比附。

近现代国家的衡量标准,主要是定居的人民、确定的领土、政权组织、主权。① 近现代国家强调独立主权、完整领土,这是与古代国家最大的区别。国际法规定各国一律平等,国家领土是稳定的,非经法定事由与程序不得变更。而古代国家关系的不平等是常态,古代并无国家主权的准确概念;稳定的国家疆域、国家领土的概念形成也很晚,在较长的时期国家疆界变动是常有之事。在漫长的历史时期,形成过程中的中国处于东亚地区的腹心地带,中原王朝与周边一些边疆王朝长期占据政治舞台的中心。经过复杂的演变过程,中原王朝与周边的一些王朝逐渐融合,成为古代中国的主体,其他的边疆王朝或灭绝或演变为中国的邻邦。从这个意义上来说,研究中原王朝与边疆王朝及其他政治实体的关系,有助于了解东亚古代国家与国家关系形成演变的过程。

从历史记载来看,中原王朝与边疆王朝互为"敌国",即古代的国家关系。匈奴单于呼韩邪入朝,汉武帝诏公卿议其仪。太子太傅萧望之认为:"单于非正朔所加,故称敌国,宜待以不臣之礼,位在诸侯王上。"其建议被采纳。② 另据《资治通鉴》:后唐交往吴国"用敌国之礼",去信称"大唐皇帝致书于吴国主",吴国回信称"大吴国主上大唐皇帝"。③ 严格来说,"敌国"是对东亚古代国家关系的泛称;在某些情况下,所言"敌国"专指敌对状态下的国家关系。唐代《长庆会盟碑文》称:唐朝与吐蕃的和盟若一再延迟,"即届产生仇仇,行将兵戎相见,顿成敌国矣"。④

东亚古代国家常以舅甥相称,通常中原王朝居于舅甥关系的上层。

---

① 赵建文主编:《国际法新论》,法律出版社2000年版,第69页。
② (唐)杜佑:《通典》卷一九五《边防·匈奴下》,中华书局1988年版,第5334页。
③ (宋)司马光编著:《资治通鉴》卷二七二《后唐纪一》,同光元年,中华书局1956年版,第8903页。
④ (唐)《长庆会盟碑文·背面译文》,转引自《唐·吐蕃重要文献选辑》,中国藏学研究中心,2004年,第197页。

但也有中原王朝奉强大的边疆王朝为尊主的情形。金朝强盛，在与宋朝的争斗中常居上风。金初宋朝奉以臣礼，所上书信称"表"；宋末持侄礼对待金朝，往来书信称"书"。《金史》乃曰："金不能奄有四海，而宋人以尊称与之，是谁强之邪。"① "敌国"双方相互承认为国家，同时仿照封建社会的家长管理制，建立严格的等级关系，说明古代的国家关系以不平等的等级关系为基础。同时要看到，舅甥关系毕竟比同封建家族内部同宗和睦的关系。建立舅甥关系的国家，双方愿意仿照封建家族制度，建立亲若一家、守望相助的关系。唐朝与吐蕃联姻，白居易奉皇帝之命，代拟致吐蕃东道节度使的书信称："国家与吐蕃，代为舅甥，日修邻好，虽曰两国，有同一家。"② 吐蕃给唐朝的书信亦云："外甥是先皇帝舅宿亲，又蒙降金城公主，遂和同为一家，天下百姓，普皆安乐。"③ 唐朝与吐蕃盟誓文书进一步提出："（唐朝）与吐蕃赞普，代为婚姻，因结邻好，安危同体，甥舅之国，将二百年。"④ 可见中原王朝与边疆王朝的舅甥关系，强调双方建立"有同一家""安危同体"的亲密关系，这些与近代西方殖民制度之下，占领国以压迫、剥削为手段统治殖民地完全不同。

古代确认国家关系，以建立关系的双方均具有较强实力并愿意尊重对峙现状为条件，"敌国"关系还必须为双方所认可。开元二年（714），吐蕃遣使请和，"然恃盛强，求与天子（按：指唐朝皇帝）敌国，语悖傲。"唐朝皇帝对此甚为不满。⑤ 一些力量较弱的地方政权如南诏，曾提出与唐朝建立兄弟或舅甥的关系，享有如同吐蕃之"敌国"的地位，遭到唐朝使臣的驳斥。乾符六年（879），南诏王遣使者见唐朝使臣徐云虔，提出"与唐约为兄弟，不则舅甥"，被徐云虔严词拒绝，称南诏不可违背

---

① （元）脱脱等：《金史》卷六〇《交聘表上》，中华书局1975年版，第1385页。
② （唐）白居易：《代忠亮答吐蕃东道节度使论结都离等书奉敕撰》，《白氏长庆集》卷五七，四部丛刊本。
③ （唐）弃隶宿赞：《请约和好书》，（清）董浩等编《全唐文》卷九九九，中华书局1982年版，第10344页。
④ （唐）张镒：《与吐蕃盟文》，《全唐文》卷四三二，第4392页。
⑤ （宋）欧阳修等：《新唐书》卷二一六上《吐蕃上》，中华书局1975年版，第6082页。

祖先为唐朝臣属之往事。① 中原王朝、边疆王朝建立"敌国"、舅甥或臣属关系的做法，在边疆王朝中亦流行，表明此类做法通行于东亚各地。金朝交往高丽、西夏，"（高丽）始通好为敌国，后称臣。夏国始称臣，末年为兄弟，于其国自为帝"。② 金朝国王乾顺拟以契丹旧仪见西夏使者，王阿海不肯，曰："契丹与夏国甥舅也，故国王坐受，使者以礼进。今大金与夏国君臣也，见大国使者当如仪。"③

随着时间的推移，"敌国"关系或向从藩、臣属的关系转变。元代以前，中原王朝周边的政治势力主要包括徼外势力与边疆势力，两者尚未明确分开。对与自己交往的徼外势力或边疆势力，中原王朝通过以厚往薄来为特征的封贡制度，施行较为宽松的羁縻与笼络，实现"守在四夷"的目标。对徼外势力或边疆势力中较为强大者，中原王朝与其建立"敌国"的关系，承认其享有国家的地位，企望由此实现守境相安。从藩、臣属的关系不同于"敌国"关系。主要区别是建立从藩、臣属关系的被动政治实体，基本上不具有国家的性质，从藩关系的双方分别是藩主王朝与从属政权，后者或可保持一定的独立性。在臣属关系之下，臣属政权大都成为藩主王朝统领的地方官府，甚至被纳入藩主王朝的统治版图。

对归附自己的边陲势力，中原王朝授予藩王或羁縻府州官吏的虚衔，规定其职责是守卫中原王朝的边陲，古人形象地称为"藩篱"。西汉使臣陆贾至南越，南越王赵佗顿首谢罪并称："愿长为藩臣，奉贡职。"乃下令："吾闻两雄不俱立，两贤不并世。汉皇帝，贤天子也。自今以后，去帝制黄屋左纛。"④ 东汉范晔论曰："宣帝值虏庭分争，呼韩邪来臣，乃权纳怀柔，因为边卫，单于保塞称藩，故曰边卫。……匈奴争立，日逐来奔，愿修呼韩之好，以御北狄之冲，奉藩称臣，永为扞御。天子乃诏有司开北鄙，择肥美之地，量水草以处之。"⑤ 唐朝立李思摩为可汗，允许统率突厥诸部，李思摩上书称："蒙恩立为落长，实望世世为国一犬，守

---

① 《资治通鉴》卷二五三《唐纪六十九》，乾符六年，第 8211 页。
② 《金史》卷六〇《交聘表上》，第 1386 页。
③ 《金史》卷一三四《外国上·西夏》，第 2868 页。
④ 《史记》卷一一三《南越列传》，中华书局 1959 年版，第 2970 页。
⑤ 《通典》卷一九五《边防·匈奴下·南匈奴》，第 5256 页。

吠天子北门，有如延陀侵逼，愿入保长城。"诏许之。① 中原王朝认为"藩篱"是较理想的制度，希望守卫藩篱的边陲势力长期存在，生生不息。西汉时淮南王刘安上书称：朝廷若欲边陲蛮夷归属，可遣使招降，"此必携幼扶老以归圣德"。若朝廷无所用之，"则继其绝世，存其亡国，建其王侯，此必委质为藩臣，代供贡职"。② 突厥突利可汗归顺，唐朝授予北平郡王，后封都督，太宗敕曰："我欲中国安，尔宗族不亡，故授尔都督，毋相侵掠，长为我北藩。"③ 突利叩首听命。边陲的藩王若彻底归降，中原王朝便置为地方官府，或将其首领、部属迁入塞内安置，推动向编户齐民转化，由从藩的关系正式转变为臣属的关系。

元代以前中原王朝与边陲势力的关系，大致体现出如下的特征：

一是中原王朝与边陲势力的关系，其"敌国"、从藩、臣属关系的认定不甚明确亦不稳定，"敌国"、从藩、臣属关系性质的转化亦属常见。二是中原王朝强调与边陲势力保持必要的距离，并不热衷争取边陲势力臣属。武德二年（619），唐高祖颁诏称："昔王御世，怀柔远人，义在羁縻，无取臣属。"④ 中原王朝治边的目标，是实现"裔不谋夏，夷不乱华"；奉守的圭臬为"外而不内、疏而不戚"，应对边陲势力的原则是"附则受而不逆，叛则弃而不追"⑤。三是元代以前边陲与边疆的重要性尚未充分显现，中原王朝经营边陲与边疆普遍缺少积极性，认为前朝经营边陲"不过欲安内而捍外尔，非所以求逞也"⑥。或贬称边徼与边疆为不可耕作的"石田"，"得之无益，失之何伤?"⑦ 帝王若致力拓边多则被后人视为失策，甚至斥为千古罪人。《隋书·西域传》史臣曰："自古开远夷，通绝域，必因宏放之主，皆起好事之臣。……秦成五岭，汉事三边，

---

① 《新唐书》卷二一五上《突厥上》，第6040页。
② 《通典》卷第一八八《边防四·南蛮下》淮南王刘安上书，第5082页。
③ 《新唐书》卷二一五上《突厥上》，第6038页。
④ （唐）《抚镇边陲诏》，《唐大诏令集》卷一二八《蕃夷》，学林出版社1992年版，第632页。
⑤ 《后汉书》卷八六《南蛮西南夷列传》尚书令虞诩言，第2833页。
⑥ 《宋史》卷四九三《蛮夷一·西南溪峒蛮夷上》，中华书局1977年版，第14171页。
⑦ 《旧唐书》卷一九九下《北狄传》，中华书局1975年版，第5364页。

或道馑相望，或户口减半。隋室恃其强盛，亦狼狈于青海。此皆一人失其道，故亿兆罹其毒。"① 唐大臣狄仁杰上疏称："始皇穷兵极武，务求广地，死者如麻，至天下溃叛。汉武征伐四夷，百姓困穷，盗贼蜂起；末年悔悟，息兵罢役，故能为天所祐。"② 四是中原王朝处理边陲势力的关系时，应对方略具有保守、含混、随意的特点，应对之策普遍施用于边陲各地，缺少因地制宜、因时制宜一类的处置。上述情形表明，元代以前中原王朝与边陲势力的关系，尚处于情况多变、性质不够稳定的发展阶段，应对之策亦较固化且简单，主要原因是中国的历史疆域尚处于形成磨合的过程，受其影响，以中原王朝为主体的东亚国家关系普遍不够成熟与稳定。

唐代以后，中国进入全局分裂、局部统一的时期。北方的辽、西夏、金、蒙古等边疆王朝，南方的吐蕃诸部、大理国等边疆势力先后与两宋王朝对峙。元朝实现新的统一，同时明确新的天下格局，中原王朝的边疆地区逐渐稳定并趋巩固，成为拱卫统一国家的有力屏障；中原王朝周边保持着独立的政治势力则演变为邻邦。元朝明确区分边疆与邻邦，在边疆地区实行任命土官等统治的制度，对邻邦则施用藩属国体制来应对。③ 元朝以安南、缅国等为邻邦，制定君长亲朝、子弟入质、上报编民数、出军役、输纳赋税、置达鲁花赤（掌印官）监管其地等规定。④ 以元明两代的经营为基础，清朝的藩属国体制进一步完善。《清史稿》称："环列中土诸邦，悉为属国，版图式廓，边备积完，芒芒圣德，盖秦、汉以来未之有也。"⑤ 十九世纪法国、日本等列强控制安南、朝鲜等国，清朝与安南、朝鲜等国的藩属关系趋于终结。

综合有关记载，藩属国体制大致具有以下的特点：

确立宗主国与藩属国的等级隶属关系，宗主国对藩属国有至尊与统

---

① 《隋书》卷八三《西域传》，中华书局1973年版，第1859页。
② 《资治通鉴》卷二〇六《唐纪二十二》，神功元年，第6524页。
③ 方铁：《论中原王朝治边的理念、方略与制度安排》，《烟台大学学报》（哲学社会科学版）2018年第1期。
④ （明）宋濂等：《元史》卷二〇九《外夷二·安南》，中华书局1976年版，第4635页。
⑤ 《清史稿》卷五二六《属国一·朝鲜 琉球》，第14576页。

领的关系，并通过藩属国君王的定期入觐与纳质朝贡等得以体现。藩属国的职责是"各守其土，尽尔藩职"。① 宗主国对藩属国有保护的义务，须对藩属国纾困解难。允许藩属国自治、王位世袭。宗主国对藩属国的事务较少干预，允许藩属国有自己的法律。面对越南、朝鲜政务纷乱的形势，清人称："国家素守羁縻属国之策，不干内政，兴衰治乱，袖手膜视。"② 藩属国向宗主国不纳或少纳赋税，仅象征性缴纳一定数量的土产。藩属国需维护宗主国疆土的安全，避免在边境地区生事。若违反规定，藩属国必遭宗主国惩罚。由此可见，与元明清王朝建立藩属国关系的邻邦，较之元代以前的"敌国"，所具有古代国家的性质更为明确，处理两者关系的规定亦较规范，同时具备了近代国家关系的某些萌芽。总体上来看，元代以前的"敌国"与元明清时期的藩属国体制虽属于不同时期的产物，但均表现出鲜明的东方特色，与西方中世纪的城邦、殖民时期之征服国与殖民地等国家形态的差别十分明显。

研究东亚古代国家形成与古代国家关系问题，具有重要的学术价值与现实意义。

东亚地区古代国家的形成、相互关系以及演变过程具有鲜明的东方色彩，一些内容不同于欧洲等地的古代国家，详情有待进一步研究。另外，元代以前的"敌国"关系、元明清时期藩属国体制下的国家关系，均有别于近现代的国家关系，将东亚古代的国家关系与近现代国家关系相提并论，甚至将古代的旧账算在近现代国家的头上，都是不恰当的。

中原王朝与周边的政治势力长期活跃在东亚政治舞台的中央。秦汉以来的大部分时期，中原王朝在东亚地区势大声弘，以盛唐为中心形成了华夏文化圈，在古代国家形成与国家关系等诸多方面，华夏文明在东亚地区产生了广泛而深远的影响。因此，东亚古代国家形成演变的过程，与中国统一多民族国家的形成巩固大致同步。将中国统一多民族国家形成发展的历史，置于更为广阔的东亚地区考察，是一个值得重视的选题。

中原王朝、边疆王朝处理相互关系时积累了丰富的经验，并形成一

---

① 《清史稿》卷五二七《属国二·越南》，第14628页。
② 《清史稿》卷五二六《属国一·朝鲜 琉球》，第14576页。

些基本的原则,一些内容至今仍有积极的意义。中原王朝提出:"守在四夷","谨事四夷","千钧之弩,不为鼷鼠发机"①,"虚内致外,竟损无益"②,讲信修睦,"德泽洽夷",重道尚义,"己所不欲、勿施于人","待之有备、御之有常","叛则伐之、降则抚之",宽猛相济,等等。边疆王朝则提出:"君臣简易,一国之政犹一身也"③,"汉与匈奴合为一家,世世毋得相诈相攻"④,"两境虽殊,情义如一"⑤,等等。中原王朝的德泽洽夷、讲信修睦、睦邻安邦、求同存异、协和万邦等治边的观念与方略,对我们构建亚太利益共同体与人类命运共同体,都具有宝贵的借鉴意义。

在东亚古代国家形成与古代国家关系方面,还有不少问题需要研究。例如:古代国家与近现代国家的联系与区别,东亚古代国家具有的特点。东亚古代国家的类型差异,古代国家发展演变的过程。"敌国"关系、从藩关系、臣属关系的联系与区别,古人对此的相关认识与文字表述。元明清王朝藩属国体制的内容与特征,藩属国体制与"敌国"制度、"藩篱"制度的联系与区别。中原王朝、边疆王朝对古代国家、国家关系的认识与应对之策。藩属国体制与近代国家关系的比较。中原王朝、边疆王朝处理相互关系的经验的研究。

除本文论及的内容,应深入探讨的问题还有:古代东亚地区的地缘政治,古人的相关认识与文字表述,地缘政治与中原王朝、边疆王朝治边的关系。历朝治边方面的制度建设,尤其是元明清三朝的边疆管理制度与制度安排。历朝治边中的法治建设,治边与法治建设的关系,以及两者关系发展演变的过程。总之,类似的问题还不少。弄清这些问题,尚待学人共同努力将中国对外关系史的研究不断推进。

---

① 《资治通鉴》卷一八二《隋纪六》,大业九年,第5669页。
② (唐)吴兢:《贞观政要》卷九《议安边》凉州都督李大亮语,中华书局2003年版,第504页。
③ 《史记》卷一一〇《匈奴列传》匈奴谋臣中行说语,第2900页。
④ 《汉书》卷九四下《匈奴列传》匈奴与汉将韩昌等盟约,中华书局点校本,1962年,第3801页。
⑤ 《资治通鉴》卷一七六《陈纪十》至德二年,突厥可汗沙钵略致隋朝皇帝书语,第5476页。

古代亚洲的"中华亚洲秩序"及其地缘政治根源

赵现海

（中国社会科学院古代史研究所）

绪 论

中国古代很早便形成了在亚洲地区扩张自身势力的思想观念。战国时期尸佼认为："尧南抚交阯，北怀幽都，东西至日月之所出入，与余日而不足于治者，恕也。"① 为建立"王者无外"理想观念中的"天下秩序"，古代中国运用军事、政治、经济、文化等各种方式，积极在远方异域扩大自身影响，"文德以绥远人，威武以惩不恪"②，从而与中国周边地区的东亚、东南亚、中亚等部分亚洲地区，长期形成了既具有一定内在关联，又保持相对独立的宗藩关系，将之纳入中国古代"差序疆域"的最外层部分。③ 从现代国际关系视角而言，这是一种以中国为核心与主宰

---

① （战国）尸佼著，（清）汪继培辑，朱海雷撰《尸子译注》卷下，上海古籍出版社2006年版，第57页。
② 《晋书》卷一二六《载记二十六·秃发利鹿孤》，中华书局1974年点校本，第3146页。
③ 美国学者费正清提出了"朝贡体系"概念，认为古代中国借助朝贡贸易，构建起区域国际秩序。关于这一研究范式的有效性及其问题，可参见任东波《东亚区域史研究模式析论———一种全球史观的反思与批判》，《社会科学战线》2009年第10期。日本学者内藤湖南认为中国古代不断扩张，将周边国家不同程度地纳入中国的政治轨道。西岛定生在这一观点的基础上，进一步提出"册封体制论"，认为古代东亚国际秩序是中国古代将国内制度形式施之于东亚地区，通过册封藩属国，形成册封体制而形成。藤间生大、鬼头清明、菊池英夫等人进一步倡导古代东亚非官方经济、文化联系，从而提出"东亚世界论"。权赫秀：《中国古代朝贡关系研究评述》，《中国边疆史地研究》2005年第3期。

的前近代亚洲区域国际秩序，可称之为"中华亚洲秩序"。那么，中华亚洲秩序为何会产生，具有什么历史内涵，对于亚洲古代历史产生了什么影响，与欧亚大陆其他文明，尤其是基于西欧历史经验形成的现代国际秩序相比具有什么不同，值得深入讨论。

一 古代亚洲"中华亚洲秩序"的历史内涵

与欧亚大陆包括西欧、阿拉伯、俄罗斯文明在相对贫瘠的生态环境下，为拓展生存空间，不断发动战争，从而在势力均衡中构建出的区域国际秩序不同；古代中国在亚洲，尤其东亚、东南亚、中亚长期保持独大态势，其他国家由于实力相对弱小，长期对中国采取了依附立场，古代亚洲从而形成了长期以中国为核心与主宰的"中华亚洲秩序"。"中华亚洲秩序"在结构形态、历史驱动、核心理念、领土观念、运作方式与历史指向等方面，都与其他文明构建的区域国际秩序的历史内涵具有相当差别。

第一，与欧亚大陆其他文明在均势地缘政治下，构建起以均势、平衡为结构形态与内在逻辑的区域国际秩序不同；中华亚洲秩序下，古代中国与藩属国由于力量相差悬殊，从而在结构形态上呈现依附与被依附的"向心结构"，与当代国际政治学中的"搭车"模式比较相似。[①] 在这种结构形态下，藩属国有向中国效忠的义务，中国也有凭借自身的军事实力与政治威望，锄强扶弱、兴灭继绝的政治义务。这就是中国古代所谓的"事大字小"。[②] "事"意为侍奉，"字"意为抚育，由此可见，所谓

[①] 费正清指出围绕朝贡贸易，古代亚洲形成了以中国为中心的、以等级制为特征的"中国的世界秩序"。[美]费正清：《一种初步的构想》，载[美]费正清编《中国的世界秩序——传统中国的对外关系》，杜继东译，中国社会科学出版社2010年版，第1—4页。信夫清三郎等日本学者认为在东亚国际秩序中，中国占据着核心与主宰的地位。"这种国际秩序本身并不能由周围各民族国家相互之间的对立和斗争来扩大，秩序的扩大和缩小，完全取决于'中华帝国'皇帝'德化'力量的大小。"[日]信夫清三郎等编：《日本外交史》，商务印书馆1980年版，第13页。

[②] 萧功秦将这一国际关系比拟为"猴山结构"。他认为："中国早期国家，既不是经由西方古典奴隶制的路径，也不是经由亚细亚生产方式所指的东方专制主义的路径，而是在华夏小共同体的'庇护—扈从'关系上，经由酋邦联盟、羁縻制、分封制等前后相继的阶段，在华夏民族的集体经验中演化而来，并最终走上了中央集权的专制主义道路。"萧功秦：《华夏国家起源新论——从"猴山结构"到中央集权国家》，《文史哲》2016年第5期。

"事大字小",是借助远古中国血缘伦理观念,所延伸、比附而成的一种国际观念。"字"又常用"比"代替,"比",意为庇护。在西周,职掌军事的司马负责敦促、维系周天子与诸侯国之间"事大字小"的政治关系。"比小事大,以和邦国。"① 郑玄注:"比犹亲。使大国亲小国,小国事大国,相合和也。"② 具体事宜由下属的职方氏与形方氏负责,《周礼·职方氏》曰:"凡邦国,小大相维。王设其牧,制其职,各以其所能;制其贡,各以其所有。"③ 郑玄注"大国比小国,小国事大国,各有属,相维联也"④。也就是周天子尽其所能,庇护小国;小国尽其所有以侍奉周天子。《周礼·形方氏》曰:"形方氏掌制邦国之地域,而正其封疆,无有华离之地,使小国事大国,大国比小国。"⑤

《左传》认为大国、小国在"事大字小"的国际关系中,应依循礼节,小国侍奉大国时,应谨遵命令;大国抚育小国时,应体谅小国的难处。"诸侯所以归晋君,礼也。礼也者,小事大,大字小之谓。事大在共其时命,字小在恤其所无。"⑥ 成书于战国时期的兵书《司马法》认为天子、霸主之所以能够获得诸侯的拥护,也在于贯彻了"比小事大"的政治观念。"王霸之所以治诸侯者六:以土地形诸侯,以政令平诸侯,以礼信亲诸侯,以材力说诸侯,以谋人维诸侯,以兵革服诸侯。同患同利,以合诸侯;比小事大,以和诸侯。"⑦ 鉴于小国在侍奉大国时,可能会有屈辱之感,《左传》提醒小国,如果不能忠诚地侍奉大国,有政权灭亡的危险。"小所以事大,信也。小国无信,兵乱日至,亡无日矣。"⑧ 而在中国古代文化中,大国字养小国的做法被视为大仁大义之举。"诛暴禁非,

---

① (汉)郑玄注,(唐)贾公彦疏,赵伯雄整理,王文进审定:《周礼注疏》卷二九《夏官司马第四·大司马》,北京大学出版社 2000 年版,第 893 页。
② 《周礼注疏》卷二九《夏官司马第四·大司马》,第 893 页。
③ 《周礼注疏》卷三三《夏官司马下·职方氏》,第 1033 页。
④ 《周礼注疏》卷三三《夏官司马下·职方氏》,第 1033 页。
⑤ 《周礼注疏》卷三三《夏官司马下·形方氏》,第 1038 页。
⑥ 杨伯峻注:《春秋左传注·昭公三十年》(修订本),中华书局 1990 年版,第 1506 页。
⑦ 《司马法译注·仁本第一》,第 10 页。
⑧ 《春秋左传注·襄公八年》(修订本),第 957 页。

存亡继绝,而赦无罪,则仁广而义大矣"① 在上古时期便已成为"天下秩序"的重要内涵。《论语》记载尧禅位于舜时称:"兴灭国,继绝世,举逸民,天下之民归心焉。"② 子贡游说吴王夫差不要进攻鲁国,也指出"王者不绝世"③,即实行王道之君主,不会灭亡其他国家。这一结构形态呈现出双向的义务关系,也就是中国古代所谓的"事大字小"。与欧亚大陆其他文明的对外扩张,强调强力控制甚至吞并对方,从而呈现出"零和博弈"结果不同,中国古代政治文化倡导君主实行"德政",以仁义号召天下,使天下自动归附的"王道",反对使用武力方式,削弱、吞并对方的"霸道"。《六韬》所载周文王与姜太公的对话便表达了这一政治观念。

> 文王问太公曰:"何如而可为天下?"太公曰:"大盖天下,然后能容天下;信盖天下,然后能约天下;仁盖天下,然后能怀天下;恩盖天下,然后能保天下;权盖天下,然后能不失天下。事而不疑,则天运不能移,时变不能迁。此六者备,然后可以为天下政。故利天下者,天下启之;害天下者,天下闭之。生天下者,天下德之;杀天下者,天下贼之。彻天下者,天下通之;穷天下者,天下仇之。安天下者,天下恃之;危天下者,天下灾之。天下者,非一人之天下,唯有道者处之。"④

虽然古代中国实行"内霸外王"政治模式,但在"差序疆域"观念之下,对于最外层区域的经营,更为强调和平方式,也赋予更多的道义内涵与政治合法性。因此,在中华亚洲秩序下,古代中国与藩属国呈现了和谐共生的国际关系。古代中国由此长期有效地维护了亚洲地区的和平环境,

---

① 黎翔凤撰,梁运华整理:《管子校注》卷一六《小问第五十一》,中华书局2004年版,第955页。

② 杨伯峻译注:《论语译注·尧曰篇第二十》,中华书局1980年版,第208页。

③ (汉)袁康、吴平编,吴庆峰点校:《越绝书》卷七《越绝内传陈成恒》,载《二十五别史》第6册,齐鲁书社2000年版,第37页。

④ 唐书文:《六韬译注》卷二《武韬·顺启》,上海古籍出版社2006年版,第49页。

是古代亚洲能够维持较长时期和平的重要保障。

第二，中华亚洲秩序得以建立的历史驱动力量，主要不是经济驱动，而主要是政治驱动。欧亚大陆其他文明的对外扩张，首先是为掠夺外部经济资源，以补充宗主国经济方式的不足。与之不同，中国古代中原王朝在核心地带长期发展、维持了先进的农业经济；与之相比，周边国家皆缺乏地理如此辽阔的农业地带，甚至生态环境多有非常恶劣者。相应地，中国古代对外扩张的经济动力便显得不足，这是中国古代长期形成"有限扩张主义"的地理根源。由此，中华亚洲秩序得以建立的历史驱动力量，便与欧亚大陆其他文明主要出于经济驱动不同，而是主要为了建立"王者无外"理想观念中的"天下秩序"，或者说主要是出于政治驱动。中国古代也很早便发展出了"利天下"的国际政治观念。指出君主欲天下，应秉持"公天下"之心。"天下者，非一人之天下，乃天下之天下也。"① 采取合作而非竞争的方式。"取天下者，若逐野兽，而天下皆有分肉之心；若同舟而济，济则皆同其利，败则皆同其害；然则皆有启之，无有闭之也。"② 秉持不从天下获取利益的立场与态度，才能获取天下民众的拥护，从而最终统一天下。"无取于民者，取民者也；无取于国者，取国者也；无取天下者，取天下者也。无取民者，民利之；无取国者，国利之；无取天下者，天下利之。"③ 相应地，在中华亚洲秩序区域国际秩序中，中国对于藩属国虽有一定的经济要求，但这一要求不仅在双方关系中不占主要地位，④ 而且整体上基本呈现中国依靠自身强大的经济实力，不断扶持、拉动亚洲区域经济的区域国际经济模式。具体而言，便是在朝贡贸易中，古代中国一直采取"厚往薄来"的方式，对于藩属国

---

① 《六韬译注》卷一《文韬·兵道》，第37页。
② 《六韬译注》卷一《文韬·兵道》，第37页。
③ 《六韬译注》卷一《文韬·兵道》，第37页。
④ 明洪武七年三月，朱元璋诏中书、礼部曰："古者，中国诸侯于天子比年一小聘，三年一大聘。九州之外番邦远国，则每世一朝，其所贡方物，不过表诚敬而已。高丽稍近中国，颇有文物礼乐，与他番异，是以命依三年一聘之礼。彼若欲每世一见，亦从其意。其他远国如占城、安南、西洋、琐里、爪哇、浡泥、三佛齐、暹罗、斛真腊等处，新附国土，入贡既频劳费甚多，朕不欲令。令遵古典而行，不必频烦。其移文使诸国知之。"（明）胡广等：《明太祖实录》卷八八，洪武七年三月癸巳，台北"中央研究院"历史语言研究所1962年校印本，第1564—1565页。

常规的经济索取，限于并不珍贵，且易于搜罗的土物，① 而赐予对方者，则往往远超市场受益的赏赐；而在民间，藩属国不仅可以在朝贡时，携带部分商品，与中国民众进行私下交易，更可以通过长距离的民间贸易，加入中国古代发达的商品经济链条之内。或者说，虽然古代中国官方无明确的扶持亚洲区域经济发展的政治目的，但在实际经济运作中，却起到了这样的效果。因此，中华亚洲秩序的历史驱动主要是政治驱动，而其结果反而推动了区域国际经济网络的出现与发展。可见，朝贡贸易对于古代中国主要是一种展示万邦来朝的政治象征，② 古代中国甚至将藩属国进贡之土物，转赐其他藩属国，以宣示、彰显自身的政治权威。③ 另外，中华亚洲秩序在漫长的推衍过程之中，内部也逐渐出现一定问题，

---

① 《逸周书》记载商汤命诸侯根据各自情况，贡献当地普通物产。"汤问伊尹曰：'诸侯来献，或无马牛之所生，而献远方之物，事实相反，不利。今吾欲因其地势所有献之，必易得而不贵，其为四方献令。'伊尹受命，于是为四方令曰：'臣请正东、符娄、仇州、伊虑、沤深、九夷、十蛮、越沤、剪文身，请令以鱼支之鞞、乌鲗之酱、鲛盾、利剑为献。正南瓯邓、桂国、损子、产里、百濮、九菌，请令以珠玑、瑇瑁、象齿、文犀、翠羽、菌鹤、短狗为献。正西昆仑、狗国、鬼亲、枳已、阘耳、贯胸、雕题、离丘、漆齿，请令以丹青、白旄、纰罽、江历、龙角、神龟为献。正北空同、大夏、莎车、姑他、旦略、貌胡、戎翟、匈奴、楼烦、月氏、孅犁、其龙、东胡，请令以橐驼、白玉、野马、騊駼、駃騠、良弓为献。'汤曰：'善。'"黄怀信、张懋镕、田旭东撰，黄怀信修订，李学勤审定：《逸周书汇校集注》（修订本）卷七《王会解第五十九》，上海古籍出版社2007年版，第909—922页。

② 关于中国古代朝贡贸易，可参见张维华主编《中国古代对外关系史》；高等教育出版社1993年版；李云泉《万邦来朝——朝贡制度史论》（修订版），新华出版社2014年版；陈尚胜《中国传统对外关系研究》，中华书局2015年版；黄纯艳《宋代朝贡贸易体系研究》，商务印书馆2014年版；付百臣主编《中朝历代朝贡制度研究》，吉林人民出版社2008年版；朴真奭《中朝经济文化交流史研究》，辽宁人民出版社1984年版；张存武《清韩宗藩贸易》，中研院近代史研究所专刊，1978年；何新华《最后的天朝：清代朝贡制度研究》，人民出版社2012年版；何新华《清代贡物制度研究》，社会科学文献出版社2012年版；［韩］全海宗《韩中关系史研究》，汉城：一潮阁，1950年；［韩］全海宗《中韩关系史论集》，金善姬译，中国社会科学出版社1997年版。

③ "仲尼在陈，有隼集于陈侯之庭而死，楛矢贯之，石砮其长尺有咫。陈惠公使人以隼如仲尼之馆问之。仲尼曰：'隼之来也远矣！此肃慎氏之矢也。昔武王克商，通道于九夷、百蛮，使各以其方贿来贡，使无忘职业。于是肃慎氏贡楛矢、石砮，其长尺有咫。先王欲昭其令德之致远也，以示后人，使永监焉，故铭其栝曰"肃慎氏之贡矢"，以分大姬、配虞胡公而封诸陈。古者，分同姓以珍玉，展亲也；分异姓以远方之职贡，使无忘服也。故分陈以肃慎氏之贡。君若使有司求诸故府，其可得也。'使求，得之金椟，如之。"（春秋）左丘明撰，鲍思陶点校：《国语》卷五《鲁语下·仲尼在陈》，载《二十五别史》第1册，齐鲁书社2000年版，第104页。

比如在一定程度上存在的中国对藩属国的索求,便使这一区域国际秩序内部存在一定的裂痕。①

第三,中华亚洲秩序的核心理念是"和而不同",而非"同质一体"。由于古代中国构建中华亚洲秩序,主要不是出于经济掠夺,而是政治目的,相应对藩属国并未如欧亚大陆其他文明采取强力控制,以达到经济一体化的经济目标,从而呈现宗主国与藩属国"同质一体"。而是满足于维持与藩属国之间松散的政治关联,保持"和而不同"的状态。西周规定诸侯应与周王室保持一定的政治距离,间隔一段时间,才能朝觐周天子,而周天子也间隔一段时间,巡视各诸侯国。"诸侯之于天子也,比年一小聘,三年一大聘,五年一朝。天子五年一巡守。"② 《司马法》也强调在天子、霸王与诸侯的"比小事大"政治关系中,"和"即和谐为核心宗旨。"同患同利,以合诸侯;比小事大,以和诸侯。"③

主要撰于战国时期的《管子》一书,便指出君主在国际交往中,应依据与不同国家的距离远近,采取不同的交往态度。具体而言,便是与近的国家保持亲和关系,而与远的国家保持一种形式上的联络便可以了。"先王取天下,远者以礼,近者以体。体、礼者,所以取天下;远、近

---

① 这其实在先秦时期中国本土国际秩序的逐步演衍中,便已有类似的情形。在晋国后期所主导的国际秩序中,便存在晋国压制其他国家的现象。郑国游吉赴晋国,为少姜送葬,称:"今璧宠之丧,不敢择位,而数于守适,唯惧获戾,岂敢惮烦?少姜有宠而死,齐必继室。今兹吾又将来贺,不唯此行也。"晋臣张趯称:"善哉!吾得闻此数也。然自今,子其无事矣。譬如火焉,火中,寒暑乃退。此其极也,能无退乎?晋将失诸侯,诸侯求烦不获。"《春秋左传注·昭公三年》(修订本),第1233页。"夏六月,晋顷公卒。秋八月,葬。郑游吉吊,且送葬,魏献子使士景伯诘之,曰:'悼公之丧,子西吊,子蟜送葬。今吾子无贰,何故?'对曰:'诸侯所以归晋君,礼也。礼也者,小事大、大字小之谓。事大在共其时命,字小在恤其所无。以敝邑居大国之间,共其职贡,与其备御不虞之患,岂忘共命?先王之制:诸侯之丧,士吊,大夫送葬;唯嘉好、聘享、三军之事,于是乎使卿。晋之丧事,敝邑之间,先君有所即执绋矣。若其不间,虽士、大夫有所不获数矣。大国之惠,亦庆其加,而不讨其乏,明底其情,取备而已,以为礼也。灵王之丧,我先君简公在楚,我先大夫印段实往,敝邑之少卿也。王吏不讨,恤所无也。今大夫曰:"女盍从旧?"旧有丰有省,不知所从。从其丰,则寡君幼弱,是以不共。从其省,则吉在此矣。唯大夫图之!'晋人不能诘。"《春秋左传注·昭公三十年》(修订本),第1506—1507页。
② (汉)郑玄注,(唐)孔颖达疏,龚抗云整理,王文锦审定:《礼记正义》卷一二《王制》,十三经注疏整理本,北京大学出版社2000年版,第388页。
③ 《司马法译注·仁本第一》,第10页。

者，所以殊天下之际。"① 所谓"礼"，其实是限于表面的交往形式，缺乏实质性的交流。战国时期尸佼认为远古圣王在治理远方时，并不致力于对之加以约束。② 明嘉靖时期，都察院右副都御史唐胄在奏疏中，明确指出治理中国之法与治理"蛮夷"之法不同。"古帝王不以中国之治治蛮夷，故安南不征，著在祖训。"③ "和而不同"观念虽然有助于维护亚洲区域国际秩序的长期和平，但由之带来的国际关系较为松散，相应在凝聚区域资源，使之向一体化发展，在此基础上进一步向外扩张方面，显得力量不足。

第四，在中华亚洲秩序中，古代中国并未有索取藩属国领土的强烈观念。在"有限扩张主义"疆域模式之下，中国古代虽有向外扩张领土的内在诉求，但却秉持在内政稳定基础上的有节制扩张，因此更为崇尚温和的政治渗透方式。十六国前燕皇帝慕容暐时，尚书左丞申绍上疏曰："拓宇兼并，不在一城之地；控制戎夷者，怀之以德。"④ 与欧亚大陆其他文明为掠夺殖民地经济资源，往往强调直接控制，甚至高压统治，呈现出强烈的领土观念不同；古代中国建立中华亚洲秩序，是为实现"王者无外"的理想观念，满足于将其纳入"天下秩序"的最外层部分，从而在"差序疆域"观念下，对于直接控制藩属国，占据其国土，显得并不热情。北魏孝文帝时期，曾有进攻汉中的动议，开国侯李冲针对于此，指出贤君发动战争，是出于传播仁义，而非占领土地。"且昔人攻伐，或城降而不取；仁君有师，或抚民而遗地。"⑤ 以占领领土为目的发动战争，是边疆族群做法。"夷寇所守，意在惜地。"⑥ 获得了孝文帝的认可。相应地，中国古代中原王朝对于周边政权，长期满足于维持一种形式上的宗

---

① 《管子校注》卷四《枢言第十二》，第252页。
② "子贡问孔子曰：'古者黄帝四面，信乎？'孔子曰：'黄帝取合己者四人，使治四方。不谋而亲，不约而成，大有成功。此之谓四面也。'"《尸子译注》卷下，第55页。
③ （明）唐胄著：《传芳集·谏讨安南疏》（嘉靖十五年），刘美新点校，海南出版社2006年版，第163页。
④ 《晋书》卷一一一《载记十一·慕容暐》，第2856页。
⑤ 《魏书》卷五三《李冲传》，点校本二十四史修订本，中华书局2017年版，第1299页。
⑥ 《魏书》卷五三《李冲传》，第1299页。

藩体制。嘉靖初年兵部尚书桂萼认为明太祖朱元璋开展对外关系的目的是同化"夷狄",而非获取土地。"惟我太祖高皇帝用夏变夷,思与天下更始,非有利其土地、人民之心,是以中外华夷,莫不向风。"① 万历时期,当朝鲜面临日本发动的"壬辰倭乱"冲击时,明朝倾全国之力援助,史称"朝鲜之役"。但明朝在承受巨大代价,取得战争的胜利后,对朝鲜半岛并无领土、经济等索取,而仍维持与其之间的宗藩关系。明神宗诏称:"设官经理朝鲜,原为保全属国,目前战守进止,此为长策。恃彼力能自立,官兵当即撤还,天朝不利一民一土。督抚官传示国王,俾知朕意。"② 甚至与藩属国出现领土争端、摩擦之时,为了维护中华亚洲秩序的整体秩序,有向藩属国割让土地的做法。比如清朝曾与朝鲜、越南、廓尔喀(今尼泊尔)、缅甸发生过边界纠纷,甚至动用武力,但为维持周边地区地缘和平,坚定藩属国的"向化"之心,并不致力于扩张疆域,甚至时常将有争议地区割让给藩属国。③ 比如雍正帝便曾将西南部分疆土割让予越南。"朕统驭寰区,凡属臣服之邦,皆隶版籍,安南既列藩封,尺地莫非吾土,何必较论此区区四十里之壤。……况此四十里之地,在云南为朕之内地,在安南仍为朕之外藩,一毫无所分别。着将此地仍赏赐该国王世守之。"④ 虽然从现代国际观念来看,这属于割让领土的卖国行为,但在当时却是采取部分让渡主权,通过牺牲局部利益,将中国部分直接统治区转换为藩属国统治区的一种内部流动,维持整体的中华亚洲秩序的政治策略而已。这种领土意识淡化的观念,源于"王道"观念对于政治合法性而非土地的优先诉求。不过当近代时期藩属国在西方列

---

① (明)陈子龙等选辑:《明经世文编》卷一八二《桂文襄公奏议四·大明舆地图序》(桂萼),中华书局1962年版,第1860页。
② (明)叶向高等:《明神宗实录》卷三〇七,万历二十五年闰二月乙亥,台北"中央研究院"历史语言研究所1962年校印本,第5741页。
③ 可参见李花子《清朝与朝鲜关系史——以越境交涉为中心》,香港,亚洲出版社2006年版;李花子《明清时期中朝边界史研究》,知识产权出版社2011年版;孙宏年《清代中国与邻国"疆界观"的碰撞、交融刍议——以中国、朝鲜、越南等国的"疆界观"及影响为中心》,《中国边疆史地研究》2011年第4期。
④ (清)张廷玉等:《清世宗实录》卷六五,雍正六年正月己卯,中华书局1985年版,第1000—1001页。

强压力之下,纷纷脱离与清代中国的宗藩关系后,清代中国与周边国家划定近代边界时,便也从现代边界观念出发,竭力索回曾经赏赐于藩属国的土地。①

第五,与欧亚大陆其他文明建立区域国际秩序,较为强调武力征服不同,古代中国秉持"有限扩张主义"观念,虽也注重对于武力的应用,但强调战争要具有政治合法性,也就是所谓的"义战"。在使用战争方式的同时,同样注重采取政治、经济、文化等和平方式。或者说,中华亚洲秩序的形成与维持,主要是"王道"政治模式而非"霸道"政治模式的体现与实践。因此,中华亚洲秩序呈现出很强的"文化一体"或"文明一体"的历史特征,②费正清由此认为古代东亚是一个特殊的"大文化区"。③这也便是所谓的"东亚文化圈"④"中华文化圈""中国文化圈"⑤"儒家文化圈"或"汉字圈"。⑥ 有鉴于此,黄枝连将东亚古代国际秩序概括为以中国为中心的"天朝礼治体系"。⑦ 近代时期,面对西方列强的

---

① 孙宏年:《清代中国与邻国"疆界观"的碰撞、交融刍议——以中国、朝鲜、越南等国的"疆界观"及影响为中心》,《中国边疆史地研究》2011年第4期。

② 即使对中华亚洲秩序相对保持游离态度的日本,也同样如此。田久川:《古代中日关系史》,大连理工学院出版社1987年版。

③ "东亚社会——中国、朝鲜、越南、日本及小岛王国琉球——都是由古代中国分衍出来,并在中国文化区域内发展起来的。这个地区深受中国文明的影响,例如汉语表意文字系统、儒家关于家庭和社会秩序的经典教义、科举制度,以及中国皇朝的君主制度和官僚制度等。中国因其地大物博,历史悠久,自然成为东亚世界的中心。而在地理上,中国又与西亚和南亚隔绝,使它成为特殊的大文化区。"《一种初步的构想》,载《中国的世界秩序——传统中国的对外关系》,第1页。

④ 关于"东亚文化圈",可参见高明士《天下秩序与文化圈的探索——以东亚古代的政治与教育为中心》下篇《东亚文化圈与东亚教育圈的形成》,上海古籍出版社2008年版,第225—309页。

⑤ 汪向荣:《中国文化圈》,载汪向荣《古代的中国与日本》,生活·读书·新知三联书店1989年版,第1—25页。

⑥ 朱云影对中国古代文化在东亚、东南亚的传播进行了讨论。朱云影:《中国文化对日韩越的影响》,广西师范大学出版社2007年版。

⑦ 黄枝连:《天朝礼治体系研究》上卷《亚洲的华夏秩序——中国与亚洲国家关系形态论》,中国人民大学出版社1992年版;黄枝连:《天朝礼治体系研究》中卷《东亚的礼义世界——中国封建王朝与朝鲜半岛的关系形态论》,中国人民大学出版社1994年版;黄枝连:《天朝礼治体系研究》下卷《朝鲜的儒化情境构造——朝鲜王朝与满清王朝关系形态论》,中国人民大学出版社1995年版。

入侵，中国与朝鲜、日本、越南、廓尔喀等东亚、东南亚国家，从同文、同种的出发，具有联合抵抗西方势力的政治愿望与做法。①

第六，虽然古代中国构建中华亚洲秩序，是为建立"天下秩序"而开展的一种外向扩张行为，却在相当程度上是出于保障中国地缘和平的政治目的。古代中国不仅长期是亚洲地区具有明显优势的文明体系，而且长期保持了在世界范围内的经济领先。在这一地缘政治背景下，为保障中国的国际地位，对外的疆域扩张远不如维持中国地缘和平更为实际与稳妥。相应地，古代中国构建中华亚洲秩序，虽有对外扩张的政治意图，但更为深层的政治动机是借此维护中国自身的地缘和平，从而为中国的政治稳定与经济发展提供一个安全的国际环境。从深层次来看，中华亚洲秩序是一种"内向"的区域国际秩序，这与欧亚大陆其他文明在经济方式存在一定问题、生存空间存在局限的地缘缺陷下，为壮大自身，而不断外向扩张的区域国际秩序，具有明显不同。因此，中华亚洲秩序是更为有利于亚洲长期保持和平环境的历史推力。另外，内向的历史指向导致中华亚洲秩序的外向扩张动力不足，从而使中国在长期拥有世界领先地位的历史机遇下，国际影响始终局限于亚洲部分地区，为欧亚大陆其他文明的扩张，及由此而带来的世界一体化，提供了历史空间。而面对东进的欧亚大陆其他文明的强势扩张，中华亚洲秩序也开始了漫长的历史转型。

可见，古代中国构建的中华亚洲秩序，与欧亚大陆其他文明秉持"无限扩张主义"，尽力构建疆域尽可能广阔的区域国际秩序，甚至全球国际秩序，只是条件所限，在世界古代时期从而一直限于区域国际秩序不同，是秉持"有限扩张主义"，在亚洲地区建立的"有限"的区域国际秩序。在中国古代，汉、唐、元、明、清皆在政权建立之后，致力于构建这一区域国际秩序。在这之中，尤以汉、唐、元、清较为典型，将蒙古高原、西域、东北、朝鲜半岛、东南亚皆纳入中华亚洲秩序之中。唐朝甚至与日本列岛建立了长期的宗藩关系。与之不同，元朝所构建之中

---

① 孙宏年：《清代中国与邻国"疆界观"的碰撞、交融刍议——以中国、越南、朝鲜等国的"疆界观"及影响为中心》，《中国边疆史地研究》2011年第4期。

华亚洲秩序,虽然辐射地域最广,却未将日本列岛纳入进来。明、清同样如此。这一历史倒退反映出在东亚地区,中华亚洲秩序逐渐遭到挑战,首先是日本,此后是明清时期的东南亚国家。与汉、唐、元、清相比,明朝虽然也大体建立了中华亚洲秩序,但由于长期与蒙古高原政权处于对峙态势,也仅在西域地区建立了宗藩关系,因此从内涵而言,不如其他四个王朝典型与完善。与以上五个王朝相比,秦、隋虽积极尝试构建中华亚洲秩序,但由于国祚甚短,仅在东亚或东南亚部分地区有所尝试,并未从整体上构建起中华亚洲秩序。两宋国力较弱,甚至长期处于辽、金附属国的地位,并未在朝鲜半岛、西域地区建立起宗藩关系,相应也未能构建起中华亚洲秩序。①

二 三代中国的国际政治观念与中华亚洲秩序的历史渊源

虽然中华亚洲秩序之构建,是在中国进入帝制时期之后。但其观念与形式,却肇始、奠基于先秦时期。② 三代时期是中国在部落联盟的基础上,初步建立国家形态的历史阶段,各诸侯国虽在名义上隶属中央,属于天子分封的藩属国,但其实保持着相当的政治独立性,王室与各诸侯

---

① 关于东北亚国际关系史,可参见黄定天《东北亚国际关系史》,黑龙江教育出版社1999年版。

② 信夫清三郎等认为东亚朝贡体系实质上是一种"华夷秩序",是中国国内秩序的外化形式。"这种东亚所特有的国际秩序,其总的关系就是以'中华帝国'为中心,周围夷狄各国接受册封(授予外交文书,承认其地位),后者向前者朝贡,前者羁縻(牵制)后者。这种关系,在渊源上是汉帝国内部皇帝与诸侯的上下关系在汉皇帝同夷狄君主之间关系上的投影,而且来自结合儒教王道思想而设想出来的独特的国际秩序观念。因此,它虽然是若干国家的联合体制,但其中各国相互之间并不发生直接关系,而是完全由对'中华帝国'的直接关系规定的一元化上下秩序构成的。"《日本外交史》,第12—13页。日本学者滨下武志秉持相似的观点。"它是国内基本统治关系即地方分权在对外关系上的延续和应用。将中央—各省的关系延续扩大到外国和周边,将中央—各省—藩部(土司、土官)—朝贡诸国—互市诸国作为连续的中心—周边关系的总体来看待,并将其整体作为一个有机的体制来把握。"[日] 滨下武志著,朱荫贵、欧阳菲译,虞和平校订:《近代中国的国际契机——朝贡贸易体系与近代亚洲经济圈》,中国社会科学出版社1999年版,第31页。关于先秦时期不同政权之间的交往与国际秩序,可参见张健《先秦时期的国礼与国家外交——从氏族部落交往到国家交往》,文物出版社2013年版。

国之间在一定程度上实构成了一种国际秩序。"夏后氏东渐于海，西被于流沙，南浮于江，而朔南暨声教，穷竖亥所步，莫不率俾，会群臣于涂山，执玉帛者万国。于是九州之内，作为五服。"① 赵汀阳将之称作"无外"天下或"世界政治秩序"。②

在这种国际秩序下，不同政治体之间虽存在长期的竞争，但在农业边疆疆域观念与模式影响之下，却长期保持了和谐与共生，是一种松散的国际政治联合体。值得注意的是，维系三代时期中国内部及其与周边族群往来的重要纽带，便是朝贡贸易。而周朝在掌管军事的司马之下，专门设置了负责这一事务的怀方氏。"怀方氏掌来远方之民，致方贡，致远物，而送逆之，达之以节。治其委积、馆舍、饮食。"③ 在三代宗藩关系下，大国与小国之间便是顺从与保护的共生关系，同样隶属司马的形方氏便专门负责相关事宜。"形方氏掌制邦国之地域，而正其封疆，无有华离之地，使小国事大国，大国比小国。"④

东周以降，华夏政权之间，华夏与"四夷"之间，竞争规模与频率虽大为增强，但在周天下秩序仍大体保存的春秋时期，国际秩序仍在相当程度上延续着三代旧的态势。作为管仲学派思想观念的集中体现，《管子》一书描述了春秋时期齐桓公开创的霸业，其中所反映的国际关系准则，实为后世中华亚洲秩序的渊源与模板。首先，齐国作为天下霸主，具有扶危济困、存亡继绝的国际义务。齐桓公曾先后帮助鲁国、邢国与卫国，但都未将其纳入齐国版图之中，对于别国疆土不存在野心。

---

① 《晋书》卷一四《地理志上》，第409页。
② "三代之中国不是大一统模式的国家，而是一个世界性的'无外'天下，是一个在理论上潜在地容纳世界万国的天下体系，或者说是一个世界政治秩序。尽管当时的中国只是世界的一部分，却被想象为世界，并且以世界性的格局而存在，因此，三代的历史既是中国历史，同时也是世界历史。严格地说，天下的世界史只属于周朝，夏商可能已经有了天下的想象和眼界，却尚未在事实上建立世界性的天下秩序。成为法定制度的天下体系实为周朝的创制，尽管在具有'厚古'精神的传统叙事中，天下秩序往往有名无实地追溯至尧舜禹汤，甚至象征性地追溯至皇帝。"赵汀阳：《惠此中国：作为一个神性概念的中国》，中信出版社2016年版，第11页。
③ 《周礼注疏》卷三三《夏官司马下·怀方氏》，第1036页。
④ 《周礼注疏》卷三三《夏官司马下·形方氏》，第1038页。

恒公忧天下诸侯。鲁有夫人庆父之乱，而二君弑死，国绝无后。桓公闻之，使高子存之。男女不淫，马牛选具。执玉以见，请为关内之侯，而桓公不使也。狄人攻邢，桓公筑夷仪以封之。男女不淫，马牛选具。执玉以见，请为关内之侯，而桓公不使也。狄人攻卫，卫人出旅于曹，桓公城楚丘封之，其畜以散亡，故桓公予之系马三百匹。①

齐桓公这一做法赢得了各诸侯国的赞赏与信任，于是开始自动归附齐国。"天下诸侯称仁焉。于是天下之诸侯知桓公之为己勤也，是以诸侯之归之也譬若市人。"② 面对这一局面，齐桓公并未因此而寻求获取利益，反而采取"厚往薄来"的方式，在经济上回馈给各国更多的回报。"桓公知诸侯之归己也，故使轻其币而重其礼。故使天下诸侯以疲马犬羊为币，齐以良马报。诸侯以缕帛布鹿皮四分以为币，齐以文锦虎豹皮报。诸侯之使，垂橐而入，载而归。"③ 各国鉴于齐国不仅具有强大的军事力量，而且对其他国家施以恩惠，从而皆甘愿奉齐国为盟主，而不敢背叛。"故钩之以爱，致之以利，结之以信，示之以武。是故天下小国诸侯，既服桓公，莫之敢倍而归之。喜其爱而贪其利，信其仁而畏其武。"④ 齐桓公有鉴于此，进一步施以德政，在军事上加强对各诸侯国的保护，在经济上增强对诸侯国的扶持，从而使这一时期政治秩序得到了大幅整顿。

桓公知天下小国诸侯之多与己也，于是又大施忠焉。可为忧者为之忧，可为谋者为之谋，可为动者为之动。伐谭、莱而不有也，诸侯称仁焉。通齐国之鱼盐东莱，使关市几而不正，厘而不税，以为诸侯之利，诸侯称宽焉。筑蔡、鄢陵、培夏、灵父丘，以卫戎狄之地，所以禁暴于诸侯也。筑五鹿、中牟、邺盖与社丘，以卫诸夏之地，所以示劝于中国也。教大成。⑤

---

① 《管子校注》卷八《小匡第二十》，第439页。
② 《管子校注》卷八《小匡第二十》，第439页。
③ 《管子校注》卷八《小匡第二十》，第439页。
④ 《管子校注》卷八《小匡第二十》，第439页。
⑤ 《管子校注》卷八《小匡第二十》，第439—440页。

在这种政治背景下,各诸侯国衷心拥护齐国的争霸事业。"是故天下之于桓公,远国之民望如父母,近国之民从如流水。"① 齐国的国际影响力由此而不断扩展。"故行地兹远,得人弥众。"② 对于齐国之所以能够成就霸业,《管子》进行了总结,认为齐国文武并重,获得了包括大国与小国在内所有国家的尊重与拥护,从而在国际社会建立起自身的权威地位。

> 是何也?怀其文而畏其武。故杀无道,定周室,天下莫之能圉,武事立也。定三革,偃五兵,朝服以济河,而无怵惕焉,文事胜也。是故大国之君惭愧,小国诸侯附比。是故大国之君事如臣仆,小国诸侯欢如父母。夫然,故大国之君不尊,小国诸侯不卑。是故大国之君不骄,小国诸侯不慑。③

齐国在此基础上,并未寻求从国际社会获取利益,而是在土地、资源各方面,都舍己利人,从而获得了国际社会的普遍认可与支持,达到了不战而胜的政治效果,实已达到三代理想政治境界。"于是列广地以益狭地,损有财以与无财。周其君子,不失成功;周其小人,不失成命。夫如是,居处则顺,出则有成功,不称动甲兵之事,以遂文、武之迹于天下。"④

继齐国之后,春秋时期其他强国的争霸理念与道路,同样呈现出对于政治合法性的推崇与注重,在扩大自身国际影响的同时,致力于建立相对和谐的国际秩序。比如春秋时期第二个称霸的国家晋国,便在相当长的一段时期,维持了相对公正与宽松的国际秩序,以"礼"作为维系国际关系的政治原则,从而形成大国扶助小国、小国忠于大国的双向关系。"诸侯所以归晋君,礼也。礼也者,小事大,大字小之谓。事大在共其时命,字小在恤其所无。"⑤ 小国对于大国所承担的义务相对较轻。"昔

---

① 《管子校注》卷八《小匡第二十》,第440页。
② 《管子校注》卷八《小匡第二十》,第440页。
③ 《管子校注》卷八《小匡第二十》,第440页。
④ 《管子校注》卷八《小匡第二十》,第440页。
⑤ 《春秋左传注·昭公三十年》(修订本),第1506页。

文、襄之霸也,其务不烦诸侯,令诸侯三岁而聘,五岁而朝,有事而会,不协而盟。君薨,大夫吊,卿共葬事;夫人,士吊,大夫送葬。足以昭礼、命事、谋阙而已,无加命矣。"① 鲁哀公七年(前488),鲁国大夫子服景伯指出在国际关系中,大国、小国皆依循道德,彼此承担对于对方的义务,才能维持和平的国际环境。"小所以事大,信也;大所以保小,仁也。背大国,不信;伐小国,不仁。民保于城,城保于德。失二德者,危,将焉保?"②

春秋时期,楚国伐郑,晋国援郑,副帅随武子却对楚国的做法进行了赞扬,指出楚国讨伐陈国、郑国,不仅使用战争手段,而且注重政治合法性,在获取战争胜利之后,并未占领对方土地,获得了国际的理解与民众的支持。

> 德、刑、政、事、典、礼不易,不可敌也,不为是征。楚君讨征,怒其贰而哀其卑。叛而伐之,服而舍之,德、刑成矣。伐叛,刑也;柔服,德也,二者立矣。昔岁入陈,今兹入郑,民不罢劳,君无怨讟,政有经矣。商、农、工、贾不败其业,事不奸矣。③

伴随中国历史进入以兼并为主题的战国时期,这一相对和谐的国际秩序逐渐被打破,④ 但在战国兼并战争之后建立起的帝制中国,在处理与

---

① 《春秋左传注·昭公三年》(修订本),第1232页。
② 《春秋左传注·哀公七年》(修订本),第1642页。
③ 《春秋左传注·宣公十二年》(修订本),第722—723页。
④ 后世儒者对于春秋战国时期争霸、兼并战争下,三代政治秩序急剧变化,最后荡然无存的历史走向,从崇尚三代的政治立场出发,进行了激烈的批判。"方千里曰国畿,其外方五百里曰侯畿,又其外方五百里曰甸畿,又其外方五百里曰男畿,又其外方五百里曰采畿,又其外方五百里曰镇畿,又其外方五百里曰藩畿。于时治致太平,政称刑措,民口千三百七十一万四千九百三十,盖周之盛者也。其衰也,则礼乐征伐出自诸侯,强吞弱而众暴寡。春秋之初,尚有千二百国;迄获麟之末,二百四十二年,弑君三十六,亡国五十二,诸侯奔走不得保其社稷者不可胜数,而见于《春秋》经传者百有七十国焉。百三十九知其所居,三十一国尽亡其处,蛮夷戎狄不在其间。五伯迭兴,总其盟会。陵夷至于战国,遂有七王,又有宋、卫、中山,不断如线,如三晋篡夺,亦称孤也。"(唐)房玄龄等:《晋书》卷一四《地理志上》,中华书局1974年版,第411—412页。

四裔族群及更为遥远的政权之间的关系时，在农业边疆疆域观念与模式影响之下，仍延续了三代时期相对和谐的国际政治理念与模式，并将之推动到更为广阔的地理范围，从而在亚洲地区长期维持了中华亚洲秩序的区域国际秩序。

三 古代亚洲地缘政治的"和谐秩序"

在中华亚洲秩序形成过程中，除中国疆域观念与模式的历史动力之外，外部的地缘政治扮演了何种角色呢？事实上，古代亚洲，主要是东亚、东南亚与中亚地区，与以上三种文明长期处于均衡状态，时常出现权力真空，从而较为混乱与动荡的"丛林秩序"不同，长期处于中国一家独大的不平衡状态，填充了国际秩序的权力空间，从而走向更高阶段的相对稳定与和平的"和谐秩序"，这是中华亚洲秩序得以产生并长期维持的地缘政治根源。

在古代世界，中亚以东的地区长期与以西之阿拉伯社会、欧洲社会地理隔绝，其地缘形势在相当程度上，类似于现代时期的美洲大陆。在这片广袤的土地上，中华文明得以在相对独立的地理空间内自由发展，不仅长期保持了最大的经济体与领先优势，将亚洲国家或政权都笼罩在自身的政治、经济、军事、文化辐射范围之下，而且拥有相对于其他亚洲国家或政权强大得多的国家实力，从而长时间在亚洲区域国际秩序中，建立了自身的威权地位，压制了其他亚洲国家或政权的军事扩张。在这种中国主宰的区域国际秩序之下，不仅由于权力空间长期被中国所填充，而未形成真空状态，从而长期消除了大国之间不断争战的局面，而且由于其他亚洲国家或政权缺乏与中国的竞争的足够实力，相应地中国在建立中华亚洲秩序时，考虑的重点不是消灭掉其他政权，而是保持亚洲国际秩序的稳定，构建和而不同的和谐国际秩序，以免城门失火，殃及池鱼，可称之为"和谐秩序"。所谓"礼之用，和为贵"[①]"和也者，天下

[①] 杨伯峻译注：《论语译注·学而篇第一》，中华书局1980年版，第7页。

之达道也",① 说的都是这个道理。这一和谐秩序强调广大包容的胸怀,② 以"德"为核心理念,③ 以"礼"为制度形式,"招携以礼,怀远以德;德礼不易,无人不怀"④,"圣王之制,施德行礼"⑤,中国作为宗主国主

---

① 《礼记正义》卷五二《中庸》,第1662页。

② "山上有泽,咸;君子以虚受人。"黄寿祺、张善文:《周易译注》卷五《下经·咸卦第三十一》,上海古籍出版社1989年版,第259页。

③ 远古时期,在"天"崇拜观念之下,"天命"成为政权合法性的来源。殷商便以天命所在作为维护政权稳固的政治舆论。但周朝代殷,却使传统的"天命观"遭到巨大的冲击。为此,周人发明出"德"之观念,指出"天命"并非固定于某一部族或政权,而是赋予有"德"之部族或政权,相应"天命"呈现随"德"之臧否,而不断流动、转移的历史变化,从而赋予了周朝代殷以政治合法性。武王灭商之后,便在政治宣传上,批评讨王失德而侮神。"尹逸筴曰:'殷末孙受,德迷先成汤之明,侮灭神祇不祀,昏暴商邑百姓,其彰显闻于昊天上帝。'周公再拜稽首,乃出。"黄怀信、张懋镕、田旭东撰,黄怀信修订,李学勤审定:《逸周书汇校集注》(修订本)卷四《克殷解第三十六》,上海古籍出版社2007年版,第354—355页。自此之后,"德"便在中国古代政治观念中占据着核心地位。儒家关于"仁""仁政""礼治"的阐述,皆由"德政"推衍、演绎而来。战国时期秦国儒家尸佼也系统阐述了"德"而非"爵"在政治系统中的永恒地位。"爵列,私贵也;德行,公贵也。奚以知其然也?司城子罕遇乘封人而下。其仆曰:'乘封人也,奚为下之?'子罕曰:'古之所谓良人者,良其行也;贵人者,贵其心也。今天爵而人,良其行而贵其心,吾敢弗敬乎!'以是观之,古之所谓贵,非爵列也;所谓良,非先故也。人君贵于一国,而不达于天下;天子贵于一世,而不达于后世。惟德行与天地相弊也。爵列者,德行之舍也,其所息也。《诗》曰:'蔽芾甘棠,勿翦勿败,召伯所憩。'仁者之所息,人不敢败也。天子诸侯,人之所以贵也,桀纣处之则贱矣。是故曰:爵列,非贵也。今天下贵爵列而贱德行,是贵甘棠而贱召伯也,亦反矣。夫德义也者,视之弗见,听之弗闻,天地以正,万物以遍,无爵而贵,不禄而尊也。"《尸子译注》卷上《劝学》,第2页。伴随历史的不断变迁,在中国古代政治观念中,"德"不仅施之内政建设,而且涉及对外交往,从而成为中国古代对外关系的基本理念。"地势坤,君子以厚德载物。"《周易译注》卷二《上经·坤卦第二》,第27页。孟子曰:"以力假仁者霸,霸必有大国;以德行仁者王。王不待大——汤以七十里,文王以百里。以力服人者,非心服也,力不赡也;以德服人者,中心悦而诚服也,如七十子之服孔子也。"《孟子译注》卷三《公孙丑章句上》,第74页。北齐天保五年,樊逊在问对中,指出"德"是君主招抚边疆族群的核心机制。"后服之徒,既承风而慕化;有截之内,皆蹈德而咏仁。"(唐)李百药:《北齐书》卷四五《文苑·樊逊传》,中华书局1973年版,第613页。唐贾公彦作《周礼疏》,认为中国疆域呈现了从普天之下到天下一隅的缩小过程,而其中的原因便是德之不修。"《周礼疏》云:自神农已上,有大九州、柱州、迎州、神州之等。至黄帝以来,德不及远,惟于神州之内分为九州。"(宋)王应麟著,傅林祥点校:《通鉴地理通释》卷一《历代州域总叙上·神农九州》,中华书局2013年版,第1页。

④ 《春秋左传注·僖公七年》(修订本),第317页。

⑤ (汉)班固撰,(唐)颜师古注:《汉书》卷七八《萧望之传》,中华书局1962年版,第3282页。

动包容、扶持，而非欺凌、压制藩属国，① "在德不在征"②，通过 "柔远人则四方归之，怀诸侯则天下畏之"③ 的柔性统治方式，利用中国的经济优势，以朝贡贸易的方式，以财物换顺从，④ 形成 "协和万邦"⑤ 的区域国际秩序，也就是所谓的 "天下大同"。

和谐秩序相对于丛林秩序，是更高一级的国际秩序，是人类社会在经历了无序竞争的极大破坏之后，在处理族群关系时，倾向于强调有序与共存的一种方式。如果与自然界加以比附，丛林秩序相当于一群还未形成团体的动物，为了争夺首领地位而混战厮杀；而和谐秩序则是在经过长期厮杀之后，首领终于产生出来，开始带领大家彼此合作。中华亚洲秩序的和谐秩序并非自然形成，同样也是在经历了均衡态势的长期战争后，进一步上升优化而形成。具体而言，便是中国在先秦时期，经历了部落、酋邦、春秋、战国时期的长期频繁战争之后，政权之间互相兼并、统一。

> 周爵五等，而土三等：公、侯百里，伯七十里，子、男五十里。不满为附庸，盖千八百国。而太昊、黄帝之后，唐、虞侯伯犹存，帝王图籍相踵而可知。周室既衰，礼乐征伐自诸侯出，转相吞灭，数百年间，列国耗尽。至春秋时，尚有数十国，五伯迭兴，总其盟会。陵夷至于战国，天下分而为七，合从连衡，经数十年。秦遂并兼四海。⑥

---

① "大邦者下流，天下之交，天下之牝。牝常以静胜牡，以静为下。故大邦以下小邦，则取小邦；小邦以下大邦，则取大邦。故或下以取，或下而取。大邦不过欲兼畜人，小邦不过欲入事人。夫两者各得所欲，大者宜为下。"陈鼓应：《老子注释及评介》（修订增补本），中华书局2009年版，第288页。

② 《魏书》卷五三《李冲传》，第1300页。

③ 《礼记正义》卷五二《中庸》，第1685页。舜帝 "柔远能迩，惇德允元，而难任人，蛮夷率服"。《尚书校释译论·虞夏书·尧典》，第191页。

④ 《古文尚书》之《旅獒篇》描述了中国古代朝贡贸易的核心内涵。"明王慎德，四夷咸宾。无有远迩，毕献方物，惟服食器用。王乃昭德之致于异姓之邦，无替厥服；分宝玉于伯叔之国，时庸展亲。人不易物，惟德其物。"李民、王健：《尚书译注·周书·旅獒》，上海古籍出版社2004年版，第232页。可见，对于中国而言，在朝贡贸易中，重点强调 "朝贡" 这一政治内涵，仅将从异域获得珍稀异物作为补充。而对于周边政权而言，在朝贡贸易中，则重点强调 "贸易"，将从中国获得大量经济援助作为主要目的；而从中国获得的官爵，以及中国所允诺的会在危难时相助的政治保障，则会提升其国际影响力，但这只是一个次要的目的。

⑤ 顾颉刚、刘起釪：《尚书校释译论·虞夏书·尧典》，中华书局2005年版，第2页。

⑥ 《汉书》卷二八上《地理志上》，第1542页。

最终由秦朝开启了帝制中国的新局面，形成了"大一统"政治观念与专制主义中央集权制度。"以为周制微弱，终为诸侯所丧，故不立尺土之封，分天下为郡县，荡灭前圣之苗裔，靡有孑遗者矣。"① 从而开启了中国强势崛起并主导亚洲国际秩序的历史大门。中华亚洲秩序核心理念便起源于东周时期，诸华夏政权在外御夷狄、内部争霸过程中的政治博弈与外交实践。鲁哀公七年（前488），子服景伯谏季康子伐邾，称："小所以事大，信也；大所以保小，仁也。背大国，不信；伐小国，不仁。民保于城，城保于德。失二德者，危，将焉保？"②

---

① 《汉书》卷二八上《地理志上》，第1542页。
② 《春秋左传注·哀公七年》（修订本），第1642页。"冬，楚子囊伐郑，讨其侵蔡也。子驷、子国、子耳欲从楚，子孔、子蟜、子展欲待晋。子驷曰：'《周诗》有之曰："俟河之清，人寿几何？兆云询多，职竞作罗。"谋之多族，民之多违，事滋无成。民急矣，姑从楚，以纾吾民。晋师之，吾又从之。敬共币帛，以待来者，小国之道也。牺牲玉帛，待于二竟，以待强者而庇民焉。寇不为害，民不罢病，可乎？'子展曰：'小所以事大，信也。小国无信，兵乱日至，亡无日矣。五会之信，今将背之，虽楚救我，将安用之？亲我无成，鄙我是欲，不可从也。不如待晋。晋君方明，四军无阙，八卿和睦，必不弃郑。楚师辽远，粮食将尽，必将速归，何患焉？舍之闻之，杖莫如信。完守以老楚，杖信以待晋，不亦可乎？'子驷曰：'《诗》云："谋夫孔多，是用不集。发言盈庭，谁敢执其咎？如匪行迈谋，是用不得于道。"请从楚，騑也受其咎。'乃及楚平，使王子伯骈告于晋，曰：'君命敝邑："修尔车赋，儆而师徒，以讨乱略。"蔡人不从，敝邑之人不敢宁处，悉索敝赋，以讨于蔡，获司马燮，献于邢丘。今楚来讨曰："女何故称兵于蔡？"冯陵我城郭。敝邑之众，夫妇男女，不遑启处，以相救也。翦焉倾覆，无所控告。民死亡者，非其父兄，即其子弟。夫人愁痛，不知所庇。民知穷困，而受盟于楚。孤也与其二三臣不能禁止，不敢不告。'知武子使行人子员对之曰：'君有楚命，亦不使一个行李告于寡君，而即安于楚。君之所欲也，谁敢违君？寡君将帅诸侯以见于城下。唯君图之。'晋范宣子来聘，且拜公之辱，告将用师于郑。"《春秋左传注·襄公八年》（修订本），第957—959页。"十九年春，诸侯还自沂上，盟于督扬，曰：'大毋欺小。'"《春秋左传注·襄公十九年》（修订本），第1045页。"季武子如晋拜师，范宣子为政，赋《黍苗》。季武子兴，再拜稽首，曰：'小国之仰大国也，如百谷之仰膏雨焉。若常膏之，其天下辑睦，岂唯敝邑？'"《春秋左传注·襄公十九年》（修订本），第1047页。"夏六月，晋顷公卒。秋八月，葬，郑游吉吊，且送葬。魏献子使士景伯诘之，曰：'悼公之丧，子西吊，子蟜送葬。今吾子无贰，何故？'对曰：'诸侯所以归晋君，礼也。礼也者，小事大、大字小之谓。事大者在共其时命，字小者在恤其所无。以敝邑居大国之间，共其职贡，与其备御不虞之患，岂忘共命？先王之制：诸侯之丧，士吊，大夫送葬；唯嘉好、聘享、三军之事于是乎使卿。晋之丧事，敝邑之间，先君有所助执绋矣。若其不间，虽士、大夫有所不获数矣。大国之惠，亦庆其加，而不讨其乏，明底其顷，取备而已，以为礼也。灵王之丧，我先君简公在楚，我先大夫印段实往——敝邑之少卿也。王吏不讨，恤所无也。今大夫曰："女盍从旧？"旧有丰有省，不知所从。从其丰，则寡君幼弱，是以不共。从其省，则吉在此矣。唯大夫图之！'晋人不能诘。"《春秋左传注·昭公三十年》（修订本），第1506—1507页。

和谐秩序虽优于丛林秩序，但不能因此而称中国文明明显优于其他三种文明，而应了解这一差异来源于不同的地理环境。即西欧、阿拉伯、俄罗斯所处较为恶劣的地理环境促使周边地区一直保持均衡态势，而中国所处较为优越的地理环境使中国得以率先进入一个更为高级的阶段。或者说，欧亚大陆东西两端分别呈现相对长期和平与长期战争的不同面貌，根源于两大区域不同的地缘政治格局。从这个角度而言，中国文明确实呈现了早熟的特征，而"中华民族自古以来就是爱好和平的民族"的话语也不无道理。① 由于缺乏竞争，中国文明缺乏"森林效应"（Forest Effects）② 下不同文明的良性竞争，导致其历史变迁缺乏根本性变革，而一直在原有的范畴内缓慢前进。

四 "互缘"而生的"边疆逆流"与中国古代的"边疆墙"效应

那么，中国既然在亚洲地区，主要是东亚、东南亚与中亚地区，长期一家独大，为何古代中国未能实现对广大亚洲地区的持续征服呢？这在于中国虽然在亚洲长期一家独大，但内部却长期处于南北对峙态势，结构性内耗制约了中国在亚洲地区扩张的步伐，从而使中国长期无法实质性统一亚洲，而只能维持差序疆域格局。所谓中国的长期南北对峙，是南部具有农业经济优势的汉人文明与北部具有骑兵军事优势的北族文

---

① 由此意义而言，所谓明代的"礼治外交""不征"，揭示了中国古代对外政策的部分面相。万明：《明代外交观念的演进——明太祖诏令文书所见之天下国家观》，《古代文明》2010年第2期。万明：《明代外交模式及其特征考论——兼论外交特征形成与北方游牧民族的关系》，《中国史研究》2010年第4期。

② "森林效应"是管理学的一项专业术语，是从树木生长的角度，引申出的管理观念。单个树木不仅较难成活，而且即使成活，也多半长得并不笔直，而是弯弯曲曲。但森林里的树木绝大多数是直的，而且高度也相差不多，这是因为森林里的树木为争夺阳光，尽量不分叉，不弯曲，以免生长在其他树木的阴影之下。正是由于这种良性竞争，森林树木长得较好。由此，管理学认为人类为了争夺必要的生命资源，需要与周围保持一种良性竞争，这就要求其克服自身的弱点，不断改进。这就是所谓的"森林效应"。其实"森林效应"同样适用于国际关系的研究，单个独大的文明，由于缺乏必要的刺激，容易走向自满与封闭，缺乏进一步变革的动力。而处于适当竞争关系的国家，则更充满活力，保持着不断顺应历史潮流，改变自身的蓬勃朝气。

明的长期对峙。

中国古代伴随华夏（汉人）政权逐渐崛起，周边族群一方面为应对华夏（汉人）政权的威胁，呈现相应的团聚、壮大之势，另一方面不断接受华夏（汉人）文明所带来的经济、文化冲击，自身社会也在不断发展与进步，从而实力也相应逐渐提升，形成对华夏（汉人）政权越来越大的阻击，①甚至在文化上存在一定的"孤岛效应"，乃至会呈现反向的"反哺效应"。比如东汉灭亡后，汉文化转移保全于河西一隅，最终反而对南北朝典章制度形成深刻影响；②再如明代程朱理学虽被尊为正统，却在学理上逐渐停滞，乃至僵化，而孤处于南海一隅的丘濬，却能系统总结，并在一定程度上发展了程朱理学；又如鉴于秦汉统一中原地区，匈奴为与之抗衡，聚合了蒙古高原的诸多部落，形成了军事上一致对外的军事体。"自淳维以至头曼千有余岁，时大时小，别散分离，尚矣，其世传不可得而次云。然至冒顿而匈奴最强大，尽服从北夷，而南与中国为敌国，其世传国官号乃可得而记云。"③ 势力十分强盛。"控弦之士三

---

① 内藤湖南对于中国历史上文化不断向外传播，及至一定程度后的内向反哺，有所论述。"如果要作有意义的时代划分的话，就必须观察中国文化发展的浪潮所引起的形势变化，从内外两方面加以考虑。第一，是从内部向外部发展的途径，即在上古的某个时代，由中国的某个地方发生的文化，逐步发展，向四方扩展的途径。宛如投石于池中，其波浪向四方扩展的情景。第二，是做与此相反的观察。中国文化向四方扩展，由近及远，再促进周围的野蛮种族的新的觉醒，使它在觉醒中前进。这些种族觉醒的结果，时常出现有力人物。这样，就会向大陆内部产生一种反弹的力量。这就像波浪冲撞水池四壁之后，而反弹回来的情况一样。但，这并非经常以相同的年数，连续发生反作用，而是有如波浪的起伏，是间歇的。这会时常给中国的政治上及内部其他方面，以显著的影响。第三，作为第一、第二的副作用，时常发生波浪越过池边而流泻到附近地区的情况。在陆地上，它越过中央亚细亚，开辟了去印度和西域地方的交通。这时，会把印度、西域的文化引入中国，而后由海上，即经由印度洋和西方各国发生关系。历史上的世界性浪潮中，产生很大的文化交流者，就是由此之故。然而，大体上是第一和第二种作用时常反复发生，其间，会使文化产生时代特色。"［日］内藤湖南：《中国史通论》，夏应元、钱婉约等译，九州出版社2018年版，第43页。并认为："上古时代"，即"从开天辟地到后汉中期"，"是中国文化从某个地方逐步向其他地方扩展的时代"。而"中世时代"即"从五胡十六国到唐的中期"，"由于外部种族的觉醒，这一时代的文化力量在反弹作用之下而及于中国内部的时代。此后，产生了第二个过渡期。第二过渡期，由唐末至五代，这是来自外部的力量，在中国达到顶点的时代。"第43—44页。

② 陈寅恪：《隋唐制度渊源略论稿》卷一《叙论》，生活·读书·新知三联书店2001年版，第4页。

③ （汉）司马迁：《史记》卷一一〇《匈奴列传》，中华书局1959年版，第2890页。

十余万"，① 借此战胜其他部落，实现了蒙古高原的统一。"诸引弓之民，并为一家。"② 这便是现代国际政治学中的"安全困境"现象，即当某一政治体为寻求安全的国际环境，而向外扩展势力时，其他政治体为阻止这一态势，而通过相应方式，遏制该政治体的这一行为，从而导致该政治体国际安全反而进一步恶化的悖论。

大体而言，在上古即先秦、秦汉时期，华夏（汉人）政权凭借先进的农业经济，实力提升更快，相应呈现不断开拓边疆之势。但进入中古前期即魏晋南北朝，周边族群尤其北方族群，趁汉人政权衰落、分裂之际，逐渐呈现内进汉人地区，将农业的经济优势与边疆的军事优势相结合，从而对汉人政权形成了明显的国力优势。"今华夏分崩，九州幅裂。"③ "今九服分为狄场，二都尽为戎穴，天子僻陋江东，名教沦于左衽，创毒之甚，开辟未闻。"④ 最终消灭汉人政权，并统一了中国。在此基础上，隋唐王朝整合汉人文明经济优势与北方族群军事优势，建立起疆域空前庞大的中古帝国。"安史之乱"以后，唐朝实力大为下降，北方族群从而逐渐构成对于汉人政权越来越大的压力，不仅长期对中晚唐构成沉重的军事压力，而且在近世时期，建立起五代政权，并长期对两宋构成地缘优势，甚至最终蒙元完成了统一中国的历史进程。虽然明朝趁元朝陷入自然灾害与内部动乱的双重冲击，一度"驱逐胡虏，恢复中华"，但最终仍被东北族群所建立的清朝所取代。可见，中国古代华夏（汉人）政权与北族政权的实力对比，在上古时期虽然一度呈现前者发展更快，边疆开拓十分成功的"历史顺流"，但在中古以后，便逐渐进入北方族群强势崛起，逐渐缩小与汉人政权差距，甚至最终超越汉人政权的"历史逆流"。中古以后中国北方疆域之所以越来越大，便源于处于北部边疆的北方族群势力逐渐崛起，逐渐进入中原地区，将汉地与内亚整合起来。

---

① 《史记》卷一一〇《匈奴列传》，第 2890 页。
② 《史记》卷一一〇《匈奴列传》，第 2896 页。
③ （唐）房玄龄等：《晋书》卷一〇九《载记九·慕容皝》，中华书局 1974 年版，第 2828 页。
④ 《晋书》卷九四《隐逸·郭瑀传》，第 2455 页。

同样，上古时期，华夏（汉人）政权与其他三面边疆政权的实力对比，呈现华夏（汉人）实力提升更快、边疆开拓十分成功的历史态势。而进入中古时期以后，其他三面边疆政权的实力也提升更快，从而逐渐缩小与由中国古代汉人或进入中原汉地的北方族群所建立的中原王朝的实力差距，逐渐呈现分离之势，东北亚、东南亚都逐渐在这一历史背景下，逐渐走向独立潮流。由此角度也可以看出，世界近代时期，中国所面临的外围边疆瓦解与反击，不仅源于西方文明之刺激，同样也是古代时期边疆墙效应的近代转型。

可见，中国古代华夏（汉人）政权，及后来的中原王朝，在边疆扩张到一定时期、一定阶段之后，便遭遇到来自周边族群尤其北方族群的阻挡，好像撞到了"边疆墙"，一度，甚至在近世时期长期呈现"边疆逆流"现象。丘濬指出明以前中国古代北方族群对中原地区的进攻与冲击具有三次转变。"呜呼！自春秋以来，夷狄之祸，盖三变矣。"[1] 第一次是春秋时期，吴国、楚国作为华夏族群建立的边疆政权，反向争夺中原霸主的历史现象。"始也，吴楚之类，以中国之人，居夷狄之地，以僭中国之分，一变也。"[2] 第二次是汉晋时期内徙于近边地区的北方族群，掀起的"五胡乱华"历史潮流。"中也，（刘）渊、（石）勒之徒，以夷狄之人，生中国之地，以为中国之害，再变也。"[3] 第三次是契丹开启的纯粹的北方族群长期、全面压制汉人的历史脉络。"至是契丹，则是以夷狄之人，生夷狄之地，以戎中国之人，岂非三变乎？"[4] 指出伴随历史进程的发展，四裔族群尤其北方族群逐渐呈现势力壮大、反向内压的历史趋势。"其祸愈流愈远，愈远而愈大，履霜坚冰，至圣人逆睹其然，知其祸必将至于冠履倒置，以致败我彝伦也。"[5]

边疆政权依赖周边族群之刺激，而得以壮大。周边族群因汉人政权

---

[1] （明）丘濬：《世史正纲》卷二二《五季世史》，载周伟民、王瑞明、崔曙庭、唐玲玲点校《丘濬集》第6册，海南出版社2006年版，第3034页。

[2] 《世史正纲》卷二二《五季世史》，载《丘濬集》第6册，第3034页。

[3] 《世史正纲》卷二二《五季世史》，载《丘濬集》第6册，第3034页。

[4] 《世史正纲》卷二二《五季世史》，载《丘濬集》第6册，第3034页。

[5] 《世史正纲》卷二二《五季世史》，载《丘濬集》第6册，第3034页。

之壮大，转而团结起来，进行抗衡之互动，可以用道教之"相生相克"来仿佛，也可以用佛教"互缘"即"互为缘起"（interdependence）来比拟，还可以用生态学中的"物物相关律"来解释。所谓"互为缘起"，指诸相之产生与维持，依赖于不同相之间的激发与联系，此之谓"缘分"。简单地说，现象是在不同事物之间的互动之间产生，而无法独立产生。"互缘"概念揭示出边疆政权与周边族群的不断互动对于二者成长与崛起都起到了决定作用。或者说，边疆的地缘政治在边疆国家、周边族群的崛起中，扮演了决定性作用。而边疆政权与周边族群在互动过程中，各自团聚、崛起，并深刻影响中国历史进程的事实，反映出二者关系在中国古代历史中，是值得重视的一种"强相互作用力"，不断激发出强大的历史能量，点亮了中国古代的历史天空。

边疆墙效应的形成，还与汉人（华夏）政权内部不断有政权或人群逸出，与边疆族群相结合，将汉人政治体制、经济方式不断带入边疆地区有关。

丘濬将犬戎杀幽王作为边疆族群反噬的第一次事件，也是最严重的单个事件。"自古夷狄为中国害，莫甚于犬戎之弑幽王也。"[1] 该事件便因周政权中的申侯外结犬戎而造成。周政权经过数百年经营，已在西北边疆形成了相对于西北边疆族群的明显优势。武王继承了文王事业，进一步拓展生存空间，并将西北族群纳入统治秩序中来，列为关系最为疏远的"荒服"。"武王伐纣而营雒邑，复居于丰镐，放逐戎夷泾、洛之北，以时入贡，命曰'荒服'。"[2] 但穆王时期，犬戎已不甘心臣服周政权，穆王虽加以征伐，但并未取得成功。"其后二百余年，周道衰，而穆王伐犬戎，得四白狼四白鹿以归。自是之后，荒服不至。于是周遂作《甫刑》之辞。"[3] 此后，西周与西北边疆族群相互之间不断攻伐，互有胜负，后者对前者的威胁愈益增大。

---

[1] 《世史正纲》卷一一《晋世史·晋怀帝》，载《丘濬集》第6册，第2753页。
[2] 《史记》卷一一〇《匈奴列传》，第2881页。
[3] 《史记》卷一一〇《匈奴列传》，第2881页。

> 夷王衰弱，荒服不朝，乃命虢公率六师，伐太原之戎，至于俞泉，获马千匹。……厉王无道，戎狄寇掠，乃入犬丘，杀秦仲之族。王命伐戎，不克。……及宣王立，四年，使秦仲伐戎，为戎所杀。王乃召秦仲子庄公，与兵七千人，伐戎破之，由是少却。……后二十七年，王遣兵伐太原戎，不克。……后五年，王伐条戎、奔戎，王师败绩。后二年，晋人败北戎于汾隰，戎人灭姜侯之邑。明年，王征申戎，破之。后十年，幽王命伯士伐六济之戎，军败，伯士死焉。①

西周与西北边疆族群的战略平衡，伴随申侯与犬戎内外相结，被最终打破。"穆王之后二百有余年，周幽王用宠姬褒姒之故，与申侯有郤。申侯怒与犬戎共攻杀周幽王于骊山下，遂取周之焦获。"② 犬戎取得军事胜利之后，并未返回边疆地带，而是进一步进入华夏内地。"而居于泾渭之间，侵暴中国。"③ 并在春秋时期，形成相对于华夏国家的战略优势，迫使华夏国家联合起来，以"尊王攘夷"为口号，与之展开大规模战争，是推动中国历史进入春秋争霸战争的因素之一。第一个由此而称霸天下的是齐桓公。④ 第二个称霸天下的是晋文公。而晋文公崛起之机缘，与周王室在内乱之下，联合狄人，使后者继犬戎之后，再次深入、残暴华夏，华夏由此再次开展反抗有直接关联。⑤

汉人（华夏）个人或群体逸出现象大致可分为三种不同类型。一是

---

① 佚名撰，张洁、戴和冰点校：《古本竹书纪年·周纪》，载《二十五别史》第1册，齐鲁书社2000年版，第14—15页。

② 《史记》卷一一〇《匈奴列传》，第2881页。

③ 《史记》卷一一〇《匈奴列传》，第2881页。

④ "是后六十有五年，而山戎越燕而伐齐，齐釐公与战与齐郊。其后四十四年，而山戎伐燕。燕告急于齐，齐桓公北伐山戎，山戎走。其后二十有余年，而戎狄至洛邑，伐周襄王，襄王奔于郑之汜邑。"《史记》卷一一〇《匈奴列传》，第2881页。

⑤ "初，周襄王欲伐郑，故娶戎狄女为后，与戎狄兵共伐郑。已而黜狄后，狄后怨，而襄王后母曰惠后，有子带，欲立之，于是惠后与狄后、子带为内应，开戎狄，戎狄以故得入，破逐周襄王，而立子带为天子。于是戎狄或居于陆浑，东至于卫，侵盗暴虐中国。中国疾之，故诗人歌之曰'戎狄是应'，'薄伐猃狁，至于太原'，'出舆彭彭，城彼朔方'。周襄王既居外四年，乃使使告急于晋。晋文公初立，欲修霸业，乃兴师伐逐戎翟，诛子带，迎内周襄王，居于雒邑。"《史记》卷一一〇《匈奴列传》，第2881—2882页。

在汉人（华夏）政权内部受到政治打击，或不获重用，甚至犯罪，从而奔赴或被流放四边，与四裔族群相结合。《史记》记载了舜请求尧将四位有过之首领，流放至"四夷"，使其"夷化"，同于"夷狄"。

> 讙兜进言共工，尧曰不可而试之工师，共工果淫辟。四岳举鲧治鸿水，尧以为不可，岳强请试之，试之而无功，故百姓不便。三苗在江淮、荆州数为乱。于是舜归而言于帝，请流共工于幽陵，以变北狄；放驩兜于崇山，以变南蛮；迁三苗于三危，以变西戎；殛鲧于羽山，以变东夷：四自罪而天下咸服。①

同样，《晋书》记载："禹封舜少子于西戎，世为羌酋。"② 所反映者皆为华夏边缘势力在与核心地区竞争中，联络边疆族群的历史现象。类似的现象也发生在殷商末年，箕子在殷商革命后，入朝鲜半岛。③ 而周太王的两个儿子：太伯、仲雍，也在继承王位无望的情况下，往南方族群地区，并被当地族群所同化。

> 吴太伯，太伯弟仲雍，皆周太王之子，而王季历之兄也。季历贤，而有圣子昌，太王欲立季历以及昌，于是太伯、仲雍二人乃犇荆蛮，文身断发，示不可用，以避季历。季历果立，是为王季，而昌为文王。太伯之犇荆蛮，自号句吴。荆蛮义之，从而归之千余家，立为吴太伯。④

> 古公知昌圣，欲传国以及昌，曰："兴王业者，其在昌乎？"因更名曰季历。太伯、仲雍望风知指，曰："历者，适也。"知古公欲

---

① 《史记》卷一《五帝本纪》，第 28 页。
② （唐）房玄龄等：《晋书》卷一一六《载记十六·姚弋仲》，中华书局 1974 年版，第 2959 页。
③ 《史记》记载周武王封箕子于朝鲜。"于是武王乃封箕子于朝鲜而不臣也。"《史记》卷三八《宋微子世家》，第 1620 页。"殷道衰，箕子去之朝鲜，教其民以礼义，田蚕织作。"《汉书》卷二八下《地理志下》，第 1658 页。
④ 《史记》卷三一《吴太伯世家》，第 1445 页。

以国及昌。古公病，二人托名采药于衡山，遂之荆蛮，断发文身，为夷狄之服，示不可用。古公卒，太伯、仲雍归，赴丧毕，还荆蛮。国民君而事之，自号为勾吴。吴人或问："何像而为勾吴？"太伯曰："吾以伯长居国，绝嗣者也。其当有封者，吴仲也，故自号勾吴，非其方乎？"荆蛮义之，从而归之者千有余家，共立以为勾吴。数年之间，民人殷富。①

《史记》又记载楚国先祖源出皇帝之孙颛顼高阳，在周成王时被分封到楚地。"熊绎当周成王之时，举文、武勤劳之后嗣，而封熊绎于楚蛮。"② 越国祖先是夏朝少康帝庶出之子，与当地族群融合，建立了越国。"越王勾践，其先禹之苗裔，而夏后帝少康之庶子也。封于会稽，以奉守禹之祀。文身断发，披草莱而邑焉。"③ 魏国祖先毕公高的后裔，也有流落到边疆地区者。"魏之先，毕公高之后也。毕公高与周同姓。武王之伐纣，而高封于毕，于是为毕姓。其后绝封，为庶人，或在中国，或在夷狄。"④

春秋战国乱世之下，华夏政权内部逃逸至边疆地带之人更多。比如晋国人由余作为政治斗争的失败者，逃亡至西戎，后被秦穆公礼聘重用，在秦国开拓西北边疆的过程中发挥了重要作用。"秦穆公得戎人由余，遂霸西戎，开地千里。"⑤ 日本建国之历史，多流传为秦时徐福东渡之结果，《梁书》却载"倭者，自云（吴）太伯之后"⑥。孔子在学说不受重视的情况下，甚至曾有居于九夷，浮海远行的打算。"子欲居九夷。或曰：'陋，如之何？'子曰：'君子居之，何陋之有？'"⑦ "子曰：'道不行，乘桴浮于海，从我者，其由与？'子路闻之喜。子曰：'由也好勇过我，无

---

① （汉）赵晔撰，吴庆峰点校：《吴越春秋》卷一《吴太伯传》，载《二十五别史》第6册，齐鲁书社2000年版，第3页。
② 《史记》卷四〇《楚世家》，第1691页。
③ 《史记》卷四一《越王勾践世家》，第1739页。
④ 《史记》卷四四《魏世家》，第1835页。
⑤ （南朝宋）范晔著，（唐）李贤等注：《后汉书》卷八七《西羌传》，中华书局1965年点校本，第2873页。
⑥ （唐）姚思廉：《梁书》卷五四《诸夷传》，中华书局1973年点校本，第806页。
⑦ 《论语译注·子罕篇第九》，第91页。

所取材.'"① 虽然孔子最终没有这样做，但其弟子却有如此行事者。"仲尼没后，受业之徒沈湮而不举，或适齐、楚，或入河海，岂不痛哉！"② 战国时期，部分姬姓族群为了躲避战乱，向西北迁至祁连山，成为西北族群的一部分。"綦连猛，字武儿，代人也。其先姬姓，六国末，避乱出塞，保祁连山，因以山为姓，北人语讹，故曰綦连氏。"③

秦末汉初内乱中，大量汉人逸向四裔边疆。流放边疆的民众虽然大多起初并未进入边疆族群，而是居于边疆结合部。"朔方以西，西至上郡，东西千余里，汉世徙谪民居之，土地良沃。"④ 但伴随汉人政权与边疆政权之间战争的不断展开，其中甚多流入边疆政权。在南方边疆，秦时谪戍罪犯至岭南三郡，这一人群遂同化于当地族群。"秦时已并天下，略定杨越，置桂林、南海、象郡，以谪徙民，与越杂处十三岁。"⑤ 秦朝灭亡后，驻守当地的秦将赵陀自觉同化于这一混合族群，以加笼络利用，从而建立了南越国。⑥ 汉武帝时期，伴随边疆开拓的步伐，西汉也流徙罪人至这一区域，促进了当地社会文化的发展。"自斯以来，颇徙中国罪人杂居其间，稍使学者，粗知言语，使驿往来，观见礼化。"⑦ 在东北方向，西汉初年燕王卢绾叛乱、逃至匈奴后，属下卫满率军进入朝鲜半岛，灭亡箕子朝鲜，不断招徕汉人，建立起卫氏朝鲜政权。"满亡命，聚党千余人，魋结蛮夷服而东走出塞，渡浿水，居秦故空地上下鄣，稍役属真番、朝鲜蛮夷及故燕、齐亡命者王之，都王险。……传子至孙右渠，所诱汉

---

① 《论语译注·公冶长篇第五》，第43—44页。
② 《史记》卷二三《礼书》，第1159页。班固认为这里的"九夷"指的是朝鲜半岛族群，性情温和，不同于其他四裔族群。"然东夷天性柔顺，异于三方之外，故孔子悼道不行，设浮于海，欲居九夷，有以也夫！"《汉书》卷二八下《地理志下》，第1658页。
③ 《北齐书》卷四一《綦连猛传》，第539页。
④ （梁）沈约等：《宋书》卷九五《索虏传》，点校本二十四史修订本，中华书局2018年版，第2559页。
⑤ 《史记》卷一一三《南越列传》，第2967页。
⑥ "陆贾者，楚人也。以客从高祖定天下，名为有口辩士，居左右，常使诸侯。及高祖时，中国初定，尉他平南越，因王之。高祖使陆贾赐尉他印为南越王。陆生至，尉他魋结，箕倨见陆生。……于是尉他乃蹶然起坐，谢陆生曰：'居蛮夷中久，殊失礼义。'"《史记》卷九七《陆贾列传》，第2697—2698页。
⑦ （晋）陈寿撰，（宋）裴松之注：《三国志》卷五三《吴书·薛综传》，中华书局1964年版，第1251页。

亡人滋多。"① 又有为避秦役而逃至朝鲜半岛南部者。"辰韩在马韩之东，其耆老传世，自言古之亡人避秦役来适韩国，马韩割其东界地与之。"②

这一时期汉人更多地逸向蒙古草原，投奔势力强大的匈奴，从而保障自身的安全。比如西汉初年，异姓王韩王信、卢绾为免遭杀戮，逃至匈奴，③ 不仅壮大了后者的力量，"后燕王卢绾复反，率其党且万人降匈奴，往来苦上谷以东，终高祖世"④，而且反过来引导匈奴攻打汉朝。

> 是后韩王信为匈奴将，及赵利、王黄等数倍约，侵盗代、云中。居无几何，陈豨反，又与韩信合谋击代。……是时匈奴以汉将众往降，故冒顿常往来侵盗代地。于是汉患之，高帝乃使刘敬奉宗室女公主为单于阏氏，岁奉匈奴絮缯酒米食物各有数，约为昆弟以和亲，冒顿乃少止。后燕王卢绾反，率其党数千人降匈奴，往来苦上谷以东。⑤

东汉末年，中山太守张纯叛入乌桓，不断引导乌桓部众进入汉地，成为推动东汉、乌桓战争的主要势力。"中山太守张纯叛入丘力居众中，自号弥天安定王，为三郡乌丸元帅，寇略青、徐、幽、冀四州，杀略吏民。灵帝末，以刘虞为幽州牧，募胡斩纯首，北州乃定。"⑥ 这一时期大量汉人也叛逃、归附了鲜卑。"轲比能本小种鲜卑，以勇健，断法平端，不贪财物，众推以为大人。部落近塞，自袁绍据河北，中国人多亡叛归之，教作兵器铠楯，颇学文字。故其勒御部众，拟则中国，出入弋猎，建立

---

① 《史记》卷一一五《朝鲜列传》，第2985—2986页。
② 《三国志》卷三〇《魏书·东夷传》，第852页。《梁书》也载："新罗者，其先本辰韩种也。辰韩亦曰秦韩，相去万里，传言秦世亡人避役来适马韩，马韩亦割其东界居之，以秦人，故名之曰秦韩。其言语、名物有似中国人，名国为邦，弓为弧，贼为寇，行酒为行觞。相呼皆为徒，不与马韩同。又辰韩王常用马韩人作之，世相系，辰韩不得自立为王，明其流移之人故也。"《梁书》卷五四《诸夷传》，第805页。
③ 《史记》卷九三《韩信卢绾列传》，第2635页。
④ 《汉书》卷九四上《匈奴传上》，第3754页。
⑤ 《史记》卷一一〇《匈奴列传》，第2895页。
⑥ 《三国志》卷三〇《魏书·乌丸传》，第834页。

旌麾，以鼓节为进退。"① 东汉时期，流放至交阯的汉人，促进了当地的文明开化。"凡交阯所统，虽置郡县，而言语各异，重译乃通。人如禽兽，长幼无别。项髻徒跣，以布贯头而著之。后颇徙中国罪人，使杂居其间，乃稍知言语，渐见礼化。"②

魏晋南北朝的乱世之秋，大量汉人散逸至边疆地区，比如北魏时期，高昌便有华人。"国有八城，皆有华人。"③

北宋时期，汉人士人张元、吴昊由于科举失利，出仕无门，于是逃奔西夏，以二人为代表的汉人士人成为西夏立国数百年的重要辅助。丘濬鉴于宋人逃至契丹、西夏，使边疆政权逐渐壮大，指出汉人由于对汉地社会较为了解，相对于边疆族群，对于汉人政权危害更大，实为边疆祸患的根源。"呜呼！夷狄不能为中国害也，所以为中国害者，中国之人也。是故匈奴之为汉害者，以中行说也。西夏之为宋害者，以张元、吴昊也。"④ 尤其重点讨论了阿保机任用汉人、压制中原的历史现象。指出阿保机借助汉人，不仅建立了汉氏政治制度，而且推广农业经济，从而对中原王朝构成了巨大压力。

> 方契丹之初起也，阿保机之为人，性虽悍鸷而无远大鸷谋，心虽变诈而无经久之计，一旦得刘守光所使之韩延徽教之，以开牙建府，筑城郭，立市里，以处汉人；使各有配偶，垦艺荒田，用中国之法，以变夷狄之习。凡吾中国自古以来所以立国者，因事教之，俾其假中国之法侵中国之地，用中国之人为中国之害，遂贻中国无穷之祸患。⑤

丘濬有鉴于此，从而主张中原王朝一方面收揽人才，另一方面严格边境

---

① 《三国志》卷三〇《魏书·鲜卑传》，第 838 页。
② 《后汉书》卷八六《南蛮列传》，第 2836 页。
③ （北齐）魏收：《魏书》卷一〇一《高昌传》，点校本二十四史修订本，中华书局 2017 年版，第 2429 页。
④ 《世史正纲》卷二二《五季世史》，载《丘濬集》第 6 册，第 3035 页。
⑤ 《世史正纲》卷二二《五季世史》，载《丘濬集》第 6 册，第 3035 页。

出入制度，从而防止汉人出逃、壮大边疆族群历史现象的重演与再现。

> 向使吾中国之关隘有禁，而吾之人无由得至其地，中国之人才无遗，而吾之人不暇以为之用；彼肆其鸷猛之力，桀骜之智，虽能为吾近边一时之害，不旋踵而息灭矣，岂能侵入持久，以得志于吾中国哉！是以善于防患者，恒于无事之时，未然之始，严谨边关之出入，收拾遗逸之人才。①

在汉人（华夏）政权边疆开拓中，奉命出使异域或戍守边疆的官员，未再回到中原，而是长留彼地，从而逐渐当地化即"夷化"，利用自身的文化知识或政治权威，在团聚、壮大周边族群过程中，发挥了重要作用。周朝分封至边疆的诸侯，由于深入四裔族群，从而都呈现浓厚的"夷化"特征，借助由此而生成的武力优势，反噬中原。"吴、楚、徐、越上世皆有显功通乎周室，本皆华夏之诸侯也。圣人以其不循分守，僭号称王，遂一切以夷狄待之。"②所谓秦时徐福东渡、汉时中行说出使匈奴也是如此，中行说尤其成为西汉前期匈奴进攻汉朝的主要谋士。唐末韩延徽出使契丹，为阿保机所留，遂成为契丹早期政治建设的筹划者与农耕经济的推广者。"太祖初元，庶事草创，凡营都邑，建宫殿，正君臣，定名分，法度井井，延徽力也。为佐命功臣之一。""乃请树城郭，分市里，以居汉人之降者。又为定配偶，教垦艺，以生养之。以故逃亡者少。"③宋明时期南方土司多有先世为汉人，奉命戍守边地，逐渐土著化，而成为当地族群首领者。比如明万历时期发动播州之乱的杨应龙便是如此。④

汉人（华夏）政权中，不断有民众在生态恶化、政治压迫的情况下，

---

① 《世史正纲》卷二二《五季世史》，载《丘濬集》第6册，第3035页。
② 《世史正纲》卷一一《晋世史·晋怀帝》，载《丘濬集》第6册，第2753页。
③ （元）脱脱等：《辽史》卷七四《韩延徽传》，中华书局1974年版，第1232、1231页。
④ 至元十四年十月，"甲申，播州安抚使杨邦宪言：'本族自唐至宋，世守此土，将五百年。昨奉旨许令仍旧，乞降玺书。'从之。"（明）宋濂等：《元史》卷九《世祖纪六》，中华书局1976年版，第192—193页。

或为摆脱赋役压力，或为追求更好的生活，甚至更辉煌的人生，从而逃出汉人（华夏）政权，进入边疆地区。比如西周末年黄河流域民众在气候恶化的情况下，大量南徙至长江流域。① 汉代不少汉人越过长城，投奔匈奴。② 有鉴于此，汉代修筑长城，起初便具有阻止汉人出逃的内涵。西汉元帝时，呼韩邪单于请求和亲，并请西汉罢废边防设施，郎中侯应反对这一请求，依据之一便是边防设施不仅是为防御匈奴，也有阻止汉人外出之意。"设塞徼，置屯戍，非独为匈奴而已，亦为诸属国降民，本故匈奴之人，恐其思旧逃亡，四也。"③ 后世长城也皆有此功能。侯应指出西汉当时便有汉人出于各种原因，大量出逃。

> 往者从军多没不还者，子孙贫困，一旦亡出，从其亲戚，六也。又边人奴婢愁苦，欲亡者多，曰"闻匈奴中乐，无奈候望急何！"然时有亡出塞者，七也。盗贼桀黠，群辈犯法，如其窘急，亡走北出，则不可制，八也。④

东汉时期，鲜卑强盛的原因之一便是大量汉人逃逸加入。"自匈奴遁逃，鲜卑强盛，据其故地，称兵十万，才力劲健，意智益生。加以关塞不严，禁网多漏，精金良铁，皆为贼有；汉人逋逃，为之谋主，兵利马疾，过于匈奴。"⑤

出逃的汉人虽来自于不同地区，但北部边疆地带的人群，却由于与北方族群较为接近，因此是中国古代出逃汉人相对集中之地。清人黄宗会指出幽、冀、河东、河西之地，也即中部边疆地带，由于长期远离中原核心地区，与北方族群较为接近，因此在春秋时期便深受北族风俗之影响。"且幽冀两河之地，有圣贤之遗教焉，仁义之余施焉，诗书礼乐之

---

① 蒙文通：《中国古代北方气候考略》，《史学杂志》第 2 卷第 3、4 期合刊，1930 年。
② 王子今：《汉代北边"亡人"的民族立场与文化表现》，载王子今《秦汉边疆与民族问题》，中国人民大学出版社 2011 年版。
③ 《汉书》卷九四下《匈奴传下》，第 3804 页。
④ 《汉书》卷九四下《匈奴传下》，第 3804 页。
⑤ 《后汉书》卷九〇《鲜卑列传》，第 2991 页。

所渐摩焉，自春秋时已有慕夷即戎之风。"① 在唐代尤其"安史之乱"以后，鉴于北方族群势力逐渐壮大，从而逐渐脱离中原王朝，而投奔北族政权。"由唐而后，则离中国而入夷戎者日多，故其言语、贽币、服用，习之恬不为怪，视畔君父如置奕然。"② 加入近世时期北方族群不断进攻中原王朝的历史潮流之中。"雄勇者为之登陴陷阵，转斗千里，以同类为鱼肉；其次亦崩角胥附，踊跃而观赴之。于极乱毁坏之日，而欲求奇节慷慨之士，硗乎旷世而一睹焉。"③ 日本学者也有持唐以后华人奔逸日本列岛，与倭人相合，创立日本政权的观点。④

唐末、五代之际，汉人多有逃至契丹者，促进了契丹的壮大与崛起。"初，唐末藩镇骄横，互相吞并邻藩，燕人军士多亡归契丹，契丹日益强大。"⑤ 北宋时期，逃兵多有奔逸契丹者，契丹甚至将之单独组建了一支军队。"契丹诱亡卒，号为'南军'，以战夏人，而边法卒亡自归者死。"⑥ 边人也有将土地典当于契丹者。"边人以地外质，公请重禁绝，主不时赎，则听人得赎而有之，地尽归，边以不争。"⑦ 而此外，这一时期，官员、工匠、士人、僧尼、道士皆有逃至契丹者。⑧ 而在南方边疆，这一时期汉人也有逃逸深山、冒为异族者。北宋王安石指出："衡州之南山，广袤百余里，与夷接境，大木蒙密。中国人逋逃其中，冒称夷人，数出

---

① （清）黄宗会撰：《缩斋诗文集·缩斋诗集·地气》，印晓峰点校，华东师范大学出版社2009年版，第42页。

② 《缩斋诗文集·缩斋诗集·地气》，第42页。

③ 《缩斋诗文集·缩斋诗集·地气》，第42页。

④ 冈田英弘指出：唐朝用兵朝鲜半岛，迫使倭王势力彻底从朝鲜半岛退出。"在这样的危机之下，日本列岛的倭人与华侨为了自卫，以倭王家为中心，团结一致，建立了统一王国。公元668年，天智天皇在首都大津即位。"［日］冈田英弘：《世界史的诞生——蒙古帝国的文明意义》，陈心慧译，北京出版社2015年版，第186—187页。

⑤ （宋）叶隆礼撰，贾敬颜、林荣贵点校：《契丹国志》卷一《太祖大圣皇帝》，上海古籍出版社1985年版，第2页。

⑥ （宋）王安石著，唐武标校：《王文公文集》卷八三《赠司空兼侍中文元贾魏公神道碑》，上海人民出版社1974年版，第889页。

⑦ 《王文公文集》卷八三《赠司空兼侍中文元贾魏公神道碑》，第889页。

⑧ 王明荪：《略论辽代的汉人集团》，载王明荪《辽金元史论文集》，台北：槐下书肆2005年版，第36—91页。

寇长宁诸邑。其酋有挟左道者，人传以为能致风雨，官军尤惮之。"①

明中后期，大量汉人向北越过长城，进入草原地带，被称为"板升"；向南逃至海洋空间，与日本武装浪人相结，被称为"倭寇"，甚至与东南亚，乃至东进之葡萄牙势力相结合，成为明中后期东亚、东南亚海洋国家崛起的重要凭借。"昔也外夷入中华，今也华人入外夷也。喜宁、田小儿、宋素卿、莫登瀛，皆我华人，云中、闽浙忧未艾也。是故慎封守者，非直御外侮，亦以固内防也。"② 甚至诸国贡使，也多由外逃华人冒任。"四夷使臣多非本国人，皆我华无耻之士，易名窜身，窃其禄位者。盖因中国路远，无从稽考，朝廷又惮失远人之心，故凡贡使至，必厚待其人，私货来皆倍赏其价，不暇问其真伪。"③ 部分人物在当时具有巨大能量。"射利奸氓，叛从外国益众，如日本之宋素卿、暹罗之谢文彬、佛郎机之火者亚三，凡此不知其几也。"④ 成为当时周边世界了解中国、获取中国信息的重要媒介与渠道。"遂使窥视京师，不独经商细务，凡中国之盛衰、居民之丰歉、军储之虚实，与夫北虏之强弱，莫不周知以去。故诸蕃轻玩，稍有凭陵之意，皆此辈为之耳。为职方者，可不慎其讥察也哉！"⑤

清康熙帝也称："海外有吕宋、噶喇吧等处，常留汉人，自明代以来有之，此即海贼之薮也。官兵出哨，或遇贼船四五支，兵船止一二支，势不能敌。"⑥

总之，中国古代汉人（华夏）进入周边族群的历史现象，与周边族群进入中原地区的历史一样古老。这一双向流动打破了族群之间的封闭与樊篱，推动了不同族群之间经济、文化的交流与融合，在提升周边政

---

① 《王文公文集》卷八四《司农卿分司南京陈公神道碑》，第902页。
② （明）郑晓：《皇明四夷考·序》，载郑晓《吾学编》，续修四库全书影印国家图书馆藏明隆庆元年郑履淳刻本，上海古籍出版社1995年版，第160页。
③ （明）严从简著：《殊域周咨录》卷八《暹罗》，余思黎点校，中外交通史籍丛刊，中华书局1993年版，第281—282页。
④ 《殊域周咨录》卷八《暹罗》，第282页。
⑤ 《殊域周咨录》卷八《暹罗》，第282页。
⑥ （清）张廷玉等：《清圣祖实录》卷二七〇，康熙五十五年十月壬子，中华书局1985年版，第649页。

权实力、加剧中原王朝与周边政权军事冲突的同时，在更高的层面逐渐推动了中国历史的一体化潮流。

周边族群为应对汉人（华夏）政权崛起而壮大实力的过程，与汉人（华夏）不断逃入周边族群的脉络相结合，共同促使四裔政权不断整合、壮大，甚至势力超过汉人（华夏）政权，不断进入中原，甚至统一中国。这在北方族群身上表现得尤为突出。中国古代北方族群对中原王朝的多次大规模冲击，如西周末年便有犬戎进抵镐京、西汉白登之围、中古"五胡乱华"、唐代"安史之乱"。近世时期辽、金、蒙古、清朝更是进入中原地区，甚至统一全国。以上诸事件都是边疆呈现逆流，向内压迫，汉人遭遇边疆墙的阻挡，而头破血流的标志性事件。

丘濬指出四裔族群如果不任用汉人，由于缺乏对于中原汉地的了解，难于形成长期威胁。"夷狄不用中国人，其为害不深。"① 反之任用汉人，则会对中原王朝形成巨大威胁。"而其所以深为中国害者，用中国之人也。"② 契丹、西夏之崛起，便根源于借助出逃汉人。"宋之契丹、拓拔，其地与众，未必过此二虏。然契丹得幽燕十八州地，拓拔尽有兴夏之境，据中国地，用中国人，为中国害。此宋边患所以比唐为甚。"③ 因此中原王朝应借鉴这一历史教训，防微杜渐，杜绝近边之人流向四裔族群。如上文所述那样，丘濬一方面主张严禁汉人外逃。"今当以之为戒，而防之于微，切不可使之得用吾逸出之人，据吾尺寸之地。"④ 另一方面主张汉人政权积极加以招徕，以免为敌所用。"臣请立为条格，凡近边之人，有一才一艺者，皆许自陈。试之稍如所言，不必深求全备，苟有可用，皆随其才而授以官。如此，则此辈心有所系，迹有所拘，而

---

① 《大学衍义补》卷一四九《驭夷狄·修攘制御之策下》，载《丘濬集》第 5 册，第 2335 页。

② 《大学衍义补》卷一四九《驭夷狄·修攘制御之策下》，载《丘濬集》第 5 册，第 2335 页。

③ 《大学衍义补》卷一五四《驭夷狄·四方夷落之情中》，载《丘濬集》第 5 册，第 2412 页。

④ 《大学衍义补》卷一五四《驭夷狄·四方夷落之情中》，载《丘濬集》第 5 册，第 2412 页。

不为彼用矣。"①

五 结论

广阔的四裔边疆长期拥有强大的军事力量，一直对华夏（汉人）政权及后来的中原王朝构成了沉重压力，并且随着其实力逐渐上升，对中央政权的边疆扩张构成了越来越大的阻力，仿佛一道"边疆墙"，横亘于中央政权向外的开拓之路之上。尤其北方边疆不断吸纳汉人，长期对中原王朝构成军事压制态势，甚至在近世时期长期占据中原汉地，促使古代中国长期陷于中原王朝与北族政权之间的结构性内耗，无法持续地向广大亚洲地区普遍扩张，甚至对于东北亚、东南亚的控制越来越弱，构成了世界近代时期中国外围边疆独立与反戈潮流的传统铺垫。但另一方面，"王者无外"的理想观念又促使古代中国不断将眼光向外播散。于是，古代中国凭借自身在东亚、东南亚、中亚等亚洲部分地区的强大实力与明显优势，通过军事，以及政治、经济、文化等非军事手段，逐渐与异域政权形成宗主—藩属关系，将其纳入"天下秩序"之中，属于"差序疆域"的最外层次，从而在亚洲形成以中国为主导的区域国际秩序，可称之为"中华亚洲秩序"。中华亚洲秩序与欧亚大陆其他文明秉持"无限扩张主义"，尽力构建疆域尽可能广阔的区域国际秩序，甚至全球国际秩序，只是条件所限，在世界古代时期从而一直限于区域国际秩序不同，是秉持"有限扩张主义"，在亚洲地区建立的"有限"的区域国际秩序，反映出在"农业边疆"驱动之下，中国古代中原王朝在疆域开拓方面所呈现出的历史局限。

与包括西欧、阿拉伯、俄罗斯在内的欧亚大陆其他文明身处势力均衡，容易出现权力真空，相应长期混乱与动荡的"丛林秩序"，从而强调通过向外经济掠夺，建立宗主国强力主宰、控制藩属国的"同质一体"的区域国际秩序不同；古代中国在亚洲长期一家独大，不仅长期保持了

---

① 《大学衍义补》卷一四九《驭夷狄·修攘制御之策下》，载《丘濬集》第5册，第2335页。

在亚洲范围内的优势地位，而且长期保持了在世界范围内的经济领先，与藩属国是依附与被依附的向心关系，古代中国建立中华亚洲秩序一方面是出于构建"天下秩序"的外向扩张，另一方面更深层的政治目的是维护中国地缘政治的和平环境。相应地，在中华亚洲秩序下，古代中国并未有掠夺藩属国经济资源的强烈观念与强力控制藩属国的政治观念，也未有对领土的强烈觊觎之心，而是致力于与藩属国维持"和而不同"的和谐秩序，并凭借自身的威权地位，担负起维护亚洲区域国际秩序和平、兴灭继绝、救亡图存的国际责任，并在客观上推动了以中国为中心的区域经济网络的出现与发展。

与欧亚大陆其他文明在构建区域国际秩序时，注重武力方式，以强力控制甚至吞并对方为目的，从而呈现出"零和博弈"的结果不同；古代中国在建立中华亚洲秩序过程中，虽也注重对于武力方式的使用，但同时更崇尚政治、经济、文化等和平方式，倡导与其他国家结成松散的联盟，而非强力控制甚至吞并，从而与藩属国呈现了和谐共生的国际关系。因此，中华亚洲秩序主要是中国古代"王道"政治模式而非"霸道"政治模式的体现与实践。古代中国在本土地区实行"霸道"，而在外围边疆实行"王道"，体现了"差序疆域"在不同政治区域的不同治理模式。因此，"内霸外王"不仅指中国古代政治模式以霸道为实质，以王道为附会，而且指古代中国在不同政治区域，在统治形式上存在层级差别。

在这种区域国际秩序下，亚洲地区提前进入"和谐秩序"，相对于世界其他地区，长期维持了和平局面，不仅是世界历史上区域国际秩序的一种独特模式，而且对于东亚历史和平做出了重大贡献。但另一方面，中华亚洲秩序在漫长的推衍过程之中，内部也逐渐出现一定问题，比如在一定程度上存在的中国对藩属国的索求，便使这一区域国际秩序内部存在一定的裂痕。尤其值得关注的是，中华亚洲秩序内向、节制的历史特征，也使其在整合区域国际资源，进一步向外扩张方面，显得愿望与力度都有不足，从而促使中国在长期拥有世界领先地位的历史机遇下，国际影响长期局限于亚洲部分地区，从而为欧亚大陆其他文明的东进提供了历史空间。中华亚洲秩序在面临这一历史冲击后，开始漫长的历史转型，而中国也不复往日的亚洲霸主地位。

总之，对于古代亚洲国际秩序的理解，不应简单地从在西欧历史经验基础上建立的现代国际秩序及相关理论视角始发，而应回到古代中国与亚洲地区传统的区域国际秩序的历史实际，构建具有中国乃至亚洲特色的国际关系理论，以揭示古代亚洲区域国际秩序的历史特征。

外交与学术：柔克义和他的中朝关系史研究

舒 健

（上海大学历史系）

柔克义（William W. Rockhill）是近代中美关系史上一位十分重要的人物，担任过驻华公使，是 19 世纪末美国对华"门户开放"政策的起草人，亲历了中美关系中一系列重大事件。身为外交家的柔克义同时也是一位汉学家，目前学界对他的研究大多集中在其藏学研究以及中美关系方面。[①] 柔克义曾短暂任过美国驻汉城（今韩国首尔）代办，在汉城结识了袁世凯，对其一生产生了重大影响，并对中朝关系和近代东亚秩序进行了一些研究。本文拟以柔克义在汉城的经历以及他对近代中朝关系的理解，讨论近代美国汉学界和外交界对传统东亚秩序的认知。

一 柔克义其人

柔克义 1853 年 4 月 1 日出生于美国费城一个律师家庭，10 个月后，

---

① 关于柔克义的研究主要有论著保罗·瓦格（Paul A. Varg）：《门户开放外交官：柔克义的一生》（*Open Door Diplomat: The Life of W. W. Rockhill*, Westport: Greenwood Press, 1974）；肯尼思·魏默尔（Kenneth Wimmel）与布雷厄姆·诺威克（Braham Norwick）合著：《柔克义：青藏高原上的学者型外交官》（*William Woodville Rockhill: Scholar - Diplomat of the Tibetan Highlands*, Bankok: Orchid Press, 2003）。国内主要是有一些专题研究，主要包括崔志海：《柔克义与美国第一次庚款兴学》，《史学月刊》2016 年第 1 期；陈波：《何谓中国：藏学家柔克义的探索》，《藏学研究》2015 年第 1 期；程龙：《柔克义与中国》，《读书》2013 年第 6 期；郭永虎：《柔克义与近代美国的西藏政策》，《中国藏学》2006 年第 4 期等。除了程龙的研究涉及了柔克义的朝鲜研究（主要是三田渡碑），其余的对柔克义的朝鲜研究甚少提及。

他的父亲就去世了。9岁那年,柔克义随母亲移居法国巴黎,开始就读于当地一所中学。中学毕业后,柔克义以第九名考入法兰西第二帝国中央工艺学院。1871年,通过美国驻法国大使的帮助,柔克义进入法国圣西耳军校学习。在1871—1873年就读圣西耳军校期间,柔克义除学习军校课程外,还结识了对其学术方面有重要影响的导师,一位是在法兰西学院任教的哲学和历史学家、闪米特语言学家欧内斯特·勒南(Ernst Renan),柔从其学习东方语言,并在勒南的引导下,阅读了法国神父古伯察(M. Huc)的《鞑靼西藏旅行记》;另一位是法国东方学家里昂·费里(Lenon Feer),柔克义跟其学习汉语、藏语、蒙语等多种语言,并在费里的指导下研究西藏问题。1873年军校毕业后,柔克义又在阿尔及利亚法国外籍兵团服役三年,退役返回美国,与卡洛琳·泰森(Caroline Tyson)结为夫妻。1881年又举家前往瑞士,潜心学问,花大量的时间学习汉语、藏文。1883年,柔克义出版了他的第一部藏学著作,把一部藏文佛经《自说品》(*Udanavarga*)译成英文出版。次年,他又把另一部藏文佛经《解脱经》(*Pratimoksba Sutra*)译为法文出版,并根据藏文资料,编译出版《佛陀的一生》一书。这些研究成果的出版,使得柔克义在年仅30岁时便在西方汉学界崭露头角。

怀抱着对中国特别是西藏的兴趣,柔克义自1883年开始谋求以武官身份来北京学习汉语和藏语。1884年4月,柔克义得到了任美国驻华使馆二等秘书的机会。1885年7月,他晋升为使馆秘书;1886年12月至1887年4月前往朝鲜汉城署理朝鲜事务。除了在汉城的短暂工作时间,在北京使馆工作的4年里,柔克义一直跟随一位来自西藏拉萨的北京雍和宫僧人学习藏语。1889年柔克义因与公使田贝(Charles Denby)不和,辞去公使馆秘书职务,12月17日启程前往中国内地游历,次年5月抵达西藏,历时6个月。1891年12月1日柔克义又自北京出发,开始第二次中亚之旅,历时十余月,于第二年10月回到上海。根据这两次旅行经历,柔克义不但在美国史密森学会(Smithsonian Institution)主办的《世纪》(*The Century*)杂志上发表了一系列考察报告,还于1891年和1894年由史密森学会先后出版《喇嘛的地域》(*The Lands of Lamas*)和《1891—1892年蒙藏旅行日记》(*Diary of a Journey through Mongolia and*

Tibet in 1891 and 1892）两部游记，获得国际汉学界的广泛赞誉，他也因此于 1893 年获得英国皇家地理学会金质奖章。

柔克义在学术研究领域所取得的成就，不但在国际汉学界赢得声誉，同时也为他进入政界创造了条件。1893 年，他的学识得到克利夫兰（Grover Cleveland）总统的赏识，开始进入国务院工作，一年之后即被提升为三等助理国务卿；1896 年 1 月又提升为助理国务卿，协助克利夫兰总统解决古巴危机，并处理对英事务。1897 年 7 月 8 日，柔克义被外派担任美国驻希腊、塞尔维亚、罗马尼亚外交代表。1899 年 5 月 19 日，柔克义的妻子卡洛琳去世，因此他回到美国。与此同时，柔克义被提名为华盛顿国际局的负责人（Director of The International Bureau of American Republics）。1900 年 4 月，柔克义与第二任妻子帕金斯（Perkins）结婚。

1900 年 8 月 29 日，柔克义再次来到中国，前往北京担任美国特别专员（Late Commissioner to China），主要负责处理中国义和团运动事宜。1901 年 10 月 23 日他返回美国，重新担任国际局负责人。1905 年 3 月，柔克义又踏入中国，担任美国驻华外交公使一职，处理美国在华事务，任期到 1909 年。柔克义卸任美国驻华公使后，又两次被任命为驻外公使，于 1909 年 5 月担任美国驻俄罗斯公使，又于 1911 年 4 月担任美国驻君士坦丁堡公使，直到 1913 年秋美国总统换届，11 月递交辞职，结束了一生的外交公使生涯。1914 年因心脏病在檀香山去世，享年 60 岁。

二 柔克义在朝鲜的人员往来与外交活动

在柔克义到汉城之前，美国驻朝鲜的代理公使为福久（George Clayton Foulk），柔克义于 1886 年 12 月至 1887 年 4 月在汉城署理朝鲜事务。在 1886 年 12 月 10 日，福久发文给金允植（头衔为"美代理公使"，汉译署头衔为美国海军中尉）告知美国驻朝鲜代理公使柔克义已经于 12 月 9 日抵达了汉城，柔克义正式走马上任。至 1887 年 3 月 31 日，柔克义发文称新任公使丹时谟（Hugh A. Dinsmore）将于今日到任，希望次日 12 点半"将欲晋叙贵衙门，仰请何日何时进宫"，① 等于宣布他的离任。从 4 月 1 日起，不见柔克义的发文，由此可见柔克义担任代理公使的时间是 1886 年 12 月 10 日至 1887 年 3 月 31 日。

(一) 中美朝三国的人员往来

由于柔克义职务为代理公使，驻汉城的时间不到四个月，和丹时谟不同的是在往来的外交文书中没有任何提及总统委任国书和进宫晋见朝鲜高宗李熙的记载，也没有见到柔克义提及高宗李熙，因此在人员往来上，从现存的材料来看，柔克义的交往对象相对简单，主要是福久、袁世凯和金允植等人，这样基本符合当时朝鲜半岛的政治局势。

柔克义入朝之际，朝鲜和美国建交不久，在汉城的美国人不多。1886 年 12 月 17 日，柔克义致信美国国务卿拜亚（Thomas Bayard）说："居住在汉城的美国人和其他外国人不受条约保护，他们能够居留此间的权利，是依据最惠国待遇条款，从英朝和中朝条约履行过程中获得的。"② 随后，柔克义向拜亚报告居住在汉城的美国人，主要是 5 名美国传教士，事实上柔克义和前任公使福久的往来最为紧密。

1887 年 4 月 1 日，袁世凯曾会见柔克义。袁世凯问："福中尉是否贵署供职之员？"柔克义答："非也。不过同是美国人，相约同住，以破一人之寂寞耳。"③ 可见福久和柔克义的关系。福久为近代中朝历史上的争议人物，他于 1856 年 10 月 30 日出生于美国宾夕法尼亚州，为家中长子。1872 年，进入位于马里兰州首府安纳波利斯市的美国海军学院学习。1876 年，以全班（共 42 人）第三名的成绩光荣毕业。之后加入美国海军，游弋亚太地区，并到访过朝鲜。1882 年，他回到美国，就职于首都华盛顿海军图书馆。由于时间充裕，他开始学习日语、汉语和韩语。

---

① 高丽大学校亚细亚问题研究所：《旧韩国外交文书》第十卷，美案 1，高丽大学校出版部，1967 年，第 251 页。

② No. 204, *Mr. Rockhill to Mr. Bayard*, *Corea* (Korea), United States Department of State, 1887–88 (1887–1888).

③ 《光绪十三年五月二十六日总署收北洋大臣李鸿章文袁世凯禀》，郭廷以、李毓澍主编《清季中日韩关系史料》第 6 卷，第 2319 页。

1883年，朝鲜全权大臣闵泳翊到访美国，美国国务院当时能找到的唯一翻译就是福久。就这样，福久与闵泳翊结识，并给对方留下了深刻印象。闵泳翊返国时，受邀乘坐当时美国海军最大的战舰——3900吨级的蒸汽护卫舰"特伦顿"号，由于语言问题，闵泳翊请求福久随行。就这样，福久奉命以美国驻朝公使馆海军军官的身份履职汉城。一些欲背华自主的朝鲜高层与福久等美国人过从甚密，往来频繁。福久来朝鲜后，派传教士进行教育和医疗的工作，积极推进基督教在朝鲜的传教事业，在朝鲜的传教士都和福久有一定的关系，[①] 安连（Horace Newton Allen）、霍伦（John W. Heron）、阿彭泽勒（Henry G. Appenzeller）、元杜尤（Horace G. Underwood）、施兰敦（William B. Scranton）这些在朝鲜半岛留下深刻印记的近代美国传教士都得了福久的帮助，福久给予他们怎么获得朝鲜人民支持的意见。[②] 福久和柔克义一度同住在公署内，福久对于朝鲜的认知先于柔克义，他带着柔克义去参观三田渡碑，对于柔克义的朝鲜研究无疑具有启迪作用，而柔克义也在福久和袁世凯引发的争端中积极为福久发声。

福久和柔克义在汉城的时间段，时值袁世凯驻朝，袁世凯极力维护清朝在朝鲜的权益，福久对袁世凯的看法显然是负面的，他称袁世凯为"中国流氓"[③]，两人的关系势如水火。袁世凯在数次对李鸿章的汇报中提到福久，持否定态度："福久一海军中尉曾代理公使耳，本西人之杂类，勾结韩小人，骗财误事不可屈指。韩王所以信之者，以其自谓可以挟制中国，建立公议，可使韩邦自主，并劝韩王多养兵，多置军火机器以期自强，使中国不敢以藩属相待。韩廷小儿之见，遽信其言，凡事密商，使福久出头与中国为难。曾面折数次，厥后不敢妄谈，惟私自咬咬。"[④] 认为福久的存在会影响中国和朝鲜的传统关系。

袁世凯欲除之而后快，找各种理由希望驱逐福久离开朝鲜。"福久自甲申来东，结交小人郑秉夏及全养默、成㧑永等，持自主背华之论。又愚

---

① Lee, "*Diplomatic Relations between Korea and the United States, 1882-1887*", p. 160.
② Lee, "*Diplomatic Relations between Korea and the United States, 1882-1887*", p. 164.
③ Foulk to his parents, December 3, 1886, comp. Hawley, AMK, 180.
④ 丁进军选编：《袁世凯驻节朝鲜期间函牍选辑》，《历史档案》1992年第3期。

弄韩王及妃，代购玩好甚多，故王及妃信之在西人中为最深。又暗引薛斐尔来，狼狈为奸，欲有为于东方，适诸近臣方睦于，郑秉夏亦为引来，故一无所成。前见福久报其政府书，言韩时事，其政府刊为蓝书，新闻馆见之辄布为新闻，因使译员译为汉文，密送韩王，又暗使诸近臣轮流言之，韩王大怒，使外署送文责之，又使允植逼之，今正月初，福久乃去。薛夷来本依福，福去薛将不逐自去矣。"袁世凯的这份报告将"福久新闻事件"[①]的来龙去脉大体勾勒出来，他找到福久在中国发表的关于朝鲜时局文章作为借口，利用朝鲜当局施压要将其驱离朝鲜。

柔克义在进入朝鲜后，发现"在国王和朝鲜政府的许多顾问中，没有一个像中国代表那样活跃"。在当时的环境下，柔克义与袁世凯不可避免地交往，但柔克义对袁世凯的看法并没有受到福久的太多影响。柔克义对袁世凯极为关注，并且将袁世凯上报的李鸿章的密折附上译文[②]递交美国国务院，该报告名为"朝鲜近日情形事呈李鸿章密折（光绪十三年三月初六日）"。

而袁世凯则对柔克义的印象甚好："（光绪十二年十二月初二）美使柔克义相晤数次，人甚平和明白。"但是对于柔克义袁世凯还是心有疑虑，"惟据德尼云，如不去福薛，久之。柔必化为福、薛。""据德尼云：美使柔克义亦同有阴谋、然福、薛既去，柔更无能为也。"袁世凯一直担心柔克义受福久影响，但柔克义在朝期间，袁世凯和他的相处一直融洽。在柔克义即将离开之时，袁世凯还致电李鸿章说："美使柔克义人极和平公正，与甚亲洽，美政府派新公使名坚士谟者已至仁川。"[③]

可以说袁世凯和柔克义在朝鲜相遇，并建立起良好的私人关系。1909年1月2日当摄政王载沣罢黜袁世凯的事件发生后，柔克义时任美国驻华公使，直接出面加以干涉。1914年2月，柔克义来到北京，出于经济的考虑，以及他本人与袁世凯的关系，接受了袁的邀请，出任总统

---

① 关于"福久新闻事件"可参见徐忱《袁世凯与"福久新闻事件"考析》，载《清史研究》2016年第3期。

② No. 207, Mr. Rockhill to Mr. Bayard. （本文中引用的柔克义递交美国国务卿的外交文档在美国国外院网站可见，威斯康大学麦迪逊图书馆则有电子版下载。）

③ 丁进军选编：《袁世凯驻节朝鲜期间函牍选辑》，《历史档案》1992年第3期。

顾问，条件是月薪 1000 美金，他本人将仍居住美国。1914 年 11 月 28 日作为袁的顾问，又从旧金山启程前来北京，途中因感冒而染上肺炎，转至檀香山治疗，12 月 8 日因心脏病去世。在柔克义去世前更是公开发表挺袁世凯的言论，"袁世凯的施政方针旨在维持国家的和平与秩序，循序渐进地进行符合人民愿望的改革，并发展农业、工商业，普及教育，让人民理解新政府、新宪法赋予人民的权利与义务"①。

柔克义与金允植的交往更多是公事上的往来。1881 年，金允植作为朝鲜领选使出使中国，在天津和李鸿章会面，他此行的目的，金允植在他事后多年所撰的《天津奉使缘起》说得非常清楚："我国素无他交，惟北事中国、东通日本而已。自数十年来，宇内情形日变。欧洲雄长，东洋诸国皆遵其公法，舍此则孤立寡助，无以自保。"② 也就是说此行并非仅仅是考察洋务，更隐藏着一个重大的外交任务——这个任务就是高宗命金允植前往中国商讨与美国的建交通商问题。在得到李鸿章的帮助后，金允植回到朝鲜负责对外的工作，任朝鲜督办交涉通商事务大臣。

从第一封信福久告知金允植，美方代理公使柔克义已经与 12 月 9 日抵抗京城，希望前来拜访金允植开始，柔克义就和金允植双方开始建立了联系，随后双方都没有怠慢，随即互相发文，约定第二日双方在公署会面。其后金允植请柔克义让美国政府派遣陆军教师及农商教师③，协助朝鲜改革，而且金允植邀请柔克义参加太母八耋寿宴，但是柔克义没有同意参加，给出的理由是"适因公作仁川之行"④。袁世凯的在上书李鸿章的报告中也提及朝鲜为了庆祝太母的生日搞得民怨很大，由此看来柔克义的因公之行是偶然还是刻意，值得玩味。

（二）柔克义的常规外交活动

柔克义的外交活动在《旧韩国外交文书》（美卷）中，通过公文的往

---

① W. W. Rockhill, Conditions in China as Viewed from Peking, *Journal of the American Asiaticon June*, 1914. am
② 刘顺利：《王朝间的对话》，宁夏人民出版社 2006 年版，导言第 3 页。
③ 《旧韩国外交文书》（第十卷，美案 1），第 268 页。
④ 《旧韩国外交文书》（第十卷，美案 1），第 270 页。

来基本能够体现出来，同时通过柔克义在给美国国务卿拜亚的汇报以及袁世凯驻节朝鲜时期的函电中能够互相比照印证，大体主要包括了如下的事情。

1. 关于一位美国公民 John Andrew Clinton 赴元山的护照申请。①
2. 在日本的美国人 Edward Lake 和朝鲜大兴商会的财务纠纷问题。②
3. 顺信昌家舍退还事宜（退给美国人 Tounsend）。③
4. 关于《仁川停泊船只暂行章程实施同意》的实施，柔克义在1887年2月9日发电给金允植，认为没有异议，"以此实施"④。在第二天发出该条例给予国务卿，3月31日收到。（谨随函附上朝鲜政府提出的临时港口条例的译文，该条例将对仁川港港生效。）⑤
5. 美电灯教师被误杀事件。

此事在袁世凯向李鸿章的汇报中比较清楚，"韩宫设电气灯罗布各殿，炫耀如昼，每日炭价约百余元。未几，司灯美国匠人携囊入宫，雇用之韩人解囊取物，适置手枪于中，韩人见枪精致，玩而弄之，枪发误中洋匠，扶出宫，经日毙。韩廷命囚韩人，将治罪。美公使柔克义驰书救之，谓其失手误杀，宜赐免，乃赦放。"⑥ 美国人在朝鲜宫廷中被误杀，兹事体大，朝方一度表示要惩罚凶手，对此柔克义表现得很宽厚："此是运数不幸，此非恶心也，烦请贵大人该旗手白放还差为荷，以此照亮为荷。"柔克义的大度使得朝方甚为感念，金允植答复道："举世人且将咸颂行谊。"⑦ 针对柔克义的包容和理解，朝方"向死者的妻子表示了极大的善意，支付了所有的丧葬费用，向寡妇赠送了500美元，并且如果她留在朝鲜，并为她的儿子提供教育费用，并为她提供生活。之所以引起如此多关注的一个原因无疑是朝鲜人与许多其他亚洲国家一样，所有居住在他们国家的外国人都是客人，并且任何落到他们身上的事故都会让他

---

① 《旧韩国外交文书》（第十卷，美案1），第252页。
② 《旧韩国外交文书》（第十卷，美案1），第257—259页。
③ 《旧韩国外交文书》（第十卷，美案1），第260页。
④ 《旧韩国外交文书》（第十卷，美案1），第269页。
⑤ No. 209, Mr. Rockhill to Mr. Bayard.
⑥ 丁进军选编：《袁世凯驻节朝鲜期间函牍选辑》，《历史档案》1992年第3期。
⑦ 《旧韩国外交文书》（第十卷，美案1），第274页．

们感到羞耻。"①

6. 常规的消息汇报,主要是向美国汇报中国对朝鲜的巨大影响力。"我从其他消息来源获悉,中国政府已向朝鲜提供了三艘战舰,当然还有中国船组人员,以协助保护这些岛屿。"②

(三)"福久新闻事件"中的斡旋

除了这些日常的发文和事务性的工作之外,柔克义在汉城期间需要处理一起前文提及的所谓"福久新闻事件"。1886年末,袁世凯发现上海洋文报纸上福久的报告后,敏感地看到其内在价值,便立即找人翻译出来,并交给韩王李熙阅视。李熙遂命外署督办金允植拟文诘责。福久的内容发表在上海的《字林西报》,③ 来自《美国外交文书(1885—1886)》,其名为《福久少尉报告汉城革命相关情报,1884年12月4—7日》(*Report of information relative to the revolationary attempt in Seoul Corea, by Ensign George C. Foulk, December 4 - 7, 1884*)。福久的报告被编号为第128号函发往美国,在此报告中福久议论了时局,并对1884年可能会出现的政变有所涉及。1886年9月前后,美国政府将此报告编入《美国外交文书(1885—1886)》出版发行。此书出版后,上海的外文报纸敏感地捕捉到了新闻点,并把福久的报告公开刊行。无论如何,一国外交人员与他国图谋颠覆政府的反对人士过从甚密,甚至可以从对方口中得知政变的策划细节,却从未向朝鲜政府通报,这是问题之所在。此事件处理不当会令美国政府陷入舆论包围之中,也许美国政府都会被怀疑为始作俑者。

在袁世凯挑起此事后,柔克义和金允植互相发文最多的都是关于福久的事件。3个多月的任职中,柔克义共发文19篇,其中涉及福久的有4篇,从1886年的12月30日延续到来年的3月28日。在1886年12月30日,金允植首先照会柔克义,"顷据上海洋文新闻,贵国海军中尉福久,

---

① No. 213, Mr. Rockhill to Mr. Bayard.
② No. 206, Mr. Rockhill to Mr. Bayard.
③ 林明德:《袁世凯与朝鲜》和前面注释提及的徐忱一文都将其刊发报纸弄错了。

于西历一千八百八十六年十一月十六日十七日两日刊布新闻三纸,转论我国事情,认逆为忠,指无为有,诋毁我亲贵之臣,疏离我友邦之谊。"……"现虽离任,尚在公使馆"……"此新闻所刊,是非颠倒,大伤我国体面,请烦贵代理公使查照设法,知会于该新闻局,另刊正误一板,俾开人惑,而全友谊,实合事实"。① 从语气上看来,朝方对于福久的意见很大。

收到照会后,柔克义一方面表示他回去核实,另一方面表示"福久从未亲自在任何报纸上发表(此类文章),任何我们一个政府官员都不会允许这样做;而且我个人也确信福久对你们国家和国王是心怀善意的"。一周后,即1887年1月6日,柔克义将福久的解释发来,"海军中尉致书于仆,故兹以译呈,幸请照览"。② 两天后,柔克义见没有得到任何答复,继续照会金允植,请金允植将福久在上海洋文报纸发表的新闻原件借来,"尚未得见,业为请借,间经九日,终不执示……请三纸新闻借示为望"③。在得到此函后,金允植随即于当日命人呈上相关报纸。

与此同时,柔克义还与福久沟通,询问事情缘由。福久答复:"据金督办照会新闻三纸所有之说,乃二年前送于我政府之书中节取者也。新闻局人未知何以得见欤。且其书中亦有前福公使(美国公使福特)所言者矣。刊布三纸之人福不可知,而福之所言,即前甲申年五月至八月内闻于朝鲜诸官人者也。十月变乱之事,无一书入也。金督办不先探问,乃谓福直为刊播,岂有当今新闻刊布二年前事之理乎?"福久的回应基本也符合实情,在拿到报纸之后,柔克义也经过了仔细研读、核对,判定并不是福久所为。

于是在1月11日柔克义对福久的事情就行了解释,他确定这些新闻报道来源于福久在1884年11月前递交给美国政府的私密报告中的节选内容。柔克义不知道这些报道的作者是怎么获得福久的报告的,但是福久在任何程度上都不会公开这些报告的。但接到柔克义的照会后,金允植一直没有答复。其原因在于1887年1月27日,福久离开了朝鲜,前往日

---

① 《旧韩国外交文书》,(第十卷,美案1),第255—256页。
② 《旧韩国外交文书》,(第十卷,美案1),第262页。
③ 《旧韩国外交文书》,(第十卷,美案1),第263页。

本长崎。只要福久离开了朝鲜，袁世凯也就没有必要追究。但仅过一个半月即3月13日，由于高宗李熙的召唤，福久返回了汉城，入住美国公使馆。由于高宗的态度，3月28日金允植给柔克义的发文中态度和缓，"福久中尉来驻弊邦，两国交谊日敦"，"向来新闻之说，本大臣固所疑讶而为信者"，"及奉来函，始知该新闻非福中尉之所刊布，向日疑障，豁然顿开。间因敝署事务业冗，未暇裁覆"①。这样看起来，针对福久的新闻事件似乎得到了圆满的解释，柔克义解决了该事件。

袁世凯得知此事后，意识到美国人福久助朝鲜之后，朝鲜将会在背华自主的错误路上越走越远，于是，下定不把福久逐出朝鲜誓不罢休的决心。袁世凯在向李鸿章的禀报中也有"卑府即借此为将去之计，韩王始恐"②之语，持续向朝鲜当局施压。在5月1日，袁世凯节外生枝，认为"而昨与贵公使面谈，贵政府来信，并无福君如此之报，是福君自呈"，并且报纸上面还有福久的署名。"如以福君一人久留敝邦，滋人疑议"。"勒限送出本境"③，最终美国将福久召回。柔克义在任期间，实事求是维护了福久，但"福久新闻事件"本身亦是袁世凯设法驱逐福久的不二理由，袁世凯为维护国家利益，挽救岌岌可危的清韩宗藩关系，是此事件的肇始者，但此肇始为国争利，无可厚非。

三　柔克义的中朝关系史研究④

1882年，朝鲜在清政府全面主持之下和美国签约。与1876年朝日

---

① 《旧韩国外交文书》，(第十卷，美案1)，第274页。
② 郭廷以、李毓澍主编：《清季中日韩关系史料》第6卷，第2307页。
③ 《旧韩国外交文书》，(第十卷，美案1)，第286页。
④ 关于柔克义的朝鲜的研究的论述主要如下：1889年的《朝鲜与中国的关系》(*Korea in Relation with China*)、1891年的《朝鲜的一些法律习惯以及迷信》(*Notes on some of the laws, customs and superstitions of Korea*)、1904年的《1894—1904年中朝条约和会议集》(*Treaties and conventions with or concerning China and Korea, 1894–1904*)、1905年的《15世纪至1895年中朝关系史》(*China's intercourse with Korea from the XVth century to 1895*)、1908年的《与中国和韩国有关的条约、公约、协定、条例等》[*Treaties, Conventions, Agreements, Ordinances, etc. Relating to China and Korea (October 1904–January 1908) being a Supplement to Rockhill's Treaties and Conventions with or Concerning*]。

《江华岛条约》签订之后的几年比起来，朝鲜一时真正大开，美、英、俄等西方各国公使陆续进驻汉城。"朝鲜与中国的关系，对于最近三十年的西方人而言，一直是个疑问。"① 在西方人眼里，同为邻国，中国对待朝鲜与缅甸的关系不一样。为何会如此，此问题困扰着当时在东亚势力拓展的西方列强，他们一直无法理解清朝与朝鲜之间的宗藩关系，因为这不是一种欧洲近代国际法可以解释的国际关系。如何理解这个"隐士之国"的内在逻辑，该如何处理中国、朝鲜的关系，因此探研中朝关系便成为一些驻东亚的西方外交官的时代任务之一。作为一位外交官，柔克义关注的并不是朝鲜的历史，而是朝鲜的对外关系，自然主要就是朝鲜和中国的历史关系。由于在朝鲜生活的这段时间和经历，柔克义尽管主体研究方向仍然在中国西藏，但是对朝鲜问题持续关注。

（一）对于朝鲜社会的认知：法律、习俗和迷信②

柔克义认为，儒学在政治和社会上都有效地渗透到了朝鲜，中国的思想模式、中国的文学和文化使朝鲜变得如此。但不是秦朝的中国，而是唐和明朝，这才是韩国的典范。千年前的中国文学是目前中国和朝鲜文学风格的基础。朝鲜社会是按照儒家思想组织起来的，柔克义发现朝鲜父母对子女的权利、哥哥对弟弟的权利等与中国一样，在这个国家得到了牢固的确立，相应的惩罚也随之而生。因此，父母杀死自己的孩子，或哥哥杀死弟弟，并不是犯下死罪，而是受到殴打和流放的惩罚。但是如果一个儿子杀了一个父亲或哥哥，甚至是他妻子的父母，他就会被斩首。

在经济方面，柔克义观察朝鲜和中国一样，主要的收入来源是以农产品形式缴纳的土地税，并根据沿海或河流沿线的农作物、田地的状况每年固定征收一次。值得注意的是，除了偶尔以铜为现金以外，没有任何地方可以用银或任何其他金属付款，即使是后者也不是标准的价值单

---

① 2 China's intercourse with Korea from the XVth century to 1895.
② 本章节的内容来来源于柔克义1891年的《朝鲜的一些法律习惯以及迷信》（Notes on some of the laws, customs and superstitions of Korea, *American Anthropologist*, *1891*）。

位，而是纸片。在朝鲜人参的销售由皇家垄断。

在日常起居中，朝鲜人喜欢穿白衣、喝酒、抽烟，也喜欢放风筝。在柔克义看来，朝鲜人没有太多宗教信仰。朝鲜的医学和实践似乎主要来源于中国，但柔克义认为，关于疾病起因的一些想法是朝鲜人原创的。如霍乱是其中一种常见而可怕的疾病，被朝鲜人称为"胃病中的大老鼠"，它是由一只从腿部肌肉爬上来的大老鼠引起的，它在疾病的早期阶段会引起剧烈的肌肉收缩。当老鼠进入病人的胃部时，就会导致死亡。狗肉汤是最受欢迎的滋补剂、血液净化剂，可以治疗咽喉痛等。简而言之，它是朝鲜医生的灵丹妙药，每个人都认为每年至少吃一碗，以确保身体健康。1884年12月，闵泳翊被革命者砍倒，伤得很重，当地的医生试图给他狗肉汤来治好他的伤口，这是朝鲜民族的流行观念。

尽管在朝鲜只有四个月，但是柔克义还是提及了朝鲜各种的节日。新年在朝鲜和中国一样，都是通过祝贺访问和家庭聚会来庆祝的。正月十五是一年中最重要的节日。与之相关的明显的习俗是在家门口的街道上扔一个小稻草娃娃，里面放一些现金。这种替代品携带着一个人所有的疾病和烦恼，无论谁拿起它都会把它们带到自己身上。柔克义还提及，其他的节日如七月十五日在佛教寺庙中作为佛的诞生日来庆祝，八月初八是小孩子的节日，九月九日被称为秋分。朝鲜的佛教，也可能是中国传入的，尽管他倾向于相信它与这个民族最早的存在是同一时期的。

这就是朝鲜的一些法律、特殊习俗和迷信。出于研究者的视角，柔克义认为朝鲜的恶魔学和民间传说值得研究，其中安连的研究得到了他的称赞。

（二）朝鲜与中国关系的确定：三田渡碑的研究

如何理解朝鲜和中国的关系，柔克义的最初研究直接从1392年李朝的建立为出发点，在简单梳理了明朝与朝鲜的关系后，柔克义的关注重点是清朝与李朝关系建立起来的历程。而他在研究中所依据的一个重要历史文献便是幸存的《大清皇帝功德碑》，其中所记载的内容是1637年皇太极亲征朝鲜，朝鲜国王仁祖被迫出降，与清正式确立宗主藩属关系。这块矗立在汉江南岸的高大的三田渡碑，一度成为西方外交官们乐于观察和研究的对象。柔克义认为这块石碑对研究清代中朝关系史非常重要，而柔克义做研究的前提，则是福久的发现。1883年福久遵照美国海军部的要求以美国驻朝鲜临时代办的身份对汉城周边地区进行了一次考察，如今，在美国外交关系档案1884年卷中，还能看到福久上报给美国海军部的《朝鲜首都地区旅行观察报告》，福久从汉城的西北方向开始逆时针做了次环城旅行，当行至汉城东南时，他首先考察了仁祖李徐当年避难的南汉山城，接着便向北到达汉江东南的三田渡。柔克义在文中称，是他1886年11月担任美国驻朝鲜临时代办在汉城周边考察时见到的该碑。

1887年，柔克义在汉城根据福久的拓本做了一个副本，开始了对三田渡碑的汉碑文的研究，后来将汉碑文的英译文作为他写的题为《朝鲜与中国的关系》的论文中的一部分，于1887年12月提交给了美国东方学会（American Oriental Society），后刊于该会1889年出版的第13期会刊上，并附有一个总计4页的汉碑文抄本（以下简称"柔氏抄本"）。柔氏曾说，他在汉城根据福久拓本所做的副本"并不是十分令人满意的"，因为有两处地方的汉字辨认不出来，便根据推测补入。但是，从最后的实际情形来看，包括他补入的两处地方在内，柔氏抄本存在漏字、错字或错简等大小总计48处，且其中更有一处遗漏了整整14个字。因此，虽然柔氏本人可以说是近代最早开始研究三田渡碑的学者之一，且他对中朝宗藩关系的研究在当时颇显睿智，但他所提供的三田渡碑汉文的抄本错误百出，是各种版本中最不信实的一个，而其英文翻译也就因之不足为训。①

在此研究之中，柔克义还附录了一份汉城地图，从柔克义的藏书来看，有一本金正浩（1934—1864）所绘制的《大东舆地图》，汉城地图的来源有可能就是金正浩所绘制的。

（三）中朝的关系的运作：朝贡贸易

中朝之间的关系到底是如何运作的，西方人该如何理解，柔克义给

---

① 王元崇：《三田渡"大清皇帝功德碑"满汉碑文再研究》，《中国边疆学》第3辑，2015年。

出了"朝贡贸易"答案。朝鲜朝贡给中国皇帝，中国皇帝得到经济上的好处，朝鲜使团则借此机会沿途贸易，获取好处。这里的问题关键在于他用英语中的 Tribute（贡品）和 Tributary（朝贡者）。在欧洲历史上，它们一直跟"税收"联系在一起；征服者向被征服者收取的象征臣服的金钱，也叫"tribure"，根本不涉及朝贡者会从受贡者那里得到回赐的问题。为论证他的经济利益论，柔克义使用四条来自《明史》的材料，遗憾的是他全解释反了[①]。

有时柔克义又有点犹豫：这是一种平等的关系，没有臣服的意思，有点像一个家庭中年幼的成员跟家长之间的关系，比如朝鲜国王请求中国皇帝赐予朝鲜储君、其妃子的名字，上报朝廷王室人员的死亡等，不过是礼仪性的关系，尊重家中长者罢了。明朝之于朝鲜，好比父亲，而清朝则好似长兄。朝鲜视中国，好比家中的家长。清朝皇帝在1882年时也说过，朝鲜是近亲，有时他又使用宗主权（suzerainty），甚至主权（sovereign）和双重主权即朝鲜自己有主权，而中国对朝鲜也有主权，来理解双方的关系。他说："中国和朝鲜在官方文件中一度使用过朝鲜是属国这个词。属国曾经翻译为英语 Vassal Kingdom、fief 等。但这些表述是误导入的，因为'属'就带有关系的意思，这是理解朝鲜依附体系的关键词。"

柔克义曾经感叹所得资料太少，无法全面揭示这么复杂的关系，关键是他说："我无力也不想确定中朝关系，请读者去判断。因为这种关系最终不能用我们西方的规则去确定，由于已经出版的材料不足以解释这种亚洲式关系，所以对我来说它依旧是未知的。"为了让读者明白柔克义所说的这种"亚洲式关系"，柔克义特意以柏葰《奉使朝鲜驿程日记》为例，花了大量篇幅来翻译柏葰在朝鲜的主要活动。《奉使朝鲜驿程日记》是柏葰于1844年出使朝鲜时所作，日记中记载他沿途所见，与朝鲜国王会见的礼仪以及赏赐朝鲜官员等事情。柔克义的翻译和理解基本都是正确的，遗憾的是柔克义在此方面使用的资料都是中方的资料，缺乏朝鲜的角度，这也从侧面论著了柔克义研究的出发点。

---

① 柔克义：《15世纪至1895年中朝关系史》，第8—9页。

(四) 朝鲜与世界

在朝鲜的短暂外交生涯中，柔克义认为美国人在朝鲜比任何其他西方国家都要多，所以影响力也更大；在柔克义看来，当时的朝鲜在某种程度上放弃了向全世界传播思想和文化的职责。或者说是特权，作为对这个有趣的国家更好地了解的一点小小贡献，现在柔克义这些西方外交家就应该提供这些说明，同时柔克义也看到了日本势力在朝鲜的渗透和扩张。

不过，有一点是明确的，柔克义所处的时间段几乎是中朝关系重塑的时间点，尤其是 1895 年中日甲午海战以后，日本将朝鲜纳入其体系内，而中国皇帝不得不对此认可。柔克义编辑与朝鲜相关的条约集，就是希望这一关系的走向能有个条约框架。

四 结语

柔克义既是美国一名谙熟中国和东亚问题的外交家，同时也是一位优秀的汉学家。柔克义的研究立足中朝关系，并没有以当时流行的民族国家观念来思考，他的研究基于自己的外交生涯，既有实地考察，也有前瞻的论断，尤其是在理解中朝关系历史的关系时，他利用的资料大部分都是中国的史料，决定了他的学术立场——持同情的理解，这样在处理东亚的事务时就不会出现视角和交流的误解，在东西方的外交上架起桥梁。

因此柔克义在处理东方问题上与美国政府表现出一些不同看法和主张，1897 年他在《美国历史评论》(*American Historical Review*) 发表《走向中国朝廷的外交使节：叩头问题》一文，利用他所熟悉的中文资料，对 8 世纪至 1894 年外交使团觐见中国朝廷的历史作了追溯，并对使节在亚洲国家和西方国家地位中的差异做了详细的比较和考察，从而揭示出为什么叩头问题成为清政府与西方国家建立正常外交关系的一个重大障碍。柔克义的这些观点和看法一度引起罗斯福总统和国务卿罗脱 (Elihu Root) 对他的不满，他们批评柔克义在远东待的时间过长，以致用一个中国人的眼光看待问题，而不是从一个美国人的立场看待问题。①

  与柔克义同时代的马克斯·韦伯曾说："我们的时代，是一个理性化理知化，尤其是将世界之迷魅加以祛除的时代；我们这个时代的宿命，便是一切终极而崇高的价值，已自公共领域隐没，或者遁入神秘生活的一个超越世界，或者流于个人之间直接关系上的一种博爱。"② 柔克义以西方外交家的立场，以学术的视角，对西方加深对东方的了解，以及对近代西方社会减少对东亚社会的误解，起到了一定的祛魅作用。

---

  ① 保罗·瓦格：《门户开放外交家：柔克义的一生》，第80页。
  ② 马克斯·韦伯：《学术与政治》，钱永祥等译，广西师范大学出版社2010年版，第193页。

刘迎胜教授与丝绸之路研究

乌云高娃

(中国社会科学院历史研究所)

刘迎胜教授是国内较早从事丝绸之路研究的著名学者。他多年从事中外关系史研究，尤其，以蒙元时期东西方政治、经济、文化交流为重点研究对象，对丝绸之路沿线国家、地区的历史、文化、宗教、语言、族群、物品交换、交通等诸多方面均有较深入的研究。

刘迎胜教授不仅研究领域广、视野开阔、思路活跃，而且，中外文论著非常多，在国内外学术界享有盛誉。已出版《西北民族史与察合台汗国史研究》[①]《丝绸之路》(草原卷)[②]、《丝绸之路》(海上卷)[③]、《察合台汗国史研究》[④]《〈回回馆杂字〉与〈回回馆译语〉研究》[⑤]《海路与陆路：中古时代东西交流研究》[⑥]《华言与蕃音：中古时代后期东西交流的语言桥梁》[⑦]《蒙元帝国与13—15世纪的世界》[⑧]《小儿锦研究》(共三册)[⑨]、《丝绸之路》[⑩]《蒙元史考论》(上下册)[⑪]、《话说丝绸之路》[⑫]

[①] 南京大学出版社1994年9月版。
[②] 浙江人民出版社1995年11月版。
[③] 浙江人民出版社1995年11月版。
[④] 上海古籍出版社2006年12月版。
[⑤] 中国人民大学出版社2008年10月版。
[⑥] 北京大学出版社2011年4月版。
[⑦] 上海古籍出版社2013年11月版。
[⑧] 生活·读书·新知三联书店2013年3月1日版。
[⑨] 兰州大学出版社2013年12月1日版。
[⑩] 江苏人民出版社2014年6月22日版。
[⑪] 兰州大学出版社2014年8月1日版。
[⑫] 安徽人民出版社2016年版。

《从西太平洋到北印度洋——古代中国与亚非海域》①等13部影响力较大的专著。发表论文《"草原丝绸之路"考察简介》②《威尼斯—广州"海上丝绸之路"考察简记》③《汪大渊两次出洋初考》④《古代东西方交流中的马匹》⑤等二百余篇。

刘迎胜教授对丝绸之路的研究，缘起于他在1990—1992年受中国委派，参加联合国教科文组织的"丝绸之路考察"。1990年10月20日至1991年2月9日1991年受中国委派，参加海上丝绸之路意大利威尼斯到中国广州路段考察活动。历时四个月，航行2.1万多公里。1991年春夏之际参加中亚草原丝绸之路考察，历时两个月，行程1.3万公里。1992年7月10日至8月5日，再次受国家委派，参加联合国教科文组织与蒙古国政府联合举行的"阿尔泰/游牧丝绸之路"考察。历时一个月，行程4000余公里。这几次海上、陆路、草原丝绸之路的实地考察，成为刘迎胜教授研究和撰写《丝绸之路》一书的契机。

刘迎胜教授所著的《丝绸之路》一书，在国内外影响力很大，随着国家主席习近平提出"丝绸之路经济带""21世纪海上丝绸之路"的"一带一路"倡议，丝绸之路研究迅速升温，刘迎胜教授的《丝绸之路》一书也被国内和中国台湾的出版社重新出版。2014年6月22日中国丝绸之路申遗成功，各地掀起丝绸之路研究热潮。同年9月，刘迎胜教授的《丝绸之路》一书被江苏人民出版社重新出版。再版的《丝绸之路》一书，将1995年版的《丝绸之路》草原卷和海上卷合并成一书重新出版，遗憾的是再版的《丝绸之路》将1995年版的《丝绸之路》草原卷和海上卷书中的插图删掉。2017年12月，台湾新雨出版社以繁体中文出版刘迎胜教授的《丝绸之路》一书。

刘迎胜教授的《话说丝绸之路》（2016年版），以图文并茂的形式，为读者概述丝绸之路的全貌，是全面阐述陆路丝绸之路和海上丝绸之路

---

① 南京大学出版社2017年版。
② 载《中国史研究动态》1991年第11期。
③ 载《中国边疆史地研究》1992年第1期。
④ 刊于《郑和与海洋》，中国农业出版社1999年版。
⑤ 《光明日报》2018年1月15日第14版。

历史文化内涵的权威著作。同时也是名家普及大众文化、正确宣传中华文化影响力的力作。

一 丝绸之路起源及名称

丝绸之路起源于古代东西文化之间的交流,草原丝绸之路与海上丝绸之路为中外文化交流、海外贸易提供了重要的交流平台。

关于丝绸之路的起源问题,刘迎胜教授指出:丝绸之路起源于各人类文明中心之间的互相吸引。公元前三、四千纪,在旧大陆的不同地点分别独立发展起几个文明中心,从西向东列数,即北非尼罗河中下游流域的古埃及文明,西亚伊拉克幼发拉底、底格里斯两河间美索不达米亚文明以及巴基斯坦印度河中游的古文明。中国代表着东亚文明中心,与上述三个文明中心而言,相对处于封闭的位置,相互间的交通较为不便。中国作为欧亚大陆东部的文明中心,地大物博、人口密集,古代东西方之间虽然交通困难,但是,毕竟能够通过直接或间接的渠道相互知晓,进而互相吸引。可以说,丝绸之路起源于文明的差异性[1]。日本与其他西太平洋诸岛、东南亚诸岛,因面积和人口有限,不能形成影响人类的文明中心。古代不同文明中心之间的交流主要是东西人类文化之间的交流。中国文化的起源有着多元性,欧亚草原上的游牧民族与他们的南方邻居定居农耕民族,存在着天然的经济文化联系,同时他们数千年来倚仗奔驰的骏马,一直扮演着联系东西文明的中介人角色[2]。

蚕桑丝绸业是古代中国独有的产业部门,在相当长的时期内,美丽的丝绸是受世界人民喜爱的中国产品。丝绸之路就是在以丝绸为主要交换物品的东西方经济文化交流背景下出现的连接东西方的商贸之路。早在远古的时代,中国内地的居民就已经同西域的居民建立了物质、文化的交换关系。考古学者在新疆哈密七角井发现的细石器文

---

[1] 刘迎胜:《话说丝绸之路》,安徽人民出版社2016年版,第1页。
[2] 刘迎胜:《丝绸之路》(草原卷),浙江人民出版社1995年版,第1—2页。

化，经专家确定距今已有一万年。并推断在那里发现红色的珊瑚，应出自沿海地区，它是当时东西交通的物证。先秦时代西域从中原取得丝绸，而作为交换，中原从西域取玉。古代西域赴中原供玉的人，估计是从和田沿和田河而下，至塔里木河、孔雀河、罗布泊、玉门到达河西走廊。①

波斯帝国是人类历史上第一个建立的地域辽阔的大帝国。公元前6世纪，波斯帝国的兴起，使东到中亚西达地中海的土地连成一片，大大便利了人类东西交通，在丝绸之路的历史上有划时代的意义。丝绸之路是指东起我国、西至西非欧洲的古代商路。其中从中亚至地中海的部分可称为中间部分。考古学家曾在公元前三千纪末的西亚古代遗址中发现过天青石（又称为青金石）。经过研究发现，这种天青石是产于阿富汗的丛山之中的一种半宝石，这证明中亚通往西亚的民间商路早已存在。波斯帝国的中央集权统治制度的建立和驿路系统的完善，使地中海东岸地区到中亚的交通变得更为便利，这就为后来丝绸之路的开通创造了条件②。

亚历山大的东征是东西交往历史上一件开天辟地的大事件，它第一次使欧洲人与内陆亚洲人发生了密切的关系。北方游牧民族在贯通东西交通过程中起到了重要的作用。马背民族匈奴的崛起及其西迁，为草原丝绸之路与西方相连接创造了条件。秦汉之际，匈奴统治了西域，中西陆路交通处于匈奴控制之下。匈奴与月氏的西迁，使中国北方游牧民族与西方民族相接触，其势力范围扩大到欧洲，成为连接东西方草原交通的中介人。乌孙也是汉代连接东西方草原交通的最重要民族之一。张骞出使西域使中原与西域的关系空前地密切起来。中亚草原成为连接中国与西方文明的桥梁。如果说公元前6世纪波斯帝国的建立使从地中海到中亚的商路贯通，马其顿亚历山大的东征使这条商路延伸到欧洲大陆的话，那么，月氏、乌孙的西迁和张骞的出使又使这条交通线向东伸及中

---

① 刘迎胜：《丝绸之路》，江苏人民出版社2014年版，第15—28页。
② 刘迎胜：《丝绸之路》，江苏人民出版社2014年版，第30—31页。

原，到这时我们可以说丝绸之路已经全线贯通了①。

关于丝绸之路名称的最早提出，学界普遍认为是 1877 年李希霍芬在《中国：亲身旅行和据此所作研究的成果》(*China：Ergebnisse eigener reisen und daraef gegründeterstudien*)② 一书中首次提出了丝绸之路 Seidenstrassen.（silk road）一词。刘迎胜教授也认为丝绸之路的名称始于李希霍芬 Seidenstrassen.（silk road）的提法。李希霍芬提出把古代从东方向遥远的西方输送丝绸的通道称为"丝绸之路"（die Seiden-trasse），于是"丝绸之路"这个名称很快传播开来，为世界各国学者和人民所接受，沿用至今，并逐渐成为古代东方与西方之间文化交流的代名词③。但是，鱼宏亮根据俄罗斯历史学家叶莲娜·伊菲莫夫娜·库兹米娜的研究，对李希霍芬第一次使用丝绸之路的观点提出了质疑。④ 叶莲娜·伊菲莫夫娜·库兹米娜认为早于李希霍芬在公元 4 世纪早期的马赛林（Ammianus Marcellinus）的《历史》第 23 册中，第一次出现过丝绸之路的名字，李希霍芬使用"丝绸之路"一词属于再发现。⑤ 这一问题值得进一步研究。

1987—1997 年，联合国教科文组织计划实施"丝绸之路考察"（Silk road Expedition）十年规划，其全称为"丝绸之路：对话之路综合考察"（*Integral Study of the Silk roads：Roads of Dialogue*）。当初制定这个规划时是否以丝绸之路命名有所争议。有些国家的学者提出，古代东西方之间海上商路所转运的大宗商品多是香料和瓷器等物品，因此，海上东方与西方之间的商路应该称为"香料之路"或"瓷器之路"。但是，更多国家的学者认为，古代东西方各国之间，除了商品交换以外，还包括文化交流，只有丝绸之路这一称谓，才能够涵盖古代东西方之间的物质文化交流的丰富内容。所以，丝绸之路这一名称最后被联合国教科文组织所采

---

① 刘迎胜：《丝绸之路》，江苏人民出版社 2014 年版，第 38—61 页。
② Ferdinand freiherrn von Richthofen：*China：Ergebnisse eigener reisen und daraef gegründeterstudien*，D. Reimer，Berlin，1877.
③ 刘迎胜：《丝绸之路》，江苏人民出版社 2014 年版，第 316 页。
④ 鱼宏亮：《超越与重构：亚欧大陆和海洋秩序的变迁》，《南京大学学报》2017 年第 2 期，第 77 页，注 3。
⑤ ［俄］叶莲娜·伊菲莫夫娜·库兹米娜、［美］梅维恒英文编译：《丝绸之路史前史·引言》，李春长译，科学出版社 2015 年版。

用,并被许多国家的政府和民间组织积极响应。① 从丝绸之路这一名称的产生到中国国家主席习近平提出丝绸之路经济带的建设,以及提出"一带一路"的倡议为止,联合国教科文组织的"丝绸之路"考察活动成为过渡阶段,为各国学者研究丝绸之路提供了有利的条件。丝绸之路这一名称从产生代表着古代商贸之路到现如今"一带一路"倡议中的重要发展前景,对于对丝绸之路沿线国家、地区的历史、经济文化交流进行进一步的深入研究有着重要的历史和现实意义。

二 草原丝绸之路

草原丝绸之路连接了东西文化交流,中国历代王朝与中亚、西域的商业贸易活动均依赖于草原丝绸之路。从蒙古草原出发,穿越西伯利亚进入东欧、俄罗斯,此路被称为草原丝绸之路。由于中原与北方游牧民族有时处于和平相处的阶段,有时处于战乱年代,草原丝绸之路时断时续,经常因战乱的影响而受阻。

刘迎胜教授在《丝绸之路》(草原卷)指出,草原丝绸之路的网络成为连接北方游牧民族与中原人民的纽带,成为东西方交往的重要通道。从黄河流域沿陆路一直西行,至河西走廊的尽头可分数道向西,一道取罗布泊西南方向,沿塔克拉玛干大沙漠南缘西行达帕米尔高原;一道取罗布泊东北方向,经天山东南角,也达帕米尔高原。此两道或从红其拉甫山口进入克什米尔向南亚而行,或从帕米尔高原进入费尔干纳盆地,再西行进入锡尔河与阿姆河之间的沙漠绿洲地区,皆为沙漠绿洲之路。一道从河西走廊向西经哈密,再向西北进入天山以北草原,沿天山北麓行,越伊犁河、楚河和塔剌思河流域。由此可西越锡尔河进入阿姆河以北农耕区,或向南经今阿富汗向南亚行,或向西经今土库曼斯坦,穿过伊朗、伊拉克达地中海地区。从塔剌思河亦可向西北沿锡尔河而下,进入欧亚草原,向西到东欧。从中原可直接向北分数路进入蒙古草原。度大漠而北,便进入蒙古高原。从蒙古高原可直接向北,达今贝加尔湖,

---

① 刘迎胜:《丝绸之路》,江苏人民出版社2014年版,第320页。

向西沿今西伯利亚铁路所经的森林地带向西，一直到达东欧；亦可向西越杭爱山，沿阿尔泰山西行，再折向南进入天山北麓至伊犁河，再西行过碎叶川、塔剌思河，抵锡尔河，沿河而下至咸海，顺其北岸西行，过乌拉尔河、伏尔加河，直至黑河北岸。[1]

北方游牧民族与中原王朝时而征战，时而和平相处。中国王朝更替、统一或出现割据政权的消息也随着北方游牧民族的马蹄，传到更远的欧洲。草原丝绸之路也因北方游牧民族的兴起，时而畅通，时而受到阻隔。隋唐时期的繁荣使中原与西北边疆地区的联系变得空前密切。唐政府在漠北设置州府后，开辟了漠北通往内地的驿路，唐朝平定西突厥后，天山以北诸地之间的交通形成网络。自哈密至北庭有驿路可通。参天可汗道成为漠北与中原往来的主要通道。隋唐时期通向欧亚草原的道路非常通达。从新疆库车出发，一路西行，翻越天山至碎叶城，能够达大食国境内。

辽金时期由于西夏的阻隔，中原与西方的往来多取道漠北。13世纪上半叶，由中原北上，经漠北和林，再趋金山，折而南下至别失八里，然后沿天山北麓达阿力麻里。由此向塔剌思，向西北可达欧洲，向西南则入波斯。成吉思汗西征对这条道路进行修整。蒙古灭西夏、夺取金朝控制下的关中地区之后，重新开通了中原经河西、畏兀儿直达西域的丝绸之路。明清时期，西方传教士沿丝绸之路来到中国，在东西方经济文化交流中也起到了重要作用。

三　海上丝绸之路

文明的接触与交流通常凭借一定的交通渠道，而海上丝绸之路是东西方经济文化交流的重要渠道。海路通道东端自中国沿海港口，从东南沿海港口起航，往南穿越南海，经马六甲海峡进入印度洋、波斯湾地区，远及东非、欧洲。从北方沿海通过东海，则可前往日本、朝鲜。此海路

---

[1] 刘迎胜：《丝绸之路》（草原卷），浙江人民出版社1995年版，第2—3页。

被称为海上丝绸之路。①

刘迎胜教授在《丝绸之路》(海上卷)指出：丝绸之路的起点在中国。太平洋和印度洋是古代亚洲大陆居民主要的海上通道。在西方殖民主义东来以前，海上丝绸之路扮演着东西方文化交流的主渠道的角色。除了十字军东征和蒙古海外征服以外，东西海上丝绸之路基本上是和平之路。②

环绕古代中国东面的太平洋的几个边缘海：日本海、渤海、黄海、东海和南海，以及内陆流入大海的黑龙江、辽河、黄河、淮河、长江、珠海、澜沧江、怒江，为古代居于内陆的中国人提供了出海与邻国交往的天然通道。东南亚诸岛一直被中国人视为"蛮荒"之地，但却是古代西太平洋、北印度洋人类航海活动的天然落脚点。航海技术发展起来以后，这些岛屿又成为航海家导航、识途的重要标志物和取得补给的中继站。中国古代水手主要使用岛屿导航法，以岛屿为地理坐标，确定航线。华东沿海的古代居民隔黄海与日本、朝鲜取得联系，亦与东南亚的联系较为密切。

唐朝末年开始，中国把东南亚至印度洋中诸岛国划分为"东洋"和"西洋"。古代中国航海家赴东南亚有两条主要的航线，一条是从福建、广东沿海港口出发，渡东海达台湾或吕宋，顺菲律宾列岛而南，至婆罗洲。这条沿西太平洋诸岛的航线所经诸地称为"东洋"。另一条是从中国沿海出发，顺大陆海岸南行，过印度支那半岛，所经诸地称为"西洋"。东西洋之间的分界是南海。所以说，"东洋"和"西洋"主要指的是距中国不远的南海一带。

陆上丝绸之路是中西往来的最古老的通道，但是陆上交通费用巨大，而且，不能保障安全。因此，当航海技术发展起来以后，海上丝绸之路在中西交通中所起的作用越来越重要。15世纪地理大发现以后，海上丝绸之路逐渐取代陆上丝绸之路成为东西方之间交往的主要通道。③

---

① 李庆新：《海上丝绸之路》，黄山书社2016年版，第1页。
② 刘迎胜：《丝绸之路》，江苏人民出版社2014年版，第316—320页。
③ 刘迎胜：《丝绸之路》，江苏人民出版社2014年版，第317—318页。

四　丝绸之路沿线物品交换

丝绸之路沿线有农耕民族生活，也有游牧民族活动。还有沙漠绿洲国家和地区经商的民族。较大的绿洲部落在力量强大时，不仅会把自己的势力伸及相邻的其他绿洲，而且，会迫使北方为邻的游牧民族服从自己。游牧民族强大时，也会南下入侵绿洲地区。在和平时期，双方通过贸易交换产品，在战争时期则通过武力取得对方的财物。绿洲居民和游牧民常常把取得的对方的货物通过自己的运输渠道交换给其他民族，他们都是东西方物质文化交流的中间人。[1]

丝绸之路沿线国家、地区最受欢迎的交换物品是丝绸。陆上丝绸之路是最古老的交通方式。丝绸之路沿线的古代游牧民族和农耕民族通过绢马贸易，交换各自所需物品。在古代很早就形成了东西方物品交换的通道。中国古代先民从自然界了解到蚕能吐丝，并逐渐学会用蚕丝织成美丽的丝绸。西方人最早不了解丝绸是用何种材料编织出来的，以为是羊毛类物品。后来欧洲人才了解到丝绸是与一种小动物蚕有关系的。丝绸经过传入西域，以西域为中介，再向西传入欧洲或更远的西方国家。西域原本不出产丝绸，在丝织业发展起来以前，古代西域贵族所消费的丝绸主要依靠交换从内地取得。从上古时代起，丝织品就是我国中原地区向西北各族输出的主要产品。丝绸传入西域之后，很多西域国家不知道丝绸是以蚕吐的生丝为原料。直到13世纪蒙古西征时，蚕桑业在西域推广仍很有限。在西域最早开始织造丝绸的是高昌和于阗。丝绸和丝织业从中原传入于阗之后，又以西域为中介向西传播，传入欧洲、东罗马和印度。[2] 使丝绸成为东西方物质交换的最主要大宗商品。

丝绸之路沿线交换的物品还有中国的瓷器和西方的香料。由于陆上丝绸之路运输工具主要是马和骆驼，负载有限，瓷器笨重而易碎，更适合于利用海上通道船运。唐代瓷器通过海上丝绸之路远销欧洲等地，很

---

[1] 刘迎胜：《话说丝绸之路》，安徽人民出版社2016年版，第14页。
[2] 刘迎胜：《丝绸之路》，江苏人民出版社2014年版，第136—140页。

快成为中国主要的出口商品。中国瓷器大量外销的这种趋势在宋以后继续发展，海外发现中国宋、元、明、清瓷器的地点和数量也越来越多，这种世界性的瓷器销售网络存在了几乎1000年之久。地理大发现以后，欧洲人大量东来，除了贩运丝绸、瓷器以外，中国茶叶的饮用价值被发现，成为新兴的出口商品。饮茶的风气迅速在英国兴起，英国成为世界最大的茶叶进口国，为了减少贸易逆差，英国人把茶叶引进种到英国所属的殖民地印度，使当地茶叶产量急剧增长，后来印度、斯里兰卡竟成为世界上最大的茶叶出口国。中国的丝绸、瓷器、茶叶远销海外，换来的外番货物主要是香料。海外香料输入的历史十分久远。汉代文献已经提到外来的苏合香。南北朝时期日南、天竺的香木，罽宾的郁金香，安息的苏合香、大秦的熏陆香被四方的贾贩们运抵中国。香料进口量的日增，使其从奢侈品逐渐成为市井日常的消费品。除了香料之外，纺织品、药物和玻璃、金银器等异域珍奇也传入了中国。[1]

张骞出使西域之后，乌孙和大宛向汉朝献马。中原地区自古以来用蒙古马。蒙古马虽然耐力好，但是矮小，而且奔跑速度不快。中亚的马是世界文明的良种马，高大俊美、速度快、耐力好。乌孙马在汉朝很受欢迎，被称为"天马"。后来输入更优秀的大宛马之后，乌孙马被称为"西极马"。中原与中亚建立丝马贸易关系，但是，大宛汗血宝马的引进数量毕竟有限，而以良种西域名马与蒙古土种马杂交可使后代改良性状。汉以后，汗血马仍然不断输入中原。"汗血马"在元明两代被称为"阿鲁骨马"，又名"小西马"，仍然是中亚各地进献的主要贡品之一。蒙元是域外良马进入中原的另一个重要时期。由于蒙古帝国疆域辽阔，元代对域外良马有更多的认识。元朝人除了知道中亚的汗血马（即"阿鲁骨马"，又名"小西马"）以外，还知道产于阿拉伯与地中海地区更好的脱必察马，即"大西马"。古代游牧民族所驯化的马匹不仅是古代亚欧大陆人跋山涉水往来的主要载畜，也是丝绸之路沿线各族人民之间互通有无的重要交换物。[2]

---

[1] 刘迎胜：《丝绸之路》，江苏人民出版社2014年版，第318—319页。
[2] 刘迎胜：《古代东西方交流中的马匹》，《光明日报》2018年1月15日第14版。

除了良马以外，骆驼和驴也是西域和中原交换的牲畜。随着大宛汗血马的输入，外来的农作物苜蓿，作为营养价值极高的牲畜青饲料被引进种植。张骞在西域发现大宛名马的主要饲料是苜蓿，并向汉廷汇报此事。此后，汉朝使臣西行回来时，不少人带回苜蓿的种子，种在中原并加以推广。苜蓿不仅是营养价值高的牧草，还是绿肥作物，有培养地力的作用。苜蓿的引进对农业发展起到了重要的作用。张骞还从西域带回葡萄的种子，在中原开始栽培葡萄。

明清时期，"西洋布"也是东西方贸易往来、互相交换的大宗商品之一。"西洋布""西洋丝布"是印度南部出产的纺织品。据说质量要比东南亚真腊、暹罗、占城所产的布匹质量要好。① 此外，东南亚的象牙、东亚的人参等也是东西交换的商品。

五 丝绸之路沿线文化交流

丝绸之路不仅是物质交换的商道，还是文化交流的交通网络。宗教、音乐舞蹈、西域饮食文化、科学技术、语言文字通过丝绸之路沿线国家、族群的交流，形成中西文化交流的盛况。沿丝绸之路佛教东传是众所周知的事情。佛教传入中国之后，逐渐成为中国文化的一部分。随着中西文化交流的发展，十六国时代之后，起源于西亚的摩尼教、祆教、景教、犹太教和伊斯兰教向东发展，传入中国。

刘迎胜教授在《丝绸之路》一书中专门设一章节讨论"西亚宗教入华"问题。西亚的宗教传入中国有个过程，但是，可以肯定的是这些宗教是随着沿丝绸之路东来贸易的商贾传入中国的。

摩尼教起源于波斯萨珊王朝，摩尼教吸收了琐罗亚斯特教、基督教、佛教、太阳神教以及诺替斯教的思想，但不是这些宗教简单的混合。摩尼教是一种二元论宗教，其核心是"二宗""三际"说。摩尼教在中国被称为明教或明尊教。《佛祖统纪》记载，694 年波斯人拂多诞等携二宗经

---

① 刘迎胜：《海路与陆路：中古时代东西交流研究》，北京大学出版社 2011 年版，第 42—45 页。

入唐。这是中国史籍初次提到摩尼教，但实际上，摩尼教传入中国民间的时间可能早于此。唐政府对摩尼教采取禁止流行的政策。但是，回鹘人接受摩尼教对促进东西草原丝绸之路的交往起了很大的作用。在回鹘皈依摩尼教中起到关键作用的是九姓胡。往来于回鹘、西域和汉地的胡商中许多是摩尼教徒，他们控制了回鹘的对外商业活动，对回鹘贵族有极大的影响。安史之乱中，因回鹘平乱有功，唐朝对回鹘采取宽容的政策。唐政府优待回鹘的政策延及摩尼教，所以，对摩尼教也采取宽容政策，于是回鹘成为内地摩尼教的靠山。到了元代摩尼教成为官方承认的宗教。

祆教在中国历史上被称为波斯教、火祆教、拜火教等，又称琐罗亚斯德教。祆教又是雅利安人和伊朗、中亚、波斯土著居民原始信念的产物。祆教传入内地是在北朝时期。

景教又被称为波斯经教、大秦教等，是我国唐代对基督教聂思脱里派的称呼，元代称为聂思脱里。基督教崇拜耶稣，而聂思脱里教崇拜耶稣之母玛利亚。东方教会反对崇拜圣母玛利亚，因此，聂思脱里向东方传教。聂思脱里教在唐代就传入中国。现存于西安碑林博物馆的《大秦景教流行中国碑》是景教在唐朝时期就已经传入中国的有力证据。唐朝末期，聂思脱里教在北方草原得到广泛的传播。蒙古高原上信奉聂思脱里教的部落有汪古部和克烈部。居于金山和也儿的石河地区的乃蛮部也信奉聂思脱里教，这应该是受畏兀儿人影响。聂思脱里教在辽代的契丹人和蒙古时期，对北方草原的游牧部族也有一定的影响。元代聂思脱里教传入内地与撒马尔罕人马薛里吉思有关系。

沿丝绸之路来华贸易并长期定居的番商中很早就有犹太商人。刘迎胜教授认为，唐代景教和摩尼教传入中国内地，同时，犹太教也应该传入中国。居留广州的犹太人应该是由海上丝绸之路来华，海路来华的犹太人以外，唐朝还有从陆上丝绸之路来华的犹太人。到了元代回回人和犹太人商人享有特权，但是，因为饮食习惯不同，也有回回人、犹太人与元朝政府出现冲突的情况。刘迎胜教授根据《元史》《史集》《元典章》中的记载，指出元代蒙古人与犹太人、回回之间，因杀羊的习惯不同，而引发的矛盾和冲突。回回、犹太商人来元朝经商可以利用驿站交通提供食宿等。驿站提供羊肉，回回和犹太人认为不洁，要求自己宰杀羊只取食，沿途驿站得到骚扰，很是不满。因此，忽必烈下令禁止回回商人自宰驿站羊只取食的行为。刘迎胜教授以《元典章》记载的"禁回回抹杀羊做速纳"为例，说明了这些回回商人就是犹太人。

伊斯兰教传入中国与上述沿丝绸之路商贾传入中国的西亚摩尼教、景教、犹太教等不同。伊斯兰教是伴随大食帝国的武力扩张而传播的。我国西北地区的民众信奉伊斯兰教的居多。他们的伊斯兰化与伊斯兰教沿丝绸之路东传有关系。在外来宗教中伊斯兰教与佛教一样，对我国现代生活也有着很大影响。

伊斯兰教起源于阿拉伯半岛。阿拉伯人征服了亚、非、欧广大地区，使伊斯兰教在西域和向东传播。到了元代伊斯兰教传播到全国各地，在回回中流行。察合台汗国，从木八刺起，开始信奉伊斯兰教，受伊斯兰文化的影响。随着察合台汗国的伊斯兰化，东部蒙古的贵族也出现逐步伊斯兰化的过程。这对西域伊斯兰化有很大影响。[1]

除了宗教文化沿着丝绸之路东传以外，西域的饮食文化、音乐舞蹈、语言文化也在中国内地有一定的影响。刘迎胜教授根据《饮膳正要》的记载，探讨西域的饮食"秃秃麻食"等在元朝的影响，以及流行于中亚、西亚的饮料"舍里八"和蒸馏酒传入中国的过程。西域的胡笳、胡旋舞等也沿丝绸之路传入中国。[2] 随着西亚的宗教摩尼教、袄教传入唐朝，伊斯兰教的东传，唐元时期，伊朗诸民族语言、波斯语等成为官方教习的语言之一，在中国形成很大的影响。[3]

总之，刘迎胜教授及其丝绸之路研究，在丝绸之路、伊斯兰文化、历史语言学、蒙元历史文化、中外关系史研究等诸多领域影响较深，为国内外丝绸之路研究和中西文化交流做出了很大的贡献。

---

[1] 刘迎胜：《察合台汗国史研究》，上海古籍出版社2006年版，第460页。
[2] 刘迎胜：《丝绸之路》，江苏人民出版社2014年版，第121—264页。
[3] 刘迎胜：《华言与蕃音：中古时代后期东西交流的语言桥梁》，上海古籍出版社2013年版，第17—28页。

全球史视野下的郑和下西洋

全球史视野下的郑和下西洋

万 明

(中国社会科学院历史研究所)

全球史（Global History）研究兴起于20世纪80年代，是史学界对于全球化的学术反思与回应。随着全球（global）核心词汇在史学论著中的频繁出现，史学的全球史转向成为一股潮流，已经为世界上越来越多学者所接纳，并将中外关系史研究推到史学的前沿。21世纪初，笔者将晚明社会变迁研究与全球化开端相联系，从单纯关注中外国家间的相互关系，转变为关注全球史的一部分。[①] 全球史意味着以全球的视角重新梳理人类交往的历史，关注全球空间发生的人类经验。海洋是把不同国家和社会相互连接在一起的纽带，考察人类历史上的航海现象和海上各国各地区的交往与联系，是全球史极为重要的一部分。15世纪在海上拉开全球化帷幕的是郑和下西洋，清晰地标志着一个海洋新时代的开始。下西洋如何为建立现代意义的全球史提供了历史资源？作为历史上一次全球化的运动来阐释郑和下西洋，可以丰富我们对全球史的认知。

一 "西洋"——印度洋的整体认知

蒙元帝国崩溃后，国际关系格局出现新变化。明朝建立以后，对外联系是全方位的，中西交通大开，包括陆上与海上。明朝六遣傅安、五遣陈诚从陆路出使西域，郑和七下西洋，亦失哈七上北海。毋庸讳言，其中最令人瞩目的是郑和下西洋。

[①] 万明主编：《晚明社会变迁：问题与研究·绪言》，商务印书馆2005年版。

七下西洋，"西洋"究竟指哪里？这是理解郑和下西洋的基本问题。根据笔者研究，"西洋"一开始是有特指的，在跟随郑和下西洋的通事马欢所著《瀛涯胜览》中，当时明朝人所认识的"西洋"，具体所指为"那没黎洋"，也即今天称为印度洋的海域。因此，这里是一个关键节点。百年以来，在郑和下西洋研究中，学界从中国与东南亚关系、中国与南亚关系、中国与西亚关系、中国与东非关系出发，都已有相当丰硕的研究成果。然而，迄今鲜见有将郑和下西洋的西洋就是印度洋的概念突出出来，把下印度洋作为一个整体来探讨，以致郑和所下西洋即印度洋的事实被有意无意地遮蔽了，换言之，作为郑和大航海时代一个整体的印度洋久已被极大地忽视了。迄今大多学者仍以文莱划分东西洋界限，长期以来对郑和所下"西洋"认识不清，更说明对于明代中国的外交理念与实践，我们还应该有一个重新认识的过程。

聚焦印度洋，是一个整体丝绸之路的空间。印度洋自古以来是东西方交往的汇聚之地。在世界古代四大文明摇篮中，印度洋孕育了其中之三。印度河流域文明、两河流域文明、尼罗河流域文明分列印度洋区域的东、中、西部。今天我们知道，印度洋是世界第三大洋，面积7491万平方公里，约占世界海洋总面积的五分之一，拥有红海、阿拉伯海、亚丁湾、波斯湾、阿曼湾、孟加拉湾、安达曼海等重要边缘海域和海湾。在古代，印度洋贸易紧紧地将亚、非、欧连接在一起。

印度洋上的商业贸易自古繁荣发达，在印度洋西部，印度人、阿拉伯人、埃及人等活动频繁，希腊罗马时代的商业活动发展。产生于公元1世纪的《厄立特里亚海回航记》（*Periplus of the Erythraean sea*）是一本描写印度洋沿岸东非、西亚及南亚海上贸易的著作。"厄立特里亚海"译为"红海"，但不同于今日所指的地中海与印度洋之间的红海。这个希腊罗马地理学家使用的名词，不仅包括今日的红海、阿曼湾到印度河等地区，而且包括了孟加拉湾。[1] 中国《汉书·地理志》记载了公元前1、2世纪间

---

[1] 关于古代西方对印度洋的记述，请参见［法］戈岱斯编《希腊拉丁作家远东古文献辑录》，耿昇译，中华书局1987年版；［法］费琅辑注《阿拉伯波斯突厥人东方文献辑注》（2册），耿昇、穆根来译，中华书局1989年版。

自徐闻、合浦到已程不国（今斯里兰卡）的航行路线，说明中国与印度洋已有通商关系。公元7世纪以后，执印度洋牛耳的则主要是阿拉伯人。

在人类文明发展史上，从西汉张骞凿空西域，同时开辟了南海航线，到东汉甘英"临西海以望大秦"，受阻于波斯湾头望洋兴叹，东西方交往的重心从此定于亚欧大陆，经久不衰。这里涉及两个关键问题：一是何时陆海丝绸之路全面贯通？二是东西方交往重心从陆到海的重大转折，发生在什么时候？笔者认为虽然有唐代海路转折之说，但是看看敦煌的璀璨，就毋庸赘言；还有认为是蒙元帝国时代海陆交通大开之时，实际上那是遗忘了元朝在海上攻打爪哇和日本，均以失败告终。直至15世纪初郑和七下西洋，中国人以史无前例的规模走向海洋，陆海丝绸之路才全面贯通，而贯通的汇合点即在印度洋，接着发生的就是古代丝绸之路从陆向海的重大转折。

从全球史的视野来看，郑和七下印度洋，历史发展到一个新阶段——一个印度洋时代。通过七下印度洋全覆盖式的航海实践，可以了解到15世纪初明代中国已形成了一个整体印度洋的认知。"郑和下番自古里始"，当年的古里就是今天印度喀拉拉邦的卡利卡特，从下西洋亲历者马欢、费信的书中，我们可以看到以古里为中心的5条航线：1. 古里至忽鲁谟斯国（在今伊朗霍尔木兹海峡，扼波斯湾出口处）；2. 古里至祖法儿国（在今阿拉伯半岛阿曼的佐法尔）；3. 古里至阿丹国（在今亚丁湾西北岸一带，扼红海和印度洋出入口）；4. 古里至剌撒国［旧说在今索马里西北部的泽拉（Zeila）一带，近人认为是阿拉伯文 Ra's 的对音，义为岬，即也门沙尔韦恩角］；5. 古里至天方国（今沙特阿拉伯的麦加），即包含了印度洋周边几乎所有的重要节点。而重要延伸是东非航线，据郑和等亲立《天妃之神灵应记》碑，上面的木骨都束，即今索马里首都摩加迪沙。郑和对于印度洋全覆盖式的航海外交全貌由此明确显示了出来。而古里的选择，远离德里政治统治中心，"宣扬国威"不能成立。古里"是中世纪印度杰出的港口城市之一，是一个香料和纺织品的国际贸易中心"。[①]

---

① Dr. K. K. N. Kurup: "Foreword", *The Zamorins of Calicut*, Calicut: Publication division Univ., 1999.

这说明古代国际事务不全是受国家意志的左右，而是受到东西方固有海上联系网络与贸易交往趋势的影响。

更重要的是跟随下西洋的费信诗所说"古里通西域，山青景色奇"，在当时明朝人看来，西洋的尽头就是西域，这是明朝人对于西洋与西域连接的认知。因此我们可以得出结论：郑和下西洋的国家航海外交行为，全面贯通了陆上丝绸之路与海上丝绸之路，交汇之地就在印度洋，这是从海上给古代丝绸之路画了一个圆。同时，印度洋上互动贸易网络的建构，使得海上丝绸之路达于空前鼎盛。此后明朝人将亚欧大陆上的撒马儿罕称作"旱西洋"，忽鲁谟斯的定位也从"西域"到了"西洋"，明朝人对于海外世界互联互通的理念于此凸显出来。

传统的主流论述是从朝贡体制视角来理解和书写下西洋的历史，认为由此形成了东亚文明核心圈，即所谓东亚世界体系。从全球史的视角来看，郑和下西洋的面貌和意义会有很大不同，不仅在空间上早已超出了东亚范围，而且更重要的，是修正以往被极大地忽视了的古代亚洲乃至欧洲都有朝贡概念与国际惯例的存在。明初国际秩序的理念，具有与前此蒙元帝国、后此西方海外扩张殖民帝国迥然不同的特征，不可简单以传统朝贡制度或体系笼统归纳和理解。进一步说，明朝外交的"不征"与"共享"理念，宣告彻底改变了蒙元帝国对外交往的暴力征服模式，使得明代中国与印度洋各国之间的互动，才变得比以往任何一个历史时期都要频繁和密切得多。郑和七下印度洋，将今天的东北亚、东南亚、中亚、西亚、南亚乃至东非、欧洲等广袤的地方，连成了一个文明互动的共同体，政治上国家权力整体上扬，经济上贸易资源互通有无，文化上多元文化认同交融。现存斯里兰卡科伦坡国家博物馆的"郑和布施锡兰山佛寺碑"，以中文、泰米尔文、波斯文三种文字记载着永乐皇帝的代表郑和向佛祖、毗湿奴和真主阿拉贡献布施的史实，是明朝人对于印度洋多元文化共生兼容认识的最好例证。中国通过走在世界前列的先进航海技术，改变了阿拉伯人掌控印度洋海上贸易的状况，印度洋海上跨国网络的建立，推动了区域国际贸易的活跃发展，开创了印度洋区域各国跨文明对话与合作发展的新局面和国际新秩序。如果要问跨国网络和互动的结果是什么，我们认为是国际合作成为潮流，是新的国际体系的建构。永乐二十一年（1423），出现了西洋古里、柯枝、加异勒、溜山、南浡利、苏门答剌、阿鲁、满剌加等16国派遣使节1200人到北京的所谓"万国来朝"盛况，是下西洋将中华秩序理念付诸实践，在没有对任何国家产生威胁的基础上，建立起一种"共享太平之福"国际新体系的标志。

古代印度洋贸易紧紧地将亚、非、欧连接在一起，郑和七下印度洋，成功地全面贯通了陆海丝绸之路，中国与印度洋周边各国的合作互动，为一个"全球"贸易雏形的构建，也为一个整体的世界诞生于海上做出了重要铺垫，可以说是拉开了全球史的序幕。这如果仅仅记在了后来欧洲人的账上，是令人遗憾的。

二 重大转折：满剌加王国兴起与马六甲海峡凸显

现在让我们回到第二个关键问题：东西方交往重心从陆到海的重大转折，发生在什么时候？这就要谈到马六甲海峡，它地理位置重要，但在此前一直名不见经传，15世纪初满剌加王国的兴起，是海峡得名的历史渊源，直至15世纪初明朝永乐、宣德年间，郑和率领庞大的船队，穿过马六甲海峡，以达浩瀚的印度洋，留下了大量的印迹，其最深的印迹，莫过于满剌加王国的兴起和马六甲海峡的凸显。

马六甲海峡，又译做麻六甲海峡（英语：Strait of Malacca；马来语：Selat Melaka），是位于马来半岛与印度尼西亚的苏门答腊岛之间的漫长海峡，现代由新加坡、马来西亚和印度尼西亚三国共同管辖。海峡西连安达曼海，东通南海，呈西北—东南走向，是沟通太平洋与印度洋的重要航道。海峡有着悠久的历史，阿拉伯商人早就开辟了从印度洋穿过海峡，经过南海到达中国的航线。作为连接印度洋和南海的水道，马六甲海峡是印度和中国之间最短的海上航道，是中国通往印度洋的重要通道。然而，马六甲海峡得名于贸易港口马六甲（Melaka，原称Malacca），国际上习惯以马六甲称呼该海峡的历史只能追溯到15世纪初满剌加王国的兴起，这形成了一个重要的国际贸易港口的时间点。而满剌加王国的兴起，与郑和下西洋密不可分。

明朝洪武年间，在明朝交往的海外"三十国中"，尚没有满剌加出现。英国东南亚史家D. G. E. 霍尔认为，关于这个城市建立的年代，存在着很大的意见分歧。他指出1292年马可·波罗（Marco Polo）、1323年鄂多立克（Odoric）、1345—1346年伊本·巴图塔（Ibn Battuta）以及1365年的《爪哇史颂》都没有提到这个地方，说明这座城市是由拜里迷苏剌（Parameswara）建立的。① 王赓武先生指出："在1403年10月以前，中国朝廷对马六甲是一无所知的"，他认为，"可能是来自南印度的一些穆斯林商人使明廷相信马六甲是一个很大的商业中心"②。我们注意到，明朝得到满剌加的消息是来自穆斯林商人那里，这是准确无误的。但是，我们从中外历史记录了解到，下西洋开始时那里"一个很大的商业中心"尚不存在。③ 跟随郑和下西洋的马欢记载，满剌加"此处旧不称国，因海有五屿之名耳，遂名曰五屿。无国王，止有头目掌管。此地属暹罗所辖，岁输金四十两，否则差人征伐"。记述满剌加"田瘦谷薄，人少耕种"。"人多以渔为业，用独木刳舟泛海取渔"。同时记述了当时的商贸状况："有一大溪河水，下流从王居前过入海，其王于溪上建立木桥，上造桥亭二十余间，诸物买卖皆从其上"④。法国学者戈岱斯根据拜里迷苏剌在马来群岛的活动，推测满剌加形成聚落出现在15世纪头两年。⑤ 这也就引向了满剌加与明朝建立联系的关键时间点。拜里迷苏剌是满剌加王国的创建者，据中国史籍记载，满剌加国王5次亲自前来中国，规模最大的一次是在永乐九年（1411），拜里迷苏剌国王亲率王妃、王子和陪臣540多人到明朝访问。⑥ 明朝不仅帮助满剌加摆脱了暹罗的控制，还曾赠送船只给满剌加国王"归国守土"。

---

① 《东南亚史》上册，商务印书馆1982年版，第260—261页。
② 王赓武：《东南亚与华人——王赓武教授论文选集》，中国友谊出版公司1987年版，第85页。
③ ［英］理查德·温斯泰德著：《马来亚史》上册，姚梓良译，商务印书馆1974年版，第79—80页。
④ 马欢著，万明校注：《明本瀛涯胜览校注·满剌加国》，广东人民出版社2018年版，第34、35、36页。
⑤ Les etatshindouises d'Indochine et d'Indonesie, Paris, 1948, p. 409.
⑥ 《明太宗实录》卷一一七，永乐九年七月甲申。

更重要的是，郑和远航与满剌加有着特殊关系，马欢《瀛涯胜览》记载："凡中国宝船到彼，则立排栅，如城垣，设四门更鼓楼，夜则提铃巡警。内又立重栅，如小城，益造库藏仓廒，一应钱粮顿在其内。去各国船只回到此处取齐，打整番货，装载船内，等候南风正顺，于五月中旬开洋回还"①。这里清楚地表明，郑和船队的船只分头出发到各国进行贸易，最后都要汇合在满剌加，等待季风到来一起回国。进一步说，即使前往西洋的航程不经过扼守马六甲海峡的满剌加，回程也全都要在满剌加集结。因此郑和下西洋绝不仅是 5 次到达满剌加，以往返计，可能会达到十几次之多。满剌加国王拜里迷苏剌同意郑和在其国土上建立官场，存放货物，为郑和船队提供了一个安全的外府，使得郑和船队可以安全航行到印度洋周边各地；15 世纪初明满之间由完全不了解到关系发展迅速，其中的奥秘，是双方都看清了海峡地区的共同利益所在，互相信任，建立了一种新型国际关系，最终产生了合作双赢的结果。在中国和印度洋之间一个重要贸易中转地与一个繁盛的国际贸易中心的兴起，标志了马六甲海峡的崛起，其兴盛几乎持续了一个世纪，直至西方葡萄牙人东来才被打断。

马六甲海峡崛起，掌管了贯穿东西方交往生命线的钥匙。发展到 15 世纪末，位于海峡最狭窄地带的强盛的满剌加王国，控制着世界贸易航路的重要组成部分。马来文献《马来纪年》记载了满剌加通商的情境："不论上风和下风的行商，也常到满剌加，当时非常热闹。阿拉伯人称这地方叫作马六甲（Malakat），意思是集合各商贾的市场，因为各种族各样的商贾，都常到这里，而当地大人物们的行动也极为公正"②。后来的葡萄牙人印证了满剌加的重要国际贸易地位。葡萄牙人达·伽马在 1492 年在印度卡利卡特登陆，即郑和七下西洋每次必到的古里登陆，紧接着沿着郑和航行的路线于 1511 年占据了满剌加。葡萄牙人皮雷斯描述了在 16 世纪初所见满剌加繁盛的商业贸易景象，当时在满剌加的街道上行走，可

---

① 《明本瀛涯胜览校注·满剌加国》，第 38 页。
② 许云樵译注：《马来纪年》，新加坡青年书局 1966 年版，第 130 页。

以听到不下 84 种不同的语言。城内的外国商贾约有 4000 人之众。① 此话虽有夸大之嫌，但却也说明了当时的满剌加连接了亚洲、非洲和欧洲，是东西方文明间对话与交流的汇聚之地。认识到满剌加在东西方贸易中的地位举足轻重，1511 年葡萄牙果阿总督阿尔布克尔克说："我确实相信，如果还有另一个世界，或者在我们所知道的以外还有另一条航线的话，那末他们必然将寻找到马六甲来，因为在这里，他们可以找到凡是世界所能说得出的任何一种药材和香料"②。明人何乔远《名山藏》中记载满剌加时用了"诸番之会"来形容，这是恰如其分的。

满剌加王国兴起，是历史上国际关系合作共赢的成功范例；海峡得名恰在此时，从此海峡凸显在世界地标之上，而更为深远的意义，则莫过于它标志了东西方交往重心从亚欧大陆向海上转移的重大转折。

三 结语

航海活动如何构成了世界性的网络？全球的网络又是如何在海上构建起来？追本溯源，15 世纪初明代中国从农耕大国向海洋大国的强劲走势，和郑和七下印度洋全覆盖式的印度洋航海外交与印度洋周边各国的互联互动，形成了畅通的东西方海上交往网络，这构建了一个以合作共赢为核心的新的国际体系。一个相对和平、合作与繁荣的印度洋时代，其特征体现在两方面：一是陆海丝绸之路的全面贯通；二是东西方交往重心从亚欧大陆向海上转移的重大转折，这产生了极为深远的影响，展现了更为丰富深刻的历史图景：奠定了全球化在海上的诞生，人类最终融为一个整体世界——一部全球史。

---

① *The Suma Oriental of Tome Pires*, Vol. 2, pp. 254 – 255.

② B. de Albuqueque, *The commentaries of the great Afonso D'albuqueque*, ed. By W. de Gray Birch, Vol. 3, p. 118.

郑和航海与阿拉伯人航海之比较

郑一钧

(中国科学院海洋研究所)

在古代至中世纪,在海上丝绸之路的东西两端,中国和阿拉伯国家都是世界上的航海强国,并且随着海上丝绸之路的发展,航海事业一直在发展,而没有中断,并且长期在世界各国的航海事业中居于领先地位。这就存在一个中国人航海与阿拉伯人航海的比较问题,特别是郑和航海与同时代阿拉伯人的航海,在"牵星过洋"术和航海范围上,究竟谁居领先地位,迄今仍存在不同的观点,需要通过比较给出答案。此外,郑和航海与阿拉伯航海的范围,以及对人类在海洋上的发展各起到什么样的作用,也需要通过比较来加以说明。所有这些,都是郑和研究和海上丝绸之路研究值得关注的问题。

有一种观点,认为郑和航海的"牵星过洋"术是阿拉伯的技术,郑和航海没有突破阿拉伯人的范围。这种观点不符合历史事实,有加以澄清的必要。下面即围绕这两个方面,就郑和航海与阿拉伯人航海加以比较,还原历史的真相。

一 郑和船队的"过洋牵星"术不是阿拉伯人的技术

航海中使用的"牵星术"就是通过观测星辰(主要是北极星)的海平高度(仰角),来确定船舶航行方向和在南北纬度上所处位置的一种技术;"过洋牵星术",顾名思义,就是在茫无边际的大洋中运用"牵星术"越洋抵达彼岸的航海技术。中国自古在航海实践中产生和发展起来具有中国特色的"牵星术"和"过洋牵星术",郑和航海继承和进一步发展了这种天文航海技术,即是说,郑和船队的"过洋牵星术"就是中国版本的航海技术,而非阿拉伯人的航海技术。

在大海航行中,确定船舶的方向和位置,是至为紧要的。若是沿岸航行,陆地上的各种标志,在白天可用以导航,若在夜间航行,或在水天一色的大洋中航行,既看不见岸上的目标,又没有海中岛屿可作航行指标,就只有靠观测日月星座来辨明方向,确定船舶在航行中的位置了。这就产生了天文航海技术。我国人民很早就开始了航海活动,在航海中应用天文航海技术也有着悠久的历史。在商代甲骨文与《夏小正》中,与"斗"字相关的记载屡屡出现,这与当时人们已能利用观察北斗星来判断方位有直接的关系。商周之际,人们"仰以观于天文,俯以察于地理"①,对天文知识的应用,已成为人们社会生活和生产实践的常态,在航海中会以"观于天文"来导航也在情理之中。早在商周先秦时代,不断有航海去朝鲜、日本的记载,如商代的始祖契(与夏禹同时代,即公元前21世纪之时)的孙子相土,曾大力扶持渤海外诸岛屿上的部落,与他们航海往来,对促进海外诸部的社会进步做出了重要的贡献。商朝后裔在追颂相土的功绩时说:"相土烈烈,海外有截"②。相土首先要善于航海,即善于在海外航行中"观于天文"来导航,才能与海外诸部保持经常性的联系,才有可能在海外干出一番轰轰烈烈的事业来,成为我国有文字可考的第一位航海历史人物。至迟到周朝,我国同一些海外国家与部落之间,已建立了一定的藩属关系。王充《论衡》中有周时"越裳(今越南北部——引者注)献白雉,倭人(今日本——引者注)贡鬯草"的记载。周武王封箕子于朝鲜,一大批商朝遗民浮海随往。春秋战国时期,燕国与朝鲜存在着贸易关系,燕、齐、越等地人民为避战乱,不断泛海移居朝鲜。当时,通过海路,中国已能同朝鲜、日本等沿海国家保持来往。依靠这种航海技术和船舶条件,秦朝徐福才能率领三千余人的船队东渡到日本。而这都离不开当时凭着"观于天文"发展起来的天文

---

① 周振甫译注:《周易译注·系辞下传·第二章》,中华书局2018年版,第335页。
② 王秀梅译注:《诗经译注(下)·商颂·长发》,中华书局2019年版,第821页。

航海技术的进步。

至迟到西汉时期，通过长期的航海实践，有一定体系的天文航海技术已发展起来。在《汉书·艺文志》天文类中，记有海中星占验书六种，即是有关天文航海方面的书籍，其中《海中星占验》十二卷，是航海中，在海上占星。《海中五星经杂事》二十二卷，属于五星占。《海中五星顺逆》二十八卷，属于五星占。"顺逆"指躔度的盈缩。《海中二十八宿国分》二十八卷，属于二十八宿占。"国分"，是以天下郡国上应天星，讲星野划分。《海中二十八宿臣分》二十八卷，属于二十八宿占。"臣分"，是以天下官曹上应天星，讲星官划分。《海中日月彗虹杂占》十八卷，是以日月、彗星、虹霓占。这六种书共一百三十六卷之多，是当时众多航海者经年累月无数次乘船于汪洋大海中，在海上占星的总结。由于这些书早已亡佚，使我们无从详究汉代天文航海技术的发展水平。当时，中国船队已能顺利地往返于南洋、印度洋之间，这与舟师掌握了海上观星术，能较好地利用观测天体来导航，有着极大的关系。汉代远航印度洋的成功，海上丝绸之路的开辟，证明当时中国的天文航海技术已达到很高的水平。汉代关于应用天文知识进行海上占星的一批著作，总结了当时的天文航海技术，必具有一定的科学水平。西汉时刘安等著《淮南子·齐俗训》中记载："夫乘舟而惑者，不知东西，见斗、极则寤矣"[1]。就是说，乘船的人分辨不清东方或西方，那只要观测到北斗和北极星便可明白了。可见，当时在茫茫大海中靠观测星斗及北极星导航，已成为普通的常识。

自汉代以后，我国海船凡往返于印度洋、南洋之间，必依靠应用天文航海术而行。东晋葛洪《抱朴子》记载："夫群逆乎云梦者，必须指南以知道，竝乎沧海者，必仰辰极以得返"[2]。这里明确指出，在航海中一旦迷失方向，必须靠看北极星来辨明航向，才能返回。这也从当时中国人的航海记录中得到印证，如东晋高僧法显回忆自印度和斯里兰卡乘船

---

[1] 刘安等：《淮南子集释》卷十一《齐俗训》，中华书局2015年版，第776页。
[2] 葛洪著，王明校释：《抱朴子内篇校释》，中华书局1985年版。

回国的经历时说:"大海弥漫无边,不识东西,唯望日、月、星宿而进。"① 至迟到唐代,中国人已经掌握了准确测量北极星距离地面的高度的方法,如唐朝开元年间天文学家僧一行已利用一种名为"复矩"的仪器来准确测量北极星距离地面的高度,这为中国航海者在航海中测量北极星等准星距海平面的高度来准确定位,提供了有力的技术支撑。

仅靠观测天体来导航,有一定的局限性,就是当阴云遮天或海雾浓浓的时候,日月星辰都看不见,天文航海术无从施展,船舶难免迷失方向。宋代指南针开始应用于航海之后,才破解了这一难题。据宋朱彧《萍洲可谈》记载:"舟师识地理,夜则观星,昼则观日,阴晦观指南针"②。利用指南针导航,可以不受天气阴霾的影响,较之利用天文航海术导航具有很大的优越性。但仅用指南针导航,也有很大的局限性,就是它只能指示方向,而不能确定船舶所在的地理位置。所以,郑和船队在天气晴朗时夜航,主要还靠天文航海术,同时配合以罗盘指向。郑和船队在太平洋和印度洋上纵横驰骋几三十年,不仅开辟了横渡印度洋直达非洲的新航路,而且在各个海域又分别开辟了许多新航线。在这个过程中,发展起了郑和使团的天文航海技术。这种情形,正像郑和船队成员巩珍在《西洋番国志》中描述的那样:"经济大海,绵邈弥茫,水天连接。四望迥然,绝无纤翳之隐蔽。惟观日月升坠,以辨西东,星斗高低,度量远近。皆斫木为盘,书刻干支之字,浮针于水,指向行舟"③。像这样创造性地把航海天文学与导航仪器罗盘的应用相互结合起来,不仅克服了各自的局限性,而且大大提高了航行方位的精确程度。其所记载"斫木为盘,书刻干支之字,浮针于水,指向行舟"的指南浮针,其"书刻干支之字",一看就是中国制造,而不是阿拉伯人的。郑和航海技术的这一巨大进步,使郑和船队获得了更大的海上自由,这又促进了郑和船队天文航海技术的不断发展。

郑和船队的天文航海术,与汉代以来单纯的海中占星法不同,由海

---

① 法显:《佛国记》,吴玉贵释译,东方出版社2018年版,第275页。
② 朱彧:《萍洲可谈》卷二,李伟国点校,中华书局2011年版,第133页。
③ 巩珍:《西洋番国志·序》,郑鹤声、郑一钧《郑和下西洋资料汇编》(增编本)上册,海洋出版社2005年版,第121页。

上对星象的占验，发展到牵星过洋，形成了一整套行之有效的"过洋牵星"的航海术。茅元仪《武备志》中收录的《郑和航海图》及所附"过洋牵星图"四幅，为我们提供了郑和航海如何应用这种航海术的实例。郑和船队在过洋牵星时，常南北或东西两星同时并用，互相核对。最常用的是通过观测北辰星的海平高度，来确定在南北方向上的相对船位。牵星术的应用，是通过一种专用以观星的器具"牵星板"而进行的。据明李诩所著《戒庵老人漫笔》记载："苏州马怀德牵星板一副，十二片，乌木为之，自小渐大，大者长七寸余。标为一指、二指，以至十二指，俱有细刻，若分寸然。"所谓十二指，即用十二片牵星板来表示。牵星板是用优质乌木制成的正方形木板。最大的一块边长明尺七寸七分强，合今尺 24 厘米，叫十二指；次一块边长约 22 厘米，叫十一指；这样以下每块边长依次递减 2 厘米，分别叫十指，九指……到最小的一块每边的长只有 2 厘米，叫一指。此外，"又有象牙一块，长二尺①，四角皆缺，上有半指、半角、一角、三角等字，颠倒相向"②。这个象牙小方块四角缺边的长度，分别是一指牵星板边长的二分之一、八分之一、四分之一、四分之三，就是说，一指等于四角。使用时，左手拿牵星板一端的中心，手臂伸直，使牵星板和海平面垂直，眼看天空，使木板的上边缘对准所测星体，下边缘对准海平线，这样便能量出星体离海平面的高度。在测量高度时，可随星体高低的不同，以十二块牵星板和象牙块四缺刻替换调整使用，直到所选之板上边缘和所测星体相切，下边缘同海平线相合为止。此时使用的牵星板是几指，这个星体的高度就是这个指数。如不能相切，就从略大的那块板边上细分划处观测，以象牙块测角的度数，就可以得到所测星体地平高度之指与角的读数。牵星板加上象牙块，测角精度当可达 0.5° 以内。如果观测的星体是北辰星，则求得北辰星的指数，再换算成度数，还可以得出测点的地理纬度。在进行观测时，为使牵星板和人目之间的距离保持固定，可以用不持板的右手，从板的下端

---

① 引者注：原书在此有注谓："'长二尺'，明《藏说小萃》本作'长二寸'，未知孰是。"按：当作"长二寸"，这里按原书的据本作"长二尺"。
② 李诩：《戒庵老人漫笔》卷一，魏连科点校，中华书局 2012 年版，第 29 页。

和中心，引出一根长度固定的绳子，拉直牵引到人目。一般人手臂的长度为 60 厘米左右，因此，一指的角度为：

$$\tan G = \frac{2（厘米）}{60（厘米）} = 0.0333333$$

$$G = 1°9091524$$

即一指约 1°9，合今 1°54′。早在秦汉时代，我国在天文观测中已广泛使用"指"作为角度测量单位，并且一指也约合 1°9（一作 1°6）。如唐代《开元占经》所引汉代著作《巫咸占》中，就记载有金星与月亮最大南北向角距为五指，用现代方法计算，这个差数是 9°4，一指为 1°88。《巫咸占》一书虽早已失传，但在马王堆 3 号汉墓中出土的帛书《五星占》的占文中，已有用"指"作角度单位的记载，这是我们目前所能看到的有关的最早文献。

郑和船队的"牵星过洋术"，不仅在天文观测中使用"指"作为角度测量单位源自中国古代，就是其测量"星斗高低"的方法，也源于中国古代民间航海者。在东南船家的海洋民族志上，我们仍能寻到其轨迹，当地船家测量"星斗高低"的最原始方法是"裸掌测星"。海南文昌市清澜南岛的渔民，仅用裸掌五指衡量北极星的出水高度；他们在海平面上方伸出右手，展开手掌，掌心朝前，拇指向下，指端与海天连接线相切为零指，末指向上，所观察到的食指、中指、无名指、末指位置上的北极星出水高度就分别为一指、二指（半掌）和三、四指（一掌）。海南岛渔民黄华荫在海南岛附近海面测得的北极星高度将近一掌（四指），船在越南中部海面的北极星高度指数为半掌（二指）。据韩振华先生测算，一指合纬度值 5°44′，一掌合 22°38′，北极星高度不到一掌的海南岛则为 20°左右，而今海南岛北部正处于北纬 20°多；北极星高度为半掌二指的越南中部则为 11°24′，与今越南中部金兰湾一带所处纬度北纬 11°55′也相差不大。这种原始裸掌测星法对于研究古代量天尺的起源具有重要的启发。[①] 正是古代航海的量天尺度源于这种"裸掌测星"，所以中国古代水

[①] 刘南威等：《航海天文学》，科学出版社 1984 年版，第 11—13 页；韩振华：《我国古代航海用的量天尺》，《文物集刊》第 2 辑，文物出版社 1980 年版。

路簿、航海图凡涉及北极星出水高度导航的，均以"指"为单位。可见，郑和船队过洋牵星以"指"为单位，也是有其本土渊源的。

华南海洋民族中的这些以"指"宽为尺度的"裸掌测星"，反映了测星定位导航技术的最原初形态，应是宋明以来航海量天尺、牵星板等专用测星工具的前身。1974年福建泉州后渚港宋代沉船出土一件竹尺的特殊结构在于，全尺长20.7厘米，一端刻一格，另一端刻四格，中间间隔约三格位置没有刻划，每一格间距约2.6厘米，是宋代航海的量天尺[①]。中间空着的三格正是海师拳头握手之处，或者安装支架或手柄处。使用时四格刻度一端朝上，四格正与"裸掌测星"的四指相当，实测四格高度也正与一般人一掌约10厘米相当。海师向前伸出手臂，紧握尺子的下端（没有刻度处），拇指与食指间的平面对准尺子上端的第一刻度，并与海天连接线相切，北极星在四格刻度上的位置，正是其出水高度。如此使用法，与延续到现在的海南文昌市保线船民使用度尺测量天体的方法一样：他们手持竖尺，下端与海面平切，上端量出天体高度的寸数。福建惠安靖海舟子世传的针路簿中的牵星术为"定子午高低法"，如"吕宋子午高五寸六分，表尾子午高七寸二分，浯屿门子午高一尺七寸"[②]。直接以尺寸标示星辰的出水高度，应就是使用航海量天尺测量的结果。可见，过洋牵星术在中国民间船民中自古就普遍存在，是他们从航海实践中探索、总结出来的，与阿拉伯无关。从华南海洋民族志上源自古代传统的"裸掌测星"到郑和船队的"过洋牵星术"，体现着中国古代过洋牵星术合乎逻辑的内在自身的发展，确凿地证明了郑和船队的"过洋牵星术"与阿拉伯无关。

郑和船队的"牵星过洋术"，不仅以"指"为测量单位源自中国古代，其测量"星斗高低"的方法源于中国古代民间航海者，就是所用星辰也是用中国名称。如"北辰"星，即指北极星而言，古名勾陈一，星座名为小熊座α星；"灯笼骨"星，为南天四颗明亮之星，组成光亮灯笼形星状，故名"灯笼骨星"，如将其对角线相连，甚似十字架，故古名曰

[①] 韩振华：《我国古代航海用的量天尺》，《文物集刊》第2辑，文物出版社1980年版。

[②] 刘南威等：《航海天文学》，科学出版社1984年版，第12页。

"南十字",星座名为南十字架星座;"织女"星古名织女,即天琴星座;等等,充分说明郑和航海的过洋牵星术是中国本土的天文航海术,并不是偶然产生的,也不是在受阿拉伯航海术影响之后才有的,更不是阿拉伯的技术。那种声称郑和船队的"过洋牵星术"是阿拉伯的技术的观点,实际上是沿袭西方航海史学家曾经主张过的陈旧观点。郑和航海的过洋牵星术,是郑和船队继承了中国古代在天体测量方面,以及中国民间船家运用"裸掌测星"等航海法导航所取得的重大成就,并把它创造性地运用于更大范围的航海区域,从而形成的一种自成体系的先进航海技术。当然,也不排除郑和船队在某些海域航行时,有借鉴阿拉伯人的天文测量技术成果的可能存在,但起主导和决定性作用的,还是郑和船队在继承中国航海传统的基础上,结合自己的航海实践,自己总结创造出来的"过洋牵星"等天文航海术。甚至可以说,不仅郑和航海的过洋牵星术不是阿拉伯人的,而且恰恰相反,阿拉伯人用的过洋牵星的航海术也有可能是向中国人学的。正如我国老一辈著名中西交通史和航海史专家向达先生所说:"过洋牵星的航海术,中国与阿拉伯究竟孰先孰后,谁学谁,尚无定论。"向达还批判了西方著名学者所谓包括"过洋牵星术"在内的《郑和航海图》是来自阿拉伯人的谬论,尖锐地指出:"西欧资产阶级东方学家如法国的伯希和(P. Pelliot)、荷兰的戴闻达(J. J. L. Duyvendak)所说'航海图'(指《郑和航海图》——引者注)是以阿拉伯人的地图为蓝本云云,那全是逞臆之谈,举不出何种证据。"[①] 不仅郑和航海运用的"过洋牵星"术不是阿拉伯人的,而且事实有可能恰恰相反,阿拉伯人用的过洋牵星术极有可能是学习中国人的。有些西方航海史家坦承,中国古代在航海上曾"开导"过阿拉伯人。例如,在根据唐代来华的阿拉伯商人苏莱曼等人的见闻所撰的《中国印度见闻录》(又称《苏莱曼游记》)一书法译本的作者 J. 索瓦杰在译序中曾指出,该书原著的某些章节的编写特点以及部分地名译名都富于中文色彩,因此,"应该承认中国人在开导阿拉伯人近东航行中的贡献"。同时,他还据《印度珍奇记》指

---

① 向达:《整理郑和航海图序言》,向达整理《郑和航海图》第15—16页,中华书局1961年版。

出:"波斯湾的商人乘坐中国的大船才完成他们头几次越过中国南海的航行"①。

在公元 10 世纪中叶,马考地(Macoudi)曾记述当时阿拉伯商人东航,自波斯湾头之巴士拉(Basrah)乘大食商船至吉剌(Killah)市②之撒马尔罕(Samarkand)须在此地换乘中国船,方能来到中国:"吉剌〔市〕位于〔自沙兰生国〕往支那半途之稍前。此市为今日自尸罗夫及阿曼来之回教徒商舶之集合点,于此与支那来之商舶相会,视为惯例。但以前〔黄巢之乱前〕则不然,彼时支那商船开往阿曼、尸罗夫港、波斯及马林(Bahrein)沿岸一带,乃至奥波拉(Obollah)、马士拉等港,而诸地商舶亦直接航至支那〔诸港〕云。……自支那内状如上述以来,两国商舶乃于中间地〔吉剌〕会同。故〔欲与支那通商〕之〔撒马尔罕〕商人,须在吉剌换支那船以向 Khanfou(广府)云。"③ 马考地著书记述此事的年代在 950 年左右,可见在唐末五代之际,阿拉伯商人都是中途换乘中国船才得以到达中国。到南宋至元代,有越来越多的阿拉伯商人搭乘中国船来到中国,"至元末伊本巴都他时,海舶之往来印度、中国者,几全为中国船矣"④。就是说,在郑和航海之前,阿拉伯人来中国,都是从印度转乘中国船,而从印度至中国这段航程,恰恰要用到过洋牵星的航海术,说明阿拉伯人是靠着掌握了从印度至中国这段航程的过洋牵星的航海术的中国船的帮助,才得以实现来中国的目的。

由于郑和船队遍历南洋和印度洋广大海域,往南越过赤道 4°以上,所观测天体的范围,大大超过以往人们,包括阿拉伯人航海观测所能涉及的范围,所以郑和船队的天文航海术,就应用范围而言,不但进一步发展了我国传统的航海天文学,也超过了阿拉伯人的航海技术。《郑和航海图》中所注的过洋牵星数据及所附四幅"过洋牵星图",即反映了郑和

---

① 穆根来等译:《中国印度见闻录》法译本序言,中华书局 1983 年版,第 25 页。
② 吉剌即《宋史》卷四八九、《宋会要辑稿》册一九九、《诸番志》卷上等所记之注辇国。《岭外代答》卷二称"注辇国是西天南印度也",故地在今印度科罗曼德尔海岸一带。
③ Les Prairesd'Or. Tome J,p. 308.
④ Yuie,Cathay and the Way thither.(俞尔:《契丹及往其国之路》第 4 卷,第 25 页)参阅〔日〕桑原骘藏著,陈裕菁译订《蒲寿庚考》,中华书局 2009 年版,第 72 页。

航海在这方面的成就,从而为后世留下了我国最早、最具体、最完备的关于牵星术的记载。

郑和船队在航海中,以"过洋牵星图"为依凭,视"星斗高低,度量远近。皆斲木为盘,书刻干支之字,浮针于水,指向行舟"[①]。这样把观测星斗高低与浮针指向紧密结合起来,也就是将航海天文学与导航仪器罗盘结合起来,或者说将天文航海术与地文航海术紧密结合起来运用,既克服了各自的局限性,又提高了航行方位的精确度。这一具有中国特色的"过洋牵星术",明显优于阿拉伯人单纯观测星辰的"过洋牵星术"。郑和航海依靠这种自身独创的航海术,完全掌握了从某地出发,途经某地,最后到达某地的某某星座的方位和高度,"牵星为准,的实无差,保得无虞矣"[②]。这保障了郑和航海能以屡次成功访问亚非诸国,不仅开创了横渡印度洋直航非洲的纪录,同时也频频往返于东南亚、南亚与阿拉伯诸国之间;这期间所取各条航线相当复杂,非依靠多种牵星图不能顺利"过洋"。茅元仪《武备志》中所收入的过洋牵星图,不过是郑和航海所用过洋牵星图中有代表性的四幅图而已。但仅这四幅图,已能为船队横渡大洋往返于东南亚、南亚与阿拉伯之间,以及由斯里兰卡直航非洲的航途中,解决判断船舶的地理位置与航行方向,确定船队的航线等一系列问题。这四幅具有中国特色的"过洋牵星图"高度概括了郑和使团的天文航海技术,代表着十五世纪初利用天文导航的世界先进水平。

二 郑和航海超过了阿拉伯人的航海范围

众所周知,航海,如同陆上行进一样,必有所要达到的目的地。航海的目的,决定了航海所要达到的目的地,同时也决定了航海范围的大小。在中世纪,即郑和航海时代,阿拉伯和中国虽然均为世界上的航海强国,但两者航海的目的并不相同,这决定了两者航海的范围也各有不

[①] 巩珍:《西洋番国志·自序》,郑鹤声、郑一钧《郑和下西洋资料汇编》(增编本)上册,海洋出版社2005年版,第121页。

[②] 向达校注:《指南正法·序》,中华书局1961年版,第108页。

同，各有大小。

（一）阿拉伯人航海是为商业目的服务

公元 7 世纪，阿拉伯帝国建立，之后阿拉伯帝国击败拜占庭帝国和波斯萨珊王朝，控制了整个中东地区，而中东是所有横贯欧亚大陆的商路的枢纽。这里既有通往黑海和叙利亚各港口的陆路，又有穿过红海和波斯湾的水路，为阿拉伯人发展东西方海上交通创造了便利的条件。阿拉伯人重视商业和航海，他们重视航海是为商业目的服务的，因此，他们航海的目的地都是商业贸易比较繁荣的地方。在中世纪，世界上商业贸易比较繁荣的地方主要在印度、东南亚和中国，因此当时阿拉伯人航海的范围是：渡过阿拉伯海，到印度西南部沿海各商业港口，如卡利卡特［Calicut］（又译科泽科德，中国古称古里）、柯钦［Cochin］（中国古称柯枝）、奎隆［Quilon］（中国古称小葛兰）等地，再继续南下，到斯里兰卡（中国古称锡兰）。阿拉伯人从斯里兰卡再继续航海，最后达到的范围，正如享誉世界的美国历史学家斯塔夫里阿诺斯在其权威性著作《全球通史》中所说："穆斯林商人继续航行，从印度和锡兰到达马来亚沿海的卡拉巴尔（吉打），由此，一部分人南下，到达苏门答腊和爪哇，另一部分人则穿过马六甲海峡，然后北上，抵达中国南方的坎富（广州）。"阿拉伯商人和船队为什么把自己往东方的航海范围局限于印度、斯里兰卡、卡拉巴尔、马六甲、苏门答腊、爪哇，最远到中国为止呢？斯塔夫里阿诺斯解释道："穆斯林商人的通常计划是：9、10 月份离开波斯湾，乘东北季风航抵印度和马来亚，再及时赶到中国海域，乘南季风航达广州。在广州度过夏季，然后乘东北季风返回马六甲海峡，穿过孟加拉湾，次年初夏回到波斯湾——来回航程耗时一年半。"[①] 利用季风开展东西方贸易是阿拉伯人的传统，依靠季风航海是阿拉伯人在航海上最大的特点，他们也是按照这一特点制订航海计划，决定了他们东来航海的范围最南到达苏门答腊和爪哇，最北到达中国。另外，当时，阿拉伯

---

① ［美］斯塔夫里阿诺斯：《全球通史：从史前史到 21 世纪》（第 7 版，修订版）上册，吴象婴等译，北京大学出版社 2014 年版，第 200 页。

人往西航海的范围，则是到达北非沿岸，再由北非南下到达东非沿岸。

（二）郑和航海主要为政治目的服务

郑和航海的主要目的，正如郑和等郑和船队主要领导成员表述的那样，是"所以宣德化而柔远人也"[①]，有着明显的政治目的。根据郑和航海决策者明成祖命郑和下西洋的指导思想，其在海外"宣德化而柔远人"的范围，"当如天地之大，无不覆载"[②]，根本不局限于只航海去那些具有较大商业利益的地方，而是"南极溟海，东西抵日出没之处，凡舟车可至者，无所不届"[③]。因此，郑和航海的范围，大大超过了阿拉伯人。

在明代因郑和航海所至，受郑和下西洋的影响而与中国相联系的国家，据明清两代学者的记载，多寡不一，在诸书中，以明慎懋赏《海国广记》所记载国家为最多，计98国。其中个别国重复，如不剌瓦与卜剌哇国，苏门答剌国与须文达剌国等实为一国，然而不相重复的至少有90国，可见在郑和航海范围之广大。在这90多个国家和地区中，主要的国家有40余个，其中有不少国家是郑和航海所至而阿拉伯人未曾涉足的。如渤泥（今文莱）、苏禄［今菲律宾的苏禄（Sulu）群岛］等国。在郑和航海近百年之后，受欧洲人的东来的影响，阿拉伯人的航迹才到达苏禄等菲律宾一些群岛。此外，据《郑和航海图》显示，郑和航海的范围曾扩大到澳洲沿岸。按《郑和航海图》所示之航路，由爪哇、吉利闷可延伸至澳洲及马达加斯加；在苏门答腊岛以南，一条没有标注针路的重要航线下面，画有一大片陆地，陆地上标绘有若干无名的山脉。这片未名陆地的边缘线两端，均中断在图页下脚，没有画完，说明下面隐没着的那部分，是郑和船队尚未探明的地域。这片陆地在图中所占部分相当大，其形态与该图非洲部分相似，从《郑和航海图》的绘图手法和一般原则来看，这片陆地的面积相当之大，事实上，正是由于它的面积太大，以至当时郑和船队未能将它环航一周，搞清楚它的形状和大小。在苏门答

[①] 郑和等：《天妃灵应之纪》，郑鹤声、郑一钧《郑和下西洋资料汇编》（增编本）上册，海洋出版社2005年版，第18页。

[②] 《明成祖实录》卷二三，台北"中央研究院"校印本1963年版。

[③] 《明史》卷三三二《坤城传》，第8626页。

腊岛以下，确切地说，在苏门答腊岛东南海域，距郑和船队常年活动的苏门答腊、爪哇岛最近的大陆，唯有澳洲符合这一条件。绘于郑和第六次下西洋之后的《郑和航海图》，赫然出现这片神秘的大陆，正反映了郑和航海过程中，其自满剌加东航的分舻，又向东南越过赤道，在绕爪哇岛航行的过程中，在爪哇岛东南海域进行探索，曾到达澳洲的情形。

  在非洲海域，阿拉伯人的活动也是出于商业目的，其航海范围局限在北非和东非可以开展商业活动的地区。郑和航海则凡有人家的地方都视为航海的标识，因此在《郑和航海图》上就注明"有人家"。就是没有人家的地方，出于要航海到"际天极地"[①] 的地方去的动机，也要去航行。郑和船队在第六次下西洋中，开赴东非沿海的远洋分舻曾南下航过莫桑比克海峡，进入南非海域。1459 年，即郑和船队停航 26 年以后，在欧洲地图家弗拉·毛罗绘制的世界地图上，有两段注记提到，从印度启航的中国帆船（junk），在郑和第六次下西洋期间（1421 年以后），曾进入南非海域，甚至到达好望角附近。其中的一处，标明在索法拉角（德尔加多角）和绿色群岛（阿尔达布拉群岛、科斯莫莱多群岛，科摩罗群岛）的外海，曾有船先西南后转西作过海上冒险，往返达 4000 英里，远至非洲西海岸，推测至少越过了非洲南端的厄加勒斯角。另一处在迪布角的题词是："约在 1420 年来自印度（extra gangem）的一艘中国帆船，通过男、女岛，绕过迪布角，横越印度洋，取道绿色群岛和黑水洋，向西和西南向连续航行四十天，但见水天一色，别无他物。据随员估计，约行 2000 英里。此后情况不妙，该船便在七十天后转回迪布角。"海员们曾登岸求食，获见巨大的鸵鸟蛋。[②] 根据这两段注记，则这次出使赴非洲的一支分舻船队，自索马里、肯尼亚向坦桑尼亚继续南下；另有一支分舻则从拉克代夫和马尔代夫群岛，向西通过奔巴岛和桑给巴尔岛，然后折向西南，与从索马里、肯尼亚南下的船队先后取道绿色群岛，穿越莫桑比克海峡，航经马达加斯加岛、莫桑比克、南非沿海；其中一支分

[①] 郑和等：《天妃灵应之纪》，郑鹤声、郑一钧《郑和下西洋资料汇编》（增编本）上册，海洋出版社 2005 年版，第 18 页。

[②] 尤素甫·卡米勒：《非洲和埃及地图集》（Yusuf Kamal, *monumenta cartographia Africae it Aegypti*），第十卷第四册，1409 页以下，见李约瑟《中国科学技术史》第 4 卷第 3 册。

艅则继续南下进行海上探险，绕过厄加勒斯角、好望角，进入大西洋，深入西南非洲沿岸。这两支分艅的远航范围也是郑和船队到过而阿拉伯人没到过的地方之一。

在郑和航海之前，中国在航海上的综合实力就是领先于阿拉伯人的，这种优势一直保持到郑和航海时代。正如斯塔夫里阿诺斯所指出的那样："12世纪末，中国人开始取代穆斯林在东亚和东南亚的海上优势。蒙古人征服中国建立元朝（1279—1368）后，中国船体积最大、配置最佳，中国商人遍布东南亚和印度港口。明朝（1368—1644）中国的航海活动达到极盛，15世纪初短暂而辉煌地主宰了太平洋和印度洋。1405—1433年，宦官郑和率船队七次下西洋，规模和成就均史无前例。"[1]

史称郑和航海"遍历东西洋"[2]，能有如此之广大的航海范围，是有多种因素使然：其一，郑和航海主要出自政治目的是根本原因；其二，郑和航海不仅规模大，而且持续时间长，前后28年，七次大规模航海，有六次是不间断进行的；其三，郑和航海船队采取了大艅和分艅分头活动的方式，使郑和航海具有了充分的海上航行的自由，其航海就更具灵活性、主动性和创造力；其四，郑和航海的造船与航海技术达到古代木帆船航海的顶峰，加以船队成员具有忠于使命、勇往直前、敢为天下先的英勇奋斗与刻苦耐劳的战斗精神，这就促使郑和航海能够突破前人航海区域的局限，走前人未走的海路，到达前人未曾到过的海域。所有这些利于不断扩大航海范围的条件，都是同时代阿拉伯人所不具备的，因此，郑和航海的范围大大超过阿拉伯人就是势所必然的了。

（三）阿拉伯航海与所至各国不能形成海洋利益共同体的原因

郑和航海展现的开阔的视野，崇尚多元文化和重交流的理念，为各国之间道路相通、民心相通、互利互惠做出了历史性的贡献，其深远影响以至于今。郑和航海之所以能与所至各国实现共赢，在于它秉承了中

---

[1] ［美］斯塔夫里阿诺斯：《全球通史：从史前史到21世纪》（青少年版），陈继静译，北京大学出版社2014年版，第66页。

[2] 王鸿绪：《明史稿》卷三百二，清雍正敬慎堂刻本。

国传统文化，以实现人类的大同梦想为宗旨，具有为实现人类在海洋上的共同利益、共同发展所必需的基础。这个基础就是以各国"共享太平之福"相号召，使中国与海外诸国形成利益共同体。这个利益共同体贯穿了中国传统文化和谐包容的博大精神，求大同而存小异，尊重各国的佛教或伊斯兰教信仰，不寻求扩展领土，将海洋打造成将各沿海国家团结在中国周围的载体，从而为人类海洋的和谐发展创造了条件。阿拉伯人正与此相反，利用自己在海洋上的优势，进行领土扩展，排斥不同的文化，力图将各国统一到伊斯兰共同体之内。

公元610年，在阿拉伯半岛这个特殊的风土环境中，穆罕默德创立了伊斯兰教，12年后，即622年，穆罕默德率领信众迁至麦地那，建立起最初的伊斯兰共同体。629年，穆罕默德攻取麦加，并于两年后统一了阿拉伯半岛。穆罕默德于632年去世后，伊斯兰世界进入哈里发时代，伊斯兰共同体得到快速扩张。穆罕默德的继任者哈里发们以宗教为旗帜，锐意扩张，建立了物产殷富、文化科技发达、版图辽阔，横跨欧、亚、非三大洲的阿拉伯帝国，成为西方政治、经济与文化的中心。新崛起的阿拉伯帝国奉行对外征服的方针，在被征服的国家和地区，推行唯伊斯兰文化独尊的政策，若被征服之子民按照其意图皈依伊斯兰，便可成为伊斯兰共同体的成员，而与征服者享有平等地位，若不愿改宗皈依伊斯兰，则课以人头税和土地税，并依照其信仰之宗教性质进行分类与差别待遇。在法律制度上，则没有选择的余地，厉行伊斯兰法（Shari'ah）的统治。在阿拉伯帝国之后，阿拉伯人无论航海到什么地方，都是单一传播伊斯兰教，而将信仰其他宗教，或有其他文化信仰的人视为"异教徒"。郑和航海则体现了中国传统文化追求和谐、天人合一、兼容并蓄、共生共存的"世界大同"思想理念，具有全人类的共同包容性，所以能开创人类海洋利益共同体。伊斯兰思想的前提为一神论，伊斯兰那套建立在一神论基础上的超越性思想，排除了在文化上与各国求大同而存小异的可能性，其向海洋上发展，只能形成"人类伊斯兰海洋世纪"，而不可能形成人类海洋利益共同体。

在伊斯兰法所呈现的世界观中，人类世界分为"伊斯兰之家"（伊斯兰世界）与"战争之家"（非伊斯兰世界）。所谓的"伊斯兰之家"，指的是纳入穆斯林体系支配之下，完全接受伊斯兰法的共同体（United community ruled by the Shari'ah）。与此相对，"战争之家"则是不受穆斯林支配、由各式各样异教徒的政治共同体相互竞争的复数世界。① 但问题不只限于此，在伊斯兰教法中"伊斯兰之家"和"战争之家"的划分，仅具有暂时性的意义，其长远的意义是随着穆斯林方面主观能动的不断努力，真主信仰与先知圣训将持续向世界各地传播，所有的"战争之家"最终都将演变成"伊斯兰之家"。穆斯林将这种促使"战争之家"渐次转变成"伊斯兰之家"的努力，也就是不断将世界"伊斯兰化"的行为，称之为"神圣的奋斗"。这种将人类世界划分为两个世界，以及"神圣的奋斗"的天下观，与明初"治天下，凡日月所照，无有远近，一视同仁"②，将人类世界视为同一个世界的天下观，是截然不同的。中国人的天下观符合全球化的世界历史发展趋势，而阿拉伯人的天下观则与全球化的世界历史发展趋势格格不入。因此之故，当时中国与阿拉伯国家虽然同为航海强国，但天下观的不同，成为郑和航海能够开创人类海洋利益共同体，而阿拉伯人却不能开创人类海洋利益共同体的根本原因。

---

① 参阅：M. Khadduri, *War and Peace in the Law of Islam*（Baltimore：Johns Hopkins Press, 1955）。

② 《明太祖实录》卷三四，"中央研究院"校印本1963年版。

际天极地云帆竞：作为"大航海时代"前奏的郑和下西洋

邹振环

（复旦大学历史系）

TreasureShips Racing Between Heaven and Earth: Zheng He's Voyage as a Prelude to the "Great Navigation Age"

勇士们真实而奇瑰的经历，远远超过一切幻想和传奇。

［葡萄牙］贾梅士（Luís de Camões，约1524—1580）
《卢济塔尼亚人之歌》

中国古代不乏世界级的探险英雄，秦朝有率领数千童男女远航至日本的徐福，西汉有"凿通"西域、开辟了举世闻名丝绸之路的张骞，东汉有平定西域的班超，以及受命出使大秦（罗马帝国）的甘英。东晋有广游西土、陆去海还的法显，唐朝更有舍身求法、游学印度等地的玄奘。1905年5月18日，著名思想家梁启超以"中国之新民"的署名，在《新民丛报》第69号发表了郑和的传记《祖国大航海家郑和传》。他在这一情感丰富、笔触雄浑的名篇中写道：当世界进入15世纪"新旧两陆、东西两洋，交通大开，全球比邻"这一"有史以来最光焰之时代"，在中国不可企及的星汉灿烂的探险传奇人物的名单中，又出现了一位奉使西洋诸国的"海上巨人"郑和。[①]

[①] 梁启超著，吴松等点校：《饮冰室文集点校》第四集，云南教育出版社2001年版，第2060—2066页。

一 郑和下西洋的背景和原因

关于郑和下西洋的背景和原因，史学界有不同的解释，传统的说法，亦是见之明清多种史书，如傅维麟的《明书》、沈德符的《万历野获编》、张廷玉主编的《明史》等，都认为是为了寻找逃亡南洋一带的建文帝朱允炆的下落。现在史学家中认同这一观点最著名的学者是范文澜。其实这一说法，早在明代就遭到朱国桢的质疑。[①] 永乐大帝为了维护自己的夺取侄子皇位的合法性，派出一支海军舰队去南洋寻找失落政权的逃亡者，不是没有这种可能，但为了一个力量脆弱的建文帝，兴师动众前后七次，耗费二十多年时间去寻找，在逻辑上无论如何难以说通。因此，我们必得从明初的整个社会和文化背景来寻找原因。

明朝自建国以来非常重视海外贸易，早在1367年明太祖打下江南后，就在太仓州黄渡镇设置了管理对外贸易的市舶司，管理外国的"贡舶"和中国人的出海贸易。由于活跃在海上的民间私人贸易对抗朝廷的"朝贡贸易"，特别是一些铤而走险的舶商走私集团还经常威胁和打击朝贡贸易，因此，明朝当局曾屡次下令禁止"通番"，1374年明太祖甚至认为市舶司不能肩负通达外情和抑制奸商的职责，于是决定厉行海禁，出台了民间"寸板不许下海"的禁令，以便朝廷独占对外贸易之利。

明成祖永乐大帝是明朝一位雄才大略的统治者，他北击瓦剌蒙古人，深入亚洲内陆，大力加强与中亚各国的关系，促进与他们的贸易，在其统治时期，朝廷接待了撒马儿罕和哈烈的20个使团、32个中亚绿洲国家的使团、13个吐鲁番使团和44个哈密的使团，这些使团给朝廷带来了诸如贵金属、玉器、马匹、骆驼、羊、狮子和豹子，他们也得到了精美的丝绸、白银和其他贵重物品的赏赐。[②] 他也是中国历史上最具有海洋意识

[①] 韩振华：《论郑和下西洋的性质》，载郑和下西洋六〇〇周年纪念活动筹备领导小组编《郑和下西洋研究文选》，海洋出版社2005年版，第248—260页。

[②] [美]牟复礼、[英]崔瑞德编：《剑桥中国明代史》，张书生等译，中国社会科学出版社1992年版，第288、299、304页。

的帝王，虽然朱元璋已经严禁私人海上贸易，但东南沿海的海盗活动仍非常猖獗，"剽劫海上"的事件时有发生，甚至形成了"私下诸蕃，因诱蛮夷为盗"的局面。① 西洋诸国之间，也往往恃强凌弱，动辄兴兵，互相攻伐，这些无疑对永乐大帝的权威、明朝政府的威信和官方贸易是一种挑战。派遣郑和南下的目的除了宣示天朝上国"怀柔远人"的"大明国威"之外，还在于打击海盗，打开通往印度洋的海道。1402—1424年，永乐大帝派遣了62个使团前往东南亚各国，并接待了95个回访的使团，通过亚洲海路下西洋远至波斯湾，这些使团建立了从菲律宾至印度洋、波斯湾和非洲东岸诸国的联系。永乐大帝并未把眼光局限在本土一隅，而是从世界中心去睥睨世界，对世界的这些新看法指导着他的内外政策。② 郑和下西洋正是其具有远见卓识的海陆发展战略的一项重大举措。

二 郑和下西洋的时间、航线和规模

郑和下西洋并非突兀的事件，明代开国以后即已揭开了遣使远航的序幕，洪武初年，在南京西北隅空地建厂造船，洪武五年"八月甲申诏浙江、福建造舟六百六十艘，御倭"。洪武二十四年，明太祖朱元璋命在南京广植棕桐漆树数千万株，以供造船之用。③ 1403年明廷就命令京卫、浙江、湖广、江西、苏州等府卫造海运船200艘（《明成祖实录》卷二一）；1404年又命京卫造海船50艘，命福建造海船5艘（《明成祖实录》卷二六），特别说明以备遣使西洋诸国。④ 1553年李昭祥撰成的一部反映南京附近船厂的《龙江船厂志》，其中多为双桅船，也有一艘四桅船（"海船"）的材料规格和尺寸，并附有以银两为单位的造价表，以及各

---

① 《明太祖实录》卷二三一，台北"中央研究院"校印本1963年版。
② ［美］牟复礼、［英］崔瑞德编：《剑桥中国明代史》，张书生等译，中国社会科学出版社1992年版，第288、299、304页。
③ 参见席龙飞《郑和宝船研究的进展》，载《上海大学学报》（社会科学版）1985年第2期。
④ 《郑和年表》，载郑鹤声、郑一钧编《郑和下西洋资料汇编》（上），海洋出版社2005年版，第42—59页。

工种所需要的造船工匠和工人数目。① 可见发展官方海运，是明朝的一项国策，而早在 1405 年前，明政府就想重建与南洋的朝贡关系，永乐大帝决定派遣宦官郑和、王景弘②等率领船队数次下西洋，绝非偶然事件，这是明廷加强与亚非各国政治、经济、文化等方面广泛联系的必然结果。③

郑和（1371—1433）原姓马，名和，云南昆阳州人，据说在家排行第三，字三保，或作三保。世奉伊斯兰教，曾祖名拜颜，乃蒙古名 Bayan 的音译，意谓富；祖父和父亲均名为"哈只"，哈只（Haji）是回回人对曾赴麦加朝圣过的人之尊称。郑和幼年就耳闻奇闻逸事，后来有志于航海，和他父祖的影响有密切的关系。他幼习孔孟，又通晓伊斯兰教诸国的文化习俗，知兵习战，能武能文，12 岁被明军俘虏，遭阉割送入宫廷。14 岁进入北平燕王府，因身材魁梧、思维敏捷，出入战阵而多建奇功，特别是因帮助朱棣登基有功，擢升为内官监长官太监（正四品），而赐姓郑，时称"三保太监"。1405 年开始，明政府想重建与南洋的朝贡关系，

---

① 该船厂在 20 世纪 60 年代还存有六个大水塘，每个水塘约有 600 码长，100 码宽，以及大舵柱、铁锚等。参见［英］李约瑟《中国科学技术史》第四卷"物理学及相关技术"，第三分册"土木工程与航海技术"，科学出版社、上海古籍出版社 2008 年版，第 532—533 页。

② 王景弘，福建漳平人，生卒不详。洪武年间（1368—1398）入宫为宦官。永乐三年（1405）六月，偕同郑和等人首下西洋。永乐五年（1407）二下西洋；宣德五年与郑和同为正使，人称王三保。宣德五年（1430）六月六下西洋；宣德八年（1433）七下西洋，郑和病逝于印度古里，王景弘率队归返，宣德八年七月初六（1433 年 7 月 22 日）返回南京。一般史书记载王景弘参加了第一、二、三、四、七次下西洋，但也有人认为王景弘无役不与。宣德九年（1434）六月，王景弘受命以正使身份率船队出使南洋诸国，第八次下西洋。船队先到苏门答腊，后到爪哇。回国时，苏门答腊国王遣其弟哈尼者罕随船队到北京朝贡。

③ 为何下西洋这样重要的工作，永乐大帝要委托给几位宦官来主持呢？李约瑟有一个解释，即儒家官僚睥睨与外国的任何交往，他们对这些外邦异国不感兴趣，认为它们只能提供一些不必要的奢侈品。耗费钱财去国外搜寻奇珍异宝或其他怪诞之物不符合克己禁欲的宗旨，因此在宣德皇帝期间第七次下西洋结束后，郑和去世，其下西洋的航海支票遭到儒家海禁派所豢养的歹徒肆意焚毁，并非偶然。这也可以解释下西洋的水军将帅多为太监充任的事实。他认为这一段伟大的中国航海事业的插曲不过是儒家官僚和宫廷宦官之间争权夺利的一次交锋，于是也使太监成为中国历史上的一个伟大时期的缔造者。［英］李约瑟《中国科学技术史》第四卷"物理学及相关技术"，第三分册"土木工程与航海技术"，科学出版社、上海古籍出版社 2008 年版，第 576 页。

决定派遣宦官郑和、王景弘等率领船队七次下西洋,与亚非各国建立广泛的政治、经济、文化等方面的联系。1405年郑和奉使出洋时年约35岁。1431年,在距离第六次下西洋9年余,63岁的郑和再度受新皇帝朱瞻基的召唤,进行第七次下西洋的旅程,1433年4月初,郑和在第七次下西洋归途中逝世于印度的古里。[①] 时代的激越是因为这个时代有自己的英雄,郑和把自己一生最充沛的年华,都献给了大海——"沧溟",开创了世界海洋史上的"郑和时代"。

"际天极地……昼夜星驰,涉彼狂澜","观夫海洋,洪涛接天,巨浪如山",是郑和所撰写《天妃之神灵应记》碑中的一段话,显示出他企望通过高张云帆到天的边际、地的尽头,去考察整个险象环生的异域世界之雄心。郑和下西洋究竟到达了世界的哪些国家和地区呢?下面我们不妨列出郑和七下西洋往返时间、规模及所到之地的简表:

表1　　　　　　　　郑和下西洋往返时间、规模及所到之地

航次	各次出使航海的往返时间	出航月数	与前次间隔月	宝船/舶总数	舰队人数总数	出使经历的主要国家和地区
一	永乐三年(1405)六月至永乐五年(1407)七月	21—22		62/208	27800	占城、爪哇、苏门答剌、三佛齐、古里等
二	永乐五年(1407)十二月至永乐七年(1409)八月	20	3	未详/249	未详	爪哇、满剌加、锡兰、古里、柯枝、暹罗等
三	永乐七年(1409)十二月至永乐九年(1411)六月	18—19	4	48/未详	27000余	古里、满剌加、苏门答剌、阿鲁、加异勒、爪哇、暹罗、占城、柯枝、小柯兰、甘巴里等

---

① 明天顺元年(1457)佚名所撰写的《非幻庵香火圣像记》(附《三宝太监西洋记通俗演义》卷二十末尾)称"先太监公""至癸丑岁(宣德八年,1433年)卒于古里国"。参见郑鹤声、郑一钧《郑和下西洋史事新证》,载《中华文史论丛》1985年第3辑。

续表

航次	各次出使航海的往返时间	出航月数	与前次间隔月	宝船/舶总数	舰队人数总数	出使经历的主要国家和地区
四	永乐十年（1412）十一月至永乐十三年（1415）七月	约30	29—30	63/未详	27670	满剌加、爪哇、苏门答剌、阿鲁、古里、彭亨、急兰丹、加异勒、忽鲁谟斯、溜山等
五	永乐十四年（1416）冬至永乐十七年（1419）七月	约18	28	63/未详	27411	爪哇、满剌加、占城、古里、苏门答剌、麻林、木骨都束、卜剌哇、阿丹等
六	永乐十九年（1421）正月至永乐二十年（1422）八月	19—20	18—19	未详/百余艘	数万	榜葛拉、暹罗、阿丹、苏门答剌、忽鲁谟斯等
七	宣德六年（1431）十二月至宣德八年（1433）七月	19	111	61/百余艘	27550	爪哇、苏门答剌、古里、柯枝、锡兰山、佐法儿、阿丹、忽鲁谟斯等

注：上表绘制主要依据张廷玉《明史·郑和传》、《明实录》、郑和等《天妃之神灵应记》、祝允明《前闻记·下西洋条》和《郑和年表》等，载郑鹤声、郑一钧编《郑和下西洋资料汇编》上册，海洋出版社2005年版。

郑和在1405、1407、1409、1413、1416、1421、1431年七次下西洋，其中六次在永乐年间，一次在宣德年间，前后28年。第一到第三次是第一阶段。第一次郑和组织了一支27800余人的庞大船队，动用208艘船只，其中大小宝船62艘，战船100多艘，水船、粮船40余艘。带着大量的金银铜钱、货币，途经苏门答剌、阿鲁、旧港、满剌加、小葛兰，郑和下西洋有一个重要的功能，即打击海盗，保护南海诸国遣使入贡，有一条安全的航道。因此郑和船队也装备有各种类型的武器，如冷兵器有弓弩、标枪、砍刀、梨头标、小标等；燃烧性兵器有火球、火蒺藜、火枪、铁咀火鹞、烟球等；爆炸性兵器有铁火炮、神机石榴炮等。① 这些武器主要还是为了保持威慑力，郑和下西洋从未在海外建立殖民地，也很少动用武力。1407年郑和出使途经旧港（三佛齐国），称霸海上的海盗陈祖义率船队试图偷袭劫掠，郑和在海战中生擒陈祖义回朝，"由是海内振肃"，从此太平。② 1409年第三次下西洋在锡兰山停留时，该国国王亚烈苦奈儿"侮慢不敬"，欲加害中国船队，郑和出奇兵取其都城，大败锡兰军，生擒锡兰王。第二阶段是第四至七次，这一阶段到达的地区比前三次更远，地区由东南亚、南亚，拓展到西亚和东非地区，1416年底到达东非海岸，即今天的摩加迪沙，还有索马里境内。第二阶段比较激烈的战争是1415年归国途中，因苏门答剌国王宰奴里阿必丁的申诉，生擒领兵作乱的部落贵族"伪王"苏干剌，达到了"诸番振服"的效果。③

郑和船队有着舰队的指挥系统、航海技术系统、外事交流系统、后勤保障系统和武装力量系统。这样一个庞大的舰队是如何联络的呢？刘迎胜认为：这样大的一支舰队在海上，须有一定的通信手段保证旗舰对各船的指挥及各船之间的联络，以便于控制各船的航速航向，前进后退，升落帆蓬，起锚抛泊，起航入港的先后顺序，以及保持船距，避免碰撞，

---

① 唐志拔：《试论郑和船队装备的武器》，载《郑和研究》2003年专刊（总第50期），第204页。金国平还对该文中提及的"大发贡"、"大佛郎机"和"鸟嘴铳"等进行详细的考订，参见《郑和船队冷、热兵器小考》，载金国平、吴志良《过十字门》，澳门成人教育学会2004年版，第378—393页。

② 陈祖义，广东潮州人，明洪武年间全家逃往南洋，入海为盗。前后盘踞马六甲十几年，其最鼎盛时期成员超过万人，战船近百艘。活动在日本、中国台湾、南海、印度洋等地。明太祖曾悬赏50万两白银捉拿他。永乐年间，赏金更是高达750万两，当时明朝政府每年的财政收入也才1100万两。后来，他逃到了三佛齐（今属印度尼西亚）的渤林邦国，国王死后，他召集了一批海盗，自立为渤林邦国的国王。据《瀛涯胜览·旧港记》记载，陈祖义为人"甚是豪横，凡有经过客人船只，辄便劫夺财物"。劫掠超过万艘以上的过往船只，攻陷过五十多座沿海城镇，南洋一些国家甚至向其纳贡。明永乐五年（1407）他诈降郑和，郑和识破他阴谋，施巧计发动突然袭击，当场杀死海贼5000多人，并将陈祖义活捉。押回朝廷，朱棣下令当着各国使者的面处死陈祖义，并斩首示众，警示他人。

③ 《明史·郑和传》，并参见郑一钧《论郑和下西洋》，海洋出版社2005年版，第235—316页。

通告风向风力，测天观星，海上遇险调动指挥等，都需要通过各色信号旗语来进行联络。如以吹号、敲鼓、放炮互通信息。[①]《三宝太监西洋记通俗演义》中所谓"大铜锣四十面，小锣一百面，大更鼓十面，小鼓四十面"等物件，除作为作战指挥用之外，还可传达号令和信息，以便在海上能见度不佳时，保持有效联络。除锣鼓外，还有喇叭和螺号也用于通讯联络，指挥诸如前进、后退、举炊、集合、起碇、升帆、抛锚等活动。夜间通讯则采用升降灯笼数的不同作为联系方式，还通过训练信鸽建立起与本国之间的航空传递信息的系统。[②]

郑和在航海实践过程中非常注意收集和利用海图，他还亲自校正过一些海图的内容，如据福建集美航海学校搜集到的《宁波海洲平阳石矿流水表》记载："永乐元年，奉使差官郑和、李恺、杨敏等出使异域，躬往东西二洋等处……较政牵星图样，海岛、山屿、水势、图形一本，务要选取能识山形水势，日夜无歧误也。"

罗盘即指南针，是由磁针和方位刻度盘构成的指示南北方位的仪器，这是中国古代科学的四大发明之一。北宋徽宗宣和五年（1123）出使高丽的徐兢（1091—1153）在《宣和奉使高丽图经》（1124）卷三十四中就有"用指南浮针以揆南北"的记载；赵汝适（1195—约1260）在《诸蕃志》卷下中也有"舟舶来往，惟以指南针为则，昼夜守视惟谨"的记述。在这些中国船舶上使用了天文定向和磁针定向相辅而行，证明中国航海罗盘的使用较之西方要早一百多年。[③] 郑和船队中也有专门放置指南浮针的针房，有负责使用罗盘的火长，以及按照针路指挥行船的技术人员。针路航海是郑和下西洋的主要航海方法，它以航海罗盘定航向，以"更"计里程，"更"是古代的计算时间的单位，一昼夜分为十个"更"，但在针路中所使用的"更"则是计算里程的单位，即指在一个规定时间内，船只在标准航速下航行的里程，一般一"更"为六十里左右。每一天船只航行时间保持在十更。由于风潮的顺

[①] 刘迎胜：《丝绸之路》，新北：新雨出版社2017年版，第530页。
[②] 参见郑一钧《论郑和下西洋》，海洋出版社2005年版，第145—147页。
[③] 参见潘吉星《中国古代四大发明——源流、外传及世界影响》，中国科学技术大学出版社2002年版，第350—351页。

逆会对船速产生影响，因此在进行测量时，需要先在船头向海里投下一块木片，以一定速度赶到船尾，木片与人同时到达船尾即为标准速度。人比木片先到船尾，称为"不上更"，反之则称为"过更"。① 这两种情况与标准情况之间存在的误差，在计算船速时加以增减，或可得到近似真实的航速。航行路线与航程测算出后，船员们把它们画在地图上，就成了现在我们所看到的航海图。宝船使用的是水罗盘，盘上刻有24个方位，航行时可按一个或两个方位航行。郑和船队还采用"漏沙计程法"，即在船上设一个酒壶状的漏筒，装满细沙，沙从筒眼中漏出，直到漏尽，把它作为一个计量单位，称为"一更"。以罗盘针定航向，以"更"定航程，船队在茫茫大海中可以知道航船的大体位置，何时何地改变航向，加以测量水深底质，就能顺利到达目的地。"更"和航海罗盘结合起来，参用天文导航，通过观察各地恒星出地的高度，以"指"和"角"为计量单位，成为郑和船队运用牵星术的例证。而欧洲人是通过土耳其军人本胡赛因（Sidi Reis ibn Husain,?—1562）1553年在印度收集的资料所写的阿拉伯航海手册《海洋》（*Mahit*）才了解到中国牵星术的，而该书又主要取材于阿拉伯人西哈卜丁·阿赫迈德·本·马基德（Shihān al-Din Ahmad ibn Mājid）1475年写的《论航海科学原理》等著述，马基德1498年作为导航人员参加了葡萄牙航海家达·伽马的航海探险队。② 可以说，郑和下西洋所使用的航海罗盘和牵星术，不仅使中国航海者开辟了一条通往亚非各国的航线，也为欧洲和世界远洋航海的发展，提供了重要的技术准备。

三 郑和下西洋的世界史意义

从中华海洋史和明人对海洋认识的角度来看，郑和下西洋的意义非常重大。它不仅开创了横渡印度洋直航非洲的纪录，同时也横渡了孟加

---

① 施鹤保：《闽杂记》，转引自徐玉虎《郑和下西洋航海图考》，载郑和下西洋六百周年纪念活动筹备领导小组编《郑和下西洋研究文选》，海洋出版社2005年版，第540页。

② 参见潘吉星《中国古代四大发明——源流、外传及世界影响》，中国科学技术大学出版社2002年版，第320—321页。

拉湾、阿拉伯海，往返于东南亚、南亚与阿拉伯诸国之间，积累了丰富的解决和判断船舶的地理位置与航行方向的经验。郑和下西洋标志着中国古代航海事业进入了鼎盛时代，明代永乐、宣德年间（1403—1435）郑和七次下西洋不仅是中国航海史上的空前壮举，也是世界航海史上的大事。刘迎胜称1990—1991年当联合国教科文组织发起的海上丝绸之路考察船队进入阿拉伯海以后，没有一个国家的学者在介绍本国航海史时会不提到郑和，他们异口同声地把郑和称为"Admiral Chengho"，意谓"海军司令郑和"或"海军上将郑和"。[1]

一条新航道的发现与开辟，一般可以由以下几点要素来衡量：一是指航海者驾船首次从出发地经前人未航行过，或虽航行过但未航行成功的海域到达了目的地；二是指探险者从目的地航海重返出发地。如果不能重返，其发现的意义和价值显然是不完整的。因为不能重返，即无法有效地建立和保持两地之间经常、稳定、密切的海上交通与联系。我们说郑和下西洋发现并开辟了一部分或一段从西太平洋的中国到印度洋以至东非北部的新航线，也是因为郑和船队多次成功到达目的地并返回出发地。全世界都讲达·伽马（Vasco da Gama）率葡萄牙船队最后发现开辟了欧印新航路，也是因为达·伽马船队成功返回葡萄牙了。否则，就没有完成开辟一条新航道的任务，后继者就需要重新开始同样的努力，亚洲—美洲间跨太平洋新航路的发现与开辟亦是如此。1519—1522年的人类首次环球航行中，麦哲伦率西班牙船队于1521年便从美洲南端的麦哲伦海峡横渡太平洋，到达亚洲的菲律宾（群岛），从而初步开辟了美洲—亚洲间跨太平洋的新航道。1521年，麦哲伦在菲律宾（群岛）因参与当地居民的混战阵亡后，其船队在埃尔·卡诺（El Cano）的率领下并未返回美洲，而是向西南航行，在澳大利亚以北、马六甲海峡以南横渡了印度洋，绕过好望角，再北向航行回到了西班牙，从而完成了人类首次环球航行。[2]

---

[1] 刘迎胜：《丝绸之路》，新北：新雨出版社2017年版，第520页。
[2] 参见张箭《论亚—美跨太平洋新航路的开辟》，载《太平洋学报》2015年第10期，第82—91页。

所谓"地理大发现"最初是指1492年由哥伦布开始,达伽马、迪亚士、麦哲伦等航海家在欧洲以外地区所进行的地理探索。以后这个概念渐渐扩大,普遍地用于指从15世纪至17世纪期间,欧洲船队在全世界各个地区的海洋探险和寻找着新的贸易航道,以发展欧洲新生资本主义的历史过程。"地理大发现"已在欧洲人的历史叙述中成为一个通行的专有名词,如《剑桥近代史》第一卷第一章的标题就采用的"(地理)发现时代"(The Age of Discovery);《新编剑桥近代史》第一卷第一章的标题也是:"(地理)大发现前夕的欧洲概貌";等等。[1] 有些西方学者甚至认为"地理大发现"指欧洲人第一次到达任何一个非欧洲地区。于是,这一"发现"概念还被衍生出"美洲的发现""非洲的发现""澳洲的发现",以及"发现东方""发现印度""发现中国"等不同用语。在相当长的时期里,"地理大发现"等用语频繁地出现在全世界各国的中学教科书中,中国人自己所编的世界历史教科书也不例外。其实,类似"地理大发现"等所谓的各种"发现",都是站在欧洲为中心的立场上的言说,因为只有从欧洲人的角度来看,关于美洲和东方的这些知识才是全新的。

"地理大发现"是指欧洲人第一次看见欧洲知识范围内未见地区的一种说法。[2] 张箭曾为这一"地理大发现"做过较为详细的界定:"任一文明民族的代表第一次到达了或最早了解了各文明民族均前所未知的地表的某一部分,或率先确定了地表已知各部分之间的空间联系。这里所说的文明民族,指有了文字,形成了阶级社会,从而迈进了文明时代的民族";也是"指15世纪末至17世纪中叶,在各种原因的推动和各种因素的作用下,欧洲人大规模地或扬帆远航,或长途跋涉,发现了全世界的文明民族均前所未知的大片陆地和水域,对这些陆地和水域乃至地球本身有了初步的了解和一定的认识,开辟了若干前所未有、前所未知的重要航路和通道,把地球上的各大洲(南极洲除外)、各大洋、各地区直接

---

[1] 张箭:《否定"地理大发现"之否定》,载《四川大学学报》1996年第2期,第81—90页。

[2] 侯仁之:《所谓"新航路的发现"的真相》,载《人民日报》1965年3月12日。

地紧密地联系起来,极大地充实、丰富和初步完善了反映地球表面基本地理概貌的地图册和地球仪。所以,历史学界和地理学界便用地理大发现这个提法或术语来概括这方面的历史发展而美洲、澳洲等欧洲知识范围内不为人知的地区。"[1] 这一定义所强调的"文明民族的代表""全世界的文明民族均前所未知",即将欧洲人视为"全世界文明民族"的代表。所谓"地理大发现"显然也是仅仅指欧洲人"前所未知"的"新大陆"。而众所周知,"新大陆"本身是有自身的原住民,有自己的文明与传统,强调"大发现"其实完全无视了这些上万年住在美洲大陆的原住民及其土著文化。把欧洲人视为"文明民族",而将见到所有欧洲人未知的地区和文化,称为"发现",明显是一种高高在上的欧洲中心论的观念,似乎是欧洲人的东来,才使这些土地"被发现"及"被赋予存在"。张箭坚持"地理发现""不应包括各个不同的开化的民族彼此通常的往来和联系。例如郑和下西洋所经过的绝大部分地区和航线,便不属于地理发现的范畴"[2]。这里张氏比较谨慎地将中国称为"开化的民族",以与自己所界定的欧洲"文明民族"区别开来。15世纪的中国较之同时代的欧洲,究竟两者谁更接近于所谓"文明",张氏的认识恐怕还不如当年来华的耶稣会士。

早在20世纪60年代,侯仁之已指出所谓"新航路的发现"或"开辟"这一历史名词,歪曲了历史事实,抹杀了亚非人民在航海事业中的贡献。[3] 20世纪90年代,随着纪念哥伦布首航美洲、地理大发现开始五百年周年活动的展开,有学者提出采用"两个大陆的相遇""两个世界的汇合""两个文明的汇合"提法,似乎较之"地理大发现"更为科

---

[1] 张箭:《否定"地理大发现"之否定》,载《四川大学学报》1996年第2期,第81—90页。

[2] 张箭:《否定"地理大发现"之否定》,载《四川大学学报》1996年第2期,第81—90页。

[3] 参见侯仁之《在所谓"新航路的发现"以前中国与东非之间的海上交通》,载《科学通报》1964年第11期;侯仁之《所谓"新航路的发现"的真象》,载《人民日报》1965年3月12日,又载《郑和研究资料选编》,人民交通出版社1985年版。20世纪60年代这一见解的提出,的确是有反对帝国主义殖民侵略的政治背景。

学和合理。① 同时，日本学者也首先提出"大航海时代"一词，台湾学者亦认为此词较之"地理大发现"要更"中性"和"温和"，或提出"大探索时代"一词，②来代替具有强烈欧洲中心论色彩的"地理大发现"。因为从知识学的角度来看，如果说15—17世纪是一个"探索"和"发现"的时代，那么这种"探索"和"发现"，也应该是东西方之间互相的"探索"和"发现"。所以，笔者认为"大航海时代"这一用语比较合理。"大航海时代"是一个以欧洲人为主导的欧、亚、非、美、澳五大洲的相遇，是太平洋、大西洋、印度洋、北冰洋四大洋的汇合，是欧洲基督教文化，与中华文化、印度文化、阿拉伯文化以及美洲古代文化等许多文化的交汇，也是世界正式从地域史走向全球史的历史开端。

笔者把郑和下西洋称为大航海时代的前奏，与之后欧洲探险家的"地理大发现"共同开启了东西方海洋交流的新阶段。③ 郑和第一次下西洋的终极目的地是古里，即下西洋以位于印度洋中部的印度古里（Cali-

---

① 李运民：《"纪念两个世界文明汇合"学术讨论会简况》，载《世界史研究动态》1992年第2期；冯秀文：《建国以来我国学术界关于哥伦布"发现"美洲的研究》，载《世界史研究动态》1992年第11期。

② 黄一农：《两头蛇：明末清初的第一代天主教徒》，上海古籍出版社2006年版，第1页。

③ 西方学者维斯纳-汉克斯（Merry・E. Wiesner-Hanks）认为从经济史、技术史和全球史的角度来看，大航海时代的开端应当是15世纪，其标志是15世纪初郑和下西洋和15世纪末的哥伦布发现美洲和达・伽马发现从西欧绕过好望角到达亚洲的航路。李伯重：《火枪与账簿：早期经济全球化时代的中国与东亚世界》，生活・读书・新知三联书店2017年版，第50页；陈佳荣在《郑和下西洋——世界地理大探险的第一环》一文中也指出，郑和下西洋的时间之早、历时之久、航程之远、次数之多、船舶之大、船员之众，在古代中国乃至世界航海史上，均为空前之壮举。以十五六世纪的全球环球航行而论，由太平洋西部到印度洋西部的直接、稳定远航，应是郑和舰队所实现。可是在许多世界历史的论著中，郑和下西洋的意义却常被低估，往往只作为"地理大发现"的背景来安排。其实仅就时间而论，具有世界性规模的郑和航海事业已远在欧洲人的"地理大发现"之先。且不说1405年的第一次下西洋，即以1433年第七次亦即最后一次下西洋返航言，比1492年哥伦布到达美洲要早59年，比1498年达・伽马到达印度早65年，比麦哲伦开始环球航行早86年。不同的是，郑和下西洋是古代世界封建王朝臻于顶峰的夕阳，其结果只带来天朝尊严、朝贡贸易及供皇室挥霍的宝货；而欧洲地理大探险却是近代全球资本主义肇始勃兴的曙光，它成为划时代路标并带来欧洲的殖民扩张及西方文明。倘若不计此种差异而专论航海成就，则郑和下西洋的大规模、频繁、稳定的直航，大大方便了达・伽马、麦哲伦舰队的航程，完全可作为15—16世纪全球地理大探索的第一环，而永远载于世界历史的光辉篇章。载《郑和研究》2005年第1期。

cut，今译卡利卡特，又译科泽科德）为目的地。郑和七次下西洋，位于印度南部西海岸喀拉拉邦的古里均为每次必到之地，并在第四次以后由古里延伸到波斯湾、阿拉伯半岛，乃至东非。这些地区与海域都是在印度洋的范围以内，纵观郑和下西洋的航程，几乎覆盖了整个印度洋，所到达的港口城市可以分为东、中、西三部分：东部是从中国南海到达满剌加，再至爪哇、苏门答腊，即印度洋的十字路口；而从南浡里帽山航向"那没黎洋（即印度洋）"，到达印度洋中部的古里；从古里延伸的航线，直接到达波斯湾头的忽鲁谟斯，阿曼湾的佐法儿，红海口的阿丹、天方国，即到达了印度洋的西部。更重要的是"古里通西域，山青景色奇"，明代国家航海外交行为全面打通了陆上丝绸之路与海上丝绸之路，从海上给古代丝绸之路画了一个圆。陆海丝绸之路，至此全面贯通，交汇之地就在印度洋。这正是明朝人的航海外交达于鼎盛时期的作用。[①] 郑和第六次下西洋航路最为复杂，是乘护送忽鲁漠斯、阿丹、祖法儿剌撒等十六国使臣返回之便，而往西洋诸国访问寻宝。这次出使航路与前五次不同，大宗宝船到满剌加、苏门答腊后，再分䑸前往各国，下西洋分遣船队访问过的莫桑比克沿海。经过五次下西洋的航海实践的郑和船队，已掌握了丰富的西太平洋、印度洋的地理知识，在西太平洋、印度洋上形成了船队的蛛网交错的航路，分䑸航行又具有较充分的海上行动的自由，所以这次船队采用由苏门答腊西南向印度洋，以及由满剌加东南向印度洋乃至太平洋未知的海域，往各远方国家和地区作扇面形远航的航路，较之前都有很大的发展。郑和船队中有一支的航程很有可能已到达"去中华绝远"的南纬20度的索法拉，[②] 而南纬33度以南已是接近好望角之地，这是历史上中国帆船从未莅临的热带风暴和旋流横行的航行禁区，可见郑和下西洋已经到达先辈不曾到达的未知之地，开辟了

---

① 万明：《十五世纪印度洋国际体系的建构——以明代"下西洋"亲历者记述为线索》，载《南国学术》2018年第4期，第611—620页。

② ［英］李约瑟：《中国科学技术史》第四卷"物理学及相关技术"，第三分册"土木工程与航海技术"，科学出版社、上海古籍出版社2008年版，第548页。

新的航路。① 可以说，没有郑和所开拓的西太平洋至印度洋的航路，大航海时代东来的欧洲人无法这么快地到达中国。

1497年达伽马率领4艘船舶和100多名水手组成的远航队，于7月8日离开里斯本，11月22日绕过好望角，驶入印度洋，1498年5月20日到达了印度半岛西南部的卡利库特（即郑和船队到达的"古里"），标志了全球东西航路就此已连成了一片。古里（卡利库特）的居民告诉葡萄牙人，约在80年前也有一些"秦"人来到这里，他们披着一头长发，除了嘴边长着一圈胡须外没有胡子，身穿胸甲、头戴铁盔面甲、手持长矛。葡萄牙陆续在印度半岛的果阿（1510）、马六甲（1511）、爪哇、马鲁里群岛建立起海上交通的要塞，并不断探访有关"秦"人的消息："他们来自何方？路途有多远？他们何时到马六甲或他们进行贸易的其他地方？带来些什么货物？他们的船每年有多少艘？船只的形式与大小如何？"②

---

① 1459年，即郑和船队停航二十六年以后，在欧洲地图家弗拉·毛罗绘制的世界地图上，有两段注记提到，从印度启航的中国帆船，在郑和第六次下西洋期间（1421年以后），曾进入南非海域，甚至到达好望角附近。其中的一处标明在索法拉角（德尔加多角）和绿色群岛（阿尔达布拉群岛、科斯莫莱多群岛、科摩罗群岛）的外海，曾有船先西南后转西作过海上冒险，往返达四千英里，远至非洲西海岸，推测至少越过了非洲南端的厄加勒斯角。另一处在迪布角的题词是："约在1420年来自印度（Extra Gangem）的一艘中国帆船，通过男、女岛，绕过迪布角，横越印度洋，取道绿色群岛和黑水洋，向西和西南向连续航行四十天，但见水天一色，别无他物。据随员估计，约行二千英里。此后情况不妙，该船便在七十天后转回迪布角。"海员们曾登岸求食，获见巨大的鸵鸟蛋。根据这两段注记，则这次出使北非洲的船队，已自索马里、肯尼亚继续南下，有些分艦则从拉克代夫和马尔代夫群岛，向西通过奔巴岛和桑给巴尔岛，然后折向西南，与从索马里、肯尼亚南下的船队先后取道绿色群岛，穿越莫桑比克海峡，航经马达加斯加岛、莫桑比克、南非沿海；个别船只则继续南下进行海上探险，绕过厄加勒斯角、好望角，进入大西洋，深入西南非洲沿岸。

② 张天泽：《中葡早期通商史》，姚楠译，香港中华书局1988年版，第36页。根据1982年里斯本出版的《葡萄牙国家档案馆藏有关葡萄牙航海与征服档案汇编》，1508年2月13日，葡王唐·曼努埃尔一世给探索东方的迪奥戈·罗佩斯·德·塞戈拉（Diog Lopes de Sequeira）下达指令，叮嘱要弄清楚中国人（Chijns）的情况："他们来自哪里？距离有多远？到马六甲贸易的间隔时间是多少？携带什么商品？每年来往商船的数目和船体规模如何？是否在当年返回？他们在马六甲或者其他地方是否设有商馆和公司？他们是否很富有？性格怎么样？有没有武器和大炮。身穿什么服装？身材高矮如何？此外，他们是基督教还是异教徒？他们的国家是否强大？有几位国王？国内有没有摩尔人和其他不遵守其法律即不信奉其宗教的民族？如果他们不信仰基督教，他们信仰和崇拜什么？风俗如何？国家规模以及与什么国家接壤相邻？"参见万明《明代中葡两国的第一次正式交往》，载《中国史研究》1997年第2期。

1517年在葡萄牙舰队司令费尔南·佩雷斯·德·安德雷斯（Fernão Peres d'Andrade）率领下，四首船从葡萄牙在远东的基地——果阿出发，到苏门答腊岛补充淡水和供应后，一直驶往中国，葡萄牙国王的特使托梅·皮莱资（葡萄牙语Tomé Pires，澳门有关的文件中译为道咩卑利士，或译皮雷斯、毕雷斯，1465？—1524或1540）也在船上，企图谒见中国皇帝，进行贸易谈判。1520年5月皮雷斯经广州北上抵达南京。可以说，没有郑和下西洋所打通的西太平洋至印度洋航路，葡萄牙国王不可能在1498年达·伽马到达印度古里后十多年就能派出西方世界的第一个政府使团前往中国。①

日本学者宫崎正胜认为，"地理大发现不仅改变人们的世界观，更不能忽略它也促使依赖动物驮运的传统运输方式，开始受风向、海流等海洋自然现象的影响，继而形成一种符合'海洋'独特性的特殊空间秩序。人们的运输航线扩及到海洋空间后，货物流通的中心开始欧亚、北非的干燥地带（以沙漠为主的'陆地之海'）移至海洋，欧洲崛起的时代随之到来。"②而郑和下西洋正是首先改变依赖动物驮运的传统运输方式，利用风向、海流等海洋自然知识，建构了亚非海上丝绸之路独特性的特殊空间秩序，将西太平洋的东亚和印度洋的南洋之各个分离的地区连成了一片，为欧洲探险家利用中国的航海家在印度洋和南中国海开辟的伟大航线，打开了东方之行的广阔海域，加快了通过海路将全球联成一个不可分割整体的速度，欧洲探险家绕过好望角后搭上了郑和下西洋航海技术的顺风船。出版于1563年的葡萄牙海外大发现时期的御用编年史官若昂·德·巴罗斯（João de Barros）的《亚洲旬年史之三》（*TERCEIRA Decada da Afia de Ioam de Barros*），在葡萄牙人从1498年达·伽马抵达古里时已经开始收集中国人航海的资料，并在书中述及郑和下西洋的事迹。继巴罗斯之后，葡萄牙文学史上最杰出的诗人贾梅士（Luís de Camões）在其1572年初版的不朽史诗《卢济塔尼亚人之歌》（又译《葡国魂》）中也

---

① 托梅·皮莱资是葡萄牙乃至整个西方世界首位进入中国的使者。参见［美］徐中约《中国进入国际大家庭》，屈文生译，商务印书馆2018年版，第30页。

② ［日］宫崎正胜：《从空间解读的世界史：马、航海、资本、电子资讯的空间革命》，蔡蕙光、吴心尹译，台湾远足文化事业股份有限公司2019年版，第156页。

涉及了中国的航海:"马丁斯用精通的阿拉伯语,/半通不通与他们进行交谈,/获悉有与我们一样的大船,/在此处海域上下往来航行,/他们从日出之地远远而来,/沿海岸驶向南方然后返回,/他们所居之地有一种人民有同我们一样的白皙肤色。""他们从日出之地远远而来"显然是指东方的中国。"沿海岸驶向南方然后返回"一语,说明中国船队曾沿着东非海岸南行至莫桑比克,然后返回。事隔几代之后,郑和航海的事迹仍在当地人中流传并传播给东来的葡萄牙人。可见下西洋确实对南洋、印度洋以及后来的西方航海者产生过巨大的影响。葡萄牙人的航海大舶在当时的西方是最先进的,当他们得知"有与我们一样的大船",其内心的震撼可想而知。① 英国地图史家彼得·怀菲特(Peter Whitfield)认为郑和下西洋对中国和世界历史来说,都是非凡的壮举,假如郑和船队曾经在亚洲和非洲海岸建立起霸权,70年后欧洲人涉足亚洲与太平洋的历史,铁定要改写了。②

四　小结

法国汉学家高迪爱(Henri Cordier,又译考狄,1849—1925)曾精辟地写道:"西方人把世界史弄得十分狭窄,他们总是把他们所知道的一点关于人类发展迁徙的知识局限于以色列、希腊和罗马地区。他们对那些在中国海和印度洋上劈波斩浪或穿越中亚至波斯湾广阔地域的旅行家和探险家,则一概不予理睬。这些人看起来在写世界史,但实际上写的却是他们的那块小天地,对于实际上更大的一部分,包括那些不同于但却是不亚于古希腊和古罗马文化的地区,却一无所知。"③ 16世纪欧洲探险家从海陆到达中国,以中国为中心的东亚地区和以欧洲为中心的世界其他地区,开始了经济和文化上的联系,并开启了全球化的过程。而郑和

---

①　金国平、吴志良:《五百年前郑和研究一瞥——兼论葡萄牙史书对下西洋中止原因的分析》,载《世界汉学》2005年第3期,第163—169页。

②　[英]彼得·怀菲特:《大英图书馆海图全览》,廖桓伟译,台北大是文化有限公司2018年版,第73页。

③　转引自[英]李约瑟《中国科学技术史》第四卷"物理学及相关技术",第三分册"土木工程与航海技术",科学出版社、上海古籍出版社2008年版,第536—537页。

下西洋无疑是 15 世纪末开始的欧洲地理大发现的航行之前世界历史上一系列海上探险中规模最大的一次，使中国成为当时海上丝绸之路的主角，虽然其结果没有能够强化中国的国际贸易，反而对于当时的中国经济和海洋事业的发展，产生了若干的负面影响。但正像阿拉伯人曾经帮助过达·伽马绕过好望角和哥伦布发现新大陆曾受惠于阿拉伯人、印度人提供的地理知识一般，[①] 在这一遍历东西洋的过程中，郑和船队对航经各地洋面的深浅、海水的颜色、海洋生物、海底情况和潮汐涨退，所进行的精确测量和认真观察，留下了关于西太平洋、印度洋多方面的海洋知识，这些都为大航海时代提供了认识海洋、利用海洋的宝贵而丰富的资料。

"大航海时代"尽管是以西欧为中心的航海探险活动，但其影响却是全球性的。海路有利于将东西方相互隔离的地区，联成一个不可分割的整体。航海探索使人类知识空前地拓展，人类呈点状分布的已知世界，由此而相互衔接，形成了面状分布的已知世界。在将东亚世界点与点的连接，和太平洋到印度洋面与面的跨越方面，郑和下西洋的历史意义，如何估计都不能算过高。在欧洲史的观念中，15 世纪一般被认为是"世界史"的开端，欧洲是在 15 世纪起才广泛接触了其他的世界，哥伦布发现美洲新大陆是 15 世纪欧洲最重大的历史事件之一，从这种意义上，我们也可以说，郑和下西洋具有与哥伦布发现新大陆同样重要的意义，是 15 世纪亚非世界最重大的历史事件之一，郑和的成就完全可以与哥伦布、麦哲伦相媲美。可以毫不夸张地说，随着郑和下西洋研究的日益深入和国际化，任何有关大航海时代的研究，离开了关于郑和下西洋的讨论，都是不完整和不准确的。在我们聆听雄壮的"大航海时代"主题交响乐时，也请倾听由"郑和下西洋"吹响的这一交响乐的前奏曲。

附记：笔者关于"郑和下西洋是'大航海时代'前奏"的发言，最早见之《中国海洋报》2014 年 9 月 15 日第 3 版，本文是在此基础上进一步的阐发，特此说明。

---

① ［美］乔纳森·莱昂斯（Jonathan Lyons）：《智慧宫：被掩盖的阿拉伯知识史》，刘榜离等译，台湾商务印书馆 2015 年版，第 201—202 页。

论郑和船队在广东至西沙海域的航线和地名

——兼谈《郑和下西洋图》的广东至西沙群岛航线及地名的问题[*]

阎根齐

（海南大学社会科学研究中心）

郑和船队自第一次在明初永乐三年（1405）至第七次在宣德八年（1433）回到太仓，前后持续了28年的时间，创造了大帆船航海时代的伟大壮举，为中国与所到国人民的交往和友谊建立了不朽的功勋，也把中国灿烂辉煌的文化传播到西洋各国。郑和船队每一次都途经海南岛东部和今海南省管辖下的西沙群岛海域，给后人留下了十分丰厚的文化遗产。这些文化遗产既有航线和地名命名，又有海南渔民的《更路簿》和方言、传说、术语等。笔者通过对广东至西沙群岛航线和地名的探讨，获得了一些新认识，不妥之处，希请专家不吝赐教。

一 郑和船队从广东沿海至海南岛东部航线

郑和船队虽然每一次下西洋的始发地不同（如第一次是从福建五虎门，第二次是从广东），但在经过南海时都是从广州南部海域向西南航行，再经过海南岛东部海域向东南，再到西沙群岛海域。但从向达先生

[*]【国家社科基金重大项目】（项目编号：17ZDA189）研究成果之一。

校注的《郑和下西洋图》① 上标明的航线和地名可以看出，是从大星尖直抵独猪山，既非在近海航行，也没有经过海南岛东部中间以北海域。笔者认为这条航线走向是不妥的。

（一）郑和船队在经过广东和海南岛东部海域时是近海航行

《郑和航海图》十（左半部）图上近中央位置绘有"南澳山"，其下又有"大星尖"，左右两边又有"佛堂门""外平"等地名。② 据向达先生研究："大星尖在广东惠阳平海海上"③。"南澳山"即南澳岛。"独猪山又作独珠山、大洲山、大洲头、大洲套，在今海南岛万宁（旧万州）海上，与（海南）岛相距约半日程，为古代海舶航行望山。"④ 该图的下面是一条虚线，线旁有文字说明"大星尖：用丹寅针，十五更开，平南澳山。"用罗盘上的针位是"丹寅针"，"丹"即"单"，单针针位；"寅"在罗盘上为东北方向60°。用十五更的航程到达南澳岛（东沙岛）。《郑和航海图·占城返五虎山》又记载：从"外罗山内过，癸丑及单癸针，二十一更船，平独猪山。独猪山丹艮针五更船，用艮寅十更船，平大星尖外过。"⑤ 然后驶往南澳山。那么这段航线就是：南澳山→大星尖→独猪山。如果按此记载，无疑向达先生绘出的这段航线是正确的。

笔者认为《郑和下西洋图》仅有这段航线是不够的，郑和船队在七次下西洋中应该有某一次或者船队的一支经过了海南岛东部的铜鼓山（今文昌市东北部）、七洲（今称七洲列岛）、独猪山（今万宁市东部海上的大洲岛）、乌猪山（今广东上川岛东北）航线。

（二）郑和船队经过了铜鼓山、七洲、独猪山、乌猪山

《郑和航海图》十一的左右两幅图都有与海南岛相关的水道、航线和地名记载。整幅图应是后世所说的"山形水势"图，如明末的《顺风相

---

① 向达整理：《郑和航海图》附录，中华书局2000年版，第45页夹页。
② 向达整理：《郑和航海图》十一，中华书局2000年版，第40页。
③ 向达：《郑和航海图地名索引》，中华书局2000年版，第9页。
④ 向达整理：《郑和航海图》十一，中华书局2000年版，第41页。
⑤ 向达整理：《郑和航海图》十一，中华书局2000年版，第40页。

送》专门绘有"各处州府山形水势深浅泥沙地礁石之图"①。在这些行政区划名称旁边或附近又绘制有九星、南停山、香山所大金和小金、铜鼓山、七洲、独猪山、乌猪门（左右两边各有一块石头表示"门"）等地名，这些地名应是当时经过的海道。在该图的左半部分右边又绘有"福州"行政区划名和"南海黎母大山"的山名。这些南海上的地名从东至西依次是：

大星 《郑和航海图》十一（右半部）的右边有"九星"（用九块石头表示），在今澳门西南。韩振华先生认为"九星（山）、九星洋或九洲洋都是近岸的小洲和浅海"②。

南亭门 "南停山"（又称为南亭门，广东东莞县，是明代著名的海舶发舶之所）和香山所（明代在广东中山市置香山所）。韩振华先生认为"南亭门在今珠江口入海的南部，《郑和航海图》有'南停山'，在北纬21°57′，东经113°43′，亦称大万山岛，这是进入广州府境的广州七洲洋的开始"③。

香山所 今广东中山市。明代在此设置香山所。

大金、小金 在"香山所"和"南停山"的下面又有"大金"和"小金"，皆为珠江口外的小岛。

乌猪山④ 在珠江口下川岛一带，今属广东省江门市下川镇。

将这些地名连接起来，就是一条从南海卫（今广州）南边的"九星"⑤驶往西，经南亭门、珠江口的水道。这段航线与刊刻于明嘉靖十六年（1537年）的《渡海方程》记载的"自东莞之南亭门放洋，南至乌潴、独潴、七洲（三洋名），星盘坤未针，至外罗"⑥，和成书于1553年的《海语》所记的"自东莞南亭门放洋，南至乌潴、独潴、七洲，星盘坤未针，至外罗"⑦的航线相同。在从外罗（今越南中部）返

---

① 向达校注：《顺风相送》，中华书局2000年版，第31页。
② 韩振华：《南海诸岛史地研究》，社会科学文献出版社1995年版，第140页。
③ 韩振华：《南海诸岛史地研究》，社会科学文献出版社1995年版，第140页。
④ 以上地名考证均见向达《郑和航海图地名索引》，中华书局2000年版，第9—26页。
⑤ 韩振华：《南海诸岛史地研究》，社会科学文献出版社1995年版，第140页。
⑥ 陈佳荣、朱鉴秋编著：《渡海方程辑注》，中西书局2013年版，第65页。
⑦ （明）黄衷：《海语》，中华书局1991年版，第11页。

回时也是走的这段航线,如《郑和航海图》十一(右半部)图上半部上端有"南海卫"(设在今广州的卫所)和"广东"(指广东省)的字。虚线下面的文字为"独猪山:丹艮针,五更船。用艮寅针,十更船,平大星(尖)"。就是一条从独猪山返回广东的航线。将广东海上的这两条线连接起来,《郑和航海图》的这段航线便是:南澳山→大星尖→独猪山。

在《郑和航海图》十一(右半部)的中间部分有一条东西狭长的上水道,上边从右至左依次是广海卫、高州、雷州、廉州,下边绘有铜鼓山、万州、琼州府。显然,这条狭长的水道就是今天的琼州海峡。在铜鼓山的下面绘有独猪山(今万宁市东部海上的大洲岛)和"乌猪门"。而在独猪山(今万宁市东部海上的大洲岛)、"乌猪门"、铜鼓山和"小金"的中间海域绘有"七洲"。图上"七洲"的形状用七块石头表示。这个"七洲",应是指今文昌市东部海上的七洲列岛,并非指今西沙群岛的"七州洋"。其理由如下:

1. 《郑和航海图》上的"七洲洋"西沙和南沙群岛海域并不称"七洲洋",而是称为"石塘""万生石塘屿""石星石塘"。

2. 此处的"七洲洋"是用七块石头表示的,而西沙和南沙群岛海域的"石塘"等则是用"山"表示,古代的"山"代表岛屿,因远看似海上的山故名,在全部《郑和航海图》上也没有"七洲洋"地名。

3. 《郑和航海图》上的"七洲洋"位于"小金"(今珠江口一带的小岛)、铜鼓山、独猪山、乌猪门等中间,或者说被这些岛、山所包围,而"石塘"等地名则绘于该图的下面,并远离于此,两者之间有宽阔的海面和水道相隔。

4. 更重要的是文昌的"七州洋"是一个古地名,史书记载非常详细,如成书于明万历四十六年(1618)的张燮《东西洋考》记载:"乌潴山:(……用单申针,十三更,取七州山)。七州山、七州洋。(《琼州志》曰:在文昌东一百里海中有山,连起七峰,内有泉,甘冽可食。元兵刘深,追宋端宗,执其亲属俞廷珪之地也。俗传古是七州,沉而成海。舶过,用牲粥祭海蛎,不则为祟。舟过此极险,稍贪东,便是万里石塘,即琼志所谓万州东石塘海也。舟犯石塘杀脱者，七州洋打水一百三十托）。"①

由此可见，文昌东北部的"七州洋"初因有七块石头故名"七州山"，七州山附近的海洋称为"七州洋"。如明代黄淳《崖山志》记载："七里洋，在文昌东海中，与吴川相对，一名七洲洋。"② 笔者以为，大约在明代中叶以后，将今西沙群岛海域称为"七洲洋"才逐渐多了起来，并有不同的海域理解，以至很难具体分清是何海域。清代的吕调阳也在《东南洋针路》中记载："用单坤针，十三更取七州山，洋名七州洋。《琼州志》：在文昌县东一百里，海中有山稍连起七峰，内有泉，甘冽可食。……贪东，便是万里石塘，即《琼志》所谓万州东之石塘海也，舟犯石塘希脱者。"③

5. 在《郑和航海图》十一（左半部）右边绘有"南海黎母大山"和"福州"，其上又有"钦州"地名。据《渡海方程辑注》载："坤未针，五更，平乌猪山。用单坤针，十五更，平七州山。单申针，七更，平海南黎母山，即是青南头。"由此可见，《郑和航海图》中所绘的"南海黎母大山"即指《渡海方程辑注》中的"海南黎母山"，也是指海南岛东北部的木兰湾。需要指出的是，海南岛上的黎母山并不在此地，而是指今海南岛中部的五指山，是海南岛海拔最高的山脉，向东延伸至琼中县，在海上无法望见此山。《郑和航海图》所绘的"南海黎母大山"实际是作为到达海南岛的一个标志。

（三）这条航线是我国古代南海丝绸之路的传统航线

这条航线在唐代"广州通海夷道"时已经形成，如贾耽记载：屯门山"乃帆风西行二日至九州石。又南二日至象石。又西南三日行，至占不劳山，山在环王国东二百里海中"④。冯承钧认为："屯门在大屿山及香

---

① 陈佳荣、朱鉴秋编：《中国历代海路针经》，广东科技出版社2016年版，第348页，引明代张燮《东西洋考》。

② 韩振华主编：《南海诸岛地名资料汇编》，东方出版社1988年版，第422页引明代黄淳《崖山志》。

③ （清）吕调阳：《东南洋针路》，（清）谢清高口述，（清）杨炳南笔录，安京校释：《海录校释》，商务印书馆2002年版，第291页。

④ 《新唐书》卷四三下，第1150页。

港二岛之北海岸及琵琶洲之间。九州石似即后之七洲。象石得为后之独珠山。"① 韩振华认为"象石"指今西沙群岛，而不是指独州岭。② 也就是"九州石"是为"七洲"，指今文昌市东部海上的七洲列岛。"七洲洋"因"有七洲浮海面故名。"③ "象石"即今万宁市东部海上的大洲岛，又称独珠山、独猪山、独州岭。"占不劳山"在今越南中部海上的占婆岛。这就是说，唐代的航线是从广州向西，经过近海航行，到达今海南岛文昌市东北部的"九州石"（七洲列岛），向南经过独猪山（今万宁市东部海上的大洲岛），再向西沙群岛行驶，到达今越南中部海上的占婆岛。元代时也是如此。如《真腊风土记》记载："自温州开洋，行丁未针，历闽广海外诸州港口，过七洲洋。经交阯洋到占城。"④

由此可以看出，唐代开辟的"广州通海夷道"，至元代时仍继续走这条航线。1296—1207 年出使真腊（今柬埔寨）的周达观在《真腊风土记》有明确的记载："自温州开洋，行丁未针，历闽、广海外诸州港口，过七洲洋，经交趾洋，到占城。又自占城，顺风可半月到真蒲，乃其境也。"至郑和下西洋时已固定成为从广州大星尖向西，经南亭门、七州山、七洲洋、独猪山、交趾洋的一条主要航线，一直到明末，中国从广州往返东南亚国家的船只都在这条航线上航行。

从《郑和航海图》十一（右半部）图上可以看出，在广东海上还有一条经广东沿海近海，经海南岛东部的文昌，到达万宁东部海上大洲岛航线，即从九星至南亭门，经铜鼓山、七州洋、独猪山的航线。这段航线所经过的地名大都是广东沿岸或近海上的望山，有的是航海上的危险区。如"九星"用九块碎石表示代表了这是一片有暗石或沙洲的区域，用于提醒舟师经过时特别注意；南亭门在广东东莞县，是明代著名的海舶发舶之所。

独猪山指今万宁市东部海上的大洲岛，在唐代时称为"独猪山"或

---

① 冯承钧撰，谢方导读：《中国南洋交通史》，上海古籍出版社 2004 年版，第 32 页。
② 韩振华主编：《我国南海诸岛史料汇编》，东方出版社 1988 年版，第 30 页。
③ （清）谢清高口述，安京校释：《海录校释》，商务印书馆 2002 年版，第 1 页。
④ 陈佳荣、朱鉴秋编：《中国历代海路针经》，广东科技出版社 2016 年版，第 111 页引元代周达观《真腊风土记》。

"独珠山"，宋代时在岛上建有都纲庙，往来船只必献祭，并管理南海诸岛。成书于清代初期的《指南正法》称为"海南大洲头"，或称为"万里长沙头"，因古人认为这里是我国南海诸岛的头部故名。

从上述史料及《郑和航海图》的图示可以看出，郑和七次下西洋时并非每一次都在经过广东近海的南澳山直抵海南岛万宁东部后到海上的今大洲岛，期间存在着从广东近海向西南沿着近海航行，在海南岛东部海域绕过铜鼓山东部的危险海域，向南经过文昌东部的七州洋（七州列岛），再经今万宁市东部海上的大洲岛，再驶往西沙群岛海域。至少有一支船队是这样的，否则《郑和航海图》中不会绘出该图。向达先生绘制的《郑和下西洋图》便是这段航线。但该图上的这段航线并非在广东近海航行，而是从大星尖向西南方向直达独猪山，没有显示海南岛东部的铜鼓山、七州山（七洲列岛）的一段航线。笔者认为，向达先生绘出的这段航线有可能是郑和下西洋时的某一次航线，或者是一条主航线，而在主航线之外，应当还有分航线。这条航线是：南澳山→大星尖→乌猪山→铜鼓山→七州山→七州洋→独猪山→交趾洋。

二 郑和船队从独猪岛至西沙群岛航线和地名命名

《郑和航海图》十一（右半部）在"独猪山"和"独猪门"以下占全部图的1/3部分是一条虚线，虚线的上下两侧是一片空旷的大面积海域。在这个海域的上面左边是"独猪山"，右边是"独猪门"。所谓的"门"是一条水道，也即是一条航道。

在这条航道以下只绘制三个地名，从左至右分别用文字标明有"石塘""万生石塘屿"和"石星石塘"。对于这三个地名，以前专家作过不少研究，如韩振华先生认为"石塘"即西沙群岛，"万生石塘屿"指今南沙群岛，"石星石塘"指今东沙群岛和中沙群岛。[1] 由此说明，郑和下西洋是经过了西沙群岛的。但在《郑和下西洋图》上只绘有从"独猪山"

---

[1] 韩振华主编：《我国南海诸岛史料汇编》，东方出版社1988年版，第96页。

到"新州港"稍微弯曲的一段航线,左边注明"交趾洋",航线的右边注明"七洲洋",并有一些沙粒形状。将"七洲洋"标注在今西沙群岛的位置显然是不妥的。主要是因为郑和下西洋时的"七洲洋"不在西沙群岛。

如前所述,郑和下西洋时的"七州洋"是因有七座在海中凸起的山故名。如《郑和航海图》十一(右半部)的上半部分绘制有南海上的海域、岛屿和所在的州府名称。凡海上或岸边的岛屿作为望山的,均绘有山(古代称海上的岛为"山")的图形,大的"山"形制高大,小的"山"形制较小。图的整个上半部分是绘制的广东省南海近海的海图、地形图,或者称"山形水势"、航线图。广东、南海卫、广海卫、神电卫、高州、雷州、廉州等州府、县、卫所等行政区划,用长方形边框,用来表示是州府的所在地,长方形边框应是象征明代的印章;这些地方群山相连,表示连接陆地。这一图形的表示方法也被后世继承下来,如清初陈伦炯的《海国见闻录·四海总图》就"以无数小点表示'礁'、'滩'和'沙洲',以无数小方块表示'岛'和'屿'"①。1831 年绘制的《皇朝舆地图略·环海全图》在"长沙"的地名用"无数小点表示,另一个在上面的'长沙'则画一弧形,以示岛屿和滩礁之别。其他各岛群画法与陈伦炯《海国闻见录》一书所绘相同。"② 可见,《郑和航海图》用小点和小圆圈表示岛和滩礁的方法被后世所传承下来,因此用成大片的圆点和实心点表示南沙群岛的沙洲众多。

这就说明文昌东部约 100 里的"七州洋"(即今七洲列岛)。从七州洋往东,便是万里石塘,也就是石塘海,从这里已称为"万里石塘"。当地人有传说,"七州"的形成,是"沉而成海"的。这个传说一直流传到现代:海南渔民"把西沙的永乐群岛称石塘,没有把西沙叫七洲洋。我们渔民把文昌七洲列岛外面海域叫七洲洋,古有'沉七洲、浮琼州'之说,就是说'七洲'沉下海底以后,'琼州'才浮出水面来。过去每年端午节还有'送龙公过七洲'。"③ 可见,文昌东部的"七州洋"因有"山

---

① (清)陈伦炯撰,李长傅校注:《海国见闻录·南洋记》,中州古籍出版社 1985 年版,第 20 页。
② 韩振华主编:《我国南海诸岛史料汇编》,东方出版社 1988 年版,第 96 页引。
③ 韩振华主编:《我国南海诸岛史料汇编》,东方出版社 1988 年版,第 414 页。

连起七峰"故名。

笔者认为,西沙群岛称为"七州洋"或"七洲洋",应是中国人发现了永乐群岛海域有七座岛而命名。如现存海南渔民时代最早的苏德柳的《驶船更路定例》记载:"舟过外罗七更是长线(沙),连石塘内,北有全富峙(全富岛)、老粗峙(珊瑚岛)、世江峙(晋卿岛)、三足峙,又有尾峙(金银岛)。"① 合称"七峙"。海南渔民又称为"下峙"②。

(一)《郑和航海图》中的"石塘""万生石塘屿""石星石塘"地名

从《郑和航海图》可以看出,左边的"石塘"(西沙群岛)图形较小,中间的"万生石塘屿",右边的"石星石塘"面积较大,而且用大面积的沙粒表示,因此,笔者认为,左边的"石塘"表示今西沙群岛是正确的,中间的"万生石塘屿"应是"万里石塘屿"的别写,指今中沙群岛,右边的"石星石塘"应是指今南沙群岛。因此,可以证明,当时的人并没有将西沙、中沙和南沙这片海域称为"七州洋"或"七洲洋",而是分别用"石塘"、"万生石塘屿"和"石星石塘"命名。该图的特点是将整个南海诸岛统称为"石塘",具体区分将今西沙群岛称为"石塘"。将今中沙石塘称为"万生石塘屿"("生"是"里"的别写),实际是"万里石塘"。"石星石塘"可能代表石头和沙洲较多的意思。

(二)将今西沙、中沙和南沙群岛分别命名为"石塘""万生石塘屿"和"石星石塘"表明了我国历史认知的进步,对后世产生了深远的影响

我国"石塘"之名最早出自于宋代《宋会要》的记载:天禧二年(1018)九月"罗皮帝加言:国人请广州,或风漂船至石堂,则累年不达矣"。元代人脱脱在记载同一件事时,称为石塘:"罗皮帝加言:国人诣广州,或风漂船至石塘,即累年不达矣。"韩振华先生认为:"此条'石

---

① 韩振华主编:《我国南海诸岛史料汇编》,东方出版社1988年版,第375页。
② 韩振华主编:《我国南海诸岛史料汇编》,东方出版社1988年版,第404页。

塘'应指中沙群岛。"

"石床"之称来自宋代赵汝适的《诸蕃志》记载:"汝适被命来此(指来到泉州),暇日阅《诸蕃图》,有所谓石床、长沙之险,交洋、竺屿之限。"这里他把"交趾洋"简写成"交洋",而且把"石床"(西沙群岛)和"长沙"(南沙群岛)与"交趾洋"(北部湾南)和"竺屿"(今马来西亚半岛东岸)。该书又有"千里长沙""万里石塘"的描述:海南岛上的吉阳军(治在今三亚市崖城镇)"外有洲,曰乌里;曰苏吉浪。南对占城,西望真腊,东则千里长沙,万里石塘。渺茫无际,天水一色,舟舶来往,惟以指南针为则,昼夜守视惟谨,毫厘之差,生死系焉。"此后的文献或称"万里长沙""千里石塘"。可见,宋代人的"千里长沙、万里石塘"只是泛指西沙、中沙和南沙这片海域,而没有对某个海区进行具体划分和命名。

元代的汪大渊在《岛夷志略》(1349年成书)中记载:"石塘之骨,由潮州而生,迤逦如长蛇,横亘海中。越海诸国俗云:万里石塘。……一脉至爪哇;一脉至渤泥及古里地闷;一脉至西洋遐昆仑之地。……观夫海洋,泛无涯崖,中匿石塘,孰得而明之,避之则吉,遇之则凶。"[①] 爪哇指今爪哇,渤泥即今加里曼丹,古里地闷指今帝汶岛。这里的"石塘"包括了南海诸岛中的东沙、西沙、中沙和南沙群岛在内的大面积海域。

(三) 郑和船队经过西沙群岛的考古发现

·1974年以来的考古发现证明了郑和船队经过西沙群岛。1974年4月,海南省琼海市潭门镇渔民曾在西沙群岛的北礁环礁东北角向外的礁盘边缘打捞出403.2千克的铜钱和铜锭、铜镜、铜剑鞘、铅块等文物。在这批铜钱中有"永乐通宝"钱49684枚"是从钱场或仓库直接上船出海的",水下考古专家又根据沉船遗迹等资料认为"它很可能是郑和船队的一

---

① 陈佳荣、朱鉴秋编:《中国历代海路针经》,广东科技出版社2016年版,第118页引。

只"① 沉船，40多年来一直作为郑和船队经过这里的重要证据。

（四）"石塘"或"万里石塘"的地名延续下来

虽然明中期以后今西沙群岛多有"七洲洋""千里长沙"等称呼，而且"万里石塘"又有指今南沙群岛，甚至有指整个南海诸岛，但多数文献都把"石塘"或"万里石塘"指今西沙群岛。至于何者指今西沙群岛，何者指今南沙群岛，非用一两篇文章所能论述清初，原因是大约从明代时各种文献已经说法相左，正如专家所统计的"宋代有七种图籍，五种叫法；元代有四种图籍，三种叫法；明代有廿二种图籍，八种叫法；清代有七十多种图籍，廿一种叫法"。② 如成书于明嘉靖十五年（1536）的《海语》所记："万里石塘，在乌潴、独潴二洋之东，阴风晦景，不类人世。其产多砗磲。其鸟多鬼车九首者，漫散海际，悲号之音，聒聒闻数里，虽愚夫悍卒，靡不惨颜沾襟者，舵师脱小失势，误落石汊，数百躯皆鬼录矣。"③ 乌潴指今广东中山上川岛以东洋面，独潴指今万宁市东部海上大洲岛。万里石塘位于这两个洋面以东，只有西沙群岛无疑。成书于明万历四十六年（1618）的张燮《东西洋考》记载："若近外罗对开，贪东七更船，便是万里石塘，内有红石山不高，如看见船身低下，若见石头可妨，可妨。"④ 明末《顺风相送》也记载："船若近外罗，对开，贪东七更船，便是万里石塘，内有红石屿。"⑤ 此处的"万里石塘"指今西沙群岛，内红石屿为今西沙群岛的高尖石。

海南渔民的《更路簿》形成于明代，盛行于清代嘉庆至光绪时期，现已调查出40多本。在《更路簿》的"去东海（海南渔民称西沙群岛为'东海'）更路"条文中几乎都有"石塘"的记载。苏德柳的《驶船更路定例》因有"海水澄清，并有朽木漂流"等句子与《顺风相送》的一

---

① 广东省博物馆：《西沙文物——中国南海诸岛之一西沙群岛文物调查》，文物出版社1974年版，第17页。

② 广东省地名委员编：《南海诸岛地名资料汇编》，广东地图出版社1987年版，第423页。

③ 陈佳荣、朱鉴秋编：《中国历代海路针经》，广东科技出版社2016年版，第235页引。

④ 陈佳荣、朱鉴秋编：《中国历代海路针经》，广东科技出版社2016年版，第348页引。

⑤ 向达校注：《两种海道针经·顺风相送》，中华书局2000年版，第27页。

样,被学界公认的是与《顺风相送》及《指南正法》的有"相互传抄"的密切关系①。苏德柳的《驶船更路定例》在同一篇记载西沙群岛更路时,既有"长沙"的称谓,又有"石塘"的地名,如该段说:"舟过外罗七更是长线(沙),连石塘内,北有全富峙(全富岛)、老粗峙(珊瑚岛)、世江峙(晋卿岛)、三足峙,又有尾峙(金银岛)。如舟东见此七峙,急急转帆,用甲庚卯酉驶回。"② 在这段话里,"长沙"指今西沙群岛,而"石塘"则是指今西沙群岛中的永乐群岛。海南渔民还将今宣德群岛称为"上峙",将永乐群岛称为"下峙"。"峙"是海南方言"屿"的读音。

我国历史上对南海诸岛的地名命名从宋元时期的"千里长沙、万里石塘"泛指,到明初郑和航海时期的"石塘"指今西沙群岛,再到明末清初的"石塘"专指今西沙的永乐群岛,海域范围越来越缩小。这既是历史发展的必然趋势,也表明了历代航海者(包括郑和船队)在我国南海诸岛取得的巨大成就。

三 郑和船队在海南的文化遗产

郑和船队留给海南的文化遗产是多方面的,也是极其丰富多彩的,这既有语言方言,又有航海技术等。影响至今的主要有:

(一)西沙和南沙群岛海域航线和地名命名的影响

自宋代将水罗盘用于航海,为中国人的在远海航海提供了方向和较安全的保障,使在西沙和南沙群岛这片辽阔的"最为危险"的海域经常性的航行成为可能,促使舟师将这片一望无际的海洋划分为若干片区,并给岛礁命名,于是,从宋代开始,南海的海域和岛礁出现了许多新的名称,如石塘(又有千里石塘、万里石塘之称)、长沙(又有千里长沙、

---

① 广东省地名委员会编:《南海诸岛地名资料汇编》,广东地图出版社1987年版,第541页。

② 韩振华主编:《我国南海诸岛史料汇编》,东方出版社1988年版,第375页。

万里长沙之称）、七洲洋、昆仑洋、交趾洋等。由于各地的船只在经过这一海域时的航线或感受、视角不同，这些名称所指的今海区也不相同，有些就显得混乱，如石塘和长沙地名，既有"千里"和"万里"互称，又有大范围所指与具体的海区区别，说明了我国船只频繁地在南海诸岛航行的程度。这一现象一直延续至郑和下西洋时才逐渐趋于一致起来。明清时期的文献已基本上统一将"石塘"指今西沙群岛，"长沙"指今南沙群岛，"交趾洋"指今北部湾以南至越南中部近海海域。

宋代将水罗盘用于航海指南，给舟师用针位远洋航海提供了安全保障，不久我国就有了使用针位导航的《海道经》。据专家考证，元代的《漕运水程》"是第一部使用航海罗盘记录针位导航的针路簿"。福建一带的航海业在宋至元明时期都比较发达，所以有条件能够产生早期的航海导航手册。如明洪武二十五年（1392）以前就有了《针本》，有的称为《针谱》或《针簿》等。郑和下西洋时也曾"始则预行福建、广、浙，选取驾船民梢中有经惯下海者称为火长，用作舟师。乃以针经图式付与领执，专一料理，事大责重，岂容怠忽"。笔者认为，此处的《针经》乃是《针簿》的一种，所谓的"图式"应当是航海图，但后世都没有保存下来。

（二）郑和下西洋在针位方面取得的成就

《郑和航海图》上的航线文字说明已具备了后世《针路簿》的四个基本要素：始发地、针位（航向）、更数（航程）和终点，并已进行条目式叙述。如图十一（左半部）"外罗山内过，癸丑及丹癸针，二十一更船，平独猪山"一句的始发地为外罗山，用罗盘上的针位是"癸丑及丹癸针"，即向着此航向航行，航程更数为"二十一更船"，终点是独猪山。

在使用罗盘针位方面，既有"丹针"对针针位，也有缝针针位。"丹"字是福建一带的用语，同"单"字，即"单针"针位。上述的"癸丑"即"癸"和"丑"之间的缝针针位。"癸"在罗盘上的针位为北偏东方向$15°$，"丑"在罗盘上的针位为北偏东方向$30°$，两个针位之间的度数为（$15°+7.5°=22.5°$）$22.5°$。被称为我国成书于时代最早（约十六世纪末）的海道针经《渡海方程》一书中在记载从占城返回福建的航线时,使用缝针已较为普遍,"到明代中期,除了单针和缝针外,又出现了一种新的针位,即对坐(座)针位"①。清初的《指南正法》再出现了缝针对坐针位。海南渔民苏德柳的《更路簿》进一步发展为使用"兼线"针位。几百年来,每一个罗盘针位方面的进步,都是我国航海技术发展的成果。

(三) 闽南方言的传播

郑和下西洋时的船只多是从福建港口出发,船工也多有福建渔民,当时这一带的造船和航海技术都比较发达。无论是《郑和航海图》上的用语,还是费信等人的文字记载,都保留了许多闽南方言、用语和风俗习惯等,如称"偏"为"贪""鬼哭"、打水托、称赞语"妙"等。在《郑和航海图》里多处有某"更船"的术语,如"独猪山:丹艮针,五更船"的记载。海南渔民至今还保留着这个术语:"一天算12更船,后船看不见前船桅顶的路程为一更,大约一更合40(应为10)浬。一天可开五更船,看风力大不大,水流怎样,也有一天开6—7更船的。"可见"更船"是航程的长度单位。"打水托"也是郑和下西洋时的习惯用语,用以测量水深和海底情况,如在《郑和航海图》六(右半部)有文字"一路打水九托,平九山"。海南渔民也说:"测量水深用'打水托',一般白天不用,行船时不用,晚上看不见或靠岸时才用。它用铁做成,形如秤砣,用它来测量水深。"

(四) 丰富的神话传说

清初陈伦炯在《海国见闻录》中记载:"七州洋中,有种神鸟,状似海雁而小,啄尖而红,脚短而绿,尾带一箭,长二尺许,名曰箭鸟。船到洋中,飞而来示,与人为准,呼是则飞而去,间在疑似,再呼细看决疑,仍飞而来,献纸谢神,则翱翔不知其所之。相传王三宝下西洋,呼鸟插箭,命在洋中为记。"王三宝,一说为王景弘。在下西洋中所起的作用仅次于郑和。笔者近几年四次去西沙群岛考察时,在快船到七连屿时,

---

① 刘义杰:《〈顺风相送〉研究》,大连海事大学出版社2017年版,第68页。

总有 100 余只这样的鸟在船头或船舷处来回飞旋，像迎接亲人一样。看来，几百年的生活习性并没有改变。

综上所述，郑和下西洋时是沿着我国近海海域航行的，这样不仅安全，也能随时补充淡水和给养。到海南岛东南部的万宁市的大洲岛后，便向着东南方向的西沙群岛行驶，然后经过南沙群岛海域，驶往东南亚国家。这既是郑和船队航线，也是一条我国古代南海丝绸之路的著名航线，多数南海上的地名被后世传承下来，成为现代建设新海上丝绸之路的宝贵财富。

丝绸之路与中外互动

浅谈新疆史前帽冠与早期文明交流*

信晓瑜

（新疆大学纺织与服装学院）

近年来塔里木盆地出土大量身着各类纺织品服饰的干尸，为研究新疆早期文明提供了契机。帽冠是伴随塔里木干尸一起出土的服饰文物之大宗，对其进行系统研究具有重要学术价值。目前国内外学者对新疆早期帽冠已有一定关注，尤其是对新疆古代高尖帽或尖顶帽的著述较丰，如巴勃（E. W. Barber）认为吐鲁番地区出土的高尖帽与古代女巫有一定联系；[1] 而卡尔莲（Karlene. Jone – Bley）则认为新疆古代尖顶帽具有某种仪式性的起源；[2] 此外，吴妍春等对西域古代高尖帽的类型、分布和相关文化渊源等做过系统分析；[3] 查琳则结合文献、图像和出土实物，分析了新疆出土史前尖顶帽的形制工艺等特征，并试图揭示其与晋唐尖顶帽的传承演变关系。[4] 这些前期研究不仅对了解新疆早期服饰习俗具有要义，也对研究丝绸之路史前物质文明极具价值。本文在前辈学者的研究基础上对新疆出土公元前 2000 年到汉代前后的史前帽冠进行了梳理，并将其与欧亚大陆其他地区青铜至早期铁器时代的远古帽冠做了初步比对，

---

* 基金项目：本文为 2015 年度国家社科基金艺术学青年项目阶段性成果，项目批准号 15CG160

[1] E. W. Barber, *The Mummies of Ürümchi*, New York/London：W. W. Norton, 1999, pp. 200 – 201.

[2] ［美］卡尔莲·琼斯－布雷：《高帽：直通天国》，丁兰兰译，《草原文物》2012 年第 1 期，原文题为 *Tall Hats: Reaching to the sky*，载于《第三届吐鲁番学暨欧亚游牧民族的起源与迁徙国际学术研讨会论文集》，上海古籍出版社 2010 年版，第 92—98 页。

[3] 吴妍春、王立波：《西域高尖帽文化解析》，《西域研究》2004 年第 1 期，第 60—68 页。

[4] 查琳：《新疆史前尖顶帽研究》，东华大学硕士学位论文，2007 年，第 92—104 页。

以期从帽冠服饰的角度来分析欧亚大陆早期文明交流的可能脉络，不周之处，还请方家指正。

一 新疆出土早期帽冠实物

从考古证据来看，新疆出土早期帽冠类文物数量之多、品类之丰富、形制之多样、风格之独特，在世界范围内都属罕见，其材质多样，包括毡帽、皮帽、毛布帽、毛线编织帽、发网、高冠等多种类型，时间跨度从公元前 2000 年前后的青铜时代到汉代前后，文化类型各不相同。从出土帽冠形制来看，公元前两千纪的新疆早期帽冠大体可分为护耳帽、平底帽和高冠三大类别。护耳帽出土数量较多，形制合体轻便，两侧有向下延伸出的护耳片可遮蔽脸颊及双耳，有较强的防护御寒等实用功能；平底帽亦较多见，其底缘水平且无护耳片，但形制多样，顶部造型或尖或圆，也具有较强的实用功能。高冠造型较前二者夸张，高度倍于前二者，具有明显的精神指示意味。从使用的时间范畴来看，护耳帽和平底帽在新疆远古居民中的使用应略早于高冠，其使用的时间也延续至之后的各个历史时期，可以说是一种贯穿古今的日常帽式。从地域分布来看，护耳帽和平底帽在新疆早期各个服饰遗存中均很常见，而高冠类则多集中分布在东部天山地区的吐鲁番盆地，是吐鲁番盆地特有的一种早期帽冠形式。三类帽冠在各自的发展过程中又分别出现各种新的变体，共同展现出新疆早期居民丰富多彩的帽服习俗。

护耳帽指的是一种帽底缘左右两侧延伸出片状护耳的帽式，在新疆汉代以前的多个早期墓葬中均有发现。此类毡帽有尖顶、有圆顶，以毛毡为主要原料，良好的保护性能和便捷的穿戴办法，使其在远古新疆相当流行。其左右两侧有角状或半月形护耳片，耳片下多缀有毛绳，可相系于颌下，从而保护耳部及部分脸颊。护耳帽常用材料有毛毡、毛布以及动物毛皮，从其形制看，这种帽子应该多用于秋冬，以抵御新疆冬季苦寒的气候。护耳帽以罗布泊地区为代表，如古墓沟墓地、楼兰 LE 附近古墓地、库姆河 36 号墓地、哈密五堡墓地等处均出土有类似的帽冠。其制作方法大多是用毛毡一体化压制毡缩而成，帽身多无缝合痕迹，表面常见毛绳、羽饰、动物皮毛等装饰。如罗布泊地区常见的用红色毛绳将禽鸟羽毛系于一端削尖的小木棍上制成羽饰，插于毡帽表面，不同的羽饰制作方法有时还暗示不同性别的着装者。

平底帽的主要特征是帽底缘一周位于同一水平面上，左右两侧没有"护耳片"，毡帽左右亦常缝缀毛绳，也可相系于颌下，依据顶部造型可分为尖顶平底帽、圆顶平底帽和平顶平底帽三类。其中尖顶平底帽引发了较多的关注，其造型上狭而下宽，顶部呈尖顶状。所见又有竖直尖顶式和弯曲尖顶式两类。竖直尖顶式平底帽以小河墓地出土的尖顶毡帽为代表，其形制基本均是平底无护耳的圆帽，顶部略尖，但尖锐程度不同。小河墓地出土尖顶平底毡帽均为一体毡缩而成，帽表无缝合痕迹，体现其年代之久远，大多保存完好、造型精致，帽高 16—35 厘米不等，底径则 15—24 厘米。帽底缘左右两侧缝缀毛绳，可相系于颌下，表面常见水平缝缀有疏密不均的红、黄等色毛绳作为装饰，还常见伶鼬皮缀饰于毡帽前中部位，另有羽毛装饰插于一侧。与出土实物一致的是，新疆早期岩画中也出现大量类似的着尖顶帽人物形象，[1] 岩画中头戴尖帽的猎人们或张弓射猎，或纵马追驰，极具生活气息，说明平底尖帽应是新疆早期居民的一种日常帽服形式。

弯曲尖顶式平底帽帽顶部并非直接竖直向上收拢，而是向前或向后倾斜弯曲，形成一种特殊的弯势。所见实物如扎滚鲁克出土鸟头状尖顶毡帽（如图 1 所示），是用两片近似三角形的棕褐色毛毡相对合缝而成，上尖下宽，顶端缝出似鸟头状自然弯曲的造型。该帽高约 35 厘米，底径 24 厘米，顶径 5 厘米，帽脊合缝处用原白色毛线锁缝牙边，从帽檐到帽顶呈斜坡状，出土时帽上还镶有黑色羽毛。[2] 虽然左右两侧均有翻折帽檐，但却又不对称，如右侧帽檐在前部翻折，左侧帽檐在后部翻折，[3] 一前一后翻折的帽檐和帽顶中央的脊线共同形成特殊的装饰效果，其产生可能与新疆远古居民的游猎生活方式有一定关系。此类弯曲尖顶帽在新

---

[1] 苏北海：《新疆岩画》，新疆美术摄影出版社 1994 年版，第 213—218 页。
[2] 新疆维吾尔自治区博物馆：《古代西域服饰撷萃》，文物出版社 2010 年版，第 19 页；新疆博物馆文物队：《且末县扎滚鲁克五座墓发掘报告》，《新疆文物》1998 年第 3 期，第 12 页。
[3] 万芳：《新疆史前至魏晋时期的帽子》，赵丰、伊弟利斯主编《大漠联珠——环塔克拉玛干丝绸之路服饰文化考察报告》，东华大学出版社 2007 年版，第 125 页。

疆同时期青铜俑像、雕塑等品类中也有类似发现。

图1 新疆史前岩画中的尖顶帽形象

除了上述较合体的帽式外，公元前两千纪的新疆地区还出土数件高冠，其高度远高于前两种，高者可达60余公分，所用材质有毛毡、毛编织物、木头等。此类高冠主要出土自吐鲁番盆地，见于鄯善苏贝希、洋海和三个桥墓地等处。各墓葬出土高冠的造型、质地各不相同，具有明显的地域特色，依其形制可分为棒锥式高冠、鱼形高冠和双叉高冠三类。棒锥式高冠见于鄯善苏贝希三号墓地M6号墓，该冠为分体式，由底座和棒锥高尖两部分构成，先用黑毡卷成牛角状，盘在头侧，再以毡卷为胎，将头发卷绕其上，上面套上黑色毛线编织发网，形成圆盘形的底座，再在头顶正中栽植一根下粗上细的毡棒，毡棒外也套有黑色发网。[①]整个冠饰是一个内以毛毡为骨，外以编织发网定型的高冠结构。鱼形高冠仅见于鄯善洋海古墓，木质，外观呈鱼形，用薄木板黏合而成，底口近方形，整体四面，一面平直开口，其余三面呈鱼腹状向外先鼓出后收细，顶部向上延伸出细高的尖端，与直面相对的那个斜面上方安装有鱼鳍状的三角形薄木片。双叉高冠冠顶分叉，各成一尖，所见共5件，其中鄯善苏

---

① 王炳华：《新疆古尸》，新疆人民出版社2001年版，第99页；新疆维吾尔自治区文物事业管理局等编：《新疆文物古迹大观》，新疆美术摄影出版社1999年版，第126页。

贝希出土 2 件，三个桥古墓出土 3 件，形制相似，又各有特点。

值得注意的是，在新疆早期岩画中也出现了类似吐鲁番盆地出土高冠的着帽人物形象（如图 2 所示）。如新源县则克台镇铁木尔勒克村买勒山的一处岩壁上凿刻有一幅放牧图，图中有一头戴高冠的牧民在放牧一马一羊，其冠上狭下宽，顶部尖锐，直指苍穹，造型与吐鲁番盆地出土棒锥式或鱼形高冠有相似之处；而伊犁特克斯县乔拉克铁热克乡阔克苏附近的岩画上凿刻有一头戴双叉高冠的人物形象，有学者认为其头部的双叉为翎羽，[①] 但该人物头部以上还有一部分冠饰造型，其上才分叉导向两边，其造型与吐鲁番盆地出土的双叉高冠具有明显相似之处。类似头戴高冠的岩画人物绝非仅有，这些早期岩画人物形象中，还常出现夸张的男性生殖器造型或者正在进行着的两性交合画面，暗示了这些高冠可能与远古生殖崇拜活动存在某种联系。

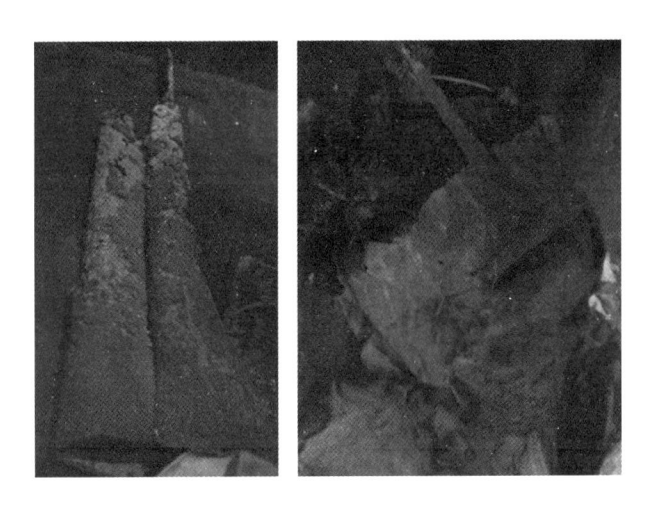

图 2 苏贝希 I M11 出土毛毡双叉高冠及皮质帽围

二 欧亚大陆早期帽冠

顶部造型成为公元前两千纪新疆早期帽冠的重要特征，可能是某一

---

① 苏北海：《新疆岩画》，新疆美术摄影出版社 1994 年版，第 347 页。

特定族群种属或信仰集群的标志。从出土的帽冠实物可知，尖顶帽在新疆出土早期帽冠中占有较大比重，虽然这些尖顶帽的形制和风格在近两千年的发展过程中发生了很多变化，并且在不同的墓葬遗址呈现出形制、结构、材料及装饰工艺上的显著区别，但这种上狭下宽、高尖向上的形式的总体特征并未改变。这一特征在欧亚大陆其他同时代文明，尤其公元前一千纪以来的近东及中亚文明中亦有类似发现，似乎暗示着某种早期的文明交流现象。

亚欧大陆青铜时代穿戴尖顶帽的人物形象并不罕见。考古资料显示，无论是护耳式、平底式，还是高冠式尖帽，在欧亚大陆其他地方均有类似的发现。最早的尖顶帽形象可追溯到美索不达米亚平原南部的苏美尔第三王朝时期（约公元前 2100 年），如伊拉克拉迦什出土的国王古地亚（Gudea）的青铜雕像（现藏于美国克利夫兰博物馆）就头戴尖顶平底帽，帽上有左右对称的两组角状装饰物，一组为 4 只。而距今约 3800 年的巴比伦汉穆拉比法典碑（现藏于卢浮宫）中雕刻着沙鲁神授权汉穆拉比国王的情景，[1] 其中沙鲁神头部也戴着类似的带有角状装饰物的平底尖顶帽。安纳托利亚的赫梯文明距今约 3600 年，该文明出土的雕像中也时常出现类似的尖顶平底帽，如美国克利夫兰博物馆藏的一座赫梯神的雕像，它头戴顶部更尖锐的帽子，帽顶两侧各有两个竖直向上弯曲的角状装饰[2]。从美索不达米亚文明和赫梯文明中的例子可以看出，这种带有角状装饰的尖顶帽似乎是小亚地区所信仰的神祇特有的一种帽饰，尖顶的造型可能代表了着帽者与天国的特殊联系，而帽正面两侧的角状装饰物，则应该是神祇身份识别的标志。

相对而言，帽表面没有这种角状装饰的平底尖顶帽，其着帽者身份应该更倾向于普通民众。黎巴嫩贝鲁特国家博物馆藏的一件距今 4000—3500 年的腓尼基祈祷者铜像[3]头部，就带有这样一顶没有任何装饰的平底尖顶高帽。此外，美索不达米亚地区的亚述文明中，亦出现类似的例子，

---

[1] 高火：《古代西亚艺术》，河北教育出版社 2003 年版，第 71 页。
[2] 克利夫兰博物馆官网，http://www.clevelandart.org/。
[3] 黎巴嫩贝鲁特国家博物馆官网，http://en.beirutnationalmuseum.org/。

如大英博物馆馆藏的一件年代为公元前900—前800年的亚述朝贡者浮雕板上雕刻有一个戴有这种平底尖帽的人物形象，该帽的高度明显低于黎巴嫩祈祷者所戴的帽子，其外观形制与新疆塔里木盆地发现的史前尖顶帽如出一辙。

同样，欧亚草原早期铁器时代也出现大量头戴护耳式尖帽的着帽者形象，但与塔里木盆地的情况不同，这种护耳式尖帽在中、西亚早期文明发展史中的出现，似乎略晚于前述的平底尖帽。尤其在强大的亚述、波斯等古代帝国兴起之后，这种护耳式的尖顶帽大量出现在公元前一千纪的中西亚浮雕中。如现藏于大英博物馆的亚述王巴尼拔扩建的辛那赫里布宫浮雕，描述的是亚述国王征服埃兰的场景，其中出现大量头戴护耳式尖顶帽的士兵形象。这些尖顶护耳帽顶部非常尖锐，耳部延伸出半圆形的护耳片，帽檐一圈有三四道环形纹饰，整体造型分明，看上去更像是一种专门在战斗中使用的头盔，这一点似乎可以从公元前8世纪的亚述阿赫迈尔王宫壁画中得到证实，壁画中的武士头戴尖顶头盔，与辛那赫里布宫浮雕上的帽冠形制相同，这种锥形护耳尖顶帽的形式与新疆史前尖顶护耳帽具有一定相似之处。

公元前6世纪前后，亚述帝国灭亡，新崛起的波斯帝国（公元前550—前330）迅速成为一个横跨亚、欧、非三大洲的超级帝国。波斯人与"赛人""斯基泰人""西徐亚人""萨尔马希安人"等古代民族均具有深厚的渊源联系，[1] 在波斯帝国最强盛的公元前5—前3世纪，亚欧草原很多游牧民族都被纳入波斯帝国版图之中，斯基泰人也不例外。著名的大流士王波斯波利斯宫殿四壁的浮雕就描绘了波斯帝国时期万国来朝的盛世景象，其中斯基泰朝贡者头戴护耳尖顶帽，两侧护耳在颌下相系，其形制与新疆出土史前护耳尖顶帽非常相似。无独有偶，在南俄草原库尔·奥巴（Kul Oba）古墓出土金瓶上镌刻的斯基泰武士形象，也头戴类似的护耳尖顶帽。考古资料显示，护耳尖顶帽并不仅仅出现于某一处，而是在整个欧亚草原游牧民族中均非常流行的帽冠式样。古代两河文明、

---

[1] O. Szemerenyi Fore, *Old Iranian Ethnic Names: Scythian - skudra - sogdian - saka*, Wien 1980, pp. 44-46.

赫梯文明、波斯文明、南俄草原的斯基泰文明均证实了这一点。

　　同样的，尖顶高冠在古代亚欧大陆的其他地区也有出现。地中海东岸的乌加里特发现距今3400—3300年的战神雕像，① 铜像头戴高冠，顶部似圆球状，明显具有埃及风格。在公元前一千纪的中亚和南俄草原，游牧民族斯基泰人的坟墓中，也出现有类似的尖顶高冠。如哈萨克斯坦的伊塞克金人墓（公元前5世纪）中就发现金人头戴尖顶高冠，冠高60—65厘米，高高的尖顶略向前方弯曲，与扎滚鲁克的鸟头冠有一定相似之处。不同是高冠下还带有一圈围脸，与帽底连在一处，保护住了后脑、双颊及耳部，仅露出脸部。另外高冠表面还装饰各种箭头和金饰牌，似乎证明墓主人身份显赫。俄罗斯阿尔泰地区巴泽雷克古冢也发现与吐鲁番盆地类似的尖顶高冠，如巴泽雷克阿拉哈3号墓地1号墓出土的妇女头戴一顶棒锥式高冠，该冠由毛毡制成圆形内胎，顶部透孔，毡胎外粘贴第一层马鬃，做出发型，再涂糨糊粘头发。头发从毡胎顶部透孔中伸出，收拢成柱状，其外再用毛毡包裹，后用毛绳束紧，再套上红色毛线织成的发套。发套顶部靠着它竖立一个坚固的高顶，高达60余厘米，以毡为骨，外裹黑色毛织布。除了高冠具有相似之处，巴泽雷克出土男尸所着鸟头形弯勾式尖帽，与塔里木盆地南缘的扎滚鲁克墓地出土鸟头冠也具有相似之处。其制作方法是将毛毡包裹木棒，将卷着的筒形底部扩大、顶部保持棒状原样，制成盔形帽脊座，棒形顶再续接鸟头，顶端另置动物形。② 与扎滚鲁克鸟头冠不同的是，该帽帽顶的鸟头和帽表鹿形装饰均是由木头圆雕而成，有的鸟头是直接用毡布做成的。③ 另外，巴泽雷克还出土有类似新疆史前护耳式毡帽的帽子，顶部为平滑弧线形，外毡而里毛布，表面有线条状的缘饰，制作非常精美。阿尔泰山北部巴泽雷克出土高冠和鸟头护耳帽与新疆出土高冠、鸟头冠的相似性在两处出土的其他服饰品中也有发现，如两地女性均穿着拖地横接长裙，以毛绳为腰带系扎固定，都使用缂毛织物等。④ 这些相似之处应该暗示了阿尔泰山

---

① 高火：《古代西亚艺术》，河北教育出版社2003年版，第226页。
② 吴妍春：《西域高尖帽文化解析》，《西域研究》2004年第1期，第63页。
③ 齐溶青：《论巴泽雷克文化》，吉林大学硕士学位论文，2008年，第18页。
④ 赵丰：《锦程》，香港：香港城市大学出版社2012年版，第39—47页。

南北地区的一种早期文化交流。

三 小结

通过对考古资料进行分类梳理可见，新疆早期帽冠形制非常丰富，主要使用毛毡、毛布、毛编织物等原料进行制作，形制大致可分为护耳帽、平底帽和高冠三类。护耳帽和平底帽在远古新疆的使用早于高冠类首服，在新疆公元前两千纪的各个服饰遗存中均很常见，而高冠类文物大多集中分布在公元前 5—前 3 世纪的东部天山地区，是吐鲁番盆地特有的一种冠帽形式。从时间发展的顺序来看，年代在公元前 2000—前 1300 年之间的早期帽冠以罗布泊地区出土文物为代表，帽冠形制、材质、色彩等均相对简约古朴，首先解决实用的需要；公元前 1300—前 600 年间的中期帽冠则以扎滚鲁克地区为代表，式样更加复杂，所用材料也日益丰富，出现毛毡、毛布、毛编织物等多种材料混搭，风格更加多样；而公元前 600 年至公元元年前后的帽冠则主要出自吐鲁番盆地，高冠成为具有地域特色的重要特征，其造型各异，有棒锥形、鱼形、双叉形等，强调了特殊的精神指示功能。此外，新疆出土的三类早期帽冠形制，在同时期的欧亚大陆其他地区均有类似发现，这些早期帽冠在世界范围内的相似性似乎暗示早在公元前 2000 年到公元元年前后，欧亚大陆已经出现了一些早期的文化交流现象，对这些早期文明交流的来源和流向的深入探讨，还有待更多考古证据的发现。

芫荽考

——欧亚大陆多种文明融汇缩影之一

唐 均

（西南交通大学外国语学院）

农业考古和历史文献的综合研究证实，伞形花科芫荽属一年生草本植物芫荽（Coriandrum Sativum）原产地中海沿岸及内亚地区。[①] 在欧亚大陆上，芫荽这种作物的名称主要呈现四条词汇漫游路线。

关于词汇漫游路线标示符号的说明：＜＞"词汇嬗变"、≤≥"词汇借用"、～"词汇平行"、≈"词汇异体"。此外，文中所引多语种词汇，除非特别注明，都是笔者平素自行搜集的积累，无法一一出注；文中所涉汉字拟音，标以＊＊的上古音依次为白一平—沙加尔拟音和郑张尚芳拟音（仅有一个出现的情形则为郑张尚芳拟音），标以＊的中古音则为《广韵》反切的罗马转写；文中所有典籍引文，除了特别注明的以外，都是引自相关各类文献的通行标点校勘本，《圣经》汉译则一律引用和合本（偶有内容分歧之处再行另作说明），而引文中的画线部分则为笔者自行添加，以为相关段落研究的焦点之所在——不再一一赘述。

一 "巴比伦→希腊→罗马→欧洲"一线

尼罗河流域虽然是目前公认的人类文明最早起源地区之一，但却没

[①] ［美］劳费尔：《中国伊朗编》，林筠因译，商务印书馆1964年版，第124页。

有野生的芫荽痕迹；不过在著名的古埃及第十八王朝法老图坦阿蒙（〔𓇋𓏏𓄤𓋹𓏌𓏺〕twt-ʿnḫ-jmn，前1341—前1323）陵墓中发掘出了大约半升芫荽分果片，这或许就意味着古埃及人在公元前两千纪就已开始种植芫荽了。① 尽管如此，目前的古埃及象形文字文献中，尚未发现明确指称芫荽的语汇。

目前世界传布最为广泛的英语芫荽名称，是以希腊—拉丁文为枢纽性中介，最远可以追溯到古代世界四大文明形态之一的巴比伦文明官方之阿卡德语所用的楔文记录之中——该语汇漫游路线是：英语 coriander < 中古英语 coriandre < 盎格鲁诺曼语 coriandre ≤ 古法语 coriandre ~ 西班牙语 cilantro ≈ culantro ≈ coriandro < 晚期拉丁语 coliandrum② < 拉丁文 coriandrum ≤ 希腊文（κορίανδρον）koríandron ≈（κορίαννον）koríannon "芫荽（子）" ≈（κορίαμβλον）koríamblon < 迈锡尼希腊文（𐀒𐀪𐁁𐀅𐀙）ko-ri-a₂-da-na ≈（𐀒𐀪𐀊𐀅𐀙）ko-ri-ja-da-na ≈（𐀒𐀪𐀊𐀈𐀜）ko-ri-ja-do-no ≈（𐀒𐀪𐀍𐀅𐀙）ko-ri-jo-da-na ≤ 前希腊语 *koriaⁿdno- < *koriaⁿdro- ≤ 阿卡德文（𒄷𒊑𒌝）ḫu-ri-um ≈（𒄷𒊑𒀀𒉡）ḫu-ri-a-nu。也有说法认为希腊文（κορίαννον）koriannon 一词因其发出的恶臭气味而源出（κόρις）kóris "臭虫"③，另外这个希腊文香料名称又可能同米诺斯女儿（Ἀριάδνη）Ariádnē "阿里亚德涅" 音近相通。

但在近东古代文明中，芫荽子的名称另有一系——乌伽里特文（𐎂𐎄）gd ~《圣经》希伯来文（גַּד）gad "芫荽子" ~ 希腊字母布匿文（γοίδ）goíd④，而且这些语料的部分情形在犹太《圣经》中就有明确的体现。

《出埃及记》16:31：这食物，以色列家叫吗哪，样子像芫荽子，颜色是白的，滋味如同搀蜜的薄饼。

希伯来文：לֹא וַיִּקְרְאוּ בֵית-יִשְׂרָאֵל אֶת-שְׁמוֹ, מָן; וְהוּא, כְּזֶרַע גַּד לָבָן, וְטַעְמוֹ, כְּצַפִּיחִת בִּדְבָשׁ.

---

① Zohary, Daniel and Maria Hopf, *Domestication of plants in the Old World*, third edition, Oxford: Oxford University Press, 2000, pp. 205–206.
② *Diccionario de la lengua española*, Vigésima tercera edición, Real Academia Española, 2014.
③ Chisholm, Hugh (ed., 1911), *Encyclopædia Britannica*. 7 (11th ed.). Cambridge University Press, p. 146.
④ ［美］劳费尔：《中国伊朗编》，林筠因译，商务印书馆1964年版，第124页。

希腊文七十士本 16：14：καὶ ἰδοὺ ἐπὶ πρόσωπον τῆς ἐρήμου λεπτὸν ὡσεὶ <u>κόριον</u> λευκόν, ὡσεὶ πάγος ἐπὶ τῆς γῆς.

《民数记》11：7：这吗哪仿佛芫荽子，又好像珍珠。

希伯来文：ז וְהַמָּן כִּזְרַע-גַּד הוּא; וְעֵינוֹ, כְּעֵין הַבְּדֹלַח.

希腊文七十士本 11：7：τὸ δὲ μάννα ὡσεὶ σπέρμα <u>κορίου</u> ἐστί, καὶ τὸ εἶδος αὐτοῦ εἶδος κρυστάλλου.

可以看出，所据底本与现存希伯来文本不同的《圣经》七十士本（Septuagint），用来指称芫荽的希腊语词（κόριος）kórios 同前述芫荽之希腊文名称（κορίανδρον）koríandron ≈（κορίαννον）koríannon "芫荽（子）" ≈（κορίαμβλον）koríamblon，既有词根上的一致性又有整词上的差异性，或许更具词汇历时嬗变过程中的古老意味；倘若再行参照这一系希腊文芫荽术语的终极源头——阿卡德文（𒀭𒉿𒌓𒁁）ʰu-ri-um，几乎可以认定七十士本的芫荽术语（κόριος）kórios 就是该阿卡德语词的直接借用。至此，芫荽的前述希腊文名称系列，更有理由归于早于古希腊文明的异域文明借用语汇，所谓在希腊语内部追溯的"臭虫"语源，更多视为望文生义的俗词源（folk etymology）罢了。

犹太《圣经》对芫荽的记载，既证实了芫荽的地中海沿岸起源说，又可以框定有关希腊语汇的语源问题。

古希腊喜剧之父阿里斯托芬（Ἀριστοφάνης，约前446—前386）在其名剧《骑士》（Ἱππεῖς，前424年）第676和682行都提到了芫荽亦即"香荽"（κορίαννον）：

676 ἐγὼ δὲ τὰ<u>κορίανν</u>' ἐπριάμην ὑποδραμὼν ἅπαντα τά τε γήτειόσ' ἦν ἐν τἀγορᾷ· ἔπειτα ταῖς ἀφύαις ἐδίδουν ἡδύσματα ἀποροῦσιν αὐτοῖς προῖκα κἀχαριζόμην. 680 οἱ δ' ὑπερεπῄνουν ὑπερεπύππαζόν τέ με ἅπαντες οὕτως ὥστε τὴν βουλὴν ὅλην	我趁早溜了出来，把市场里所有的韭菜和<u>香荽</u>菜收买下来，他们正需要时，我就把这些菜白送给他们作烹饪鳀鱼的香料，这样讨他们的喜欢。大家过分地称赞我，热烈地向我欢呼。我用一个俄玻罗斯的香荽叶把议院拉拢过来后就回来啦。

682 ὀβολοῦ κοριάννοις ἀναλαβὼν ἐλήλυθα.　（罗念生汉译）①

仅就这段喜剧台词即可看出：在古希腊时代香荽用作烹鱼的香料，借此就可以贿赂行使民主投票的议员，这就可见芫荽在古希腊社会中应当是一种较为贵重的物资。从而，芫荽的希腊文名称源出鄙俗的臭虫之名则应当排除，该名称借自具有异域风情的高端（prestige）外语词就更有可能性了。

由此及彼，威尔士语 coriander "芫荽子"、荷兰语 coriander、德语 Koriander > 意第绪语（פעלד־גליאנדער）feld–gliander、斯洛文尼亚语 koriander、克罗地亚语 korijander、匈牙利语 koriander 等完全趋同于英语的形式，加泰罗尼亚语 coriandre、罗马尼亚语 coriandru、捷克语 koriandr、俄语（кори а́ндр）koriándr 等完全趋同于法语 coriandre 的形式，加泰罗尼亚语 celiandre、葡萄牙语 coentro、意大利语 coriandolo、意大利语西西里方言 cugghiandru、波兰语 kolendra、现代希腊语（κόλιαντρος）kóliantros、芬兰语 korianteri、毛利语 korianara 等稍作变化的形式，都应当是或远或近从拉丁文 coriandrum 一词衍生出来的结果。指称芫荽的上述语汇形式几乎都在欧洲范围内漫游，同罗马人将芫荽带到西欧的史实吻合，芫荽遂成为欧洲人最早种植的香料之一。至今其影响范围早已不再局限于欧亚大陆，而随着欧洲殖民者在近代地理大发现的脚步遍布世界各地了。

二　"原始达罗毗荼→印度雅利安→达罗毗荼～近东～伊朗→内亚～东亚"一线

主要在闪语世界扩散开来的芫荽名称，其直接源头却是非闪语的梵文记录，最终可以追溯到印度雅利安人（〔आर्य〕ārya）自西向东迁徙而来、逼近次大陆时邂逅的原始达罗毗荼（〔द्राविड〕drāviḍa）语土著民族——

---

① 罗念生：《罗念生全集第四卷·阿里斯托芬喜剧六种》，上海人民出版社 2004 年版，第 120 页。

这条语汇漫游路线大致是：奥斯曼文（كزبره）küzbere ≤ 阿拉伯文（كُزْبَرَ）kuzbar ≈（كُزْبَرَة）kuzbara ≈（كُسْبَرَة）kusbara ≈（قُسْبَرَة）qusbara① ~ 希伯来文（כֻּסְבָּרָה）kusbára ≤ 古叙利亚文（ܟܘܼܣܒܲܪܬܵܐ）kūsbartā < 阿拉米文（כסברה）kusbara ≤ 阿卡德文（𒆪𒋃𒁉𒅕𒊒）kisibirru ≤ 梵文（कुस्तुम्बरी）kustumbarī ≤ 泰米尔文（கொத்தமல்லி）kottamalli——其间姑且以现存最具古老文献的达罗毗荼语系之泰米尔语来比对语汇的源头状态。

  由于印度河文明出土的大量文字材料基本未获明确的解读，所以我们缺乏更多直接的证据来加强上述语汇漫游路径特别是其源头的推定。但作为间接的证明材料，同上述语汇漫游路线可以构成平行关系的是：见诸近东两河流域最早书面文献之苏美尔楔文记载的南亚地名"梅露哈"——希腊化希腊文（ΜΗΛΩ）MĒLŌ ≤ 苏美尔文（𒈨𒈜𒄩𒆠）Me‑luḫ‑ḫa^KI"印度河谷之邦" < （𒈨𒈜𒄩）Me‑laḫ‑ḫa ≤ 原始达罗毗荼语 *mil（u）‑akam ≈ *mēl（u）‑akam"高地之国"② > 泰米尔文（மேலகம்）mēlakam"高阁"③ ≥ 梵文（म्लेच्छ）mleccha"非吠陀的、（发音糟糕的）异邦人"④ > 俗语 milāca ≥ 巴利文 milakkha ≈ milakkhu⑤ > 印地语（म्लेच्छ）mlecch⑥ ~ 孟加拉语（মেচ）mech"藏缅语部落"⑦ ≥ 蔑戾车 *meʈ‑lei^H/leʈ‑ʈɕʰia ~ 坎纳达语（ಮ್ಲೇಚ್ಛ）mlēccha ~ 古典泰米尔文（மிலேச்சர்）milēccar"（希腊雇佣兵）侍卫长" > 泰米尔文（மிலேச்சன்）

---

① ［美］劳费尔：《中国伊朗编》，林筠因译，商务印书馆1964年版，第124页所引阿拉伯语词 kusbera 和 kosberet 当为方言语汇。
② Parpola, Asko and Simo Parpola, "On the relationship of the Sumerian toponym Meluhha and Sanskrit mleccha", *Studia Orientalia*, 46, 1975, pp. 222–225.
③ Parpola, Asko and Simo Parpola, "On the relationship of the Sumerian toponym Meluhha and Sanskrit mleccha", *Studia Orientalia*, 46, 1975, p. 220.
④ Macdonell, Arthur A., *A practical Sanskrit dictionary with transliteration, accentuation, and etymological analysis throughout*, London: Oxford University Press, 1893, p. 237.
⑤ *Pali‑English Dictionary*, Pali Text Society, 2015（retrieved online）, p. 533.
⑥ McGregor, Ronald Stuart, *The Oxford Hindi‑English Dictionary*, London: Oxford University Press, 1993, p. 839.
⑦ Parpola, Asko and Simo Parpola, "On the relationship of the Sumerian toponym Meluhha and Sanskrit mleccha", *Studia Orientalia*, 46, 1975, p. 217.

milēccan "穆斯林"①，从而将吠陀中就已出现却尚未得到明确解释的术语同非雅利安人的印度河文明联系起来了。

半摩羯陀语耆那教文献《苏耶伽陀相经》(Sūyagaḍaṅgasutta②，1·1·2：15-16) 的部分偈语，其文字涉及"蔑戾车"这个术语③：

milakkhu amilakkhussa jahā vuttāṇubhāsae	蔑戾车重复雅利安说的却没明白其意，
ṇa heum se viyāṇāi bhāsiyaṃ vāṇubhāsae	只是复述其言辞，这无知者假装有学问，
evam annāṇiyā nāṇaṃ vayaṃtā bhāsiyaṃ sayaṃ	却不知道真理：此蔑戾车不可教也！
nicchayatthaṃ na jāṇaṃti milakkhu va abohie	（笔者自译）

这段文字鲜明体现出"蔑戾车"同"雅利安"之间的截然对立关系，虑及该词的梵文源头已经见诸吠陀文献，那么蔑戾车一词原初意指对象同入侵印度河谷的雅利安人有着敌对关系也就顺理成章了。这就是该梵文词在后世的传承中即便语义发生改变，也多是转而指称同印度教徒相对立的"异教民族"如次大陆北部的藏缅人或西部、东部的穆斯林等。

包括现存唯一居于印度以北巴基斯坦中部地区的达罗毗荼语系成员婆罗灰语（〔برابوئی〕brāhvī）在内④，原始达罗毗荼人的祖居地并非现在的南印度诸邦，而是次大陆西北的印度河谷，因而古代世界四大文明形态之一的印度河谷哈拉巴（〔हड़प्पा≈ہڑپّہ〕haṛappā）文明属于原始达罗毗荼人的见解则又多了一份证明材料。

芫荽的这一条传播主线之下又衍生出两条支线。

第一条支线是：印度雅利安→南印度达罗毗荼→南洋群岛，反映芫

---

① Parpola, Asko and Simo Parpola, "On the relationship of the Sumerian toponym Meluhha and Sanskrit mleccha", *Studia Orientalia*, 46, 1975, p. 209.

② Muni, Shatavadhani Jain & Shri Ratnachandraji Maharaj (compiled by, 1923): *An Illustrated Ardha-Magadhi Dictionary*, with Sanskrit, Gu ajarati, Hindi and English Equivalents, References to the Texts and Copious Quotations: Volume 4, With an Introduction by A. C. Woolner. Delhi · Varanasi · Patna · Bangalore · Madras: Motilal Banarsidass, reprint 1988 (Delhi), pp. 517-518. 感谢中国社会科学院外国文学研究所郑国栋副研究员的赐教。

③ Parpola, Asko and Simo Parpola, "On the relationship of the Sumerian toponym Meluhha and Sanskrit mleccha", *Studia Orientalia*, 46, 1975, p. 211.

④ Elfenbein, Josef, "BRAHUI", *Encyclopædia Iranica*, IV/4, 1989, pp. 433-443.

荽术语在印度文化圈内的南向传播轨迹——斯瓦希里语 kotmiri ~ 印地语（कोथमीर）kothmīr① ≤ 古吉拉特语（કોથમીર）kothmīr② ~ 马拉提语（कोथिंबीर）kothimbīr < 梵文（कुस्तुम्बुरु）kustumburu ≈（कुस्तुम्बरी）kustumbarī③ ≥ 泰卢固语（కొత్తిమీర）kottimīra ~ 孔卡尼语（कोतमीर）kōtmīr ≈（कोत्तमीर）kōttmīr ≈（कोत्तमीर）kōttmīr ~ 迪维希语（ކޮތަނބިރި）kotanbir ~ 爪哇文（ꦏꦼꦠꦸꦩ꧀ꦧꦂ）ketumbar ≥ 印尼—马来语 ketumbar ≥ 荷兰语 ketoembar，甚至于殖民南洋群岛的西欧荷兰人，其语言中也借入了这个语汇，与前述拉丁文中舶来的同义词并行不悖。

另一条支线是：印度雅利安→伊朗→西藏 ~ 突厥 ~ 高加索→正教圈。中古时代巴列维文写就的祆教创世纪《奔达希申》（）bun-dahišnīh）第 27 章就已提及芫荽作为蔬菜与面包同食的情形④；已知最早的波斯药学专著作者穆瓦法噶·赫拉维（Mowaffaq Heravī，约 370—380 年或 980—990 年主要活动）也提到了芫荽（gošnīz）及其药用特性⑤。由中古波斯文出发，沿着这条轨迹而进行开来的芫荽名称传播大略梳理如下——藏文（གོ་སྙོད）go-snyod "茴香"⑥ ~ 乌兹别克语（кашнич）kašniç ≤ 俾路支语伊什卡什米方言（کشنیز）gašnīz⑦ ~ 俾路支语（کینیچ）gēnīč ≈（کینیچ）kīnīč⑧ ~ 塔吉克语（кашнич）kašnīç ≈（кашниз）kašnīz⑨ < 波斯

---

① McGregor, Ronald Stuart, *The Oxford Hindi-English Dictionary*, London：Oxford University Press，1993，p. 216.

② Turner, Ralph Lilley, *A Comparative Dictionary of the Indo-Aryan Languages*, London：Oxford University Press，1969-1985，p. 175.

③ ［美］劳费尔：《中国伊朗编》，林筠因译，商务印书馆 1964 年版，第 124 页。

④ ［美］劳费尔：《中国伊朗编》，林筠因译，商务印书馆 1964 年版，第 11、123 页。

⑤ A'lam, Hūšang, "CORIANDER", *Encyclopaedia Iranica*, VI/3, 1993, p. 273.

⑥ ［俄］格西曲吉扎巴：《格西曲扎藏文辞典（附汉文注解）》，法尊、张克强等译，民族出版社 1957 年版，第 119 页。

⑦ ［加］蒲立本：《上古汉语的辅音系统》，潘悟云、徐文堪译，中华书局 1999 年版，第 102 页。

⑧ ［加］蒲立本：《上古汉语的辅音系统》，潘悟云、徐文堪译，中华书局 1999 年版，第 101 页。Korn, Agnes, *Towards a Historical Grammar of Balochi：Studies in Balochi Historical Phonology and Vocabulary*, Wiesbaden：Dr. Ludwig Reichert Verlag, 2005, p. 127.

⑨ A'lam, Hūšang, "CORIANDER", *Encyclopaedia Iranica*, VI/3, 1993, p. 273.

文（گشنیز）gešniz ≈（شونز）šūniz① < 中古波斯文（gšnyc）gišnīz ~（kšnyc）kišnīz② ~（gwšnyc）gošnīz > *gošiniz③ ≥ 阿拉米文（kwzbr）*kusbar >（kwzbrt'）*kuzbartā④ "芫荽" ~ 中部库尔德语（گژنیژ）gižnīž⑤ ≥ 塞尔柱文（كشنج）kişniç ≈（كشش）kişniş⑥ > 奥斯曼文（كشش）kişniş ≈（كشنيش）kişniş⑦ > 阿塞拜疆语 gešnīz ≈ gašnīš⑧ ≈ kişniş ≈ keşniş ~ 土耳其语 kişniş ≥ 卡拉伊姆语（кишниш）kişiniş ≈（кишнош）kişinoş ~ 亚美尼亚文（քիշնիշ）k'išniš ~ 保加利亚语方言（кишнѝш）kišnìš ~ 俄语（кишнец）kišnets ~ 中世纪及现代希腊语（κουσταράς）koustarás ≈（κισυνήτζι）kisunétzi⑨——其间凸显的藏文"茴香"一词直承波斯文的"芫荽"形式而语义变更，反映伊朗语文化对青藏高原原生文明的深刻影响；而在波斯文术语向东正教文化圈的俄语和希腊语世界输出的途径中，古代近东世界通行的阿拉米文也扮演着不可或缺的中介角色。另有一种内亚植物的名称与这一系芫荽术语共有词根——中古波斯文（k'šnyč）

---

① ［美］劳费尔：《中国伊朗编》，林筠因译，商务印书馆1964年版，第124页。

② MacKenzie, D. N., *A concise Pahlavi dictionary*, London・New York・Toronto: Oxford University Press, 1971, pp. 36, 51.

③ ［美］劳费尔：《中国伊朗编》，林筠因译，商务印书馆1964年版，第124页；［加］蒲立本：《上古汉语的辅音系统》，潘悟云、徐文堪译，中华书局1999年版，第101页。

④ ［美］劳费尔：《中国伊朗编》，林筠因译，商务印书馆1964年版，第124页；［加］蒲立本：《上古汉语的辅音系统》，潘悟云、徐文堪译，中华书局1999年版，第101页。

⑤ Cabolov, R. L., *Etimologičeskij Slovar' Kurdskovo Jazyka*, volume I, Moscow: Russian Academy Press Vostochnaya Literatura, 2001, p. 390.

⑥ Pomorska, Marzanna, *Materials for a Historical Dictionary of New Persian Loanwords in Old Anatolian and Ottoman Turkish from the 13th to the 16th Century*, Kraków: Jagiellonian University Press, 2013, p. 146.

⑦ Nişanyan, Sevan, *Türkçe Etimolojik Sözlük*（online），Alıntılarda kaynak gösterilmesi rica olunur, 2002 - 2020.

⑧ A'lam, Hūšang, "CORIANDER", *Encyclopaedia Iranica*, VI/3, 1993, p. 273.

⑨ ［美］劳费尔：《中国伊朗编》，林筠因译，商务印书馆1964年版，第124页；［加］蒲立本：《上古汉语的辅音系统》，潘悟云、徐文堪译，中华书局1999年版，第101页。这里需要指出的是，石云涛：《汉代外来文明研究》，中国社会科学出版社2017年版，第120页所引"芫荽"希腊文（转写）Kasbavas 与以上所见希腊文"芫荽"诸形式皆有不同，未知其所本，恐有拼写舛误，特此提示。

kāšnĭč > 波斯文（کاشنی）kāšnī ≈（کاسنی）kāsnī "苣荬菜"①。

据此可以看出，劳费尔认为莴苣从伊朗传入印度的见解②恐怕需要重新检讨了。相反，上述语汇漫游的轨迹梳理似乎意味着，莴苣最初出现于印度河谷文明地带人们的种植和利用，然后呈分枝状各自传入印度次大陆和伊朗高原。

亚美尼亚语的莴苣术语出现于《旧约》，时间定于公元 4—5 世纪。③这一系列的莴苣名称源出伊朗语，其主要传播路线基本局限于高加索山脉及其周边一带——中古伊朗语 * ginz ≥ 亚美尼亚文（qḫնձ）ginj "莴苣" > 亚美尼亚语第比利斯方言（pḫնձ）k'inj④ ≥ 格鲁吉亚文（ჯინძი）kinʒi >（ჯინძისთავი）kinʒistavi "针头（莴苣头）" ~ 巴茨语（ჯინძ）kinʒ >（ჯინძისთავ）kinʒistav "针头"⑤ ~ 斯万语（ჯინწ）kinz ~ 奥塞梯语（киндзæ）kinʒæ ~ 俄语（кинз а́）kinzá。其中作为目标输入语的奥塞梯语并非高加索语言，而是高加索山区分布的一种伊朗语；而俄语则是毗邻高加索的斯拉夫语。

亚美尼亚文《圣经》中的莴苣术语用例如下所示：

《出埃及记》16∶14：露水上升之后、不料、野地面上有如白霜的小圆物。

亚美尼亚文：եւ ահա ի վերայ երեսաց անապատին մանր իբրեւ զգինձ, սպիտակ իբրեւ զեղեամն ի վերայ երկրին

拉丁转写：ew aha i veray eresac' anapatin manr ibrew zginj, spitak ibrew zełeamn i veray erkrin

画线部分是和合本汉译出现分歧的内容，意指"像莴苣子那样的"，

---

① ［加］蒲立本：《上古汉语的辅音系统》，潘悟云、徐文堪译，中华书局1999年版，第102页。

② ［美］劳费尔：《中国伊朗编》，林筠因译，商务印书馆1964年版，第124页。

③ ［加］蒲立本：《上古汉语的辅音系统》，潘悟云、徐文堪译，中华书局1999年版，第101页。

④ J̌ahukyan, Geworg, *Hayoc' lezvi patmut'yun*；*naxagrayin žamanakašrǰan*, Yerevan：Academy Press, 1987, p. 156.

⑤ Ačaṙean, Hračʻeay, *Hayerēn armatakan baṙaran*, volume I, 2nd edition, reprint of the original 1926 – 1935 seven – volume edition, Yerevan：University Press, 1971, p. 559b.

而非"如白霜"。

《出埃及记》16∶31：这食物、以色列家叫吗哪、样子像芫荽子、颜色是白的、滋味如同搀蜜的薄饼。

亚美尼亚文：Եւ անուանեցին որդիքն Իսրայելի զանուն նորա Ման. եւ նա էր իբրեւ զսերմն ̇գնձոյ̇ սպիտակ, եւ համ նորա իբրեւ զխորիսխ մեղու:

拉丁转写：Ew anuanecʻin ordikʻn Israyeli zanun nora Man. ew na ēr ibrew zsermn gnjoy, spitak, ew ham nora ibrew zxorisx mełu.

《民数记》11∶7：这吗哪仿佛芫荽子、又好像珍珠。

亚美尼亚文：Եւ մանանայն էր իբրեւ զսերմն ̇գնձոյ̇ սպիտակ, եւ տեսիլ նորա իբրեւ զտեսիլ սառին:

拉丁转写：Ew mananayn ēr ibrew zsermn gnjoy spitak, ew tesil nora ibrew ztesil sarin.

同样是《旧约》的内容，这后两例的画线部分同前一引例在芫荽（子）的表达上构成呼应关系，使得圣经文本之间的互文关系更为显豁。

作为第一个以基督教立国的民族国家，亚美尼亚《圣经》文本在无论是在反映东方基督教传统还是在体现亚美尼亚民族早期民俗方面都有着不可忽视的地位，这里仅仅通过芫荽术语的记载及其剖析就能略见一斑。

汉语的"芫荽"一词，从其古音构拟和方音遗存看来，可以推测归入后一分支路径，也同张骞凿空西域、首次引入芫荽的史实完美对接，其后历经本土化后还借入藏文、西夏文以及南方毗邻民族语言中多有体现，而"芫荽"的另一名称"香菜"则借入中原汉地周遭的西夏、蒙、满、藏、泰诸语文，成为影响这一系列民族文化的直接源头。

传统观点认为，芫荽是约在公元前 1 世纪的西汉时期张骞从西域沿丝绸之路带回中原汉地来的，[1] 主要别名有胡荽（胡荾、葫荽、葫**荾**）及

---

[1] 这方面的异议主要参见［美］劳费尔《中国伊朗编》，林筠因译，商务印书馆1964年版，第109—110页；石声汉《试论中国从西域引入的植物与张骞的关系》，《科学史集刊》1963年第4期；石云涛《汉代外来文明研究》，中国社会科学出版社2017年版，第121—122页等，由于这里的结论并不影响本文的研究，所以对此亦不另加探讨。

香荽（香菜）、蔙荽（清代徐珂《清稗类钞》）① 等。唐代慧琳《一切经音义》卷八十一：胡荽，亦作胡荾。即芫荽，俗称香菜。《韵略》云：胡荽，香菜也；律文作绥，非体也。《博物志》云：胡荾，今江南谓胡蔌，亦为葫蒵，音胡析，闾里间音火孤反。② 元代忽思慧《饮膳正要·卷第一·聚珍异馔·马思吉汤》：内容：补益，温中，顺气。羊肉（一脚子，卸成事件）草果（五个）官桂（二钱）回回豆子（半升，捣碎，去皮）上件，一同熬成汤，滤净，下熟回回豆子二合，香粳米一升，马思答吉一钱，盐少许，调和匀，下事件肉、芫荽叶。③ 元末明初俞希鲁《至顺镇江志·卷四》：荤菜，世人以之为荠荼，《广雅》云：张骞使西域，得大蒜，名胡荽，以自胡中来，故名。今俗呼为元荽。明代朱国祯《涌幢小品·卷之二十七·杂品》："又有青色、黄色。而形类越瓜者，本名胡瓜。晋永嘉后，五胡乱中原。石勒僭号于襄国，讳胡尤峻，因改为黄瓜。胡荽为元荽，胡麻为芝麻，胡桃为核桃，江南曰羌桃。"这些相对晚近的汉籍记载，囊括了芫荽的大多数中文异名，也揭示了这种植物的药用价值以及某些流传典故。

其名称中的"芫"＊＊ŋon＞＊ŋuɐn，最早却不是指称芫荽，而是另外一种有毒的药用植物。战国佚名《山海经》：首山，草多㐬芫。西汉司马迁《史记·仓公列传》：临菑女子薄吾病，饮以芫花一撮。西汉史游《急就篇注》：芫华，一名鱼毒，渔者煑之，以投水中，鱼则死而浮出，故以为名。

而其中的"荽"＊＊snul＞＊siuɪ，倒是随着芫荽引入中原汉地而产生的专职指称汉字。西晋潘岳《闲居赋》：蓼荽芬芳。【注】荽，香菜。另可参考"荽"字的相关谐声汉字系列及其拟音：妥＊＊ŋˤojʔ≈＊＊ŋʰoːlʔ＞＊tʰuɑˣ、馁＊＊nˤujʔ≈＊＊nuːlʔ＞＊nuʌnˣ、绥＊＊s.nuj≈＊＊snul＞＊siuɪ、桵＊＊njul＞＊n̠iuɪ，从而对该专用字的古音有所认识，借

---

① 刘英英、朱宏斌：《胡荽的传入及其本土化》，《农业考古》2014 年第 6 期，第 245 页。
② 储泰松：《佛典语言研究论集》，芜湖：安徽师范大学出版社 2014 年版：第 98 页"音胡析"引作"音胡祁"，从中古音的角度考虑，入声字"析"当为平声字"祁"之形近而误。
③ 张德纯：《蔬菜史话·芫荽》，《中国蔬菜》2011 年第 1 期，第 30 页将"芫荽"一词的首见归于此书，显然是不对的。

以理解其译音时代所出的源语形式。

与"荽"字相通的"荾"＊＊slul＞＊siuɪ和"葰"＊＊slul＞＊siuɪ，也是芫荽的专指字符。西汉司马相如《上林赋》：夸条直畅，实叶葰楙。唐代李善注引西汉司马彪曰：葰，大也。东汉班固《汉书·外戚传》：函荾萰以俟风兮，芳杂袭以弥章。东汉班固《汉书·地理志》：大原葰人。师古又音山寡切。东汉许慎《说文解字》：葰，薑属，可以香口，从艹俊声，息遗切。另可参考"荾""葰"两字的相关谐声汉字系列及其拟音：允＊＊[l]u[r]ʔ≈＊＊lunʔ＞＊jiuɪnˣ、夋＊＊[tsʰ]u[r]≈＊＊sʰlun＞＊ʦʰiuɪn、俊＊＊ʔsluns＞＊ʦiuɪnᴴ。但《齐民要术》所记"胡荾"却不是芫荽而是另外一种白胡荾，① 因为这里并不仅仅考证名称，需要确定名称的具体所指，所以就暂且不予考虑"胡荾"的记载了。

至于"香荾"一名，却不是完全的异族语言音译形式，而是利用汉字指示其最显著的香味异常而浓烈特征、② 从而加合音译"荾"字而生成的半音译半意译名称。东晋陆翙《邺中记》：石勒讳胡，胡物皆改名，名胡饼曰麻饼，胡荾曰香荾。唐代陈藏器《本草拾遗》：石勒讳胡，故并、汾人呼胡荾为香荾。从字形关系上看，"香荾"很有可能在后世讹变为字面表意更为规则的"香菜"。北魏贾思勰《齐民要术卷第九·炙法第八十·炙鱼》：炙时以杂香菜汁灌之。燥复与之，熟而止。色赤则好。双奠，不惟用一。东汉佚名《神农本草经·草蒿》南朝齐梁陶弘景注：即今青蒿，人亦取杂香菜食之。在《齐民要术》一书中六处关于芫荽的记载，有五处称"胡荾"而仅一处称"香菜"③，参见基本同时南朝陶弘景注文，可知南北朝时期"香菜"已然成为芫荽比较通俗的名称了。

在中原汉地的周边民族语文中，芫荽的名称多以"香菜"意译而吸收——西夏文（𘜶𘞪）＊lji²－na²"香菜"＜（𘜶）＊lji²"香"、藏文（དྲི་ཚོད）dri－tshod"香菜"④、泰文（ผักชี）pàk－chii＜（ผัก）pàk"蔬菜"＋

---

① 刘英英、朱宏斌：《胡荾的传入及其本土化》，《农业考古》2014年第6期，第246页。
② 刘英英、朱宏斌：《胡荾的传入及其本土化》，《农业考古》2014年第6期，第245页。
③ 刘英英、朱宏斌：《胡荾的传入及其本土化》，《农业考古》2014年第6期，第245页。
④ 《五体清文鉴》（下卷），民族出版社1957年版，第3778页。

(ﻖ) chii①、察合台文（يومغازبوت）yūmaḡā zabūt②、蒙文（ᠨᠣᠭᠤᠭᠠᠨ）noɤuɤan "绿" >（ᠦᠨᠦᠷᠲᠦ ᠨᠣᠭᠤ）ünürtü noɤuɤ - a "芫荽（味卉）" > 喀尔喀蒙语（ногоон）nogoon "绿" >（үнэрт ного）ünertü nogoo "芫荽（味卉）"、满文（ᠸᠠᠩᡤᠠ ᠰᠣᡤᡳ）wangga sogi "香菜"③。进而，西夏文（𗫡𘜶）*·jij¹ - na² "芫菜"④ 又是模仿"香菜"而首音节缩略"芫荽"从而构成的又一个半音译半意译词汇（当然，也有可能是将"芫荽"看成字形近似的"芫菜"而误译的）。

与通常冠以"胡"字的物事名称该字仅指其舶来意味不同的是，芫荽异名"胡荽"中的"胡"字不仅仅指示其舶来特征⑤，而且还是汉字译名不可分割的一部分⑥，参见美籍德裔东方学家劳费尔构拟的 *koswi ≈ *košwi ≈ *gošwi⑦ 以及加拿大汉学家蒲立本构拟的 *snhwə̄ð⑧ 等形式，从而同芫荽的伊朗语一系名称就紧密联系起来了。东汉张仲景《金匮要略》：猪肉以生胡荽同食，烂人脐。三国吴陆玑《毛诗草木鸟兽虫鱼疏》：其叶青白似胡荽。⑨ 西晋石崇《奴券》：奴常种罗服、葫荽，不密不疏。西晋张华《博物志》：孙缅云：张骞使西域，得大蒜、葫荽，则小蒜中土旧有，而大蒜出胡也，故有胡名。北魏贾思勰《齐民要术卷第三·种胡荽第二十四》：胡荽宜黑软青沙良地，三遍熟耕。隋代杜公赡注：南朝梁宗懔

---

① [美]劳费尔：《中国伊朗编》，林筠因译，商务印书馆1964年版，第125页对此略有涉及。

② 《五体清文鉴》（下卷），民族出版社1957年版，第3778页。

③ 《五体清文鉴》（下卷），民族出版社1957年版，第3778页。

④ 李范文编著：《夏汉字典》，中国社会科学出版社1997年版，第310页指出其为菜名没问题，但在具体处理西夏文献《音同》所列语汇时将其释为"野菜"就出现了讹误；贾常业编著：《新编西夏文字典》，甘肃文化出版社2013年版，第668页将上述讹误纠正过来了。

⑤ 刘英英、朱宏斌：《胡荽的传入及其本土化》，《农业考古》2014年第6期，第245页。

⑥ [美]劳费尔：《中国伊朗编》，林筠因译，商务印书馆1964年版，第124页；[加]蒲立本：《上古汉语的辅音系统》，潘悟云、徐文堪译，中华书局1999年版，第101页。

⑦ [美]劳费尔：《中国伊朗编》，林筠因译，商务印书馆1964年版，第124页。

⑧ [加]蒲立本：《上古汉语的辅音系统》，潘悟云、徐文堪译，中华书局1999年版，第101页。

⑨ 刘英英、朱宏斌：《胡荽的传入及其本土化》，《农业考古》2014年第6期，第246页以为这是指的另外一种植物石胡荽而非芫荽；但石云涛：《汉代外来文明研究》，中国社会科学出版社2017年版，第122页却没注意这方面的甄别，诚为憾事！不过仅就命名而言，石胡荽亦当比照胡荽而得名，与本文探讨的焦点仍然关系密切，故而一并纳入以为佐证材料。

《荆楚岁时记》五辛所以发五藏之气，即大蒜、小蒜、韭菜、芸薹、胡荽是也。至于在字形上趋于繁化的"葫荽"①"葫薞"② ＊＊gaː－snuI＞＊ɦuo－siuI，则是脱胎自象形文字的汉字影响到汉人用字思维之驱使、汉字因为偏旁义符的类化而形成的结果。

关于芫荽的其他汉字异名，相应的中上古语音构拟和某些方言形式以及部分民族语言借用之间的复杂关系胪列如下：芫荽或园荽＊＊ŋon－snuI＞＊ŋᵾɐnː－siuI＞（粤语）jyun⁴－seoi¹≈jyun⁴－sai¹＞jim⁴－sai¹≥壮语 yiemzsib＞yiemzsih、芫茜（台山方言）yon³－lhai¹＞（粤语）jyun⁴－sai¹＞jim⁴－sai¹、芫荽（闽南语）iân－sui≥他加禄语 wansóy≈wansoy≈unsoy≈wansuy、芫荽（晋语）ie¹－sui²～（西南官话）盐须 yan²－xu¹≥藏文（བུ་སུ）vu－su③≈（བུ་ས་ལ）bu－sa－la≈（བུ་ས་ཟད་མ）bu－sa－zad－ma"芫荽"④ 等。这一系列语汇漫游轨迹，反映的正是东亚大陆以汉字文化圈为核心、在吸收了西域舶来的"芫荽"术语后，又以此为中心扩展传播到东南沿海及西南屋脊的多个民族之中。

三 "印度雅利安→西藏～达罗毗荼"一线

芫荽名称的这一条漫游路线，基本局限于印度文化圈之内，相对而言反映的是芫荽术语在印度文化圈内的北向传播轨迹，这倒也切合南亚次大陆民族对香料甘之如饴的态度——拉丁文 foenum≈faenum "干草"＜原始印欧语 ＊dʰeh₁（y）－"吸吮、哺育"＞梵文（धेनु）dhenu "奶牛"～（धान्य）dhānyá≈（धान्या）dhānyā "谷物、芫荽（子）"⑤＞（धानेय）

---

① 张德纯：《蔬菜史话·芫荽》，《中国蔬菜》2011 年第 1 期，第 30 页将"葫荽"首见归于元代王祯《农书》的暗示，由晋代石崇、张华所撰材料可见也是不对的。
② 薞，见《汉语大字典》（第二卷）第 3528 页第 11 字。
③ ［美］劳费尔：《中国伊朗编》，林筠因译，商务印书馆 1964 年版，第 124—125 页对此略有涉及。
④ ［俄］格西曲吉扎巴：《格西曲扎藏文辞典（附汉文注解）》，法尊、张克强等译，民族出版社 1957 年版，第 779 页。
⑤ Pokorny, Julius, *Indogermanisches etymologisches Wörterbuch*, volume Ⅰ, Bern·München：Francke Verlag, 1959, p. 242.

dhāneya "芫荽" >印地语（धनिया）dhaniyā ~ 阿萨姆语（ধনিয়া）dhonia ≈（धनिया）dhonia ≥ 藏文（ཧྲེ་ནི་）dhaa–ni–ya >（ཧྲ་ཉ）dha–nya[①] ~ 泰卢固语（ధనియాలు）dhaniyālu >（ధనియాలు）daniyālu "芫荽种子"。这条传播轨迹的最终语源可以落实到印欧语中，而其间在借入的目标语言藏文和泰卢固语中，芫荽名称基于同一种语言内部的词形变化，乃至相应的语义嬗变，都有清晰的递变呈现。

上述三条芫荽名称传播路线表明：一般认为源出黑海北岸南俄大草原、向四周辐射开来迁徙的原始印欧人各部落——尤其是（印度—伊朗）雅利安人、希腊人和亚美尼亚人，实际上充当了欧亚大陆诸多民族文明中舶入芫荽的重要中介。

而芫荽名称可以得到书证的最终源头，分别落实到两河流域阿卡德楔文、苏美尔楔文记录反映的印度河谷原始达罗毗荼语和北印度恒河平原梵文三种古老的语言形态记录中。据此，从语汇漫游的视角审视，印度河谷地带和地中海沿岸，分别成为芫荽进入人类文明形态的两个最初源头，原来认为是源头之一的伊朗文化圈，不过是个重要的中转节点而已。

至于汉字记载的"芫荽"及其语音和字形嬗变衍生出来的多种名称，则是汉人凿空西域、直承波斯文中古形式，再沿梵文上溯至楔文记录所拟测的原始达罗毗荼语终极形式。也就是说，张骞一行从内亚携回中原的芫荽直接来自内亚伊朗文化圈，在名称上最终却能牵连上巴比伦文明的中介，进而追溯到哈拉巴文明语言之中呢，倘若以后能有这方面的出土文献文物再行加以确证，或者印度河文明的文字材料得以系统解读后对此有所裨益，那么"芫荽"一词倒不妨视作传统所谓四大文明古国之中印度河文明同中华文明之间有案可稽的辗转交融之一种具体媒介物了。

---

① 这些藏文词条承蒙北京藏医院刘英华副教授提供，谨此致谢！

南方丝绸之路视野下的琥珀研究
——基于文献、考古材料的探讨

刘西诺

(云南博物馆)

"丝绸之路"的概念最早由德国地理学家李希霍芬在 1877 年提出，泛指东西方的经济文化交流和交通线。在过去很长的一段时间里，"丝绸之路"被认为是一条由长安出发，向西北经过河西走廊、西域到达中亚，然后继续西行抵达罗马帝国的古代东西方交通线。自 20 世纪 80 年代以来，有学者提出，除在长城以北的"草原丝绸之路"以及北起东海，由南海途经印度洋航行至红海的"海上丝绸之路"之外，还有一条以四川成都为起点，经云南、缅甸、印度后进入中亚、西亚地区，最终到达罗马的"南方丝绸之路"，至此"南方丝绸之路"逐渐成为中国西南内陆通往境外商道的普遍提法。①

  及元狩元年，博望侯张骞使大夏来，言居大夏时见蜀布、邛竹杖，使问所从来，曰："从东南身毒国，可数千里，得蜀贾人市"。或闻邛西可二千里有身毒国。骞因盛言大夏在汉西南，慕中国，患匈奴隔其道，诚通蜀，身毒国道便近，有利无害。于是天子乃令王然于、柏始昌、吕越人等，使间出西夷西，指求身毒国。至滇，滇

---

① 由于"丝绸之路"作为古代中西文化交流的代称已被学术界所广泛接受，这条以成都为起点，经云南出缅甸、印度、阿富汗、巴基斯坦至中亚、西亚，以及从成都经云南至东南亚的中国西南国际交通线便称为"南方丝绸之路"，简称"南丝路"。参见段渝主编《南方丝绸之路研究论集》，巴蜀书社 2008 年版，第 1 页。

王尝羌乃留为求道西十余辈。岁余，皆闭昆明，莫能通身毒国。①

材料中以古代成都为起点的"蜀身毒道"其路线由成都出发，向南分为东、西两路；东路也称"五尺道"，其基本路线是成都—乐山—宜宾—昭通—曲靖—昆明—楚雄—大理；西路也称"牦牛道"，其路线是成都—雅安—汉源—西昌—大姚—大理。东西两道起点一致，在大理汇合之后继续往西，经博南道至保山，最后经永昌道出腾冲，抵达缅甸密支那后去往印度阿萨姆；或者出瑞丽抵达缅甸八莫，经密支那去往印度阿萨姆。这条路线是南方丝绸之路最重要的一条线路，堪称古代交通大动脉。此外，还有一些支线，南方丝绸之路的中线为从四川经云南到越南和中南半岛的交通线，历史文献记载为"步头道"和"进桑道"。南方丝绸之路的东线为从四川经贵州、广西、广东至南海的"牂牁道"，或称为"夜郎道"。②

随着秦汉时期向外大范围拓展领土，特别是武帝时期开发西南夷和通西域，促使着南丝路进一步繁荣，很多奇珍异物也得以向内地传播。诸如此类新事物的传入在一定程度上改变着人们的社会生活。在《汉书》《后汉书》等文献中曾记载了一些关于琥珀的史料，近年来的考古发掘特别是在南方丝绸之路沿线墓葬中也出土了一些琥珀。③ 之前学界对琥珀系统性的整理研究较少，而笔者希冀通过对琥珀文献及考古发掘情况进行整理（附表1），全方面还原古代琥珀的使用、贸易、交流等情况。

琥珀属于经过石化的有机宝石，是中生代白垩纪至新生代第三纪松柏科植物的树脂，经地质作用后而形成的一种有机化合物的混合物。琥珀的形成可分为三个阶段：第一阶段松柏树分泌树脂；第二阶段树脂脱落被土壤埋藏，然后发生石化作用，树脂的成分、结构和特征都发生了

---

① 司马迁：《史记》卷一一六《西南夷列传》，中华书局1959年版，第2995—2996页。

② 段渝主编：《南方丝绸之路：中—印交通与文化走廊》，《思想战线》2015年第6期，第91—97页。

③ 参见云南省文物工作队《云南昭通桂家院子东汉墓发掘》，《考古》1962年第8期；云南省文物考古研究所等著《昆明羊甫头墓地》，科学出版社2005年版；云南省文物考古研究所编《昌宁大甸山墓地考古成果及保山市域哀牢青铜文化》（未刊）等。

明显的变化;第三阶段是石化树脂被冲刷、搬运、沉积和胶结从而形成琥珀。①今天能见到少量琥珀内部包有蜜蜂等小昆虫,奇丽异常,价值不菲,被称为生命的活化石。

上述为现代科学研究的解释,而在古代人们就不断探寻着琥珀的来历,陆贾《新语·道基篇》中记载:"琥珀珊瑚,翠羽珠玉,山生水藏,择地而居,洁清明朗,润泽而濡",说明当时的人认为琥珀与珊瑚一样,都应在水中找寻。晋郭璞《玄中记》:"枫脂沦入地中,千秋为虎珀。"案《老子玉策》:"松脂入地,千年变为伏苓。伏苓千年变为虎魄,虎魄千年变为石胆,石胆千年变为威喜。千岁之狐,豫知剿愤;千岁之狸,变为好女;千岁之猿,变为老人。"古人关注喜爱琥珀,也留下了一些有关琥珀的诗词,唐代诗人韦应物《咏琥珀》诗中云:"曾为老茯神,本是寒松液。蚊蚋落其中,千年犹可观。"把琥珀的产生描写得十分生动。而宋朝的苏轼在《南歌子》中也留下了传承至今的好词:"琥珀装腰佩,龙香入领巾。只应飞燕是前身。共看剥葱纤手、舞凝神。柳絮风前转,梅花雪里春。鸳鸯翡翠两争新。但得周郎一顾、胜珠珍。"琥珀自古以来应用广泛,但它又是地球上最珍贵的不可再生资源。《般若经》还记载了琥珀作为宗教信仰的圣物,属于佛教七宝之一。外国学者认为其产地为波罗的海沿岸。②

一 文献中有关琥珀产地的史料记载

传统文献中关于琥珀的记载不多,笔者将其按照时间顺序分析,最早的琥珀产地的正史记载出现在《汉书·西域传》中,明确提到了罽宾国(今克什米尔地区)出产琥珀。

> 罽宾地平……出封牛、水牛、象、大狗、沐猴、孔爵、珠玑、珊瑚、虎魄、璧流离。它畜与诸国同。

在《后汉书·西域传》中,随着对世界其他地区的交流往来不断增

---

① 张蓓莉:《系统宝石学》(第二版),地质出版社2006年版,第542—547页。
② [美]劳费尔:《中国伊朗编》,林筠因译,商务印书馆1964年版,第351—352页。

多，留下了大秦（东罗马帝国）多琥珀的记载。

> 大秦国一名犁鞬……土多金银奇宝，有夜光璧、明月珠、骇鸡犀、珊瑚、虎魄、琉璃……

而在范晔编撰的《后汉书·南蛮西南夷列传》则明确提到了国内的琥珀产地——哀牢，琥珀为哀牢地众多特产之一。

> 哀牢人皆穿鼻儋耳，其渠帅自谓王者，耳皆下肩三寸，庶人则至肩而已。土地沃美，宜五谷、蚕桑……出铜、铁、铅、锡、金、银、光珠、虎魄、水精、琉璃、轲虫、蚌珠、孔雀、翡翠、犀、象、猩猩、貊兽。

《博物志》由西晋张华编撰，书中描写了很多奇珍异物及神仙方术的内容可信度不高，但材料中对于记载永昌郡出琥珀的可信度较高，也符合历史记载和考古发现。

> 松柏入地中，千年化为伏苓。伏苓千年化为虎魄，一名江珠。今太山出伏苓，而无虎魄江珠。益州永昌郡出虎魄，而无伏苓。或云蜂烧巢所作，未详二说。——《博物志》卷四《神仙传》

《水经注》也印证了永昌出琥珀。

> 按永昌郡有兰仓水，出西南博南县，汉明帝永平二年置。博南，山名也，县以氏之。其水东北流迳博南山，汉武帝时通博南山道，渡兰仓津，土地绝远，行者苦之。歌曰：汉德广，开不宾，渡博南，越仓津，渡兰仓，为作人。山高四十里。兰仓水出金沙，越人收以为黄金。又有珠光穴，穴出光珠。又有琥珀、珊瑚，黄、白、青珠也。——《水经注》卷三六《若水》

《通典》里同样印证留下永昌境内出琥珀。

> 黑僰濮，在永昌西南，山居耐勤苦。其衣服，妇人以一幅布为裙，或以贯头；丈夫以毂皮为衣。其境出白蹄牛、犀、象、琥珀、金、桐华布。——《通典·边防三》

上述文献资料都对琥珀的产地进行了记录说明，通过分析得知琥珀当时在境内只出产在哀牢及永昌，域外则为西域的罽宾（今克什米尔）和更远的大秦（东罗马帝国），文献中未见其余地方出产琥珀。哀牢分布区为今天怒江和澜沧江的中游地区，伊洛瓦底江上游及其支流大盈江、瑞丽江流域。而提到出产琥珀的为东汉设立的永昌，也大致包括了哀牢地，其郡治不韦县（治今保山市东北）、嶲唐县（治今云南永平县西北）、比苏县（治云龙县北）、楪榆县（治今大理州大理市西北）、邪龙县（大理州巍山彝族自治县北）、云南县（大理州祥云县东南）、哀牢县（治今德宏州盈江县东）、博南县（治今大理州永平县西南）。[1] 而文献记载出产琥珀的地方恰恰包含了南方丝绸之路重要的途经点，故琥珀应是沿着这段路向内地传播的，这一点在南丝路沿线考古中陆续发现的一些早期琥珀饰品可以证明。[2]

此外，在保山市昌宁县大甸山古墓群发现了较多的琥珀珠饰（图1）。大甸山墓葬群年代经测定上限为春秋晚期，下至西汉。结合有关古哀牢国的记载和研究，初步推断其极有可能为古哀牢的遗存。[3] 出土的这些琥珀至今透明鲜红，色红如血者为珍品，应为血珀。通常在所有的琥珀中，血珀形成的年份最久，历经两千多年能保存完好是因为缅甸琥珀含有方解石成分，能提升其硬度。

---

[1] 周振鹤主编：《中国行政区划通史·秦汉卷》，复旦大学出版社2017年版，第942—943页。

[2] 谭其骧：《中国历史地图集》（第2册），中国地图出版社1982年版，第55—56页。

[3] 云南省文物考古研究所、保山市博物馆等：《云南昌宁县大甸山墓地发掘简报》，《考古》2016年第1期，第3—32页。

268　/　丝绸之路与中外互动

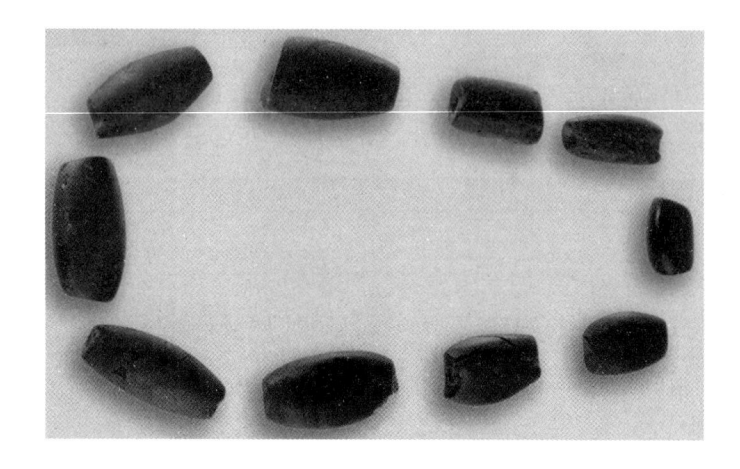

图1　云南保山昌宁大甸山墓地出土的琥珀

图片来源：云南省考古研究所等编：《昌宁大甸山墓地考古成果及保山市域哀牢青铜文化》（未刊）。

二　不入寻常百姓家——早期琥珀的使用状况

文献中琥珀的记载最初也是在汉初，因其极为珍贵，能用得起琥珀的人多为皇帝、皇后或王公贵族。

相比于正史，《西京杂记》是一部笔记小说，成书于东晋时，所载之事有感情和神化色彩，但至少可推测东晋时期人们认为琥珀有辟邪的作用，是地位极高的人才能使用的。

> 宣帝被收系郡邸狱，臂上犹带史良娣合采婉转丝绳，系身毒国宝镜一枚，大如八铢钱。旧传此镜见妖魅，得佩之者为天神所福，故宣帝从危获济。及即大位，每持此镜，感咽移辰。常以琥珀笥盛之，緘以戚里织成锦，一曰斜文锦。帝崩，不知所在。——《西京杂记》卷一"身毒国宝镜"条

《拾遗记》为东汉王嘉所著，有些内容为正史所不载，但可以肯定东晋时期的人们也认为琥珀是一种极为名贵的东西，特别是琥珀如意只有

像孙权这种地位的人才能随身使用。

> 吴主潘夫人,父坐法,夫人输入织室,容态少俦,为江东绝色。同幽者百余人,谓夫人为神女,敬而远之。有司闻于吴主,使图其容貌。夫人忧戚不食,减瘦改形。工人写其真状以进,吴主见而喜悦,以虎魄如意抚按即折。嗟曰:"此神女也,愁貌尚能惑人,况在欢乐!"乃命雕轮就织室,纳于后宫,果以姿色见宠。——《拾遗记·吴一》

南朝梁萧绎所著《金楼子》中后主萧宝卷向萧遥光出示了两枚琥珀的盘螭(即无角龙),大小约为五寸,当时的1寸约为2.45厘米,即两枚琥珀盘螭长约为12厘米,属于琥珀大料所制。

> 后主(萧宝卷)疑焉,常就王(萧遥光)索宝物,王奉琥珀盘螭二枚,枚广五寸,炯然洞澈,无有瑕滓。后主怒云:"琥珀者,欲使虎来拍我也。"——《金楼子》卷三《说蕃篇八》

《洞冥记》为东汉郭宪所著,文献中可见丽娟用琥珀做成环佩,悄悄放在衣裙里面,环佩发出声响时,她就对别人说是自己的骨节发出来的声音,周围的人都很惊诧,可见武帝宠幸的宫人丽娟是有条件佩戴琥珀饰品的。

> 汉武帝所幸宫人名丽娟,年十四……以琥珀为佩,置衣裾里,不使人知,乃言骨节自鸣,相与为神怪也。——《洞冥记》卷4

> 人云茯苓在地千年,化为琥珀,钦人田家锄山,忽遇琥珀,初不之识,或告之知:此琥珀也,厥直颇厚,其人持以往博易场,卖之交址,骤致大富。——《岭外代答》卷七

钦属广南西路,根据这一史料记载,南宋时期广西地区已经出现至

交趾的大宗琥珀贸易，交易可以"骤致大富"。

> 丹雄鸡味甘微温。主女人崩中漏下，赤白沃，补虚，温中，止血，通神，杀毒辟不祥，头主杀鬼，东门上者尤良，肪主耳聋，肠主遗溺，肶胵，裹黄皮主泄利，尿，白，主消渴伤寒，寒热。黑雌鸡，主风寒湿痹，五缓六急，安胎，翮羽主下血闭。鸡子主除热，火疮痫痉，可作虎魄，神物，鸡白蠹肥脂。生平泽。——《神农本草经·禽类》"丹雄鸡"条

因为琥珀一直以来都较为珍贵，材料中说明最晚在东汉，琥珀就已经出现在市场上了，所以才会有造假的记载，造假以混淆视听坑蒙拐骗。此外，琥珀传入后也间接提升了早期中国物理学的研究水平，东汉王充《论衡·乱龙》："顿牟掇芥，磁石引针，皆以其真是，不假他类。"顿牟一说即琥珀或玳瑁，"掇芥"的意思是吸引芥子之类的轻小物体。可以断定很有可能是通过琥珀来学习早期的物理研究——琥珀摩擦后会产生静电，其可以吸起轻小的物体。

三　粉疗金疮——琥珀的宝贵的药用价值

琥珀作为配饰带来的不仅是个人形象上的美观，医者也很早掌握了琥珀的药用疗效，文献记载如下：

> 吴孙和宠邓夫人。尝醉舞如意，误伤邓颊，血流，娇惋弥苦。命太医合药。言得白獭髓。杂玉与虎魄屑。当灭此痕。和以百金购得白獭，乃合膏。虎魄太多。及差，痕不灭，左颊有赤点如痣，逼而视之。更益其妍。诸嬖人欲要宠，皆以丹脂点颊而后进幸。妖惑相动，遂成淫俗。——《太平广记》卷二一八《吴太医》

《太平广记》为北宋李昉等人所编，特别是收集保存了很多唐朝以前珍贵的故事，文献中吴国太子孙和与邓夫人的故事，说明吴国太医已经

将琥珀列入常备药物中，当时普遍使用琥珀屑和杂玉屑等混合用药来治刀剑伤口，还因琥珀屑使用过多而致使留下美丽的伤疤，后因嫔妃见之纷纷仿效，成一时之风。太子嫔妃们为争宠使用琥珀屑，却并未出现琥珀或琥珀屑紧缺的情况。

  宁州尝献虎魄枕，光色甚丽。时将北征，以虎魄治金创，上大悦，命捣碎以付诸将。——《宋书·武帝纪下》

上述材料中提及的金疮是指刀斧利刃之物所造成的伤口。在过去医疗消毒卫生条件不好的情况下，如果金疮救治不当，可致感染、中风发痉。而刘宋时期宁州曾贡琥珀枕，宋武帝把它捣碎分给将士们疗伤。宁州是西晋泰始六年（270）八月，分益州的建宁、云南、兴古交州的永昌共四郡改设宁州，治味县（在今云南曲靖县十五里三岔一带）。可见到刘宋时期宁州即统辖着原来出产琥珀的地方，到建康的道路是畅通的。此外，在医学上看，早在三国，最晚在南北朝时期，琥珀已入药，而且对于琥珀的药用功效和量大产生的不良后果记载十分准确。

  味甘，平，无毒。主安五藏，定魂魄，杀精魅邪鬼，消瘀血，通五淋。——《名医别录·琥珀条》
  味甘平无毒，主安五藏，定魂魄，杀精魅邪鬼，消瘀血，通五淋生永昌。——《千金方·琥珀条》

上引是医书中最早有关琥珀的记载，该书为秦汉历代医家陆续汇集，故称为《名医别录》。原书早佚，约成书于汉末。至少在汉末，琥珀已经列为医术中治病的常用药。而《千金方》的记载表明，在唐朝人认知中琥珀也是只出于永昌的。

  止血，生肌，合金疮。和大黄、鳖甲，作散子，酒下方寸匕，下恶血，妇人腹内血尽即止。——《本草拾遗·琥珀条》

《本草拾遗》由唐朝中药学家陈藏器撰于开元二十七年（739），明代李时珍评价此书"藏器著述，博极群书，精核物类，订绳谬误，搜罗幽隐。自本草以来，一人而已"。可见到唐朝对琥珀的治疗效用及与其他药物的配合使用都得到显著发展并有着临床实例。

>君，治百邪，产后血疹痛。——《药性论·琥珀条》

《药性论》由唐朝医家甄权所著，他以医名，精针灸术，亦谙养生，获一百零三岁高龄，唐太宗曾亲临其家咨询药性，视其饮食，赐以衣、杖，并授朝散大夫。

>琥珀，专入血分。心主血，肝藏血，入心入肝，故能消瘀血也。此药毕竟是消磨渗利之性，不利虚入。大都从辛温药则行血破血，从淡渗药则利窍行水，从金石镇坠药则镇心安神。——《本草经疏》

《本草经疏》的记载表明，随着医学的研究深入，明朝已经发现琥珀有镇心安神的作用。今日，琥珀用于缓解精神不安，治疗心悸失眠和惊风癫痫病。琥珀在预防呼吸器官的疾病方面非常有效，因此出土物常见被制成挂坠置于脖子、喉咙附近。同时，琥珀对于发烧、肠胃的不适也有舒缓作用，而现代药理研究也证明了琥珀有中枢抑制作用，而这些源自琥珀的中医发展和应用都是依托于设置郡县统治及南方丝绸之路贸易往来的畅通，提升了医疗水平，造福于人。

四　结论——南丝路视野下的琥珀研究

南方丝路经过的永昌地区盛产琥珀。道路沿线考古出土了大量琥珀。通过对出土琥珀情况的分析可知，约为商代的三星堆一号祭祀坑出土的琥珀（编号K1∶9）为"蜀身毒道"沿线出土年代最早的琥珀（图2）。因其为祭祀坑出土，其当与早期古蜀祭祀有着密切的联系。其亦可能与最早的南方丝绸之路上贸易有关。遗址年代为春秋时期的楚雄万家坝遗址出土5件琥珀珠饰，均为紫红色，包括4颗长方体以及1颗圆柱体。昆明羊甫头墓葬群采集了一件精美的琥珀虎，该墓葬群年代为战国到东汉（图3），以及在昭通桂家院子东汉墓葬出土琥珀珠子5颗。

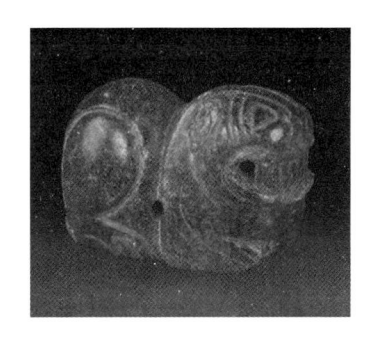

图2　三星堆一号祭祀坑出土的琥珀　　图3　昆明羊甫头墓地出土的琥珀虎

图2来源：东方弘文编：《三星堆一号祭祀坑文物精华》，四川人民出版社2000年版。
图3来源：昆明市官渡区博物馆编：《昆明羊甫头文物精粹》，云南人民出版社2003年版。

　　南方丝绸之路上的琥珀多出土于高等级墓葬。同墓葬往往伴随其他较丰富的随葬品。这一区域出土的琥珀形制以珠饰为主，动物形象次之。由前文所述之材料可见古时便有永昌产"虎魄"之说，而今保山地区昌宁大甸山墓葬群（属汉代永昌地区）出土的大量琥珀也恰恰反映了永昌出琥珀这一事实。而至今仍为缅甸琥珀主要产地的缅甸克钦邦密支那到德乃一带的胡康盆地在地理范围上亦属于汉代时益州刺史部之永昌郡。

　　但通过分析还可以发现，南方丝绸之路沿线范围内墓葬除保山地区外，其余的琥珀出土数量均较少，且多为小型手工饰品，年代大都集中在东汉时期。而海运港口（广州、合浦等）出土琥珀稍多，间接反映了中原王朝可能通过海路同域外盛产琥珀之地进行贸易。就工艺技法而言，昌宁大甸山出土的琥珀工艺较为粗糙，而羊甫头墓葬出土的琥珀虎最为精致。而滇国核心区域内的滇文化云南晋宁石寨山墓葬群和江川李家山墓葬群均仅有少数高规格墓葬出土琥珀。有些墓葬中的琥珀还与象征滇国权力和财富的贮贝器共处。有学者也考证这些墓葬为滇国统治权力者之墓葬。① 可见纵是在地理位置靠近琥珀原产地的滇国，可支配之琥珀数量亦是不多，唯有滇国最上层的权力者才能够拥有，以彰显自身特殊地位。这也在侧面反映滇国与哀牢之间的贸易。

此外，早期较大琥珀制品只存在于文献记载里，即刘裕曾使用过的琥珀枕。此类器物在至今的考古发掘中尚未发现。此外，"海昏侯"墓出土4件琥珀饰品，皆为体积较小的琥珀器物，可见汉代琥珀制品之珍贵程度。

传世文献中的琥珀相关记载多集中于东汉至梁这一时段。而后续没有发现隋唐文献记载宫中使用琥珀，或因当时的爨氏割据与后来南诏与唐朝之间发生战争，客观上限制了琥珀的流入。另外，琥珀在文献中还曾被称为"虎魄""虎珀""琥魄"等。有学者指出大量的异字同音词说明"琥珀"是一个音译词，考证其语源自波斯语。② 从语言学的角度佐证着琥珀也是沿着丝路国际商贸传播的。

最后，南方丝绸之路和传统意义上北方丝绸之路沿线均经过琥珀产地（罽宾、永昌等）。而为中央政府设置郡县开展直接统治的仅有处于西南的永昌郡，正是因为中央政府直接管辖兼之对南方丝绸之路交通的维护，昂贵且不可再生的琥珀才开始正式作为名贵珍宝较多地流入中原地区。在人们不断提高对它的认识的过程中，间接提升了早期中医学和物理学的研究水平。

表1　南方丝绸之路沿线考古发掘出土琥珀情况（据不完全统计）

琥珀发掘时间	出土地点	琥珀数量及种类	墓葬考证年代	资料出处	备注
1954—1955年	广西贵县	琥珀珠57颗	西汉	《考古学报》1957年第1期	
		琥珀珠141颗 琥珀小狮1件 琥珀指环1件	东汉		

---

① ［日］梶山胜：《象征化的贮贝器——汉代滇国的社会与权力者》，京都：《古代文化》第66卷，2014年。

② 石云涛：《汉代外来文明研究》，中国社会科学出版社2017年版，第353页。

续表

琥珀发掘时间	出土地点	琥珀数量及种类	墓葬考证年代	资料出处	备注
1955—1957 年	云南晋宁石寨山	琥珀若干件	战国至西汉	《云南晋宁石寨山古墓群发掘报告》	M1，M13
1956 年 4 月	广西贵县东湖 4 号墓、2 号墓	琥珀珠 13 粒（2 粒是兽形）	西汉	《考古通讯》1957 年第 2 期	
1960 年 2 月	云南昭通桂家院子	琥珀 5 件，其中之一为兽形，长 2.4、高 1.7 厘米	东汉	《考古》1962 年第 8 期	女性墓
1960 年 3 月	广州东郊沙河	琥珀珠 14 粒（其中 11 粒呈扁圆或扁平椭圆形）；琥珀珠 1 粒，做扁平圆饼形	东汉建初年间	《文物》1961 年第 2 期	夫妇合葬墓
1963 年 2 月至 3 月	湖南零陵 I 型东汉墓	2 扁圆形琥珀珠 7 颗，兽形琥珀珠 1 颗	东汉	《考古》1964 年第 9 期	
1971 年	广西合浦	琥珀佩饰片 5 件（内圆钮形 2 件、扇形 1 件、篮形 1 件、蛙形 1 件）；琥珀印章 1 件，龟钮	西汉晚期	《考古》1972 年第 5 期	

续表

琥珀发掘时间	出土地点	琥珀数量及种类	墓葬考证年代	资料出处	备注
1971 年	贵州安顺	琥珀饰物 2 件，爬狮形，中部穿孔	东汉晚期	《考古》1972 年第 2 期	
1973 年冬至 1974 年春	广东徐闻东汉墓	琥珀珠饰	东汉	《考古》1977 年第 4 期	
1975 年 10 月至 1976 年 1 月	贵州兴义、兴仁	琥珀狮饰 3 件	东汉和帝前后	《文物》1979 年第 5 期	当地贵族
1975 年秋	广西合浦县堂排汉墓 M1、M2、M3、M4	琥珀圆雕狮 1 件、琥珀珠 1 件、印章 2 枚（一枚正方形蛇钮，一枚半球形）	西汉晚期	《文物资料丛刊》4	M1、M4 均为郡守一级的官吏、M2 为夫妻合葬墓
1975—1976 年	云南楚雄县万家坝	琥珀珠 5 颗，均呈管状	春秋战国时期	《考古学报》1983 年第 3 期	
1976 年 2 月	广东高州军墟后岭东汉墓 M1	琥珀珠 7 件，1 件呈浅蓝色，剩余皆呈淡红色。形扁圆，中有穿孔	东汉后期	《文物资料丛刊》10	
1976 年 11 月至 1978 年底	贵州赫章可乐	琥珀饰 3 件，伏兽形、钫形、扁壶形各 1 件，均有一穿孔；琥珀珠饰 11 件；琥珀饰 2 件	西汉平帝前后	《考古学报》1986 年第 2 期	当时驻守汉阳的军士官吏

续表

琥珀发掘时间	出土地点	琥珀数量及种类	墓葬考证年代	资料出处	备注
1976—1978年	广西昭平东汉墓	琥珀珠5件，长圆形，中间穿孔，黑色	东汉晚期	《考古学报》1989年第2期	
1984年	四川凉山西昌东汉墓M4	琥珀扣饰1件，形如蝉，两翅有穿孔		《考古》1990年5期	多室墓
1986年	四川广汉三星堆一号祭祀坑	1件，高5.1厘米，略呈心形，上端残缺，中有穿孔贯通，应当是一件坠饰。两面阴刻纹饰，一面为蝉背纹，一面为蝉腹纹		《四川文物》1989年广汉三星堆遗址研究专辑	
1986年4月	广西合浦县丰门岭10号汉墓	琥珀串珠3颗	东汉早期	《考古》1995年3期	
1987年4—5月	贵州兴仁县交乐东汉墓	琥珀装饰品		《中国考古学年鉴1988》	夫妻合葬墓
1987年3—12月	合浦县文昌塔岭汉墓	琥珀佩饰品		《中国考古学年鉴1988》	

续表

琥珀发掘时间	出土地点	琥珀数量及种类	墓葬考证年代	资料出处	备注
1990—1996年	广西合浦县母猪岭汉墓M4、M6	琥珀穿饰2件，扁菱形；琥珀穿饰12件（扁圆形3件；扁椭形1件；近似亚字形1件；水滴形2件；梯形1件；小鸭形1件，褐色，椭圆形身；犬形1件，褐色，作蹲状；琥珀穿饰2件，其中扁圆形1件）		《考古》2007年第2期	
1991年12月至1992年4月	江川李家山第二次发掘	琥珀珠16件，枣核形3件；方形2件；扁球形11件	西汉中期至东汉初期	《江川李家山：第二次发掘报告》	M82；M49；M47
1997年11月至1999年6月	昆明羊甫头墓葬群	琥珀虎1件	因为是采集品，不确定出土墓葬，羊甫头墓葬群年代为战国至东汉	《昆明羊甫头墓地》	

续表

琥珀发掘时间	出土地点	琥珀数量及种类	墓葬考证年代	资料出处	备注
2001年7月	广西合浦县九只岭东汉墓M5、M6	琥珀饰4件（其中1件为算珠形，饰有瓜楞纹；1件为纽扣形；1件为长橄榄形）；另有1件圆形琥珀，穿孔，兼做印章；1件不规则形琥珀饰；2件圆形琥珀；琥珀一章1件，龟形钮，方印		《考古》2003年第10期	东汉前期，M6是东汉中后期小型墓
2005年	贵州黔西县汉墓M34、M37	琥珀挂饰，小坠状；琥珀挂饰，小兽形；天然琥珀	M34时代为东汉前期	《考古》2006年第8期	
2012年10月至2013年3月	保山昌宁大甸山	琥珀串珠数百颗，呈长圆形管珠状，红褐色，通长1.8—3.2厘米，内孔径0.2—0.4厘米	春秋晚期至汉代	《昌宁大甸山墓地考古成果及保山市域哀牢青铜文化》	

宁夏：绿洲丝路与草原丝路相衔接

薛正昌

（宁夏社会科学院）

丝路，有绿洲丝绸之路、草原丝绸之路、海上丝绸之路、西南丝绸之路。宁夏地理空间特殊，地处绿洲丝绸之路东道北段，又与草原丝绸之路相衔接，是绿洲丝路与草原丝路交会的地方。从文化交流的意义上看，这个地理空间是中原农耕文化、草原游牧文化、西域中亚文化交融碰撞的地区，有丰富的丝路文物遗存，再现的是昔日丝路文化的繁盛。对此，在一些涉及丝路历史文化的表述里，或者一笔带过，或者只字未提。实际上，宁夏地理位置是丝绸之路东段北道逾越不过去的地方。数年前，中亚各国与中国联合申报丝绸之路世界文化遗产，宁夏有四处遗产地进入预选名单。虽然并没有入选，但却体现了宁夏丝路遗产的价值。本文仅就宁夏境内绿洲丝路走向与草原丝路的衔接做一些简略的梳理和叙述。

一 绿洲丝绸之路在宁夏

（一）长安凉州道

丝绸之路，是指草原丝路南部，穿行于沙漠、戈壁之间的绿洲城邦国家开拓连接起来的一条东西交通直道。通常，是指古代中国由中原经河西走廊进入新疆、中亚，通往西方的陆上贸易与文化往来的通道，分为东、中、西三段。宁夏南部固原的地理位置，正处在丝绸之路东段，六盘山南北耸立，成为关中西出的屏障；贺兰山南北雄踞，俯视着宁夏平原。黄河，穿越六盘山、贺兰山而过。固原所在，为交通要枢。丝路东段走向分为南、中、北三道。北道，即长安、邠州（邠县）、原州（固原）道。中道，即穿越六盘山的鸡头道，向西可进入庄浪、静宁、兰州，向西北沿祖厉河进入景泰，过黄河进入河西走廊。南道，即沿渭河穿越陇山（六盘山）进入秦州（天水）。这里西北经兰州通河西走廊，西南通岷、洮之地，是南线枢纽所在。永靖在河州（今甘肃临洮）至鄯州（今青海乐都）的交通干线上。由天水至永靖，不仅可达金城（兰州），还可进入青海。

固原正处在东段北道的交通要道上，其走向是：从长安（今西安市）经咸阳县驿出发西北行，经醴泉、奉天（今乾县东），到邠州治所新平县（今邠县），沿泾水河谷北进，过长武、泾川、平凉，即入固原南境弹筝峡（三关口），过瓦亭关，北上原州（固原）。此后，再沿清水河谷，向北经石门关（须弥山沟谷）折向西北经海原县，抵黄河东岸的靖远，渡黄河即乌兰关（景泰县东）。由景泰直抵河西武威（凉州）。居延汉简里对这条通道已有记载，认为是最便捷的丝路干道。东汉时刘秀亲征高平（固原），河西太守窦融与五郡太守车驾聚会高平，浩浩荡荡的大军与战车走的就是这条通道。[①]

研究者认为，汉代长安到敦煌有两条线，其中一条是主线，一条是辅线，主线就是途经（高平）固原的主线。[②] 已出土的居延汉简，对汉代长安通往河西走廊的交通要道与驿站里程已有记载：

……
月氏至乌氏五十里
乌氏至泾阳五十里
泾阳至平林置六十里
平林置至高平八十里。[③]

[①] 薛正昌：《宁夏境内丝绸之路文化研究》，甘肃教育出版社2014年版。
[②] 张德芳：《从汉简材料看汉晋时期丝绸之路全程的走向和路线》，载《中日学者中国古代史论坛文集》，中国社会科学出版社2010年版。
[③] 西北师范大学人文学院历史系、甘肃省文物考古研究所编：《简牍学研究》第二辑，甘肃人民出版社2009年版。

这是汉代人记载丝绸之路走向与里程的最原始记录，是对丝绸之路早期途经固原的见证。泾阳县治，在今甘肃省平凉市安国镇泾水（河）之北岸油坊庄。① 张德芳先生在研究汉简关于丝绸之路文献时，对以上汉简所列月氏、乌氏、泾阳、平林置、高平五个地名的距离作过测算，认为这五处相距240汉里，折合今天的千米约100千米。② 早期历史文献记载与地方考古发掘基本是一致的。

途经宁夏南部固原的这条道，称为长安凉州北道。

（二）长安灵州道

灵州，是宋代初年以前宁夏北部的政治、经济、文化中心，地处黄河东岸，是关中北出塞外的北部重镇，地理位置非常重要。通常意义上的灵州道，即指晚唐五代宋初这一历史时段以灵州为中心，连接西域与中原朝贡、贸易往来的主要通道。长安—灵州道，是唐代中后期对长安—凉州北道（固原）的取代，也是对长安凉州北道的延伸，依旧是丝绸贸易之路。尽管其走向发生了变化，但丝绸之路本身所承载的历史使命没有变，仍是新的历史的延续。尤其是"安史之乱"后，唐肃宗在灵州即位，特殊时期的灵州大督都府与丝绸之路灵州道的开通更是意义重大。"唐末五代，由于民族战争和政治形势的变化，从灵州经回鹘境而入西域的路线便起着勾通东西的作用"，这一时期灵州道的历史意义已经得到了显现。

晚唐五代宋初的灵州道，向西可通达西域；向东是通往长安、洛阳与开封的通道。大致走向：由长安北上至邠州（陕西邠县），循马岭河而上经庆州（甘肃庆阳）至朔方节度使治所灵州。自灵州渡过黄河，出贺兰山口（三关口）西行，穿腾格里沙漠，抵今甘肃民勤县，沿白亭河谷南行，渡白亭河至凉州，与河西走廊古"丝绸之路"汇合。自西夏占据灵州后，在灵州道上不断劫掠往来商旅及文化使者，北宋与西域的交通

---

① 西北师范大学人文学院历史系、甘肃省文物考古研究所编：《简牍学研究》第二辑，甘肃人民出版社2009年版。

② 张德芳：《从汉简材料看汉晋时期丝绸之路全程的走向和路线》，载《中日学者中国古代史论坛文集》，中国社会科学出版社2010年版。

随即断绝。从此，由东面子午岭（陕西与甘肃的界山）到西边宁夏六盘山一线，都成了宋夏鏖兵的战场。为争夺灵州，宋夏两军在这里的攻防战持续了近百年。灵州西通河西凉州；南向原州（宁夏固原）是通往长安的大道；北通漠北草原丝绸之路；东连太原一线，体现了它所在的交通枢纽的作用和军事重镇的位置。

灵州道自开通以来就是一条朝贡之路、贸易之路、文化之路，特殊时期承担着特殊使命。丝绸之路灵州道近300年的畅通过程，经历了不少重大历史事件，积淀了不少中西文化交融的故事。公元1020年，夏王李德明迁都兴州，这一年是宋真宗天禧四年。也就是在这一年，宋朝正式诏告西凉府回鹘，此后向宋朝的贡奉改由秦州路（今甘肃天水），兴盛了数百年的灵州道完成了它的历史的使命。

晚唐、五代至宋初，中原与西域、天竺之间的商贸十分频繁。虽然此时海上丝路也在运行，但商贸主要还是在陆路。陆路的通道灵州是必经之地，因为长安—凉州道受阻后，长安—灵州道有其地域上的联系和绝对优势。自西域和天竺东行的各色人进入河西凉州后，接着沿白亭河流域北行直达甘肃民勤县附近，然后东行至灵州，由此南折达北宋内地北端的环州（今甘肃环县），再入长安。灵州道的走向，就是上述自然地理条件的折射。五代时期的后晋，曾遣供奉官张匡邺、鄜武军节度判官高居诲等一行赴于阗册封其王李圣天为大宝于阗国王，于公元938年十二月自灵州出发，走的就是这条道。高居诲记载了沿途的路线和行踪。

在日本研究者的眼中，经过晚唐、五代的发展，宋初时的灵州，已经成为国际交通都市。作为中转和集散地或交通枢纽，灵州与河西及中原之间有着密切的交通与承载关系。

根据史料和研究进展看，灵州道的走向，应该是两条线：一条是灵州—凉州道，属捷径；一条是灵州—甘州道，走草原丝路。

灵州凉州道，是凉州畅通时的捷径。灵州凉州道捷径的走向，古人已有记载。高居诲在他的《使于阗记》里说："自灵州过黄河行三十里，始涉入党项界，曰细腰沙、神点沙。至三公沙宿月氏都督帐。自此沙行四百里……渡白亭河至凉州，自凉州西行五百里至甘州"。对这条线路，陈守忠先生作过实地考察，认为自灵州渡过黄河，出贺兰山西北行，经阿拉善左旗折向西南行百余里，即达白亭海至白亭河（今石洋河）；渡白亭河可达凉州。从地图上看是向北绕了一个弯子，实际上这是出贺兰山越腾格里沙漠最好走的一条路。五代、宋初，中原使节、商旅及僧侣往返皆走此道。灵州凉州道，凉州—灵州—长安，实际上是"安史之乱"前灵州—原州—凉州道的另一种走向。

灵州—甘州道的走向，甘州—居延海（内蒙古额济纳旗）—灵州—长安，大致走向是草原路。唐代大中年间吐蕃据凉州时，使者、商人等皆绕道漠北，循回鹘旧路或由甘州北趋居延海，然后南下灵州而至长安。当凉州被吐蕃占据而未复时，往来于丝绸之路的各色人只能由长安至灵州，再穿越沙碛至额济纳旗，再绕至甘州。当凉州收复后，灵州—凉州道畅通。

无论是灵州—凉州道，还是灵州—甘州道，都是不同历史阶段的产物，总体上我们都称为灵州道。自晚唐灵州道开通，历五代、宋初，灵州道承担着丝绸之路贸易和中西文化交流的陆上主要任务，是北方南下长安的重要通道，是中西交通的主要干线。据敦煌文书称：曹氏归义军时期，灵州道空前活跃，而且表明朔方节度使（灵武节度使）担负着朝贡使节的人身和财产安全，并确保灵州丝绸之路畅通无阻的神圣职责。无论是晚唐张氏归义军时期，还是曹氏归义军时期，灵州道都扮演着极为重要的角色，这期间使节、商旅络绎往来，民族之迁徙、文化之流变，特定的历史背景绘就了一幅幅绿洲瀚海与草原并举的丝绸之路的历史画卷，这对晚唐、五代与宋初的历史产生过深远影响。

二　绿洲丝路与草原丝路相衔接

（一）草原丝绸之路

草原丝绸之路，通常是指中国内地经漠北蒙古高原，向西经中亚草原至南亚、西亚、欧洲和北非的大通道，承载的是古代中国丝绸经草原游牧民族运销的历史，并由此而得名。已有的研究资料表明，草原丝路的形成略早于绿洲丝路。俄罗斯阿尔泰州乌拉干区巴泽雷克墓葬中出土的中国的丝织物，① 表明公元前 5 世纪（春秋战国时期）中国的丝绸已沿着草原丝路来到了这里。同时，也说明这一时期草原游牧民族与中国内地已有了丝绸贸易关系。

草原丝绸之路的走向，也是一个网状布局，在同时期都有一定空间的变化。总体上看，大致由中国内地的长安或洛阳向北经山西大同、陕西北部、宁夏北部进入内蒙古地区，再向大漠延伸进入蒙古高原。由蒙古高原向北可达贝加尔湖，向西可由土拉河、鄂尔浑河一带向西翻越杭爱山，沿阿尔泰山西行进入新疆天山以北草原，再沿天山北麓至伊犁河，西行进入中亚锡尔河、阿姆河流域，直到黑海北岸。成吉思汗西征中亚时，大致走这个通道。

此后，崛起于蒙古草原及新疆北部、中亚草原的匈奴、乌孙、月氏、鲜卑、柔然等游牧民族，在不同历史阶段充当着草原丝路贸易的中间力量。6—9 世纪，在蒙古高原及西域建国的突厥、回鹘等游牧民族，通过与隋唐王朝的贸易，将大量的丝绸通过草原之路运销到波斯、东罗马帝国。10 世纪以后的辽、金、元、明、清各代草原丝绸之路依旧畅通，中西方文化交流频繁，各游牧民族之间的交流及融合也在草原丝路沿线进行。

（二）草原丝绸之路与宁夏

严耕望先生《唐代交通图考》里说，唐代灵州（今宁夏灵武西南）是"中国北通塞上诸国之孔道""华夷走集"的枢纽。回鹘民族，是中国古代北方操突厥语的民族之一，自北魏高车到唐代初年的回纥，再名为回鹘。回纥与唐朝的关系较密切，755 年安史之乱后，回纥曾发兵入援，助唐朝收复长安和洛阳。吐蕃占据河西和陇右后，传统丝绸之路被隔断，唐安西、北庭都护府与中央政府的联系就借道于回鹘，史称回鹘道，即草原道。

汉代修筑的光禄塞城障向西延伸，与居延泽城障连接就形成了通道。由居延海往西域可不走河西走廊，而是转入阿尔泰山南麓西行，抵达伊

---

① 鲁金科：《论中国与阿尔泰部落的古代关系》，《考古学报》1957 年第 2 期。

州（今新疆哈密）、高昌（今新疆吐鲁番）。这是草原丝绸之路的一部分。历史上的丝绸之路，中原安定时期基本走长安—凉州一线，有战乱或不安定因素时，就绕道草原路上去了。《新唐书·李德裕传》里记载："承平时向西，路自河西，陇右出玉门……自艰难以后，河陇陷吐蕃，若通安西、北庭须取回鹘路去。"吐蕃占据陇右、河西走廊后，通往西域的丝绸之路就改道。

回鹘道主要有三条通道，其中重要的一条就是灵武至回鹘牙帐之路。这是一条漠北诸族入寇、中国大军出击漠北的重要孔道。唐长安至灵州有东西两道：东道是长安、邠州、庆州至灵州；西道是长安、邠州、原州（固原），沿清水河谷至灵州。[①] 沿"回鹘道"北上，与草原丝路相衔接。这条通道又称为"天可汗道"。

绿洲丝绸之路与草原丝绸的连接，在宁夏主要有两条通道。"参天可汗道"，是由唐代京师长安前往漠北的道路。贞观四年（630），唐朝攻灭东突厥，大漠南北统一，唐朝于阴山南麓置三受降城，道路相通，可南达长安。唐贞观二十一年（647），唐太宗平漠北薛延陀部，漠北铁勒诸部酋长尊太宗为"天可汗""天至尊"，不但诸部酋长来大唐朝贡，而且请求在回纥（铁勒诸部之一）以南、突厥以北开一通道，称之为"天可汗道"。它的走向，大致沿秦时的直道到达天德军，再至回纥牙帐（即唐安北都护府，今蒙古国和林），然后入伊州，至高昌，通往西域。参天至尊道，就是后来所谓的参天可汗道。这是唐贞观时应回纥吐迷度所请，于回纥（后改称回鹘）之南、突厥之北开通的驿道。全程设置68个驿站，由回鹘牙帐直达长安，成为北方草原诸部落聘使朝贡的通道。途中驿站都备有马匹、酒肉、食品以供过往的使臣等，各部每年贡纳貂皮作为赋税。[②]《新唐书·地理志七下》载："中受降城正北入东八十里，有呼延谷（今昆都仑河谷），谷南口有呼延栅，谷北口有归唐栅，车道也，入回鹘使所经。又五百里鹛鹡泉，又十里入碛，经鹿山、鹿耳山、错甲山、八百里至山燕子井。又西北经密粟山、达旦泊、野马泊、可汗泉、

[①] 孟凡人：《丝绸之路史话》，社会科学文献出版社2014年版，第86页。
[②] 欧阳修、宋祁：《新唐书·回鹘传》，中华书局1996年版。

横岭、绵泉、镜泊，七百里至回鹘衙帐。"这是参天可汗道出唐境之外的走向。

（三）太宗与草原道

唐李渊自起兵以来，就十分重视骑兵。唐太宗李世民长于以精骑掩袭取胜，对骑兵尤其关注。唐朝北衙禁军多为骑兵，其余无论府兵还是地方戍边军队，都有一定数量的骑兵。国家要装备这么多的骑兵部队，就需要数量很大的马匹。唐代马政分为国家与皇家两个养马系统，六盘山左右的牧马为国家养马基地。牧马业的发展是国家军队建设过程中的重要设施。正是从这个意义上，唐太宗视察宁夏六盘山马政自在情理之中。《新唐书·太宗本纪》记载，贞观二十年（646）八月，太宗前往灵武（今宁夏灵武）接受北方少数民族的拜见，途经原州（固原）时，"逾陇山关，次瓦亭，观马牧。"

唐太宗观原州马政后，驻跸于长安外围的京畿之地原州。原州，是关中北出塞外和通向河西重要的州郡级建制。唐太宗离开原州，沿古丝绸之路东段北道的清水河谷地北行，在萧关仍有驻跸。唐代萧关，位于宁夏海原县东北清水河西岸，是防御突厥南下的重要军事设施。在萧关，唐太宗不但在这里驻跸，还在这里慰劳驻防萧关的将士与孤老妇孺，之后前往灵州。这次出行，大约是唐太宗离京时间最长的一次。"秋八月幸灵州"，"冬十月至自灵州"，在宁夏停留的时间较长。

九月，唐太宗亲至灵州（今宁夏灵武县西南）。铁勒各部派到灵州的使者多达数千人。《旧唐书·太宗下》记载，北方少数民族首领及其相关人员，"相继而至灵州者数千人，来贡方物，因请置吏，咸请至尊为可汗"。可见，当时的灵州接待场面之宏大，气氛之热烈，整个是一种友好和谐的政治景象，再现了大唐帝国社会繁盛、经济文化发展和开放的气度。这种让人很受鼓舞的特殊环境，同样使唐太宗激动不已，他要以大唐盛世的视角描述和记载这种具有伟大历史意义的国家兴盛、民族团结事件，为五言诗题碑勒石以记其事：

> 雪耻酬百王，除凶报千古。
>
> 昔乘匹马去，今驱万乘来。

这真切地再现了唐太宗当时的双重心态，既平息了边患，又与北方少数民族结成兄弟般情谊，并以此答谢对"百王"的拥戴。有来有往，才显示出一种平等和睦的民族关系。这年的十二月，回纥铁勒十二部首领前往唐朝京城长安朝觐。这是对唐太宗灵武之行的回敬。

贞观二十一年，铁勒众酋长奏称，"臣等即为唐民，往来天至尊（唐朝皇帝）所……请于回纥以南、突厥以北开一道，名参天可汗道，置六十八驿，各有马及酒肉以供过使"。唐太宗接受了铁勒部回纥等族酋长的提议，同意于"回纥以南、突厥以北开一通道，谓之参天可汗道"①。"参天可汗道"开通了，交通的发达、经济的发展、文化的繁荣使得唐代的雄风风靡世界，"绝域郡长，皆为朝贡，九夷重译，相望于道"，往来于这条通道上的有西亚、中亚等国的君主和使节。

（四）丝绸之路多途并举

丝绸之路的走向原本是多途并举，呈现网状布局。地理空间所致，丝绸之路在宁夏，分为南北两道承载着绿洲丝绸之路长安凉州道与长安灵州道两条主要干线。同时，向北延伸与草原丝绸之路衔接。

唐代安史之乱后，河陇为吐蕃所占据，唐朝使臣与远在西域的安西、北庭都护府及西域各国使者来往都要经过草原的回鹘汗国，再南下至京城长安。灵州成为唐代通河西达西域的要道。这一时期的西域灵州道，它承载着长安、灵州，长安、原州东西两道的任务。灵州，是宋代初年以前宁夏北部的政治、经济、文化中心，地处黄河东岸，是关中北出塞外的北部重镇，地理位置非常重要。尤其是军事地理位置，灵州西通河西凉州；南向原州（宁夏固原）是通往长安的大道。由安史之乱平息到回鹘汗国崩溃的大约80年时间，这期间绢马贸易、朝贡岁赐等活动十分繁盛。后

---

① 司马光编著：《资治通鉴》卷一九八，中华书局1996年版。

晋天福三年（938）高居诲出使于阗，[①]以及宋初王延德出使西州回鹘等，都要经过灵州这个中转站。缘此，灵州成为唐末五代及宋初重要的国际贸易城市。

灵州与草原丝路的衔接，也是多途并进。一是由灵州过黄河，沿贺兰山北麓进入内蒙古阿拉善左旗、右旗，抵达额济纳旗，北上进入阿尔泰山南缘，过额尔齐斯河，向西抵新疆伊犁进入中亚；二是如前所述北上走回鹘可汗道；三是东连太原一线，沿黄河东岸过太原与大同相衔接，进入漠北草原丝路。在宁夏境内，可能早在北魏时期，由原州须弥山石窟沿清水河谷往北魏都城大同的丝路通道原本就畅通。它既可抵达大同，也可由大同进入草原丝路，体现的是宁夏交通枢纽的作用。

长安灵州道，它除了承载绿洲丝绸之路的畅通外，还有一个重要任务就是与草原丝绸之路的衔接。它以灵州为中心，连接西域与中原朝贡和贸易往来。是唐代中后期对长安—凉州北道（固原）的取代，也是对长安凉州北道的延伸，尽管其走向发生了变化，但丝绸之路本身所承载的历史使命没有变，仍是新的历史的延续。尤其是"安史之乱"后，唐肃宗在灵州即位，特殊时期的灵州大督都府与丝绸之路灵州道的开通更是意义重大。"唐末五代，由于民族战争和政治形势的变化，从灵州经回鹘境而入西域的路线便起着沟通东西的作用"[②]，自然地理空间在很大程度上控扼着交通走向。

三 "一带一路"倡议的时代意义

丝绸之路生生不息，数千多年间一直是连接欧亚和非洲的陆上商业贸易大通道。丝绸之路不仅是经济之路，也是文明之路，它见证着东西方交流互动的悠久历史。英国著名历史学家彼得·弗兰科潘认为，两千年来丝绸之路始终主宰着人类文明的进程。不同种族、不同信仰、不同

[①] 欧阳修：《新五代史》第三册卷七四，商务印书馆2014年版，第1708—1709页。
[②] 张广达：《古代欧亚的内陆交通》，载《第十六届国际历史科学大会中国学者论文集》，中华书局1985年版。

文化背景的帝王、军队、商人、学者、僧侣、奴隶，往来在这条通道上，创造并传播着财富、智慧、宗教、艺术、战争、疾病和灾难。丝绸之路让中国的丝绸和文明风靡全球。他在《丝绸之路：一部全新的世界史》一书中说："丝绸之路塑造了过去的世界，甚至塑造了当今的世界，也塑造未来的世界。"[①] 这是丝绸之路研究的高境界和世界视野。

古代丝绸之路沟通了各国经贸文化交流，见证了中外友好往来的悠久历史。承接丝绸之路的辉煌历史，2013 年，习近平主席提出"一带一路"倡议的宏伟构想，融通古今，联结中外，顺应和平、发展、合作、共赢的时代潮流和发展大势，赢得了世界上大多数国家和人民的广泛认同和积极参与。这期间，习主席在不同场合不断发出倡议，唤起了世界很多国家的相通历史记忆和共同的美好期望。现在，"一带一路"建设已经迈出坚实步伐，和平建设之路、繁荣之路、开放之路、创新之路、文明之路，已由宏观蓝图变成了累累硕果。同时，共建"一带一路"的世界格局，已由谋篇布局的"大写意"转入精谨细腻的"工笔画阶段"。当代的"一带一路"建设，已开启对外交流和共赢的时代新篇章，为世界人民共谋福祉。

2017 年 5 月，习近平主席在"一带一路"国际合作高峰论坛开幕式上演讲时说：两千多年前，我们的先辈筚路蓝缕，穿越草原沙漠，开辟出联通亚欧非的陆上丝绸之路，这就是绿洲丝路与草原丝路。由一组数字可以看出 6 年来"一带一路"的巨大变化，截至 2019 年 3 月，中国政府已与 125 个国家和 20 个国际组织签署 173 份合作文件。截至 2018 年底，中欧班列已经联通欧亚大陆 16 个国家的 108 个城市，中国与 15 个沿线国家签署了包括《上海合作组织成员国政府间国际道路运输便利化协定》在内的 18 个多边国际运输便利化协定；中国与 47 个沿线国签署了 38 个双边和区域海运协定；中国与 26 个国家和地区签署了双边政府间航空运输协定；中国与沿海国家货物贸易进出口总额超过 6 万亿美元；中国先后与 20 多个沿线国家建立了双边本币互换安排，与 7 个沿线国家建立了

[①] ［英］彼得·弗兰科潘：《丝绸之路：一部全新的世界史》，邵旭东、孙芳心译，浙江大学出版社 2016 年版。

人民币清算安排,与25个沿线国家的金融监管当局签署了合作文件;丝绸之路沿线民间组织合作网络成员已达310家,成为推动民间友好合作的重要平台[①]。这些硕果,分别体现在"政策沟通、设施联通、贸易畅通、资金融通、民心相通"五大领域,这为沿线各国人民带来了看得见的财富和实实在在的满足感、幸福感。"一带一路"建设的推进,正印证着英国学者彼得·弗兰科潘所说的,"丝绸之路塑造了过去的世界,甚至塑造了当今的世界,也塑造未来的世界"。

---

① 《"一带一路":从"大写意"到"工笔画"》,《光明日报》2019年4月25日。

两汉时期"大夏"(Tochari)名辨

袁 炜

(贵州省博物馆)

西域"大夏"既是一个族群概念,又是一个地理概念。张骞第一次出使西域时,他将这个位于阿姆河以南、兴都库什山以北的盆地地区及生活在此的人群称为"大夏"。《新唐书·西域传》言,"大夏即吐火罗也。"[①] "大夏"一词,王力上古汉语拟音为[dāt-γea][②],蒲立本早期中古汉语拟音为[da'-ɣai^h][③],学界普遍将其视作吐火罗(Tochari)的对音。[④] 但需要指出的是,两汉时期,希腊文文献中的Τόχαροι、巴克特里亚文文献中的τοχοαρστανο、汉文文献中的"大夏"三者并不能完全等同。

在希腊文方面,关于吐火罗记录,时代最早的是斯特拉波(Strabo)著希腊文文献《地理学》引述公元前100年阿波罗多托斯的记述,[⑤] 言在公元前140年前后,"最有名的部落是那些从希腊人手中夺取巴克特里亚的部落,他们是Asii、Pasiani、Tochari和Sacarauli",μάλιστα δὲ γνώριμοι γεγόνασι τῶν νομάδων οἱ τοὺς Ἕλληνας ἀφελόμενοι τὴν Βακτριανήν, Ἄσιοι καὶ Πασιανοὶ καὶ Τόχαροι καὶ Σακάραυλοι,[⑥] 可见

---

① 《新唐书》卷二二一下《西域传下》,中华书局1975年版,第6252、6253页。
② 郭锡良:《汉语古音手册》,北京大学出版社1986年版,第3、9页。
③ Edwin G. Pulleyblank, *Lexicon of Reconstructed Pronunciation in Early Middle Chinese, Late Middle Chinese, and Early Mandarin*, Vancouver: UBC Press, 1991, pp. 69, 334.
④ 王炳华:《"吐火罗"译称"大夏"辨析》,《西域研究》2015年第1期,第109—113页。
⑤ W. W. Tarn, *The Greeks in Bactria & India*, Cambridge: Cambridge University Press, 1951, p. 515.
⑥ Horace Leonard Jones, *The Geography of Strabo with a English Translation Volumes V*, Cambridge: Harvard University Press, 1961, pp. 260-261. 汉译本参照[古希腊]斯特拉博《地理学》,李铁匠译,上海三联书店2014年版,第761页。

在斯特拉波眼中，Τόχαροι（吐火罗）仅仅是一个族群名称。而斯特拉波《地理学》将"大夏"这一地区，则称为Βακτριανήν（巴克特里亚）。"巴克特里亚"一词出现的时间早在公元前6世纪，当时波斯阿契美尼德王朝即将此区域称为巴克特里亚。①

罗马时期Justin所编的拉丁文史书 Trogus Prlogue 中也有关于巴克特里亚与吐火罗的描述，引述了公元前85年Trogus的资料②，故也罗列于此。Trogus Prlogue 言，"塞种部族Saraucae和Asiani占领了巴克特里亚和粟特"，Scythicae gentes Saraucae et Asiani, Bactra occupavere et Sogdianos. "Asiani（成为）吐火罗的王族"，或释读为"吐火罗的王族（和）Asiani"，Reges Tocharorum Asiani interitusque Saraucarum.③ 由此可见，在 Trogus Prlogue 中，巴克特里亚（Bactra）指的是地理位置，而吐火罗（Tocharorum）则是部族名称。④

成书于公元60—75年间的希腊文文献《红海航行记》，言"一群非常好战的巴克特里亚人，从属于一个王"，Καὶ τούτων ἐπάνω μαχιμώτατον ἔθνος Βακτριανῶν, ὑπὸ βασιλέα ὄντων ἴδιον [τόπον].⑤ 据学者研究，这位"被好战的巴克特里亚人所从属的王"即贵霜君主丘就却。⑥ 现阶段，对于贵霜是大月氏人还是大夏人，学界依旧争论不休。通过《红海航行记》可见，贵霜人被希腊人称为Βαχτριανῶν（巴克特里亚人），而非大月氏人或大夏人。继希腊人之后，罗马人也将贵霜人

---

① 王欣：《从巴克特里亚到吐火罗斯坦——阿富汗东北部地区古代民族的变迁》，《世界民族》2006年第4期，第38、39页。

② W. W. Tarn, *The Greeks in Bactria & India*, p. 515.

③ Justin: *Trogus Prlogue*. 转引自 Harry Falk, *Kushan Histories Literary Sources and Selected Papers from a Symposium at Berlin*, December 5 to 7, 2013, pp. 58, 59, 81.

④ 已有学者注意到此问题，并指出不能将希腊文Βακτριανήν直译为汉文"大夏"，参见杨建新《吐火罗论》，《西北史地》1986年第2期，第18—22页。

⑤ Lionel Casson, *The Periplus Maris Erythraei Text with Introduction, Translation, and Commentary*, Princeton: Princeton University Press, 1989, pp. 80 – 81. 有学者将《红海航行记》此段文本中ὄντων一词修订为κουσαν或Κοόσαν（贵霜），直指此王是贵霜王，参见 Harry Falk, *Kushan Histories Literary Sources and Selected Papers from a Symposium at Berlin*, December 5 to 7, 2013, Bremen: Hempen Verlag, 2015, p. 92.

⑥ Michael Willis, *Buddhist Reliquaries form Ancient India*, London: British Museum Press, 2000, p. 42.

称为巴克特里亚人，罗马历史学者 Ammianus Marcellinus（330—400）写道：

[55] Proximos his limites possident Bactriani, natio antehac Bellatrix et potrntissima Persisque semper infesta antequam circumsitos populous omnes ad dicionem gentilitatemque traheret nominis sui，(…)

…

[57] Gentes isdem Bactrianis oboediunt plures, quas exsuperant Tochari,①

（巴克特里亚人占有一个原来非常好战和强大，并通常与波斯不和国家的土地后，直到他们迫使所有服从并合并于他们的部落归属到他们名下时……一些部落受制于上述巴克特里亚人，尤其是吐火罗）②

可见罗马历史学者 Ammianus Marcellinus 同样将贵霜人称为 Bactriani（巴克特里亚人），而将塞种南下巴克特里亚地区灭亡巴克特里亚国的游牧民族称为 Tochari。

在巴克特里亚文方面，十几年前，巴克特里亚文资料极为匮乏，仅限于苏尔赫·科特勒（Surkh Kotal）铭文及钱币、印章上的简短文字——其他所有文本几乎无法辨认或不可理解，以至在十几年前，学界还认为最早有关"吐火罗地"的文献记载是公元383年汉译佛经《鞞婆沙论》中的"兜佉勒"。③但随着近十年巴克特里亚文资料的披露，关于"吐火罗地"记录时代大大提前了。现在最早出现"吐火罗地"的是一个

---

① Harry Falk, *Kushan Histories Literary Sources and Selected Papers from a Symposium at Berlin*, December 5 to 7, 2013, Bremen: Hempen Verlag, 2015, p. 120.

② R. Garrent Bainbridge, Ammianus Marcellinus Description of the 18 Provinces of Sasanian Empire, Sasanika Sources, pp. 9, 10.

③ Edvard Rtveladze, "Monetary Circulation in Ancient Tokharistan", Joe Cribb & Georgina Herrmann (eds.), *After Alexander Central Asia before Islam*, New York: Oxford University Press, 2007, p. 389.

铭文为迦腻色迦十年的银盘，如以公元 127 年为迦腻色迦纪元元年，[①]那此银盘铭文的时间为公元 136 年。其铭文言，"王中之（王）、天子从印度返回吐火罗斯坦"，βαονανο ι βαγεπορο ασο μο υνδα αβο μο τοχοαροσταυο。[②] 此后，在阿富汗北部出土两封嚈哒统治时期的巴克特里亚文信札中，也出现了"吐火罗斯坦"（τοχοαροστανο）一词。编号 eh 的信札言，"嚈哒的叶护，Parpaz 的 [sot]ang（？），阿富汗的首席……Tukharistan 和 Gharchistan 的法官"，ηβοδαλο ιαβγο παροπαξο σωταγγο αβγανανο βιδο τοχοαροστανο οδο γαρσιγοστανο λαδοβαρο；编号 jb 的信札言，"致 Sart Khudewbandan，嚈哒荣耀的叶护，纥露的统治者，嚈哒人领主的书记员，Tukharistan（和）Gharchistan 的法官，贵族领主"，αβο σαρτο χοηβανδανο φαραχο ηβοδαλο ιαβγο ρωβοχαρο ηβοδαλοχοηοαγγο λαβιρο τοχοαραστανο γαρσιγοστανο λαδοβαρο βαγο χοηο。[③] 据学者研究，这封信札的时代在公元 480 年前后。[④] 由此可见，在贵霜人及其之后统治巴克特里亚的嚈哒人视角中，吐火罗（τοχοαρσ）则是地理名称。

在汉文方面，关于"大夏"记录时代最早的是张骞，张骞于公元前 138 年第一次出使西域，约在公元前 128 年到达大月氏、大夏。其关于大

[①] 关于贵霜年代学中迦腻色迦即位年代这一问题，学界长期有争议，近年来逐步统一为迦腻色迦即位于公元 127 年，参见 David Jongeward and Job Cribb with Peter Donovan, *Kushan, Kushano-Sasanian, and Kidarite Coins A Catalogue of Coins From the American Numismatic Society*, New York: The American Numismatic Society, 2014, p. 4. Hans Loeschner, "Kanishka in Context with the Historical Buddha and Kushan Chronology", Vidula Jayasval (ed.), *Glory of the Kushans – Recent Discoveries and Interpretations*, New Delhi: Aryan Books International, 2012, pp. 137-194. Osmund Bopearachchi, "Some Observations on the Chronology of the Early Kushans", *Res Orientales*, Vol. XVII, 2007, p. 50。

[②] Nicholas Sims-Williams, "A new Bactrian inscription from the time of Kanishka", In Harry Falk (eds.), *Kushan Histories Literary Soutces and Selected Papers from a Symposium at Berlin, December 5 to 7*, 2013, pp. 257, 261. 关于贵霜君主称号中 βαγεποπο 一词释读为"天子"而非"神之子"，参见袁炜《丘就却王号研究》，《西域研究》2019 年第 2 期，第 8—11 页。

[③] ［英］尼古拉斯·辛姆斯-威廉姆斯：《阿富汗北部的巴克特里亚文献》，李鸣飞、李艳玲译，兰州大学出版社 2014 年版，第 6、191、193、315、316 页。

[④] 马小鹤：《吐火罗国史新探》，纪宗安、汤开建主编《暨南史学》（第 4 辑），暨南大学出版社 2005 年版，第 18—21 页。

夏的描述是汉文史籍中的第一手资料,现录文如下,

> 骞身所至者大宛、大月氏、大夏、康居,而传闻其旁大国五六,具为天子言之。曰:
>
> ……
>
> 大夏在大宛西南二千余里妫水南。其俗土著,有城屋,与大宛同俗。无大君长,往往城邑置小长。其兵弱,畏战。善贾市。及大月氏西徙,攻败之,皆臣畜大夏。大夏民多,可百余万。其都曰蓝市城,有市贩贾诸物。其东南有身毒国。
>
> 骞曰:"臣在大夏时,见邛竹杖、蜀布。问曰:'安得此?'大夏国人曰:'吾贾人往市之身毒。身毒在大夏东南可数千里。其俗土著,大与大夏同……'"①

由此观之,张骞在对大夏的描述中出现了"大夏国"一词,再加上其行文描述,对大夏的介绍均是按西域国家而言。由此可见,在汉人张骞的视角中,"大夏"乃国家名称。此外,《汉书》中有对"大夏"的描述,但除五翕侯内容外,余系传抄《史记·大宛列传》中张骞相关记述,故兹不赘述。

为何张骞对大夏的称谓选择"吐火罗"的音译,这与张骞使团的文化背景密切相关。《史记·大宛列传》言,"骞……使月氏,与堂邑氏胡奴甘父俱出陇西。经匈奴,匈奴得之……留骞十余岁,与妻,有子",②由此可见张骞使团的匈奴文化背景极为深厚,在匈奴生活十几年,向导、妻子都是匈奴人,张骞在到达大月氏、大夏时势必也会匈奴语。"西击大夏而臣之"的大月氏"与匈奴同俗",其语言差异也不会大。另外,张骞在到达大月氏、大夏前完全没有希腊文化背景,《史记·大宛列传》中没有任何关于张骞对希腊文化的描述。③ 是故张骞对大夏的

---

① 《史记》卷一二三《大宛列传》,中华书局 1963 年版,第 3160、3164、3166 页。

② 《史记》卷一二三《大宛列传》,第 3157 页。

③ W. W. Tarn, *The Greeks in Bactria & India*, pp. 282, 283.

称谓选择了游牧民族语言中"吐火罗"的音译,而非希腊人所称谓的"巴克特里亚"。

在此需要指出的是,近年来,有学者提出张骞所述"大夏"一词乃印欧语中 Daha 一词的音译,在印度吠陀文献中,Daha 指代阿富汗地区原住民,社会身份低下,词义稍带贬义。① 但从文献角度考虑,此说不妥。成书于公元 12 世纪的克什米尔史书《诸王流派》(Rājataraṅgiṇī)言:

athābhvan svanāmāṅkapuratrayavidhāyinaḥ |

huṣka – juṣka – kaniṣkākhyās trayas tatraiva pārthivāḥ || RT 1. 168 ||

...

te turuṣkānvayodbhūtā api puṇyāśrayā nṛpāḥ |

śuṣkaletrādideśeṣu maṭhacaityādi cakrire || RT 1. 170 || ②

(那时在这片土地上有三个国王,叫 Huṣka、Juṣka 和 Kaniṣka,他们修建了以他们名字命名的三个城[Huṣkapura, Juṣkapura, Kaniṣkapura]……这些国王热衷于虔诚的行为,虽然他们出身于 Turuṣka 族,在 Śuṣkaletra 及其他地方修建 Maṭha、支提和类似的建筑。)

据学者考证,《诸王流派》所述 Kaniṣka 王即贵霜君主迦腻色迦,Huṣka 王即贵霜君主胡维色迦,而 Juṣka 则很难与贵霜君主对应,有学者认为其为印塞王朝在当地的统治者,而 Turuṣka 一词,斯坦因将其比定为 Turkish(突厥)。然中外史料中"突厥"一词最早出现要迟至公元 542 年,③ 距贵霜君主迦腻色迦在位年长达近 400 年,再加上贵霜统治者的族源有大月氏、大夏两种说法,故笔者认为 Turuṣka 当比定为 Tuɣrak(吐火

---

① 王炳华:《"吐火罗"译称"大夏"辨析》,《西域研究》2015 年第 1 期,第 109—113 页。

② Harry Falk, *Kushan Histories Literary Sources and Selected Papers from a Symposium at Berlin, December 5 to 7*, p. 139.

③ 薛宗正:《突厥史》,中国社会科学出版社 1992 年版,第 39 页。

罗），而非 Turkish（突厥）。相似的例子可见中古波斯史诗《列王纪》（Xvaδāy‑nāmaγ）中巴赫兰五世（Bahram V，420—438 年在位）战胜入侵伊朗的"突厥"实际可修正为巴赫兰五世战胜入侵伊朗的"吐火罗"（即寄多罗贵霜）。[①] 是故印度系史书《诸王流派》中，贵霜君主迦腻色迦属于吐火罗（Tuγrak）人，而不是 Daha 人。考虑到《诸王流派》是在谈及贵霜君主迦腻色迦和胡维色迦时提到 Turuṣka 一词，故虽说《诸王流派》成书于公元 12 世纪，但其中 Turuṣka 一词的来源可以追溯到公元 2 世纪贵霜君主迦腻色迦和胡维色迦在位时。是故说明在公元 2 世纪，印度人将 Turuṣka 视作民族名称。

根据不同视角文献描述的时间顺序拟构"大夏"（Tochari）一词词义的演变顺序，可以看到：在公元前 140 年前后，希腊人占据的巴克特里亚地区被游牧民族"大夏人"所攻陷。十余年后，于公元前 128 年出使到达此地的汉人张骞将"大夏人"在此建立的政权称为"大夏国"。又过了 200 多年，公元 136 年，贵霜人将曾属于"大夏国"的巴克特里亚地区称为"大夏地"。与此同时，贵霜统治下的印度称贵霜君主为"大夏人"，而西方的希腊、罗马人则称贵霜人为巴克特里亚人。

希腊文"巴克特里亚"、汉文"大夏"、巴克特里亚文文献中的 τοχοαρστανο 三者疆域是否完全一致，可从文献等角度进行考证。斯特拉波《地理学》言，"阿姆河，巴克特里亚人和粟特人之间的边界"，Ωξου ποταμοῦ, ὃς ὁρίζει τὴν τε τῶν Βακτρίων καὶ τὴν τῶν Σογδίων,[②]《史记》言，"大夏在大宛西南二千余里妫水南。"巴克特里亚文文献中还未发现对 τοχοαρστανο 疆域的描述，但可根据玄奘对此地区的描述进行补充，《大唐西域记》言，"出铁门至睹货逻故地，南北千余里，东西三

---

① 万翔：《寄多罗人年代与族属考》，余太山、李锦绣主编《欧亚学刊》（第九辑），中华书局 2009 年版，第 136 页。另有观点认为《列王纪》相关章节中的 Turkistán 指代突厥的土地，Turkmans 指代嚈哒，Túrán 指代位于突厥土地上的游牧民族，但《列王纪》相关章节中另有 Haitálian 一词指代嚈哒，是故笔者对此观点并不认同，参见 Firdausí: *Sháhnamá*。转引自 Yu Tais-han, *Sources on the History of the Hephthalites*, Beijing: The Commercial Press, 2018, pp. 108–125。

② Horace Leonard Jones, *The Geography of Strabo with a English Translation Volumes V*, pp. 280–281. 汉译本参照（古希腊）斯特拉博：《地理学》，李铁匠译，第 768 页。

千余里，东陟葱岭，西接波剌斯，南大雪山，北据铁门，缚刍大河中境西流……语言去就，稍异诸国；字源二十五言，转而相生，用之备物。书以横读，自左向右，文记渐多，逾广窣利。"① 由此可见，玄奘不但描述了吐火罗故地的疆域，还准确介绍了吐火罗地区所行用的巴克特里亚文，故用玄奘《大唐西域记》的相关描述来补充巴克特里亚文 τοχοαρσтανο 资料的不足。

  Ωξου 是古代希腊人对阿姆河的称谓，"妫水"是张骞对阿姆河的称谓，而"缚刍河"则是玄奘对阿姆河的称谓。可见西汉时期，斯特拉波《地理学》对巴克特里亚地区与《史记·大宛列传》对大夏国北部边境的描述都是阿姆河以南。但到了唐代玄奘《大唐西域记》中，睹货逻故地的地理范围则向北扩展至铁门，阿姆河则成为吐火罗地区"中境"的一条河流。② 至于吐火罗地区在何时向北跨过阿姆河的，这可从考古学等证据得以落实，据苏联考古工作者对铁门以南、阿姆河以北地区出土数千枚贵霜钱币的研究情况来看，此地区没有发现任何丘就却的钱币，最早的贵霜钱币是无名王（威玛·塔克图）钱币，这说明只有在威玛·塔克图统治时期，贵霜才占据了此地区。③ 据迦腻色迦 6 年（132）所刻的罗巴塔克碑所言，"如神所愿。而且他停止了使用希腊语，然后推行雅利安语。" νοβαστο σαγωνδι βαγανο σινδαδο οτηια ι ωναγγο οασο οξοαστο ταδηια αριαο.④ 即迦腻色迦废止希腊文，推广雅利安文（即巴克特里亚文），而《大唐西域记》所言整个吐火罗地区都行用巴克特里亚文。由此可见，铁门以南、阿姆河以北地区在公元 1 世纪后期就与阿姆河以南形成为一个政治区域，在公元 2 世纪上半叶其文字就已统一为巴克特里亚

---

  ① （唐）玄奘、辩机著，季羡林等校注：《大唐西域记校注》，中华书局 1985 年版，第 100 页。

  ② B. N. Mukherjee, *Kushāṇa Studies: New Perspectives*, Kolkata: Firma Klm Private Limited, 2004, pp. 194 – 195.

  ③ Edvard Rtveladze, "Monetary Circulation in Ancient Tokharistan", Joe Cribb & Georgina Herrmann (eds.), *After Alexander Central Asia before Islam*, pp. 389 – 391.

  ④ Harry Falk, *Kushan Histories Literary Soutces and Selected Papers from a Symposium at Berlin*, December 5 to 7, 2013, p. 112. 汉译本参照罗帅《罗巴塔克碑铭译注与研究》，朱玉麒主编《西域文史》（第 6 辑），科学出版社 2011 年版，第 120、122 页。

文。故可认为此时铁门以南、阿姆河以北已属于吐火罗地区（巴克特里亚文 τοχοαρστανο）。

综上所述，两汉时期，在不同文化语境下，"大夏"（Tochari）从民族概念变为国家概念，最终变为地理概念。巴克特里亚、大夏的地域仅是阿姆河以南的地区，吐火罗则还包含铁门以南、阿姆河以北的地区。

贵霜王朝建立者为大月氏而非大夏说[*]

杨富学[1] 米小强[2]

(1. 敦煌研究院人文研究部；
2. 兰州大学敦煌学研究所)

一 问题的提出

贵霜帝国由贵霜翕侯发展而来。关于贵霜翕侯的渊源，目前学界主要有两种观点：源于大夏或大月氏。

关于贵霜王朝建立者的问题，学者们研究可凭依的汉文史料，最为重要的当属两汉书《西域传》之大月氏记。学界之所以会对贵霜王朝建立者问题产生分歧，皆因学者们认为二书对五翕侯归属的记载不一致。正如余太山先生所言：凡坚持贵霜王朝系大月氏所建的学者，都强调《后汉书·西域传》大月氏记，而主张贵霜王朝系大夏人所建的学者，多强调《汉书·西域传》大月氏记。[①]

以《汉书》卷96上《西域传》大月氏记为依据，认为贵霜翕侯由大夏人所建，最早是由寇诺（Sten Konow）进行论证，认为翕侯在碑铭文献中写作Yavuga，与早期于阗塞语文献中的Zauva相对应。[②] 此后，桑原骘

---

[*] 基金项目：甘肃省宣传文化系统"四个一批"人才资助项目。
[①] 余太山：《塞种史研究》，商务印书馆2012年版，第57页。
[②] Sten Konow, *Kharoṣṭhī Inscriptions with the Exception of those of Aśoka*, Vanarasi: Indological Book House, 1929, p. 1.

藏又从历史学角度对这一问题进行论证①，其后羽田亨②、伯希和（P. Pelliot）③ 等皆信从其说。近期，余太山进一步推进了这项研究，对前人没有论及的所谓两汉书《西域传》大月氏记之矛盾进行了详细解读，对持相反观点学者们提出的诸多论据也进行了驳议，代表作有论文《大夏和大月氏综考》④《塞种史研究》⑤《贵霜的族名、族源和族属》⑥《贵霜史研究》⑦ 等。余先生的研究使贵霜大夏建立说得到了更多学者的认同，如徐世明《迦腻色伽王与大月氏王系》⑧、王欣《吐火罗史研究》⑨ 等即主此观点。

系统论证贵霜翎侯源于大月氏者当首推德国学者夏德（F. Hirth），他在研究突厥卢尼文碑铭《暾欲谷碑》时，将其中的突厥语 Yabγu/Yabyu（叶护）与贵霜帝国之 Yavuga（翎侯）相比定。⑩ 继之，德国学者 Eugen Hultsch 在评论斯坦因著《克什米尔王记》的书评中指出贵霜帝国的建立者丘就却在碑铭、钱币文献中写作 Kujula Kadphises，⑪ 其中的 Ku-

---

① 桑原骘藏：《張騫の遠征》，氏著：《東西交通史論叢》，東京：弘文堂，1933 年，第 44 頁（收入氏著《桑原骘藏全集》第 3 卷，東京：岩波書店，1968 年，第 288 頁）；［日］桑原骘藏：《张骞西征考》，杨鍊译，商务印书馆 1934 年版，第 38 页。
② 羽田亨：《大月氏及び貴霜に就いて》，《史學雜誌》第 41 编第 9 號，1930 年，第 7—13 頁（收入氏著：《羽田博士史學論文集》上卷《歷史篇》，京都，同朋舍，1975 年，第 542—547 頁）。
③ P. Pelliot, Tokharien et Koutcheen, Journal Asiatique Tome CCXXIV, 1934, p. 38；［法］伯希和：《吐火罗语与库车语》，《吐火罗语考》，冯承钧译，中华书局 1957 年版，第 81 页。
④ 余太山：《大夏和大月氏综考》，《中亚学刊》第 3 辑，中华书局 1990 年版，第 23—25 页。
⑤ 余太山：《塞种史研究》，中国社会科学出版社 1992 年版，第 32—37 页。
⑥ 余太山：《贵霜的族名、族源和族属》，《文史》第 38 辑，中华书局 1994 年版，第 19—21 页。
⑦ 余太山：《贵霜史研究》，商务印书馆 2015 年版，第 5—7 页。
⑧ 徐世明：《迦腻色伽王与大月氏王系》，《面向二十一世纪：中外文化的冲突与融合学术研讨会论文集》，商务印书馆 1999 年版，第 109—112 页。
⑨ 王欣：《吐火罗史研究》，中国社会科学出版社 2002 年版，第 111—113 页。
⑩ F. Hirth, Nachworte zur inschrift des Tonjukuk, W. Radloff, Die alttürkischen Inschriften der Mongolei, Zweite folge, T. Ii, 1899, p. 48.
⑪ 关于丘就却钱币及其称号的最新研究，参见 David Jongeward – Joe Cribb, Kushan, Kushano – Sasanian, and Kidarite Coins：A Catalogue of Coins from the American Numismatic Society, New York：the American Numismatic Society, 2015, pp. 23 – 26.

jula 来自突厥语 Gujlu，意为"强壮"。① 美国学者孟赫奋（Otto Maenchen-Helfen）所撰《月氏问题再谈》一文，认为两汉书《西域传》所记载的大月氏翎侯内容并无不同，并对班固书所记大月氏内容进行了详细解读。② 内田吟风撰《吐火罗国史考》，对贵霜源于大月氏说提出了八项佐证。③ 但未及深入考证，只是点到为止，故而说服力并不是很强。印度学者纳拉因（A. K. Narain）对《后汉书·西域传》大月氏记进行了解读，认为不应怀疑范晔书的记载。④ 小谷仲男则从语言学的角度入手，肯定贵霜翕侯属于游牧人，同于大月氏而异于定居的大夏，故而认为"翕侯如果是游牧民固有统治制度用语的话，贵霜翕侯就不是定居者大夏人了。贵霜人也就是大月氏人，至少其中一部分人是。"⑤

贵霜五翎侯如果属于大月氏系，则贵霜帝国就是大月氏王朝；若五翎侯是大夏系，那么贵霜帝国就属于大夏系王朝，无疑关乎敦煌学、中亚史、印度史研究的诸多问题，故而学界关切者众。学界争论既久，但始终未能定谳，关键在于均拿不出特别具有说服力的证据。有幸的是，近期相继公布的敦煌悬泉汉简资料中却有不少相关内容，为这一历史悬案的解决投下了一丝亮光。本文拟从汉简资料入手，结合《史记》《汉书》《后汉书》对大月氏的记载，对贵霜大夏建立说提出质疑，并对贵霜大月氏建立说进行论证。抛砖引玉，冀以引起国内外学术界的关注。

---

① Eugen Hultsch, Review to Sir Marc Aurel Stein（ed.）, *Kalhana's Rajatarangini*: *A Chronicle of the Kings of Kashmir*, *Zeitschrift der Deutschen Morgenlandischen Gesellschaft* 69, 1915, p. 176.

② Otto Maenchen-Helfen, The Yüeh-Chih Problem Re-Examied, *Journal of the American Oriental Society* 65, 1945, p. 72.

③ 内田吟風：《吐火羅（Tukhâra）國史考》，《東方学会創立 25 周年紀念東方学論集》，東京：東方学会，1972 年，第 93—96 頁；[日] 内田吟风：《吐火罗国史考（上）》，斯英琦、徐文堪译，《民族译丛》1981 年第 2 期，第 48—50 页。

④ [印] A. K. 纳拉因：《月氏五翎侯》，《中外关系史译丛》第 1 辑，上海译文出版社 1984 年版，第 33 页。

⑤ 小谷仲男：《大月氏——中央アジアに謎の民族を尋ねて》，東京：東方書店，1999 年，第 102—103 頁；[日] 小谷仲男：《大月氏：寻找中亚谜一样的民族》，王仲涛译，商务印书馆 2017 年版，第 91—110 页。

二 悬泉汉简所见之贵霜翖侯

《汉书·西域传》载有五翖侯，分别为休密、双靡、贵霜、肸顿和高附翖侯。① 《后汉书·西域传》亦载有五翖侯，除了以都密取代《汉书》之高附翖侯外，余四部皆同，又载月氏西徙大夏后百余岁，"贵霜翖侯丘就却攻灭四翖侯，自立为王，国号贵霜。"② 学界关于五翖侯归属的争议，皆源于对此二载的不同理解。

为方便讨论，先将中华书局版《汉书·西域传》之大月氏记文移录如下：

> 大月氏国，治监氏城，去长安万一千六百里。不属都护。户十万，口四十万，胜兵十万人。东至都护治所四千七百四十里，西至安息四十九日行，南与罽宾接。土地风气，物类所有，民俗钱货，与安息同。
>
> 大月氏本行国也，随畜移徙，与匈奴同俗。控弦十余万，故彊轻匈奴。本居敦煌、祁连间，至冒顿单于攻破月氏，而老上单于杀月氏，以其头为饮器，月氏乃远去，过大宛，西击大夏而臣之，都妫水北为王庭。其余小众不能去者，保南山羌，号小月氏。
>
> 大夏本无大君长，城邑往往置小长，民弱畏战，故月氏徙来，皆臣畜之，共禀汉使者。有五翖侯：一曰休密翖侯，治和墨城，去都护二千八百四十一里，去阳关七千八百二里；二曰双靡翖侯，治双靡城，去都护三千七百四十一里，去阳关七千七百八十二里；三曰贵霜翖侯，治护澡城，去都护五千九百四十里，去阳关七千九百八十二里。四曰肸顿翖侯，治薄茅城，去都护五千九百六十二里，去阳关八千二百二里。五曰高附翖侯，治高附城，去都护六千四十

---

① 《汉书》卷九六上《西域传》，中华书局1962年版，第3891页。
② 《后汉书》卷八八《西域传》，中华书局1965年版，第2921页。

一里，去阳关九千二百八十三里。凡五翎侯，皆属大月氏。①

言贵霜王朝由大夏建立的学者，依据主要是上引文中的第三段。如桑原骘藏认为此段"皆系叙述当时属于大月氏之大夏状况，是以休密、双靡、贵霜、肸顿、高附之五翕侯，自亦为大夏之事也"②。余太山也认为，该段全系描写大夏，"有五翎侯"应读作"大夏有五翎侯"③。

"五翎侯"之称出自大夏还是大月氏，关乎本文主旨。对桑原骘藏和余太山先生的解释，笔者完全不敢苟同。《汉书·西域传》记述西域诸国，有王城、道里、户口、民俗、物类、钱货、邻国等多项内容，如果第三段记述的是大夏，则不类《汉书·西域传》甚矣。《汉书》对于大夏的记叙，援引自《史记·大宛列传》，第三段段首至"皆臣畜之"既是如此。然《史记·大宛列传》载大夏内容甚多，有风俗、王城、民数、民情、经济、领国等，如要记述大夏，何不转引这些以使文格统一，却独引用被月氏臣畜缘由之文呢？

仔细阅读"大夏本无大君长，城邑往往置小长，民弱畏战，故月氏徙来，皆臣畜之"，发现并非完全记叙大夏，前文说大夏国力很弱，后文言其被大月氏臣畜之事实，由该句中的"本无大君长""故月氏徙来"即可证明。④ 究其本来，应系记叙大月氏历史，并非记叙大夏。结合第二段内容，可知从第二段开始，到第三段"皆臣畜之"，都是对大月氏历史的追述。因大同于《史记·大宛列传》，故可定其为史源。

第一段和第三段自"共禀汉使者"以下内容，不载于《史记·大宛

---

① 《汉书》卷九六上《西域传》，第 3890—3891 页。
② 桑原骘藏：《張騫の遠征》，氏著《東西交通史論叢》，東京：弘文堂，1933 年，第 44 页（收入氏著：《桑原骘藏全集》第 3 卷，東京：岩波書店，1968 年，第 288 页）；[日]桑原骘藏：《张骞西征考》，杨鍊译，商务印书馆 1934 年版，第 37 页。
③ 余太山：《塞种史研究》，商务印书馆 2012 年版，第 57 页。
④ 对于该句的理解，孟赫奋认为相较于《史记·大宛列传》而言，班固书增一"本"字，意在强调过去和现在的不同，见 Otto Maenchen-Helfen, The Yüeh-Chih Problem Re-Examied Journal of the American Oriental Society 65, 1945, p. 72. 余太山认为班固书著一"本"字，旨在表示它所描述的时代大夏地已有大军长——大月氏王，见余太山《塞种史研究》，商务印书馆 2012 年版，第 81 页。笔者认同孟赫奋对"本"字的解读，认为"本"乃过去、原来之意，再结合该句中的"故"字，可知其意旨在说明大夏被大月氏臣畜之缘由。

列传》，揆诸所言内容，亦非记述历史，而应系班固新补之内容。《汉书·西域传》在记述西域各政权之前有言："自宣、元后，单于称藩臣，西域服从，其土地山川王侯户数道里远近详实矣。"① 继之，便从若羌开始，逐一记述西域诸国。由此可知，西汉政府对西域诸国详细情况的了解，应始自汉宣、元帝时期。而班固新撰大月氏国内容十分详尽，有户、口、胜兵、领国、物类、钱货、道里、翎侯等，故所言应为宣、元后之事。

再者，《汉书》对大夏国的所有记述，皆引自《史记·大宛列传》，可知班固撰《汉书》时，仅能从《史记·大宛列传》获知大夏概况。《史记·大宛列传》载大月氏西臣大夏后，"都妫水北，为王庭"②，又载大夏国位于妫水南，都蓝市城。③《汉书·西域传》载大月氏都监氏城。④ 其中的"监"为"蓝"之讹，蓝市城、监氏城为同一地，位处巴达克山一带，沙畹已有考证⑤，学界一般都认可之⑥，不赘。由大月氏定都原大夏王城，及《汉书》所记述大夏，概同于《史记》，可知至迟在宣、元时期，大夏已被大月氏所灭，而五翎侯文又传自汉宣、元帝时期，故所谓《汉书·西域传》所载五翎侯属于大夏之论，更无据矣。

其实，抛开两汉书《西域传》的记载，要证明五翎侯本为大月氏人对部落酋长的称谓，甘肃敦煌悬泉出土的汉简堪称最直接证据。

20世纪90年代发掘的悬泉置遗址，共出土简牍三万五千余枚，有字者两万余，其中纪年简有两千余枚，时间界于汉武帝元鼎六年（前111）至东汉安帝永初元年（107）。⑦ 有字简中，涉及大月氏的共17枚，是汉

---

① 《汉书》卷九六上《西域传》，第3874页。
② 《史记》卷一二三《大宛列传》，第3162页。
③ 《史记》卷一二三《大宛列传》，第3164页。
④ 《汉书》卷九六上《西域传》，第3890页。
⑤ Éd. Chavannes, Les pays d'"Occident d"aprs le Heou Han Chou, *T'oung Pao*, 8/2, 1907, p. 187, note 2. 按，沙畹此文很长，原刊于《通报》第8卷，第149—234页。冯承钧将该注释译出，取名《大月氏都城考》，刊于《西域南海考证译丛》第7编，中华书局1957年版，第36—37页。
⑥ 余太山：《贵霜史》，商务印书馆2015年版，第22页。
⑦ 郝树声、张德芳：《悬泉汉简研究》，甘肃文化出版社2009年版，第13页。

廷迎送大月氏使汉人员的实录，时间为西汉宣帝至西汉末年，以宣、元时期的居多。① 这 17 枚简牍中有两枚涉及大月氏双靡翖侯、休密翖侯，简文如下：

> 使大月氏副右将军史柏圣忠，将大月氏双靡翖侯使者万若、山福使苏赣皆奉献言事，诣在所，以令为驾一乘传。永光元年四月壬寅朔壬寅，敦煌大守千秋、长史章、仓长光兼行丞事，谓敦煌以次为驾，当传舍，如律令。四月丙午过东。

> □□□遣守侯李□送自来大月氏休密翖侯。□□□国贵人□□国贵人□□□□□□弥勒弥□……建昭二年三月癸巳朔辛丑，敦煌大守疆、长史□□□□□乌孙国客皆奉献诣。②

以上简牍有明确的纪年，分别是永光元年（前 43）和建昭二年（前 37），永光、建昭二年号皆属汉元帝。简牍中明确出现"大月氏双靡翖侯"和"大月氏休密翖侯"。贵霜五翖侯中悬泉汉简见其二，即双靡翖侯和休密翖侯，足见五翖侯乃大月氏称号无疑。

翖侯者，乃 Yavuga 之音译，为国际学术界公认。寇诺最早将其与早期于阗塞语文献中所见的 Zauva 相比对③，但应者寥寥。Yavuga 与 Zauva 的确相差太远，故而当夏德（F. Hirth）提出 Yavuga 当来自突厥语的 Yabɣu/Yabʏu（叶护）后，沙畹进一步坐实④，兹后学术界一般认可此说。虑及 Eugen Hultsch 所谓贵霜王朝建立者 Kujula Kadphises（丘就却）名号中的 Kujula 也来自突厥语 Gujlu "强壮"，同时考虑到《后汉书·西域传》"后百余岁，贵霜翖侯丘就却灭四翖侯，自立为王，国号贵霜王"的记载，庶几可定贵霜王朝建立者应来自操突厥语的群体。

---

① 郝树声、张德芳：《悬泉汉简研究》，甘肃文化出版社 2009 年版，第 201 页。
② 郝树声、张德芳：《悬泉汉简研究》，甘肃文化出版社 2009 年版，第 202—203 页。
③ Sten Konow, *Kharoṣṭhī Inscriptions with the Exception of those of Aśoka*, Vanarasi: Indological Book House, 1929, p. 1; Sten Konow, Notes on Indo-Scythian Chronology, *Journal of Indian History* 12, 1933, pp. 13–15.
④ Éd. Chavannes, Les pays d'Occident d'après le Heou Han Chou, *T'oung Pao*, 8/2, 1907, p. 189, note 3.

那么，大月氏应使用何种语言呢？学界多有争论。《汉书·西域传》所记"大月氏……本居敦煌、祁连间"，后因为受到匈奴所迫不得不于公元前172—前161年西迁。① 在西迁之前，月氏居于河西走廊东部，与沙井文化分布区大体对应，乌孙居河西走廊西部，与骟马文化相对应。② 早在春秋战国乃至此前，河西走廊即属于原始突厥语分布区。③ 大月氏自河西迁出，其部落酋长以突厥语翖侯为号，完全可以理解。《新唐书》载突厥"子弟曰特勒，大臣曰叶护，曰屈律啜……凡二十八等，皆世其官而无员限。"《旧唐书》卷195《回纥传》又载：天宝十六载（748），唐朝册封回鹘太子叶护为忠义王，盛赞"回纥叶护，特禀英姿，挺生奇略，言必忠信，行表温良，才为万人之敌，位列诸蕃之长。""叶护"作为突厥、回鹘高级官员的名称，与贵霜之"翖侯"正好可以对应。

不惟贵霜有翖侯，匈奴同样有之，《汉书》卷70《陈汤传》记载，在陈汤与甘延寿灭掉郅支单于后，刘向上疏请汉元帝嘉奖他们，言道："［甘延寿、陈汤］入绝域，遂蹈康居，屠五重城，搴歙侯之旗，斩郅支之首。"其中的歙侯，即匈奴翖侯之异写。有人言其为康居翖侯，误。颜师古注："歙即翖字也。歙侯，乌孙官名。"④ 乌孙翖侯在《汉书·西域传》中更是多有记录，"其地位、权势亦极重……就是原来本部族的首领"。⑤ 看来，翖侯为突厥官号，当无大误。当然，不能忽视的是，康居也有翖侯之官号，《汉书》卷94《匈奴传》记载："会康居王数为乌孙所困，与诸翖侯计"，想迎匈奴郅支单于到康居东以制约乌孙。这里的翖侯当如何解释？无奈史书仅此一见，无从考证。

如果将翖侯解释为大夏官号，那就无法解释大夏何以不用自己同行的语言，而偏要借用在当地原本并不流行的外来语作为官号呢？古代大夏地区通行语言有多种，上古时期主要流行"雅利安语"（即一种古代伊

---

① Yang Fuxue, The Yuezhi and Dunhuang, *Kristi* Vol. 1, 2008, p. 90.
② 杨富学：《河西考古学文化与月氏乌孙之关系》，《丝绸之路研究集刊》（第1辑），商务印书馆2017年版，第33—36页。
③ 杨富学：《"黑龙江"名出阿尔泰语考》，《语言与翻译》2000年第3期，第52—54页。
④ 《汉书》卷六九《赵充国传》，第2996页。
⑤ 王明哲、王炳华：《乌孙研究》，新疆人民出版社1983年版，第28页。

朗语方言）和希腊语，如1993年在阿富汗北部萨曼甘省发现的巴克特里亚文碑铭《罗巴塔克（Rabatak）碑》第1—3行记载："伟大的救世主，贵霜的迦腻色伽，正义的，公正的，君主，值得崇拜的神。他已从娜娜及诸神那里获得了王权，如神所愿，他开创了纪元。而且他停止使用希腊语，然后发布了雅利安语的诏敕"。[①] 其中雅利安语，有言特指大夏语，亦有言或指大夏语、伊朗语之一种。无论如何，都说明在贵霜帝国时期，大夏地区流行的语言最少有两种，即希腊语与大夏语（或伊朗语）。中古时代，大夏主要通行三种语言，即大夏语、印度语和伊朗语，这可从大夏地区发现的用以上三语拼写的出土钱币上找到证据。上海博物馆收藏有一枚大夏货币，铭文即为大夏文、梵文和婆罗钵文三种文字合一，乃漕矩叱王世天发行的钱币，时代有可能在公元624年前后。[②] 钱币一般都会采用当地流行的语言，对于确定大夏地区之语言具有标志性意义。从《罗巴塔克碑》和三体钱币可以看出，在大夏地区，突厥语是不流行的，最起码没有大夏语、印度语和伊朗语那样流行。

前引《克什米尔王记》以编年史的方式，叙述了古老的克什米尔王国的历史，其中第168—170段有如下文字：

> 在这块土地上有三王，分别为Huṣka、Juṣka和迦腻色伽（Kaniṣka），他们建筑了以其名字命名的三座城市。聪慧的Juṣka王建立的Juska城还有寺院。这些王都非常慈悲，尽管其祖先来自突厥种。[③]

尽管该文献形成于12世纪，但非常宝贵，堪称世界上唯一保存的编年史形式的长篇梵文叙事诗，对于研究南亚，尤其是克什米尔地区的政治变迁史弥足珍贵。其中言贵霜王朝的第三代国王迦腻色伽来自突厥种，有意思的是，这一记载恰好又与后世统治犍陀罗地区的突厥王自称迦腻

[①] 罗帅：《罗巴塔克碑铭译注与研究》，朱玉麒主编《西域文史》（第6辑），科学出版社2011年版，第120页。
[②] 林梅村：《上海博物馆藏中亚三语钱币考》，《中国钱币》1998年第4期，第16—21页。
[③] Sir Marc Aurel Stein (ed.), *Kalhana's Rajatarangini: A Chronicle of the Kings of Kashmir*, Delhi: Motilal Banarsidass Publisher, 2009, pp. 30–31.

色伽后代的情况相一致①，颇值得关注。

由上以观，但就"翖侯"这一称号而论，将定性为大月氏要比言其来自大夏要合理得多，而且证据也比大夏说充分得多。

三 "凡五翖侯，皆属大月氏"新解

悬泉置大月氏翖侯简文虽内容明确，但仅凭此简尚不能完全推翻前贤依据《汉书·西域传》而做出的翖侯原属大夏，大月氏吞并大夏后，翖侯始归大月氏国的假设。因为根据目前通行的中华书局版《汉书·西域传》大月氏记之断句和分段，且如果仅将目光集中于这三段，得出翖侯归属于大夏的结论，似乎并无不妥。所以要证明翖侯属于大月氏，在悬泉汉简之外还需论证《汉书·西域传》所载五翖侯之大月氏属性。

桑原骘藏认为，如五翕侯属大月氏，则第三段末"凡五翕侯，皆属大月氏"，"殆成赘疣矣"②。余太山则以《汉书·西域传》中康居有五小王，但文末"凡五王，属康居"，与五翖侯属大月氏类同，来说明桑原骘藏之说未安。对于"凡五翖侯，皆属大月氏"，余先生认为"恰恰是为了强调这五翖侯均非大月氏人"③。

余太山以康居王条文例来证明大月氏条文末之文并不成赘疣，可以信从，但强调五翖侯均非大月氏人，则大有可商榷的余地。

大月氏翖侯虽为部落酋长，但具有相对独立的政治地位，《汉书·西域传》所云"共禀汉使者。有五翖侯"即此谓也。康居小王与大月氏翖侯类似，《汉书·西域传》记"康居有小王五"，是证。

《汉书·西域传》对大月氏翖侯、康居小王的记述颇异于其他役属政权，亦能反映出大月氏翖侯、康居小王的部落酋长性质。

---

① Sten Konow, *Kharoṣṭhī Inscriptions with the Exception of those of Aśoka*, Vanarasi: Indological Book House, 1929, p. 1; Sten Konow, Notes on Indo-Scythian Chronology, *Journal of Indian History* 12, 1933, pp. 13–15.

② 桑原骘藏:《張騫の遠征》，氏著《東西交通史論叢》，東京:弘文堂，1933年，第44页（收入氏著:《桑原骘藏全集》第3卷，東京:岩波书店，1968年，第288页）；[日]桑原骘藏:《张骞西征考》，杨鍊译，商务印书馆1934年版，第37页。

③ 余太山:《塞种史研究》，商务印书馆2012年版，第81页，注47。

其一，大月氏翖侯、康居小王皆非"国"，区别于难兜、条支等役属国。在《汉书·西域传》中，大月氏、康居国"不属都护"，另外的"不属都护"者尚有罽宾、乌弋山离和安息。五国中，大月氏统翖侯，康居统小王，而罽宾和安息尚有役属之国，即罽宾役属难兜、安息役属条支。

难兜，首见于《汉书·西域传》，被明确称为"国"，凡去汉地及领国道里、户、口、胜兵、风俗、物产等都有记载。条支，首见于《史记·大宛列传》，为"条枝"，文曰：

> 条枝，在安息西数千里，临西海。暑湿。耕田，田稻。有大鸟，卵如瓮。人众甚多，往往有小君长。而安息役属之，以为外国。国善眩。安息长老传闻条枝有弱水、西王母，而未尝见。

由文中的"以为外国""国善眩"，及《汉书·西域传》云其"国临西海"等，可知条支亦为国。而大月氏翖侯、康居小王皆非国。

《汉书·西域传》中，凡称国者，包括难兜、条支等役属国，都单独立传。而大月氏翖侯、康居小王并非单独成传，而是附述于各自宗主国传记文末。

其二，《汉书·西域传》对大月氏五翖侯、康居五小王去汉地道里的记载，明显异于其他西域国政权。《汉书·西域传》记西域国去汉地道里，一般有去长安、阳关及至都护治所者。去长安者，都是从西域各国王治开始。至都护者，大多带有方位记述。去阳关者，大多从王治开始。如鄯善国，"王治扜泥城，去阳关千六百里，去长安六千一百里……西北去都护治所千七百八十五里"①。而大月氏五翖侯、康居五小王，记载的皆是翖侯或小王治地去都护、阳关的道里。因大月氏五翖侯文已引于前，不赘，现引康居五小王文如下：

> 康居有小王五：一曰苏䪼王，治苏䪼城，去都护五千七百七十六

---

① 《汉书》卷九六上《西域传》，第3875页。

里，去阳关八千二十五里；二曰附墨王，治附墨城，去都护五千七百六十七里，去阳关八千二十五里；三曰窳匿王，治窳匿城，去都护五千二百六十六里，去阳关七千五百二十五里；四曰罽王，治罽城，去都护六千二百九十六里，去阳关八千五百五十五里；五曰奥鞬王，治奥鞬城，去都护六千九百六里，去阳关八千三百五十五里。凡五王，属康居。①

"翎侯""小王"无至长安道里，原因就在于他们是统领的部落，和其他西域国（包括役属国）相比，地位较低。翎侯、小王的治地，也非国主治地，是故其他西域国可有至长安的道里，但翎侯、小王不能相埒。

大月氏五翎侯、康居五小王在军事、外交等方面具有一定独立性，五翎侯、五小王的道里记述有去都护、阳关者，对于西汉政府来说，更多的意义可能在于军事防范。都护"督察乌孙、康居诸外国动静，有变以闻。可安辑，安辑之；可击，击之"②。阳关，西汉时属敦煌郡，《汉书·地理志》曰："阳关、玉门关，皆都尉治。"其他西域诸国道里，凡记述为某某方位至都护治所者，意义皆在于军事方面。

综上可知，《汉书·西域传》对于大月氏五翎侯看似矛盾的记载，其实是撰者对大月氏和五翎侯之间关系的如实记述，"皆属大月氏"一语就是对翎侯属大月氏国现状的记述和说明。康居小王与大月氏翎侯类似，《汉书·西域传》康居传记所谓"康居有小王五"，说明康居小王是隶属于康居国的地方政权，而"凡五王，属康居"，是对康居小王役属性质的记述和说明。

对五翎侯属于大夏之论证，桑原骘藏是以荀悦《汉纪》之文作为依据的。③ 现引《汉纪》文如下：

---

① 《汉书》卷九六上《西域传》，第3894页。
② 《汉书》卷九六上《西域传》，第3874页。
③ 桑原骘藏：《張騫の遠征》，氏著《東西交通史論叢》，東京：弘文堂，1933年，第43—44页（收入氏著《桑原骘藏全集》第3卷，東京：岩波書店，1968年，第287—288页；[日]桑原骘藏：《张骞西征考》，杨鍊译，商务印书馆1934年版，第37—38页）。

大月氏本匈奴同俗，居燉煌、祈连山间。匈奴老上单于杀月氏王，以其头为饮器。月氏乃远去，西过大宛，击大夏而臣之，国都妫水。其土地与安息同俗。其余小众不能去者，保南山，号小月氏焉。大夏本无大君长，往往置小君长，有五翕侯：一曰（未）[休]密翕侯，二曰双靡翕侯，三曰贵[霜]翕侯，四曰[肸顿]翕侯，五曰高附翕侯。①

显然，《汉纪》是荀悦抄撰《汉书》而成。《后汉书·荀悦传》载，汉献帝"好典籍，常以班固《汉书》文繁难省，乃令悦依《左氏传》体以为《汉纪》三十篇，诏尚书给笔札。"②《汉纪》序曰：

[建安]三年，诏给事中秘书监荀悦抄撰《汉书》，通略举其要，假以不直，尚书给纸笔，虎贲给书吏。悦于是约集旧书，撮序表、志总为帝纪，通比其事，[列]系年月。其祖宗功勋、先帝事业、国家纲纪、天地灾异、功臣名贤、奇策善言、殊德异行、法式之典，凡在《汉书》者，本末体殊，大略粗举；其经传所遗阙者差少而求志，势有所不能尽繁重之语，凡所行之事，出入省要，删略其文。③

由是以观，荀悦《汉纪》抄撰自《汉书》，将百卷之书删略而成三十卷，且将表、志总为帝纪。荀悦在抄撰过程中并不会就《汉书》所记内容审求根实，如关于大月氏、康居等西域国内容，荀悦皆放置于"孝武皇帝纪三"中，读者如果不与《汉书》对照，会以为这些记载皆由汉武帝时张骞所传，实则非也。如前文所论，《汉书·西域传》凡非记述历史之文多传自汉宣、元帝时期。荀悦书中所记五翕侯之文，又转抄自《汉书》而稍有变通，只是未作深究，误将五翕侯归于大夏。质言之，以《汉纪》文来否定《汉书·西域传》中的五翕侯归属，不足为凭。

---

① （汉）荀悦撰，张烈点校：《两汉纪·前汉纪》，中华书局 2002 年版，第 203 页。
② 《后汉书》卷六二《荀悦传》，第 2062 页。
③ （汉）荀悦撰，张烈点校：《两汉纪·前汉纪·序》，中华书局 2002 年版，第 1—2 页。

四 大夏、大月氏"共禀汉使"考辨

中华书局版《汉书·西域传》之大月氏内容第三段首句:"大夏本无大君长,城邑往往置小长,民弱畏战,故月氏徙来,皆臣畜之,共禀汉使者。"观其文意,共禀汉使的应该是大月氏和大夏。共禀,师古曰:同受节度也。① 果若此,那么,这条记载言大月氏和大夏同受汉朝使者的节度,恐无可能。

大月氏、大夏去汉绝远,张骞西使月氏,欲联通月氏共击匈奴的战略虽然失败,但汉武帝仍然将西通月氏作为制衡匈奴的重要策略。《汉书·匈奴传》述及汉使杨信使匈奴事时,列举汉所取得的对匈奴的战略优势,将"西通月氏、大夏"与"西置酒泉郡""以翁主妻乌孙王"以及"北益广田至眩雷为塞"等并言,可见西通月氏对西汉政府的重要性。汉通月氏的目的,匈奴早在捕获张骞后即应已有所觉,《史记·大宛列传》载匈奴问张骞:"月氏在吾北,汉何以得往使?吾欲使越,汉肯听我乎?"汉与月氏联手之策虽然落败,但匈奴并未因此掉以轻心,而是利用其在西域的势力,尽力阻碍汉通西域。而西域远国对汉及汉使的态度,与汉和匈奴势力在西域的消长密切相关。

张骞因开通西域而获尊崇,仿效者纷纷求使,汉武帝"听其言,予节,募吏民毋问所从来,为具备人众遣之"。因妄言无行之徒混入汉使集团,其"皆贫人子,私县官赍物,欲贱市以私其利外国",因此,西域国多厌汉使,"度汉兵远不能至,而禁其食物以苦汉使。汉使乏绝积怨,至相攻击"②。楼兰等国不仅攻劫汉使,还经常充任匈奴耳目,阻挠汉使西行,致使汉使西使之路异常凶险,常有因乏食而死亡过半的情况发生。

太初四年(前101)李广利伐大宛,彼时汉对匈奴战争已取得重大胜利,《汉书·西域传》载:"击破匈奴右地……初置酒泉郡,后稍发徙民充实之,分置武威、张掖、敦煌,列四郡,据两关焉。"但匈奴仍然设法

---

① 《汉书》卷九六上《西域传》,第3891页。
② 《史记》卷一二三《大宛列传》,第3171页。

阻碍汉通大月氏,据《汉书·李广利传》记载,太初四年李广利伐宛胜利归来后,汉武帝下诏,封李广利为海西侯,诏言有云:"匈奴为害久矣,今虽徙幕北,与旁国谋共要绝大月氏使,遮杀中郎将江、故雁门守攘。危须以西及大宛皆合约杀期门车令、中郎将朝及身毒国使,隔东西道。"

大夏、大月氏等国处于大宛以西。宛西大国在太初四年李广利伐宛之前,"皆自以远,尚骄恣晏然,未可诎以礼羁縻而使也"。太初四年李广利伐宛,斩大宛王,获汗血宝马,之后"汉发使十余辈至宛西诸外国,求奇物,因风览以伐宛之威德"。① 于是,西域震惧,多遣使来贡献。大月氏有可能在此时遣使入贡。

太初四年,汉已"诛大宛,威震外国,天子意欲遂困胡"。② 匈奴鞮侯单于新立,恐汉袭之,于天汉元年(前100)三月,"归汉使者,使使来献"。③ 斯时匈奴势力仍炽,对西域影响犹存,如汉昭帝时,匈奴使四千骑田于臣属于汉的车师,宣帝即位后,将兵击之,复通车师。后车师乌贵王立,亲匈奴,与匈奴结婚姻,共同阻止汉使通乌孙。

汉通西域有南北二道。宣帝时,郑吉破车师,汉使郑吉"护鄯善以西南道"。宣帝神爵时,匈奴日逐王降,郑吉遂并护车师以西北道,号都护。匈奴势力渐弱,无法染指西域。但乌孙以西至安息,对西汉政府及汉使的服从和尊重应始自汉宣帝甘露三年(前51)。《汉书·西域传》云:"自宣、元后,单于称藩臣,西域服从"。

《汉书·西域传》所记西域远国服从于汉的时间,从悬泉汉简中的大月氏简中亦能获得印证。悬泉置出土的有明确纪年的汉简中,为当时所作的纪年简(非记述往事之简),最早可至汉昭帝始元二年(前85)④,而悬泉置的初设时间,肯定是要早于这一时间的。悬泉汉简中的大月氏简,都是汉宣帝以后的产物,以宣元时期居多,说明自悬泉置开设以来,至汉宣帝之前的时间里,汉与大月氏交往并不甚密。而汉宣、元帝时期,

---

① 《史记》卷一二三《大宛列传》,第3173页。
② 《史记》卷一一〇《匈奴列传》,第2917页。
③ 《汉书》卷六《武帝本纪》,第202页。
④ 郝树声、张德芳:《悬泉汉简研究》,甘肃文化出版社2009年版,第37页。

汉与大月氏的交往进入频繁期。这个时间正好与《汉书·西域传》记载的西域服从于汉的时间相吻合。

而大夏国至少在汉宣帝之前就已为大月氏所灭，如此则大夏和大月氏共受汉使节度，绝无可能。

禀汉使者，受汉使节度，据悬泉置遗址出土大月氏简、《汉书·西域传》等资料，共禀汉使的应该是大月氏及其属下的五翖侯。

据大月氏简，与汉通使的除了大月氏外，还有大月氏休密、双靡翖侯，且简文中有归义大月氏贵人、自来大月氏休密翖侯等记述。归义，一般用于称呼归降汉族政权的少数民族政权，如汉宣帝五凤三年（前55）三月，宣帝诏书有言："单于阏氏子孙昆弟及呼遫累单于、名王、右伊秩訾、且渠、当户以下将众五万余人来降归义。"① "自来"，也有归降之意。《汉书·陈汤传》载刘向上皇帝书，有言曰："郑吉迎自来之日逐"。匈奴日逐王先贤掸，于汉宣帝神爵二年（前60）秋，率万余众降汉，都护西域骑都尉郑吉迎之。《汉书·西域传》亦载："日逐王畔单于，将众来降，护鄯善以西使者郑吉迎之。"所以大月氏简中的"归义""自来"等，说明时有大月氏政权归顺于汉。前文已论明，乌孙以西至安息的西域国，在汉宣帝甘露年以后始服从于汉，而悬泉汉简中的大月氏简，都传自汉宣帝以后，说明至汉宣帝以后，西汉政府对大月氏等西域远国可羁縻而使。是故大月氏及所属五翖侯有共禀汉使之举。

能说明该问题的悬泉简牍材料引用如下：

□□□遣守候李□送自来大月氏休密翖侯。□□□国贵人□□国贵人□□□□□弥勒弥□……建昭二年三月癸巳朔辛丑，敦煌大守疆、长史□□□□□乌孙国客皆奉献诣。

归义大月氏贵人一人、贵人□一人、男一人，自来龟兹王使者二人，□□三人凡八人。

出粟一斗八升。（六石八斗四升，五石九斗四升）以食守属周生广送自来大月氏使者，积六食，食三升。

---

① 《汉书》卷八《宣帝本纪》，第266页。

府移玉门书曰：降归义大月氏闻湏勒等□①。

大月氏与所属五翕侯共禀汉使的事实，也可从《汉书·西域传》所记康居国事获得旁证。

汉成帝时，西汉政府对西域远国的羁縻政策已成功实施数十年，但康居国"骄嫚"，对汉及汉使不敬。《汉书·西域传》载：

> 至成帝时，康居遣子侍汉，贡献，然自以绝远，独骄嫚，不肯与诸国相望。都护郭舜数上言："本匈奴盛时，非以兼有乌孙、康居故也；及其称臣妾，非以失二国也。汉虽皆受其质子，然三国内相输遣，交通如故，亦相候司，见便则发；合不能相亲信，离不能相臣役。以今言之，结配乌孙竟未有益，反为中国生事。然乌孙既结在前，今与匈奴俱称臣，义不可距。而康居骄黠，讫不肯拜使者。都护吏至其国，坐之乌孙诸使下，王及贵人先饮食已，乃饮啖都护吏，故为无所省以夸旁国。"②

康居与大月氏相邻，引文言康居"独骄嫚，不肯与诸国相望"，还"不肯拜使者"，加之上文我们对悬泉汉简大月氏简文的分析，可知大月氏应不在"骄嫚"之列，不存在"不肯拜使者"的问题。同时，由"拜使者"可知，时西汉对西域远国的羁縻政策，主要由汉使来具体实施，故有大月氏及五翕侯共禀汉使之实。

综上所论，共禀汉使的是大月氏及所属五翕侯，果若是，则中华书局版《汉书·西域传》大月氏传记第三段应重新分段和断句：

> 大夏本无大君长，城邑往往置小长，民弱畏战，故月氏徙来，皆臣畜之。
>
> 共禀汉使者，有五翕侯……

---

① 郝树声、张德芳：《悬泉汉简研究》，甘肃文化出版社2009年版，第203—207页。
② 《汉书》卷九六上《西域传》，第3892—3893页。

五 《后汉书·西域传》对五翎侯属大月氏的记载

《后汉书·西域传》云："班固记诸国风土人俗，皆已详备《前书》。今撰建武以后其事异于先者，以为《西域传》，皆安帝末班勇所记云。"① 虽然学界对《后汉书·西域传》的材料来源有争议②，但大部分内容引自班勇《西域诸国记》③ 当是事实。

班勇，班超少子，系班超所娶疏勒夫人所出，生于疏勒，长于龟兹。④ 永元十四年（102）班勇始随父班超回中土。⑤ 生长在西域，班勇对西域情形自然非常熟悉，加之其父班超长年经略西域，对"胡夷情数"颇识之⑥，长年伴随左右的班勇自然有所受教，故班勇的《西域诸国记》，可信度颇高。

但班勇《西域诸国记》，其中葱岭以西诸国情形应得自甘英。汉和帝永元九年（97），甘英受班超所遣，远使大秦等国⑦，袁宏《后汉纪》载：

> 甘英踰悬度、乌弋山离，抵条支，临大海。欲渡，人谓英曰："[海]（汉）广大，水咸苦不可食。往来者逢善风时，三月而渡；

---

① 《后汉书》卷八八《西域传》，第 2912—2913 页。
② 参余太山《〈后汉书·西域传〉与〈魏略·西戎传〉的关系》，《西域研究》1996 年第 3 期；颜世明、刘兰芬《班勇〈西域诸国记〉、范晔〈后汉书西域传〉、鱼豢〈魏略·西戎传〉关系考论——兼与余太山先生商榷》，《郧阳师范高等专科学校学报》2015 年第 5 期。
③ 《全后汉文》云班勇有《西域诸国记》若干卷，今从此名。（清）严可均编：《全后汉文》，商务印书馆 2006 年版，第 261 页。
④ 柳用能：《班勇生平考》，《新疆大学学报》（哲学社会科学版）1978 年第 2 期，第 61—63 页。
⑤ 《后汉书》卷四七《班勇传》，第 1586 页。
⑥ 《后汉书》卷四七《班超传》载建初三年（78）班超上疏，有言曰："自孤守疏勒，于今五载，胡夷情数，臣颇识之。"第 1576 页。
⑦ 《后汉书》卷八八《西域传》，第 2918 页。

如风迟则三岁。故入海者皆赍三岁粮。海中善使人思土恋慕,数有死亡者。"英闻之乃止,具问其土俗。①

返还后,甘英"莫不备其风土,传其珍怪焉"②。可见甘英对葱岭以西诸国有详细的记录。《后汉纪》又载:"和帝永元中,西域都护班超遣掾甘英临大海而还,具言葱岭西诸国地形风俗,而班勇亦见记其事,或与前史异,然近以审矣。"③ 由此不仅可以看出,班勇曾对甘英所述葱岭以西诸国情形做了详细的记录,也可看出,袁宏在撰写《后汉纪》时,不但见到了甘英的使西记录,而且在班勇的《西域诸国记》中见到了类同的记载。范晔言《西域传》得自班勇,不言得自甘英,可能在范晔撰《后汉书》时,甘英书已经散佚。而班勇《西域诸国记》不仅有葱岭以东西域诸国情形,亦融合了甘英所记,因内容更为全面系统而为世人所重,所以取代甘英所记,得以流传。颜世明等认为《西域诸国记》并非《后汉书·西域传》全文,而是只包括西域交通及诸国人口、地理位置、风俗物产诸方面,不包含东汉与西域诸国战和关系之类的叙事及评论,甚是,但颜文认为《西域诸国记》经诸家接力式地修改而成《后汉书·西域传》④,笔者并不赞同。虽然范晔会吸收某家《后汉书》所记西域事,但范晔肯定见到过班勇的《西域诸国记》,并引用了该书的大量记录。《后汉书·西域传》文末有论曰:

至于佛道神化,兴自身毒,而二汉方志莫有称焉。张骞但著地多暑湿,乘象而战,班勇虽列其奉浮图,不杀伐,而精文善法导达

---

① (晋)袁宏撰,周天游校注:《后汉纪校注》,天津古籍出版社1987年版,第432—433页。《后汉纪校注》断句为:甘英逾悬度乌弋、山离,抵条支,临大海。据《汉书·西域传》、《后汉书·西域传》有乌弋山离国、悬(《汉书》为县,师古注曰:"县绳而度也。县,古悬字耳。")度,故应断句为:甘英踰悬度、乌弋山离,抵条支,临大海。
② 《后汉书》卷八八《西域传》,第2910页。
③ (晋)袁宏撰,周天游校注:《后汉纪校注》,天津古籍出版社1987年版,第429页。
④ 颜世明、刘兰芬:《班勇〈西域诸国记〉、范晔〈后汉书西域传〉、鱼豢〈魏略·西戎传〉关系考论——兼与余太山先生商榷》,《郧阳师范高等专科学校学报》2015年第5期,第36页。

之功靡所传述。余闻之后说也,其国则殷乎中土,玉烛和气,灵圣之所(降)集,贤懿之所挺生,神迹诡怪,则理绝人区,感验明显,则事出天外。①

由"余闻"可知,此论定出自范晔。再由"班勇虽列其奉浮图",以及范晔云《西域传》皆班勇所记可知,范晔肯定见过班勇书,并大量引用了该书。故《后汉书·西域传》应是范晔以班勇书为依据,杂糅其他书所记西域事而成。

甘英此行,对沿途所经国家都进行了一番详细的考察,不能身至者则"具问其土俗",如大秦国。②《后汉书·西域传》云:

其后甘英乃抵条支而历安息,临西海以望大秦,拒玉门、阳关者四万余里,靡不周尽焉。若其境俗性智之优薄,产载物类之区品,川河领障之基源,气节凉暑之通隔,梯山栈谷绳行沙度之道,身热首痛风灾鬼难之域,莫不备焉情形,审求根实。③

可知甘英此番考察甚详,且追究其实。故甘英所言西域远国情形,可信度极高。

《后汉书·西域传》载大月氏,云:

大月氏国居蓝氏城,西接安息,四十九日行,东去长史所居六千五百三十七里,去洛阳万六千三百七十里。户十万,口四十万,胜兵十余万人。

初,月氏为匈奴所灭,遂迁于大夏,分其国为休密、双靡、贵霜、肸顿、都密,凡五部翎侯。后百余岁,贵霜翎侯丘就却攻灭四翎侯,自立为王,国号贵霜(王)。侵安息,取高附地。又灭濮达、

---

① 《后汉书》卷八八《西域传》,第2931—2932页。
② (晋)袁宏撰,周天游校注:《后汉纪校注》,天津古籍出版社1987年版,第433页。
③ 《后汉书》卷八八《西域传》,第2931页。

罽宾，悉有其国。丘就却八十余死，子阎膏珍代为王。复灭天竺，置将一人监领之。月氏自此之后，最为富盛，诸国称之皆曰贵霜王。汉本其故号，言大月氏云。①

和《汉书》所记五翎侯相比，《后汉书》以都密取代前书之高附，为五部翎侯，并对此作了专门的说明，附于高附国传。文曰：

> 高附国在大月氏西南，亦大国也。其俗似天竺，而弱，易服。善贾贩，内富于财。所属无常，天竺、罽宾、安息三国强则得之，弱则失之，而未尝属月氏。《汉书》以为五翎侯数，非其实也。后属安息。及月氏破安息，始得高附。②

大月氏都城为蓝氏城，这段文字除了去长安、洛阳的距离不见于《汉书》外，其他内容跟《汉书·西域传》同，故应引自该传。而其他记述则应来自班勇《西域诸国记》。

范晔以班勇《西域诸国记》为据而融合其他史著而成《西域传》，其葱岭以西诸国情形得自甘英，可信度颇高。《后汉书·西域传》明确记述五翎侯系大月氏西迁大夏后所分，又明确表示《汉书》所记大月氏翎侯有误，以都密修正前书所记高附翎侯，又对高附国方位、风俗、与月氏的关系等表述得非常清楚，肯定是经过了详细的调查，有着充分的依据。值得注意的是，虽然《后汉书》这段文字对《汉书》大月氏翎侯进行了修正，但对《汉书》所载五翎侯归属的记述无任何异议，说明二书对五翎侯归属的认知是一致的，即五翎侯属于大月氏。所以从《后汉书·西域传》的记载，不仅可知五翎侯属于大月氏人，同时也可证明《汉书·西域传》所载五翎侯并不属于大夏。

---

① 《后汉书》卷八八《西域传》，第 2920—2921 页。
② 《后汉书》卷八八《西域传》，第 2921 页。

六　汉呼贵霜国为大月氏之历史原委

《后汉书·西域传》云："汉本其故号，言大月氏云。"本其故号，余太山以为是本贵霜之故号，对于汉呼贵霜故号大月氏的缘由，余先生认为，大夏贵霜翖侯在攻灭其他四部翖侯时，很可能打着大月氏的旗号进行，所以汉以此为由，呼贵霜为大月氏。① 余先生对"本其故号"的解释可以认同，但对汉本贵霜故号大月氏缘由的解释，我们并不同意。基于前文的讨论，我们认为，汉本贵霜故号，称其为大月氏，乃因贵霜国的建立者是大月氏，故而得名。

东汉时期，贵霜王朝与汉廷之间交往不少，文献中皆称贵霜国为（大）月氏。班超经略西域，与贵霜国有过合作，也有交锋。时班超欲下莎车，而疏勒王忠为莎车重利所啖，据乌即城反。《后汉书·班超传》记载，班超攻打疏勒王忠乌即城时，"康居遣精兵救之，超不能下。是时月氏新与康居婚，相亲，超乃使使多赍锦帛遗月氏王，令晓示康居王，康居王乃罢兵，执忠以归其国，乌即城遂降于超。"后贵霜以在汉击车师时有功，贡奉珍宝等物于汉，"求汉公主"。班超拒还其使，贵霜王由是怨恨，永元二年（90）遣副王谢将兵七万攻班超，班超坚守不出，且预料到贵霜副王谢会遣兵去龟兹求食，预先设伏于道，待贵霜兵至，"尽杀之，持其使首以示谢。谢大惊，即遣使请罪，愿得生归。超纵遣之。月氏由是大震，岁奉贡献"②。

在东汉人的廷议、上疏和书信中，多亦呼贵霜为月氏。如班固参加廷议，有言曰："今乌桓就阙，稽首译官，康居、月氏，自远而至，匈奴离析，名王来降，三方归服，不以兵威，此诚国家通于神明自然之征也。"③ 班超经略西域，欲平龟兹，建初三年（78）上疏请兵，有言曰："今拘弥、莎车、疏勒、月氏、乌孙、康居复愿归附，欲共并力破灭龟

---

① 余太山：《塞种史研究》，商务印书馆2012年版，第60页。
② 《后汉书》卷四七《班超传》，第1579—1580页。
③ 《后汉书》卷四〇下《班固传》，第1374页。

兹，平通汉道。"① 班固曾遗书信于班超，有文曰："窦侍中令载杂彩七百匹，白素三百匹，欲以市月氏马②、苏合香、毦氍。"又曰："月氏毦氍大小相杂，但细好而已。"③

呼贵霜为（大）月氏，后世延之。《魏书·西域传》曰："大月氏国，都卢监氏城，在弗敌沙西，去代一万四千五百里。"《魏略·西戎传》云："车离国一名礼惟特，一名沛隶王，在天竺东南三千余里，其地卑湿暑热……今月氏役税之。"《三国志·魏书》明帝记载，太和三年（229）十二月"癸卯，大月氏王波调遣使奉献，以调为亲魏大月氏王"。

以上这些记录表明，自贵霜国建立伊始，与汉地政府之间来往不断。汉地政府呼贵霜为（大）月氏，正是对其渊源的正确认知。试想，假若贵霜源于大夏，则汉以大夏敌国大月氏来称呼贵霜，贵霜国怎会甘心接受？同理，贵霜王波调亦不会接受"亲魏大月氏王"的称号。④ 根据前文的讨论，再结合东汉及之后汉地政府皆呼贵霜为（大）月氏的事实，都说明贵霜国是由大月氏人所建。

更值得注意的是，《汉书》的作者班固，作为东汉名宦，在其廷议、书信中都称贵霜为月氏。这说明在班固的认知中，贵霜国由大月氏人所建。班固著《汉书》时，贵霜国早已建立，如果五翎侯属于大夏，则与班固对五翎侯归属的认知势必发生冲突，《汉书》绝不会无任何反映。

在古代文献中，月氏亦可为月支，《海内十洲记》云："征和三年（前90），武帝幸安定。西胡月支国王遣使献香四两，大如雀卵，黑如桑椹。"《风俗通义》曰："北方曰狄者，父子叔嫂，同穴无别。狄者，辟也，其行邪辟，其类有五：一曰月支，二曰秽貊，三曰匈奴，四曰单于，五曰白屋。"

关于支姓的来源，《元和姓纂》载："《姓苑》云，今琅琊有支氏。

---

① 《后汉书》卷四七《班超传》，第1575页。
② "月氐"应为"月氏"，从书信内容来看，市之物有马、苏合香、毦氍，都为"月氏"之物，而下文有"月氏毦氍"，故知"月氐"为"月氏"之误。
③ （清）严可均编：《全后汉文》，商务印书馆2006年版，第247页。
④ 内田吟风：《吐火罗（Tukhâra）国史考》，《东方学会创立25周年纪念东方学论集》，东京，东方学会，1972年，第94页；[日]内田吟风：《吐火罗国史考（上）》，斯英琦、徐文堪译，《民族译丛》1981年第2期，第49页。

[西域]石赵司空支雄,传云,其先月支人也。晋有高僧支遁,字道林,天竺人。"①《古今姓氏书辩证》云:"支,其先月支胡人,后为胡氏。"②郑樵《通志·氏族略》,将支姓归类于"以国为氏"之"夷狄之国",文曰:"支氏,石赵司空支雄传云,其先月支胡人也。实西域之国。"③《北朝胡姓考》云:"支氏,安定支氏,本月氏胡,以国为氏。"④可见,支姓源于月氏(月支)之其来华者,汉地命其以国为氏,为支姓。

月氏有大小之分,《汉书》将西迁大夏者称为大月氏,留保南山羌者称为小月氏。⑤小月氏一般不会以支为姓,大凡以支为姓者咸指从贵霜帝国迁来的月氏侨民。⑥

贵霜来华者以支为姓,如斯坦因中亚考察所获尼雅汉简中,有数件过所记录的贵霜人,有"月支国,胡支柱"等人名,其人貌"黑色,大目,有髭须",或"髭须,白色"等。⑦来中土传授佛法的高僧中,多有以支为姓的月氏国人。如支娄迦谶,《高僧传》卷一云:"亦直云支谶,本月支人。"《出三藏记集》卷一三称其为月支国沙门,又称其"本月支国人也。"支谦,事迹见于《高僧传》卷一《康僧会》:"字恭明,一名越,本月支人,来游汉境。"《出三藏记集》卷一三支谦本传所记与之略同,言其貌异甚,"为人细长黑瘦,眼多白而睛黄"。支谦受业于支亮,史料虽未言支亮的月氏国人身份,但支亮"资学于谶",又授业于谦,⑧而此二人皆为月氏国人;且支亮以支为姓,又"字纪明",与支谦字"恭明"之间有传承关系。综合考虑,支亮亦为月氏人。竺法护亦为月支国

---

① (唐)林宝撰,岑仲勉校记:《元和姓纂》,中华书局1994年版,第79页。
② (宋)邓名世著,王力平点校:《古今姓氏书辩证》卷3,江西人民出版社2006年版,第38页。
③ (宋)郑樵撰,王树民点校:《通志二十略》,中华书局1995年版,第74页。
④ 姚薇元:《北朝胡姓考》,中华书局1962年版,第377页。
⑤ 荣新江:《小月氏考》,《中亚学刊》第3辑,中华书局1990年版,第47—62页。
⑥ 马雍:《东汉后期中亚人来华考》,《新疆大学学报》(哲学人文社会科学汉文版)1984年第2期,第23页(收入氏著《西域史地文物丛考》,文物出版社1990年版,第52页)。
⑦ 林梅村:《贵霜大月氏人流寓中国考》,中国敦煌吐鲁番学会编《敦煌吐鲁番学研究论文集》,汉语大词典出版社1990年版,第732页(收入氏著《西域文明——考古、民族、语言和宗教新论》,东方出版社1995年版,第48页)。
⑧ (南朝梁)释慧皎撰,汤用彤校注:《高僧传》卷一,中华书局1992年版,第15页。

人。《高僧传》卷一载竺法护"其先月支人,本姓支氏,世居敦煌郡"。《出三藏记集》卷一三:"竺法护,其先月支国人也,世居敦煌郡。"和支谶被称为月支菩萨一样,竺法护亦被称为"月支菩萨竺法护"或"敦煌菩萨支法护"。另外还有支昙龠,"本月支人,寓居建业"。① 释昙迁,"姓支,本月支人。"②《出三藏记集》卷七还载有"月支优婆塞支施伦"。在敦煌研究院保存的18枚敦煌东汉简牍中,有一枚有"□人支诚"③字样,应为"[月氏国]人支诚"。④

贵霜来华者以支为姓,是汉地政权对贵霜国渊源认知的体现,即贵霜源于月氏,汉地政权呼贵霜故号,曰(大)月氏。所以贵霜来华者以支为姓,亦能说明贵霜源于月氏。

佛法自传入汉地后,汉地诸多僧人不辞艰辛,西行求法。在这些汉地僧人遗留的记录中,皆呼贵霜国为月氏。

《法显传》记载法显西行至弗楼沙国时,获知该国佛钵为贵霜王所掠之事,文云:"昔月氏王大兴兵众,来伐此国,欲取佛钵。既伏此国已,月氏王笃信佛法,欲持佛钵去,故兴供养。"⑤ 据《后汉书·西域传》可知,除了汉地政权外,其他地区应不会称贵霜为月氏,弗楼沙国亦如此。该国人云此事于法显,法显或就贵霜、月氏之间的关系与之沟通。《法显传》明确将贵霜国记为月氏,或可知关于贵霜、月氏之间的关系,在弗楼沙国等地,亦秉持着同样的认知:贵霜国的建立者为月氏人。

刘宋时,法勇法师等西去求法,《出三藏记集》卷一五载:"[法勇等]进至罽宾国,礼拜佛钵。停岁余,学胡书竟,便解胡语。求得《观世音受记经》梵文一部。无竭同行沙门余十三人,西行到新头那提河,

---

① (南朝梁)释慧皎撰,汤用彤校注:《高僧传》卷一三,中华书局1992年版,第498页。
② (南朝梁)释慧皎撰,汤用彤校注:《高僧传》卷一三,中华书局1992年版,第501页。
③ 吴礽骧、李永良、马建华释校:《敦煌汉简释文》,甘肃人民出版社1991年版,第149页。
④ 林梅村:《贵霜大月氏人流寓中国考》,中国敦煌吐鲁番学会编《敦煌吐鲁番学研究论文集》,汉语大词典出版社1990年版,第730页(收入氏著《西域文明——考古、民族、语言和宗教新论》,东方出版社1995年版,第46页);Yang Fuxue, The Yuezhi and Dunhuang, *Kristi* Vol. 1, 2008, p. 93.
⑤ (晋)法显撰,章巽校注:《法显传校注》,上海古籍出版社1985年版,第39页。

汉言师子口。缘河西入月氏国,礼拜佛肉髻骨,及睹自沸水船。"此文当据自法勇等亲至贵霜国的记录。传记明确称贵霜为月氏,揭橥贵霜国人对于月氏和贵霜关系的认知同于汉地。

东晋时高僧鸠摩罗什,九岁时至罽宾国学法,十二岁时由其母携还龟兹。在返还途中,曾经"月支北山"①。由《出三藏记集》所记法勇等西行路线可知,至贵霜国前,先经龟兹、罽宾。而鸠摩罗什由罽宾至龟兹,自必经贵霜国,而此"月氏北山"即为贵霜北山。东晋太元八年(384),鸠摩罗什始至汉地,而之前关于罗什之事,都有可能出自罗什本人的叙述,当为可信。呼贵霜为月氏,亦说明鸠摩罗什对月氏和贵霜关系的认知与汉地不异。

七 结论

通过对《汉书》《后汉书》以及悬泉简牍大月氏资料等的解读分析,可以认为贵霜翖侯属于大月氏人。贵霜国由贵霜翖侯所建,故贵霜国源于大月氏,而非大夏。

能够证明贵霜翖侯为大月氏贵族的最直接史料来自悬泉汉简,遗憾的是悬泉汉简自20世纪80年代发现以来,迟迟未能大批量公布,只是刊布了其中比较少量的部分,有幸的是,与大月氏相关的简牍差不多已公布完毕,可资利用。前贤主要依据是《汉书·西域传》的有关记述,没有看到汉简资料,也有的论著尽管发表在汉简资料公布之后,但未能注意到这些新资料,没有妥加参考与利用,故而留下了些许遗憾。

《汉书·西域传》所涉大夏之文,援引自《史记·大宛列传》,是在记述大夏被大月氏臣畜的原因,而并非专记大夏。其后的五翖侯文,传自汉宣帝、元帝时期,而悬泉汉简材料证明,在汉元帝时期,翖侯明确属于大月氏;且时大夏早已被大月氏所灭,故五翖侯属大夏之论失据。

桑原骘藏认为如果五翖侯属大月氏,则《汉书·西域传》即言"有

---

① (南朝梁)释僧祐撰,苏晋仁、萧鍊子点校:《出三藏记集》卷一五,中华书局1995年版,第531页。

五翎侯",又曰"凡五翎侯,皆属大月氏",有成赘疣之嫌。细察之,班固书之所以如此记述,其实是对翎侯政治体的如实记述:翎侯既隶属于大月氏,同时也是大月氏的役属政权。《汉书·西域传》所记康居国及康居五小王,其文例与大月氏文相同,说明康居和小王之间的政治关系类同于大月氏和翎侯:康居小王既隶属于康居,又役属于康居。桑原骘藏又以《汉纪》之文来证明五翎侯属大夏,但荀悦《汉纪》抄撰自《汉书》,《汉纪》文并不足以否定五翎侯属于大月氏的事实。况且,翎侯（Yavuga）与突厥语叶护（Yabɤu/Yabɤu）为同一语源,印度文献记载后世犍陀罗突厥王自称为贵霜帝国第三代君王迦腻色伽之后裔,《克什米尔王记》进一步言迦腻色伽"祖先来自突厥种"。

按照中华书局版对《汉书·西域传》的断句,则"共禀汉使者"为大夏和大月氏,通过对大月氏和西汉政府交往资料的分析,认为大夏和大月氏共禀汉使绝无可能,共禀汉使者应为大月氏及所属五翎侯。

《后汉书·西域传》明确记载五翎侯系大月氏之五部酋长,又该传对《汉书·西域传》所载高附翎侯等内容进行修正,但对《汉书》所载五翎侯的归属并无异议,可知二书对五翎侯归属的记载是一致的;东汉时期及以后,呼贵霜故号曰月氏,凡记述与汉地政权来往的月氏国,佥指贵霜国;月氏亦可称月支,东汉末及以后朝代,贵霜人入华,以国月支为氏,为支姓;西行求法的僧人游记等都称贵霜国为月氏。这些事实都说明贵霜王朝由大月氏人所建。凡此种种,可以构成一个比较完整的证据链,足证贵霜王朝的建立者为大月氏而非大夏。

敦煌藏文医书与《毕吉黄函》所载救疗方对比研究
——从敦煌藏文医书看拜占庭医药东传[*]

刘英华

（中国藏学研究中心北京藏医院）

一　研究现状回顾

藏民族世居的高原，生活、生产条件艰苦，危害健康和生命的意外多发。藏医急救疗术正是在本民族生活经验积累中产生，在不断吸收和借鉴外来的救疗经验过程中发展起来的。（除出土文献之外）确定属于吐蕃时期的医书仅有《毕吉黄函》（7世纪）和《月王药诊》（8—9世纪）存世。《毕吉黄函》是拜占庭医师在藏区编著的，该书主要反映了拜占庭医药的理论和实践方法，其中的救疗术也应该是拜占庭医药的疗法。

藏医最重要的经典是《四部医典》。有学者认为是吐蕃时期的医著，甚至把它看作是阿尤吠陀梵文医典的藏译本，但都拿不出可靠的证据。比较可靠的观点认为，该书是在吐蕃时期医学经典基础上增订修改，成书于12世纪。《四部医典》相应章节中有丰富的救疗术内容，但因其成书于佛教和印度医学深入影响西藏的时期，带有浓厚的佛教文化色彩，所以，不能完全反映吐蕃时期救疗术的实况，也难以看清拜占庭医药对

---

[*] 基金项目：国家社会科学基金重大项目"敦煌吐蕃文献分类整理与研究"（项目编号：12&ZD139）；国家社科基金重大项目"中医药文化国际传播认同体系研究"（项目编号：18ZDA321）。

吐蕃时期西藏医药的实际影响。

敦煌本藏文医书大都写于吐蕃时期，最迟不晚于 11 世纪初，是现存最早的藏文医学文献写本。这些抄本更能反映吐蕃医学的原貌，因此它们的发现对于研究吐蕃时期西藏医学，对研究拜占庭医药传入西藏的历史及其影响具有很重要的文献价值。

我国对敦煌藏文医书的翻译与研究开始于 20 世纪 80 年代初，先后出版了《敦煌本吐蕃医学文献选编》（1983）、《敦煌本吐蕃医学文献精要》（2002），研究论文和译文等文献累计百余篇。大英图书馆收藏 ITJ756 号（又作 S. t. 756 号）是已知篇幅最长的一件敦煌本藏文医学卷子，其内容十分丰富，记载了许多急救技术。2002 年，罗秉芬先生首次将该卷子译为汉语，并予以详细注释，并将其定名为《长卷》[1]（又称为《医疗术长卷》[2]）[3]。拉毛吉、卡毛吉用藏文发表了 S. t. 756 号文书的释读，在罗秉芬释读基础上有新的发现[4]。对该文书中某种疾病疗法的专题研究有：罗秉芬对验毒、辨毒和解毒的研究[5]，笔者对唇裂整复术的研究[6]，登巴达吉、罗布扎西对咽喉疾病疗法的研究[7]，次仁德吉、巴桑次仁所发表的敦煌解毒术研究也涉及此件文书[8]。比较文献学方法所做专题研究有：笔者对敦煌吐蕃医书与《毕吉黄函》所载救疗

---

[1] 罗秉芬：《敦煌本吐蕃医学文献〈长卷〉译注》（以下简称《译注》），载《中国藏学》2002 年第 2 期第 33 页、第 3 期第 74 页。

[2] 罗秉芬主编：《敦煌本吐蕃医学文献精要》（以下简称《精要》），民族出版社 2002 年版，第 1 页。

[3] 罗秉芬主编：《敦煌本吐蕃医学文献精要》（以下简称《精要》），民族出版社 2002 年版，第 120—124 页。

[4] 拉毛吉、卡毛吉：《敦煌医卷 "S. t. 756" 中的医学词汇及含义阐释》（藏文），《雪域藏医药》2018 年第 2 期，第 8—23 页。

[5] 罗秉芬：《古代藏医简易的验毒、辨毒、解毒方法——S. t. 756 号〈长卷〉研究之一》，载作者《敦煌本吐蕃医学文献精要》，民族出版社 2002 年版，第 120—124 页。

[6] 刘英华：《从敦煌藏文写本看藏医唇裂整复术》，《中国藏学》2014 年第 2 期，第 171—180 页。

[7] 登巴达吉、罗布扎西：《〈敦煌藏医残卷〉中所述喉阻医疗文学内容明释》（藏文），《中国藏医药》2017 年第 3 期，第 1—6 页。

[8] 次仁德吉、巴桑次仁：《试析敦煌医卷中中毒的诊治法》（藏文），《雪域藏医药》2018 年第 2 期，第 24—30 页。

术比较①，拉毛吉对敦煌文献与《四部医典》杂病的比较②，笔者对敦煌吐蕃医书所载毕吉伤药方研究③。近年来，对ITJ756号的专题研究越来越受到学界关注，但从已发表的研究看，只涉及该文书的很小一部分，敦煌藏文医书与现存其他藏医古文献对比研究较少，与其他医学体系的对比研究就更少，关于敦煌文书与拜占庭医药联系的专题研究才刚刚起步。

该写本所载救疗术，与《毕吉黄函》中的记载多有相似之处，为我们探讨拜占庭医药传入吐蕃的历史提供了重要文献依据。本文依据敦煌医书照片及该卷子缩微胶片还原片④，参考罗秉芬、黄布凡先生誊录的藏文本和汉文译注⑤，选取《长卷》（ITJ756）中异物卡喉、呛噎、自缢和溺水等四种意外（藏医《四部医典》归属于杂病范畴）的救治方法，与其他敦煌医书，及吐蕃（及少量后期藏文）和唐以前医药文献中的相关内容进行初步对比，目的在于探讨敦煌本藏医文献产生的背景，正确理解敦煌医书，探讨拜占庭医传入西藏的历史及其对吐蕃时期医药的影响。

表1　　　《长卷》与《毕吉黄函》相关记载的出处
（圆圈数字表示出现次序）

救疗方	《长卷》	门孜康《毕吉黄函》	民族文化宫《毕吉黄函》
异物卡喉	29—31行；31—37行①	叶225a2—225b2①	叶158b1—3③
溺水	107—110行②	叶225b2—226a2②	叶158a7—158b1②
自缢	110—112行③	叶226a2—4③	叶158b3—4④
食物呛噎	116—109行④	叶226b1—3④	叶158a5—7①

---

① 刘英华：《敦煌藏文医书与〈毕吉黄函〉所载救疗术比较研究——从敦煌医书看拜占庭医药东传》，中外关系史研究回顾与丝绸之路互动学术研讨会，2019年7月11—14日，云南大学。

② 拉毛吉：《敦煌文献与〈四部医典〉中藏医杂病的比较研究》，世界中联藏医药专业委员会第四届学术年会暨2018北京国际藏医药学术研讨会，2018年8月3—5日，北京。

③ 刘英华：《敦煌吐蕃医书所载毕吉伤药方考——从敦煌藏文医书所载毕吉疗伤方看拜占庭医药的东传》，古代丝路的医药传播与中国社会国际学术会议，上海大学，2019年9月20—22日。修订稿载张勇安《医疗社会史研究》第9辑第V卷第1期，社会科学文献出版社2020年6月版，第161—172页。

④ 罗秉芬、高奕睿先生分别提供了ITJ756（S. t. 756）之缩微胶片、照片和还原片，周季文先生提供了P. t. 1057号照片复印件，特此致谢。

⑤ ITJ756第31—37行。录文见《精要》第133页。

由上表可知，在敦煌医书《长卷》与门孜康本《毕吉黄函》中都载有这四种疗方，虽然四种疗方之间还有插入的其他内容，但是四种救疗方出现的次序是一致的。民族文化宫本《毕吉黄函》四种疗方次序与前两者不同。以下按《长卷》中的出现次序给出原文，并做对比。

二 敦煌文献所载救疗术与相关文献比较研究

（一）鱼刺、骨头等卡喉的救疗方法

民以食为天，病从口入，因饮食不当产生的疾病是很常见的，相关的疗术是医师必须掌握的。如：鱼刺、骨头、草木等卡喉的治疗方法，在现存藏文医书中记载很丰富，其中，敦煌本藏文医书《长卷》（ITJ756）中有一条关于内服和外治疗法，《医疗术》（一）（P. t. 1057）有两条内服药物疗法。

1. 外治法

《长卷》[1]与吐蕃时期拜占庭医师编著的《毕吉黄函》[2]记载的异物卡喉外治疗方基本相同。这种疗法在其他敦煌医书中、在12世纪编订的藏医巨著《四部医典》中没有记载，直到15世纪孔曼衮乔德勒编著的《藏医秘诀汇集》"饮食噎阻的三种疗法"[3]中才见到了一段相似的文字记载。其后，在嘎玛坚参《药方精华》也有类似的记载。现按照原文顺序对比如下（见下表）：

---

[1] 有关敦煌藏文医书的藏文录文和汉译注释主要参考罗秉芬主编《精要》及《译注》（见前注）。

[2] 门孜康（西藏自治区藏医院）藏写本，叶225a2—b2。原写本题名 pi ci pod ti kha ser ba gzhugs so，有缺页。

[3] 孔曼衮乔德勒编著：《藏医秘诀汇集》（下册），民族出版社2005年版，第966页。

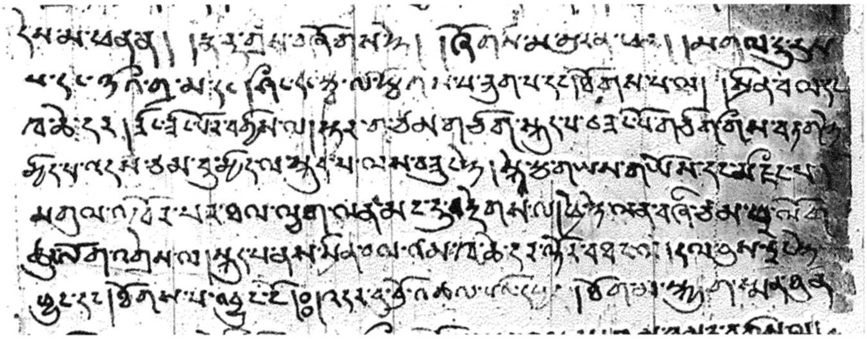

图 1　ITJ756 号敦煌藏文医书第 31—37 行卡喉救疗方

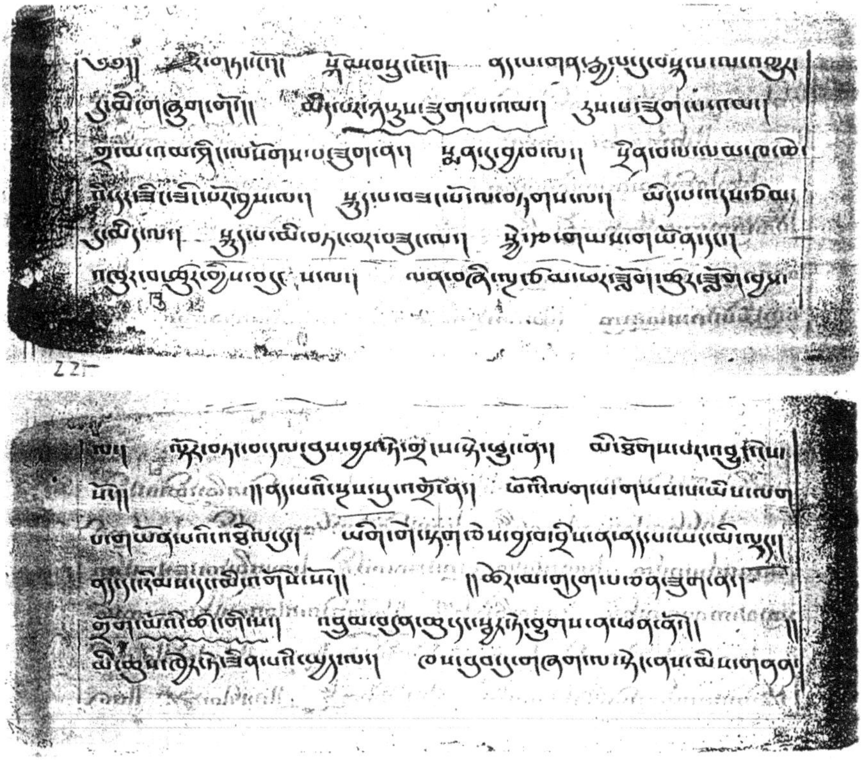

图 2　《毕吉黄函》手抄本（225a2—225b2）卡喉救疗方

表2　ITJ756号敦煌藏文医书与《毕吉黄函》等卡喉救疗方对照

		长卷	毕吉黄函	藏医秘诀汇集	药方精华
病位		mkul（喉、颈）	mid pa（咽喉、食道）	gre ba 喉	gre ba 喉
病因和种类		rus pa 骨头； nyavi gra ma 鱼刺； shing 木头； rtswa 草； 等等	nya rus 鱼骨头，鱼刺； rus pa 骨头； gra ma 芒刺； shing 木头； 等等	rus pa 骨头 gra ma 芒刺	gra ma 芒刺
病机症状		zug pa 刺痛 thogs pa 阻塞	zug pa 刺痛	zug 刺痛	zug 刺痛
治疗方法和过程	用具的制作及用法		sman du by ba la 治疗		
		srin bal dang kha che dar 丝棉和克什米尔丝帛	srin bal vam kha chevi dar 丝棉或克什米尔的丝帛	sha khams cher 肥肉	dar vjam po 柔软丝帛
		zing zing por bgyis la 使蓬松	zing zing por byas la 弄蓬松		dril ba 揉成团
		skud pa bzang po gcig gis btagste 用一根好线拴好	skud pa bzang po la btags la 拴在好线上	bzav dar 丝线捆扎（?）	
		mid pa vdas tsam du myid la 吞咽到喉咙附近 skyud pa las bzung ste 拉住线绳	mid pa vdas tsam du myid la 吞咽到喉咙附近 skyud pa mi btang bar bzung la 拉住线绳不松手	ltor mid 吞入腹中	mid sne tshur vthen rgyu yod par bya, gra ma gar yod thad gar btang 一头（用线）往外抻着，刚好（吞）到芒刺处

334 / 丝绸之路与中外互动

续表

		长卷	毕吉黄函	藏医秘诀汇集	药方精华
治疗方法和过程	治疗手法	ske rtsa gyas gyos dang mjing pa mgul vkhor thal lcag lan mang du brdegs la 脖子根部左右和喉咙周匝，用巴掌击打多次	skye rtsa gyas gyon dang vkhur ba（khu）tshur gyis bdungs la 脖子根部左右和周匝，用拳头捶击多次		
		phra ste lan bzhi tsam 约四次 phra log chu log vgres la（?）往复地放入肚中 （?） skyud pa nas srin bal vam kha che dar stor bthang la 用线将丝棉或克什米尔丝放入肚中 dal bus drang ste phyong dang thogs pa vbyung ngo 慢慢地拉出来，梗阻物出来	lan bzhi lnga tsam 大约四五次 phar zlog tshur zlog byas la stor btang la 往复地放入肚中 dal bus byas te grangs ste phyong na mi thogs par vbyung nge so 慢慢地牵拉出来，一定能无阻碍地出来	yar vthen de yis ma thon na，skyugs nyid drag tu btang bas 向上拽，如果出不来的话，给服猛烈的呕吐药	yang yang vthen 反复地（向回）拉
结果		thogs pa vbyung ngo 梗阻物就排出来	mi thogs par vbyung nge so（异物）一定能顺利地排出	thon（梗阻异物排）出来	thon（梗阻异物排）出来

按 srin bal vam kha chevi dar 丝棉或克什米尔的丝帛，zing zing por byas la 弄蓬松，skud pa bzang po la btags la 拴在好线上。民族文化宫藏

《毕吉黄函》写本①文字略异，没有提及克什米尔丝，是写作 srin bal lam，dar gzed pavi rkud bzang pos btags pav，显然是后者文字有脱落。本文采用门孜康本。

由上表可以看出，吐蕃时期的两份文献的记载虽然有个别词语用法差异，如 mkul（喉、颈）和 mid pa（咽喉），thal lcag（巴掌）和（khu）tshur（拳头），以及句子表达方式、详略的差异，但是基本意思是一致的。通过二者的对照阅读，有助于对文献的理解和翻译，如《长卷》中的 phra log chu log vgres la 很难理解，罗秉芬先生译为"如反水（胃液）流出"②，这一句在《黄函》中写作 phar zlog tshur zlog byas la，含义清晰。两相对比发现，phra 和 phar，log 和 zlog，chu 和 tshur，vgres（bgyis）和 byas 的对应关系③。由此知道这句意思是：反复地将丝棉团吞下肚，再拽上来。值得注意的是，除这两种文献外，从吐蕃时期至 15 世纪前的其他藏医重要文献中都未见到相似的记载。嘎玛坚参《药方精华》（yang tig）"phran buvi nad"中记载的方法也采用丝棉团，但是叙述简略，而且没有配合用拳头捶打的治法。

与之相似的卡喉救治法在唐以前中医古籍中记载十分丰富，如日本丹波康赖编撰之《医心方》（成书于 984 年）中辑录的唐以前中医疗法，卷 29"治食鱼骨哽方第四十"引《录验方》："取薤白，汤煮半熟，小嚼之，以柔绳系中央，吞薤白下喉牵出，哽即随已出（上方《小品》同之）。"又，《治草芥杂哽方第四十二》引《小品方》治诸哽方："取薤白，汤煮半熟，小嚼之令柔，以丝绳季中央提绳置，即吞薤白下喉牵出，哽即随出也"。又梁陶弘景增补之《补缺肘后百一方》中记载："小嚼薤白令柔，以绳季中，持绳端，吞薤至哽处"治疗食诸鱼骨哽④。宋代陈言（无择）编著的《三因极一病症方论》记载："煮薤白令半熟，以线缚定，手执线头，少嚼薤白咽之，度薤白至哽处，便牵引哽即出矣。一法，

---

① 民族文化宫藏《毕吉黄函》写本，叶 158b1—2。
② 见《精要》第 2 页；《译注》，《中国藏学》2002 年第 2 期，第 2 页。
③ 类似用法有འདྲ་བ་ལོག་ཤིག་བགྱིས༎，见《毕吉黄函》，民族出版社 2006 年版，第 368 页。
④ ［日］丹波康赖编撰：《医心方》，人民卫生出版社 1955 年影印本第一版，第 682 页。

绵一小块，以蜜煮，如用食薤法。"① 这与前引吐蕃时期藏文医书记载的治疗方法原理相同，只是不用克什米尔丝，而是因地制宜用薤白（百合科植物小根蒜或薤的鳞茎）。其中，用蜜煮绵，代替半熟的薤白引哽的方法，与敦煌《长卷》和吐蕃《毕吉黄函》丝绵法相近。

唐代王焘《外台秘要方》录《肘后》疗食诸鱼骨哽百日哽者方："用绵二两，以火煎蜜内一段绵，使热灼灼尔，从外缚哽所在处灼瓠以熨绵上，若故不出，复煮一段绵以代前，并以皂荚屑少少吹鼻中，使得嚏出矣，秘方不传。"② 这种方法虽然用绵，但是不是吞咽，而是用在颈项外边热敷。这与宋代陈无择《三因极一病症方论》之吞绵法不同。中医吞绵法到宋代才出现，较之吐蕃医书记载晚。

此外，中医也有用丝棉治哽的，如《医心方》"治草芥杂哽方第四十二"引晋代《葛氏方》治杂哽方，"作竹篾刮令弱滑，以绵缠纳喉中至哽处引之，哽当随出"③。《小品方》"治诸哽方"也有同样的记述。④ 这种方法不用线绳拴丝棉，而是在细长、柔软、光滑的竹篾上缠裹上棉花，然后伸入咽喉。

按同样思路，采取不同材料治疗的还有许多，如：唐代王焘《外台秘要》卷八"骾至六七日不出，用琥珀珠一串，推至骾所，牵引之即出"。宋代《普济方》："喉中物骾，用生鳅鱼，线缚其头，以尾先入喉中，牵拽出之。"《圣济总录》："骨骾在喉，栗子肉上皮五钱为末，乳香二钱半，鲇鱼肝一个同捣，丸如梧子大，看骾远近，以线季，绵裹一丸，水润吞之，提线钩出也。"元代《篯竹堂方》："鱼刺骨或核搁在咽喉不上下者，用活鸡一只，不必杀，就于肚下取出肠，去污物，不可见水，用尺长弓弦一条，双套入肠内，看骨核在左右，将肠拨动，即粘在肠上，出。"⑤

前引中医、藏医治法对比，治疗的原理相同，除用具及其制作方法

---

① （宋）陈言（无择）编著：《三因极一病症方论》，《文渊阁四库全书》，第482页。
② （唐）王焘：《外台秘要方》，《文渊阁四库全书》，第576页。
③ 《医心方》，第682页。
④ （晋）陈延之著：《小品方辑校》卷第八，高文柱辑校，天津科学技术出版社1983年版，第123页。
⑤ 俱转引自（清）程鹏程《急救广生集》，中国中医药出版社2008年版，第73页。

不同外，藏医讲解得更详细具体、要求得更明确，而且有些内容治法中医没有。如：藏医治法中提到用手掌拍打或用拳头捶打颈部，还交代了次数。此外，吐蕃时期的藏文医书——敦煌医书和《毕吉黄函》提到鱼刺、鱼骨（而后期医书中没有讲鱼骨），这与藏族饮食习俗不同，而且使用克什米尔丝帛，这显然是从域外传入的疗法。《毕吉黄函》的作者是拜占庭医师，于七世纪上半叶到吐蕃。他的著作主要是反映了拜占庭医学内容。《长卷》的急救法与《毕吉黄函》在原理和用具用法上几乎一致，与后世藏医文献记载明显有差异。这说明，《长卷》的急救术来自《毕吉黄函》，即来源于拜占庭的医术。中医和拜占庭医学治疗原则基本相同，由于各自的物质条件和文化背景差异而发展出各自的急救术。

古代印度医典《妙闻集》经部第27章"异物的排除"中，也记载卡喉的救治方法："骨头等异物斜刺入咽喉时，取一团头发，用一根线捆紧，随着流体食物一起吞下，水过到咽喉，用小木片或……引吐，大约到梗阻处时，迅速拉线，也可以用柔软的齿木（牙刷）……"[①] 此处，用线牵发团勾取异物并辅以捶击的方法与敦煌藏文医书及《毕吉黄函》的方法原理相同，而随流食一起吞下及用小木片、齿木引吐的方法在上引藏医、中医、拜占庭医文献中未见记载。

2. 内服药物疗法

敦煌藏文医书《长卷》与《医疗术（一）》（P. t. 1057）[②] 当中总共有三条内服药物治疗咽喉梗阻的方法。

表3　　　　　　　　敦煌藏文医书中咽喉梗阻内治法对比

	P. t. 1057 第一条	P. t. 1057 第二条	ITJ756（29—31）
病症	myi zhig nyavi gra mas thogs na 某人被鱼刺卡（喉）	myi zhig rus pas thogs na 某人被骨头卡（喉）	mgul du nyavi gra ma chag pa la 鱼刺卡喉

---

① P. V. Sharma, *Suśruta-saṃhitā*, with English translation of text and ḍalhaṇa's commentary along with critical notes, Vol. Ⅰ, Chaukhambha Visvabharati, 2004, p. 281.

② P. t. 1057 第 89—93 行。录文见《精要》第 182 页。

	P. t. 1057 第一条	P. t. 1057 第二条	ITJ756（29—31）
药物疗法	sram gi spu dang ag tshom dang bthags te chab tang sbyar te vthungs na nyavi grav ma kun bros so 水獭的毛和下须研细后用水调服，鱼刺即可全部化为乌有	go bovi gre ba dang gcum gyI gcum khro dang chu rtsi vo vtshal dang de rnams sbyar de stsal na rt-shi 大雕的喉管、"纠姆纠超"和小大黄全草等配合后服用有效	go gre dang sran ma dang, spang ravi spra khong du vtshal na phan no 大雕的喉管、豌豆和艾草，内服有效 sram sha zos na phan 吃獭肉有效；rna ru grIs bzhogs ste, zhogs ma mur na phan 羚羊角用刀刮薄片口含有效

用大雕的喉管等治骨鲠不见于中医文献。以水獭须毛做药，在唐以前中医文献中虽未见记载，但有用水獭骨、足入药的。如：《医心方》引《龙门方》"治食诸鱼骨哽方""取獭骨含之，立出"。又《卫生易简方》"治鱼骨鲠：用獭足于项下爬之，亦煮汁服"[1]。（《急救广生集》"诸骨哽塞"条引《便易良方》"用獭爪于咽喉外爬之即下。"[2]）

鱼并非藏族饮食习俗，敦煌藏文文书多处提到鱼刺、鱼骨卡喉，这种疗法可能不是西藏本地的，或者说它是其他民族的救疗经验。《长卷》《毕吉黄函》都使用克什米尔丝，这与吐蕃时期的历史相符。克什米尔等一些地区曾在吐蕃控制下，吐蕃与西域的物质、文化联系和人员交往比较密切。

（二）疗溺水

《长卷》（107—110）记载了治疗溺水方。《毕吉黄函》也记载了疗溺水方。此外，敦煌汉文医书伯3596有3首疗溺水方。以下对比。

---

[1] 《医心方》，第681页。
[2] 《急救广生集》，第73页。

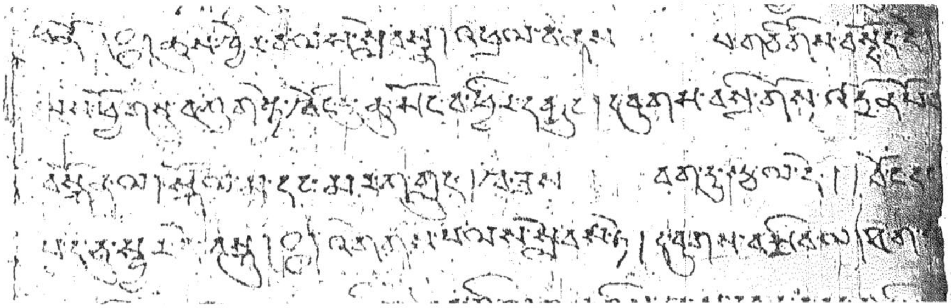

敦煌藏文医书与《毕吉黄函》所载救疗方对比研究 / 339

图 3 《长卷》（107—110）记载了治疗溺水方

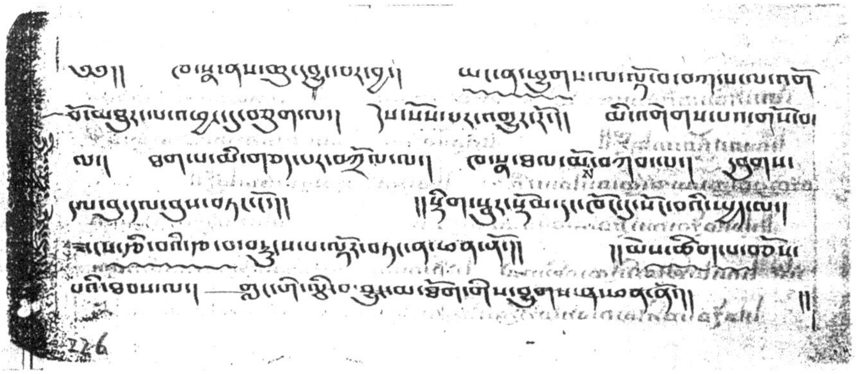

图 4 《毕吉黄函》也记载了疗溺水方（叶 235b6—236a2）①

表 4　　敦煌藏文医书与《毕吉黄函》等文书溺水救疗方对照表

	《长卷》（107—110）	P. t. 1059A（17—19）	毕吉黄函	伯 3596a	伯 3596b	伯 3596c
病症	chus khyer ba las slebs na 遇到溺水者	yang chur subs pavI mi 另，……溺水的人	mi chus khyer te zin pavi spyad la 人溺水，捞起的治法	第四，疗溺水死经宿者，尤可救方		

---

① 门孜康藏《毕吉黄函》，叶 225b6—226a2。民族文化宫藏《毕吉黄函》，叶 158a7—158b1。

续表

	《长卷》 (107—110)	P. t. 1059A (17—19)	毕吉黄函	伯3596a	伯3596b	伯3596c
疗法	vphtal ba nas...pa gcigis bsdod de, lus phyogs su bkugste khong su chu song ba phyir dbyung, 身体向一侧弯曲，以利于腹中的水排出来 dbugs bsri gos vdron por bskon la, 气息微弱者暖衣…… skol ma dang mar ka glud, kha zas...du stsal de 和酥油灌入口中，吃……食物 bong dangpar cu sbyar de bsku, 驴和黄牛尿配合涂身	rkang pa gan…phan no. 脚……有效。 Yang bye m brngos mav tshan...s kha sna dang rna bav dang... La, bye ma gsher pa dang yang brje … vi cad… 另，炒沙子……口、鼻和耳中……时，湿沙子和……	khas bub du gzhag la steng nas mis gnan, kha sna nas chu dbyung bar bya,（溺水）脸朝下，一个人从上面压，让水从其口鼻流出。yang na phyugs la sto ba bkal la vgo bo mthur la vphyang du bcug la, des sos par vgyur ro. 另外，头朝下骑在牲畜上，就能救活	右取皂荚末（末）如鸡子许，绵裹内下部中，伏头面向下，须臾水即从鼻口出，仍多取灰表里覆，藉灰没身，水尽即活，大效	又方，熬砂令暖，以覆上下，但出鼻、耳、口、眼，沙湿即活	又方：解溺者衣，去齐（脐）中垢脏，极吹两耳，活即止

由表4可见，相较于敦煌汉文文书伯3596，《长卷》与《毕吉黄函》的救疗方相近。从文字上看，两者有些词语似有关联，可能有传抄错误。

表5　　　　《毕吉黄函》手抄本文字对照

	毕吉黄函（民族文化宫）	毕吉黄函（门孜康）
病症	mi chus khyer ba la 溺水者	mi chus khyer te zin pavi spyad la 人溺水，捞起的治法

续表

	毕吉黄函（民族文化宫）	毕吉黄函（门孜康）
疗法	khas bub du gzhag la, 脸朝下, gzhul ma nas mis gnan no, 一个人从上面压, chu gdon no. 水流出。 yang na ba blang la vgos vthur la bstan la bskyon no. 另外，头朝下骑在牛上，头朝尾骑在牲畜上	khas bub du gzhag la（溺水）脸朝下, steng nas mis gnan, 一个人从上面压, kha sna nas chu dbyung bar bya, 让水从其口鼻流出。 yang na phyugs la sto ba bkal la vgo bo mthur la vphyang du bcug la, 另外，头朝下骑在牲畜上, des sos par vgyur ro. 就能救活

结合上述两写本试对这部分藏文进行重拟：

khas bub du gzhag la steng nas mis gnan, kha sna nas chu dbyung bar bya,（溺水）脸朝下，一个人从上面压，让水从其口鼻流出。

mi chus khyer te zin pavi spyad la 人溺水，捞起的治法。

khas bub du gzhag la steng nas mis gnan, kha sna nas chu dbyung bar bya,（溺水）脸朝下，一个人从上面压，让水从其口鼻流出。

yang na phyugs la sto ba bkal la vgo bo mthur la vphyang du bcug la, des sos par vgyur ro. 另外，头朝下骑在牲畜上，就能救活。

（三）上吊自缢的救治方法

人皆有情，遭遇挫折，精神打击，或刑罚杀害，上吊自缢的情况偶有发生。了解抢救措施对医生和普通人都很重要。《长卷》（110—112）[①]与《毕吉黄函》[②] 两者记载的上吊自缢的治疗方法基本相同，现按照原文顺序对比如下（见下表）。

---

① ITJ756 第 111—112 行。录文见《精要》第 139 页。
② 门孜康藏《毕吉黄函》（抄本），叶 226a2—4。民族文化宫藏《毕吉黄函》（抄本），叶 158b3—4。

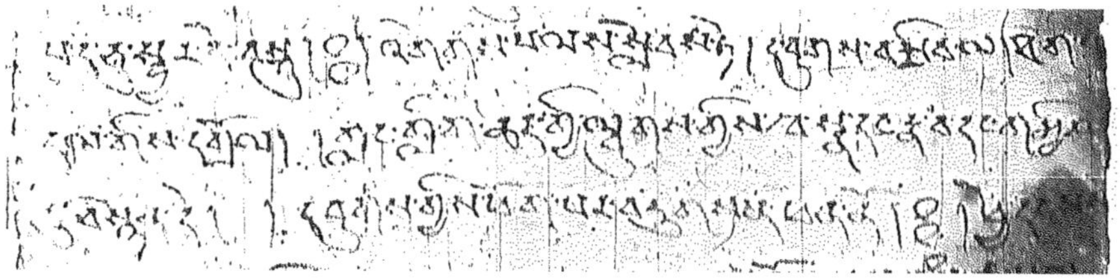

342　/　丝绸之路与中外互动

图5　ITJ756号敦煌藏文医书《长卷》（第110—112行）

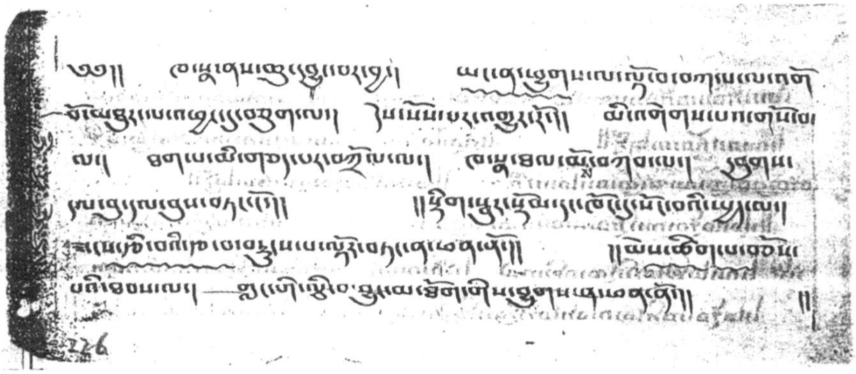

图6　《毕吉黄函》自缢的救疗方法

表6　　　　　敦煌藏文医书与《毕吉黄函》救疗缢死方对照

	敦煌本藏医长卷	毕吉黄函
意外	vgegs pa las slebs te 遇到缢死者， dbugs bsrib la 已窒息时	mi vgegs pav 人缢死 gso ba la 治疗
救疗方法	thag pa dal bu dal gis dgrol 慢慢地解开绳子 glang rlig char gyi wugs gis kha sna dang rna ba dang dmyig du bsnyen（？）de 用牛尿脖覆盖口、鼻、耳、目 dbugs gyis phog par bdugs na phan no 用气吹、熏有效	thag la mi gcad par bkrol la 不要切断绳子，解开 kha sna thal mo bkab la 用手掌捂住口鼻 dbugs dal bu dal bus btang ngo 慢慢地送气

　　两者记载的救治法基本原则相同，具体操作有区别。《长卷》慢慢地解开绳子；《黄函》强调不可截断绳子（把绳子）解开。《长卷》使用牛

尿脬覆盖口、鼻、耳、眼，然后吹气或烟熏；《黄函》用手掌捂住口鼻，慢慢地吹气。二者没有明言往哪里吹气。

下面再看看中医的治法：

敦煌汉文医书伯3596有六首疗自缢方，"第五疗自缢死，徐徐抱下，物（勿）断绳，卧地上，令二人极吹两耳。取葱心内两鼻中刺深五六寸，眼中血出，二无所苦。下部内皂荚末小时如初生小儿啼活。是扁鹊疗五绝法，一同。又方，抱之，徐徐就绳，填（慎）勿……举之。令二人从上两手抒绳千遍，抒讫，然后解绳。悬其发脚去地五寸许。塞两鼻，以笔筒内口中嘘之。后物顿吻，徽徽以气引之，须臾肠中砉转，当是气通。或手动捞人，即须紧抱，慎勿放之。若发少不得悬者……"，没有说捂盖口鼻。"又方：氍毹*①覆口鼻，两人极吹月（耳）活及至方"等。（与下引《千金方》同）

《医心方》引《千金方》治自缢死方"凡自缢死，勿截绳，徐徐抱解之，心下尚温者，氍毹覆口鼻，两人吹其两耳。（救急单验方同之）"这与《黄函》《长卷》记载大同小异，三者分别用氍毹、手掌和牛尿脬捂盖，除捂盖口鼻外，《长卷》还遮盖耳、眼。此外，《千金方》讲的更详细具体，《千金方》提到了一些《黄函》中没有的内容：抱死者和两个人同时吹两耳。

《外台秘要》卷二十八载《备急方》"以弃衣若氍毹*厚毡物覆其口鼻抑之，令两人极力吹其两耳"；范汪疗自缢方"急手掩其口鼻，勿令内气稍出"与《黄函》捂盖法同。

参考上引中医疗法来推测，《长卷》中的吹气法似应该是吹两耳。

中医还有吹鼻、吹喉的治法。

《医心方》引《小品方》治自缢死方"旁人见自缢者，未可辄解绳，必可登物，令及其头，即悬牵头发，举其身起，令绳微得宽也。别使一人坚塞两耳，勿令耳气通；又别使一人以葱叶刺其鼻中，吹令通；又别使一人啮死人两踵根，待其苏活乃止也"。

又，《外台秘要》引《备急方》也有与《小品方》相似的记载。中医记载的吹气方法大体上分为掩覆口鼻吹耳、塞耳吹鼻、塞鼻吹咽喉等

---

① 加星号*的字原为古异体字，无法输入，用同义字代替。

三种。因此，藏文医书中的吹法究竟是哪一种，还不能确定，有待进一步考证。

（四）饮食呛噎的救疗法

《长卷》中有两条治疗呛噎症，一条是用药治疗被面粉或土呛噎症①，另一条是讲饮食呛噎的外治、内服法和饮食宜忌。其中，外治法与《毕吉黄函》记载的治疗饮食呛噎的方法②基本相同，现按照原文顺序对比如下（见下表）。

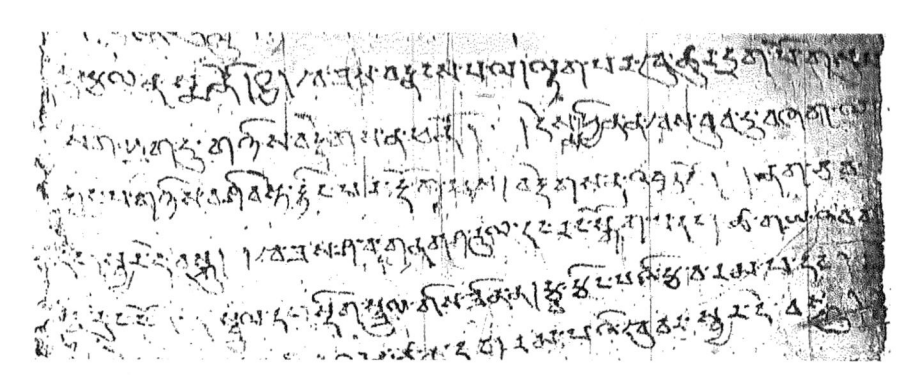

图 7　ITJ756 号敦煌藏文医书《长卷》（第 116—119 行）

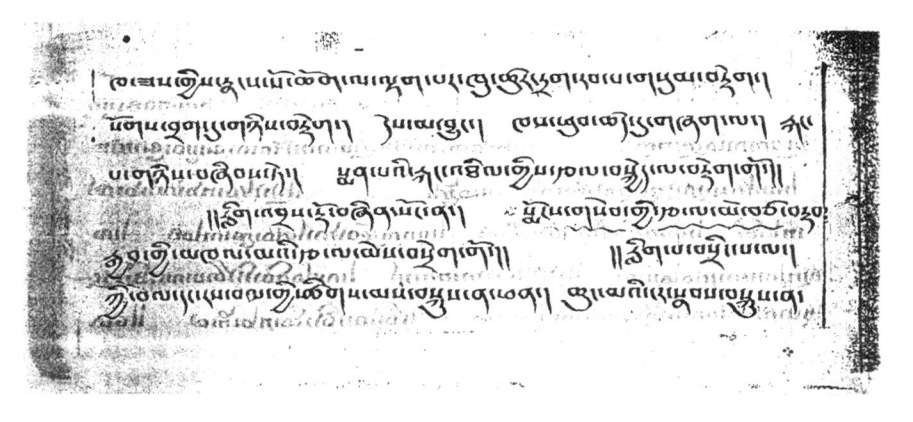

图 8　门孜康写本《毕吉黄函》（226b1—3）饮食呛噎救疗方

---

① 分别见 ITJ756 第 112—115 行，115—119 行。录文见《精要》第 139 页。
② 民族文化宫藏本《毕吉黄函》（抄本），叶 158a5—7。门孜康写本《毕吉黄函》（抄本），叶 226b1—3。

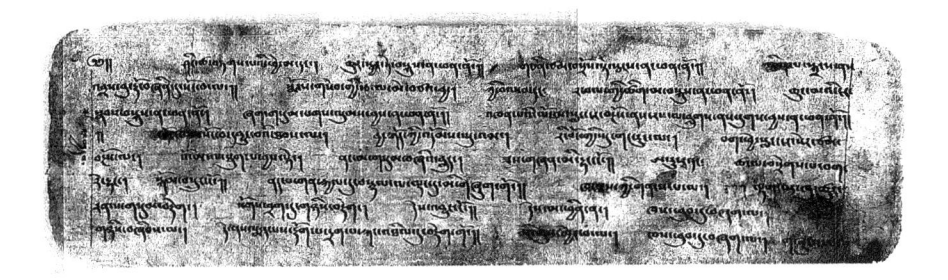

图9 民族文化宫写本《毕吉黄函》(158a5—7)饮食呛噎救疗方

表7 敦煌藏文医书《长卷》《毕吉黄函》救疗饮食呛噎方对照

	长卷（116—119）	毕吉黄函
治疗方法和过程	kha zas brnangs pa la 饮食呛噎时 ltag par khu tshur drag po gsum sog phrag du gnyis brdegs na phano 用拳头使劲捶打枕部三下，肩部两下，有效 des ma phyin na kas bub du bzhag la rkang pa gnyis bshib［gshib］ste rting par rdog pas brdegs na vbyar do 如果无效，让患者面朝下趴着，两足并拢，（医者）用鞋底捶打（患者）脚跟，有效	kha zas gyissnangs so chog la 治疗饮食呛噎仪轨 ltag par khu tshur drag rab pa gsum brdeg, sogs phrag du gnyis brdeg 用拳头使劲捶打枕部三下，肩部两下，有效 de ma byung, khas phub tshad du gzhag la, rkang pa gnyis bzhibs［gshibs］te, sman pavi rkang vthil gyisrtsal bskyed la brdeg go 如果不出，（让患者）面朝下趴下，两足并拢，医者用脚心击打（患者）腰腹部

《妙闻本集》总论第27章"异物的排除"中，记载的方法："食物梗阻在咽喉，在患者不知道的情况下，突然用力捶打患者肩膀……"[①] 与上文记载藏医方法相似，但不完全相同。

综上所述，《长卷》的救治法与《毕吉黄函》基本一致。

孔曼衮乔德勒编著《藏医秘诀汇集》中记载了三种治疗饮食噎阻的方法，如"饮食噎阻时让患者脸朝下趴下，两足并拢，（医者）用石头、

---

① P. V. Sharma, *Suśruta-saṃhitā*, *with English translation of text and ḍalhaṇa's commentary along with critical notes*, Vol. I, Chaukhambha Visvabharati, Varanasi, India, 2004, 282.

木头捶打（患者）足跟，有效"。这段文字与上引《长卷》《毕吉黄函》记载一致，表明这种方法被后世藏医所继承。

此外还有用药物治疗的，内容与《长卷》相近，见表8。

表8　　　　　《长卷》《藏医秘诀汇集》呛噎内治法对比

	长卷	藏医秘诀汇集
意外	phye dang sas brnangs pa la 被面粉或土呛噎时	rtsam pas yis rnangs pa la 被糌粑呛噎时
救疗方法和过程	shi ngar dang a ru ra rus pa phyung ba, zho gsum gsum tshwa phul gang gi nang du blug-ste lan bzhi lnga tsam bskol la, vjam tsam ba dang 甘草、去核诃子各三钱，放入一合盐中，煮开四五遍，待温度适口时 kha phye ste myur du stsal na smano 开口迅速地吃，有效	shing dngar dang a ru bsdus pavi thang, tsha la sbyar chu bskol vjam pa 甘草、诃子熬的浓汤，配上硼砂，水煮，待温度适口时， kha phye ste myur du blug na phan. 开口迅速地灌服，有效

三　从敦煌医书与相关史料看拜占庭医学入藏

关于吐蕃松赞干布王邀请的三医的史料，现存最早的来源是巴俄·祖拉陈瓦（1504—1560）所著《智者喜宴》。此书有西藏山南洛扎木刻版存世，有TBRC扫描版，及整理排印本。相关记载节译如下：

> 汉妃（文成公主）带来的名为《医疗大全》的经典，由和尚马哈德瓦和达磨俱舍翻译。这个时期，请来印度的哇折罗朵折（Vajradhvaja）、汉地的轩辕黄帝（hen weng hang nge）[1]、大食的拜占庭人伽雷诺（Galenos）等三位医师。（他们三位）翻译了各自学派的

---

[1] 相关考证参见刘英华、范习加、吉太才让、甄艳（通讯作者）《7世纪入蕃汉医名实考》，《西藏研究》2019年第5期，第90—96页。

（医典），还共同编著了七卷本的《无畏的武器》。①

宿喀·洛追杰布（1509—？）《宿喀藏医史》记载了相同的史事，而且更为详细，节译如下：

> 汉妃（文成公主）带来的名为《医疗大全》的经典，由和尚马哈德瓦和达磨俱舍翻译。另外，请来印度医师婆热朵折（Bharadhvaja）、汉地医师轩辕黄帝（hen wen had de）、大食或罗马医师伽雷诺（Galenos）等三位医师。依靠他们，印度医师翻译了《布舍母子书》广、略本和《新酥方》，汉地医师翻译了《汉医疗术杂病》广、略本，大食医师翻译了《青首集》和《放血疗术》等。三者合起来称为编著了《无畏的武器》七卷，奉献（给藏王）。②

这部书包含了所有疗法，归纳为三个体系进行阐述。其中说："若不精通此三大医学，不能算是伟大的医师，不能利益自己和他人，就像用拃去度量虚空。婆热朵折是伟大仙人，伽雷诺威力如摄政王，佷文海得是大地主宰，三大幻化是甘露宝瓶。"著名的医学体系有三，即印度、上方（拜占庭）和汉地医学，印度的（医学）婆热朵折所做，汉地的（医学）轩辕黄帝所做，上方的（医学）伽雷诺所做。

此外，《宿喀藏医史》第7章还记载了另一个版本的传说：藏王松赞干布患病，当时没有医师，经与臣商议后，决定派吞弥等二人去各方延请医师。于是，从印度请来达磨喇哲，从汉地请来哈香马哈金达，从冲（phrom，拂林，拜占庭）请来王子赞巴希拉哈。……③所记的三医名称，与上文不同。

《医学概览·蓝琉璃镜·仙人喜宴》，是第司桑结嘉措（1653—1705）编著的一部藏医史著作，简称为《第司藏医史》。该书记载与《宿喀藏医

---

① 巴俄·祖拉陈瓦：《智者喜宴》（藏文），TBRC 扫描版，1986 年，Tsa 函，叶 46a7—46a1。
② 宿喀·洛追杰布：《宿喀藏医史》，民族出版社 2006 年版，第 236—237 页。
③ 宿喀·洛追杰布：《宿喀藏医史》，民族出版社 2006 年版，第 208 页。

史》第 8 章大同小异，摘译如下：

> 为了给藏王（松赞干布）治病，请来了圣地（古印度）的医师婆热朵折（Bha ra dhva ja），戛纳（唐朝）的医师轩辕黄帝（Hen wen had de），大食或冲（khrom，拜占庭，即东罗马帝国）的医师伽雷诺（Ga les nos）等三位。印度医师翻译了《布舍母子》广、略本和《新酥方》，汉地的医师翻译了《汉医杂病疗法》广、略本，大食医师翻译了《青首》《公鸡、孔雀和鹦鹉三者的疗法》等。三人商议后合著了《无畏的武器》七卷，献给（藏王）。①

《医史蓝琉璃源流》的记述与《宿喀藏医史》第 7 章所记传说的内容相同，文字略异，三医的名字分别是：（印度的）达磨喇哲、（汉地的）哈香马哈金达和（大食的）王子赞巴希拉哈。②

工珠·云丹嘉措（1813—1899）《知识总汇》记载与《智者喜宴》大同小异：

> 松赞干布在世时（在位期间），文成公主带来医药和历算经典，由和尚马哈德瓦和达磨俱舍二人翻译。从印度请来婆热朵折（Vajradhvaja）、从汉地请来轩辕黄（hvan wang huang）、从大食请来的伽雷奴（Galenus）等三位医师。翻译了《布刹母子书》《汉疗杂病》《郭昂集》（青首集）等。三医研讨后（合）著了《无畏的武器》，三大医派的经典。③

这段记载了古印度、汉地和大食等三个不同地区的医师。三个地区的医学体系不同，分别为 āyurveda（寿命吠陀），医（即中医学），和 Unani（希腊-罗马医学，拜占庭医学）。

---

① 第司·桑结嘉措：《第司藏医史》，民族出版社 2004 年版，第 109 页。
② 恰巴群培：《医史蓝琉璃源流》，民族出版社 2008 年版，第 35 页。
③ 工珠·云丹嘉措：《知识总汇》，民族出版社 1985 年版，第 588 页。

以上有关拜占庭医药人物名称列表对比如下。

表9　　藏史所记松赞干布时期入藏的拜占庭医师名称

	作者/文献	拜占庭医师名称
1	巴沃·祖拉呈瓦《智者喜宴》	Galenos
2	宿喀·罗追杰布《藏医史》（8）	Galesnos
3	宿喀·罗追杰布《藏医史》（7）	Btsan pa shi la ha
4	第司·桑杰嘉措《藏医史》	Ga les nos 或 Ga les nos
5	恰巴群培《医史蓝琉璃源流》	Btsan pa shi la ha
6	工珠·云丹嘉措《知识总汇》	Ga le nus

这个拜占庭医师名称有不同的汉译法，但都是音译，如：在《知识总汇》汉译本作"嘎利诺"（大食）。[①]蔡景峰据第司·桑吉嘉措《藏医史》译作"嘎林诺"[②]。

表10　藏史所记美阿琮－金城公主至赤松德赞时期入藏拜占庭医师名称

	作者/文献	拜占庭医师名称
1	巴沃·祖拉呈瓦《智者喜宴》	Bi ci tsan pa shi la ha
3	宿喀·罗追杰布《藏医史》（7）	Btsan pa shi la ha
4	第司·桑杰嘉措《藏医史》	tsam［tsan］pa shi la ha
6	工珠·云丹嘉措《知识总汇》	Tsan pa shi la ha

《智者喜宴》记载：大食（stag gzig）医师 Galenos。《第司藏医史》记载的大食（stag gzig）或冲（khrom 拜占庭，即东罗马帝国）的医师伽雷诺（ga les nos）。两部史书中都提到了 stag gzig。stag gzig 对应汉文的"大食"。大食的中古音一般是 Tajik，相当于现在的塔吉克。塔吉克是现

[①] 奇玲、罗达尚：《中国少数民族传统医药大系》，内蒙古科学技术出版社2000年版，第7页。

[②] 黄颢：《唐代汉藏医学的交流：〈藏医药研究文集〉》，中国藏学出版社2003年版，第103页。

代的说法，范围也小了很多；在中古时期 Tajik 就是阿拉伯帝国。藏文 khrom 与 phrom 读音相同，《宿喀藏医史》写成 phrom[①] 或 khrom[②]。《医史蓝琉璃源流》中作 phrom[③]。phrom 是粟特语，指罗马帝国，吐蕃时期的 phrom 指拜占庭（东罗马帝国）[④]。《藏医史》将 stag gzig 和 khrom 作为一个地区的不同名称，显然，吐蕃藏医史所谓大食是指拜占庭。

《第司藏医史》记载，伽雷诺医师留在卫藏，娶妻生子，共育有三子，长子派往后藏上部地区，发展出了毕吉（bi ji）等学派。次子派往酉伯（gyor po）地方，发展出罗荣（lho rong）医家。幼子留在父亲身边，被称为索特医师（sog po sman pa）。噶雷诺被后人称为左若（vdzo ro）医师。[⑤]

关于 bi ji，《宿喀藏医史》记载："那时（即赤松德赞在位期间），从拜占庭（Khrom）请来的一位医师——当地话叫做毕吉（Bi ji）——实名赞巴希拉哈的师徒众人。"在拜占庭语言中 bi ji 意为医师。此外，吐蕃时期的医师中，有一位叫 ha shang bi ji（医僧）。由此可见，毕吉这个词的本义是医师。后世，毕吉一词演变为藏地一个医师家族和学派的专名。

拜占庭医师 Galenos 与中医和阿尤吠陀医师合作编译的医书均已失传，只有赞巴希拉哈医师（Bi ci tsan pa shi la ha）编著的《毕吉黄函》存世。这部临床医学著作不是某一部拜占庭医著的译本，是根据拜占庭医学理论用藏文编著的。《毕吉黄函》现存多个手抄本，但都是近代的抄本，抄写年代晚于敦煌吐蕃医书 800 年以上。

本文第 2 部分所引《长卷》中的相关记载，与《毕吉黄函》最接近，这印证了后者的内容曾在吐蕃时期的西藏地区流传。《长卷》与《毕吉黄函》的相关记载在文字上略有差异，既不能因此说它是直接抄自《毕吉黄函》，也不能断定它不是抄自《毕吉黄函》，同一部古代著作的抄本有差异是正常的。总之，两者之间相关内容的差异，远小于它们与中医和阿尤吠陀医的差异，也小于它们与后世藏医医书的差异。

---

① 宿喀·洛追杰布：《藏医史》，民族出版社 2006 年版，第 208、209 页。
② 宿喀·洛追杰布：《藏医史》，民族出版社 2006 年版，第 36、238 页。
③ 巴俄·祖拉陈瓦：《智者喜宴》，民族出版社 1986 年版，第 35、36 页。
④ 本段内容在唐均教授指导下撰写。
⑤ 第司·桑结嘉措：《第司藏医史》，民族出版社 2004 年版，第 109—110 页。

此外，在敦煌藏文文书《长卷》与 ITJ757 号医书残卷中都记载有毕吉疗伤方，笔者有另文发表。[①]

四　结语

综上所述，敦煌藏文医书《长卷》与拜占庭医学著作《毕吉黄函》所载藏医救疗法的内容和文字都十分接近，而与中医和阿尤吠陀医记载差异明显。这表明敦煌藏文医书《长卷》所载这些藏医救疗法来自拜占庭医药，至少可以说主要是受拜占庭医学影响而形成的。

《毕吉黄函》作为现存最早的拜占庭医师编著的藏文著作，对于研究藏医历史，研究拜占庭医药历史及其东传有重要文献价值。在一千多年的流传过程中，《毕吉黄函》难免经过后人修订和增补，其内容并非完全是吐蕃时期的。从反映吐蕃时期医药实况的角度看，敦煌写本的文献价值更高。

敦煌写本《长卷》与《毕吉黄函》中的相关记载对比研究，不仅有助于正确理解这两部文献，也有助于了解吐蕃医学来源的多元化，对拜占庭医药传播历史研究也具有重要的价值。

此外，《长卷》等敦煌文书中还包含其他与《毕吉黄函》相关的材料。其中，外伤疾病疗法的对比研究正在进行中。相信随着对敦煌藏文医书的深入研究，可以发现更多有关拜占庭医药东传的材料。

鸣谢： 本文所用古写本资料源自英国国家图书馆、北京民族文化宫、西藏自治区藏医院，由罗秉芬、高奕睿、仲格嘉、央嘎等专家学者提供，唐均先生在西域语文释读方面给予指导。在此笔者向以上各位专家和收藏机构表示衷心感谢！

[①] 刘英华：《敦煌吐蕃医书所载毕吉伤药方考——从敦煌藏文医书所载毕吉疗伤方看拜占庭医药的东传》，载张勇安《医疗社会史研究》第 9 辑第 V 卷第 1 期，社会科学文献出版社 2020 年 6 月版，第 161—172 页。

唐代中外翻领人物画与三彩
人物俑及其工艺的研究

詹 嘉

(景德镇陶瓷大学艺术文博学院)

拙作《汉代至北朝翻领人物画与人物陶俑及其工艺的研究》，以图像、文献、文物为支撑，探寻中原翻领服装的发生与发展，本文据此进一步研究唐代翻领服的演变特征。

翻领服是域外胡人的常服，两汉时期偶有汉人穿着，魏晋南北朝逐渐增多。唐初唐太宗李世民采纳温彦博的建议，对少数民族"全其部落，顺其土俗"，重用胡人，任命契苾何力为其左领军卫将军，吐谷浑首领诺曷钵为西海郡王，怀柔政策的延续从制度上保障了胡风的流行。"江南则以巾褐裙襦，北朝则杂以戎夷之制。爰至北齐，有长帽短靴，合袴袄子，朱紫玄黄，各任所好。"[1] 但胡服大范围流行还是唐代中期，正如《旧唐书·舆服志》所云："开元初，从驾宫人骑马者皆着胡帽，靓妆露面，无复障蔽。士庶之家又相仿效。"《新唐书·五行志》："天宝初，贵族及士民好为胡服胡帽。"[2] 上述文献虽未具体描写翻领款式，但胡服涵盖了翻领服。

由于遣使纳贡、商业贸易、传播宗教、游历学习、躲避战乱、投诚被俘等，许多胡人来到大唐，主要移居长安、洛阳、扬州等大都市，或封官授爵、赐宅受禄尊为权贵，或长途贩运、囤积居奇成为商贾，或侍奉豪门、取悦主人沦为奴婢，或辗转流徙、混迹街巷变为伶

---

[1] （后晋）刘昫：《旧唐书·舆服志》，中华书局1975年版，第1951页。
[2] （北宋）欧阳修、宋祁：《新唐书·五行志》，中华书局1975年版，第876页。

伎。唐代开元、天宝年间，盛行翻领、对襟、窄袖、锦边的胡服，目前已发掘的墓室、窟穴壁画，出土、馆藏的绢画，特别是唐三彩有大量反映。沈从文认为唐代前期受高昌、回鹘文化影响，女子多戴尖锥形浑脱帽，穿翻领小袖长袍，领袖间用锦绣缘饰，钿镂带，条纹毛织物小口裤，软锦透空靴。中唐以后，胡服之风渐弱，衣着崇尚宽博。唐代对异族服饰兼收并蓄，促进了中国服饰的深刻变革，现存的画作、陶俑生动地表现了这一时尚服饰，现就其涉及的相关问题进行深入探讨，以求证于方家。

一 美术作品中的翻领服研究

唐代前期，汉人日常生活的服饰主要为深红、浅红、淡赭、浅绿、杏黄、绛紫、月青、青绿等色彩，棕红与粉绿、蓝绿、深蓝、深褐搭配，粉绿、蓝绿类似补色，色彩和谐。盛唐时期从贞观之治到开元盛世，壁画中的人物服饰，采用大面积的红色、绿色对比，装饰意味强烈，用叠晕渲染色彩，其间用少量的灰色、褐色过渡，色阶分明，立体感强。其中，开元、天宝服饰以粉绿作为主色调，配以蓝绿色，由深色皮肤衬托，相得益彰，格调高雅。或以粉绿作为主色调，但从衣裙腰部到下摆，采用橘黄与蓝绿冷暖色调强烈对比，纱裙透体，风韵更显妩媚。

（一）墓室壁画翻领服

唐代服装有圆领窄袖衫袍、圆领半臂短衫袍、翻领半臂衫袍等，如介眉临摹李震墓道中驾牛车的男子壁画（图1），头戴毛锋朝外的浑脱帽，身穿单薄小型双翻领窄袖短衫，下身着裈，赤足著裩，其翻领交襟并非地道胡服，且这种混搭服饰为唐代平民特有，不见于历代文献记载。

唐乾封元年（666）韦贵妃墓，修建于唐麟德二年（665），其墓室壁画《备马图》（图2）出土于陕西省礼泉县烟霞镇陵光村，昭陵博物馆藏。壁画描绘两名男胡向唐朝进贡良驹宝马，卷发阔口，高鼻深目，体格结实。一人叉腰耸肩,穿小型双翻领窄袖紧身淡赭长袍;另一人穿圆领窄袖紧身深褐长袍,双手备马。画面线条刚劲有力,袍褶浓墨重彩,布局赋色飞动飘逸。需要说明的是,这两幅壁画创作时间相当于唐三彩陶器的发展期,人物形象、翻领服饰与唐三彩非常契合。

图1　男子驾牛车　　　　图2　唐备马图

玄宗时官修《大唐六典》记载,"七千余蕃"与大唐往来,章怀太子墓[①]墓道东西两壁的《客使图》就是纪实性的壁画,描绘唐中宗为兄长雍王李贤举行迁葬仪式时,鸿胪寺官员接待外国使节的场景。西壁《客使图》损毁严重,无法揭取,只留存临摹本;东壁《客使图》保存较好。西壁《客使图》左边第一人身材魁梧,手中执笏,深目高鼻,长脸络腮胡。戴卷沿尖顶毡帽,内穿圆领红衫,外穿大翻领窄袖绯色长袍,腰束白色革带,穿黑色革靴。[②]据此,王仁波等推测可能是大食使节。[③]《旧唐书·西戎传·大食国条》云:"永徽二年(651),始遣使朝贡。其王姓大食氏,名噉密莫末腻……遣使献良马。……其国男儿色黑多须,鼻大

---

① 唐景云二年即711年,唐睿宗李旦追认李贤为皇太子,谥号章怀。
② 王维坤:《唐章怀太子墓壁画〈客使图〉辨析》,《考古》1996年第1期,第72页。
③ 王仁波、何修龄、单暐:《陕西唐代壁画之研究(上)》,《文博》1984年第1期,第39—52页。

而长。"《新唐书·西域传·大食条》也云:"男子鼻高,黑而须。"卷沿尖顶毡帽应是唐代诗人刘言史笔下的蕃帽,许多胡人陶俑都头戴蕃帽,大食客使的出现反映了大唐与倭马亚王朝的文化交流。

图 3　西壁《客使图》

图 4　抱胡瓶男侍 　　　　图 5　东壁《客使图》

东壁《客使图》右边一人秃顶圆脸,浓眉深目,高鼻阔嘴,穿暗红色翻领长袍,长及小腿,腰束带,脚蹬靴紫袍,拱手躬身。韩伟判定此人是中亚使节，① 张鸿修则认为是罗马使者，② 王仁波等也认为可能是东罗马使节。③ 中国史籍称东罗马帝国为拂菻或大秦，《旧唐书·西戎传》云："拂菻国一名大秦，……男子剪发，披毯而右袒……俗皆髦而衣绣。"从使者秃顶看，与文献记载髦发风俗密切相关。但根据文献资料和考古报告，杨瑾认为该使者不是东罗马人，秃顶男子发际线参差不齐，头发长及颈部，与剪发风俗迥异。最重要的是，该男子所穿翻领胡服与拂菻男服"披毯而右袒"大不相符。东罗马服饰融合了希腊罗马的传统并受东方的影响，颜色以紫色为尊贵。其紫色染料大多产于腓尼基的椎罗，即所谓"椎罗紫"④。而该男子身穿暗红色长袍属胡服，与东罗马服饰差别较大，杨瑾认为可能是康国人。《旧唐书·康国传》："其人皆深目高鼻，多须髯。丈夫剪发或辫发。"康国都城撒马尔罕阿夫拉西卜遗址大使厅壁画中就有一位粟特秃头侍者，他引导着突厥使节谒见粟特君主。⑤

章怀太子墓除了胡人穿着翻领服，汉人也穿着翻领服，如当值门吏抱胡瓶男侍壁画（图4），男侍屈膝而坐，幞头束发、眉清目秀，双手抱住胡瓶，神态安详。身穿单翻领宽松长袖袍，翻领为褐色，长袍为淡绿色，褶皱自然。

以上是男人穿着翻领服的画面，以下是女人穿着翻领服的画面，更显妩媚端庄。陕西房陵公主墓侍女图（唐咸亨四年，673），侍女穿大型双翻领窄袖束腰长袍，长袍为淡黄色，翻领为橘黄色，右手握住长颈壶把柄，长颈壶也叫胡瓶，口部为鸭嘴式，椭圆形腹，圈足。左手托住多曲长杯，杯面呈多曲椭圆形，杯体因分曲形成外凹内凸的棱线（图6）。乾县唐永泰公主墓（701）壁画宫女图（图7），描绘了汉族女子画像，图右1女扮男装，左手托住胡瓶瓶底，右手抓住胡瓶瓶颈；右3宫女双手

---

① 韩伟：《陕西唐墓壁画》，《人文杂志》1982年第3期，第108页。
② 陕西历史博物馆：《唐墓壁画集锦》，陕西人民美术出版社1991年版，第95页。
③ 王仁波、何修龄、单暐：《陕西唐代壁画之研究（上）》，《文博》1984年第1期，第39—52页。
④ 杨瑾：《大唐风骨——〈客使图〉人物文化渊源》，《中国社会科学报》2017年第2期，第16页。
⑤ 杨瑾：《大唐风骨——〈客使图〉人物文化渊源》，《中国社会科学报》2017年第2期，第16页。

托住食钵,她们都穿小翻领窄袖束腰长袍。韦浩墓提笼喂鸟侍女图(景龙二年,708),戴幞头,穿翻领窄袖胡袍,领、袖及衣襟边缘都有锦绣花纹。侍女一手提小篮,一手给站在肩头的长尾鸟喂食(图9)。另外,西安唐韦泂墓、韦顼墓的壁画,描绘了汉族女子穿大翻领长袍,束带,内穿紧口裤,脚蹬长靴。日本私人收藏的胡服舞伎美人(图8),佚名,屏风绢画残片,纵15.7cm,据同期出土的文献记载约作于704年。图中舞伎穿翻领锦袖服,领面绣宝花团窠,额描花钿,脸颊丰腴,神态端庄。上述画作与繁荣期的唐三彩人物俑相互影响,促进了翻领服的流行。

图6 房陵公主墓侍女

图7 永泰公主墓宫女壁画

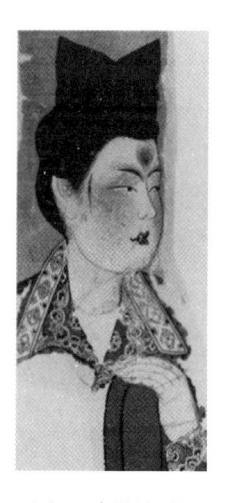

图8 胡服舞伎

图9 韦浩墓侍女

洛阳唐代相王唐氏墓,墓主是安国相王李旦之妾唐氏,建于唐中宗神龙二年,即706年,墓室壁画有胡人牵驼图(图10)、牵驼出行图(图13),均头戴尖顶卷沿毡帽,高鼻梁,深眼窝,络腮胡须,前者身穿双翻领长袍,腰束带,脚穿黑鞋,后者身穿翻领窄袖束腰短袍,腰系黑带,脚蹬黑色高靿靴,阔步前行。相王唐氏墓同时出土的人物俑,均泥质红陶,模制成型。头戴风帽陶俑(图11),高21.9cm,幞头陶俑(图12),高22.5cm。两尊陶俑面部丰润,五官清晰,唇部施红彩,身穿翻领宽袖长袍,双手拱于胸前,腰系带,足着翘尖鞋。[①] 交领指衣服前襟左右相交,且领口呈上下边缘宽窄一样,而相王唐氏墓领口呈上大下小的三角形,双翻领特征非常明显。另外,两尊陶俑双手拱于胸前,正好遮住双领交叉的部分。敦煌学家段文杰认为"最绚丽豪华的莫过于服装纹饰,不论是塑像或壁画,罗汉的山水衲、百褶锦裙,菩萨的僧祇支、绣花罗裙,供养人衫裙帔帛上的织绣缬染花纹,华美的纹样如石榴卷草,团花、棋格、折枝花卉和孔雀羽随处可见,特别是那些缕金锦纹,金光闪闪,富丽堂皇"[②]。唐代墓室壁画、人物陶俑取材于现实生活,男性少、女性多,人物简约传神、

图10 胡人牵驼 　　　　图11 风帽陶俑

---

① 洛阳市第二文物工作队:《唐安国相王孺人唐氏、崔氏墓发掘简报》,《中原文物》2005年第6期,第21—24页。

② 敦煌文物研究所:《中国石窟·敦煌莫高窟》第4卷,文物出版社1987年版,第184页。

器物特征鲜明，彰显了当时的仪礼规范、生活习俗、服饰特色、娱乐方式，构成事死如事生的图景。构图与造型和谐统一，色彩主次、明暗有别，既含蓄典雅，又生动明丽，人物服饰具有极高的艺术价值、史料价值。

图12　幞头陶俑　　　　图13　牵驼出行

（二）窟穴壁画翻领服

唐代窟穴壁画大多色彩明晰、富丽堂皇、画面厚重，人物眼睛、鼻翼、嘴角生动传神，面部用淡红色晕染，着重刻画人物表情。东方传统服饰色彩浓艳，人们认为红、黄、蓝是正统原色，由此调出的间色，不够纯正地位相对较低。

唐代敦煌莫高窟翻领人物壁画，由于身份卑微常常采用间色。莫高窟第225窟凿于盛唐，主室窟门上方有吐蕃占领时期所绘千佛，千佛下方的窟门南北侧，分别绘有王沙奴（图14）、郭氏供养像，皆作持炉胡跪状。王沙奴红色抹额、柳叶眉、朱唇，着左衽翻领长袍，旁题："佛弟子王沙奴敬画千佛六百一十躯一心供养"，汉族名字，吐蕃服饰，或为吐蕃人改用汉人姓名。郭氏着交领束胸长裙，肩搭帔帛，旁题："女弟子优婆夷郭氏为亡男画千佛六百一十躯一心供养"。据此推测他们当为夫妇。[①] 莫高窟第98窟于阗可汗天公主供养像、安西榆林窟回鹘圣天

---

① 王中旭：《敦煌吐蕃时期〈阴嘉政父母供养像〉研究》，《中国国家博物馆馆刊》2012年第3期，第104页。

公主供养像，都穿绣花大翻领长袍，腰束宽松带。

图 14　王沙奴

唐代称外使为蕃客，外商为蕃商。《北梦琐言·中书蕃人事》："唐自大中至咸通，白中令入拜相，次毕相诚、曹相确、罗相劭、权使相也，继升岩廊。崔相慎猷曰，可以归矣，近日中书尽是蕃人。盖以毕、白、曹、罗为蕃姓也。"① 这里的蕃指中亚康国人。唐代房千里《投荒录》记载广州"蕃坊"内外国居民自己选"蕃长"。吐蕃也称为蕃，《全唐文·与吐蕃盟文》："剑南西山大渡河东为汉界，蕃国守镇在兰、渭、原、会……大渡水西南为蕃界。"② 故广义蕃、胡区分不明，如敦煌遗书中《唐户部格残卷》："诸蕃商胡，若有驰逐，任于内地兴易。东自日本、新罗、高丽、百济，南至占城、真腊、室利佛逝，西至拂菻、大食、波斯、吐火罗、昭武九姓诸国、天竺，北至结骨、薛延陀、铁勒……突厥、回纥、吐蕃、奚、契丹、室韦、靺鞨、渤海、吐谷浑、南诏、骠国人民，凡流寓于唐者莫不包焉。"③

翻领不仅是西北少数民族特有的款式，也是西南少数民族特有的款

---

① （宋）孙光宪：《北梦琐言·中书蕃人事》，中华书局2002年版。
② （清）董诰、戴衢亨、曹振镛等编：《全唐文·与吐蕃盟文》，中华书局1983年版。
③ 转引自谢海平《唐代留华外国人生活考述》，台湾商务印书馆1978年版。

式，尤其是吐蕃人。吐蕃服饰主要由长袍和冠帽组成，长袍有翻领、圆领，其翻领长袍受中亚、西域影响较大，但也保留大量自身的特色，上至赞普、贵族，下至侍从、百姓都可以穿着，譬如莫高窟第158、159、231、360窟中的赞普和侍从。除世俗人物，大佛菩萨同样身着翻领长袍。吐蕃翻领长袍以丝绸织品、毛织品为主，贵族多穿丝绸织品，民众多穿毛织品。也有例外，《新唐书》记载吐蕃赞普穿着素褐，即白色毛纺织品，就是较为精致的氆氇。特别是榆林第25窟为吐蕃统治敦煌时期最重要的石窟之一，北壁的藏汉婚礼图（图15）中，几案摆满喜庆食物，宾客相视而坐。主宾戴透额罗软脚幞头，着圆领袍服，束腰革带，端盏而饮。两旁吐蕃男子穿翻领左衽袍服，双手作揖致礼。吐蕃新郎下跪行礼，右下角中间是汉族新娘，两边是伴娘，真实反映了唐蕃联姻的场景。莫高窟第220窟凿于初唐，甬道北侧绘有两位吐蕃男装供养人，均戴缠头着翻领服，右侧者手持香炉，左侧者双手合掌。[①] 另外，还描绘了两位吐蕃妇女（图16），一人辫发穿翻领左衽长袍，系腰带，袖口较窄，袖口和衣领颜色较深；一人辫发内穿浅色长袍，外穿翻领左衽短袖深色上衣，袖口和衣领颜色异于他处，系腰带，长裙下端颜色较深。

图15 藏汉婚礼图　　　　图16 两位吐蕃妇女

[①] 王中旭：《敦煌吐蕃时期〈阴嘉政父母供养像研究〉》，《中国国家博物馆馆刊》2012年第3期，第104页。

(三) 绢画翻领服

如果说墓室壁画主要是少数民族穿着翻领服，那么绢本画则汉族人穿着翻领服越来越多。国家一级文物《神骏图》（图17）传为唐代韩幹作品，后有学者认为是五代摹唐之作，绢本设色，纵27.5cm、横122cm，现藏辽宁省博物馆。《神骏图》工笔描绘晋人支遁凝视踏浪而来的爱马，策马童子眉清目秀、皮肤白皙，右手挽袖，当是汉人；持鹰仆从络腮胡，皮肤黝黑，曲项恭谨直立，当是胡人。童子和仆从身份低下，却穿着翻领服，其尖角均有纽襻，纽襻专为扣系而制，劳作时便于散热而敞开，劳作完又可以扣系保暖，如此看来，翻领服类似现在的劳动服。另外，童子和仆从所穿翻领服，轻薄松软当为丝织品，可见丝织服装的普及程度。需要说明的是，韩幹（706—783）是唐代中期的画家，画技全面，重视写生，官至太府寺丞，作品真实可信。《神骏图》虽然描绘的是晋人支遁爱马的故事，但其中的翻领服有可能临摹魏晋南北朝的画作，更有可能以当时穿着翻领服的胡人、汉人为创作对象，因为韩幹常常根据写生的人物、骏马进行创作。

图17 神骏图

二 翻领服人物陶俑的研究

陶器本身具有人物塑像的传统，就唐代陶器与瓷器而言，系统比较其原料加工、成型技法、釉料色彩、装烧工艺，我们可以发现陶器的原料往往就地开采，捣碎淘洗容易；瓷器的原料往往就近开采，捣碎淘洗复杂。陶器釉料色彩品种多，施釉着色较为繁复；瓷器釉料色彩少，施釉着色较为简单。陶器烧成温度低，变形概率小；瓷器烧成温度高，变形概率大。因此，陶器容易制作体量较大，体型复杂的人物，但瓷器则较难。需要说明的是，唐三彩流行时期，匣钵装烧尚处于发展阶段，由于成本较高，明器可能尚未使用。

唐代人物陶俑，特别是唐三彩人物服装宽窄、长短、大小各异；褶皱的深浅、曲直，花纹的形状、大小，衣饰的花结、饰品也各不相同，领口或敞开或闭合，袖口或宽松或紧窄，边幅或平垂或隆卷，装束的凹凸、形态，线条的长短、曲直，以及菱形、方形、圆形等图案，增加了人物俑塑形、施釉的难度。唐三彩胡人俑最为常见的是翻领窄袖紧身袍，且男女通服。翻领服饰有单翻领双翻领之分，多数翻领尖角有扣绊，如果合上就变成圆领。衣襟有左衽、右衽之分，一般而言，汉人右衽，胡人左衽，侧面开衩，翻领胡袍的袖口、衣襟边缘或有花纹，或无花纹。需要强调的是，与壁画、绢画相比，唐三彩翻领长袍款式基本相似，但色彩远比它们丰富，因为唐三彩釉色鲜艳但不透明，多样且多变。

（一）北方唐三彩单翻领服男俑

河南洛阳矿山厂出土（年代不详）唐代黄釉胡人俑（图18），高62cm，洛阳博物馆藏。俑着三角形单翻领窄袖长袍，长袍自上而下红褐色釉由深渐淡，腰间革带堆贴而成，袍面赭色釉层不够均匀，以致流淌到长靴。西安韩森寨唐墓（玄宗至代宗年间，712—779）出土唐三彩釉陶胡俑（图19），高29cm。胡俑络腮胡须，深目高鼻，好似全神贯注牵马。身着右袖半臂、左袖完整的单翻领长袍，腰间系带，内穿至膝短衣，足踏高靴。俑身施黄、绿、白釉。同墓中出土牵马俑一对，各自牵引一匹高大的骏马。西安市灞桥区洪庆乡出土唐三彩牵马胡俑（图20），通高56cm，外衣也为单翻领窄袖长袍，三角形翻领施深绿色釉，长袍自上而下红褐色釉由深渐淡，腰间革带刻画而成，堆贴带囊，左肩及左上臂露出绿色花纹的内衣，两手裸露小臂，双手空拳呈控制缰绳的状态。腰带上部自左向右斜纹刻画而成，腰带下部左侧面开衩，腿部施黄釉稀薄且不够均匀。

图18　黄釉牵马俑　　　图19　釉陶牵马俑　　　图20　三彩牵马俑

以上三尊唐三彩单翻领胡人俑，分别有2个长袖、1个长袖、1个半臂、2个半臂，胡人皆头戴幞头，双目深而圆、鼻梁高而宽、虬髯浓而硬，双手握拳呈控制缰绳的状态，脚蹬长靴，双脚略呈八字形立于陶板。根据乳白素胎、施釉衣饰判断，第一次没有上釉素烧，第二次上釉焙烧。三角形单翻领贴塑刻画而成，长袍褶皱采用刻画技法，红褐色长袍上面釉层较厚，下面较薄，厚处为红色，薄处为褐色，腰带下部褶皱刻画较为自然。值得注意的是，头部、颈部、小臂以及带囊均未施釉，裸露乳白素胎，双唇涂红釉、胸肌涂褐釉。以彩绘开相刻画细部。

（二）北方唐三彩双翻领服男俑

洛阳龙门安菩墓出土盘发牵马男胡俑（709）（图21），高59cm。发辫盘于脑后，身穿窄袖大翻领长袍，腰系袋囊。安菩，西域昭武九姓安国大首领的后裔，唐定远将军。大翻领为淡绿色，长袍为淡黄色。甘肃庆城县穆泰墓出土唐开元十八年（730）彩绘驯马陶俑（图22），高53cm，庆城县博物馆藏。戴黑色幞头，皮肤黝黑，身着锦边翻领赭色窄袖紧身长袍，腰间束带。双臂曲肘握拳于胸前，仿佛是在驯马。唐三彩高帽牵马男胡俑（图23），高68cm，洛阳博物馆藏。胡俑头戴灰色尖顶高帽，身穿窄袖大翻领长袍，大翻领为绿色，长袍为褐色。唐三彩釉陶胡服牵马俑（图24），高45.3cm，西安鲜于庭诲墓出土，国家博物馆藏。人俑戴幞头，形体健硕，脸微向左侧偏转，上身微前倾，双手高低错落，神情异常生动，大有玉树临风之神态，完全契合唐代的审美标准。身穿浅黄色翻领窄袖袍，大型三角双翻领领面呈黑色，腰间刻画束带。

图21　盘发牵马俑　　图22　幞头驯马俑　　图23　高帽牵马俑　　图24　胡服牵马俑

西安鲜于庭诲墓三彩骆驼载乐俑（图25）。骆驼头高58.4cm、首尾长43.4cm、俑高25.1cm，中国国家博物馆藏。驼背共载俑五人，胡汉各一人分别坐于驼背两侧，手持羯鼓、琵琶等乐器，中间一位胡人戴幞头，着绿色圆领长衫挥动双臂，应和音乐引吭高歌。仔细观察分析，两个胡人乐师均穿双翻领长袍，两个汉人乐师则穿圆领长袍。胡俑的脸、手均未施釉。骆驼塑造健硕，动态自然，施褐釉于鬃毛部渲染。这代表了盛唐社会风俗及高超艺术成就。需要说明的是牵驼、牵马、驯马的动作表明这些人是在野外劳作，热时敞开翻领，冷时扣系翻领，由此可见，翻领服饰主要是便于劳作，而并非装饰。上述胡俑深目高鼻，浓密络腮胡，颧骨凸起，满脸络腮胡，浓眉深目，高鼻阔嘴；汉俑则脸颊饱满，眉清目秀，鼻直口方；胡俑、汉俑均足穿长筒靴，两臂弯曲，双手空拳似牵缰绳。以彩绘开相，眉毛、眼睛、鼻子、嘴巴、耳朵刻画细腻。

图 25　骆驼载乐俑

（三）北方唐三彩双翻领服女俑

唐三彩单翻领女俑远比男俑少，双翻领比男俑略少，因为女子户外活动乃至劳作，远比男子少，且双翻领突出对称的美，而女性对美又具有天然的敏感性。陕西乾县永泰公主墓出土的三彩骑马女俑（图26），头带胡帽，穿红翻领、绿色窄袖、紧身胡服，足蹬小蛮靴，双手持缰，骑褐红骏马，身材窈窕，英姿飒爽。女俑、骏马釉彩单色为主，脸颊丰腴简洁明快，却更加有效地烘托出着男装女子英姿勃勃的青春与活力。甘肃省庆城县穆泰墓出土开元十八年（730）加彩女俑（图27），庆城县博物馆藏。女俑眼睛细长、鼻梁挺直、双唇红润、脸颊皙白、嘴角微笑，脸庞略施粉黛。V形领内衣配绿色长裙，领口呈红色，外披翻领长袍，领口贴金，尽现女性风尚。西安十里铺第337号墓出土蓝釉胡服女陶俑（图28），中国国家博物馆藏。女俑头戴小帽，外罩云头纹、高顶卷檐白色毡帽，身穿左衽褐色长条形大翻领、蓝色窄袖对襟长袍，腰系带；下穿白色长裤，足蹬蓝釉翘尖尖头履；右手握于胸前，左手置袖内于左胯。洛阳出土的三彩胡装女俑（图29），头戴卷沿帽，身穿窄袖紧身三角形大翻领长袍，腰系带，脚穿尖头靴，属女扮男装。上述各图皆为大翻领过膝紧身袍服，下摆开衩，翻领与长袍形成冷暖色调对比，颜色反差较大，非常醒目。壁画中女性脚穿软锦靴,而女性陶俑则穿靴。

图26 三彩骑马女俑　图27 加彩女俑　图28 蓝釉女俑　图29 三彩女俑

(四) 南方唐三彩双翻领服男女俑

目前,出土的唐三彩人俑主要集中于北方,但南方也有出土,神态体貌与北方基本一致。江西九江出土的一批由北方南迁的唐三彩,其中有穿着双翻领服人俑:绿袍男胡俑(图30),三角形翻领为橘黄色,通高37cm、宽15cm;红袍男胡俑(图32),三角形翻领为浅黄、浅绿相间的斑纹,通高48.3cm。除尺寸不同外,人物造型基本相同,标准国字脸,双目凹陷,高鼻梁、宽鼻翼,浓密络腮胡。身穿翻领窄袖短袍,头戴翻檐帽,手臂弯曲,双手握拳,双足裸露不见皮靴。唐三彩仕女俑(图31),俑高23cm,永修县博物馆藏。头戴高冠,双手握拳放在胸前,足藏于裙下,肩披黄色双翻领短袍,绿色内衣。①

需要补充的是,南方的扬州是唐三彩出土最多的地方,四川邛窑烧制的唐三彩最好,其次是湖南的岳州窑,但造型完好、色彩完美的翻领人物俑尚缺。

---

① 汪建策:《南迁的唐三彩——揭开江西九江出土唐三彩的神秘面纱》,《文物鉴定与鉴赏》2014年第2期,第61—62页。

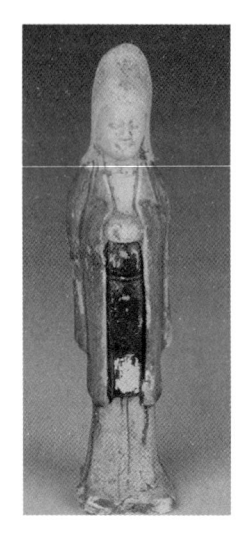

图30　绿袍男胡俑　　图31　黄袍仕女俑　　图32　红袍男胡俑

三　唐三彩生产工艺研究

《唐六典》记载，唐代中央专设"甄官署"，管理"琢石陶土"之事，并规定"凡丧葬则供其明器之属，三品以上九十事，五品以上六十事，九品以上四十事，当圹、当野、祖明、地轴、诞马、偶人，其高下各一尺，其余音声队与童仆之属，威仪服玩，各视生之品秩，所有以瓦木为之，其长率七寸"[①]。唐三彩属于"琢石陶土"，自然受到"甄官署"的管理，加上事死如事生的丧葬习俗，都刺激了三彩陶器的发展。

唐三彩集前代陶器工艺之大成，成为中国陶器发展史的一座高峰，并深刻影响了国内外陶器制作工艺，使中外文化交流史的特殊人物、动物、植物、景物交相辉映。唐三彩塑像大致分为四类，一是人物俑：武士俑、侍卫俑、文官俑、贵妇俑、天王俑等，二是动物俑：骆驼、牛马、猪羊、鸡鸭等；三是建筑起居模型：亭台楼阁、房屋仓库、车辇床榻等；四是生活用品：瓶壶罐、盘碗杯盂等。本文主要讨论前两类的生产工艺

[①] （唐）李林甫等著：《唐六典·尚书工部》，陈仲夫校，中华书局1992年版。

及艺术风格。

唐三彩属低温铅釉陶,源于汉代绿、褐、黄等单色、复色釉陶,而釉陶是由彩陶与彩绘陶发展而来。彩陶与彩绘陶的区别:彩陶是烧前绘彩,在坯胎上施彩再如窑烧制,故颜料与坯胎融为一体不易脱落,彩陶出现于新石器时代早期。彩绘陶是烧后彩绘,由于颜料只是附着于器表,没有渗入胎体故易脱落,彩绘陶出现于新石器时代中期。彩陶经过商周时期的发展,战国秦汉时期更加繁荣,素烧陶器一般呈灰色,装饰色彩有红、赭、褐、黄、绿、青、白、紫等。南北朝开始以高岭土取代黏土烧制低温铅釉器,并孕育了唐三彩,逐渐突破了两汉低温釉陶的工艺技术。[①]

唐三彩生产工序主要有选料、成型、素烧、配釉、施釉、釉烧、开相,原料多为黄色黏土,也有白色黏土,即高岭土。成型一般为轮制、捏制、模印、雕塑,轮制多为盘碗等日用器皿(不在本文讨论范围以内),捏制多为小型或奇特的人物俑,模型印制多为型体较大、相对规范的人物俑,雕塑型体较大、相对复杂的人物俑,一般需要借助工具完成。人物俑可以利用捏制、模印、雕塑单独成型,但一般需要多种方法成型。先将坯胎晾干,入窑第一次经800℃—1100℃素烧后,在素胎表面直接施以红、白、绿、蓝、紫等色釉,或在素胎表面施白粉,再根据需要用釉料装饰,一般有单色、多色釉彩绘、贴金彩绘等,层次感较强,再施以色釉,入窑第二次经850℃—900℃烧制。唐三彩作坊和窑炉连在一起,窑炉平面呈马蹄形,由窑门、燃烧室、窑床、烟囱组成。燃烧室为扇形,窑床呈长方形,烟囱在窑床后面。[②] 作坊和窑炉相连便于生产,节省成本。

釉色是唐三彩的灵魂,以氧化铅为主要助熔剂,铅和石英按3∶1配制,以此为基本色,用石臼和擂钵粉碎釉药,研磨棒或用胎泥烧制,有

[①] 陈彦堂:《关于汉代低温铅釉陶器研究的几个问题》,《古代文明(辑刊)》2005年第11期,第305—306页。

[②] 禚振西、杜葆仁:《铜川黄堡发现唐三彩作坊和窑炉》,《文物》1987年第4期,第26—31页。

的擂钵口沿带流，说明釉料有粉体或液体，① 配制出浅黄、赭黄、翠绿、深绿、天蓝、褐红、茄紫等，且色彩由浅到深，由淡到浓，晕缬斑驳。陶工熟悉氧化气氛的烧制，加入适量氧化铜、氧化铁、氧化钴会分别呈绿色、黄褐色、蓝色。总体而言，铅釉化学光泽度较强，但硬度较低，稳定性较差。其中，釉料以黄色为主，其次是褐色、绿色等，均为单色使用，头、手足之外的身体，用红、绿、金彩装饰，金彩多用于女俑的首饰、项饰、腕饰及配饰。

唐三彩装饰特征。①由点、线组成几何形图案：圆点组成联珠纹或点彩纹；圆点、斜线组成菱形图案和网格纹；粗细直线组成条状纹或曲折成重叠三角纹；用釉汁描成斑点纹或大块彩斑。②印、刻花填彩：在盘类器物内底印出花卉、流云、飞禽等，然后填以不同釉彩，由于线条阻隔，各种色釉互不干扰；刻花填彩做法与此相同，仅是将印花改成刻花。③贴花装饰：将模印贴片贴于器物后施釉，并在贴花部位涂上色釉，使贴花更为突出。④露胎装饰：有规则地在三彩釉胎体点缀碳酸钠，烧造时该处釉汁向四周流淌而露出胎质，将其组成各种图案，这种技法只在盛唐时期使用，以后就失传了。⑤绞胎装饰：将白色、褐色的胎泥卷叠成圆柱，然后取其断面制成薄泥片，贴在器物表面，或用模子压挤成形，或用拉坯成形，或雕塑成形，再施一层透明釉烧制，其纹样与大理石相似，极富自然美。⑥开相工艺：人物俑第二次烧制以后还需开相，颈部以上多不施釉，特别是脸部，先用白粉打底，用毛笔在面颊和嘴唇涂点朱红，再以色彩描绘眼睛、眉睫、胡须、双唇，以及巾、帽、靴等。另外，手臂露出皮肤，足部用黑墨涂抹靴子，有利于刻画人物的形象及神态。因为烧制过程无法控制色釉流淌，如无特殊需要，一般不施色釉。

唐三彩时期大致分为发展期、繁荣期、衰弱期。发展期从唐高宗中期至武则天中期，历时约50年，即7世纪中叶至7世纪末。这一时期唐三彩品种及其产品较少，釉色较为单调，主要有赭褐、赭黄，间以白绿两色，多采用蘸釉法，釉层厚而不匀，且呈泪状流釉，釉面色泽暗淡。

---

① 禚振西、杜葆仁：《铜川黄堡发现唐三彩作坊和窑炉》，《文物》1987年第4期，第26—31页。

白地素胎间或采用印花、划花技法，器物肩部或加点饰。出土三彩器物集中在洛阳、西安两地。

繁荣期自武则天中期至玄宗时期，历时约50年，即8世纪初到8世纪中叶，这一时期唐三彩品种及其产品都较多，三彩陶俑质量最好，色彩最艳。白地素胎普遍采用划花、印花技法，施釉技法有蘸釉、荡釉、刷釉、点染、蜡染等，釉色主要有黄、绿、红、蓝、紫、褐，器物内外多施釉，光泽晶莹。针对体型高大、造型多变的人物俑和动物俑，往往采用堆贴和捏塑使其神形兼备，出土三彩器物遍及大江南北。

衰弱期为中晚唐时期，即安史之乱（755—907）以后，学界尚无定论，这一时期唐三彩品种及其产品都很少，釉色较为单一，釉层单薄且容易脱落。逐步降低了唐三彩的铅含量，极大地减少铅毒的溶出量，促使其由明器转向生活实用器，三彩俑锐减，三彩器皿造型较小，出土器物主要集中在西安。

四　结语

拙作《汉代至北朝翻领人物画与人物陶俑及其工艺的研究》，论述翻领服的发生与发展为唐代的风行积蓄了能量。唐代长安、洛阳、扬州等地是胡人移居的重要城市，翻领服渐成新潮，无论胡人、汉人均可穿着。考古资料显示，墓室、窟穴壁画及绢本画作在等级较高的唐墓中，穿着翻领服的人物俑多为胡人，也有汉人，且多为身份低下的仆从、伎乐等，似乎说明翻领服是划分社会阶层的符号。

唐三彩是由汉代单色、复色铅釉陶发展而来，并在釉料中加入钴、锰等呈色剂，与汉代彩陶的异同关系非常明显。相异之处：①汉代铅釉陶没有钴料，而唐三彩有。②汉代彩陶属简单铅釉，唐三彩除此之外，还富含多种金属氧化物。③汉代釉陶是素坯施釉、一次烧成，而唐三彩既有素坯施釉、一次烧成，也有先素烧后施釉的二次烧成。④汉代釉陶以普通黏土为原料，胎体多呈褐红色，孔隙较多，吸水性较强。唐三彩既可以黏土为原料，也可以高岭土做胎（制瓷原料），胎质细密吸水率较低。相同之处：①汉代复色釉陶和唐三彩都追求两种以上色釉互相交融的效果。②汉代复色釉陶和唐三彩均以铅为助溶剂，以氧化铜和氧化铁为呈色剂，同属铅釉系统故呈色机理相同。③汉代铅釉陶和部分唐三彩以普通黏土为坯料制成。④汉代复色釉陶和唐三彩烧成温度接近。⑤汉代复色釉陶和唐三彩多为随葬品。

陶工针对翻领的大小厚薄，采用不同的装饰技法，一般直接在模型雕刻出来，但比较呆板；大而厚的翻领可用坯料粘贴，立体感强；小而薄的翻领可在坯胎上印刻，立体感弱。唐三彩属低温铅釉，烧制过程釉汁流淌性大，釉汁或厚或薄，色调或浓或淡。为此，陶工有意识地凸起翻领的卷边、凹陷翻领的刻纹，采用喷洒、涂抹、点染、描绘等方法上釉，一般而言，领面平整较大的可以喷洒，领面凹凸较大的可以涂抹，领面有复杂图案可以点染，领边可以描绘，这样可以有效地控制釉料的流动、渗透、挥发，更好地表现翻领服的质地、款式、色彩。另外，必须说明的是，本文选取的翻领服釉色尽可能全面，但实际上出土的唐三彩翻领服人物俑中，绿色系、黄色系比较多，蓝色系比较少，因为陶工容易烧制氧化铜的绿釉、氧化铁的黄釉，而钴料需要从西亚取得，烧制氧化钴的蓝色自然就少。

如果从统计学考察翻领人物画、人物俑，我们可以发现：初唐渐多，盛唐最多，中唐锐减，晚唐消失；比较穿着者，我们会发现：单翻领、小翻领少，双翻领、大翻领多。如果从色彩学考察翻领的色彩，我们也会发现：黄色最高贵，渐次为红紫、蓝绿、黑褐等，翻领服人物俑也基本遵循这种规律。唐三彩翻领人物俑吸取了绘画、雕塑等技艺，不同于圆领、交领、立领，在于三角形翻领立体感强烈，造型棱角分明，线条粗犷有力，衣饰刻画细腻，男子更显阳刚，女子更显柔美。

南宋温州市舶务设置新考*

陈少丰

(泉州海外交通史博物馆)

南宋绍兴元年（1131）以前，温州市舶务便已成立。[①] 据邱志诚先生的考证，温州市舶务设立时间的应该在建炎二年（1128）至建炎四年（1130）之间。[②] 据《宝庆四明志》卷六："宁宗皇帝更化之后，禁贾舶泊江阴及温、秀州，则三郡之务又废。"[③] 因此温州市舶务废止于嘉定元年（1208）开始的"嘉定更化"之后。那么温州市舶务至少存在了77年。但是关于南宋温州市舶务的史料很少，后世难以知晓其设置及运行情况。[④] 近年来，《〈永乐大典·常州府〉清抄本校注》一书出版。笔者发现一条与温州市舶务相关的新史料，特撰小文，抛砖引玉。

一 史料

上海图书馆藏有一部清朝嘉庆年间抄本，各卷书口、卷端题有"常州府志"，书中又记载永乐元年户口、田赋的方志，所以有资料暂时将其

---

* 本文为2018年度国家社会科学基金重大项目"中国古代海上丝绸之路图像资料的收集、整理与研究（18ZDA186）"的阶段性成果之一。

① （清）徐松：《宋会要辑稿·职官四四之十六》，上海古籍出版社2014年版，第4211页。

② 邱志诚：《宋代温州市舶务设置时间考辨》，载《浙江海洋学院学报》（人文科学版）2013年第6期。

③ （宋）罗濬：《宝庆四明志》卷六，台北：成文出版社1983年版，第5136页。

④ 代表性论著有［日］藤田丰八：《宋代之市舶司与市舶条例》，魏重庆译，商务印书馆1936年版；周梦江：《宋代温州港的开辟及其原因》，载《温州师专学报》（社会科学版）1981年第1期；张健：《宋元时期温州海外贸易发展初探》，载《海交史研究》1988年第1期；倪尔爽：《南宋时温州海外贸易发达的原因》，载《海交史研究》1998年第2期。

命名为"［永乐］常州府志"。但后来，经过王继宗先生的考证，此书乃是《永乐大典》卷6400至卷6418"常州府一至十九"的抄本。① 其中"常州府十"有一条与温州市舶务相关的新史料。

南宋咸淳二年（1266），江阴军知军赵孟奎在《便民札子》中写道：

> 五曰：宽舶征。臣初见海舶置司抽解，必是海道要紧之冲、州县镇压之所。气势号令，蛮商听服。可以检防铜镪出界之弊，机察漏舶瞒税之奸。故福建则在泉南，二浙则在四明。其他小处，如漫，则以归舟恋家山，势同回马；如江阴，则以大舟易于入港，便于偃帆。从前创立，不为无说。②

王继宗在校注中认为，"漫"，不知何意，疑当作"温"，即温州。为与下文对仗，此字或当作两字"温州"。③ 王氏还引用了《宋会要辑稿》的一段记载来佐证此观点。即乾道二年（1166），"两浙路惟临安府、明州、秀州、温州、江阴军五处有市舶"④。

笔者赞同王继宗的观点。从整段史料分析，赵孟奎是在分析宋代市舶机构的设置条件。泉州和明州作为大港，设立于蕃商云集、海道紧要之处，既可抽解保证税收，又可稽查各种违法现象。江阴作为小港，其设置得益于港口条件优越，便于大船停泊及避风。"漫"字出现在三个港口之间，实在令人费解。合理的解释是，"漫"字为"温"字之误。

王继宗紧接着在校注中认为，家山，家乡之意。此句不详何意。疑指：来舟到岸过夜休息而成市。⑤ 其实本句的理解乃至断句是难点。钱建中先生的断句为"其他小处如漫，则以归舟恋家，山势同回马"⑥。

---

① 王继宗：《〈永乐大典〉十九卷内容之失而复得——［洪武］〈常州府志〉来源考》，载《文献》2014年第3期，第65页。

② 王继宗校注：《〈永乐大典·常州府〉清抄本校注》，《常州府十》，中华书局2016年版，第631页。

③ 王继宗校注：《〈永乐大典·常州府〉清抄本校注》，《常州府十》，第674页。

④ 《宋会要辑稿·职官四四之二八》，第4218页。

⑤ 王继宗校注：《〈永乐大典·常州府〉清抄本校注》，《常州府十》，第674页。

⑥ 钱建中：《无锡方志辑考》，世界知识出版社2006年版，第311页。

笔者赞同王继宗的断句方式，并结合宋代市舶条例的规定，参照泉州市舶司的设立经过，考证"则以归舟恋家山，势同回马"背后耐人寻味的含义。

二 解读

受宋朝政治经济形势影响，熙、丰之前宋朝忙于建政集权，粗放管理海外贸易，仅为掌控海外贸易资源以补充财用，允许未立市舶机构港口比较自由地贸易。[①] 此时的泉州海商往返贸易港口均为泉州港。神宗即位之前，泉州出现了"舶商岁再至，一舶连二十艘，异货禁物如山"[②] 的盛况。

熙、丰之时，宋朝施行新法，为了实现富国目标，在海外贸易上强化市舶司职能，将发舶和住舶港口限定在三个设立市舶司（广州、明州、杭州）的港口集中管理，尽可能地垄断海外贸易资源，不允许未立市舶机构港口实行直航贸易而只能进行转口贸易。[③] 泉州海商"熙宁中始变市舶法，往复必使东诣广，不者没其货"[④]。泉州港因为没有设立市舶司，失去了发舶和住舶的主动权。"自泉之海外，率岁一往复，今迁诣广，必两驻冬，阅三年而后返，又道有焦石浅沙之险"[⑤]。但是"海道回远，窃还家者过半，岁抵罪者众。太守陈偁奏疏愿置市舶于泉，不报"[⑥]。泉州海商还是认为取道广州过远，不惜私自返回泉州，犯法者众多。泉州地方官请求在泉州设市舶司，解决难题，但暂时没实现。

[①] 陈少丰：《宋代未立市舶机构港口之海外贸易》，载《海交史研究》2016年第1期，第22页。

[②] （宋）晁补之：《鸡肋集》卷六二，《朝散郎充集贤殿修撰提举西京嵩山崇福宫杜公行状》，《钦定四库全书荟要》，第386册，吉林出版集团有限公司海天出版社2005年版，第482页。

[③] 陈少丰：《宋代未立市舶机构港口之海外贸易》，载《海交史研究》2016年第1期，第22页。

[④] （明）解缙：《永乐大典》卷三一四一，《陈偁》，中华书局1986年版，第1836页。

[⑤] （明）解缙：《永乐大典》卷三一四一，《陈偁》，第1836页。

[⑥] （元）马端临：《文献通考》卷六二《提举市舶》，中华书局2006年版。

但是由于泉州港日趋繁荣，其地位日益重要，使得宋朝统治者不能不正视事实。① 熙丰变法结束后的元祐二年（1087），泉州市舶司设立。这表明大宋朝廷已经认识到闽南商人在海上贸易的重要性。②

熙丰之后，朝廷采取务实态度经营海外贸易，但其余未立市舶机构港口依然只能实行转口贸易。③ 所以，尚未设立市舶机构的温州港也面临着当年泉州港同样的境遇。温州港地处明州港和泉州港的中点，距离较远，海外贸易往返取道明州和泉州，较为不便。

但在宋代，温州海商有了一定的发展。据《高丽史》卷九十四："周伫，宋温州人。穆宗时，随商舶来"④。南宋绍兴年间（1131—1162），"温州巨商张愿，世为海贾，往来数十年，未尝失时。"⑤ 绍兴三十二年（1162），温州发生风灾，"有巨商檥舟寺下"⑥。南宋中后期，王德用、王德明兄弟"伪造禁物，为国书以奉交趾。其国主大喜，亲与宴会，出宫女佐樽。以德用材艺而敏给，厚礼而留之。遣乃兄回，金玉货宝犀象白牛角之类，充牣舟中"⑦。南宋末期，温州人薛氏前往真腊，后"居三十五年"⑧。因此，温州海商实力的成长对温州港设立市舶机构产生需求。

"以归舟恋家山，势同回马"的意思是，温州海商眷恋热爱故土温州，多将贸易船舶驶回温州港。其用意是以一定的贸易量引起朝廷注意，然后争取朝廷批准设立市舶机构，方便就地管理。温州商人处事灵活多变，"其货纤靡，其人多贾。……疏通之才，适于权变"⑨。况且温州市舶

---

① 胡沧泽：《宋代福建海外贸易的管理》，载《福建师范大学学报》（哲学社会科学版）1995年第1期，第94页。

② 苏基朗：《刺桐梦华录》，李润强译，浙江大学出版社2012年版，第49页。

③ 陈少丰：《宋代未立市舶机构港口之海外贸易》，载《海交史研究》2016年第1期，第22页。

④ ［朝鲜］郑麟趾：《高丽史》卷九四《周伫传》，西南师范大学出版社2014年版，第2929页。

⑤ （宋）洪迈：《夷坚志》支丁卷第三《海山异竹》，中华书局1981年版，第987页。

⑥ （宋）洪迈：《夷坚志》丙志卷第六《温州风灾》，第416页。

⑦ （宋）俞文豹：《吹剑四录》，收录于《全宋笔记》（第七编 五），大象出版社2016年版，第176页。

⑧ （元）周达观：《真腊风土记·异事》，中华书局1981年版，第178页。

⑨ （宋）程俱：《北山小集》卷二二《席益差知温州制》，《文渊阁四库全书》（电子全文检索系统），上海人民出版社1999年版。

务设立的时间是南宋初年，宋廷南渡，财政困难，对外贸较为倚重，正是"市舶之利最厚"[①] 的良好时机，朝廷较容易批准。

赵孟奎在肯定江阴港设立市舶务是因为其自然条件优越时，不方便直言温州港设立市舶务的背后有温州海商运作"嫌疑"，因此采取了委婉的说法，让这条史料的理解成了难点。但正是宋代温州社会经济的发展，再加上温州海商积极巧妙的争取，促成了温州市舶务的设置。

---

① 《宋会要辑稿·职官四四之二〇》，第 4213 页。

宋元海洋知识中的"海"与"洋"

黄纯艳

(华东师范大学历史系)

唐代仍严厉禁止本国民众经商等出境活动,所谓比较开明的对外政策只是向外国人开放,没有迈出允许本国民众外出的关键一步。[①] 与此不同,宋元不仅鼓励外国人来华,也允许和鼓励本国民众出海,海洋实践空前发展,海洋知识空前增长,对海洋地理的认知从模糊的想象世界变为真切具体的现实空间,在知识和观念上都进入一个新的阶段,为明清海洋知识发展,乃至应对全球化带来的知识和观念冲击、交融奠定了重要基础。相关的研究讨论了宋元海洋知识、中国古代海域命名、明清南海东西洋、七洲洋等问题。[②] 在海洋知识和观念发展史上,宋元是重大变化和承上启下的时期,需要从整体视野更好地认识和总结,本文拟从这一角度对宋元时期海洋地理空间认知作一讨论。

一 对"海"认知的衍变

宋元时期,"九州—四海"的天下观念仍然是官方和士人认识海洋的重要知识框架。天下的结构是"外际乎天,内包乎地,三旁无垠,而下

---

① 本文是国家社科基金重大项目(项目编号:17ZDA175)资助成果。魏明孔:《唐代对外政策的开放性与封闭性及其评价》,《甘肃社会科学》1989年第2期。
② 冯承钧、藤田丰八、刘迎胜、万明、谭其骧、韩振华、陈佳荣、吴松弟、刘义杰、黄纯艳等学者分别讨论了上述问题,其相关论著将随文讨论,此不赘举。

无底者,大瀛海也"①。海围绕于九州为中心的陆地四周,构成"天下"。国家通过册封和祭祀四海神,倡导和维护"九州—四海"的天下观念。宋代,海神封号由宋太祖朝所封两字,至宋仁宗康定元年加为四字,东、南、西、北四海神分别封为渊圣广德王、洪圣广利王、通圣广润王、冲圣广泽王。②在宋人海洋活动日益频繁的东海和南海二海,海神不断因"圣迹"获得加封。宋高宗建炎四年东海神封号已加封至八字,为助顺佑圣渊德显灵王(乾道五年改助顺孚圣广德威济王)。③绍兴七年南海神亦加封至八字,为洪圣广利昭顺威显王。④北宋设东海神本庙于渤海湾中的莱州,于立春日祀东海神于莱州,设南海神本庙于广州,于立夏日祀南海神于广州。西海神和北海神祭祀则实行望祭,立秋日于河中府河渎庙望祭西海神,立冬祀于孟州济渎庙望祭北海神。⑤显示宋朝皇帝对包括四海在内的"天下"的绝对统治权,"天子之命,非但行于明也,亦行乎幽。朝廷之事,非但百官受职也,百神亦受其职"⑥。

蒙古入主中原后,也把祭祀四海神作为国家祭祀活动的重要组成部分。蒙古灭南宋以前的至元三年正式"定岁祀岳、镇、海、渎之制",祭东海于莱州界,对南海、西海和北海神则分别于莱州、河中府和登州望祭。灭亡南宋后,罢南海神望祭,在广州祭祀南海神,于河渎附祭西海神,济渎庙附祭北海神。⑦元朝对四海神重新册封,从二字王爵逐步加封到四字王,东海神为广德灵会王,南海神为广利灵孚王,西海神为广润灵通王,北海神为广泽灵佑王。⑧目的同样是显示皇帝绝对拥有"九州—

---

① 吴澄:《吴文正集》卷四八《大瀛海道院记》,文渊阁《四库全书》第1197册,上海古籍出版社1990年版影印本,第498页。
② 《宋史》卷一〇二《礼五》,中华书局1977年版,第2485页。
③ 罗浚:《宝庆四明志》卷一九《定海县志第二·神庙》,中华书局1990年版,第5239页;《宋会要辑稿·礼二一》,上海古籍出版社2014年版,第1085页。
④ 《建炎以来系年要录》卷一一四"绍兴七年九月戊子",中华书局2013年版,第2141页。
⑤ 《宋史》卷一〇二《礼五》,第2485页。
⑥ 郑刚中:《北山集》卷一四《宣谕祭江神文》,文渊阁《四库全书》第1138册,上海古籍出版社1990年版影印本,第156页。
⑦ 《元史》卷七六《岳镇海渎》,中华书局1976年版,第1900页。
⑧ 《元史》卷七六《祭祀五》,第1900页。

四海"的天下，即"岳、渎、四海皆在封宇之内"①。

士人仍以"四海"观念解释海洋。南宋为了与金朝争夺正统，在明州设东海神祭祀本庙，并解释其合理性，认为北起渤海、南到福建的海域即为东海。设立东海神本庙于莱州即说明自渤海起即为东海，直到"通、泰、明、越、温、台、泉、福，皆东海分界也"②。把这一篇海域称为东海，使得东海神本庙南移是合理的。在这一解说下，宋人认为广东路及其以南海域则通为南海。宋人称三佛齐的位置"在南海之中，诸蕃水道之要冲也。东自阇婆诸国，西自大食、故临诸国，无不由其境而入中国者"③。即东自阇婆、西自大食所来的海路都是以三佛齐为中心的南海范围。

元代张翥为《岛夷志略》所作序中认为汪大渊的记载证实了邹衍之说，即"九海环大瀛海，而中国曰赤县神州，其外为州者复九，有裨海环之"。他对邹衍之说，"人多疑其荒唐诞夸，况当时外徼未通于中国，将何以征验其言哉。汉唐而后于诸岛夷力所可到，利所可到，班班史传，固有其名矣。然考于见闻，多袭旧书，未有身游目识而能详记其实者，犹未尽征之也"，而汪大渊"非其亲见不书，则信乎其可征也"的见闻"由有可观，则邹衍皆不诞焉"。吴鉴为该书所作的序也阐述了"九州—四海"的天下观念，证明其即"中国—四夷"的华夷秩序："中国之外，四州维海，之外夷国以万计。唯北海以风恶不可入，东、西、南数千万里皆得梯航以达其道路，象胥以译其语言。惟有圣人在乎位，则相率而效朝贡，通互市，虽天际穷发不毛之地无不可通之理焉。""惟中国文明，则得其正气。环海于外，气偏于物，而寒燠殊候，材质异赋，固其理也。"张翥承袭理学，"以诗文知名一时"，官至翰林学士承旨。④ 吴鉴则是受命编修《清源续志》，因泉州为重要外贸港，"故附录（汪大渊之书）《清源续志》之后。不惟使后之图王会者有足征，亦以见国家之怀柔

---

① 陈垣编纂、陈智超等校补：《道家金石略》，文物出版社1988年版，第670页。
② 《文献通考》卷八三《郊社考十六》，中华书局2011年版，第2560—2561页。
③ 《岭外代答校注》卷二《三佛齐国》，中华书局1999年版，第86页；《诸蕃志补注》卷上《阇婆国》，香港大学亚洲研究中心2000年版，第88页。
④ 《元史》卷一八六《张翥传》，第4284页。

百蛮,盖此道也"①。他们以官方立场解读汪大渊的记载,证明华夷天下的秩序和格局。元人与宋人一样为东海和南海勾画了边际,即所谓"海水终泄于尾闾"②。而且认为爪哇即接近于"近尾闾之所泄","蕞尔瓜哇之小邦,介乎尾闾之大壑"③。

但是,在宋元时期即使是士大夫,也有人提出了对"四海"真实性的质疑。已有文指出,唐代在同州祭西海神,在洛州祭北海神,即说明西海与北海不在封宇之内,但尚未有人明确质疑其实际存在,宋人已有人对西海和北海的虚实提出了明确质疑。④ 洪迈指出不存在所谓西海:"北至于青、沧,则云北海。南至于交、广,则云南海。东渐吴、越,则云东海,无由有所谓西海者。"⑤ 实际上,按其所言"北至于青、沧,则云北海",则北海也无实指的海域。乾道五年太常少卿林栗说"国家驻跸东南,东海、南海实在封域之内","其西、北海远在夷貊,独即方州行二时望祭之礼"⑥,实际也就是说,东海、南海在宋朝封域之内,而并无西海和北海。⑦ 元代更明确地提出了疑问:"海于天地间为物最巨,幅员万里,东、南、北皆距海而止,惟西海未有考。或以瀚海、青海当之,是与? 否与?"⑧ "海之环旋,东、西、南、北相通也。而西海、北海人所不见,何也?"时人的解释是"西北地高,或踞高窥下,则见极深之壑,如井沉沉然,盖海云。东南地卑,海水旁溢,不啻万有余里"⑨,又称"乾始西北,坤尽东南,故天下之山其本皆起于西北之昆仑,犹乾之始于

---

① 《岛夷志略校释》吴鉴"序",中华书局1981年版,第5页。
② 陆文圭:《墙东类稿》卷四《流民贪吏盐钞法四弊》,文渊阁《四库全书》第1194册,1990年影印本,第571页。
③ 方回:《桐江集》卷三《平瓜哇露布》《出征海外青词》,江苏古籍出版社1988年版,第350、348页。
④ 黄纯艳:《中国古代官方海洋知识的生成与演变——以唐宋为中心》,《学术月刊》2018年第1期。
⑤ 洪迈:《容斋随笔》卷三《四海一也》,中华书局2005年版,第31页。
⑥ 《文献通考》卷八三《郊社考十六》,第2559页。
⑦ 黄纯艳:《宋代水上信仰的神灵体系及其新变》,《史学集刊》2016年第6期。
⑧ 陆文圭:《墙东类稿》卷三《水利》,第558页。
⑨ 吴澄:《吴文正集》卷四八《大瀛海道院记》,第498—499页。

西北也。天下之水其流皆归于东南之尾闾，犹坤之尽于东南也"①。似乎从根本上解释了西、北二海不可能实有，但同时也动摇了"四海"的观念。

另外，航海者并不关注"东海"或"南海"整体概念，更不以其实践为"四海"作解说。他们关注的航海所及的各国、各地的地理方位、航路、航程、物产、市场等信息。宋人已经对"东海"和"南海"海域的诸国和岛屿地理方位也有了基本符合实际的认知，②《岛夷志略》所反映的元代地理认知也是如此。宋元对日本、高丽、东南亚等地的海上航线有明确认知和记载。宋神宗朝，日僧成寻搭福建商人海船来华，记录了日本经高丽耽罗到明州的航路和海情。③ 徐兢随使团出使高丽，著《宣和奉使高丽图经》"谨列夫神舟所经岛洲、苫、屿而为之图"，记载了明州到高丽礼成港间四十余个海中山岛、海域组成的航路。④ 往来高丽的商人"能道其山川形势、道里远近"，"图海道"，画出海上航路图。⑤

宋元对南海航路的记载也十分清晰。《武经总要》载：广州航路自广州"东南海路四百里至屯门山……从屯门山用东风西南行，七日至九乳螺州，又三日至不劳山（在环州国界）"。屯门山在珠江口东侧。自北而来的东北季风在广东沿海循岸而为东风。自屯门乘东风向西南方向航行，到九乳螺州、占城国（即环州）。自屯门西南行的具体路线，《萍洲可谈》有所补充："广州自小海至㴆洲七百里，㴆洲有望舶巡检司……过㴆洲则沧溟矣。商船去时至㴆洲少需以诀，然后解去，谓之放洋"。小海即广州市舶港："广州市舶亭枕水……其下谓之小海。"⑥

---

① 吴澄：《吴文正集》卷一《原理有跋》，第16页。
② 黄纯艳：《宋代海洋知识的传播与海洋意象的构建》，《学术月刊》2015年第11期。
③ 《新校参天台五台山记》第一，上海古籍出版社2009年版，第6、10、11页。
④ 《宣和奉使高丽图经》卷三四《海道一》至卷三九《海道六》，《全宋笔记》第三编第八册，大象出版社2008年版，第129—147页。
⑤ 杨士奇等：《历代名臣奏议》卷三四八叶梦得"乞差人至高丽探报金人事宜状"，上海古籍出版社1989年版，第4516页。
⑥ 朱彧著，李国强整理：《萍洲可谈》卷二，《全宋笔记》第二编第六册，大象出版社2013年版，第148页。

泉州往东南亚地区的航路在七洲洋与广州航路重合,"若欲船泛外国买卖,则自泉州便可出洋,迤逦过七洲洋,舟中测水约有七十余丈,若经昆仑、沙漠、蛇、龙、乌猪等洋"①。宋人记载往阇婆国"于泉州为丙巳方,率以冬月发船,盖藉北风之便,顺风昼夜行,月余可到"②。是沿着丙巳针方向昼夜直航。元军征爪哇,从泉州出发,"过七洲洋、万里石塘,历交趾、占城界,明年正月,至东董西董山、牛崎屿,入混沌大洋橄榄屿,假里马答、勾阑等山"③。从东南亚海域到广州和泉州也是在七洲洋分路:"三佛齐之来也,正北行舟,历上下竺与交洋,乃至中国之境。其欲至广者入自屯门,欲至泉州者入自甲子门。"④ 即过交趾洋后(应是进入七洲洋)广州航线和泉州航线出现分野,一往广州屯门,一往泉州甲子门。

温州往东南亚的航路在与泉州重合,"自温州开洋,行丁未针,历闽广海外诸州港口,过七洲洋,经交趾洋,到占城,又自占城顺风可半月到真蒲,乃其境也。又自真蒲行坤申针,过昆仑洋入(真腊国)港"⑤。温州航路自泉州外洋后应与泉州航路重合。即泉州—七洲洋—交趾洋—昆仑洋。温州到真腊先行丁未针,即西南17.5°方向,过占城后行坤申针,即西南47.5°方向。在上述主要航路还连接着各个国家和岛屿的航线,此不枚举。

宋元对南海和东海海域的水情和航行状况也有更深入的认识。如对南海之中西沙、中沙和南沙群岛等,宋人有初步的认识,周去非还称"传闻东大洋海有长砂石塘数万里,尾闾所泄,沦入九幽"⑥。赵汝适和祝穆的记载也很简略,称海南岛"东则千里长沙、万里石塘,上下渺茫,千里一色"⑦。元代《岛夷志略》则清楚地记载了万里石塘范围及其对航

---

① 《梦粱录》卷一二《江海船舰》,《全宋笔记》第八编第五册,大象出版社2017年版,第214—215页。
② 《诸蕃志校释》卷上《阇婆国》,第55页。
③ 《元史》卷一六二《史弼传》,第3802页。
④ 周去非撰、杨泉武校注:《岭外代答校注》卷二《三佛齐国》,第86页。
⑤ 周达观撰、夏鼐校注:《真腊风土记校注》"总叙",中华书局1981年版,第15页。
⑥ 周去非:《岭外代答校注》卷一《三合流》,第36页。
⑦ 祝穆:《方舆胜览》卷四三《吉阳军》,中华书局2003年版,第776页。

海的影响,称"石塘之骨由潮州而生,迤逦如长蛇,横亘海中。越海诸国俗云万里石塘。以余推之,岂止万里而已哉。舶由玳屿门挂四帆,乘风破浪,海上若飞,至西洋或百日之外。以一日一夜行百里计之,万里曾不足。故源其地脉历历可考。一脉至爪哇,一脉至勃泥及古里地闷,一脉至西洋,极昆仑之地……观夫海洋泛无涯涘,中匿石塘,孰得而明之。避之则吉,遇之则凶。故子午针人之命脉所系,苟非舟子之精明,能不覆且溺矣"①。宋元时期对北起东沙群岛、南到南沙群岛广大范围内的岛礁有比较清晰的了解。元代所说的"万里石塘"是指包括今西沙、中沙、东沙和南沙诸群岛在内的南海,已经开始将南海诸岛区分为四个岛群。② 岛礁区域成为航行的危险禁区。元朝往东南亚诸国的航线必须避开这一区域。这也成为元代东、西洋划分的重要标识。

宋元在航海实践构建海洋地理空间不是抽象模糊的"四海",而是若干无形的航路和有形且方位基本明确的国家、岛屿构成的世界。元代曾发兵征爪哇,出兵凡二万,"发舟千艘,给粮一年、钞四万锭"③。而两征日本,出兵逾十万,规模更大于征爪哇。如此大规模的海上军事行动,军队的航程、补给等需要精心计划,前提就是对"东海"和"南海"海域空间,各国方位、航路等知识的详细掌握和海洋地理空间的明确认识。在郑和下西洋以前,元代已经显示了组织大规模航海的能力和知识条件。

二 "东海"诸"洋"

汉唐虽然也记载了中国到东南亚乃至以西的航路,但是其航路主要是由中南半岛沿岸标识构成。该时期有深海航行的事实,尚未见明确的航路记载和具体海域的划分。宋代明确提出了"东海"和"南海"的地理分界,即福建路海域及其以北为"东海",广东路海域及其以南以西为

---

① 汪大渊:《岛夷志略校释》"万里石塘"条,第318页。
② 李国强:《从地名演变看中国南海疆域的形成历史》,《中国边疆史地研究》2011年第4期。
③ 《元史》卷二一〇《爪哇传》,第4665页。

"南海"①，并将"东海"和"南海"划分出若干小的海域，这些海域名称主要以"洋"冠之，也有称"某某海"者。此"海"等同于"东海""南海"中小海域的"洋"。元代亦如此。

宋代"东海"范围从福建路、两浙路到京东路划分了数十个"洋"。福建本地民众及地方官员从福建的角度，将福建以北的两浙路海域称为"北洋"，福建以南的广东路海域称为"南洋"。真德秀曾说海贼王子清部"目今窜入北洋，泉、漳一带盗贼屏息，番舶通行"；"比者温、明之寇来自北洋，所至剽夺，重为民旅之害"；"向去南风，贼船必回向北洋"②。就是称福州以北入温州的海域为北洋。泉州沿海自北至南设置、晋江石湖寨、惠安小兜寨、泉州宝林寨、泉州围头寨四个军寨，其中"小兜寨取城八十里，海道自北洋入本州界首，为控扼之所"，围头寨"正阚大海，南、北洋舟船往来必泊之地"，"寻常客船贼船自南、北洋经过者无不于此稍泊"。"自南洋海道入州界，烈屿首为控扼之所，围头次之"。自北洋来即从两浙路海域进入福建，从南洋来则指从广东路海域进入福建。福建以东的海域被称为"东洋"。永宁寨"阚临大海，直望东洋"。法石寨的防御范围包括东洋，即"自岱屿门内外直至东洋，法石主之"③。上述南洋、北洋、东洋是概指某方向的海域，范围尚不十分明确。

福建沿海海域还有其他被命名的洋。泉州沿海有赖巫洋。泉州海防水军曾"使兵船出赖巫洋，探伺至洋心，偶见一艐船只从东洋使入内"。可见赖巫洋在泉州和东洋之间。泉州围头一带海域称为围头洋，即"本州海界围头洋"。漳州近海有沙淘洋，"贼船一十四只望风奔遁至漳州沙淘洋"④。该洋在漳浦县海域，福建水军"逐贼至漳浦境内沙淘

---

① 黄纯艳：《中国古代官方海洋知识的生成与演变——以唐宋为中心》，《学术月刊》2018年第1期。

② 真德秀：《西山文集》卷八《泉州申枢密院乞推海盗赏状》、卷一五《申枢密院乞修沿海军政》、卷五四《海神祝文》，文渊阁《四库全书》第1174册，1990年影印本，第123—124页。

③ 《西山文集》卷八《申枢密院措置沿海事宜状》，第131页。

④ 《西山文集》卷八《泉州申枢密院乞推海盗赏状》、卷一五《申尚书省乞措施收捕海盗》，第123、229页。

洋，败之"①。福州沿海有西洋，具体位置在连江县沿海，即"连江县海名西洋，管连江、罗源海道"，"西洋在巨海中，四顾惊涛莫知畔岸，自廉山驾舟两潮始达，风或逆，旬月莫至"②。

宋代两浙路温州及其以北海域被福建人泛称为"北洋"。元人也泛称浙江到山东海岸以东的海洋为"东洋"。朱名世随海运漕船自海盐县到直沽，有"东洋"诗："东溟云气接蓬莱，徐福楼船此际开"③。两浙海域被称洋的海域颇多。台州与温州交界处有大闾洋。元军征讨在浙东沿海活动的方国珍部，元将孛罗帖木儿"先期至大闾洋，国珍夜率劲卒纵火鼓噪，官军不战皆溃，赴水死者过半"④。《明史》载，大闾洋在台州府太平县，与温州交界，"东南滨海，曰大闾洋"⑤。台州宁海县有牛头洋、五屿洋，该县境"东南二百五十里牛头洋入临海县"，"自县东便风一潮过五屿洋，至牛头洋小泊，潮入海门，一日夜至州。此水程也"⑥。台州与明州之间有石佛洋。建炎四年正月一日宋高宗从明州海路南逃，"二日御舟早发，过石佛洋，初三日御舟入台州港口章安镇"⑦。明州沿海被称为明州洋。南宋时，许浦水军追捕海盗王先，于贼船"五只至明州洋，沉船而遁"。明州西北方海中有洋山、大七山、小七山，这一带海域称为"大七洋"。海贼王先得到宋朝官方招安榜文，"船一十只，计八百余人，当日行使舟船到大七洋内"⑧。日本僧人成寻来华，船宿于大七山，然后到明州。⑨ 明代洋山海域仍称大七洋，太仓往日本针路过"羊山大七洋、

---

① 刘克庄：《后村集》卷五〇《宋资政殿学士赠银青光禄大夫真公（德秀）行状》，文渊阁《四库全书》第1180册，1990年影印本，第546页。
② 《淳熙三山志》卷一九《兵防类二》，海风出版社2000年版，第215页。
③ 朱名世：《鲸背吟集》，文渊阁《四库全书》第1214册，1990年影印本，第429页。
④ 《元史》卷一四三《泰不华传》，第3424页。
⑤ 《明史》卷四四《地理五》，中华书局1974年版，第1111页。
⑥ 《嘉定赤城志》卷一《地里门一》，中国文史出版社2008年版，第4页。
⑦ 赵鼎：《忠正德文集》卷七《建炎笔录》，文渊阁《四库全书》第1128册，1990年影印本，第735页。
⑧ 洪适：《盘洲文集》卷四二《招安海贼札子》，文渊阁《四库全书》第1158册，1990年影印本，第524页。
⑨ 《新校参天台五台山记》卷一，第10页。

小七洋"①。明州海域还有青龙洋和乱礁洋。戴良从绍兴沿海经庆元海域北上,诗有"仲夏发会稽,乍秋别句章,拟杭黑水海,首渡青龙洋"②。明郑若曾说到"过普陀青龙洋"③。可见青龙洋在昌国普陀山岛近海。文天祥曾说"自入浙东,山渐多,入乱礁洋"④,也在明州一带海域。

苏州洋是海路出入浙西的最重要海域。"苏州洋又名佘山洋,南舶欲入华亭者必放苏州洋,盖此处旧属苏州"⑤。因地处苏州沿海而得名。苏州洋海域范围是长江口以南到明州(庆元府)东北之间。文天祥"苏州洋"诗称"一叶漂摇杨子江,白云尽处是苏洋"⑥。文天祥从江北沿海路南逃,"出海道,然后渡扬子江,入苏州洋,展转四明、天台,以至于永嘉"⑦。南宋时,苏州洋也是出入明州港海路的重要航道。往高丽航线要经过"定海之东北苏州洋"⑧。明州(庆元)"自海岸至苏州洋二百二十里,其分界处系大海"⑨。徐兢等人出使高丽回程,"过苏州洋,夜泊栗港",次日"过蛟门,望招宝山,午刻到定海县"⑩。杭州经钱塘江出海也需经由苏州洋。南宋时作为杭州辅助港的澉浦镇海路"东达泉、潮,西通交、广,南对会稽,北接江阴许浦,中有苏州洋,远彻化外"⑪。因而苏州洋在拱卫杭州的海防方面有着重要意义。绍定二年伪降的李全曾"以粮少为词,遣海舟自苏州洋入平江、嘉兴告籴。实欲习海道,觇畿甸也"⑫。元代上海是重要贸易港口,苏州洋成为繁忙的商贸航道。许尚在《苏州洋》诗中写道:"已出天池外,狂澜尚尔高。蛮商识吴路,岁入几

---

① 唐顺之:《武编》前集卷六《太仓往日本针路》,广西民族出版社2003年版,第305页。
② 戴良:《九灵山房集》卷九《泛海》,文渊阁《四库全书》第1219册,1990年影印本,第351页。
③ 郑若曾:《郑开阳杂著》卷一《浙洋守御论》,文渊阁《四库全书》第584册,1990年影印本,第476页。
④ 文天祥:《文天祥全集》卷一三《乱礁洋》,江西人民出版社1987年版,第525页。
⑤ 《至元嘉禾志》卷二八《苏州洋》,杭州出版社2009年版,第6165页。
⑥ 《文天祥全集》卷一三《苏州洋》,第524页。
⑦ 文天祥:《文天祥全集》卷一三《指南前录后序》,第524页。
⑧ 《宣和奉使高丽图经》卷三五《海道二》,第136页。
⑨ 《延祐四明志》卷一《郡志一》,中华书局1990年版,第6136页。
⑩ 《宣和奉使高丽图经》卷三九《海道六》,第149页。
⑪ 常棠:《海盐澉水志》卷三《水门》,杭州出版社2009年版,第6248页。
⑫ 《宋史》卷四七七《李全传下》,第13840页。

千艘。"①

长江口以北淮东沿海海域被称为淮海，淮海之中又被划分为南洋和北洋，即"淮海本东海，地于东，中云南洋、北洋。北洋入山东，南洋入江南"②。北洋应是淮东路沿海与京东路密州海域相接的海域，"今自二浙至登州与密州皆由北洋，水极险恶"③。南洋则应指与苏州洋相接的淮东南部海域。淮海之北洋往北入莱州大洋。元代海运航路，由南向北，"过刘岛，至之罘、沙门二岛，放莱州大洋，抵界河口"④。莱州大洋又称莱州洋，朱名世有"莱州洋"诗，称"莱州洋内浪频高，矴铁千寻系不牢。传与海神休恣意，二三升水作波涛"⑤，是莱州沿海海域，属于渤海。沙门岛也是南来海船进入渤海的标志："海艘南来转帆入渤海者皆望此岛以为表志"⑥。南来海船"至沙门岛，守得东南便风，可放莱州大洋"⑦。

明州洋—苏州洋—南洋—北洋—莱州大洋等都是对近海海域的命名。浙西、淮东到胶州半岛以南的京东近海因长江、淮河和黄河入海，泥沙堆积，形成了不利于航行的暗沙。宋元时期有从暗沙海域利用"洪道"和潮汐南北航行的航路，这需要熟悉该海域水情的经验积累和航行技术，"缘趁西北大岸，寻觅洪道而行，每于五六月间南风潮长四分行船，至潮长九分即便抛泊，留此一分长潮以避砂浅，此路每日止可行半潮期程"。"一失水道，则舟必沦溺，必得沙上水手，方能转棹"⑧。该条称为里洋航路，不利于尖底海船航行。因而又有越过暗沙区域的两条航线，宋人分别称为外洋航路和大洋航路。里洋航路就是从海州发舟，沿近海，转通州料角，到青龙江、扬子江。外洋航路是海州发舟，直出海际，沿东杜、苗沙、野沙等诸沙外沿，至金山、澉浦。大洋航路是海州放舟，望东行，

---

① 《至正嘉禾志》卷二八《苏州洋》，杭州出版社2009年版，第6165页。
② 《文天祥全集》卷一八《北海口》，第523页。
③ 姚宽：《西溪丛语》卷下，中华书局1993年版，第94页。
④ 《元史》卷九三《食货一》，第2366页。
⑤ 朱名世：《鲸背吟集》，文渊阁《四库全书》第1214册，1990年影印本，第430页。
⑥ 于钦：《齐乘》卷一《沙门岛（附海市）》，文渊阁《四库全书》第491册，1990年影印本，第701页。
⑦ 《新元史》卷六八《食货八》，中国书店1988年版，第995页。
⑧ 《建炎以来系年要录》卷五四绍兴二年五月癸未，第1116页。

入深海，复转而南，直达明州昌国县、定海。① 外洋航路和大洋航路经过的海域也被命名为不同"洋"。海船往高丽走外洋航路。出明州昌国一日航程，先入白水洋，"其源出靺鞨，故作白色"。再往北，入黄水洋，"黄水洋即沙尾也，其水浑浊且浅。舟人云，其沙自西南而来，横于洋中千余里，即黄河入海之处"。再往东北，入黑水洋，"黑水洋即北海洋也，其色黯湛渊沦，正黑如墨"②。

元代从江南到大都的海运也经历过这三条航路。"初，海运之道自平江刘家港入海，经扬州路通州海门县黄连沙头、万里长滩开洋，沿山嶼而行，抵淮安路盐城县，历西海州海宁府东海县、密州、胶州界，放灵山洋，投东北路，多浅沙，行月余始抵成山"，"至元二十九年，朱清等言其路险恶，复开生道。自刘家港开洋至撑脚沙，转沙嘴，至三沙洋子江，过匾檐沙、大洪，又过万里长滩，放大洋，至青水洋，又经黑水洋，至成山，过刘岛，至之罘、沙门二岛，放莱州大洋，抵界河口"，次年"千户殷明略又开新道，从刘家港入海，至崇明州三沙放洋，向东行，入黑水大洋，取成山，转西至刘家岛，又至登州沙门岛，于莱州大洋入界河"③。朱清和殷明略的航路分别是宋人所言的外洋航路和大洋航路。以淮东近海为视角由近及远又划分出里洋、外洋和大洋。

按方位，白水洋应是长江入海口的外海，仍有浅沙分布的海域，水色呈白。黄水洋则位于黄河入海口的外海。黑水洋是胶州半岛以南的深海海域。元人说"以王事航海，自南而北，过黑水洋，抵登、莱"④。黑水洋范围很大，元代戴良"渡黑水洋"诗称"舟行五宵旦，黑水乃始渡"⑤。青水洋应是长江以北暗沙海域，向"黑水洋"过渡的海域。《新元史》载："自刘家港开洋，过万里长滩，透深才方开放大洋。先得西南顺风，一昼夜约行一千余里，到青水洋。得值东南风，三昼夜过黑水

---

① 黄纯艳：《宋代近海航路考述》，《中华文史论丛》2016年第1期。
② 《宣和奉使高丽图经》卷三四《半洋焦》，第134页。
③ 《元史》卷九三《食货一》，第2366页。
④ 戴良：《九灵山房集》卷二二《鄞游稿第八》，第508页。
⑤ 戴良：《九灵山房集》卷九《吴游稿第二》，第351页。

洋"①。明人林弼"青水洋"诗称"吴江东入海,水与天色并,波涛堆琉璃,一碧三万顷"②。青水洋被认为在吴地的外海。

黑水洋过沙门岛即入渤海。元人所言渤海已经将其从广义的东海区别开来。先秦华夏世界最早接触的东面海域即渤海,故将渤海等同于东海。元人以沙门岛为渤海的南界,"北自平州碣石,南至登州沙门岛,是谓渤海之口,阔五百里西,入直沽几千里焉"。"东北则莱、潍、昌邑,正北则博、兴、寿光,西北则滨、棣二州皆岸渤海"③。

三 "南海"诸"洋"

宋代福建人将广东潮州及其以南海域称为"南洋",但不见划分明确的海域范围。潮州近海有蛇州洋,南宋左翼军曾"于潮州海界蛇州洋同丘全获到陈十五等一十四名"④。左翼军自福建追击海盗,入潮州海域,可见蛇州洋位于潮州近福建漳州的海域。广州近海有零丁洋。文天祥被俘后船过零丁洋,留下著名的《过零丁洋》诗,提到"惶恐滩头说惶恐,零丁洋里叹零丁"⑤。明人记载:"零丁洋在香山县东一百七十里,宋文天祥诗'零丁洋里叹零丁'即此"⑥。海南岛与今越南北部之间有绿水洋。元将张文虎与交趾水军交战,"次屯山,遇交趾船三十艘,文虎击之,所杀略相当,至绿水洋,贼船益多,度不能敌,又船重不可行,乃沉米于海,趋琼州"⑦。可见该洋介于交趾与海南岛之间。

海南岛东部海域有七洲洋,又称七州洋,是广西近海最著名的"洋"。《梦粱录》载:"若欲船泛外国买卖,则自泉州便可出洋,迤逦过

---

① 《新元史》卷七五《食货八》,第995页。
② 林弼:《林登州集》卷二《青水洋》,文渊阁《四库全书》第1227册,1990年影印本,第15页。
③ 于钦:《齐乘》卷之二《海》,第724页。
④ 《西山文集》卷八《泉州申枢密院乞推海盗赏状》,第124页。
⑤ 文天祥:《文天祥全集》卷一九《零丁洋》,第534页。
⑥ 李贤等:《明一统志》卷七九《广州府》,三秦出版社1990年版,第1210页。
⑦ 《元史》卷二〇九《安南传》,第4648页。

七洲洋，舟中测水约有七十余丈"①。从现存宋元文献中可知其位于海南岛东部，但对其具体位置后人存在争议。明人张燮称七洲洋在文昌县以东海域，因七洲山得名，所著《东西洋考》引《琼州志》载"在文昌东一百里海中有山连起七峰，内有泉甘冽可食。元兵刘深追宋端宗，执其亲属俞廷珪之地也。俗传古是七州沉而成海"②。因而七洲洋又被称为七州洋。七州山"有七峰，状如七星连珠"，又名七星山，③该洋也被称为七星洋。韩振华认为广东海域有万山群岛的广州七洲洋、海南文昌近海的文昌七洲洋和西沙群岛海域的大海七洲洋，认为《梦梁录》所载七洲洋是大海七洲洋，与文昌近海的七星洋不同。④ 伯希和、向达、夏鼐、谭其骧等都对七洲洋有考证，有指海南岛东南洋面、七洲列岛海域等不同意见。刘义杰总结了以上各说，肯定了七洲洋就是海南岛东北方海域中的七洲列岛及其附近海域的观点，⑤ 刘文运用航海针路和舆地图，考证精当，可为确说。

七洲洋往南进入交趾洋。《真腊风土记》载"过七洲洋，经交趾洋，到占城"⑥。《岭外代答》称交趾洋在"海南四郡之西南，其大海曰交趾洋"。交趾洋北连琼州和廉州海域，钦江南流入海，"分为二川，其一西南入交趾海，其一东南入琼、廉海"⑦。交趾洋再往南，进入昆仑洋。《海国闻见录》载"七洲洋在琼岛万州之东南"，昆仑洋在"七洲洋之南"⑧。《岛夷志略》"昆仑"条载："古者，昆仑山又名军屯山，山高而方，根盘几百里，截然乎瀛海之中，与占城西竺鼎峙而相望，下有昆仑洋，因是名也。舶贩西洋者必掠之，顺风七昼夜可渡"。藤田丰八等人考证，昆

---

① 吴自牧：《梦粱录》卷一二《江海船舰》，第214页。
② 张燮：《东西洋考》卷九《西洋针路》，中华书局2000年版，第172页。
③ 李贤等：《明一统志》卷八二《琼州府》，第1258页。
④ 韩振华：《七州洋考》，《南洋问题》1981年第4期。
⑤ 刘义杰："去怕七洲、回怕昆仑"解》，《南海学刊》2016年第3期。
⑥ 周达观：《真腊风土记校注》"总叙"，中华书局1981年版，第15页。
⑦ 周去非：《岭外代答校注》卷一《天分遥》《三合流》，第35、36页。
⑧ 陈伦炯撰，李长傅校注：《海国闻见录校注》卷上，中州古籍出版社1985年版，第49、70页。

仑山即今越南南部海中之昆仑岛。① 昆仑洋又称混沌大洋，或混屯洋。元将史弼率军征讨爪哇，"过七洲洋、万里石塘，历交趾、占城界，明年正月，至东董西董山、牛崎屿，入混沌大洋"②。昆仑洋往南，入沙漠洋，《梦粱录》谈泉州往东南亚航线时说道"经昆仑、沙漠、蛇、龙、乌猪等洋"。③ 沙漠洋又称沙磨洋。方回在《平爪哇露布》中说"自昆仑洋而放沙磨洋"④。商人往师子要过蛇洋，即"奇物试求师子国，去帆稳过大蛇洋"⑤。龙洋不能确知其地。苏继庼认为乌猪洋由乌猪山而得名，指广东中山县南之海面。⑥ 广州往东南亚的航路先经乌猪洋，再入七洲洋。

　　七洲洋、交趾洋和昆仑洋以东是被称为千里长沙、万里石塘的东、西、中、南四沙海域。宋元时期对这一海域的范围、特点及其对航行的影响已经有了比较清晰的认识，已如上述。宋人将今南中国海和东南亚海域最东和最南称为东大洋和南大洋，即"三佛齐之南，南大洋海也，海中有屿万，余人莫居之，愈南不可通矣。阇婆之东，东大洋海也，水势渐低，女人国在焉，愈东则尾闾之所泄，非复人世"⑦。又称交趾洋中有三合流，"其一东流入于无际，所谓东大洋海也"⑧。可见东大洋是长沙、石塘海域以东的海域，南大洋是今近东南亚海岛地区的南印度洋海域，也包括三佛齐海域，如《桂林虞衡志》称"南大洋海中诸国以三佛齐为大"⑨。这两个洋被认为是南海的边际。

　　元代在传统"南海"区域划分了东洋和西洋。《真腊风土记》载，真腊国其国中所用布"暹罗及占城皆有来者，往往以来自西洋者为上"⑩。《大德南海志》有"单马令国管小西洋""东洋佛坭国管小东洋""单重

---

① 《岛夷志略校释》"昆仑"条，第218、220页。
② 《元史》卷一六二《史弼传》，第3802页。
③ 吴自牧：《梦粱录》卷一二《江海船舰》，第214—215页。
④ 《桐江集》卷三《平爪哇露布》，第351页。
⑤ 洪适：《盘洲文集》卷六六《设蕃致语》，第690页。
⑥ 《岛夷志略校释》"昆仑"条，第319页。
⑦ 《岭外代答校注》卷二《海外诸蕃国》，第74页。
⑧ 周去非：《岭外代答校注》卷一《三合流》，第36页。
⑨ 黄震：《黄氏日抄》卷六七《桂海虞衡志》，浙江大学出版社2013年版，第2016页。
⑩ 《真腊风土记校注》"服饰"条，中华书局1981年版，第76页。

布罗国管大东洋""阇婆国管大东洋"的记载。《岛夷志略》多处记载"西洋布""西洋丝布",另如苏禄贸易之珠"出于西洋之第三港,此地无之";旧港,"西洋人闻其田美";昆仑,"舶贩西洋者必掠之";古里佛,"亦西洋诸马头也";大乌爹国,"界西洋之中峰";尖山,"盘踞于小东洋";爪哇,"实甲东洋";"东洋闻毗舍耶之名皆畏避之也"。① 关于元代东洋和西洋的范围已有较多讨论。② 苏继庼认为元代称吕宋群岛、苏禄群岛等一带海面为小东洋,加里曼丹、阇婆、孟嘉失、文鲁古、琶离、地漫等一带海面属大东洋范围,西洋指南中国海西部榜葛剌海、大食海沿岸与东非沿岸各地。③ 陈佳荣辨析了元代东、西洋并综合藤田丰八等人的研究,认为元代东、西洋的分界是饽泥,大、小西洋的分界是蓝无里。大东洋西起爪哇岛西岸的巽他海峡,中经爪哇岛、加里曼丹岛南部、苏拉威西岛、帝汶岛,直至马鲁古群岛一带。小西洋包括马六甲海峡及以东部分海域,约当于南海的西部,大西洋就是今天的印度洋,包括从苏门答腊岛西岸至阿拉伯海一带。④

宋代所言东大洋和南大洋与元代东洋的海域相接,但所指并不完全重合。元代所言东洋海域内有淡洋,指苏门答腊岛东岸日里河入海的海域,河口有淡水港,"洋其外海也"⑤。西洋是很大海域的泛指,其中还包括若干称为"洋"或"某某海"的更小海域。元代称宋代蓝无里为喃巫哩,位于苏门答腊岛西北角,其"地当喃巫哩洋之要冲"。自东南亚往西的海船,"风信到迟,马船已去,货载不满,风信或逆,不得过喃巫哩洋",于"此地驻冬,候下年八九月马船复来,移船回古里佛互市"。苏继庼认为喃巫哩洋指亚齐与斯里兰卡之间的海面。⑥ 宋代将斯里兰卡岛海域称细兰海,登楼眉等"数国之西有大海名细兰","大洋海海口有细兰

---

① 《岛夷志略校释》,第 38、133、159、178、187、193、209、240 页。
② 可参单丽、徐海鹰《东西洋争议问题综述——以分界依据和地域范围为中心》,《航海》2015 年第 3 期。
③ 《岛夷志略校释》,第 137—138、195、281 页。
④ 陈佳荣:《宋元明清之东西南北洋》,《海交史研究》1992 年第 1 期。
⑤ 《岛夷志略校释》,第 237、239 页。
⑥ 《岛夷志略校释》,第 261、263、321 页。

国"。① 又天竺国"其地之南有洲，名曰细兰国，其海亦曰细兰海"②。可见细兰海指斯里兰卡岛以西到印度半岛以南的海域。印度半岛南端的马拉尔湾被称为大朗洋，即第三港之南八十余里，"洋名大朗"③。天竺国"其西有海曰东大食海，渡之而西则大食诸国也"，"又其西有海名西大食海"④。位于亚丁的哩伽塔国的近海海域被称为国王海，哩伽塔国居"国王海之滨"。苏继庼认为国王海即红海。⑤ 此细兰海、东大食海、西大食海、国王海与上述诸"洋"一样，都是指具体的区域性海域，是"南海"的组成部分。

四 "海""洋"认知与海洋知识路径衍变

在中国古代海洋发展史上，宋元不同于汉唐、明清的一大特点是政府全面鼓励本国民众出海经商。元代除了海上用兵时期短暂的海禁外，没有实行过明清时期的全面禁海和限制通商。宋代更是始终积极鼓励本国民众的海上经营。与汉唐仅允许外国商人来华，而禁止本国民众出海相比，宋元时期本国民众的航海实践得到巨大发展，同时也推动了整个亚洲海域的航海，实践基础上的海洋知识积累和对海洋的认知进入一个全新的阶段。宋元海洋知识积累的基础和路径又成为明清海洋知识和航海活动的重要条件，也成为中国海洋知识最终与世界形成共同知识和观念的历史前提。

已有学者指出了宋元在海洋发展史上相对于汉唐的显著变化。陈佳荣指出，"洋名起于两宋之际"，"两宋之际应是'海'、'洋'并用，而且逐渐以'洋'代'海'的时期"⑥。李国强也指出"宋代以来，中国人对南海诸岛的认识日渐深入，在南海的活动范围进一步扩大"⑦。都肯定

---

① 黄震：《黄氏日抄》卷六七《桂海虞衡志》，浙江大学出版社 2013 年版，第 2016 页。
② 《岭外代答校注》卷二《西天诸国》，第 75 页。
③ 《岛夷志略校释》，第 287、291 页。
④ 《岭外代答校注》卷二《海外诸蕃国》，第 75 页。
⑤ 《岛夷志略校释》，第 349、351 页。
⑥ 前引陈佳荣《宋元明清之东西南北洋》。
⑦ 前引李国强《从地名演变看中国南海疆域的形成历史》。

了宋代在中国古代海洋知识史上的转折意义。从地理空间的认知而言,先秦汉唐对海洋认知主要是整体和模糊的"四海"认知,即作为"天下"组成部分的东、南、西、北海,对已经有海上交往的"东海"和"南海"也未见区划出明确的海域,言及水的"洋"并不指具体水域,而是形容之词。如汉代王逸解释《楚辞》"顺风波以从流兮,焉洋洋而为客""西方流沙,漭洋洋只"道:"洋洋,无所归貌也""洋洋,无涯貌也"①。即浩大无边之意。因而洋也用于形容河湖之广大:孔子感叹黄河"美哉水!洋洋乎!"还有"洋洋兮若江河""河水洋洋"的赞叹。②唐人颜师古解释"河水洋洋"为"洋洋,盛大也",他还解释"浩浩洋洋,皆水盛貌"③。《初学记》对海的记载引用了《释名》《十洲记》《博物志》《汉书》等文献对海的描述,也反映了先秦汉唐对海的认识,即"天地四方皆海水相通,地在其中盖无几也",以及对"东海之别有渤澥(海)""南海大海之别有涨海""西海大海之东小水名海者则有蒲昌海、蒲类海、青海、鹿浑海、潭弥海、阳池海""北海大海之别有瀚海,瀚海之南小水名海者则有渤鞮海、伊连海、私渠海"等对东、南、西、北四海的描述,④仍是整体而模糊的。

《初学记》所引西海、北海的诸海是汉唐为坐实西海、北海,阐释"四海"的主观设想,并非实有,遑论西海、北海之中的具体海域。渤海和涨海也并非东海和南海中的局部海域,而是模糊地等同于东海和南海。所以说"东海共称渤海,又通谓之沧海"⑤。关于涨海的范围有不同的讨论和观点。南溟子在《涨海考》中对各说作了总结。⑥冯承钧认为中国古

---

① 王逸:《楚辞章句补注》卷四《九章章句第四》、卷一〇《大招章句第十》,岳麓书社2013年版,第130、216页。
② 《说苑》卷一三《权谋》,丛书集成初编本,商务印书馆1935年版,第125页;《列子集释》卷五《汤问第五》,中华书局1979年版,第178页;《毛诗正义》,北京大学出版社1999年版,第226页。
③ 《汉书》卷二八下《地理下》、卷二九《沟洫志》,中华书局1964年版,第1647、1682页。
④ 徐坚:《初学记》卷六《海第二》,中华书局1962年版,第114—115页。
⑤ 徐坚:《初学记》卷六《海第二》,第115页。
⑥ 南溟子:《涨海考》,《中央民族学院学报》1982年第1期。

代是将今日南海以西之地包括印度洋概称南海,而涨海特指暹罗湾南之海域。① 而南溟子同意中国古代载籍将今日南海、东南亚海域、印度洋及其以西的海域都称为涨海的观点。② 韩振华也认为涨海包括今南海和南海以西的海域,他把涨海划分为"中国之境的涨海和外国之境的涨海"。中、外涨海的界限就是以"万里石塘"为界,界限内为中国涨海。相应地南海也划分了界限。到了宋代,中国之境的南海这个"海"仍然作为区别中、外的海域界限,"海"以内,是中国之境,"海"以外才是海外诸蕃国。元代过了七洲洋的万里石塘,才经历交趾洋、占城洋这些外国之境的海域界限,反之,七洲洋的万里石塘是"乃至中国之境"的中国海域之内。③

实际上,先秦汉唐对渤海和涨海仍是"九州—四海"的"天下"构架下的认识。在这一逻辑下,东方之海通称"东海",南方所有的海域都是"南海",渤海和涨海也模糊地等同于"东海"和"南海"。从这一角度而言,南溟子对涨海范围的认识更符合历史的逻辑。刘迎胜认为在航海实践不够发达的时期,"南海"概念范围泛指中国以南的海域,也包括东南亚和东印度洋海域。④ 在"天下"的认知逻辑中海洋不可能有"中国"之海和"外国"之海的观念,也不可能有海域的权力界限,特别是先秦汉唐对海域认知还在整体和模糊的状态时期。宋代《岭外代答》所言"三佛齐之来也,正北行舟历上、下竺与交洋,乃至中国之境。其欲至广者入自屯门,欲至泉州者入自甲子门"⑤,是指进入"中国"之境的泉州和广州,是陆境而非水域。

宋代对"洋"的解释从"水盛貌"衍生而指海中的水域,即"今谓海之中心为洋,亦水之众多处"⑥,又称"海深无际曰洋"⑦。宋元时期

---

① 《中国南洋交通史》,商务印书馆1937年版,第91页。
② 前引南溟子《涨海考》。
③ 韩振华:《我国历史上的南海海域及其界限》,《南洋问题研究》1984年第1期。
④ 刘迎胜:《"东洋"与"西洋"的由来》,南京郑和研究会:《走向海洋的中国人——郑和下西洋590周年国际学术研讨会文集》,海潮出版社1996年版,第125页。
⑤ 《岭外代答校注》卷三《航海外夷》,126页。
⑥ 赵德麟:《侯鲭录》卷三《洋》,中华书局2002年版,第83页。
⑦ 《文献通考》卷三二五《四裔考二》,第8961页。

"东海"和"南海"被划分成众多的洋,这是中国古代海洋地理空间认知上的显著变化。推动这一变化的主要因素是海洋实践。宋元时期大力鼓励外国商人来华和本国民众的海上活动。一方面,人们在海洋实践活动中对海洋地理空间的认识日益清晰,另一方面,航海实践也需要加强对具有不同水情和地理标识的海域加以区分。宋元命名的"洋"有一显著特点,即命名的"洋"主要集中在重要航路沿线和海洋活动最频繁的海域。"东海"海域最重要的航路:一是明州(庆元)至宋代京东和元代山东、直沽的航路,宋代是联系南北的通道,元代漕粮海运使其重要性更为加强。这一航路上不仅从南至北划分了明州洋、苏州洋、南洋、北洋、莱州洋、渤海等不同海域,而且根据近海到远海的水情和航行条件划分了里洋、外洋和大洋。二是明州(庆元)到朝鲜半岛的航路,划分出沿线的白水洋、黄水洋、黑水洋等。往日本的航线也是"东海"重要航线,除了近海各"洋"与前述相同外,未见具体记载。"南海"各"洋"如乌猪洋、七洲洋、交趾洋、昆仑洋、喃巫哩洋、细兰海、大朗洋、东大食海、西大食海、国王海等连续分布在广州到东南亚、印度洋的航路上。文献所见"洋"名最多的地区,包括宋代福建,宋元明州(庆元)及其以北海域,都是当时贸易和航运最频繁的海域,宋代明州到长江口海域更是拱卫行在临安的海防要地。而《岭外代答》专条所记交趾洋之"三合流"、《岛夷志略》专条记载的昆仑洋和万里石塘则因其水情复杂凶险,对航行具有特别重要提示作用而见于记载。七洲洋则因具有重要的地理标识作用而成为文献中出现频次最多的"洋"之一。

宋元时期对"洋"的命名方式主要有以下三种:一是以所濒临地名命名,包括州名、国名、岛(山)名等,[1]如明州洋、苏州洋、莱州洋以所连陆上之州而得名,交趾洋、喃巫哩(蓝无里)洋、细兰海、东大食海、西大食海以"国"而得名,七洲洋、昆仑洋、围头洋等以海中岛屿(山)而得名。二是以方位命名,如宋代福建人将福建以南海域称为南

---

[1] 《宣和奉使高丽图经》卷三四《海道一》称:"海中之地,可以合聚落者则曰洲,十洲之类是也,小于洲而亦可居者则曰岛,三岛之类是也,小于岛则曰屿,小于屿而有草木则曰苫"。《文献通考》卷三二五《四裔考二》称海中之地"无草木而有石者曰礁"。

洋，以北海域称为北洋，以东的海域称为东洋，又连江县海域有西洋。宋元都将长江口以北的淮海分为南洋和北洋，北洋指淮东沿海与京东密州海域相接的海域，南洋指与苏州洋相接的淮东南部海域。元人还泛称浙江到山东海岸以东的海洋为"东洋"。元代又在传统"南海"区域中划分东洋和西洋。宋代还将东南亚海岛地区以东、以南海域命名为东大洋和南大洋。三是按水情命名，如"东海"海域有白水洋、黄水洋、黑水洋、青水洋、绿水洋，元人还将交趾与海南岛之间的海域称绿水洋，将苏门答腊岛东岸海水为淡水的海域称淡洋。还有蛇州洋、零丁洋、大间洋等若干"洋"不能确知命名缘由。

按方位命名"海"是中国古代最早的方法，这是基于"四海"想象这一海洋知识的重要源头。从这个意义上可以说"按照东、南、西、北的方位加上海字，成为古代中国海洋命名海域的基本方法"。但是这反映的主要是中国古代对海域命名的最早方式和宋代以前的基本状况，如果进一步说，"在西方，按所属或靠近的国家或地区命名海域，即海旁边的州域地名加海子命名海域"的西方命名海域方法在明朝后期传入中国，"以州域称这一海域命名的原则想来是欧洲海域命名传统，在中国没有使用过"，"因此，中国古代的文献和地图难以找到这类海域地名"，[①] 则难以概括整个中国古代的实际。宋元对海域的认知已经说明，"四海"的观念正逐步被实践所突破，对海域命名已远非按东、南、西、北四个方位的单一方法，不仅出现了按近海地域命名的现象，而且成为比较普遍的命名方法，即使是按方位命名海域其原则和逻辑也与"天下"观念中以"九州"为基本定位的东、南、西、北海不同，而是以更为具体的地理区域为定位。

同时，也可看到宋元的海域命名主要仍是区域性知识，并未形成全国性的海域名称的认同，遑论国际性的认同。"东海"中有南洋、北洋、东洋、西洋，"南海"中也有东洋、西洋、南大洋，甚至有福建路为基准的东、南、西、北洋，也有两浙和淮东的东洋、南洋和北洋。这种区域性的知识也没有在不同朝代形成稳定的共同认识。如刘迎胜讨论中国古

---

① 吴松弟：《中西方海域命名方法的差异与融通》，《南国学术》2016 年第 2 期。

代东洋、西洋名称时所说:"基于不同时代文献中有关东洋与西洋的记载,所得出的有关东洋与西洋的区分,只能是文献所记载的时代的区分","五代、宋时开始有西洋、东洋观念的产生,宋元时代西洋的概念已经广为使用,而宋元时代的西洋与五代时的西洋名称虽同,但地理范围有很大变化"[1]。目前尚未见五代以"西洋"命名海域的资料,但"洋"名确实尚不具有稳定和共同认知。同样,元代之东洋、西洋也与其后的明代有别。虽然我们不能说元代以前的西洋是一个仍然只能存疑的问题,但西洋内涵确实不断随时代变迁而具有不同点寓意。[2] 南洋、北洋也如此,认为"清代也同南宋一样,把中国沿海一带分称为南、北洋,只不过宋代系以泉州为本位,清代海外交通贸易的中心点则逐渐向北推移到上海一带"[3],显然是对南宋南洋、北洋命名海域的总体情况及其与清代的区别缺乏充分认识。

但是,宋元出现的"洋"的划分及命名方式被明清所沿袭,特别是以陆地地域命名和不同于"四海"原则的方位命名成为主要的命名方式。这表明在海洋地理认知上宋元既在先秦汉唐之后出现新变化,也是为明清海洋地理认知奠定了重要基础。而这一转折和奠基的意义还不止于海洋地理空间认知,在航海技术、造船技术等海洋知识的诸多方面都是如此。从这一意义上说,宋元是中国古代海洋知识发展史上一个全新而重要的时代。而且,也正是基于航海实践的知识积累和新变,16世纪以后中国才得以在与西方广泛交流中逐步形成世界共同的海洋知识和海洋观念。而通过知识形成的背后逻辑是由"天下""四海"转为海洋实践这一全球海洋知识生成的共同理路。

---

[1] 刘迎胜:《开放的航海科学知识体系——郑和下西洋与中外海上交流》,陈忠平主编《走向多元文化的全球史:郑和下西洋及中国与印度洋世界的关系》,第80页;刘迎胜:《"东洋"与"西洋"的由来》,南京郑和研究会《走向海洋的中国人——郑和下西洋590周年国际学术研讨会文集》,海潮出版社1996年版,第131页。

[2] 万明:《释"西洋"——郑和下西洋深远影响的探析》,《南洋问题研究》2004年第4期。

[3] 前引陈佳荣《宋元明清之东西南北洋》。

五　结论

宋元是中国古代海洋地理空间认知历史上的重要转折和变化时期，一方面"天下"格局下的"四海"观念依然存在，并对海洋地理空间的认知产生影响；另一方面在航海实践中"四海"的知识被航海者无意识地"遗忘"，与航海活动密切相关的地理认知成为人们海洋知识的主体。这不仅表现在对"海"的认知上，尤其表现在抽象的"海"向具象的"洋"的转变上，对人们海上活动有直接影响的海域因所临陆地、方位、水情等而被划分和命名为不同的"洋"，命名的方式也不再停留于"四海"想象的方位命名。

宋元时期对"洋"的划分和命名仍表现出区域性知识的特点，同一"洋"名被用于不同海域的命名，在时间上也尚未稳定为各朝沿袭不变的知识，不同朝代，包括宋代与元代，出现同名的"洋"，其地理范围也并不相同。但是，宋元时期的海洋地理空间客观认识背后所根据的航海实践的认知逻辑不仅是对先秦汉唐海洋地理认知的发展和转变，也奠定了明清海洋知识发展的理路和方向。16世纪以后在全球化的进程中中国开始与西方展开规模不断增长的海上交流，逐步形成世界共同的海洋知识和海洋观念。中国古代海洋知识生成的两个重要路径——"四海"想象被逐步突破和"遗忘"，航海实践成为知识生成的主要路径。航海实践这一知识生成路径正是沟通不同朝代、不同国家，形成共同海洋知识和海洋观念的共同逻辑，而在这一进程中宋元海洋实践的空前发展开启了具有重要转折意义的新阶段。

环绕中国：明代中期撒马儿罕贡狮路线探幽

姚 胜

（北京外国语大学历史学院）

有明一代关于撒马儿罕贡狮的记载很多。从记载来看，撒马儿罕所处的河中地区主要是阿姆河沿岸是狮子产地。虽然明朝将撒马儿罕与哈烈等分开记载，但由于撒马儿罕与哈烈同属帖木儿汗国，且其地近迭里迷，狮子的获取当不成问题。

"哈烈一名黑鲁，在撒马儿罕西南，去陕西肃州嘉峪关万一千一百里。其地四面多山，中有河，西流。其土沃饶，气候多暖少雨……兽有狮、豹、良马、牛、羊、鸡、犬，狮子生于阿木河芦林中云。初生时，目闭七日始开。土人恒于目闭时取之，调习其性，稍长大则不可驯驭云。撒马儿罕在哈烈东北，去陕西肃州卫嘉峪关九千七百余里，去哈烈二千八百余里……迭里迷在撒马儿罕西南，去哈烈二千余里。城在阿木河东岸，城内外居民数百家，孳畜蕃息。河多鱼，河西多芦林，狮子所产处也。"[1]

撒马儿罕贡狮，传统路线为陆路，但根据明朝中期的记载，撒马儿罕也曾尝试海路。由于几乎同一时期，中亚（河中地区的撒马儿罕和西域的土鲁番）存在两个"阿黑麻"王，因而明朝一度将其混淆。但无论如何，这可以视作中亚势力对东亚（主要是中国）交通道路的一次环绕式探索。

---

[1] 《太宗实录》卷一六九，台北："中央研究院"校印本1963年版，第3280页。

一　撒马儿罕的贡狮路线

明朝对西域的朝贡路线有比较明确的规定。① 《明实录》经常提到"经哈密者依期同来""经哈密来者""留在边听赏""宜敕陕西甘肃等处镇守总兵、巡抚、巡按三司等官，抚谕夷民，严加防范"等语，显然，撒马儿罕入明贡狮，必定是经由哈密卫的陆路通道，入嘉峪关。土鲁番至哈密，大约一月行程，哈密至肃州又大约一月行程。② 然后，朝贡使团须在肃州、甘州二州接受两次勘核查验。弘治七年（1494年）七月四日，兵部右侍郎张海及都督同知缑谦等言："凡西域进贡，肃州验入，甘州再验入奏，此旧例也。"③

明朝文献关于撒马儿罕朝贡道路的直接记载不多，我们在此借明初哈烈统治者沙哈鲁所派使团的记载，作为参考。

据使团随行画师盖耶速丁记载，使团于永乐十七年（1419）十一月初八日（11月24日）起离开哈烈，途经哈喇火州与肃州，历时三百零三天之后抵达甘州。抵达甘州的具体时间不明，但他们曾于永乐十八年（1420）八月十三日（9月20日）受到甘州官员的宴请。一般来讲，中国人为客人接风，或者是在客人抵达当天，或者是次日，不管怎么样，都不会太晚。我们姑且假定使团于二十日当天抵达甘州。三十二天后，他们于永乐十八年九月十六日（10月22日）抵达"哈喇木涟"河，即黄河。盖耶速丁称，河对岸有座大城市，"以美城而知名"。译者将此订为"兰州"。④

《明实录》曾经记载，"甘肃孤悬河外，止有兰州河桥一路可通往来，

---

① 杨富学、张连杰主要侧重于考察西域地区的朝贡贸易路线及其经贸活动。杨富学：《明代陆路丝绸之路及其贸易》，《中国边疆史地研究》1997年第2期。张连杰：《明朝与中亚、西亚陆上交通路线考》，《唐山师范学院学报》2004年第5期。
② 杨一清：《论哈密事情奏对》，《密谕录》卷七，第511页。
③ 《孝宗实录》卷九〇，叶一，第1653页。
④ ［波斯］火者·盖耶速丁：《沙哈鲁遣使中国记》，何高济译，中华书局2002年版，第103—105页。

若此路一阻，则转输不通。"① 虽然这一说法是七十多年之后弘治六年（1493）六月的记载，但关于兰州的情况应该不会有大的变化。也就是说，兰州，是贡使的必经之地。

根据黄汴《一统路程图记》记载：肃州至甘州四百二十里，甘州至凉州四百六十里，凉州至庄浪三百六十里，庄浪至兰州二百七十里，兰州至巩昌五百二十里，巩昌至西安一千一百六十里，西安至北京二千四百一十五里。肃州至北京全程五千六百零五里。② 黄汴在其隆庆四年（1570）所作的自序中称，该书"与两京十三省暨边方商贾贸易得程图数家，于是穷其闻见，考其异同，反复校勘，积二十七年始成"。该书记载，从肃州西行七十里至嘉峪关。今酒泉市区至嘉峪关市区，正好合约三十公里，黄汴《一统路程图记》的数据是可信的。另有魏焕《皇明九边考》"甘肃镇"也提到了兰州至嘉峪关的里程："兰州即汉金城郡，过河而西……六百余里至凉州……四百余里至甘州……四百余里至肃州……西七十里出嘉峪关。"之后详细记载了兰州至甘州各驿各卫的里程。③ 长沙府同知蔡缵所作《九边考叙》落款为嘉靖二十年（1540），魏焕时任兵部职方清吏司主事。魏焕成书较早，而二书记载基本相同，均为可信。

弘治三年（1490）五月，"撒马儿罕速鲁坛阿黑麻王及土鲁番速坛阿黑麻王，各遣使贡狮子并哈剌虎剌等兽。陕西镇守太监傅悳、总兵官周玉等先图形来上，随遣人驰驿起送。巡按监察御史陈瑶论其靡费骚扰，请却之。事下礼部议，谓宜量容一二人赴京，依例给赏，其余使人并所贡兽一切却回，量给犒劳，且劾镇守等官以为，圣明在御，屡却外夷贡献异物，悳等不能奉顺德意，顾为尽图奏进，请治以罪。上曰：尔等所言是，既贡使将至陕西，不必阻回，今镇巡官止起送一二人来京，其余给与口粮，令住城内，候事完，量与赏劳，发遣还国。"此处"陕西"当

---

① 《孝宗实录》卷七七，叶七，第1493页。
② 黄汴：《一统路程图记》，《四库全书存目丛书》史部，第166册，齐鲁书社。嘉峪关至肃州、肃州至凉州、凉州至庄浪、庄浪至兰州里程，见第513页；兰州至巩昌里程，见502页；巩昌至西安里程，见第501页；西安至北京里程，见第489页。
③ 魏焕：《皇明九边考》卷九，第90页。

指甘肃。

从沙哈鲁使团路线来看，他们离开兰州之后，应当途径西安。接下来的路程，我们可以参考一下关于土鲁番朝贡路线的记载。西安向东则出潼关，经河南陕州（今三门峡市）、卫辉府（汲县），过北直隶至北京。其间，朝贡使团很有可能会乘船走一段水路。

天启六年（1626）七月，"土鲁番阿都剌因投状礼部言：前差使臣米尔咱火者等进贡，在陕州张苧所，被秀才王汝全等将贡夷欧〔殴〕打重伤，内欧〔殴〕毙一人，抢夺玉石、金钢钻刀等，告府县衙门，各官受贿都不准理。礼部以闻，得旨着行彼处抚按查究虚实处分，远夷不便久羁，仍宜刻期究结，速遣还国。"①

弘治二年（1489）四月，"先是，土鲁番使臣火只哈辛赴京进贡，至河南卫辉府违例索要船只至临清州收买违禁食茶、彩段五十余柜。"②

弘治二年（1489）四月，土鲁番使臣火只哈辛在河南卫辉府索船去临清州买茶，当为临时图利的行为，并非贡使成例。

另外，从沙哈鲁使团情况来看，他们于永乐十八年（1420）九月十六日（10月22日）到达兰州。二十七天之后，即十月十三日（11月18日），使团再次渡河，称所渡之河比乌浒水宽两倍。由此来看，盖耶速丁所渡之河肯定仍是黄河，但渡口可能在陕西朝邑与山西蒲州一带，也可能在河南府、开封府与怀庆府交界一带。然而，盖耶速丁渡河之后十五天，即十月二十七日（12月3日）到达真定府，从真定府到十一月十一日（12月14日）抵达北京，也只用了十三天。③ 真定府至北京的距离与河南至真定府的距离差不太多，盖耶速丁所记的这个渡口所在地很可能在后者一带。

如此，盖耶速丁则很可能与土鲁番贡使一样，路过了卫辉府。反过来，土鲁番贡使则如盖耶速丁进北京之前一样，路经了到达北京之前的最后一站——真定府。盖耶速丁使团返程走的是山西平阳府，应当是从

---

① 《熹宗实录》卷七四，叶十七、十八，第3612、3613页。
② 《孝宗实录》卷二五，叶七，第572页。
③ ［波斯］火者·盖耶速丁：《沙哈鲁遣使中国记》，何高济译，第122页。引文夏历日期及天数，依陈垣《二十史朔闰表》（第163页）推定。

真定府右折转往山西，从山西到陕西所渡黄河，渡口当在山西蒲州的蒲津。①

二　撒马儿罕贡狮多有土鲁番随行

《明实录》关于撒马儿罕贡狮的第一条记载，就有土鲁番随行。

永乐十一年（1413）六月二十六日，"西域哈烈、撒马儿罕、失剌思、俺的干、俺都淮、土鲁番、火州、柳城、哈儿等处俱遣使随都指挥白阿儿忻台等，贡马、西马、狮、豹等物。"②

此后关于土鲁番贡狮的记载，我们能多次看到是与撒马儿罕一道儿的。

1. 弘治三年（1490）四月二十五日，"土鲁番速坛阿黑麻王遣使来贡狮子方物，具云：愿献还哈密城池并金印，以赎还先次拘留使者，且乞遣使通好。甘肃守臣都督周玉言：阿麻黑辞虽顺而情未实，所遣使或以为即罕慎旧部之人，恐有异谋。请仍留先次使者，而徐议处置之宜。"③

2. 弘治三年（1490）五月十九日，"撒马儿罕速鲁坛阿黑麻王及土鲁番速坛阿黑麻王，各遣使贡狮子并哈剌虎剌等兽，陕西镇守太监傅悳、总兵官周玉等先图形来上，随遣人驰驿起送。巡按监察御史陈瑶论其糜费骚扰，请却之。……上曰：尔等所言是。既贡使将至陕西，不必阻回。今镇巡官止起送一二人来京，其余给与口粮令住城内，候事完量与赏劳，发遣还国。狮子等每兽日止给一羊，不许妄费。"④

3. 弘治三年（1490）闰九月十八日，"先是，土鲁番尝遣使臣哈只火辛等从海道入贡狮子，有旨令广东守臣却之。至是，哈只火辛乃潜自赴京。礼部请治广东都布按三司及沿路关津官之罪。上曰：夷人远逃而来必有情弊。礼部仍同大通事审察奏闻处置。广东三司等官及沿路所由

---

① ［波斯］火者·盖耶速丁：《沙哈鲁遣使中国记》，何高济译，第143页。引文夏历日期及天数，依陈垣《二十史朔闰表》（第163页）推定。
② 《太宗实录》卷一四〇，第3581页。
③ 《孝宗实录》卷三七，第1143页。
④ 《孝宗实录》卷三八，第1164页。

官司，命巡按御史究治之。"①

4. 弘治四年（1491）八月九日，"甘肃镇巡等官以土鲁番速擅阿黑麻王遣使至肃州求入贡，因献还哈密城池、金印，请赐处分。兵部议谓：哈密为甘肃藩篱，自都督罕慎被杀之后驯至多事，朝廷恶阿黑麻不道，因减其使臣赏赐，或却其贡方物。两赐敕谕令悔罪。近又取哈密忠顺王脱脱近属子孙陕巴权掌国事，听继王爵，凡所处置皆合机宜。故能不费财力，坐取十九年已失城池并金印。皇上之威德远被，至于如此。彼今所贡狮子等物，盖假此以为请罪之地，与向来入贡之意不同。谓宜特赐容纳原拘留在边使人，亦宜资给遣归而徐图，所以劳来哈密安集陕巴之道，似为柔远长策。"②

5. 弘治五年（1492）五月十六日，"土鲁番地面遣使臣写亦满速儿等进狮子，上纳之，留其夷人四名分班调养。礼科都给事中林元甫上言：西旅贡獒而召公以为终累大德，穆王受白狐、白鹿而荒服自是不至。是人君之好尚，政事之治忽，人心之向背系之，诚不可不谨也。彼狮子番方之猛兽耳，陈之庙堂不可以备仪卫，列之军旅不可以御外患，矧其性不食草，惟嗜羊肉，奈何以有用之牲，饲无用之兽乎？乞却之。"③

6. 弘治六年（1493）四月八日，"礼部尚书耿裕等言：土鲁番速坛阿黑麻往年不道，朝廷已赦其罪，令通使如故，继而遣使贡狮子及马。……今哈密使臣写亦满速儿等应得宴赏俱已完毕，未肯起程，恐朝廷仍复宣召。夫不宝远物，则远人格。况狮子本一野兽，不足为重，何至上烦銮舆，屡加临视，遂使丑夷得以藉口，且给赏番王物件俱系写亦满速儿收领，若再迁延不还，必启虏酋致疑，将谓俱被拘执，恶心日长，将来边衅又未可知。乞令大通事前去会同馆省谕各夷速还……"④

7. 弘治七年（1494）十一月二十五日，"敕兵部左侍郎张海前军都督府都督同知缑谦曰：得尔等奏番酋阿黑麻遣人赍番文进贡，就献还哈

---

① 《孝宗实录》卷四三，第1304页。
② 《孝宗实录》卷五四，第1591页。
③ 《孝宗实录》卷六三，第1843页。
④ 《孝宗实录》卷七四，第2149页。

密城池及被虏陕巴，而城池尚为其党牙兰占据。陕巴犹留其地三角城，意在邀求先前拘留夷使……请如尔等所奏，果将陕巴送回，城池奉还，就于所遣夷使，内选其亲信者赍彼所贡轻便之物，差人伴送赴京，余众悉令在彼住候。狮子、马驼俱留在边，倭养骑用。先前拘留夷使写亦满速儿等俱发遣出关。若陕巴并城池未曾献还，即将今来夷使并方物追逐出关，任其所之。以后再不许进贡。原拘夷使并赏赐之物仍前拘留在边如法，关防不许透漏。其余诸番若天方国、撒马儿罕等处差来贡使，俱照旧验放，不在此禁。"①

8. 嘉靖四年（1525）正月二十五日，"初番夷僧叩关求贡，巡抚甘肃都御史陈九畴请却之。旨令起送十余人赴京，方物准入贡。礼部尚书执奏言：鲁迷非《会典》所载朝贡之地，真伪未可办。顷土鲁番侵犯甘肃，数问进贡之人，而甘州抚夷官又于鲁迷数内查出土鲁番之众，则其诈甚明，必土鲁番欲谋入寇故先设此为向导耳。臣窃谓大戎之心不可料，以常理帝王柔远应之，必有机宜。况所贡狮子、西牛之类，豢养之费甚为不经，其珊瑚玉石，寒不可衣，饥不可食，又焉用之？请令守臣却还不受，善遣出塞，仍重治所获土鲁番奸回之罪。"②

永乐之后，《明实录》关于土鲁番贡狮的记载一共有 8 条。③ 上述第 8 条实为鲁迷贡狮，而土鲁番人混入鲁迷使团被明朝查获，并非土鲁番贡狮。仔细审阅其他 7 条，第 1、2、4 三条当为一事，土鲁番阿黑麻与撒马儿罕阿黑麻一同贡狮。第 5、6、7 又当为一事，可能为土鲁番单独贡狮，使臣写亦满速儿为明朝拘留。第 4 条为单独一事，记载土鲁番通过海路贡狮。在《明实录》关于土鲁番贡狮的 4 次记载中，有两次是与撒马儿罕随行的。其中第三次，《明实录》弘治三年（1490）闰九月十八日记载的，所谓"土鲁番尝遣使臣哈只火辛等从海道入贡狮子"有误，贡狮者实为撒马儿罕而非土鲁番。

---

① 《孝宗实录》卷九四，第 2745 页。
② 《世宗实录》卷四七，第 1569 页。
③ 嘉靖八年土鲁番还有一次贡狮，参见郑晓《吾学编》卷五一。

三 自海道贡狮的是撒马儿罕，土鲁番并未参与

明朝中期，《明实录》关于中亚势力贡狮的记载，一共九条，我们列举如下：

1. 成化十九年（1483）四月十一日，"撒马儿罕及亦思罕地面锁鲁檀阿哈麻等，遣使贡狮子，献于朝。"①

2. 成化十九年（1483）十月十九日，"撒马儿罕贡使怕六湾等以进狮子，乞如永乐间赏例。事下礼部，覆奏：'速檀阿黑麻万里遣使来贡猛兽，诚有可嘉，宜如正统四年赏例。'"②

3. 成化十九年（1483）十二月十九日，"时黑娄、失剌思、撒马儿罕、把丹并羽奴思王遣使来贡狮子，使者过哈密，罕慎因遣二人伴送。"③

4. 成化二十年（1484）二月十七日，"加赐撒马儿罕等处速檀阿黑麻王所遣正副使银五十两，从人十五名银各五两，并前所赐即给予之，且促其去。初其国贡狮子等物，上特赐王及使臣加厚。至是，使臣以道路阻远，奏求不已。故加赐之。"④

5. 成化二十年（1484）九月十六日，"升撒马儿罕都督佥事怕六湾马哈麻为都督同知，指挥佥事哈只儿辛等四人俱指挥同知。怕六湾等以西域道阻，乞从海道归，欲于长芦买食盐百引。许之。"⑤

6. 成化二十一年（1485）五月十四日，"广东左布政使陈选奏：'传闻撒马儿罕使臣由广东归国，将往满剌加国求买狮子，以献。惟狮子为无用野兽，广东连年水旱，加以地震、星流，灾变异常，民生不安。乞早赐停罢。'章下礼部，以为：'宜令伴送通事，省令使臣到广速归，毋

---

① 《宪宗实录》卷二三九，叶三，第4055页。
② 《宪宗实录》卷二四五，叶四，第4155、4156页。
③ 《宪宗实录》卷二四七，叶四，第4182页。
④ 《宪宗实录》卷二四九，叶六，第4221页。
⑤ 《宪宗实录》卷二五六，叶八，第4331页。

得骚扰。'从之。"①

7. 成化二十二年（1486）五月二十九日，"内官监太监韦洛奏：'奉旨同鸿胪寺署丞海滨，伴送撒马儿罕地面使臣怕六湾马黑麻至广东。（海）滨沿途教诱使人需索纷扰，后期始至。'总镇两广太监亦奏：'怕六湾马黑麻道经山东东昌府，买军民子女为妻、妾事。'俱下礼部，覆奏：'宜寘（海）滨于法。'上命锦衣卫执讯之。"②

8. 弘治二年（1489）十一月十八日，"旧例撒马儿罕入贡俱由甘肃验送。至是，阿黑麻王遣使从满剌加国取路进狮子、鹦鹉等物，至广州。两广总镇等官以闻。上曰：珍禽奇兽，朕不受献。况番使奸诈，又不由正路以来，其即遣官阻回。广东镇巡官违例起送，宜坐罪，姑从宽宥。礼部仍移文谕之。礼部覆议：夷使虽违例进贡，然不可绝之已甚，宜薄给赏赐并量回赐阿黑麻彩段、表里等物，以答其意，使知朝廷怀远之仁。从之。"③

9. 弘治三年（1490）闰九月十八日，"先是土鲁番尝遣使臣哈只火辛等从海道入贡狮子，有旨令广东守臣却之。至是哈只火辛乃潜自赴京，礼部请治广东都布按三司及沿路关津官之罪。上曰：夷人远逃而来必有情弊。礼部仍同大通事审察奏闻处置，广东三司等官及沿路所由官司，命巡按御史究治之。"

本节第 9 条弘治三年（1490）闰九月十八日所称的"先是土鲁番尝遣使臣哈只火辛等从海道入贡狮子，有旨令广东守臣却之"，当为第 8 条所称之"旧例撒马儿罕入贡俱由甘肃验送。至是，阿黑麻王遣使从满剌加国取路进狮子、鹦鹉等物，至广州。两广总镇等官以闻。上曰：珍禽奇兽，朕不受献。况番使奸诈，又不由正路以来，其即遣官阻回。"对比两条记载，我们会发现，明人实际上是将撒马儿罕速檀阿黑麻误为土鲁番速檀阿黑麻了。为什么这么说呢？

希吉勒历 890 年（成化二十至二十一年，1484—1485），帖木儿汗国

---

① 《宪宗实录》卷二六六，叶三，第 4504 页。
② 《宪宗实录》卷二七八，叶五，第 4690 页。此事《孝宗实录》卷四四（叶五，第 897 页）亦有提及。
③ 《孝宗实录》卷三二，叶七，第 717 页。

统治者卜撒因二子撒马儿罕速檀·阿黑麻·米儿咱与达失干乌马儿·沙黑·米儿咱发生争端，后者请羽奴思协助对抗前者。此时在撒马儿罕圣哲纳速剌丁·奥贝都剌的调停下得以平息。[1] 此事，羽奴思仍在达失干，其次子阿黑麻则在蒙兀儿斯坦。[2] 成化二十三年（1487），"羽奴思王子锁檀阿（黑）麻王复侵夺察力失等四城。"[3] 此后羽奴思次子阿黑麻进一步占领土鲁番。也就是说，1483—1490年，位于撒马儿罕和甘肃之间的羽奴思及其次子阿黑麻，没必要绕行撒马儿罕从海路进贡狮子。撒马儿罕阿黑麻一度与兄弟乌马儿纷争，乌马儿引羽奴思对抗阿黑麻，这也正好说明为何撒马儿罕从海路而非传统的陆路向明朝进贡狮子，且撒马儿罕派出的贡使"怕六湾等以西域道阻，乞从海道归"。成化年间，从海路向明朝进贡狮子的，只能是帖木儿汗国卜撒因之子阿黑麻，而非羽奴思之子阿黑麻。而本节第9条所称之"土鲁番尝遣使臣哈只火辛"，很可能就是第5条记载的"撒马儿罕指挥佥事哈只儿辛"。

仔细分析本节前七条记载，我们会发现，所贡狮子大体有两条来源：一是第1、2、4、5、6、7条记载的经由海路前来的撒马儿罕；二是第3条记载的经由陆路前来的羽奴思。成化年间，羽奴思控制着向阳地的阿速和达失干，其后次子阿黑麻进一步占据土鲁番，因而二人得以从陆路向明朝贡献狮子。

四　西域道阻，迂回中国

我们再来看上节第2和第3条记载。成化十九年（1483）十月十九日，"撒马儿罕贡使怕六湾等以进狮子，乞如永乐间赏例。事下礼部，覆奏：'速檀阿黑麻万里遣使来贡猛兽，诚有可嘉，宜如正统四年赏例。'"[4] 成化十九年（1483）十二月十九日，"时黑娄、失剌思、撒马

---

[1]《中亚蒙兀儿史——拉失德史》，第一编，第326页，英译本原页码为第112—113页。
[2]《中亚蒙兀儿史——拉失德史》，第一编，第337页，英译本原页码为第120—121页。
[3]《宪宗实录》卷二九〇，叶十、十一，第4917—4918页。
[4]《宪宗实录》卷二四五，叶四，第4155、4156页。

儿罕、把丹并羽奴思王遣使来贡狮子,使者过哈密,罕慎因遣二人伴送。"①

两批贡狮使团于成化十九年(1483)下半年先后到达北京,由于路途和交通方式的差别,显然出发时间有先后。走陆路的用一年时间左右即可到达北京,出发时间当在成化十八年(1482)。走海路的很可能是在成化十八年(1482)之前。我们知道,成化十四年(1478)左右速檀阿力死后,土鲁番、哈密一带曾经历一段混乱时期。成化十八年(1482)四月十五日,巡抚甘肃左佥都御史侯瓒、甘肃总兵官都督同知王玺以赤斤、罕东之兵助罕慎,夜袭哈密,克复哈密、刺木等八城。②也就是说,此后土鲁番经由哈密到肃州的道路,才由混乱变为安定。羽奴思派遣的陆路朝贡狮子使团,正是由夺回哈密之后的罕慎派人伴送的。

至于从海路朝贡狮子,很遗憾历史没有记载其登船之处在何地,无法清晰复原当时的情形。撒马儿罕地处中亚,距离海洋相当遥远,从海路入贡狮子,实在是难以想象的事。不过,也不排除可能是阿黑麻先派遣使臣泛海,然后沿途收购奇珍异兽入贡明朝,当然也很有可能是,所谓的"使臣怕六湾"只是打着撒马儿罕速檀阿黑麻的幌子,名为入贡,实则行商。

"怕六湾",除明代文献文字记载之外,还有法国人收藏、曾由香港苏富比拍卖有限公司拍卖的《西番贡狮图》通过画像予以展示。该画款识为"大明成化癸卯年六月吉日",即成化十九年(1483)六月初一。根据《明实录》该年四月十一日记载,"撒马儿罕及亦思罕地面锁鲁檀阿哈麻等,遣使贡狮子,献于朝。"《明实录》于同年十月十九日记载,"撒马儿罕贡使怕六湾等,以进狮子乞如永乐间赏例。"如果该画并非伪作的话,则怕六湾抵达北京的时间至少是成化十九年四月。

---

① 《宪宗实录》卷二四七,叶四,第4182页。
② 《宪宗实录》卷二二六,叶四,第3877、3878页;卷二三五,叶五、六,第4000—4001页。

结合撒马儿罕贡狮及同时期中亚局势，我们可以看到如下图景：

1483 年（成化十九年），撒马儿罕速檀·阿黑麻·米儿咱，贡狮，献于朝。

1483 年，羽奴思遣使贡狮于朝。

1484—1485 年（希吉勒历 890 年，成化二十至二十一年），撒马儿罕速檀·阿黑麻·米儿咱与达失干乌马儿·沙黑·米儿咱发生争端，后者请羽奴思协助对抗前者。在撒马儿罕圣哲纳速剌丁·奥贝都剌的调停下，争端得以平息，乌马儿将达失干赠予羽奴思。

1486—1487 年（希吉勒历 892 年，成化二十二至二十三年），羽奴思去世，长子马哈木继位，次子阿黑麻出兵占领土鲁番。

1486—1487 年，撒马儿罕乌马儿·沙黑·米儿咱与马哈木开战，并战败。"西域道阻"，怕六湾取道海上返回撒马儿罕。

1487—1488 年（希吉勒历 893 年，成化二十三年至弘治元年），速檀·阿黑麻·米儿咱也与马哈木开战，战败后在纳速剌丁·奥贝都剌的调停下，双方和亲。

1489 年（弘治二年），撒马儿罕由海上前来贡狮。

1493—1494 年（希吉勒历 899 年，弘治六至七年），撒马儿罕速檀·阿黑麻·米儿咱病死。

或可说，撒马儿罕由陆路改海路贡狮，是时任统治者速檀·阿黑麻·米儿咱避开中亚战乱，迂回联系中国的一种努力。只是这一努力对于明朝而言毫无意义，因而遭到明朝阻回。

火绳枪东来：明代鸟铳的
传入路径

庞乃明

（南开大学历史学院）

被明代中国人称为"鸟铳"的欧式火绳枪，是经由东来欧洲人传入中国的西洋单兵火器。这种新式武器虽然在明朝正德末年就已传入中国，但其大规模引进却是在嘉靖中期以后。与佛郎机、红夷炮等重型西洋火器的快速传入不尽相同，欧式火绳枪的传入是一个持续百年的漫长过程；其传入媒介也呈现一种以欧洲人为本为主、周边国家之人多路并进的复杂态势，由此引发明中后期单兵军事装备渐进而明显的重大变化。有关鸟铳在明代中国的传入问题，史学界已有初步研究[1]，但一些问题还有待开拓和深入。本文拟对明代鸟铳的传入路径

---

[1] 军事史家王兆春指出，自明末以来，有关明代鸟铳的来源就有中国自创说、日本传入说、西洋传入说等三种说法，三说虽皆有依据，但并非都能成立。（王兆春：《中国火器史》，军事科学出版社1991年版，第134—152页）李斌充分肯定王直等东南海寇和日本倭寇在鸟铳传播过程中的重要作用。（李斌：《佛郎机和鸟枪的最早传入》，《兵家史苑》第4辑，军事科学出版社1993年版，第262—269页）南炳文认为，鸟铳虽然主要通过葡萄牙人和日本人传入中国，但最初的鸟铳主要仿自日本。（南炳文：《中国古代的鸟枪与日本》，《史学集刊》1994年第2期，第60—66页）阎素娥认为，明代中期传入的鸟铳既不是日本人的发明，也不是经由日本人的媒介，而是活动在东南沿海的中国人从西方人那里自主学来的。（阎素娥：《关于明代鸟铳的来源问题》，《史学月刊》1997年第2期，第103—105页。）付春则关注到了交铳，认为这种来自越南的热火器的威力和性能明显优于此前的鸟铳和噜密铳。（付春："交铳"考，《军事历史研究》2011年第4期，第89—95页）除此之外，日本学者久芳崇和中岛乐章也讨论了经由日本向明代中国传播鸟铳的问题。参见久芳崇《16世纪末日本式鉄砲の明朝への伝播：萬暦朝鮮の役から播州楊応龍の乱へ》，《东洋学报》第84卷第1号，2002年，第33—54页；中岛乐章：《16世纪40年代的双屿走私贸易与欧式火器》，郭万平、张捷编著《舟山普陀与东亚海域文化交流》，浙江大学出版社2009年版，第34—43页。这些研究成果无疑是本文研究的起点。

进行梳理，不妥之处恳请方家批评指正。

从总体看，鸟铳传入明代中国的路径有五：一是通过东来欧洲人，主要是通过葡萄牙人、西班牙人传入；二是通过劫掠中国东南沿海的倭寇传入；三是通过东南亚人，主要是通过爪哇人、缅甸人和安南人传入；四是通过来华定居的土耳其人传入；五是通过朝鲜人传入。显然，除第一途径为直接传入外，其他皆为间接传入。

葡萄牙人是最早与明代中国直接接触的东来欧洲人。从西欧到远东，欧式火绳枪一直是葡萄牙殖民者对付沿路各国人民、实现战略目标的利器之一。如达·伽马（Vasco da Gama）在航行印度过程中，就曾用火绳枪回敬东非海岸居民的抗拒，基尔瓦、蒙巴萨、柏培拉和布腊伐等一些东非城市均遭到葡萄牙火绳枪的野蛮攻击，特别是蒙巴萨人，甚至遭到火绳枪毁灭性射杀。在进攻印度卡里库特时，火绳枪也发挥了重要作用。1501年初，葡萄牙人在印度的卡南诺用舰炮轰毁印度大小船舶14只，印度人只能以旧式兵器还击，许多人被葡萄牙人火绳枪炮射倒。[①] 1505年，阿尔梅达（Francisco de Almeida）被葡萄牙国王任命为葡属第一任印度总督，其舰载武器清单中就有"大铁炮（bonbardas grossas de ferro）27门。鹰炮（falcães）18门，其中铁质14门，铜质4门。配有3子铳的佛郎机（berãos）468门，其中铜质316门，铁质152门。托架大炮（bonbardas de coronha）53门。铜鸟枪（espingardas）80支。"[②] 1509年，继任印度总督的亚伯奎（Alfonso de Albuquerque）派遣舰队第一次进攻满剌加，葡萄牙人先以大炮轰城，次日清晨，"葡萄牙兵两三千人带着火绳枪上岸。此外还有黑人等雇佣兵无数，企图攻入京城。"[③] 在满剌加人的顽强抵抗下，葡人未能如愿。在1511年的第二次进攻中，葡萄牙人统帅"亲自率领一队士兵，各佩带火绳枪，进攻满剌加兵。他们举起火绳枪射击时，发出了豆子落在竹席上似的声音。由于葡萄牙兵武器锐利，攻势凌厉，

---

① 参见王兆春《世界火器史》，军事科学出版社2007年版，第157页。
② 金国平编译：《西方澳门史料选萃（15—16世纪）》，广东人民出版社2005年版，第3—4页。
③ ［马来西亚］敦·斯利·拉囊：《马来纪年》，黄元焕译，吉隆坡：学林书局2004年版，第251页。

满剌加兵抵挡不住,阵势大乱,向后撤退"。① 葡萄牙人终于占领了满剌加。此后,葡萄牙人又在苏拉威西、苏门答腊、加里曼丹、爪哇等地建立商站,进一步把火绳枪带到这些地方。

在正德十二年(1517)葡萄牙人首访中国的时候,随船所载不仅有佛郎机炮,而且也有火绳枪。当葡萄牙人的五艘舰船于嘉靖元年(1522)八月企图对中国广东进行挑衅时,被广东水军击败,两艘舰船及20多门佛郎机舰炮、多支火绳枪被明军缴获,葡萄牙人的火绳枪炮由此传入中国。当代中西关系史研究的早期开拓者张维华曾指出,佛郎机铳"为西铳之大者,此外尚有小者可以击雀,因名鸟枪。此枪于晚明之际,用于军旅者尤为普遍,当亦与佛郎机铳同时传入中国者也"②。但那时葡萄牙人所用火绳枪,大抵还是初创时期的产品,所以没有得到明朝军事当局的足够重视。

此后,葡萄牙人北上闽浙,又把火绳枪带到福建、浙江沿海。如嘉靖二十六年(1547)八月内,"佛狼机夷连艘深入,发货将尽,就将船二只起水于断屿洲,公然修理。"③ 福建巡按金城也说:"据漳州府报称,佛郎机夷人先于嘉靖二十六年四月内入境劫掠,去来无常。"④ 据(康熙)《平和县志》记载,嘉靖二十六年九月间,平和知县谢明德"蒙巡按察院金⑤委次捕夷船",在葡萄牙船上见到了鸟铳,并且加以仿制。⑥ 这是目前所能见到的最早仿制欧式火绳枪的记录。嘉靖二十七年十一月初九日(1548年12月8日),在福建厦门,葡萄牙"大夹板船齐鸣锣鼓,发喊,放大铳三十余个,中小鸟铳不计,又山嘴上放大铳一个,石炮如碗"⑦;

---

① [马来亚] 敦·斯利·拉囊:《马来纪年》,黄元焕译,第274页。
② 张维华:《明清之际中西关系简史》,齐鲁书社1987年版,第20页。
③ 朱纨:《甓余杂集》卷二《阅视海防事》,《四库全书存目丛书》集部第78册,齐鲁书社1997年版,第25页。
④ 朱纨:《甓余杂集》卷六《为夷船出境事》,《四库全书存目丛书》集部第78册,第153页。
⑤ 即"金城"。
⑥ (康熙)《平和县志》卷一二《杂览·寇变》,中国方志丛书第91号,台北,成文出版社影印清康熙五十八年修、光绪十五年重刊本,1967年,第265页。
⑦ 朱纨:《甓余杂集》卷五《六报闽海捷音事》,《四库全书存目丛书》集部第78册,第138页。

嘉靖二十八年二月二十一日（1549年3月19日），驻泊诏安走马溪的葡萄牙人"各持鸟铳上山，被梅岭伏兵乱石打伤，跑走下船"①。明军通过走马溪之战，又缴获一些葡萄牙鸟铳。待到葡萄牙人入住澳门、与中国关系平稳顺畅以后，葡萄牙火绳枪开始更多传入中国。如弗朗西斯科·德·桑德博士1576年6月7日写于马尼拉的致西班牙皇家主教信中提到："这里某些印第安人、日本人和中国人告诉我，葡萄牙人已经把武器引进中国，特别是我们的火绳枪。一个中国人卖给我一把葡萄牙宽刀。葡萄牙人是会教他们学会使用大炮、骑兵以及其他对我们同样有害的技术的。他们是商人，学会这些并不奇怪。"②

继葡萄牙之后，西班牙人也把火绳枪带往东亚地区。早在麦哲伦（Fernando de Magallanes）进行环球航行的时候，其船队就装备有各种大小炮71尊，火绳枪50杆，长矛1000杆，弩弓60把，箭360打，以及盔甲、匕首、刀剑等。③在登陆菲律宾宿务岛后，麦哲伦船队还与宿务附近的马坦岛民发生冲突，西班牙"火绳枪手和弓弩手长距离射击了将近半个小时"④，只因距离过远而成效不大，麦哲伦本人也被马坦岛人杀死。时隔40多年后的1565年，由黎牙实比（Miguel Lopez de Legazpi）率领的西班牙远征队再次来到菲律宾。2月13日，黎牙实比远征队接近菲律宾东南的萨马岛，并用舰载火炮和火绳枪进攻当地居民。⑤在一封1565年5月28写于宿务的米兰多拉（Andres de Mirandaola）致西班牙国王信中，米兰多拉提及他的叔父乌达内塔（Andres de Urdaneta）、黎牙实比的重要伙伴，要求国王增派600名全副武装的战斗人员，其中400名为火枪手、

---

① 朱纨：《甓余杂集》卷五《六报闽海捷音事》，《四库全书存目丛书》集部第78册，第131—132页。

② E. H. Blair and J' A. Robert, *The Philippine Islands* 1493 ~ 1803. Vol. 4, Cleveland, 1903, p. 58.

③ ［英］吉尔马特：《麦哲伦的生平》（Francis Henry Hill Guillemard：*The Life of Ferdinand Magellan and the First Circumnavigation of the Globe*, 1480 - 1521），转引自严中平《老殖民主义史话选》，北京出版社1984年版，第255页。

④ ［美］艾伦·维利厄斯等：《勇敢的探索者——探险故事》，唐长荫等译，地质出版社1981年版，第45页。

⑤ E. H. Blair and J' A. Robert, *The Philippine Islands* 1493 - 1803. Vol. 2, Cleveland, 1903, p. 184.

200名为标枪手。① 一纸由菲律宾殖民官员签字、可能写于1566年的陈情状,要求派遣更多的牧师、战士,派发更多的滑膛枪,以便在菲律宾土著不愿归顺的时候,可以通过武力达到目的。在l569年7月7日写于宿务的致墨西哥总督信中,黎牙实比写道:"我们目前最急需、最缺乏的是火药、弹药、火绳枪和长矛。这些东西是如此短缺,以致我们三分之一的人战斗时没有武器。我谦恭地恳请阁下支持我们,用小型递送船将我们要求的东西送来,或用任何其他更快的船只送来。"② 在从宿务北上占领吕宋岛尤其是占领马尼拉的过程中,火绳枪更是发挥着至关重要的作用,西班牙人靠着火绳枪打败了当地的穆斯林。如1571年5月攻占马尼拉时,230名火绳枪手即是绝对的主力。③ 在1574年11月30日、12月2日,中国海盗林凤进攻马尼拉时,西班牙人也是靠着火绳枪和西洋火炮打退了中国人的进攻,保住了西班牙在菲律宾的殖民大本营。因为西洋火器的流入,菲律宾土著很快向西班牙人学会了熟练使用火绳枪;中国方面也通过与吕宋之间的商旅往来获得了西班牙火绳枪。明末文献提及的闽铳,当有一部分是来自西班牙的火绳枪。

另外,《清实录》载崇德三年(1638)八月,喀尔喀部落土谢图汗、车臣汗曾向清方面贡献马、驼、鞍辔、弓、斧、甲胄、貂皮、雕翎及鸟枪等物。④ 据祁韵士《皇朝藩部要略》考证,他们贡献的鸟铳是俄罗斯鸟铳。⑤ 因此,俄罗斯—喀尔喀也成为向明季中国传播火绳枪的一条通道。

从日本传入中国的鸟铳,其源头也在西方。据研究,"1542年,搭乘一只福建船上的三个葡萄牙逃兵偶然发现了日本,由此开辟了一个有利

---

① E. H. Blair and J' A. Robert, *The Philippine Islands* 1493 – 1803. Vol. 2, Cleveland, 1903, p. 124.

② E. H. Blair and J' A. Robert, *The Philippine Islands* 1493 – 1803. Vol. 3, Cleveland, 1903, p. 51.

③ E. H. Blair and J' A. Robert, *The Philippine Islands* 1493 – 1803. Vol. 3, Cleveland, 1903, p. 153.

④ 《清太宗实录》卷四三,崇德三年八月壬子,《清实录》第2册,中华书局1985年版,第568—569页。

⑤ 祁韵士:《皇朝藩部要略》卷三《外蒙古喀尔喀部要略一》,《续修四库全书》第740册,第295页。

可图的、广阔的新市场"①。葡萄牙日本市场的开拓，为火绳枪之传入日本提供了契机。日本著名学者僧人文之玄昌的《铁炮记》（代种子岛久时公）记录了1543年葡萄牙人将火绳枪传入种子岛的经过。②明人李言恭《日本考》在言及鸟铳来源时也说："鸟铳原出西番波罗多伽儿国，佛来释古者传于丰州铁匠。近来本州岛铁匠造鸟铳一门，价值二十余两，用之奇中为上。其别州虽造，无此所制之妙，其价所值不多。"③波罗多伽儿即葡萄牙的另一音译。明代著名军事作家郑若曾在追溯中国鸟铳源头时曾说："鸟铳之制，自西番流入中国，其来远矣，然造者多未尽其妙。嘉靖二十七年，都御史朱公纨，遣都指挥卢镗破双屿港贼巢，获番酋善铳者，命义士马宪制器，李槐制药，因得其传，而造作比西番尤为精绝云。"④郑若曾的这段描述表达了两层意思：一是中国最早的鸟铳来自西番即佛郎机，但制造者未能尽其妙用，因而流传不广；二是来自日本的鸟铳虽然在时间上要晚一些，但因制作比西番精绝，所以得到快速流行。与其他明代文献相比，《筹海图编》的这一结论显然是较为客观的。

传入日本的葡萄牙火绳枪很快成为倭寇劫掠中国东南沿海的凶器。据浙江巡视海道副使魏一恭抄送的倭寇供词称，稽天、新四郎与已经斩首的芝涧等，俱系日本国东乡人，嘉靖二十五年（1546）三月，带着国王借给的500两白银，以及国王给予的"番铳二架、番弓、番箭、倭刀、藤牌、长铳、镖铳等项利械"，驾驶大船一只，到浙江九山海岛，"欲投未获徽州贼许二等做地主"，结果被官兵俘获。⑤这里的两架番铳，日本

---

① C. R. Boxer, *Fidalgos in the Far East, 1550–1770: Fact and Fancy in the History of Macao*, The Hague: Martinus Nijhoff, 1948, p. 2.
② ［日］文之玄昌：《南浦文集》卷上《铁炮记》，日本国立国会图书馆藏宽永二年（1625）刊本，第5—9页。
③ 李言恭、郝杰编，严大中、汪向荣校注：《日本考》卷二《百工器械》，中华书局1983年版，第94页。
④ 郑若曾撰，李致忠点校：《筹海图编》卷一三《鸟嘴铳图说》，中华书局2007年版，第909—910页。
⑤ 朱纨：《甓余杂集》卷二《议处夷贼以明典刑以消祸患事》，《四库全书存目丛书》集部78册，第43页。

学者中岛乐章认为很可能就是欧式火绳枪。① 又据海贼陈瑞供称，嘉靖二十七年（1548），与徽州人方三桥在日本雇得日本国中船一只，于四月初八日起程，十九日到达舟山列岛的乌沙门。五月初二，陈瑞上山，被哨船人拿获。其日本船中"有倭刀、倭弓、火药二坛、小铁佛郎机四五座、鸟嘴铳四五个，俱是番人先年下日本国相斗夺下的"②。这里的所谓"番人"，自然包括葡萄牙人在内。因为其性能良好，所以在明军攻下双屿时，通过被俘的"番酋"，中国工匠掌握了鸟铳的制造、使用以及火药的配制技术。在胡宗宪、戚继光、俞大猷等抗倭官将的强力推动下，鸟铳在东南地区迅速流传开来。当时的双屿走私贸易港里既住着大量日本倭寇，又有一定数量的葡萄牙人和东南亚人，这里的"番酋"似不能排除葡萄牙人。但因倭寇是其中的主导力量，所以更可能是日本人。此后，明朝军事当局即以仿制日式火绳枪为主，这大概是中国文献关于鸟铳得自倭人一说的由来。

通过东南亚人传入中国的火绳枪，要比前两个渠道稍晚一些。如前所述，欧洲的火绳枪最早通过葡萄牙人带到东方，并且成为他们在东南亚地区进行贸易、殖民，对付东南亚人箭弩、长矛和匕首反抗的利器。稍后掌握火绳枪技术的土耳其人也向这一地区渗透。如亚齐苏丹阿拉丁·里阿亚特·沙·卡哈尔（Alau'd–Din Ri'ayat Syâh al–Kahar）曾于16世纪60年代向土耳其寻求军事援助，以便共同对抗葡萄牙人，"鲁姆（Rum，土耳其）的苏丹派各种各样的枪炮匠和专家来到亚齐，从那时起亚齐就开始铸造大炮"③。而一些来自葡萄牙、土耳其、阿拉伯、印度的流动海员，也纷纷受雇于缅甸、阿拉干、暹罗、爪哇和望加锡的统治者，成为他们的炮手、铸炮匠和教练员。在"经历最初的惊恐不安之后，主要的东南亚国家都迅速行动起来，购买、雇用、缴获或学习了新型的技

---

① ［日］中岛乐章：《16世纪40年代的双屿走私贸易与欧式火器》，郭万平、张捷编著《舟山普陀与东亚海域文化交流》，浙江大学出版社2009年版，第41页。

② 朱纨：《甓余杂集》卷二《议处夷贼以明典刑以消祸患事》，《四库全书存目丛书》集部78册，第45页。

③ ［澳］安东尼·瑞德：《东南亚的贸易时代：1450—1680年》，吴小安、孙来臣等译，商务印书馆2010年版，第244页。

术和武器"①。以缅甸为例，在德彬瑞体（即莽瑞体，1531—1551 年在位）和勃印囊（即莽应龙，1551—1581 年在位）统治时期，他们率先使用由葡萄牙人（还有一些穆斯林）引进的火枪火炮，效果显著。据一位意大利旅行家弗里德里希（Frederici）1581 年发出的报告，勃印囊的火绳枪是一流的，"他在战争中经常使用 8 万支火绳枪，而且这个数目与日俱增。由于每天都奉国王之命练习射击，他们熟能生巧，个个都成了神枪手"②。据成书于万历早期的《西南夷风土记》记载，缅人战斗，"惟集后阵，知合而不知分。每以鸟铳当前，牌次之，枪又次之，象继枪后。短兵既接，象乃突出。中华人马未经习练者，见象必惊怖辟易，彼得乘其乱也。"③（天启）《滇志》亦云，缅人贪利好斗，"交兵长于鸟铳"，其发迅疾而无声，"但其法秘不传耳"④。万历十年（1582），缅王莽应里（1581—1598 年在位）曾以"兵二百人、象数十只、鸟铳数航备镇康"⑤，意图内犯。王鸣鹤《火攻问答》也说云南缅酋"专用火器以敌中国"⑥。英国人和荷兰人来到东南亚后，带来更为先进的火绳枪，引起万丹贵族们的兴趣和渴望，他们甚至不断指使手下去偷窃英国人的火绳枪。⑦ 荷兰人曾把随船带来的 300—400 支燧发枪以 6 个雷亚尔一支的价钱卖给亚齐人，英国人也乐意把火器当作普通商品买卖。随着火绳枪技术的传播普及，1615 年的望加锡已经拥有 2422 支火枪，并且在 17 世纪 20 年代开始独立制造。⑧ 17 世纪初的交趾地区在操控枪炮方面甚至超过了欧洲人。

---

① ［澳］安东尼·瑞德：《东南亚的贸易时代：1450—1680 年》，吴小安、孙来臣等译，第 241 页。
② ［澳］安东尼·瑞德：《东南亚的贸易时代：1450—1680 年》，吴小安、孙来臣等译，第 247 页。
③ （佚名）《西南夷风土记》，曹溶辑，陶樾增订：《学海类编》，广陵书社影印本，2007 年，第 10 册，第 6106 页。
④ （天启）《滇志》卷三〇《羁縻志·种人》，《续修四库全书》第 682 册，第 494 页。
⑤ 瞿九思：《万历武功录》卷六《缅甸列传上》，《续修四库全书》第 436 册，第 379 页。
⑥ 吴惟顺、吴鸣球：《兵镜》卷一四，《四库禁毁书丛刊》子部第 33 册，第 487 页。
⑦ ［澳］安东尼·瑞德：《东南亚的贸易时代：1450—1680 年》，吴小安、孙来臣等译，第 249 页。
⑧ ［澳］安东尼·瑞德：《东南亚的贸易时代：1450—1680 年》，吴小安、孙来臣等译，第 220 页。

"他们不断地练习射击，具备骄人的绝技，以至于只要有欧洲船只驶进他们的港口，国王手下的枪手们就向我们的枪手提出比试枪法……而欧洲枪手总是竭力避免这样的比试，因为他们从经验中知道，这些交趾支那人用炮能击中任何目标。他们也很精通燧发枪，经常拉到野外去训练。"① 据万历三十二年（1604）后曾三至安南的朝鲜人赵完璧描述，安南人"喜习鸟铳，小儿亦能解放"②。可见流行普及之广。关于交阯人善鸟铳的情况，明末文献亦有记载。徐霞客在崇祯十年（1637）的广西边境见闻中，记其于恩城州出发，经安平到下雷的旅行经历。称安平至下雷一带，与交阯高平接壤，交人"鸟铳甚利，每人挟一枚，发无不中"。在下雷南陇村岭头，徐霞客"遇交彝十余人，半执线枪（俱朱红柄），半肩鸟铳，身带籐帽而不戴，披发跣足，而肩无余物"。岭上行走半里，"复遇交彝六七人，所执如前"③。明代南方使用的爪哇铳和交铳应该是由东南亚人传入中国的。

关于爪哇铳的形制，湛若水《送黑翠峰参戎赴留都不觉发江湖廊庙之悒》称其"形如弩，轻可系肩，遇寇万铳齐发，能穿数重"；④ 屈大均《广东新语》也说："爪哇铳者，形如强弩，以绳悬络肩上，遇敌万铳齐发，贯甲数重。"⑤ 二人所言爪哇铳铳形，异乎常想，到底如何，姑存其疑。查张岳致河南巡抚李宗枢书（大约作于嘉靖二十二年），在岭南地区，人们把最小号佛郎机铳称为爪哇铳，"亦海外器，人有铳手专习之，贼畏之甚于强弩"⑥。严从简《殊域周咨录》引《月山丛谈》说："佛郎机与爪哇国用铳形制俱同，但佛郎机铳大，爪哇铳小耳，国人用之甚精，

---

① ［澳］安东尼·瑞德：《东南亚的贸易时代：1450—1680 年》，吴小安、孙来臣等译，第 248 页。

② ［朝鲜］李晬光：《芝峰集》卷二三《杂著·赵完璧传》，《韩国文集丛刊》，首尔：景仁文化社 1990 年版，第 66 册，第 253 页。

③ 徐弘祖著，褚绍唐、吴应寿整理：《徐霞客游记》卷四上《粤西游日记三》，上海古籍出版社 1987 年版，第 479、490 页。

④ 湛若水：《湛甘泉先生文集》卷二七《续诗》，《四库全书存目丛书》集部第 57 册，第 190 页。

⑤ 屈大均：《广东新语》卷一六《器语·鸟枪》，中华书局 1985 年版，第 441 页。

⑥ 张岳：《小山类稿》卷九《与河南巡抚李叠石》，《景印文渊阁四库全书》第 1272 册，第 392 页。

小可击雀。"①（嘉靖）《广东通志》亦云，爪哇铳"身长至一尺五寸，尤便持也"，铳药"焰硝一斤，硫磺二两二钱，炭四两五钱"②。据此，爪哇铳似为一种小型管状火器。一位名叫黄岩的广东嘉应（今梅州）人，别号花溪逸士，在清乾隆年间著成白话小说《岭南逸史》，小说以明朝中叶的广东盗乱与两广瑶乱为背景，描写文武兼备的广东书生黄逢玉平定战乱、论功封侯的故事。③ 小说在第十四回、十六回描述了爪哇铳作战的场景："镇抚林秉汉忙叫军士放爪哇铳。军士得令，万铳齐发，震天的一响，一个弹丸早打中老虎前心，透甲洞胸死于马下，瑶兵一拥退回。梅小姐马到，瞋目大呼道：'众将上前，不破此炮，终不得出！'声犹未绝，一马已到放铳军前，伸手去锦囊撮出那链就神豆在手，向那放铳军士一撒，就如发了百十个大爆一般，毒光到处皮肉尽焦。一连撒了数千把，把放铳官军打得屁滚尿流，丢了鸟枪拼命而逃"；"戴巡抚大惊，急分付放铳，已被万人敌抢入城垣，军士惊倒，火不能燃。幸李应样闻之，率五千爪哇铳手到来，轰天的打去，瑶兵方才退下。"④ 可见这是一种有类鸟铳的管型火器。另外，《筹海图编》记录了一种名为铅锡铳的小型佛郎机铳，图中文字称："铳如鸟铳，但药尽处用一吼，上安一铁筒。"⑤ 抑或与此相近。据此，笔者初步认定爪哇铳应该也是一种鸟铳。

交铳是一种流行于西南地区的管型单兵火器，"铳长六七尺许，声不甚猛，烟发辄歼敌"⑥。杨嗣昌将其定义为"交趾鸟铳"⑦，当是来自交阯地区的火绳枪。因为地缘关系，交阯人的火绳枪很快流入中国广西、云

---

① 严从简著，余思黎点校：《殊域周咨录》卷九《佛郎机》，中华书局1993年版，第322页。
② （嘉靖）《广东通志》卷三二《政事志五·军器》，广东省地方史志办公室誊印，1997年，第784页。
③ 参见林亭君《〈岭南逸史〉研究》，台湾成功大学硕士学位论文，2011年。
④ 花溪逸士：《岭南逸史》，百花文艺出版社1995年版，第158—159、179页。
⑤ 郑若曾撰，李致忠点校：《筹海图编》卷一三《铅锡铳图说》，第913页。
⑥ 钱海岳：《南明史》卷一〇《志第五·兵》，中华书局2006年版，第480页。
⑦ 杨嗣昌著，梁颂成辑校：《杨嗣昌集》卷四三《召对纪事·丁丑四月二十七日召对》，岳麓书社2005年版，第1028页。

南等地。清初吴晋锡在《半生自纪》中称，嘉靖时王守仁已制交铳，① 目前尚无材料佐证。但至明末已较流行，应当是不争的事实。如（天启）《滇志》记载广南府"侬人"时说："其种在广南，习俗大略与僰夷同。其酋为侬智高裔，部夷亦因号侬……长技在铳，盖得之交阯者。刀、盾、枪、甲，寝处不离，日事战斗。王弄山、教化三部亦有之，盖广南之流也。"② 除云南外，交铳也出现在广西地区。据《明季南略》载，崇祯十七年（1644）九月，"广西巡抚方震孺，言狼兵善火器药弩，以副将朱之胤统千人入卫"③。广西狼兵所善火器就是交铳。因此在弘光元年（顺治二年，1645）年底，南明督师何腾蛟湖广募兵时，"广西柳州僮目副将覃裕春、子覃鸣珂，领交铳手狼兵五千"；次年五月，何腾蛟"又差副将王凤昇、参将王廷祥、方升等往广西柳州招募狼兵交铳手三千"④。据清雍正二年（1724）就任广西巡抚的李绂向当地土司打听，狼兵"鸟枪较军营所用长三寸，可远及百三十步"。除了鸟枪，狼兵的致命武器还有狼筅、铁标，"大约百三十步内用鸟枪，三十步内用铁标，二十步内用狼筅"，"故官军莫敢撄其锋"⑤。

噜密铳是万历时期，内阁中书赵士桢从留居北京的噜密国火器官朵思麻那里获得火器原件和制造技术后，仿制成功的另一种火绳枪。噜密国即当时的奥斯曼土耳其，其火绳枪技术来自欧洲。赵士桢万历二十六年（1598）《恭进神器疏》称，他平日留心国事，关注武备，"频年以来，遍询胡宗宪、戚继光二臣部曲，俱称倭之长技在铳，锋刀未交，心胆已怯。臣因思兵家倍数及先后著之说，一意讲求神器。欲期边吏御敌，凭藉势焰，先挫凶锋，然后易于接战。"万历二十四年（1596），赵士桢在京营游击将军陈寅那里见到西洋番鸟铳，"较倭鸟铳稍长，其机拨之则落，弹出自起。用药一钱，铅弹八分。其制轻便，但比旧鸟铳只远五六

---

① 吴晋锡：《半生自纪》卷下，李兴盛主编《诗人吴兆骞系列（二）·江南才子塞北名人吴兆骞资料汇编》附录一，黑龙江人民出版社2000年版，第277页。
② 天启《滇志》卷三〇《羁縻志·种人》，《续修四库全书》第682册，第493页。
③ 计六奇：《明季南略》卷一《南都甲乙纪·九月纪》，商务印书馆1936年版，第11页。
④ 蒙正发：《三湘从事录》，《四库未收书辑刊》第二辑第21册，第571、581页。
⑤ 李绂：《穆堂别稿》卷二一《广西二·兵记上·练兵记文告附》，《续修四库全书》第1422册，第364页。

十步。"① 但他对这种西洋鸟铳的射程并不十分满意。听说先前吐鲁番吞并哈密时曾借得噜密神器,赵士桢很想见识一下噜密神器的威力。万历二十五年(1597),赵士桢结识了武举人把臣、把仲弟兄,方知其父把部力就是噜密国人,因进贡狮子来到北京,遂留中国不去。赵士桢向把氏兄弟询问噜密鸟铳的情况,把氏兄弟说:"义伯朵思麻,即本国管理神器官,一访可知"。于是赵士桢通过把部力找到朵思麻,朵思麻欣然拿出从家乡带来的噜密鸟铳。"其机比倭铳更便。试之,其远与毒加倭铳数倍"。朵思麻还将制造、演放噜密鸟铳的方法告诉赵士桢,赵士桢"遂捐赀鸠工制造,印证思麻,思麻称善"②。据《神器谱》记载,赵士桢仿制成功的噜密铳"约重七八斤,或六斤,约长六七尺。龙头、轨机俱在床内,捏之则落,火燃复起。床尾有钢刃,若敌人逼近,即可作斩马刀用。放时,前捉托手,后掖床尾,发机只捏不拨,砼然身手不动。火门去著目对准处稍远,初发烟起,不致薰目惊心。此其所以胜于倭鸟铳也。用药四钱,铅弹三钱。"③ 应该是一种轻型鸟铳。在赵士桢成功仿制噜密铳两年后的万历二十八年(1600),温编著成《利器解》,称"鸟铳惟噜嘧最远最毒"④。据郭子章《〈利器解〉序》,温编是温纯幼弟,陕西三原人。温纯时任都察院左都御史,曾与负责兵部事务的刑部尚书萧大亨一道,在宣武门外试验赵士桢所造火器,并对其高度赞赏。《利器解》一共著录了 16 种兵器,其中包括剑枪、铳棍、五雷神机、三捷神机、万胜佛郎机、噜密鸟铳等带有西方色彩的新式火器。四年后,曾任浙江按察副使的范涞著成《两浙海防类考续编》,也说"鸟铳惟噜密最远最毒"⑤。噜密铳似乎成了鸟铳中的佼佼者。向赵士桢展示西洋番鸟铳的陈寅,浙江

---

① 赵士桢撰,蔡克骄点校:《神器谱》卷二《远铳(上)》,上海社会科学院出版社 2006 年版,第 398 页。
② 赵士桢撰,蔡克骄点校:《神器谱》卷二《远铳(上)》,第 399 页。
③ 赵士桢撰,蔡克骄点校:《神器谱》卷二《远铳(上)》,第 400 页。
④ 黄裳:《跋〈利器解〉》,氏著《翠墨集》,生活·读书·新知三联书店 1985 年版,第 32 页。
⑤ 范涞:《两浙海防类考续编》卷一〇《火器图说》,《续修四库全书》第 739 册,第 604 页。

平阳人。自幼膂力过人，能"步追奔马，倒拖其尾以［归］"①。以将才荐授金盘备倭把总，因功升京营游击、镇江参将。万历三十二年（1604），以兴隆副总兵任永腾参将，镇守云南永昌。②万历三十四年（1606），因失援木邦罢职禁锢。③在其返乡途经贵州平越时，时任贵州新道镇参政的嘉兴盛万年，邀其铸造火器，其中就有鸟枪。④清初目录学家钱曾《读书敏求记》著录《火器大全》一卷，称"李承勋、朱腾擢、赵士桢皆负笈其门，随才授艺"，但不知撰者为何人。⑤清末著名考据学家孙诒让《温州经籍志》推测此书"或出陈寅及朵思麻手也"⑥。可见陈寅是一个熟悉或通晓西洋鸟铳的军事将领。而这个嘉兴盛万年，此前任职广东岭西道，在万历三十年（1602）撰成《岭西水陆兵纪》，多次提及水陆装备中的鸟铳问题，说明他也是一个注重新式装备的务实地方官。西洋铳"约重四五斤，长六尺许。龙头在床外，倒回顾火门，拨之则落，火燃自起，因有发轨在拨轨之下也。用药一钱，弹八分。火门不粘本身，在盖机铜叶之上，燃火门不及本身，燃本身不及火门，可多放五六次，较倭鸟铳更觉轻便"⑦，也是一种轻型鸟铳。

在明朝末年的明金（清）战争中，明朝和后金（清）都曾向朝鲜方面征索鸟铳，于是有一批朝鲜鸟铳被调往中国。如在崇祯四年（1631），明登莱巡抚孙元化希望朝鲜方面赞助鸟铳1000门，但朝鲜国王以"创残之余，事力凋瘵"为由，只给500门⑧，数量已不为少。崇

---

① （隆庆）《平阳县志·武烈》，明隆庆五年刊清康熙间增钞本，未标页码。
② 《明神宗实录》卷三九七，万历三十二年六月己酉，台北"中央研究院"史语所校印本1966年版，第7474页。
③ 《明神宗实录》卷四二二，万历三十四年六月癸卯，第7984页。
④ 盛枫：《嘉禾征献录》卷三〇《盛万年》，《续修四库全书》第544册，第614页。
⑤ 钱曾：《读书敏求记》卷三《兵家·〈火器大全〉一卷》，《续修四库全书》第923册，第301页。
⑥ 孙诒让：《温州经籍志》卷一六《子部·〈续神器谱〉一卷》，民国十年（1921）刻本，第12页。
⑦ 赵士桢撰，蔡克骄点校：《神器谱》卷二《远铳（上）》，第401页。
⑧ ［朝鲜］张维：《谿谷先生集》卷二三《咨文·孙军门回咨》，《韩国文集丛刊》第92册，第365页。

德六年（1642），清人围攻锦州，再向朝鲜方面征调"鸟铳四千一百七十柄"①。是年八月，皇太极因杏山战功赏赐随征朝鲜官兵，其中就包括鸟枪手李拥立、吴福、李弘叶等。② 朝鲜鸟铳吸收了日本鸟铳和中国鸟铳之所长，在明末辽东战争中发挥了重要作用。

明末还从欧洲传入一种大鸟铳，因较此前之鸟铳为重，发射时需用支架支撑。这种大鸟铳欧洲称之为 Musket，是一种比 Arquebus（Musket之前的火绳枪）更为先进的火绳枪。成书于万历三十四年（1606）的何汝宾《兵录》在叙述"西洋大小战铳制造点放法"时，提到过这种大鸟铳。他说，大鸟铳"身长四尺，筒亦以钻钻之，以木为柄，用铁作半圜，下总一铁柱，绾在铳木柄中央，复用木直竖，受铁柱，左右顾盼，照准施放，亦用火草拨珠。弹用铅者，一两二钱至一两六钱止。弹作三分，用药止二分，如弹重一两二钱，作三分，用药二分，止该八钱，余仿此。平放二百步，仰放一千步。"③ 其铅弹重量、用药量、射程等，都比此前之鸟铳更大。广东方面称大鸟铳为斑鸠脚铳。如在崇祯八年（1635），广东总督熊文灿将100门斑鸠脚铳解送北京，"每门连木靶重二十六、七斤不等，除木靶重十五、六斤不等。身长四尺二寸，连靶共长五尺五寸，铳口外围径过一寸三分，一口径过六分，铳底外围径过二寸。用药一两三钱，空放一次，复装药，用铅子一个，重一两五六钱不等试放。"④ 崇祯十年（1637），熊文灿再进大斑鸠脚铳100门，每门用药一两五钱。⑤ 在郑芝龙的大水艍船上也装备有大型、中型斑鸠铳，此铳只有广东工匠能够制造。其中大斑鸠铳每船装备20门，所用铅弹每颗重一两八钱；中

---

① ［朝鲜］李选：《芝湖集》卷一三《林将军传》，《韩国文集丛刊》第143册，第580页。

② 《清太宗实录》卷五七，崇德六年八月壬申，第777页。

③ 何汝宾：《兵录》卷一三《西洋火攻神器说·西洋大小战铳制造点放法》，《四库禁毁书丛刊》子部第9册，第700页。

④ 《兵部行两广总督军门坐班承差廖宗文呈稿》，《明清史料》乙编第八本，商务印书馆1936年版，第715页。

⑤ 《兵部题两广总督熊文灿咨行稿》，《明清史料》甲编第九本，商务印书馆1931年版，第878页。

斑鸠铳每船装备12门，所用铅弹每颗重一两五钱。① 与《兵录》所载大体为同一型制。

成书于隆武元年（1645）的郑大郁《经国雄略》称这种大鸟铳为搬钩铳，指其为"鸟铳之最大者"。他说："此铳用之舟战，极为便利。火药一发，杀人于百步之内外者，此铳得之矣。"② 据所配搬钩铳图，也有一个叉形支架。成书于万历三十七年（1609）的王圻《三才图会》记载了一种名为"大追风枪"的大鸟铳，称"其器甚长且利便，发而能远"。此枪点放由二人完成，"一名执枪照准则，一名执火绳"，支架为"三足铁柱"，每发用药六钱，铅子重六钱五分，"平发二百余步，高发十余里，此真万胜难敌之长技也"③。与熊文灿所进大斑鸠铳相比，这种大追风枪至多算是中型鸟铳，所谓"高发十余里"的射程应是大大夸张了。崇祯中成书的范景文《战守全书》所言之追风枪"长八尺，连柄一丈"，不用火门，止捻药线，架于城垛之上，"人人能放，可数百步，比鸟铳甚便，守城宜用。"④ 这是一种长管鸟铳，所以射程较远。成书于崇祯八年（1635）的毕懋康《军器图说》还提到一种名为"翼虎炮"的管形火器，据所配翼虎炮图，此炮"式长三尺，重六十斤，除三尺外，后一尺六寸入柄内，柄长二尺二寸"，有准星、照门，有弯形枪托，虽名为炮，实即鸟铳，与17世纪初德国出现的一款Musket颇为相像。毕懋康说："翼虎炮之制，昉于榆林。该镇每与虏使讲折时，当场用翼虎炮及追风枪演试，虏使为之咋指。"又说："其制有柄、有架，有铁嘴插入木架圈中，对敌举放，临时可游移上下，或平架放去，或稍昂其首，无不宜之"，"盖其威力在诸炮上，故以翼虎名之。"⑤ 可见其在明末北边防御中的重要作用。

---

① 《兵科抄出两广总督沈犹龙题本》，《明清史料》乙编第六本，商务印书馆1936年版，第564页。

② 郑大郁：《经国雄略》武备考卷六《火器·搬钩铳》，日本国立公文书馆藏南明隆武元年（1645）刻本，第10页。

③ 王圻：《三才图会》器用卷七《大追风枪》，《四库全书存目丛书》子部第191册，第352页。

④ 范景文：《战守全书》卷一二《守部·大追风枪》，《四库禁毁书丛刊》子部第36册，第448页。

⑤ 毕懋康：《军器图说》，《四库禁毁书丛刊》子部第29册，第347页。

奢侈消费与跨域交流

——以明清时期燕窝的消费与贸易为例

冯立军

（厦门大学南洋研究院）

社会风尚，一般是指一定时期流行的社会价值观、追求取向、审美心态及其所表现社会的和生活的行为。[①]"奢靡之风"即为社会风尚之一种，是指趋向"浮靡奢侈"的一种社会风气。

"奢靡之风"在历代王朝都有所体现，在封建社会早期即已出现，如西汉时"用财侈靡""奢侈相胜"等记载比比皆是。而后历代也载不绝书。但从整个社会来看，真正有条件侈靡的，只是那些皇亲国戚、公卿列侯、势家巨族、富商大贾。到了明清时期，奢靡风气再度盛行，不仅公卿权贵、富商巨族，即使一般平民也都欣然效摹，奢靡风习弥漫到社会各阶层。

本文所考察者，即为明清时期的"奢靡之风"，这一课题在20世纪80、90年代以及21世纪初叶，国内学界已有较为深入的探讨，有关的论文有数百篇之多，学术界主要围绕"奢靡"的概念及其使用，"奢靡之风"的时间范围，"奢靡之风"的波及范围及其表现，"奢靡之风"的成因及其评价等几个方面进行论述。[②] 从已有的研究成果来看，明清时期的"奢靡之风"大致始于明代中后期，明清鼎革之际虽稍有敛迹，但在康熙

[①] 刘和惠：《论晚明社会风尚》，《安徽史学》1990年第3期，第23页。
[②] 钞晓鸿：《近二十年来有关明清"奢靡之风"研究述评》，《中国史研究动态》2001年第10期，第9—20页。

时期，至迟在乾隆中期故态复萌。① 这一时间恰好与明清上流社会群体较多食用燕窝的时间，以及清代上流社会群体大肆追求、消费燕窝的时间相吻合。如此，本文或许能为这一研究的深入考察提供些许佐证。

一 明清时期燕窝的消费与"奢靡之风"

（一）明清社会燕窝的消费与"奢靡之风"的发展演变

明初，历经战乱之后，社会经济处于恢复发展时期，明太祖朱元璋崇尚节俭，"宫室器用，一从朴素，饮食衣服，皆有常供，唯恐过奢，伤财害民"②。在地方，亦尚俭朴，以当时经济较为发达的太湖地区为例，何良俊在《四友斋丛说》中记载说："余小时见人家请客，只是果五色、肴五品而已，惟大宾或新亲过门，则添虾蟹蚬蛤三四物，亦岁中不一二次也。"③ 但到了明代中后期，风气大变，宴会无时，刻意求精，一席之中，水陆之珍俱全，一宴之费，动辄数十百金。非但富人的正式宴会，即使普通人家的"寻常宴会"，也是"无山珍海错，群以为羞"④。李乐的《见闻杂纪》有记他与曾官至嘉靖朝内阁首辅徐阶的一则往事，其中所言也反映了这种变化，其中记载言道："余尝自恨气质粗劣，语及时事辄多愤激不平。一日，谒文贞徐公阶，公曰：'吾松往时，巡按临府，则四府节推（按：乃推官也）偕至本府，太府（按：即知府）作主款之，而僚友陪席，其四节推亦未尝答席也。乃今太府而下，各伸款，四节推又各伸答。凡为盛筵者十，以一倍十，所费不赀。每送下程，用燕窝菜二斤一盘，郡中此菜甚少，至赂节推门子市，出而成礼焉。'语间击桌盛怒，恨欲复

---

① 明清时期的奢侈之风的时间跨度，本文参考以下文章得出。常建华：《论明代社会生活性消费风俗的变迁》，《南开学报》1994 年第 4 期；李景屏：《清前期奢靡之风述论》，《清史研究》1997 年第 2 期；钞晓鸿：《明清人的"奢靡"观念及其演变——基于地方志的考察》，《历史研究》2002 年第 4 期；巫仁恕：《品味奢华——晚明的消费社会与士大夫》，中华书局 2008 年版。
② 《明太祖实录》卷一七四，"中央研究院"校印本 1963 年版。
③ （明）何良俊：《四友斋丛说》卷三四，《正俗一》，明万历七年张仲颐刻本。
④ （清）杨开第修，姚光发纂：《重修华亭县志》卷二三，《杂志·风俗》，清光绪四年刻本。

其故不能也。文贞公道学温粹，论事犹然则予之愤激不平，不足为怪矣。吾浙方公廉，新昌人，知松江，乡士大夫招饮，公曰：'公等只用水果，酒肴不过五六盘方敢赴，多则不赴。'一时士夫相信俗为丕变。盖公素有以信于人致然也。"① 显然，官府内上下级款待之风已较前为盛，费用大为增加，市面上极少出现的燕窝也成为彼此之间的馈赠之物，"奢靡"之风渐起。到隆庆、万历年间，燕窝等前代少见的海鲜菜品，如今在上流社会群体的宴席之上似已不足为怪。如《金瓶梅词话》中提到太师蔡京府上管家翟谦给西门庆摆酒洗尘之事。书中言："不一时，只见剔犀官桌上列着几十样大菜，几十样小菜，都是珍羞美味，燕窝、鱼翅绝好下饭，只没有龙肝、凤髓。"②《金瓶梅词话》成书于隆庆至万历年间，尽管其为小说，书中所言食燕窝、鱼翅有杜撰之嫌，但它为明人所写，小说亦取材于现实生活，所以这反映出当时世家大族、豪门权贵的菜肴中已较多出现。

到明末清初，连年战乱，社会经济遭到一定程度的破坏，"奢靡之风"稍有敛迹。但随着清王朝定鼎中原，社会经济的恢复发展，上流社会群体生活渐趋奢靡。有记载说，乾嘉时之河厅，奢靡尤甚，有绍兴人张松庵者，"垄断通工之财贿，凡买燕窝皆以箱计，一箱则数千金……海参、鱼翅之费则更及万矣"③。嘉庆以后，"食品首推燕窝"，"酒筵间以为上肴"，食者"但取其贵"，"徒务其名"。官吏们则大肆聚敛，以供其用。陈其元在谈及道光年间的"奢靡之风"，对于海参、鱼翅以及燕窝等海菜，"佳者价至三四十金一斤"，亦曾发出"何古今食品之殊若此，岂古尚俭而今愈奢耶"的感慨。④ 至光绪年间，很多地方，宴会"多用燕窝、鱼翅炙煿诸品"⑤，"肴品以燕窝为上，而海参、鱼翅次之"⑥。

---

① （明）李乐：《见闻杂纪》卷八，明万历刻清补修本。
② （明）兰陵笑笑生著，白维国、卜键校注：《金瓶梅词话校注》第五十五回《西门庆东京庆寿旦　苗员外扬州送歌童》，岳麓书社1995年版，第987页。
③ （清）欧阳兆熊、金安清：《水窗春呓》卷下，《河厅奢侈》，中华书局1984年版，第41页。
④ （清）陈其元：《庸闲斋笔记》卷一一，清同治十三年刻本。
⑤ （清）金福曾：《（光绪）南汇县志》卷二〇，《风俗志·风俗》，民国十六年重印本。
⑥ （清）祝嘉庸：《宁津县志》卷二，《风俗·谯会》，清光绪二十六年刊本。

到清末民初,"奢靡之风"似愈益炽烈。各地区多有"奢靡"尤甚的记载。如有记载说:"近年奢风日启,酒坊林立,如官燕、鱼翅各色酒席,客入座咄嗟可办。士大夫燕客,必以华筵、重簋相征逐,一席恒费数十元。"① 在一些地区,"其宴食品,寻常分四盘,或四碟,或六碟、六碗。婚丧大故,以物品分者,有燕菜席、鱼翅席、海参席等级;以器皿分者,有大十二、小十二、四大件、两大件等名称。"②

明清时期上流社会群体的奢靡,引起当时一些人士的关注,并发文以论之,以各种方式对燕窝等奢华之物进行抵制,提倡节俭。如清代学者刘衡(1776—1841),在《庸吏庸言》中撰有《劝民崇俭告示》一文,其中言:近来"梁邑风俗,竞尚奢华,大户倡之,齐民效之,斗靡夸多,彼此求胜。以为不如是则贻人讪笑,甚至以侏儒下走之所欣羡者,士大夫亦翕然从之而恬不为怪"。他认为崇尚奢华危害极大,不仅"显干国法之诛",而且"中人之产不数载而荡然,或及身而堕入邪途,或子孙而流为饿殍"。"身家既丧,廉耻亦亡,其祸不可胜言。""为劝民崇俭,以厚风俗",他主张"一筵宴不许过五碗,不许用品碗(五碗中禁用燕窝,只许用海味一碗。仍用素菜一碗,所有嫁娶及延宾师会亲友概准诸此)。"③ 黎汝谦以淡薄、独善其身的态度,表达自己对奢华生活的屏却。其有诗云:"家贫偏爱客,人老更怜春。鸡黍无兼味,园蔬当八珍。萧疏辞俗调,坦率任天真。燕翅(燕窝、鱼翅,近时宾筵上品)全屏却,诸公莫效颦。"④

明清时期这些"反奢靡"人士,援引法国社会学家尼古拉·埃尔潘(Nicolas Herpin)的《消费社会学》的理论,或许可不恰当地称之为"反时尚主义者",他们"出于过度节俭或者说吝啬,也有可能是道德信仰的缘故","他们从不屈服于时尚,他们总是处在时尚的对立面","对时尚

---

① (民国)廖飞鹏:《呼兰县志》卷一一,《礼俗志》,民国十九年铅印本。
② (民国)白凤文:《(民国)静海县志》,《人民部·风俗志·生活状况·食》,民国二十三年铅印本。
③ (清)刘衡:《庸吏庸言》下卷,《劝民崇俭告示》,清同治七年崇文书局刊本。
④ (清)黎汝谦:《夷牢溪庐诗钞》卷六,《古今体诗·四月六日李铁船观察陈省三太守杨秋潭大令孔玉山少尉小集寓斋》。

嗤之以鼻"。受其影响，一方面，"当许多人同时对时尚采取这种的态度，那么时尚运动的动力或许会遭到扼杀"；另一方面，"当反时尚行动特别激烈，并且恰好在先前的时尚处于衰退的时候进行自我再生产，这种反时尚行为会起到反作用，并有可能因此重新开启时尚的新周期"，"他们的行为实际上构成了时尚更迭过程中的基本组成部分"，即反时尚主义者"重新推动了时尚的更替"①。

明清时期的这些"反时尚主义者"的作用显然属于后者，因此，此"奢靡之风"并未因此而止，反而愈益奢靡。在辽宁北镇县，"丧葬之礼……以燕窝、银耳为上品，鱼翅次之，海参又次之"②。湖南省慈利县，"其筵客备物"，"微但鱼翅、海参为入馔常品，即燕窝、烧猪，亦供宾例菜矣"③。在辽宁海城，"普通宴会……席以燕窝为上品，鱼翅次之，海参又次之"④。在辽宁锦西，城中官绅宴会，"普通筵席……其最优者，以燕窝为上，鱼翅次之，海参又次之"⑤。其时鱼翅席之价，少则"五、六金"⑥，多则"数十金"⑦，竟非其肴馔所最珍，奢靡程度可见一斑。

（二）明清社会燕窝消费与"奢靡之风"的特点

明清时期，以对燕窝的食用与追求为考察对象的"奢靡之风"，其发展演变与以对其他事物的追求为考察目标的"奢靡"之风相比较，有相似之处，亦有区别之点。现总结如下：

1. "奢靡"的区域性

也就是"奢靡"并不具备普遍性，各个地区因为社会经济发展的不均衡，抑或不同的风俗习惯传统，在同一时代，有的地区"奢靡"尤甚，有的地区则较为俭朴。从史籍所记来看，江南地区较为"奢靡"。在明代

---

① ［法］尼古拉·埃尔潘：《消费社会学》，孙沛东译，社会科学文献出版社2005年版，第110页。
② （民国）王文璞：《北镇县志》卷五，《人事·礼俗·丧葬》，民国二十二年石印本。
③ （民国）田兴奎：《慈利县志》卷第十七，《风俗第十一》，民国十二年铅印本。
④ （民国）陈荫翘：《海城县志》卷四，《人事志·礼俗·乡饮酒》，民国二十六年铅印本。
⑤ （民国）张鉴唐：《锦西县志》卷二，《人事志·礼俗·宴会》，民国十八年铅印本。
⑥ （民国）于定：《青浦县续志》卷二，《疆域下·风俗》，民国二十三年刊本。
⑦ （民国）林学增：《同安县志》卷二二，《礼俗·宴饮》，民国十八年铅印本。

江南地方志中的《风俗志》多载有其地渐趋奢靡的情况。如正德《松江府志》记载说："燕会果肴，以四色至五色而止。成化来渐侈靡，近岁益甚然，其殷甚非前日比矣。"① 又顾起元的《客座赘语》记述建业（南京）富家巨室的奢华风尚时言："嘉靖十年以前，富厚之家，多谨礼法，居室不敢淫，饮食不敢过。后遂肆然无忌，服饰器用，宫室车马，僭拟不可言。"② 万历《无锡县志》也记有："城中之俗，大抵好文而奢，居室率以庖俎珍丽相高。"③

至清代，江南地区奢靡依旧。1886 年 7 月 23 日（光绪十二年六月二十二日）《申报》刊登《吴中纪事》一文，其中对苏州的奢靡情况言道："苏垣熏腊铺之煮酱汁肉也，覆以笼格搓面条，以弥其隙，使气不外泄。迨其熟也，面条吸受清华，气馨味美，价值甚廉，颇足供老饕之一饱，而食单不录，日食万钱之何曾未必能知其味也。吴俗名之曰'蒸腰'，又美其号曰'玉带围腰'。有某显者，籍隶北省，素食面饭，偶见臧获辈食是品，尝而甘之，日渐购买，大有非此不馆之意。而吴人素尚侈靡，知其事者或掩口胡卢，或窃窃传述，以为燕窝、海参方称达官口福。"④ 看来，吴中俗尚奢靡，绝非信口之言。

五口通商之后，上海奢靡尤甚。有记载说，"自互市以来，繁华景象日盛一日，停车者踵相接，入市者目几眩，駸駸乎驾粤东、汉口诸名镇而上之。来游之人，中朝则十有八省，外洋则二十有四国。""三国租界英居中，地广人繁，洋行货栈十居七八，其气象尤为蕃盛；法附城东北隅，人烟凑密，迤东为闽广帮聚市处；美只沿江数里，皆船厂、货栈、轮船码头、洋商住宅，粤东、宁波人在此计工度日者，甚众。"⑤

然而，市面的繁华只是当时上海都市繁荣的一个侧面，实际上，与之相伴的，茶肆、戏院、青楼、餐馆已比比皆是。"饮食各品，无不具

---

① （明）陈威、顾清纂修：《（正德）松江府志》，《风俗》，页 12a。[也见（清）杨开第修、姚光发纂《重修华亭县志》卷二十三，《杂志·风俗》，清光绪四年刻本]

② （明）顾起元：《客座赘语》卷五，《建业风俗记》，明万历四十六年自刻本。

③ （明）周邦杰修、秦梁纂：《（万历）无锡县志》卷四，《风俗》，明万历二年刊本，页 7a。

④ 《吴中纪事》，《申报》1886 年 7 月 23 日（光绪十二年六月二十二日）第 2 版。

⑤ （清）葛元煦：《沪游杂记》卷一，《租界》，清光绪二年仁和啸园刊本。

备，求之至易，而又习于奢侈。虽中人以下之人，茶馆酒楼，无不有其踪迹。以常餐言，几无一人蔬食也。"① 可见，"消费文化"逐渐在这里扎根，官员、士大夫和市民在其间共同培养着"享乐主义"的风气。即如笔名为"海上看洋十九年客"所言："从来习俗之美恶，关乎风气之盛衰，今日风气之坏，惟上海为最。"② 通过《申报》的两则刊文，我们即可知晓上海之奢靡程度。其文如下：

其一，《过节说》[1889年9月11日（光绪十五年八月十七日）]
上海为华洋杂处之区，靡丽纷华，甲于宇内。……日用饮食何者不数倍于他乡。一宴会也，他处只需青蚨二三千便为丰盛，上海则燕窝、鱼翅视若家常。酒兴方阑而七八洋蚨已飞入雍巫之手矣。一游玩也，他处惟安步当车，或则泛一叶扁舟溯回溪涧已耳，上海则必乘马车，逐电追风，片时快乐。寻常已需一元、二元之谱，一至新年及赛马之候，则每辆有索至三四元、五六元者。……而又戏园酒馆，非妓不欢，一纸书成，三羊飞去。……我独怪沪北之所谓时髦少年者，当其兴高采烈之时，高车驷马，意气飞扬，非钢车则不乐出游也，非美妓则不与谈笑也，非燕窝、鱼翅、猪排、牛排则不足以餍饫也。平居自奉奢华，几不知有窘迫之一日，及至月底或节边，能持物质钱者，已为上等。其次则先期躲过下焉者，欲质而苦无长物，欲躲而无可藏身。欠马车之资而为马夫所羞辱也，少饮食之费而为酒保所詈骂也，甚至妓家局帐不给分文，而娘姨、大姐龟子烧汤咸得而狎侮之，摧抑之。呜呼！噫嘻！我不知当此之时，尚能宽辫、黑衣、窄袜、绣履，携妙妓，聘飞车，装点大老官样子耶？亦惟垂头丧气而已，试问其挥金如土之时，已逆知后之必一败涂地，而故为是奢豪乎？抑迷迷糊糊，但顾目前，竟不知有日后乎？③

---

① （清）徐珂：《清稗类钞》第十三册，《饮食类·沪人之饮食》，中华书局1986年版，第6240页。
② 《申江陋习》，《申报》1873年4月7日（同治十二年三月十一日）第2版。
③ 《过节说》，《申报》1889年9月11日（光绪十五年八月十七日）第1版。

通过上述史料的描述，五口通商后上海之奢靡虽不能"展漏无遗"，但却能达"管中窥豹"之效。在时人眼中，上海之奢靡程度不仅高于京城，而且在东西方"通商大埠"之上。对上海部分阶层对燕窝等奢侈品大肆追求，"徒慕贵重之虚名，而不求饮食之真味"之奢靡行为以及奢靡观念，时人甚为忧虑，大加痛斥，将其视为"申江陋习"①。

2. 奢靡的时代性

即奢靡随着时代的变迁而演变，在不同的时代，奢靡的含义和标准不同，一个时代之奢靡，在另一个时代或可称之为俭朴。如"嘉庆初，沿用四喜大盘，其后改用五簋，宾祭则九、十碗，率用海参、蛏干之属，吉礼刲羊加汤点以为隆"。②到"咸同之间，风尚俭朴，有曰四大冰盘、五碗四盘、八大碗、十大碗，荤素相闲，惟肉而已，每席不过一二千文。光宣以来，稍近侈靡，有八大四小，八大八小，四大件，则鱼翅、海参尚矣，然费不过四五千文。近则参用番菜、洋酒，一席之费动至二三十元，固由物价之昂，亦可见习尚之奢。"③显然，嘉庆时期以为很丰盛之传统，到咸丰、同治年间视为俭朴，至光绪、宣统时代，"奢靡"又呈现出另一状态，民国初年则又有不同。正如崔述在《读风偶识》中对《诗经·国风》之"陈郑之风，淫靡是尚"品读中所指出的，"其所谓喜乐永日者，不过曳娄衣裳，驰驱车马，扫庭内而考钟鼓，使在今日即为循分自守之人，初无放纵荒淫之事，而已满其愿亦何其易足也！后世恣为淫巧，狎妓呼卢，闹灯演剧，烟火杂戏，阗城塞巷，皆古人所未见、未闻。即以衣裳言之，而亦有貂银、呢羽之奇；以酒食言之，而亦有燕窝、海参之目。其余雕镂挑绣之属，夺目争妍，亦莫非古人梦想所不到，视所为曳娄驰驱者，且淡漠而无味。然则古所云逸乐者，即后世之不自逸乐者也。"④

3. 奢靡具有城乡差别

也就是指在同一时代，城乡之间的奢靡程度有别。如，在江西省宜

---

① 《申江陋习》，《申报》1873 年 4 月 7 日（同治十二年三月十一日）第 2 版。
② （清）罗汝怀：《绿漪草堂集》卷十，《文集·饮食论》，清光绪九年罗式常刻本。
③ （民国）田芸生：《新乡县续志》卷二，《风俗志》，民国十二年刊本。
④ （清）崔述：《读风偶识》卷三，《唐风》，清崔东壁遗书本。

春县，据民国《宜春县志》所载，"四乡产米最富，豆麦颇少，人民日食无间贫富，以米为主，豆麦为蔬菜之用，其价亦昂。荒年谷乏，则以薯、麦、蔬菜充饱。鸡、猪、鹅、鸭之属，用以宴客，非富贵之家，不自贫也。城市之民较乡村为奢，日食之品，间用鱼、肉等类，珍馐海味亦不常充庖厨，惟宴客颇多豪侈，珍贵名品常登于俎，其名有一品锅、三点水、鱼翅、海参、燕窝等目，然亦仅城市中有之，乡村则甚少焉。"① 在辽宁省北镇县，其丧葬习俗体现出城乡之别。据载，该县"丧葬之礼，旧制相沿，隆杀视贫富为之。当疾革时，异置床上，子孙环守，候气绝以珠纳口中，以帛蒙面上。然后以衾敛之……即古之小殓，俗称'八中碗'，五大件以燕窝、银耳为上品，鱼翅次之，海参又次之。此城内官绅宴会，若乡间宴会，则不过鸡、豚及山肴野蔬而已。城乡奢俭之不同，即亦可概见。"② 在辽宁省海城县亦如是，民国《海城县志》记有："古有乡饮酒，见之《礼记》。清制岁以孟春望日、孟秋冬朔日举行于学宫，讲诰、读律、歌诗，一遵会典，今废已久，仅民间尚行。宴会之礼，正月例宴，曰春觞；临时宴会，如洗尘、祖饯等无定期。主人具柬邀宾，届时宾至，主人肃客堂下揖让，而升有古礼，主人拜迎宾之义。宾齐设筵，主人请宾入座，或以齿序，或以主宾、陪宾序，主人酌爵献宾，宾酢主人，然后晬酒成礼。普通宴会，率用五鼎、八簋，俗呼'八中盌席'，以燕窝为上品，鱼翅次之，海参又次之。此城中宴会之肴馔也，若乡间宴会，则不过鸡、豚数事而已。"③ 又据民国《锦西县志》的记载，在辽宁锦西县，"古之宴会，凡冠婚丧祭乡饮酒，相见皆有定制，而括之以五礼，后世人事滋繁，宴会交际遂为社会上之惯例。县俗生子三朝洗儿哄，稳婆以面食，曰汤饼筵。及足月，主人备酒馔宴往贺之，亲友曰作弥月，间有散帖收礼者，则名曰办弥月，设酒食以飨客焉。普通筵席有六六（即六碟六碗，下同）、八八及小中大三套盌之分，其最优者，以燕窝为上，鱼翅次之，海参又次之。此城中官绅宴会也。"④

---

① （民国）谢祖安：《宜春县志》卷十二，《社会志·食》，民国二十九年石印本。
② （民国）王文璞：《北镇县志》卷五，《人事·礼俗·丧葬》，民国二十二年石印本。
③ （民国）陈荫翘：《海城县志》卷四，《人事志·礼俗·乡饮酒》，民国二十六年铅印本。
④ （民国）张鉴唐：《锦西县志》卷二，《人事志·礼俗·宴会》，民国十八年铅印本。

（三）明清社会燕窝的消费与"奢靡之风"的成因

有关明清时期"奢靡之风"成因的研究，国内学术界成果已较为丰富。学者们一般在学理上都承认"奢靡之风"形成原因的多样性与多重性，并认为一代风尚的形成，是一个民族在特定时代的文化现象，是经济、政治、心理、习惯等诸多因素的综合所致。不过，学者们在具体分析时各自却存在着不同的侧重面：一些人着重从经济特别是商品经济的角度来分析，比如经济的发展，城市的繁荣，金钱的万能，使人们的思想观念与社会心理有了很大变化，出现了僭礼越制、去朴从艳、去俭求奢、追奇求异等新现象；一些人的看法与此相反，认为对经济方面的促成作用不宜估计过高，弱化经济原因而强调其他方面的作用，比如政治腐败导致的奢侈浮靡；一些人注意从心理与思想等方面来分析，比如与虚荣攀比心理密切相关的奢靡[1]；等等。当然，国外学术界对于"奢靡消费"的问题也有多种理论的提出，前文已有提及，在此不再赘述。

应该说，有些"奢靡之风"的形成与经济的发展，尤其是商品经济的发展有较为密切的联系，前人对此也多有述及，如清人李塨在《平书订》中即有精彩的评论，他说："末不可轻，昆绳为则，货起见也。然商实不可重，何者？天下之趋利如鹜矣，苟有利焉，虽轻之而亦趋也，岂忧商贾之少而无乎？夫商有利亦有害，懋迁有无以流通天下，此利也；为商之人，心多巧狃，聚商之处，俗必淫靡，此害也。抱璞守朴、不相往来固不可行于今日，然即乡里交易、比省通融，尽可豫乐，何事远贩？如今天下出产最少者无如北直，然有米有曲有鱼有肉有酒有蔬有果，有布有绢亦有绸，有材木柜箱桌椅诸器，何不可以供居食、毕婚丧者，乃必吴越闽广之纱缎、珠翠、绫锦、象箸、漆器、燕窝、橘荔，东洋西戎之货万里远鬻、倾囊充陈？导靡长奢，则皆商为之也，然国贵布粟、贱淫技、重农民、抑商贾，以隆教养，先王之良法远虑，不可不考行也。"[2]

---

[1] 参见钞晓鸿《近二十年来有关明清"奢靡之风"研究述评》，《中国史研究动态》2001年第10期，第14—16页。

[2] （清）李塨：《平书订》卷一一，《财用第七》，清钞本。

不难发现，商品经济的发展给清代社会带来了较大的变化，而作者将"淫靡"风气的盛行归罪于商品经济的发展，对此深感忧虑，甚至提倡重农抑商政策。

不过，需强调指出的是，对商品经济的发展而引发的"奢靡"现象，并不是本文重点考察的，本文所着重探讨者，主要是明清时期上流社会群体对燕窝的奢靡消费及大肆追求所形成的几种消费心理或行为，虽考察范围相对狭窄，但亦能反映当时社会的发展演变。兹叙述如下。

1. 务名贪贵

袁枚（1716—1798），乾隆时期著名学者、美食家，在他所撰的《随园食单》中对此种奢靡现象多有载述，其在《戒单》中言道："何谓耳餐？耳餐者，务名之谓也。贪贵物之名，夸敬客之意，是以耳餐非口餐也。……尝见某太守燕客，大碗如缸，白煮燕窝四两，丝毫无味。人争夸之，余笑曰：'我辈来吃燕窝，非来贩燕窝也，可贩不可吃，虽多奚为？若徒夸体面，不如碗中竟放明珠百粒，则价值万金矣。'"[1] 道光时举人郑珍（1806—1864）在《跋学蔀通辨》中亦有评论，他说："吾见今所谓燕窝、海参等矣，尝之不成味，食之不可饱，三代圣人不知其名，而世忽群焉贵之。诚朴之家盖终其身未尝一入口，惟知食饭而已。心侈力富者，乃以食饭为不足尊也，宾享燕会惟此等之是尚……一赞群和，以自快意。"[2] 对此，晚清刊行的《申报》中也时有评论，如1888年8月27日（光绪十四年七月二十日）《申报》刊载的《行乐说》言道："所谓行乐者，举不外吃、着、嫖、赌四端，凤陈龙肝，猩唇象白，名虽夷矣，实难求则得之。然一上酒，鱼翅、燕窝随意乱点，但求适口，不计费钱。"[3] 又1890年8月10日（光绪十六年六月二十五日）《申报》载《品味》一文对此亦言："天下奇珍者，不止于八也，今人又创为上八珍、下八珍之说。下八珍者，谓鱼翅、燕窝、海参等类，皆近时贵重之品。所见尤陋且味之美恶何有乎？……今必求贵重之品，以将其敬，是悦目

---

[1] （清）袁枚：《随园食单》卷一，《戒单·戒耳餐》，清嘉庆元年小仓山房刻本。
[2] （清）郑珍：《巢经巢诗文集》卷五，《跋学蔀通辨》，民国遵义郑征君遗著本。
[3] 《行乐说》，《申报》1888年8月27日（光绪十四年七月二十日）第1版。

也，非适口也。"① 此类现象，在李汝珍的小说《镜花缘》中也有反映，如其卷三中载有一海外国家民人对罗之洋等人言："闻贵处宴客，往往珍羞罗列，穷极奢华。桌椅既设，宾主就位之初，除果品、冷菜十余种外，酒过三巡，则上小盘、小碗，其名南唤小吃，北呼热炒，少者或四、或八，多者十余种至二十余种不等。其间或上点心三道，小吃上完，方及正肴，菜既奇丰，碗亦奇大，或八、九种至十余种不等。主人虽如此盛设，其实小吃未完而客已饱，此后所上的不过虚设，如同供献而已。更可怪者，其肴不辨味之好丑，客以价贵的为尊，因燕窝价贵，一肴可抵十肴之费，故宴会必以此物为首。"②

2. 攀比求胜

攀比，是指脱离自己实际收入水平而盲目攀高的消费心理。在正常情况下，消费者满足自己消费需要的程度，决取于他们的经济收入水平。但有时由于受一定时期社会消费水平日渐增高、富贵者消费的示范效应及消费者本人"面子消费"心理的影响，消费者的消费行为互相激活，导致互相攀比。即如刘衡在《庸吏庸言》中对"梁邑风俗，竞尚奢华"所指出的"大户倡之，齐民效之，斗靡夸多，彼此求胜。以为不如是则贻人讪笑"③。在乾隆年间的《续石埭县志》中也有"习尚之靡""流于奢矣""衣冠竞尚华丽……以夸耀于闾里。至民间寻常宴会，罗列盛馔，山珍海错必备，非以敬客也，徒夸豪举耳"的记载。④

3. 从众跟风

从众跟风，是指个人的观念与行为由于群体的引导和压力，不知不觉或不由自主地与多数人保持一致的社会心理现象。在对海参、燕窝和鱼翅的"奢靡"消费和追求方面，上层求胜竞富，下层群起效尤，奢侈的高消费从特权阶层的皇室、贵族官僚蔓延到庶民身份的地主、商人以至普通百姓。对于此种现象，清代著名文学家、美学家李渔在《闲情偶

---

① 《品味》，《申报》1890年8月10日（光绪十六年六月二十五日），第5版。
② （清）李汝珍：《镜花缘》卷三，《第十二回 双宰辅畅谈俗弊，两书生敬服良箴》。
③ （清）刘衡：《庸吏庸言》下卷，《劝民崇俭告示》，清同治七年崇文书局刊本。
④ （清）石瑶灿纂修：《续石埭县志》卷二，《风土志·风俗》，清乾隆年间修民国二十四年铅印本。

寄》中曾有精彩评论，他说："丝竹之音，推琴为首，古乐相传至今，其已变而未尽变者，独此一种，余皆末世之音也。妇人学此，可以变化性情，欲置温柔乡，不可无此陶熔之具。然此种声音，学之最难，听之亦最不易。凡令姬妾学此者，当先自问其能弹与否？主人知音，始可令琴瑟在御，不则弹者铿然，听者茫然，强束官骸以俟其阕，是非悦耳之音，乃苦人之具也，习之何为？凡人买姬置妾，总为自娱，己所悦者，导之使习，己所不悦，戒令勿为，是真能自娱者也。尝见富贵之人，听惯弋阳四平等腔，极嫌昆调之冷，然因世人雅重昆调，强令歌童习之，每听一曲攒眉许久，座客亦代为苦难，此皆不善自娱者也。予谓人之性情，各有所嗜，亦各有所厌，即使嗜之不当，厌之不宜，亦不妨自攻其谬，自攻其谬则不谬矣。予生平有三癖，皆世人共好，而我独不好者：一为果中之橄榄，一为馔中之海参，一为衣中之茧绸。此三物者，人以食我，我亦食之；人以衣我，我亦衣之。然未尝自沽而食，自购而衣，因不知其精美之所在也。"①

上文李渔虽称之为"因论习琴而谬谈至此，诚为饶舌"，但不难发现其中蕴含着对清代上流社会中附庸风雅、跟风从众者的批评，也展示了自己不从众、独善其身的高贵品格。

4. 越礼逾制

所谓越礼逾制，是指行为未遵循当时的伦理纲常、未顺从原有的礼乐之制与等级秩序。就饮食方面而言，如罗汝怀在《绿漪草堂集》中所言："饮食者，人之大欲存焉，故人莫不饮食也。然当受之以节，不节则饮食若流矣。闻昔嘉庆末修志时，集议设席，席面不过海参，所费不过千有六百，今则倍矣。此犹寻常设客，若稍从矜异，则数倍十数倍矣。在宾筵吉席，事非数见，且关礼教，其从丰固宜，至等闲燕集，亦尚多品，而穷极珍羞，则徒纵口腹，其费无名而事无隆杀，且今之饮食，非惟餍肥甘也，又以物稀而价昂者为贵，其味了不足异，直以多费为尚耳。"② 在同书中，他进一步指出："民之所以曰穷者，无它，皆奢侈逾制

---

① （清）李渔：《闲情偶寄》卷七《声容部·丝竹》，清康熙刻本。
② （清）罗汝怀：《绿漪草堂集》卷十，《文集·饮食论》，清光绪九年罗式常刻本。

以致之也。饮食、衣服逾制，婚嫁、丧葬逾制。品官之所服食，子弟服食之，家丁吏胥亦服食之；宾祭之所供设，寻常燕会亦供设之。始于通都暨乎僻邑，始于城市暨乎乡村。三十年来，觅悬鹑之朴士，求刻鱼之古风，盖亡有矣。逾侈之弊，有本性豪奢而倡为之者，有囿于习俗而迫为之者，狃俗而不知循分，此学术之失而无牖。而矫之者，宜纂通行一书，示以定制而加讽诫，不无补救，此则礼官之责也。"① 由此可见，礼教的衰微、世道人心的变化，使得僭越现象普遍化、平民化，这助长了异端思潮渗入社会生活的各个领域，而饮食的奢侈风，尤其对海参、燕窝和鱼翅等奢侈品的大肆消费与追求则对越礼逾制的现象起了催化的作用。

上述几种有关明清时期上流社会群体对燕窝的消费与追求的行为或心理，在传统的或奉行节俭的人士看来，是一种畸形的或是病态的消费，对于此消费群体在他们看来亦非贵胄名士，只是"穷人乍富"之流，"终嫌有市井气"，缺少"党太尉家羊羔美酒之豪贵气，陶学士家煮雪烹茶之名士气"，因为"三世仕宦才晓得穿衣吃饭。今之阔客大半微贱出身，其先天所具之舌，本不知味，即世拥厚资者，半生肉食具鄙忒甚，满口大嚼江瑶柱，何足怪哉"②。

如果用西方盛行的消费社会学理论给予解释，比如凡勃伦（T. Veblen）的"炫耀性消费"理论，这几种行为或心理的产生，首先在于燕窝这个"时尚"物品的诱惑，而诱惑又来源于燕窝所具有的为世人或者明清时期上流社会群体所看重的价值。追求"时尚"，哪怕该"时尚"并非他们所喜欢。其次在于展示金钱实力，或者也可以说明清上流社会群体在其消费燕窝的过程中无视其价格，因为他们不会放过任何一个可以展示其金钱实力的机会。而在鲍德里亚（Jean Baudrillard）的"符号价值"理论中，燕窝的被奢靡消费或追求，无疑是一种"符号消费"，它是明清上流社会群体的一种"自我实现"，或是为了体现他们"自我价值"的消费，在这一消费过程中，实际上代表了他们的社会地位、身份和品位。

---

① （清）罗汝怀：《绿漪草堂集》卷五，《文集·兵饷刍说五》，清光绪九年罗式常刻本。
② 《申江陋习》，《申报》1873 年 4 月 7 日（同治十二年三月十一日）第 2 版。

至于皮埃尔·布尔迪厄（Pierre Bourdieu）提出的"惯习"概念，又称"性情倾向"（disposition）。在《区分：鉴赏判断的社会批判》一书中，他提出了"鉴赏趣味标志社会等级"的观点，认为品味是一种社会现象，它不是个人选择的结果，不同的鉴赏趣味是由不同的社会等级生产出来的，而人们在消费中的鉴赏趣味就是由这种"惯习"决定的。简单地说，你的趣味就是你的阶级。可以说，从凡勃伦（T. Veblen）的"炫耀性消费"理论到鲍德里亚（Jean Baudrillard）的"符号价值"理论，再到皮埃尔·布尔迪厄（Pierre Bourdieu）的"鉴赏趣味标志社会等级"的观点，无一不是一种生产社会地位的消费模式。"上层阶层力图通过奢侈消费而抬高阶层地位的门槛，凸显自身的阶层优势，并反衬出其他阶层地位劣势。中、下阶层则试图通过对上层阶层的消费的某种形式的模仿，而创造高于自身实际阶层位置的'地位假象'"①。

（四）明清社会燕窝消费与"奢靡之风"的影响

明清时期"奢靡之风"的影响，主要体现在两个方面：一方面，从正面积极意义来说，明清社会的"奢靡"风尚，包含着人们正当消费的合理要求，体现着一定的社会进步性，体现出新的消费意识，给传统农业社会注入了活力，冲击了等级制度与人伦道德，是对传统文化的批判。②而"僭越"之举客观上改变了"贱不得逾贵，小不得加大"的制约。③从经济学角度分析，明清上流社会群体消费这种有效需求，可以通过市场推动生产的发展，特别有利于发展第三产业，解决社会就业问题。④另一方面，从负面消极影响来说，明清时期的"奢靡之风"，使得上流社会群体吞噬了大量宝贵的社会财富，败坏了社会风气，诱发了人们的消费欲望，生活由俭变奢，重财重利，加之封建制度所致，大量的财富集中到统治阶级手中，主要用于奢侈性消费，奢侈品在生产与交换中的地位突出，没有

---

① ［法］尼古拉·埃尔潘：《消费社会学》，《序二》，孙沛东译，社会科学文献出版社2005年版，第3—4页。
② 常建华：《论明代社会生活性消费风俗的变迁》，《南开学报》1994年第4期。
③ 李景屏：《清前期奢靡之风述论》，《清史研究》1997第2期。
④ 方行：《略论中国地主制经济》，《中国史研究》1998年第3期。

用于社会再生产,未能成为瓦解封建政治、经济体制的经济力量。① 同时,它是以更多人的贫困和饥寒为前提,是社会的虚假繁荣,社会上层的奢侈性消费,把更多的人引到奢侈品的生产和奢侈服务业上来。由于奢靡生活的需要和影响,不事任何生产的人越来越多,商业的繁荣在很大程度上是属于这种奢侈品商业的发展,是畸形的商业繁荣。②

就本文来说,随着社会关系货币化程度的提高和市场经济的发展,"奢侈品"也可以理解为财富的一种分配,具有社会功能,因为它刺激了交换过程,促进了繁荣。因而,从需求与市场关系的角度来看,它极大地增加了人们对燕窝这些社会产品的需求,扩大了燕窝这些商品的消费市场,从而促进了东南亚的燕窝的引进。

二 明清时期中国与东南亚的燕窝贸易

中国市场对海参的强烈需求极大地刺激了东南亚地区海参的捕捞和出口,正如约翰·克劳福德(John Crawfurd)所言:"外国人对必需品和奢侈品的需求给予群岛内的岛际贸易以巨大的推动力,这种源动力驱使着人们搜集海参、燕窝"等商品③,出口到中国,东南亚地区遂成为弥补中国市场海参亏缺的重要补给源。

(一)明代中国与东南亚的燕窝贸易

受中国市场的影响,明代中国与东南亚燕窝贸易有了很大的发展。其一,明代中文古籍中对东南亚燕窝产地已有较多记述:如李日华《味水轩日记》记有"海中有金丝燕"④,陈懋仁《全南杂志》记载:"闽之远海近番处有燕名金丝者",姚旅的《露书》则言:"燕多归于西洋之六

---

① 张民服:《明清时期商品经济对社会生活的影响》,《中州学刊》1991 年第 6 期。
② 暴鸿昌:《论晚明社会的奢靡之风》,《明史研究》第三辑,黄山书社 1993 年版。
③ John Crawfurd, *History of the Indian Archipelago*, Vol. Ⅲ, Edinburgh: Archibald Constable, 1820, pp. 147 – 148.
④ (明)李日华:《味水轩日记》卷一,民国《嘉业堂丛书》本。

坤、柬埔寨二番山中"①，张燮《东西洋考》记载了交趾、占城、柬埔寨、大泥、马六甲、哑齐、彭亨、柔佛等处出产燕窝，且是与中国进行贸易的重要商品之一。② 从中不难发现，中国对东南亚燕窝产地的记载经历了从模糊到逐渐清晰的过程，产地的数量也呈增多之势，这反映出中国与东南亚燕窝贸易的增多。

其二，在西方殖民者的著述中，对燕窝及燕窝贸易也多有谈及。据《菲岛史料》，奥古斯丁在1624年的《征服卡拉棉（Calamianes）省及对那个省自然与地理的叙述的回忆录》中叙述如下：

> 更有价值的产品是由某种被错误地称为燕子的小黑鸟搭建的窝，这种窝是为了孵化它们的卵而搭建，物质构成不详；燕窝是由长长的细丝黏在一起而结成，附着在岩石上，形状与普通燕子的窝相似，只是较小而已。燕窝如上好的粉丝，有时带有血滴，呈白色稍显透明状，像冰；燕窝以各种方式被制备，但口感更好，更滋补的是用肉汤做的或炖的一种汤；燕窝对于患有排泄或痢疾病症的人非常有益，它可以改善这些疾病，是一种好的、温和的和有溶解力的食物；中国人极为重视燕窝，依照它的丰歉多寡，一般每斤（约合21盎司）需偿付8、9和16比索；燕窝的采集极为困难，因为它总是被搭建在弯曲的、陡峭的山洞中。获得燕窝只能通过一条供上下的绳索，有时也通过攀爬竹竿来获得，如此危险的采集方式所付出的代价可能会伤胳膊断腿，甚至丢掉生命。……③

可见：（1）西班牙殖民者及土著对中国人青睐的燕窝已有较多了解，这应该是受华商的影响。（2）采集是困难的，但燕窝是昂贵的，采集者

---

① （明）姚旅：《露书》卷十，福建省图书馆藏明刊本。
② （明）张燮：《东西洋考》卷1—4，《西洋列国考》，商务印书馆1937年版，第10、17、32、35、43、47、50页。
③ "The Augustinian Recollects are charged with the administration and conquest of the province of Calamianes Geographical and natural description of that province", in Emma Helen Blair and James Alexander Robertson edited and annotated, *The Philippine Islands 1493 – 1898*, Vol. 21, Cleveland, Chio: The Arthur H. Clark Co, 1903, pp. 305 – 307.

不惜冒死犯险而为之，显然为利所驱。(3) 奥古斯丁对卡拉棉群岛产的燕窝如此熟悉，表明中国与菲律宾群岛之间的燕窝贸易在稳定、持续地进行。

在明代，东南亚的燕窝多"随舶至广"①，但自隆庆元年（1567），明朝政府解禁开放漳州月港为海外贸易口岸后，燕窝、犀角、象牙、檀香、蜂蜡等贵重物品纷纷而至，富商巨贾尽享其利。正所谓："货物通行旅，赀财聚富商。雕镂犀角巧，磨洗象牙光。棕卖夷邦竹，檀烧异域香。燕窝如雪白，蜂蜡胜花黄"②，此间贸易盛极一时。此外，广东的惠州，亦是一燕窝贸易港口，据载，该地曾因贸易凋零冷清，太守林燮轩竟以燕窝等一切难得物为"诱饵"，招徕富商大贾，使其地的贸易得以兴盛。③ 可见，燕窝等贵重物品在明代的海外贸易中占有重要地位。

入口的燕窝，在万历十七年（1589）"每百斤白者税银一两，中者税银七钱，下者税银二钱"。到万历四十三年，因"恩诏量减各处税银"，故燕窝入口税变为"每百斤白者税银八钱六分四厘，中者税银六钱五厘，下者税银一钱七分三厘"④。

总之，随着明朝上流社会群体对燕窝的需求增多，消费的扩大，明显刺激了中国的燕窝市场，这给予中国与东南亚的燕窝贸易以很大的推动。但也应看到，明代燕窝的消费人群，主要集中于皇室贵族或官宦之家。从消费的地域来看，主要是京城或沿海港口较大城市，并未扩展至内陆地区，这在一定程度上反映了当时燕窝贸易仍未大规模展开的事实。尽管如此，明代中国与东南亚的燕窝贸易亦为清代大规模引进东南亚燕窝奠定了基础。

（二）清代中国与东南亚的燕窝贸易

清代，燕窝在东南亚的丹荖群岛，泰国、马来亚和新加坡诸国海岸，

---

① （明）黄衷：《海语》卷中，民国景明宝颜堂秘笈本。
② （明）徐火勃：《鳌峰集》卷一二《五言排律》，明天启五年南居益刻本。
③ （明）杨起元：《杨复所先生家藏文集》卷二《序》，明崇祯杨见晙等刻本。
④ （明）张燮：《东西洋考》卷七《饷税考·陆饷》，第96、97页。

印度尼西亚群岛，越南海岸，菲律宾群岛等靠近海滨甚至位于内陆的岩洞中，皆有所产。东南亚与中国有燕窝贸易关系的国家和地区较明代为多，但相较而言，苏禄群岛、北婆罗洲和爪哇岛为燕窝主要产区，其与中国的燕窝贸易也最为繁盛。下面分述之。

1. 中国与苏禄群岛的燕窝贸易

苏禄位于亚洲大陆和棉兰老岛、婆罗洲以及西里伯岛（即今之苏拉威西岛）等几个大岛之间，横跨在东马来群岛海域附近的贸易航线上，地理位置重要。其地出产各色产品，如燕窝、海参、珍珠、鱼翅。这些产品虽是苏禄群岛内最普通和最原始的物品，但恰是这些未经加工之物，在中国市场极具吸引力，有着广泛的需求，因而它吸引了众多贸易者的到来。

每年冬季，以福建漳、泉一带中小海商为主体的中国海商乘着东北季风从厦门扬帆出洋，途经马尼拉、班乃岛而抵苏禄。他们总是在三月中旬至四月中旬期间到达苏禄群岛的政治、经济中心——霍乐岛，八月初离开。一般是 1 艘，有时 5 艘，载货量从 3000 担至 7000 担不等。[①] 中国海商用中国产的各式产品，如漆器、瓷器、陶器、丝、缎子、棉花、手帕、鸦片、木材、玻璃器皿、大米、油、猪油和黄油等交换烹饪佳品——燕窝、鱼翅和海参等。[②]

苏禄的燕窝贸易也吸引了港脚商人横帆船的到来，其航线是加尔各答经苏禄到广州。港脚船一般在每年的早三月或那一年的年末，当中国的帆船已经返航后，出现在苏禄。他们到达霍乐的时间，正好避开了同中国商人可能出现的对燕窝等产品的激烈竞争。相反，他们尝试对苏禄产品的优先取得，他们在正常贸易季节之前的一个月或两个月到来，或是在所有生意全部结束以后到达，带来陶撒格人（Taosug）"垂涎"的军需品、鸦片和纺织品，以获得剩余的燕窝等产品。如此，通过季外的贸易，港脚商在广州市场的苏禄产品的供应已经缩减，而且也没有另外产

[①] J. H. Moor, *Notice of the Indian Archipelago and Adjacent Countries*, appendix, Singapore, 1837, pp. 46、184.

[②] E. H. Blair and J. A. Robertson, *The Philippine Islands 1493 – 1898*, Vol. 43, p. 169.

品的补充期间到达广州,他们的产品以更高的价格迅速地卖给华商。①

"无孔不入"的武吉斯人（Bugis）亦"闻风而至",但与上述中国海商和港脚商有所不同的是,武吉斯人有时不是来苏禄进口燕窝,而是带来燕窝进行发卖。如据福里斯特（Forrest）在 1775 年访问苏禄时所记,武吉斯人的船货为来自万鸦老的香料、燕窝、糖和大米。除此,火药以及奴隶也是武吉斯人与苏禄贸易的大宗商品。在 1760 年以前,每年访问苏禄的武吉斯人商船有 14 只或 15 只,1768 年以后其数量渐增,在 1835 年,与苏禄苏丹等进行贸易的武吉斯人商船达 33 只。②

前来苏禄贸易的各国商人对于中国市场青睐的燕窝等产品的无限贪求,极大地刺激了苏禄统治者,为获巨利,苏禄统治者加强了对苏禄地区所产燕窝的控制,努力经营采购贸易,以便获得更多的燕窝。东北婆罗洲是苏禄控制之下的重要地区,亦是苏禄苏丹采购贸易的核心,从马鲁杜湾到布隆干（Bulongan）的河口、海湾和岛屿的海岸之内满是有价值的产品,像燕窝、海参、冰片和木材等。受此吸引,无数苏禄的拿督和他们的委托人、奴隶移住于此,垄断该项产品。据不完全统计,从东北婆罗洲每年进口到苏禄的白燕窝约有 200 担,黑燕窝约 700 担。如果按照亨特的记载,白燕窝每斤按 9 西班牙银元计算,黑燕窝每斤按 4 西班牙银元计算③,那么,上述燕窝的总价值约为 46 万西班牙银元,价值不菲。

除此,苏禄陶撒格贵族的商船亦频繁出现于万鸦老和德那地,用中国的商品交换燕窝、大米、鱼翅、玳瑁、吸蜜鹦鹉和香料等产品。他们也与东婆罗洲的部族以及武吉斯人缔结条约,到婆罗洲的南部去采购燕窝、海参、蜂蜡和冰片等中国人消费的商品。④

采购到的燕窝,苏禄统治者并不全部交易于本地,他们亦通过向清王朝进贡燕窝的形式直接参与苏禄与中国的燕窝贸易,换取丰厚的赏赐。

---

① James Francis Warren, *The Sulu Zone 1768 – 1898*, Kent Ridge, Singapore: Singapore University Press, 1981, pp. 40 – 41.

② James Francis Warren, *The Sulu Zone 1768 – 1898*, pp. 11, 13.

③ J. H. Moor, *Notice of the Indian Archipelago and Adjacent Countries*, pp. 53 – 60.

④ James Francis Warren, *The Sulu Zone 1768 – 1898*, p. 15, preface, p. xv.

具体情况请参考表1。

表1　　　　　　　　苏禄向清廷进贡燕窝情况

时间	项目			
	贡使	贡物中燕窝数量	附搭商船船主	备注
雍正四年（1726）	阿石丹	一匣		
乾隆七年（1742）	勝独喊敏	一箱	黄万金	
乾隆八年（1743）		一匣十包		燕窝交膳房
乾隆八年（1743）		燕窝等货价值3730两	邵士奇	邵士奇诓骗货款而逃
乾隆十一年（1746）	武厨安力	若干	柯逢源	
乾隆十二年（1747）		若干	方长兴	
乾隆十九年（1754）		六匣		
乾隆二十五年（1760）		若干	蔡合兴	
乾隆二十六年（1761）	吧啰绞缎	167斤	石万顺	
乾隆二十八年（1763）		两小匣		交膳房
乾隆四十九年（1784）		5斤	王三阳	王三阳昧吞1200多元

资料来源：《世宗宪皇帝朱批谕旨》，（清）纪昀等纂：《文渊阁四库全书》卷176之5，《史部·诏令奏议类·诏令之属》，台湾商务印书馆1986年版；（乾隆七年十月初六日）"福建水师提督王郡奏为苏禄国王遣使进贡事折"，《宫中档朱批奏折》；（乾隆八年五月二十六日）"内务府奏为呈览苏禄所进玳瑁等物事"，《内务府档案》；（乾隆八年九月二十一日）"浙江巡抚常安奏报浙江民人邵士奇藉苏禄进贡诓骗钱财经过事折"，《军机处录副奏折》；（乾隆十一年九月二十五日）"福州将军新柱奏报苏禄国遣官进表谢恩及随带货物免税数目事折"，《军机处录副奏折》；（乾隆十二年九月初九日）"福州将军新柱奏为苏禄国番船来厦及免税事折"，《宫中档朱批奏折》；（乾隆十九年十一月初四日）"内务府奏为苏禄国进贡折赏银两事"，《内务府档案》；（乾隆二十五年十月二十一日）"闽浙总督杨廷璋奏报苏禄国番人搭内地船只前来贸易事折"，《军机处录副奏折》；（乾隆二十六年七月初八日）"苏禄国咨厦门同知恭请贡期咨文抄稿""苏禄国贡物清单"，《军机处录副奏折》；（乾隆二十八年九月二十六日）"内务府奏为苏禄所进物件佥回銮呈览事"，《内务府档案》；（乾隆四十九年九月初十日）"闽浙总督富勒浑奏为追查王三阳昧吞苏禄国王货物事折"，《宫中档朱批奏折》。

以上从乾隆七年至乾隆四十九年各条，载于中国第一历史档案馆编《清代中国与东南亚各国关系档案史料汇编》第2册《菲律宾卷》，国际文化出版公司1998年版，第125—126、462、6、10、144—145、462、28、28—29、465、216—217页。

上表是对部分档案的不完全统计，虽如此，但它仍反映出：（1）燕窝是苏禄国向清廷进贡的重要物品。（2）苏禄国来清廷进贡往往附搭中国海商的帆船，这显然是双方合作的重要形式，但它的一个弊端也显而易见，即不良船商有时会见利起意，背弃彼此约定。（3）进贡到清廷的燕窝一般由礼部交内务府御膳房，供皇室享用。

苏禄国王向清廷进贡燕窝等物所获得的回赐品，以乾隆十九年（1754）为例，计开：赏国王蟒缎6匹，青蓝彩缎10匹，蓝素缎10匹，衣素缎10匹，闪缎8匹，锦6匹，绸10匹，罗10匹，纱10匹。又特恩加赏国王玉碗1件，玉杯1件（随玉托碟），玉海棠叶盘1件，白玉夔龙水盛1件，碧玉螭虎水盛1件，红花白地玻璃盖钟1对，青花白地玻璃盖钟1对，玻璃盖碗1对，霁红七寸盘12件，荣贵七寸盘12件，青龙碗8件，绿地红龙碗10件，霁青碗8件，绿地红鹤碗10件，内造缎6匹。① 如此丰厚的赏赐，难怪苏禄国王对进贡清廷乐此不疲。

由于资料的缺乏，我们很难对苏禄出口到中国的燕窝量给予确切的考察，但一些相关方面的记载仍能为我们提供参考。如克劳福德在《马来群岛志》中记载，马来群岛燕窝的出口，"最大的部分来自苏禄群岛，有530担"②。亨特（J. Hunt）也有记载说，"截止到1814年8月26日，该年苏禄出口商品总量……黑燕窝500担，白燕窝30担……"③ 鉴于东南亚的燕窝绝大部分出口中国，上述燕窝出口量虽略有保守，但它仍能起到管中窥豹的作用。

2. 中国与爪哇岛的燕窝贸易

爪哇岛是燕窝的重要产区，其"海滨涯岸，石齿嵯峨，多洞壑，海燕千百为群，巢于洞中。自万丹、吧城、三宝垄、竭力石、南旺，产燕窝者不下数十处"④。其中最大和最好的白燕窝产地是位于中爪哇南部海

---

① 《内阁档案》，114号，中国第一历史档案馆编：《清代中国与东南亚各国关系档案史料汇编》第2册《菲律宾卷》，第108页。

② John Crawfurd, *History of the Indian Archipelago*, p. 435.

③ J. Hunt, "Some Particulars Relating to Sulu, in the Archipelago of Felicia", in J. H. Moor, *Notice of the Indian Archipelago and Adjacent Countries*, p. 48.

④ （清）王大海：《海岛逸志》卷四《山海拾遗·燕洞》，香港：学津书店1992年版，第98页。

岸的卡朗伯龙（Karangbolong），在19世纪初，那里每年一般可出产50—60担白燕窝（60担＝3546公斤）。另一个重要产区是西爪哇的克拉潘弄高（Klapanunggal）地区，每年平均可出产1000公斤的燕窝。①

中国每年都会有8—10艘载重300—800吨的广州和厦门船来爪哇贸易，带来茶、生丝、丝织品、漆伞、铁壶、粗陶器、蜜饯、南京布、纸和无数的小商品。返航时所带的商品主要有燕窝、冰片、海参、锡、鸦片、胡椒、木材、皮革、蓝靛、金银等，其中，燕窝占有相当比例。据莱佛士估计，每年从爪哇出口到中国的燕窝不少于200担。②

需提及的是，爪哇出口到中国的燕窝并非全部产于爪哇，它来自马来群岛各处。由于中国市场赋予燕窝的巨大价值，故马来群岛内的岛际贸易者奔波于各岛间，将燕窝贩运至爪哇进行交易。诸如阿拉伯人的横帆船、中国人的双桅帆船、武吉斯人以及其他土著民族的小船纷纷远航到苏门答腊、马六甲海峡甚至马鲁古群岛和帝汶岛，去收集燕窝、冰片、海参和其他商品，将爪哇变成集聚众多国家产品的大仓库，再出口到中国、印度和欧洲。

显然，燕窝贸易从事者众多，但中国海商仍在内陆燕窝的获得、群岛内燕窝的运输以及出口到中国等方面拥有优势。主要表现在：（1）"中国人总是尽可能地靠近燕窝产区，在那里，他们或是威吓或是贿赂爪哇人为他们收集燕窝"③。（2）与中国海商相比，欧洲人在此项贸易中表现得畏缩不前，一方面，是因为"他们几乎不能像中国海商一样以同样的竞争价格把中国产品提供给当地居民"，以换取燕窝；另一方面，是由于"燕窝易于破损，且在潮湿的天气里易于腐化"的特性，使得燕窝的保存和运输需要特别保护，④而中国海商尤擅于此。由此可知，中国海商在中国与东南亚的燕窝贸易中实居于垄断地位，正如

---

① Lord Medway, *The Antiquity of Trade in Edible Birds'—Nests*, p. 46.
② Thomas Stamford Raffles, *The History of Java*, p. 205.
③ Leonard Blussé, "In Praise of Commodities: An Essay on The Cross-cultural Trade in Edible Bird's-Nests", in RoderichPtak and DietmarRothermund, *Emporia, Commodities and Entrepreneurs in Asian Maritime Trade, C. 1400-1750*, p. 333.
④ Thomas Stamford Raffles, *The History of Java*, p. 206.

薛福成所言："至于山海之利颇产，金、银、铜、铁、铅、煤，多用华商开采，山中药材，亦为华商利薮，而沿海之盐场，海岛之燕窝，亦多由华商包办。"①

"东南亚的燕窝在中国是作为奢侈品而存在的，它们的价值与白银相当"②。在19世纪20年代，马来群岛每年向中国出口燕窝为1818担，价值1263510西班牙银元。③到19世纪70、80年代，中国每年从东南亚进口的燕窝量大幅下降（参见表2），这或许与东南亚燕窝的过度采集有关，致使双方的燕窝贸易难以大量、长期、持续地进行。

表2　光绪年间中国燕窝进口量及价值统计（1875—1887年）

年代	进口量（石）	价值（两）	年代	进口量（石）	价值（两）
光绪元年（1875）	791石，又41斤	531696	光绪八年（1882）	816石，又94斤	553116
光绪二年（1876）	649石，又44斤	438362	光绪九年（1883）	720石，又61斤	380323
光绪三年（1877）	692石，又91斤	432549	光绪十年（1884）	558石，又64斤	358583
光绪四年（1878）	762石，又83斤	589678	光绪十一年（1885）	798石，又45斤	485982
光绪五年（1879）	774石，又38斤	459681	光绪十二年（1886）	719石，又37斤	473732
光绪六年（1880）	654石，又94斤	417739	光绪十三年（1887）	840石，又61斤	533639
光绪七年（1881）	842石，又5斤	507765			

资料来源：（清）杞庐主人：《时务通考》卷17《商务7》，清光绪二十三年点石斋石印本。

三　小结

从已有的研究成果看，燕窝从海外输入中国当在元代，但其较大规

---

① （清）薛福成：《出使英法义比四国日记》卷三《光绪十六年七月己巳朔记·二十六日记》，清光绪十八年本。
② Thomas Stamford Raffles, *The History of Java*, p. 206.
③ John Crawfurd, *History of the Indian Archipelago*, p. 435.

模的引进则始于明代中后期，直至清代。这一时间恰好与明中后期以来出现在中国社会的"奢靡之风"的时间相吻合。本文认为，由于受中医学补益观念的影响，燕窝所具有的"补虚损，已劳痢"功效，深受国人的推崇，使之逐渐具有了当时社会消费的"时尚"标志，消费燕窝也就具有了"符号消费"的意义。因而，明清上流社会群体大肆追求，力图通过奢侈消费而抬高阶层地位的门槛，凸显自身的阶层优势，并反衬出其他阶层地位劣势。中、下阶层则试图通过对上层阶层的消费的某种形式的模仿，而创造高于自身实际阶层位置的地位假象。这显然极大地刺激了燕窝在中国社会的消费，市场供不应求，进而刺激了海外燕窝市场的大规模开发，东南亚土著各族群、欧洲殖民者都积极从事燕窝贸易，彼此争利，华商亦在这项贸易中，充分利用自身优势，垄断该项贸易，燕窝则大量从东南亚进口到中国。

"回礼"变"入贡"：由清代老挝初次入贡事件看边官对国际关系的影响

张 宁

(上海外国语大学丝路战略研究所)

一 前言

探讨国际关系，国家利益是主要的分析框架，对于古代中国与周边国家的关系的探讨，学者的研究同样借用这一分析框架。但在具体的历史场景下，影响国家关系的因素往往是复杂的，需要我们进行综合分析。

中国与大陆东南亚国家的关系，由于边境民族的跨国分布，影响因素往往更加复杂。雍正七年（1729），老挝首次入贡事件，在以往的国内外研究中，采用简单的国家利益框架进行分析。D. G. E. Hall 认为当时老挝面临缅甸和暹罗的政治压力，主动向中国靠拢，建立朝贡关系。[1] 国内研究仅将这一事件作为周边国家基于与中国的传统朝贡关系进行的一次主动入贡事件。[2] 但回到事件发生的具体场景，可以发现清与老挝两国朝贡关系的建立，边境官员的积极运作在其中起到关键作用。本文就此次入贡事件做一考察，揭示特定历史背景下的边境官员与边境地方社会的互动对国家关系的影响，对以往国际关系研究中所忽视的这一因素进行探索。

---

[1] D. G. E. 霍尔：《东南亚史》，中山大学东南亚历史研究所译，商务印书馆1982年版。
[2] 余定邦：《近代中国与东南亚关系史》，世界图书广东出版公司2015年版。

二 老挝入贡前中国与老挝的关系

中国与老挝的接触最早追溯到元末。元廷底定云南后，经营南部边境，泰定二年（1325），置彻里军民总管府；泰定四年（1327），以八百媳妇国置蒙庆宣慰司都元帅府及木安、孟杰二府，至顺二年（1331）改八百等处宣慰司都元帅府。（后）至元四年（1338）八月甲申，云南老告土官八那遣侄那赛赍象马来朝，为立老告军民总管府。"老告"即"老挝"，老挝的内附及老告军民总管府的设置是老挝与中国关系的开始。

明朝底定云南之后，以恢复元代疆域为主要目标，对于元代在云南省沿边设置的各土司政权进行招抚。洪武三十五年（建文四年，1402）九月，老挝土官刀线歹入贡。永乐二年（1404）四月，设老挝军民宣慰使司，以土官刀线歹为宣慰使，命礼部铸印给之。正统三征麓川之后，明廷在云南沿边形成了三宣六慰的政治地理格局，老挝军民宣慰使司即其中之一。明廷对于云南沿边土司管理的制度，颁给印信及金字红牌，以备勘合，以防边官扰害土司地方；派驻汉文书吏，以便土司与明廷联系。明廷以土司对待老挝政权，以上措施，当时老挝皆有设置。

老挝宣慰司设置之后，其土司对明朝廷入贡最勤，联系最频繁。永乐间，安南内乱，老挝军民宣慰使司护送安南陈朝后裔陈天平到云南。① 成化十七年（1481），老挝宣慰司遭到当时安南黎朝的侵略，黎灏率兵九万，入老挝境，杀宣慰刀板雅及其子二人。其季子帕雅赛走八百，宣慰刀揽那遣兵送至景坎，黔国公沐琮以闻，命帕雅赛袭父职，免其贡物一年，赐冠带彩币以示优恤。既而帕雅赛欲报安南之仇，觊中国发兵为助。帝以老挝、交趾皆服属中国久，中国出兵不妥，令沐琮慎选人谕之。②

16世纪30年代，缅甸洞吾王朝崛起，逐渐蚕食和兼并滇缅边境地区傣掸民族土司，及至嘉靖四十四年（1565），缅甸洞吾王朝的军队攻入老

---

① 《明成祖实录》，永乐二年七月丁酉，"中央研究院"校印本1963年版。
② 《明孝宗实录》，成化十六年六月辛丑，成化十六年八月甲寅，成化十七年六月壬子。

挝，老挝亦折而入缅，符印俱失，此后明廷对这一地区失去控制。万历二十六年（1598），明廷在滇西大胜缅甸，老挝来归，复职贡，请颁印，明廷复铸老挝军民宣慰使司印给之。万历四十年（1612），贡方物，言印信毁于火，请复给，明年再颁老挝印，此后与明廷失去联系。

顺治十六年（1659），清军底定云南时，明代延续下来的老挝土司政权，正处在苏里亚旺萨王在位时期，国家稳定繁荣，老挝并未主动归附，清廷也未主动招抚。当时清廷的边疆战略重心在蒙古，需要云南边疆保持稳定，以集中力量解决国内主要问题。鉴于明代后期以来中国与缅甸的敌对状态，清廷对缅甸采取安边保疆的政策，对于明代后期以来缅甸侵并的云南沿边诸土司采取默认的态度，以免与缅甸发生冲突。[①] 同时缅甸与清廷相互抱有防备的态度，防止对方继续侵并各自所属的滇缅边界两侧的傣掸民族各土司。

老挝作为明代三宣六慰之一，曾被缅甸吞并，清廷同样不愿主动招抚，以免与缅甸发生冲突。当时老挝苏里亚旺萨王在位，国家稳定繁荣，并没有对清廷建立官方外交关系的需求。在这样的国际环境下，清廷与老挝没有机会建立正式的官方关系。

三　老挝入贡的国际背景——老挝北部分裂政权的建立

老挝苏里亚旺萨王在位时（1633—1690），处决了他唯一的儿子，有直系继承权的仅剩两个孙子。苏里亚旺萨王死后，两个年幼的孙子无力维持统治，于是继承权战争爆发，战争直接导致了政权的分裂。北部的琅勃拉邦先被首相披耶蒙占据，万象被其大伯父的儿子赛·翁·顺化占据，赛·翁·顺化随后派人驱逐披耶蒙，再占有了琅勃拉邦。苏里亚旺萨的女儿苏曼加拉公主及公主的儿子翁洛亲王占据老挝南部的占巴塞。

[①] 杨煜达：《清朝前期（1662—1765）的对缅政策与西南边疆》，《中国历史地理论丛》2004年第1期。

川圹则是一个半独立的政权。①

苏里亚旺萨王的两个孙子分别是景基萨腊和英塔松，他们的母亲是景龙（即车里土司政权）的婵塔库玛丽公主。苏里亚旺萨在位时，景龙的英塔库曼亲王和婵塔库玛丽公主因"和人"入侵，而逃往老挝政治避难，婵塔库玛丽公主与老挝的太子结婚，生下两个儿子，即上述两个幼孙；英塔库曼亲王与老挝当地的贵族妇女结婚，有一子翁诺亲王。在继承权战争爆发后，景基萨腊跟随他的母亲、舅舅及表弟逃往景龙，英塔松则逃往安南西北部的傣泰民族区域的中心芒滕（奠边府）。②

1706年，景基萨腊与其表弟翁诺亲王在景龙（清廷所属车里土司政权）招募了一支军队，南下攻打琅勃拉邦，取胜并占有其地，在万象、占巴塞、川圹之外建立第四个分裂政权，此即清代文献中的南掌王国。③

景基萨腊（1706—1713年在位）压迫属民，被推翻，属民推选翁诺亲王（1713—1727年在位）继任。在芒滕的英塔松（1727—1749）听说后，率军队回到琅勃拉邦，翁诺亲王以兄弟情义，让英塔松进入都城。在一次翁诺亲王出城狩猎时，英塔松发动政变，篡夺王位，翁诺亲王无法回城，逃往外地，后成为清迈国王。④ 英塔松夺得王位后，曾在1728年打败入侵的一支缅甸军队，赢得了威望，稳固了王位。⑤ 另外，他还粉碎了留在都城的翁诺亲王的三个儿子的篡位阴谋。⑥

尽管稳固了王位，但当时国王英塔松面临极端孤立的国际政治环境。除了上文提到的与缅甸的敌对状态外，与暹罗的关系也不好，景基萨腊在位时，任命翁诺亲王为副王，南下进攻占据万象的赛·翁·顺化，赛·翁·顺化节节败退，向暹罗国王碧腊贾求助，碧腊贾是他的女

---

① M. L. Manich Jumsai. *History of Laos*. Chalermnit, 1971, pp. 81 – 82.
② M. L. Manich Jumsai. *History of Laos*. Chalermnit, 1971, p. 79.
③ M. L. Manich Jumsai. *History of Laos*. Chalermnit, 1971, p. 79. 清初以至雍正初次入贡时期，清王朝仍沿用明代称呼，称北部老挝分裂政权为"老挝"，但与明代的老挝宣慰使司政权已经不同。本文为了与文献记载一致仍使用老挝一词指代此时老挝北部琅勃拉邦分裂政权。
④ M. L. Manich Jumsai. *History of Laos*. Chalermnit, 1971, pp. 86 – 87.
⑤ D. G. E. 霍尔：《东南亚史》，第536页。
⑥ M. L. Manich Jumsai. *History of Laos*. Chalermnit, 1971, P87.

婿。碧腊贾率军北上，胁迫双方停止敌对行为，双方达成协议，互相承认。① 同时，在老挝政权内部，英塔松由政变获得的王位面仍临被篡夺的危险。当时老挝分裂出的四个政权都在争取外界对自己合法性的认可，川圹向安南朝贡，占巴塞政权向暹罗朝贡，万象政权向暹罗和安南朝贡。仅有中国境内的车里土司政权作为支撑的老挝王国，获取足够的外界支持或承认是最为迫切的政治利益诉求，向中国朝贡是选择之一。

四 老挝入贡的区域背景——清廷在车里土司境内的军事行动及改土归流

进入雍正年间，雍正皇帝任用鄂尔泰整顿西南政治与社会秩序，鄂尔泰为了彻底解决内地流官区域与土司接壤地区的社会治安问题，在西南展开了大规模的改土归流行动。② 改土归流波及云南南部边境的车里土司政权，而车里土司政权与老挝接壤。

车里土司因涉及云南社会治安主要问题之一——鲁魁山野贼问题，被卷入改土归流。

滇省自恢复之后，流亡渐集，耕凿方兴，从此谨边防，恤民隐，驯致太平无难矣。乃滇人犹窃窃为虑者，以鲁魁山野贼未除，终非久安长治之策也。夫野贼之为滇患，历有年矣。其初系新、嶍、阿、蒙土人啸聚穷山为盗，因其来如燹犬，去若飘风，出没不常，居止无定，故名为野，原非土人之外；另有此种野人，及其啸聚多年，自成种类，遂于土司之外；另有此种野贼，共倚鲁魁为狡窟者，鲁魁在万山之中，跨连新、嶍、蒙、元、景、楚之界，绵亘广远，林深箐密，其内则新平、新化、元江、易门、碌嘉、南安、景东一带地方贼皆可入，其外则车里、普洱、孟艮、镇沅、猛缅、交趾一带地

---

① M. L. Manich Jumsai, *History of Laos*. Chalermnit, 1971, P83.
② 常建华：《清雍正朝改土归流起因新说》，《中国史研究》2015 年第 1 期。

方，贼皆可出，故防之甚难而剿之亦不易也。①

雍正五年（1727）四月，清廷普威营官兵进入车里土司所属普洱六大茶山追拿窝泥山民麻布朋，导致六大茶山窝泥山民暴动，清廷在车里土司境内展开大规模军事行动。②清廷为了防止其追缴"案犯"逃往外域，"派令署景蒙营参将祝希尧及千把等，分布各外国要隘，协力严缉，诸外国皆尊奉惟谨"，并檄令莽子、老挝等国，及孟艮、卡高、花脸驻外域，凡接界地方不得纵令逃遁，"诸外国皆尊奉惟谨"。雍正六年四月，在勐腊擒获刀正彦后，暂时镇压了暴动。③

雍正六年（1728）八月，车里土司所辖橄榄坝地方夷民暴动，致伤兵丁数人，清廷再次进行大规模军事镇压。④橄榄坝是车里土司境内面积较大的坝子之一，农业生产发达，居民最为稠密，此次军事行动导致大量夷民逃亡，多往江外及境外老挝、整欠、勐勇、孟艮等地。前线的云南提督郝玉麟派遣车里所属土目到境外整欠、老挝等处招抚逃亡的橄榄坝夷民，招出甚多。⑤

车里土司及境外各种势力作为鲁魁山野贼逃亡的后路，进入清廷的视野，被纳入整顿的对象。清廷在车里土司境内进行大规模军事征剿后，将车里土司改土归流，同时认识到云南边境的治理离不开境外各种国家或政权的配合。

尽管如此，在处理与境外势力关系时，清廷中央仍然十分谨慎，坚持不主动招抚的原则，雍正皇帝曾叮嘱云贵总督"总宜听其自然，不必有意设法诱致"。第一次茶山事件后，云贵总督鄂尔泰在奏折中提到老挝、孟艮、整卖等处意欲内附"查外域输诚原难以强致，近自擒刀正彦

---

① 蔡毓荣：《筹滇十疏》，《云南史料丛刊》第八卷，云南大学出版社2001年版，第434—435页。
② 《朱批鄂尔泰奏折》，《景印文渊阁四库全书》，台湾商务印书馆2008年版，第420册，第399—400页。
③ 《朱批鄂尔泰奏折》，《景印文渊阁四库全书》，第420册，第416—420、438—440页。
④ 《朱批鄂尔泰奏折》，《景印文渊阁四库全书》，第420册，第512—115页。
⑤ 《朱批鄂尔泰奏折》，《景印文渊阁四库全书》，第420册，第521—522、549—551、567—568页。

后，不独老挝一国，即孟艮、整卖等诸夷长，皆有内附之意，情见乎词。而蟒国强大，与缅国等"。鄂尔泰在奏折中强调了不是主动招致，而是自愿，"老挝，亦当听其情愿，不必强者。仰见圣人举事，动合自然，臣当每事凛体，不敢少存意见"①。

经过车里土司境内的两次军事行动，清廷已经认识到与境外国家和政权建立官方联系对边疆治理的重要性，例如雍正皇帝在接到老挝入贡的奏折后，朱批"以此国内附，则镇沅新定一带可保永无虞矣"②。但清廷仍固执地坚持不主动招抚的原则，清廷中央认为放任边官主动招抚，可能会引境外政权的反感，造成边境事端，不利于边境的稳定，当时边疆官员运作缅甸所属木邦土司内附即其中一例。③ 不过，在两次军事事件中，清军与境外政权发生了接触，还是为缅甸、老挝等国与清廷的建立官方联系创造了条件。

五 云南边境官员对于老挝"入贡"的操作

雍正七年七月二十四日，云贵总督鄂尔泰奏报老挝入贡，"雍正七年六月二十九日，据云南临元镇总兵官邱名杨呈称，雍正七年六月十一日，据汛防猛洒目兵康天锡、苏凤彩等禀报，五月初六日老挝国王子岛孙差头目叭五名、先十二名、后生八十名，备贡象二只，投顺天朝，恳求转达"④。

鄂尔泰奏报老挝入贡，需要注意的一点是，他没有征求雍正皇帝的认可，直接接受了老挝的入贡，与此前鄂尔泰谨慎拒绝整卖土司入贡的事件形成鲜明对比。当时鄂尔泰以整卖与缅甸正在发生战争，整卖入贡的动机不纯，而拒绝入贡请求。但此次为何在没有征得雍正皇帝认可的情况下，就自信地接受了老挝贡象，是否在奏报之前经过了一番精心的准备过程？我们来看云南地方政府对老挝贡象事件的操作过程。

---

① 《朱批鄂尔泰奏折》，《景印文渊阁四库全书》，第 420 册，第 470 页。
② 《朱批鄂太保奏折》，全国图书馆文献缩微复制中心，2005 年，第三册，第 406 页。
③ 关于此事，第六节有专门叙述。
④ 《朱批鄂尔泰奏折》，《景印文渊阁四库全书》，第 420 册，第 622 页。

官方资料之外，倪蜕《滇云历年传》中记述了老挝入贡的缘起。倪蜕在康熙末年曾任云贵总督的幕僚，与云南督抚衙门官员交往甚密，对内部事务有通畅的消息渠道，在《滇云历年传》中甚至保留了老挝入贡时发给清廷边疆官员的原始禀帖。

先是茶山有变，兵民逃入老挝者颇多，事平而归，俱无恙，当事赏赉之亦厚。至是遣人持缅文至驿云："老挝岛孙，小的嘎哩嘎撒必禀大老爷下，小的们是外边夷人。在先两次有兵，百姓们到我地方上，他们遭难的人，我们都是好好待承的去了。大老爷两次赏我们绸缎、布匹东西。我们地方苦寒，没有的出产，有象二只，送大老爷转交天朝罢。"元江府知府迟维玺据实察报。当事以欠恭敬，令维玺酌定款式而行。时有千总陈纶，系武举工书，颇通文理，乃与素来行走阿瓦、通晓缅文之人商议，编蒲为表，而以金叶书之，并原来之叭、花、先六目，即令陈纶伴送之入省，当事亦以外国使臣待之。①

很明显，老挝送象是为了回报清廷两次的赏赐。清廷在车里土司境内的两次军事行动，造成大量土著人口逃往境外，老挝善待车里逃难人口，受到了清廷官员丰厚的赏赐。老挝为了回报，派人将两头大象送来，请清廷边境官员转送中央。"当事者"（元江知府汇报的对象应该是云南的督抚鄂尔泰和沈廷正）将这一回赠礼物的行为作为入贡看待，认为老挝来人"朝贡"的方式"欠恭敬"，于是找来通晓缅文者，助其以老挝国的习惯，制作金字蒲叶表文。然后派人以外国使者的方式将老挝来人伴送入省。此处岛孙，即为老挝国王英塔松（Inthasom）。

雍正七年六月初三日，老挝来人入境，到达车里土司所属整歇地方。老挝所送之象到内地关坪地方内，牙象一只，因时当炎瘴，山险路窄，腿足受伤，于七月初六日病毙。母象因失伴，不食水草，行至关铺地方，亦随倒毙。老挝送象人惊慌无措，畏缩不前。临元镇总兵急遣人前去安

---

① （清）倪蜕辑，李埏校点：《滇云历年传》，云南大学出版社1992年版，第603页。

抚，令老挝来人捡取象牙，安心前进。七月十五日老挝来人到达车里土司所属思茅，清军前线将官劳慰赏赉，送其北上。七月二十日到达普洱，元江府知府复又从优赏赉，加意抚慰，令其安然赴省。①

闻七月二十日，老挝来人到达昆明。八月二日云贵总督鄂尔泰巡视滇、桂、黔三省回城，接见老挝来人。老挝来人叩拜，禀称：

> 老挝小国，离天朝最远。闻得黄河水清，一知中国有大圣人治世，小国数年以来安享太平，年年丰熟，通国欢庆。沐皇上弘恩大福，国主感戴不尽，特备土产象只进贡，以展下情。不期象只途中正遇炎瘴，不服水土，未得到省，心里甚是惶恐。已在思茅地方禀知镇守地方大人，先着人归国，另备驯象进贡。所有表文先行赍到，乞赐转奏，亲叩阙廷，以见小国感戴归诚之意。②

在巡抚沈廷正奏报闻七月二十日老挝到省情形中，老挝的回禀是伴送的把总陈纶和目兵康天锡代为回答的，回答与以上回禀鄂尔泰的话语几乎相同：

> 伴送元江协把总陈纶、目兵康天锡等禀称："贡使云：老挝小国，离天朝最远，闻得黄河水清，知有大圣人在上，所以万国九州风调雨顺。我小国亦沾沐皇上洪福，数年以来，安享太平，田禾十分收成，较往年丰盛之时更好，人人欢乐。我国主感戴不尽，因土产只有象只，特遣我们进贡，聊展下情。不期象只途中不服水土，未得到省。我们心里甚是惶惧，已在思茅地方着人迅归老挝，另备驯象入贡。"③

几乎相同的回答，不禁让人怀疑老挝来人回答是否有人专门教授。

---

① 《雍正汉文朱批奏折汇编》，江苏古籍出版社1986年版，第398页。
② 《雍正汉文朱批奏折汇编》，江苏古籍出版社1986年版，第410页。
③ 《雍正汉文朱批奏折汇编》，江苏古籍出版社1986年版，第420页。

而且"黄河清"一段,若非有人教授,中国式的冠冕堂皇的语言怎么会出现在老挝人口中?

鄂尔泰派遣云南乌蒙府镇雄州州同张浩、熟习老挝语言的把总康天锡,伴送老挝使者北上,于雍正八年(1730)二月到达北京。礼部官员提议:"五年令其进贡一次。其进贡员役,不得过百人。赴京员役,止许二十名。"并规定老挝的"贡道"由云南普洱府入。①

雍正八年七月初七日,老挝入京"贡使"回到昆明。在昆明居住一个月后,鄂尔泰谕示老挝来人"尔等离国已一年多了,歇息几日,可就早些回去"。老挝来人回答:"小目们如今是天朝人,到了云南,就是家一般,愿多住些时才去。"②老挝这一回答并非官方客套话,从"贡象"入境开始,云南地方官员以至清廷中央对于老挝来人的照顾无微不至,沿途赏赐甚厚,老挝愿意多住是实事。

鄂尔泰对老挝首次入贡的接待方式为日后接待老挝甚至缅甸入贡创下了制度,但这一制度却贻害无穷,因为过于优待,以致后世贡使傲慢无比,跋扈异常,沿途各地索要夫马,稍有迟误,即加鞭笞,每站接待花费甚巨,贡道沿途州县苦于应差,道光间时任云南广通知县的何绍祺曾向云贵总督切陈贡象之害,建议酌减象贡浮费。③之所以首次入贡对老挝贡使如此优待,在于当时云南地方给官员急于促成此次入贡事件,唯恐照顾不周导致老挝贡使不愿再来。

雍正八年八月二十六日,鄂尔泰派遣夫马供应,老挝"贡使"由经历姜际昌、把总康天锡照看伴送回国。九月二十七日到九龙江(指车里土司境内的一段澜沧江,后九龙江地方成为对车里土司的别称,此处指的是车里土司)。④

十月二十六日,老挝"贡使"启程回国,普洱府、镇差目兵二名及车里土司所属普藤土把总召猛比伴送回国。十一月二十四日至老挝界内之戈奈地方,猛洒叭先率领数百人,于五十里外跪道迎接,将敕书安设

---

① 《明清史料》庚编,中华书局1987年版,第703页。
② 《朱批鄂尔泰奏折》,《景印文渊阁四库全书》,第748页。
③ 何绍祺:《滇牍偶存》,《西南古籍》2008年,第241页。
④ 《朱批鄂尔泰奏折》,《景印文渊阁四库全书》,第748页。

龙亭，供奉缅寺，叭先复率领大小头目人等行三跪九叩头礼，敬谨护卫，叭猛花随写缅文，差先目二人驰报该国王。于十二月二十三日差回猛洒，恭请敕书御赐，由猛喇上船，沿途地方，该国王皆差头目敬谨迎接。至雍正九年正月十五日抵坝乌，离老挝百余里，该国王岛孙先遣大叭目四员，带领二千余人，备金银彩花龙船四十余号，设龙亭香案，亲出五十里外，跪迎至新造公馆内，供奉敕书御赐毕。岛孙行三跪九叩头礼，复斋戒三日，始恭迎进署，行礼如初。然后叭猛花敬捧敕书，跪授岛孙。岛孙跪接开读毕，又捧御赐一一传观，点交明白，该国君民欢声雷动，举手加额，齐称：自有老挝以来，从未有此荣宠。蒙天朝圣主恩赐，惟有世代顶戴。留该差等住二十日，极其敬重。①

需要说明的一点，老挝本国对此次"回礼"行为认知转变为"朝贡"，其转折点应该在两头大象死后老挝部分来人回国禀报国王时。只有得知清廷边疆官员的入贡要求后，才会有贡使回国时的隆重迎接仪式。

二月初六日，该国王遣目先教、先喇二员并后生十一人，赍捧谢恩蒲叶泥金缅字表文一道。老挝来使捧谢恩表文来省见云贵总督，禀称："国主感戴天恩，无可以报，惟有一心归诚，世世子孙不敢忘天朝大恩。再铜镩一对，物虽不堪，系祖代相传之物，国主请献皇帝，以表小臣诚心。五年再贡时，差目人等见此铜镩，即如在本国一般。外象牙、雀尾、藤席、树头酒四种，系国主呈送总督，以见感念，求收留。"②

六　傣掸民族政治文化传统下的难民遣返事件与清廷官员认知的误区

老挝"入贡"事件源于清廷边境官员对于老挝遣返车里土司难民这一"恭顺"行为的赏赐，如果熟悉传统东南亚社会的政治文化，可以知道老挝善待难民的行为实际上是傣掸民族地区的通行惯例。

这样的惯例具有深厚的民间基础和社会根源。西双版纳的基层社会

---

① 《朱批鄂尔泰奏折》，《景印文渊阁四库全书》，第 784—785 页。
② 《朱批鄂尔泰奏折》，《景印文渊阁四库全书》，第 785 页。

在清代仍然保留着农村公社,在承担赋税与劳役等封建负担时以村寨为单位,寨民在村寨内部平均分摊负担,赋税平分,劳役轮流承接。在这种制度下,村寨很欢迎外来户,因为多一户,寨内各户可少一些负担。在西双版纳周边区域的老挝、清迈、景栋等傣掸民族区域,基层大多保留了农村公社,应该同样欢迎外来户。对于逃难的外来居民,大多村寨会按照习俗给予款待,例如西双版纳的村寨会给外来户几斤米供给吃喝,草排五块、竹绳一把以建盖房屋。这种习俗在人少地多的东南亚传统时代相当普遍。[1]

同时,土司或封建领主对于寨民的人身自由是没有限制,属民可以自由迁徙,景栋最后一任土司 Sao Saimöng Mongrai 曾写到,传统时代的傣掸民族土司不敢虐待他的属民,因为这会导致属民的逃亡,这在人力资源稀缺的东南亚传统时代是严重的事情。[2] 这种跨政权的相互迁徙是自由的人口流动,这有别于战争中某些政权以人口掠夺为目的的强制迁徙行为。

在传统时代,车里土司与邻境的老挝、兰纳、景栋等政权保有共同的历史与政治文化渊源。共同的历史文化的构建中最著名的是景线起源说,在今泰国北部有传承已久的古景线王国,国王坤真在位时期(12 世纪末期),曾通过武力统一了仅中老缅泰的交界区域,他将几个儿子分封各地建立政权,分别是清迈的兰纳王国(泰国清缅为中心)、景洪的景龙王国(即车里土司政权),勐老的老挝王国,勐交的川圹王国。[3] 景栋的政权则是兰纳王国的孟莱王派人开拓的。[4] 这一共同起源的历史叙事广泛流传于中缅老泰的交接区域,是这一区域人民广泛文化认同的基础。

同时,这一区域的南传上座部佛教从锡兰,经由清迈兰纳王国传入周边区域,同时传入周边区域的还有书写佛教的文字。因此,在前近代

---

[1] 《云南少数民族哲学、社会思想资料选辑(第一辑)》,中国哲学史学会云南省分会,第 235 页。

[2] Sao Saimöng Mongrai：*The Shan States and the British annexation*,(Data paper, no. 57) Southeast Asia Program, Dept. of Asian Studies, Cornell University, 1965, P85.

[3] 戴维·K. 怀亚特:《泰国史》,东方出版中心 2009 年版,第 32—35 页。

[4] Sao Saimöng Mongrai：*The Pādaeng Chronicle and the Jengtung State Chronicle Translated*. University of Michigan, Ann Arbor, 1981.

时期，这一区域拥有公共的文字、相似的语言，相同的佛教文化。

车里土司与周边的老挝、兰纳、景栋等政权组成以景线起源说为中心的南部傣泰民族文化圈，这为各政权属民跨界迁徙提供了社会文化基础。

在历史上，各政权相互交往频繁，相互间的难民迁徙也采取开放的形式，并不限制难民的迁徙自由，而是顺其自然，随时可以回国。即所谓"车里有事，其民或流寓各国，而各国必借资粮糇养赡，事定遣还。各国有事，其民或流寓车里，而车里之报施亦然"①。此处的"遣返"，实际上是有遣返要求的情况下带有官方色彩的自愿行为，不会有强制驱赶行动。

由此可知，所谓老挝善待车里难民的行为应该是南部傣泰民族政治文化圈中的一种社会惯例，老挝政权不是有意为之。经清廷官员招抚，将部分难民及被阻其境的清兵送回，在老挝自己看来，实际上是一种根据社会惯例理所应当的行为。

但雍正间的改土归流，是清廷官员第一次深入车里土司辖境，对于当地的自然和人文环境认识水平较低，对车里土司边境事务还不熟悉，经常出现认知差错。例如鄂尔泰在奏折中将车里土司所属孟养土目，看作明代正统年间王骥三征麓川时的"孟养"，这是很低级的认知错误。②再如，车里土司于1569年被缅甸洞吾王朝征服之后，一直保持对其朝贡。按照对缅朝贡的制度，车里土司每遇袭替，要派遣使者向缅王纳贡并请求缅王的认可与册封，缅王会派遣使者回赐礼物并派遣册封使者。除此之外，缅甸将车里土司看作其臣属，会在车里土司派遣常驻官员，缅官有时甚至带有四五百人的军事随从。③ 在雍正八年，刀绍文继承土司职位时，边境官员口称的向新任土司刀绍文朝贺的"缅使"④ 绝对不是朝贺使

---

① （清）郑绍谦等：道光《普洱府志》卷之十八《土司》，国家图书馆藏清咸丰元年刻本，第5页。

② 《朱批鄂尔泰奏折》，《景印文渊阁四库全书》，第748页。

③ Sao Saimöng Mongrai, *The Shan States and the British annexation*, (Data paper, No. 57) Southeast Asia Program, Dept. of Asian Studies, Cornell University, 1965, p. 57.

④ 《朱批鄂尔泰奏折》第420册，《景印文渊阁四库全书》，第748页。

者，以其缅甸的朝贡的关系来看，车里土司与缅甸不是平等关系，此时的朝贺使应该是缅甸向车里土司派遣的册封使或者是常驻车里的缅官。

对边疆人文环境认知不足的背景下，初次进入这一区域的清廷边境边境官员更不会认识到车里土司边疆地区难民自由迁徙现象。因此老挝按照社会惯例将车里难民遣返的行为，被清廷边境官员看作一种积极响应清廷招抚的恭顺行为，因而对老挝赏赐甚厚。于是有了老挝此后的回礼行为。

云南边疆官员对于傣泰民族土司遣返难民的社会惯例认知的误区导致了清廷与老挝政权间的礼物交换，是老挝入贡清廷事件发生的原始起点。

七 雍正改土归流背景下云南边官招抚入贡的行为

老挝的回礼经过清廷边境官员的包装后，成为具备标准礼仪形式的朝贡行为，这一过程反映的正是这一时期云南边境官员所热衷的招抚入贡行为。在成功包装老挝入贡之后，云南地方官员又开始利用所有机会积极促成缅甸入贡。

老挝"贡使"回国，在车里驻足期间，遇有缅甸头目六人来车里，祝贺土司刀绍文承袭车里宣慰使职位，缅甸头目亲见老挝贡使"捧敕赏赍回国"。佟世荫见此情景，令守备燕鸣春过江犒赏缅使，并告以老挝纳贡，蒙恩备细。缅目当即表态，"称颂皇帝实是天，宣慰这小年纪就承袭了官，且将老挝外国如此十分加恩，回去告知国王，明年一定进贡，恳预先禀明云南大人，求准代奏。"云贵总督鄂尔泰将以此情节汇报雍正皇帝，暗示缅甸可能入贡，而云南巡抚张允随则直接以缅甸预期入贡奏报。雍正皇帝对鄂尔泰的奏报朱批"极好之事"，但也感到其中的些许主动招致意味，叮嘱"总宜听其自然，不必有意设法诱致"。鄂尔泰在随后的奏折中，以曾拒绝整卖入贡事件，专门做出辩解并无主动招致情节。[①]

[①] 《朱批鄂尔泰奏折》，《景印文渊阁四库全书》，第420册，第748页。

再，同时期，沿边风言缅属木邦土司欲内附。永顺镇、永昌府逢迎上闻，当事亦遽信之。木邦土司近永昌府，得信遂早，乃闭关索客，将汉人在当地买棉客商悉行驱逐出关，且将棉花一项，永禁不卖汉地，并令嗣后勿种棉花，以绝汉人交易、窥视之端，于是云南布、缕、丝、絮之用匮乏不济。①

再，雍正八年，鄂尔泰再报边境孟连土司入贡。明代曾设孟连长官司，明末为缅所并。清军底定云南，孟连未主动归附清廷。雍正改土归流间，孟连土司献其境内之募乃银厂，愿纳银课六百两。鄂尔泰上闻，朱批："孟连地处极边，贡纳厂银六百两，为数太多，若减半收，以昭柔远至意。"②

在热衷招抚入贡的政治环境下，云南边官自然不会放弃老挝的回礼这一机会，将其包装成为老挝主动朝贡中国的行为。那么这一时期云南官员何以热衷于这种行为？解释这一现象是全面认识老挝入贡事件的根本所在。这与雍正皇帝任用鄂尔泰整顿西南边疆政治与社会事务的背景有关。

从国家利益的角度来看，与周边国家建立朝贡关系是有利于边疆稳定的，正如雍正皇帝对于老挝首次朝贡的评语："以此国内附，则镇沅新定一带可保永无虞矣。"③ 由清初到雍正初年的半个多世纪，清廷不再将老挝看作一个土司，而是与缅甸地位平等的国家。作为一个独立国家的老挝，向清廷入贡，有利于清、南两国边界的稳定。

进入雍正年间，雍正皇帝将信臣鄂尔泰调任云南，令其整顿西南边疆的政务。鄂尔泰是雍正皇帝最宠信的官员，雍正皇帝对他格外器重，不断破格提拔，鄂尔泰以江苏布政使，升任云南巡抚监管云贵总督事，这种破格提拔就是为了鄂尔泰能够全权处理西南边疆事务。而鄂尔泰对于雍正皇帝绝对忠诚，雍正皇帝对于鄂尔泰也绝对信任，雍正皇帝和鄂尔泰之间形成了极为私密的君臣关系。

---

① 《滇云历年传》，第616页。
② 《清世宗实录》，雍正八年九月壬辰，"中央研究院"1963年校印本。
③ 《朱批鄂太保奏折》第三册，全国图书馆文献缩微复制中心，2005年，第406页。

鄂尔泰调任云南之后，秉承雍正皇帝的旨意，对西南边疆滇、黔、桂三省政务与社会进行彻底的整顿，尤其以大规模改土归流著称。为了彻底解决内地流官政区与土司接壤区域的社会治安问题，在云南省，鄂尔泰计划将滇西南的哀牢山区与滇东北的镇雄、乌蒙等彝族土司区域改土归流。

对于鄂尔泰的改土归流行动，雍正皇帝给予绝对支持。但随后，鄂尔泰改流的大部分区域出现土著民族的暴动反叛事件，雍正皇帝不仅没有责备鄂尔泰，反而予以安慰，并支持其采取大规模军事行动来镇压各地的暴动。这种面积的改流行动及大规模的武力镇压行为展现了雍正皇帝及其信臣鄂尔泰在西南边疆事务的积极姿态，这成为当时处理云南边疆事务的风向标。这与清朝前期清廷在西南地区采取保守措施，避免大规模军事行动的基本政策形成鲜明对比。

在这一政治氛围下，鄂尔泰本人很清楚接壤国家的内附对边疆稳定的重要性，因此会抓住一切机会去促成沿边各种势力的归附，以迎合雍正皇帝的意思。云南边境会官员又会更加主动地逢迎鄂尔泰的意见，将招致外国入贡作为投机行为，以谋求事功，以利升迁。最初策划此事的元江、普洱的文武官员一度得到升迁，甚至前文提及的目兵康天锡也升为把总。老挝回礼行为被边境官员包装成为朝贡行为，向鄂尔泰汇报之后，经鄂尔泰甄别无害。鄂尔泰上报，雍正皇帝绝对信任鄂尔泰，对于老挝入贡毫无怀疑地给予了认可。可以说，在鄂尔泰主持改土归流特殊的政治氛围下，云南边官以招抚入贡来谋取政治利益的心理，是老挝入贡的事件促成的直接因素。

八　结论

雍正改土归流时期，清、老两国都有建立官方关系的利益需求。老挝国国王英塔松（岛孙）处于政治孤立的环境下，为了构建其政权的外在的合法性，需要与周边大国建立外交关系或朝贡关系；同时，清廷整顿西南边疆的社会秩序，需要与境外各国家加强合作，以利于边境社会的治理。但是清廷坚持不主动招抚的原则，两国即使在边境发生接触，双方的关系很可能仅停在留偶尔的合作关系，很难进一步上升为正式的官方外交关系。

清廷在车里土司边境与老挝发生接触后，两国的关系在清廷边境官员的操作下，得到进一步深入。首先是老挝按照社会惯例遣返难民的行为，被清廷边境官员看作一种积极响应清廷招抚的恭顺行为，因而对老挝进行厚赏。老挝在回礼时，在当时鄂尔泰主持改土归流的特殊政治氛围下，清廷边境官员为了谋取晋升的政治资本，借机将回礼行为包装成为朝贡行为。而清廷边境官员的这种牟利行为正好顺应了两国建立正式官方关系利益诉求。这一过程中，清廷边境官员对于边境社会认知误区及牟利心理是清、老两国朝贡关系的建立的直接因素。

由此可见，清朝取代明朝之后，新政权与周边国家朝贡关系的建立，并不一定是朝贡国的自觉行为，尤其是清代前期云南沿边的缅甸、老挝等国；由于明末以来中国与缅甸的敌对行为，双方之间即使存在建立朝贡关系的利益需求，仍然需要中间势力或人物的运作。乾隆十六年，滇缅边境茂隆银厂课长吴尚贤招致缅甸入贡则是另一事例。从老挝入贡的个案可以看到边境官员等关键人物在两国间的运作对于朝贡关系的建立有重要作用。

会议综述

为不同国家、不同文明的交流互鉴提供学术保障和智力支持

——中国中外关系史研究回顾与丝绸之路的互动学术研讨会暨中国中外关系史学会 2019 年年会综述

童巍雄　胡鹏飞

（云南大学历史与档案学院）

中国对外交往与发展丝绸之路的辉煌历史，不只是人民的记忆，更是我们继往开来的底蕴所在。在当今世界多极化、经济全球化的大趋势下，要实现中华民族的伟大复兴，处理好对外关系至关重要。因此，如何充分吸取和借鉴历史经验、发挥自身优势，为持续推动"一带一路"建设提供学术保障与智力支持，是历史学界肩负的重要使命。

7月11—14日，中国中外关系史研究回顾与丝绸之路的互动学术研讨会暨中国中外关系史学会 2019 年年会在昆明召开。会议由中国中外关系史学会、云南大学主办，云南大学历史与档案学院和昆明市晋宁区委、区政府联合承办。来自中国社会科学院、中国科学院、敦煌研究院、云南大学、中国人民大学、复旦大学等高校和研究机构的近百名专家学者参加了会议，围绕改革开放以来中国中外关系史研究的进展情况、研究视角创新、研究发展方向等议题展开深入研讨。

一　追溯与展望，推动中外关系史及丝绸之路研究向新的目标迈进

云南大学历史与档案学院院长黄纯艳、云南大学西南边疆少数民族

研究中心教授方铁分别主持了研讨会的开幕式和大会主旨发言。专家学者追溯和展望了中外关系史及丝绸之路研究的互动历程和发展方向。

云南大学副校长李晨阳在致辞中指出，重视中外关系史研究尤其是西南地区对外关系史研究是云南大学的优良传统和特色，此次研讨会为推进云南大学中外关系史学科发展、学术研究和人才培养提供了重要契机。

中国社会科学院历史研究所研究员、中国中外关系史学会副秘书长乌云高娃代表会长万明致辞。她谈到，随着"全球"这一词汇在史学论著中的频繁出现，史学研究的全球史转向成为一股潮流，并将中外关系史研究推到史学研究的前沿。

四川师范大学教授、中国中外关系史学会副会长段渝在致辞中系统介绍了中国中外关系史学会在丝绸之路研究中取得的显著成就，并指出应从理论和实际等多方面开展对丝绸之路的整体研究，以欧亚乃至全球的视野，整体把握丝绸之路的历史发展脉络，深入考察丝绸之路对中国历史乃至世界历史的卓越贡献、巨大影响和重要作用，以此推进中国中外关系史研究。在后续的主旨发言中，段渝进一步回顾了改革开放以来学术界关于"南方丝绸之路"研究的三次高潮及相关成就。

昆明市晋宁区人大常委会主任李飞鸿在致辞中梳理和总结了晋宁地区开展郑和研究的历史与现实，并结合晋宁的发展现状指出晋宁作为郑和故里、古滇都邑，在传播郑和文化、服务"一带一路"建设中具有重要地位。

郑州大学越南研究所所长于向东在主旨发言中对近40年来我国学术界有关古代中越关系史研究的史料整理、研究理论、研究范式、整体史和断代史研究成果进行了梳理，认为古代中越关系史研究取得了较为丰硕的成果，但也面临史料挖掘与利用不足、研究理论创新滞后等挑战。

海南大学社会科学研究中心研究员阎根齐探讨了郑和船队在广东至西沙海域的航线和地名，提出郑和船队航线是我国古代南海丝绸之路的一条著名航线，分析了郑和船队在海南的文化遗产。

中国科学院海洋研究所研究员郑一钧以"郑和航海与阿拉伯人航海之比较"为题，认为郑和船队的"过洋牵星术"是中国版本的航海技术，郑和航海在一定程度上开创了人类海洋利益共同体。

云南大学历史与档案学院副院长罗群以云南为中心，从国家视域、地方视域以及边疆民众视域探讨边疆观的历史书写与建构，提出边疆观是历史发展与现实结合的产物，揭示出地处西南边疆的云南，不仅形塑了"中央属土"和"周缘边陲"的疆域空间观念，更反映了近代主权国家世界体系下边疆认知由"模糊的王朝疆域"到"清晰的国家边界"的转化。

二　多元视角下的中国中外关系史与丝绸之路研究

在分组研讨中，与会学者围绕"中国中外关系史的回顾与前瞻""中国中外关系史研究中的学者与学术""郑和与丝路的研究""从古至今的中外交往"等主题展开研讨。

我国中外关系史与丝绸之路研究渊源已久，学界要探寻前辈足迹，总结研究经验，找寻新方向。

乌云高娃对刘迎胜教授在丝绸之路的起源及命名、丝绸之路沿线物品交换与文化交流等方面的研究成果和突出贡献进行了全面论述。黑龙江省社会科学院历史研究所研究员李随安则通过纵向梳理郝建恒先生的人生经历，论述了郝建恒先生在中俄关系史研究以及俄语书籍文献翻译领域的贡献。

中国社会科学院古代史研究所研究员赵现海从传统"朝贡体系"概念出发，总结了古代亚洲的"中华亚洲秩序"，并着重分析了其地缘政治根源。敦煌研究院民族宗教文化研究所所长、中国中外关系史学会副会长杨富学通过对史料文本的再分析，考证贵霜王朝的建立者为大月氏而非大夏。云南大学历史系教授成一农对学术界有关"疆域观"与"天下观"等研究进行回顾与探讨，主张相关研究要跳出概念陷阱，回归"中国话语"。贵州省博物馆助理馆员袁炜通过对两汉时期希腊文、拉丁文、巴克特里亚文和汉文中"吐火罗""巴克特里亚""大夏"三个词语进行辨析，对"大夏"的名称进行了考证。鲁东大学教授俞祖华通过梳理从

"协和万邦"理念到"人类命运共同体"思想的升华过程,强调中华优秀传统文化具有不断创新发展的特征。云南大学历史系副教授周立英通过梳理学界有关近代云南留日学生的研究成果,认为可从转换研究范式、探索研究方法等途径来推进相关研究。

郑和作为"大航海时代"的先驱,激励着一代代勇于探索的中国人开辟对外交往的新航向。

复旦大学历史系教授、中国中外关系史学会副会长邹振环将郑和下西洋视为世界"大航海时代"的前奏,强调了郑和下西洋的历史价值与意义。李飞鸿通过对郑和下西洋过程中处理与他国关系的事例分析,认为郑和以和平为基本理念的做法是处理国际关系的光辉典范。内江师范学院马克思主义学院教授兰永海以论述郑和船队拥有全球制海权但满怀善意为切入点,强调当今人民海军在落实"海洋强国"战略与"一带一路"倡议下捍卫世界和平的历史使命。福建社会科学院海上丝绸之路研究中心副研究员陆芸将郑和下西洋的历史经验与当今"21世纪海上丝绸之路"倡议在东南亚的实践相结合,对现阶段相关问题进行了回应与总结。

探讨不同路线的丝绸之路在历史上的互动关系,对于深化丝绸之路研究、推进"一带一路"建设具有重要意义。

华南师范大学历史文化学院教授周永卫以整体史观和全球视野论述了秦汉时期西南丝绸之路的发展历程,强调"西南丝绸之路"与"海上丝绸之路""陆上丝绸之路"是不可分割的整体。新乡学院历史与社会发展学院教授王连旗通过纵向梳理先秦至汉朝时期"陆上丝绸之路"的发展脉络,从宏观上分析当今"一带一路"建设同古代丝绸之路之间的联系。福建省委党校副教授王少泉分析了北宋时期陆海丝绸之路演变分水岭的成因以及这一研究对推进"一带一路"建设的启示。云南大学历史系副教授陈碧芬通过论述"西南丝绸之路"的发展历程与历史价值,着重分析了"西南丝绸之路"对云南主动服务和融入"一带一路"的启示。吉林省社会科学院副院长丁晓燕阐述了"东北亚丝绸之路"的发展沿革与历史意义。宁夏社会科学院编审郭勤华强调宁夏在丝绸之路东段北道上的特殊地理位置,分析了丝绸之路在宗教文化上的特殊价值。

西安博物馆研究馆员王乐庆介绍了丝绸之路考古资料中的骆驼形象，由此探究古丝绸之路的繁盛景象与中西文化交流的密切关系。山西财经大学晋商研究院副研究员贾建飞利用以19世纪英国兰姆利报告为代表的西方文献，论述了近代中俄万里茶道俄国段的路线走向与兴衰史。山东工商学院讲师李效杰以全球视角，通过分析唐末中国文献、阿拉伯游记与古罗马史籍中关于商人与鲸鱼的故事，为古代"海上丝绸之路"上的文化交流提供例证。

三 历史上的中外交往研究深入发展

秉承"以和为贵""协和万邦"思想的中国，从未停止与世界交往的脚步。与会学者从不同维度展现了对历史上的中外交往过程的研究。

关于古代的中外交往研究，多维视角精彩纷呈。

中国藏学研究中心副研究员刘英华通过对敦煌藏文医书与拜占庭医书《毕吉黄函》中救疗方的比较研究，介绍了拜占庭医药东传的基本情况。西南交通大学外国语学院教授唐均证实了亚欧大陆上草本植物芫荽的读音和字形是多元文明交融的产物。上海博物馆副研究员胡嘉麟从骨器入手，论述了粟特人的祆教文化对东西文化交融的贡献。广州大学历史系副教授王睿以幻术为例，对中古时期翟胡与天竺的关系进行考论。景德镇陶瓷大学教授詹嘉分析了唐代中外翻领人物画与三彩人物俑的制作工艺。广西社会科学院研究员古小松论述了隋唐时期安南的政治、经济、文化等方面的发展状况。赤峰学院历史文化学院教授雪莲对元朝与非洲国家的交往进行了详尽梳理。南开大学教授庞乃明考证了明代欧洲火绳枪"鸟铳"传入东方的路径。北京外国语大学中国史研究中心主任姚胜探究了明代中期撒马尔罕贡狮路线由陆路到海路变化的过程。云南大学历史系博士生胡鹏飞分析了嘉靖至万历年间明王朝与缅甸关系转变的整体过程。四川大学文学与新闻学院教授张勇揭示了《鸡足山志》的演变源流、内容特点和学术价值。云南大学历史系教授刘正寅以薙发易服为切入点，认为清朝的"内""外"和"中""外"是不同的两对概念。厦门大学南洋研究院副院长冯立军分析明清时期中国与东南亚的燕窝消费贸易,并探究了奢侈消费与跨域交流的关系。上海外国语大学丝路战略研究所助理研究员张宁以清代老挝首次入贡事件为例,分析了清王朝边官对国际关系的影响。云南大学历史系博士生彭建借助清代奏折档案史料论述了清缅战争时期清军的军粮供应问题。

  关于近现代历史上的中外交往研究,对现实发展的关怀凸显。

  安徽师范大学历史与社会学院副研究员康健以茶叶出口为切入点,论述了近代祁门红茶改良的历史进程。中山大学海外中国学研究中心主任郭丽娜介绍了法国东方汇理银行档案部收藏的昆明档案的基本情况。云南大学历史系博士生尹馨萍分析了近代云南盐业生产领域的生产者与生产关系演变情况,并论述了中国传统与西方近代化影响下的云南盐业发展进程。四川外国语大学美国研究所所长张涛借助1949—1972年的美国报纸,讨论了冷战时期美国对华的基本舆论策略。云南大学历史系博士生李晓彤探讨了中缅边境地区缅甸流离失所群体的身份界定问题。福建省社会科学院亚太研究所研究员翁东玲论述了"一带一路"实践过程中人民币国际化所面临的机遇与挑战。

  正如万明会长所言,伴随着"一带一路"建设的推进,中国中外关系史的研究内容不断衍生和发展,学科内涵不断深化。在继承研究传统的基础上,从学科建设的角度予以认真的总结、概括和理论升华,完成构建学科体系、学术体系、话语体系的任务,从而为建设"一带一路"与"人类命运共同体"建言献策,是我们这一代学者的职责与使命。